KB006519

타벨의 마술교실 3

Tarbell Course in Magic, Vol. 3

타벨의 마술교실 3

Tarbell Course in Magic, Vol. 3

2007

시그마북스

Sigma Books

타벨의 마술교실 3

발행일 2008년 6월 20일 초판 1쇄 발행
지은이 할란 타벨 | 옮긴이 정지현 | 감수 김준오
발행인 강학경 | 발행처 시그마북스
마케팅 정제용 | 에디터 권경자, 김경림, 김진주
편집디자인 참디자인 | 표지디자인 성덕
등록번호 제10-965호
주소 서울특별시 마포구 성산동 210-13 한성빌딩 5층
전자우편 sigma@spress.co.kr | 홈페이지 http://www.sigmapress.co.kr
전화 (02)323-4845~7(영업부), (02)323-0658~9(편집부) | 팩시밀리 (02)323-4197
인쇄 백산인쇄 | 제본 신안제책
가격 50,000원
ISBN 978-89-8445-292-3(94690)

Tarbell Course in Magic, Vol. 3

Copyright ⓒ 1973 Harlan Tarbell
All rights reserved.

Korean language edition ⓒ 2008 by Sigma Press, Inc.
Korean translation rights arranged with D. Robbins & Co., Inc., USA
through EntersKorea Co., Ltd, Seoul, Korea.
Sigma Books is a division of Sigma Press, Inc.

이 책의 한국어판 저작권은 (주)엔터스코리아를 통한 저작권사와의 독점 계약으로 (주)시그마프레스가 소유합니다.
저작권법에 의하여 한국 내에서 보호를 받는 저작물이므로 무단전재와 무단복제를 금합니다.

ONE THING I want to impress upon the student of magic is not to be in too much of a hurry to perform a mystery. Do not read a trick and then immediately present it in public or even to friends. Be sure that you have first mastered the mystery and know it frontwards, backwards and sideways. Otherwise you may expose a mystery and lose prestige.

You would not expect a student of music to play a new piece of music once or twice and then go out and give a public recital. One would expect him to first memorize the music, to get the "feeling" of it and then to present it in an artistic manner. This same law applies to magic as well. You first read about the mystery, you get it well in mind, you practice it and go over it time and time again, you study the manner of presentation, with proper patter or pantomime.

Professional magicians have contributed some of their finest secrets to this Course–time tested mysteries that have even been feature numbers. I have always felt that if the professional were kind enough to give me a mystery he has successfully presented for years, it is up to me to master the trick so that its presentation will be a credit to the originator. In turn, I want you to show your appreciation by mastering a mystery before you present it.

The world loves a successful magician, but it resents a poorly trained one. As a dramatic critic friend said, "God bless the true magician; but God help the sloppy one." Magic well done is one of the finest forms of entertainment, but ruined magic is one of the worst. One poor magic show can ruin the chances of future magic shows for months and years to come. One of the professional's greatest booking problems is trying to book a show, no matter how successful, after a poor performer has been there. I know one college that would not have another magician for ten years afterwards. Remember that a poor performer not only ruins himself in the eyes of the public but also discredits his brother magicians.

People expect miracles from a magician and rightfully so. The magician is supposed to do thiings that ordinary people can not do. That is the nature of his business. With all the material at the student's command today, there is little excuse for inefficiency. You will be well repaid for all the extra care you give to presentation.

David Devant used to say, "The secrets of magic do not consist of just tricks and dodges, connected with manipulations and apparatus. Some people think the 'secret' of any magical presentation is just finding out 'how it is done.' When the trick is found out, nothing remains to be learned. Such a view is erroneous. The real secrets of magic are not trade secrets. They are not workshop devices, tricks and puzzles devised for the bewilderment of the public. Far from being bound up in jugglery and paraphernalia, the true art in magic is intellectual in character and comprises an infinitely varied range of interest. Magic embodies both art and science. There is an inner understanding, irrespective of technical skill and knowledge, which governs a performer's ultimate success or failure."

For supplemental reading I advise students to read Maskelyne and Devant's Our Magic. It deals with the psychology of magic and is written from the personal observations of these two noted magicians. Every magician should be a practical psychologist and study human likes and dislikes. The effect of any mystery is the reaction it has on an audience. The audience must be pleased for they make the box office successful.

Many times an audience will overlook the trick and will judge the magician by his patter, the language that he uses. Somehow an intelligent audience feels that a man's language denotes his station in life. They expect an educated man to speak correctly. It is your background that counts. People pay for background. The celebrity is judged by his background. It often marks the difference between a man getting $750 for a program and another man getting $25 for the "same tricks." People are hero worshippers.

Even though you may not be a celebrity, yet you can do the things in keeping with one. You may have been raised in a caboose, a dug-out, or a tent and never have gone beyond the third grade in school, but that doesn't mean that you can not receive the training necessary in order to appear before an audience and express yourself intelligently. The whole world stands at your service to supply your needs if you will but make the application to receive and retain the information. Sometimes a short-coming can be turned to an advantage if given the proper perspective. The field of magic offers limitless variety for successful presentation.

In discussing patter and speech for magicians, Our Magic says, "It is not too much to say that of all the blunders a performer can commit, those connected with mistaken speech are the very worst. Consequently, they demand the utmost care in prevention.

"In every audience there are sure to be persons to whom verbal errors are as distasteful as sour gooseberries. A grammatical solecism or a defect in pronunciation will, figuratively, set their teeth on edge. What must people think of a performer who, for instance, calls a phenomenon a 'phenomena'? They can only regard him as one whose ability is, probably, on a par with his education. They will think, and rightly so, that the man who has any capability at all must be, at least, capable of avoiding the use of terms which he does not undersatand. The misuse of words can not be regarded as otherwise than as direct evidence of incompetency.

"No sensible man can help knowing that all languages abound in 'booby traps,' for catching the unwary or unskilled speaker. Consequently, every sensible man will take care to avoid being caught therein. But there are others; and, unfortunately, some of those others are magicians. It may be worth while to give an illustration of the kind of mess such people often make of their native English. We will suppose an address has to be delivered to the following effect:

"'The handkerchief that covers the lady's eyes has been examined by several members of the audience, each of whom guarantees the covering to be free from preparation of any kind. Then there can be no one amongst those present who doubts the fact that, in circumstances such as these, the lady is rendered quite incapable of seeing what takes place around her. Between you and me, however, blindfolding and every similar precaution are alike powerless to destroy the mental sympathy and co-operation that exist between her and myself. Anything communicated either to her or me, becomes, instantly, known to us both; whatever severity may be exercised in the tests to which either of us has to submit.'

"Thus rendered the speech is, obviously, both grammatical and sensible. Let us now transcribe it as, without exaggeration, it might be delivered by some performers, thus:

"'The yankerchief tied round Maddy Moselle's eyes 'ave been ixamined be several of the audience, each of wich say it is quite unprepared or faked in the ordinary way, as usual in all performances of mental thought telepathy like these. Then everyone in the audience see at once that what we do is quite different altogether, because trickery and deception is beyond suspicion, and prevents any doubt about her knowing wot anyone of you do, and me as well. But between you and I, blindfolding and all those kind of things makes no difference to the mental sympathies and similar influence which exists between the mind of we two. Whatever you tell us pass from each other, without any possible way of communicating; no matter what severity of difficult tests are exercised by the audience, who want to prove if every single one of our statements are not correct, but entirely without collusion or confederacy.'

"Thus muddled, the speech obviously becomes neither grammatical nor sensible. Unfortunately, the foregoing is an actual type, rather than a travesty of the diction sometimes inflicted upon audiences."

Maskelyne and Devant continue, "The human race has existed for some considerable time. During that period, a fair amount of knowledge has been gathered and made readily accessible to all, in every department of human activity. Then the man who, instead of learning what has been boiled down for his information, trusts to luck in finding out for himself what others have discovered ages before he was born, can not have enough sense 'to come in out of the rain.' Anyhow, the performer who stands before educated people with the intention of addressing them in a manner that will impress them favorably, must use the language that educated people speak. In so far as he fails to speak correctly, he will suffer ridicule and lose prestige. He should be master of his own language."

In teaching the mysteries in this Course, I have endeavored to routine many of the effects with suitable patter. This gives a basis upon which to work. This can be altered to fit various personalities and situations. You at least have a tested pattern to work on, until you can improve it. A good story often makes a commonplace trick uncommon, and makes a seemingly uninteresting performer, interesting. Many a poor singer on the stage, or in clubs, has been saved with songs that tell a story. That is the secret of the average so-called "torch singer." It has not been uncommon in years gone by for a performer to spend a hundred dollars for suitable patter for a trick.

While discussing the magician's talk, Maskelyne and Devant warn about making remarks that upset an audience. "When a performer finds his audience undemonstrative, the very worst plan he can adopt is to show resentment or to make remarks concerning that fact. To do anything of the kind can only result in making the spectators self-conscious, and more reluctant to show appreciation. If induced to reflect upon the relations existing between the performer and themselves, and made to feel uncomfortable about what he thinks of them, spontaneous appreciation and enjoyment become impossible. All chance of pleasure in the entertainment is destroyed, both for them and for him."

They also warn about making remarks calculated to bring magic into contempt. "If he says things which tend to lower the public estimation of magic and magicians, he not only degrades himself and his performance but reflects discredit upon the whole magical profession. We can not expect to raise the standing of magic and magicians, if the latter persist in debasing their profession by uncalled-for japes and 'wheezes' which present their calling in a false light. What respect can the public have for men who do not respect their own work? Jokes in which magic is allied to humbug, swindling or chicanery of any kind, can only serve to rank the magician among swindlers and impostors."

Any of us can do the same thing by just keeping our eyes open to the appropriate thing. Perhaps language will do the trick, sometimes it is the mystery, sometimes the combination of both.

Blackstone is performing in a theatre in Decatur, Illinois-there is the smell of smoke. He is quick to realize that there is a fire backstage. Knowing the fire may spread quick]y, he told the audience he was having smoke prepared for his Hindu Rope Mystery; but today, instead of performing it on the stage, he was going to meet a challenge and perform in front of the theatre, in the middle of the street. He told the audience on one side to file out, then the center, and finally the other side. He wanted everyone to see it. The house was emptied. In a few minutes the theatre was a roar of flames. Blackstone had done the appropriate thing. He knew a theatre can be emptied in a few minutes in an orderly fashion, but maybe never emptied if a stampede occurred through fear. Blackstone saved lives by his presence of mind. He was front page news from coast to coast. He understood the psychology of an audience.

We are all students, learning day by day. We learn from the richness of the past and we accept the progress of today. The teacher is perhaps the greatest student for he must study harder and more carefully to be able to teach the details so necessary to successful presentation.

I have searched the highways and byways and have gone into places I would not ordinarily go to find new material for my pupils. In finding new things for them I have found new things for myself. I will plan a lesson with five effects and before I am through writing, my professional friends will have added five more for your benefit. They realize that, "If I give you a dollar and you give me a dollar, we each still have a dollar; but let me give you an idea, and you give me an idea, then we each have two ideas." That is why there is such a great brotherhood amongst magicians.

"I have faith in magicians!" says Ashton Stevens, dean of dramatic critics. Let us never destroy his faith.

Harlan Tarbell

머리말

마술을 배우는 학생들에게 강조하고 싶은 것은 너무 성급하게 시연하지 말라는 것이다. 시연 방법만 대충 읽고 대중이나 친구들 앞에서 시연하려고 하면 안 된다. 뒤에서부터 거꾸로 또는 중간에서부터 시작하더라도 완벽하게 시연할 수 있을 정도로 마스터해야 한다. 그렇지 않으면 마술의 비밀이 들통나 마술사로서의 신용을 잃게 된다.

음악을 배우는 학생이 새 악보를 한두 번 연주해보고 곧바로 독주회를 열 수는 없다. 우선 악보를 완전히 암기하고 '감'을 익힌 후 예술적으로 표현할 수 있어야 한다. 이 법칙은 마술에도 똑같이 적용된다. 우선 시연 방법을 읽고 이해한 후 몇 번이고 연습하고 적절한 대사와 동작이 따르는 시연 방법을 연구해야 한다.

이 책을 위해 전문 마술사들이 자신들의 가장 위대한 비밀을 나눠주었다. 그중에는 오랫동안 그들이 무대에서 선보여 온 대표적인 마술도 있다. 나는 예전부터 마술사들이 수년간 성공적으로 선보여 온 마술의 비밀을 알려준다면 열심히 연마해서 창시자에게 그 공을 돌리는 것은 내 몫이라고 생각했다. 그래서 여러분들이 이 책의 마술을 열심히 마스터해서 그들의 노고에 감사를 표했으면 하는 바람이다.

세상은 뛰어난 마술사를 좋아하지만 어설픈 마술사는 몹시 싫어한다. 어느 연극평론가는 "신은 진정한 마술사에게는 축복을 내리지만 서투른 마술사에게는 도움을 준다"라고 말했다. 완벽하게 시연한 마술은 가장 훌륭한 오락이지만 실패한 마술은 최악의 오락이다. 어설픈 마술쇼 하나가 몇 달 아니 몇 년 동안 마술쇼의 싹을 잘라버릴 수도 있다. 전문 마술사들이 겪는 예매 문제 중 하나는 아무리 성공적인 쇼라도 어설픈 마술사가 나온 다음에는 예매율이 부진하다는 것이다. 어느 대학은 한 마술사가 쇼를 망쳐버린 이후 10년 동안 마술사를 고용하지 않았다. 이렇듯 어설픈 마술사는 스스로 대중에게 망신당할 뿐 아니라 동료 마술사의 이름에까지 먹칠을 하는 법이다.

사람들은 마술사에게서 기적을 기대한다. 그것은 당연하다. 마술사는 보통 사람들이 할 수 없는 일을 해야 한다. 그것이 원래 마술사라는 직업이니까. 특히 온갖 재료와 도구가 나와 있는 요즘은 더더욱 어설픈 마술이 허용되지 않는다. 공연에 조금이라도 더 신경 쓰면 반드시 그만한 보상이 따른다.

데이비드 드방은 "마술의 비밀은 조작이나 도구를 이용한 꾀 또는 속임수가 아니다. 어떤 사람들은 마술 공연의 '비밀' 이 단지 '방법' 을 찾는 데 있다고 생각한다. 그래서 속임수를 발견하고 나면 배울 것이 하나도 없다고 여긴다. 하지만 그것은 잘못된 생각이다. 마술의 진짜 비밀은 영업 비밀 같은 것이 아니다. 워크숍 계획도 아니고 대중을 놀라게 하기 위해 만들어진 속임수나 수수께끼도 아니다. 속임수나 도구가 아니 개인의 지성이자 끝없이 다양한 영역에 대한 관심이 마술의 진짜 기술이다. 마술은 예술과 과학을 아우른다. 기술, 지식과 상관없이 내면의 이해가 마술사의 궁극적인 성공과 실패를 좌우한다" 고 말했다.

이 책을 읽는 학생들에게 참고적으로 마스케라인과 드방이 쓴 《우리의 마술(Our Magic)》을 읽어보라고 권한다. 두 유명 마술사가 개인적인 관점에서 쓴 마술의 심리학에 관한 책이다. 모든 마술사는 인간의 호불호(好不好)를 연구하는 정신분석가가 되어야 한다. 마술의 이펙트는 관객이 보이는 반응이다. 관객이 즐거워해야 마술쇼가 성공을 거둘 수 있다.

여러 번 마술을 본 관객은 마술사의 말과 대사를 평가하기 시작한다. 관찰력이 날카로운 관객이라면 마술사가 사용하는 언어가 인생에서 그의 위치를 나타낸다는 사실을 알아챈다. 제대로 교육받은 사람이 정확한 언어를 구사한다. 그렇기 때문에 배경이 중요한 것이다. 관객은 배경을 보고 돈을 지불한다. 유명인사는 배경으로 평가받는다. '똑같은 마술' 을 하고 750달러를 받는 사람과 25달러를 받는 사람은 분명히 차이가 있다. 관객은 영웅을 숭배하는 법이다.

비록 유명인사는 아니어도 유명인사처럼 행동하는 방법은 있다. 찢어지게 가난하게 자랐거나 제대로 학교를 졸업하지 못했어도 얼마든지 필요한 훈련을 받고 관객 앞에서 멋지게 자신을 표현할 수 있다. 정보를 받아들이고 자신의 것으로 만들 준비가 되어 있다면 세상은 얼마든지 당신의 필요성을 충족시켜줄 것이다. 그리고 생각에 따라 단점이 얼마든지 장점으로 바뀔 수 있다. 마술의 세계에서 성공적인 공연을 위한 방법은 무궁무진하다.

《우리의 마술》에서는 말과 대사에 관해 "마술사가 저지를 수 있는 모든 실수 중에서 실언(失言)과 관련된 실수가 최악이라고 해도 과언이 아니다. 따라서 실언을 막기 위해 최대한 노력해야 한다"라고 설명한다.

어느 관객석에나 말실수를 유난히 싫어하는 사람들이 꼭 있다. 틀린 문법이나 잘못된 발음을 발견하면 지적하고 싶어 못 견딘다. 예를 들어, 'phenomenon(단수형 단어)'을 'phenomena(복수형 단어)' 라고 말하는 마술사를 사람들은 어떻게 생각할까? 교육 수준이 그것밖에 되지 않는다고 생각할 것이다. 잘 알지도 못하는 단어를 무턱대고 사용한다고 생각할지도 모른다. 이처럼 잘못된 단어 사용은 무능력의 직접적인 증거 이상으로 마술사에게 큰 흠집이 된다.

"지각 있는 사람이라면 모든 언어에 함정이 가득하다는 사실을 안다." 부주의하거나 실력 없는 사람의 말을 가려낼 수 있기 때문이다. 따라서 지각 있는 사람은 남에게 책잡히지 않으려고 노력한다. 하지만 그렇지 않은 사람들도 있다. 유감스럽게도 그중에는 마술사들도 있다. 이쯤에서 사람들의 흔한 실수를 예로 들어보면 도움이 될 것이다. 다음의 이펙트에 관해 말한다고 가정해보자.

> "관객 몇 분께서 여자분의 눈을 가리고 있는 손수건을 살펴보았습니다. 모두들 손수건에 아무런 장치가 되어 있지 않다고 확신하셨군요. 그렇다면 이 중에서 이 여자분에게 아무것도 보이지 않는다는 사실을 의심하실 분은 아무도 없겠죠. 자, 하지만 손수건으로 두 눈을 가렸다고 해서, 사전에 아무런 장치를 해놓지 않았다고 해서 이 여자분과 저 사이의 일심동체 텔레파시를 막을 순 없을 겁니다. 각자 혼자서만 듣는 말도 즉시 둘 다 알 수 있죠. 아무리 혹독한 시험이 따르더라도 받아들일 준비가 되어 있습니다."

앞의 말은 어디로 보나 문법적으로 큰 문제가 없는 올바른 말이다. 그렇다면 똑같은 내용을 과장 없이 아래처럼 바꾸었다고 생각해보자.

> "마드무아젤을 가린 손수건을 관객들이 확인했습니다. 다들 손수건에 아무 이상이 없고 가짜도 아니라는군요. 일반 텔레파시 마술처럼 이상무입니다. 관객석에서도 우리가 각자 행동하는 것을 확인했고요. 한마디로 사기나 속임수 같은 건 의심할 필요가 없다 이거 아닙니까. 여자분이 저나 여러분의 행동을 볼 수 있다는 의심일랑 접어두십쇼. 여자분과 저 사이에서 눈을 가린 손수건도 그 무엇도 일심동체 텔레파시를 막을 순 없습니다. 여러분이 말하는 것은 뭐든지 우리 둘에게 전해진다는 말이죠. 서로 말 따위는 안 해도 말이죠. 관객 여러분이 잘못된 점 하나라도 찾아내려고 아무리 어려운 실험을 해도 속임수 같은 건 없습니다."

똑같은 내용을 전달하는 말이지만 위는 어딘지 교양 없고 장황하게 들린다. 유감스럽게도 이것은 마술쇼에서 가끔씩 보여주는 코미디가 아니라 실제 이펙트 대사의 예이다.

마스케라인과 드방은 계속해서 "인간은 매우 오래전부터 존재했다. 그 시간 동안 인간 행동의 모든 분야에 대한 상당한 지식이 모였고 누구나 쉽게 접근할 수 있게 되었다. 그래서 인간은 스스로 정보로 만든 것을 배우는 대신 자신이 태어나기 전에 타인이 발견한 것을 찾는 행운을 믿게 되었고 결과적으로 "일반적인 분별력조차 가지지 못하게 되었다. 어쨌든 교육 받은 관객들 앞에 서서 그들을 감동시켜야 하는 마술사는 교육 받은 사람들이 하는 세련된 언어를 구사해야 한다. 정확하게 말하지 않으면 비웃음거리가 되고 마술사로서의 위신도 떨어진다. 마술사는 자신이 사용하는 언어의 마스터가 되어야 한다."

나는 이 책에서 모든 이펙트에 적절한 대사를 사용하려고 무척 애썼다. 대사가 바로 마술의 성공을 위한 토대이기 때문이다. 물론 이 책의 대사는 개인의 성격이나 상황에 따라 바꿔 쓸 수 있다. 이미 검증받은 대사들이니 이것을 토대로 스스로 발전시켜 나가면 된다. 훌륭한 스토리는 평범한 마술도 특별하게 만들고, 재미없는 마술사도 재미있게 만들어준다. 무대나 클럽의 실력 없는 가수들을 먹여 살린 것도 바로 이야기, 즉 사연이 있는 노래다. 그것이 바로 '실연(失戀) 가수' 들의 생존비결이다. 그동안에도 훌륭한 대사를 위해 돈을 투자하는 마술사들을 흔하게 볼 수 있었다.

마스케라인과 드방은 마술사의 언어에 대해 설명하면서 관객을 화나게 하는 말에 대해 경고한다. "관객이 마술에 선뜻 참여하지 않을 때 최악의 대처법은 화를 내거나 걱정스러운 멘트를 하는 것이다. 그러면 오히려 관객이 더욱 나서는 것을 꺼리게 된다. 만약 마술사와 도우미 관객의 관계에 대해 관객이 불편해할 만한 말을 한다면 그가 기꺼이 즐거운 마음으로 나서게 만드는 것은 불가능해진다. 오락이 줄 수 있는 모든 즐거움의 기회가 무너져 내린다. 이미 도우미로 나선 관객들과 선뜻 나서지 못한 관객 모두."

그들은 또 마술에 모욕을 주기 위해 계산된 대사에 대해서도 경고한다. "마술사가 마술과 마술사에 대한 평판을 떨어뜨리는 말을 할 때 그것은 자신과 자신의 마술을 모욕하는 것일 뿐 아니라 마술사라는 직업 전체의 신용을 떨어뜨리는 것이다. 불필요한 농담이나 희롱을 해서 잘못된 관점으로 마술사라는 직업을 왜곡시키는 일이 계속된다면 마술과 마술사의 지위를 향상시킬 수 없다. 마술사 스스로 자신의 직업을 존중하지 않는다면 과연 대중이 마술사를 존중하겠는가? 마술이 가짜, 사기, 속임수라고 농담을 한다면 정말로 마술사가 사기꾼이나 협잡꾼으로 전락해버리는 것이다."

그들은 또 다른 경고도 한다. 마술사가 '청소년들이 많은 자리' 에서 어떤 물건을 나타나게 해놓고 해명하는 경우가 있다. 특히 청소년들의 정신 연령에 맞는 물건을 나타나게 하는 것은 성인들에게는 별로 환영받지 못할 만한 것이 나타날 것이라는 의미로 받아들여진다. 결과물은 청소년들에게 더욱 비참하다.

"남녀 청소년들에게 좀더 일반적인 야망이 하나 있다면 그것은 바로 가능한 '어른처럼' 보이고 싶은 것이다. 그렇기 때문에 특히 어린아이들이 좋아할 만한 마술을 보여주겠다는 말 자체가 청소년들이 마술 자체에 반감을 가지게 만들기 충분하다. 특히 남학생들은 정신적으로 자신을 '어린아이' 와 분명히 구별해서 생각한다. 그들은 어린아이와 여학생들을 생각해서 예의상 어린아이를 위한 마술을 참고 보지만 속으로는 자신에게는 어른들의 지적 능력에 맞는 수준의 재미가 필요하다고 생각한다. 아이들은 어른들이 생각하는 것보다 훨씬 이해력이 뛰어나다."

나는 무대에서 아이들에게 '신사숙녀 여러분'이라는 호칭을 사용하면 언제나 환호를 받는다. 처음부터 그들에게 자신감과 활기를 불어넣어준다. 나는 그들이 어른들만큼이나 어른들의 마술에 관심을 보인다는 사실을 깨달았다. 서스톤은 "내 쇼는 5세에서 105세까지의 어린이들을 위한 것입니다"라고 말하곤 했다.

요점은 관객과 행사에 맞춰 올바른 시기에 올바른 일을 하라는 것이다. 관객은 그것을 중요하게 생각한다. 유명인사를 관리하는 유명 매니저인 내 친구가 마술사에 대한 조사 보고를 받았다. 그는 계약 기간을 채우기 위해 마술사를 고용했는데 여성클럽(Women's Club)의 프로그램 위원장의 다음과 같은 보고 내용에 깜짝 놀라고 말았다. "마술사 양반의 마술은 아주 훌륭했습니다. 그런데 칼로 음식을 먹는가 하면 테이블에 틀니를 올려놓아서 아주 민망하더군요." 결과적으로 그 매니저는 그 후로 몇 년 동안 마술사를 고용하지 않게 되었다. 다행히도 그러한 사례는 법칙이 아니라 예외에 속하지만 말이다. 하지만 "그는 아주 뛰어난 마술사일 뿐 아니라 신사더군요. 다시 부르고 싶습니다"라는 보고 내용이었더라면 얼마나 좋았을까.

마술사는 온갖 종류의 응급상황에 대처해야 하고 그러한 능력이 뛰어날수록 명성이 높아진다. 얼마 전 나는 필라델피아의 유명 여성 클럽의 초청 무대에 선 적이 있었다. 아침 공연에 나가기 직전 프로그램 위원장이 무대 뒤로 와서 말했다. "오늘 아침에 마술사를 세우는 것이 과연 잘하는 일인지 모르겠습니다. 지난 월요일에 클럽 회장이 교통사고로 죽었거든요. 음주운전 차량이 인도로 돌진해오는 바람에 치었어요. 바로 어제가 장례식이었어요. 모든 회원들이 회장의 갑작스러운 죽음으로 슬퍼하고 있어요. 이런 때에 오락 프로를 진행한다는 것이 옳은 일인지 모르겠습니다. 당신에게 오지 말라고 전화할 걸 그랬어요."

무엇이 적절한 행동인가? 이것은 바로 마술사가 해결해야 할 문제다. 그냥 앞으로 나가 몇 가지 마술을 시연하거나 재미있는 이야기를 하는 것은 올바른 행동이 아니다. 그렇다고 순순히 물러나 마술쇼를 취소하고 싶지도 않을 것이다. 그래서 나는 이렇게 했다. 프로그램 위원장에게 "미묘한 상황이란 것을 잘 알지만 제가 모두에게 좋은 쪽으로 잘 해결할 수 있다고 믿습니다. 무슨 수를 써서라도 계속 진행하게 해주십시오. 이럴 때일수록 마술사가 필요하다고 생각합니다." 그 말은 내가 제대로 된 오프닝 대사를 선보이리라는 뜻이었다. 자, 여기 죽음에 대해 생각하고 있는 관객들이 있다. 제일 처음 배운 레슨 1에서 죽음보다 강한 삶의 힘에 대해 가르친 마기(현자)의 이야기를 했었다. 왕들까지 마기에게 위안을 얻었다.

나는 촛대를 구해다가 테이블 중앙에 놓았다. 몇 마디 오프닝 대사 후 초에 불을 붙이고 아기 예수를 찾아간 마기(세 명의 동방박사)에 대한 이야기를 꺼냈다. 그들이 말하는 삶의 법칙과 신체보다 정신을 중요하게 여긴 그들의 믿음, 결코 죽지 않는 영원한 자아에 대해서 이야기했다. 그리고 어둠보다 센 불의 힘에 대해서도 말했다. 모든 사물은 빛에서 태어난다고 말하며 불꽃에서 밝은 색 실크 같은 물체를 꺼내기 시작했다. 그러자 관객들은 회장이 죽은 것이 아니라 눈에 보이지 않을 뿐 영원히 자신들과 함께 있다고 생각하기 시작했다. 그들은 여전히 회장의 사랑과 축복을 느낄 수 있었다. 그녀의 열정이 더 위대한 곳으로 그들을 이끌어 주리라는 것도 알았다. 빛과 기쁨이 실내에 가득 찼다. 그리고 모두가 아무 일도 없었다는 듯 웃으면서 일반적인 마술을 즐겼다. 그날의 오찬은 매우 행복했다.

프로그램 위원장이 내 매니저에게 보고한 내용은 이러했다. "닥터를 우리에게 보내주셔서 진심으로 감사합니다. 이제 우리는 마술사의 힘을 전적으로 믿습니다. 오늘 그가 기적을 행했으니까요."

누구나 정신을 번쩍 차리고 적절한 것을 찾는다면 기적을 일으킬 수 있다. 때로 언어가 속임수를 행하기도 하고, 때로는 마술이 하기도 하며 어떨 때는 둘이 합해서 하기도 한다.

블랙스톤은 일리노이 주 디카터 극장에서 공연을 한다. 그런데 갑자기 연기 냄새가 났다. 그는 무대 뒤쪽에서 불이 났다는 사실을 알아차렸다. 불이 재빠르게 퍼질 것을 예상한 그는 관객들에게 힌두 로프 마술에 필요한 연기를 준비하고 있다고 말했다. 하지만 이번에는 무대가 아니라 극장 앞, 그러니까 길거리 한가운데에서 선보이겠다고 했다. 한쪽 관객과 가운데 관객 그리고 나머지 관객들에게 각각 일렬로 밖으로 이동하라고 했다. 거리에서의 마술을 모두가 봐야 한다면서 말이다. 이내 극장 안이 텅 비었다. 그리고 나서 얼마 후 극장 안이 엄청난 불꽃으로 뒤덮였다. 블랙스톤은 적절한 행동을 취한 것이다. 그는 모든 관객이 짧은 시간 동안 질서정연하게 극장 안을 빠져나갈 수 있음을 알았지만 만약 그들이 두려움에 떨어 허둥댄다면 그럴 수 없다는 사실을 잘 알고 있었다. 블랙스톤은 침착한 행동으로 관객들의 생명을 구했다. 이 사건은 신문에 머리기사로 실렸다. 관객의 심리를 너무나도 잘 파악한 사례였다.

우리는 모두 매일매일 새로운 것을 배우는 학생이다. 어제의 실수를 통해 배우고 좀 더 발전한 오늘의 모습을 받아들인다. 스승은 성공적인 시연을 위해 필요한 세부사항을 가르쳐야 하기 때문에 더 열심히, 더 신중하게 공부해야 하는 가장 훌륭한 학생이다.

나는 학생들에게 필요한 새로운 정보를 제공하기 위해 평소 가보지 않은 큰길도 가보았고 옆길도 가보았다. 그리고 그 과정에서 나를 위한 새로운 정보까지 찾을 수 있었다. 나는 다섯 가지 이펙트로 이루어진 레슨을 계획할 것이고 글을 다 쓰기 전에 내 마술사 친구들이 여러분을 위해 다섯 가지 이펙트를 추가해줄 것이다. 그들은 "내가 너에게 1달러를 주면 너도 나에게 1달러를 주니 우리 모두 1달러씩 갖게 된다. 하지만 내가 너에게 아이디어를 주고 너도 나에게 아이디어를 주면 우리 모두 두 개의 아이디어를 갖게 된다"는 말의 이치를 잘 알고 있는 듯하다. 마술사들의 동지애가 남달리 끈끈한 이유도 그 때문이다.

최고의 연극 비평가 애슈턴 스티븐스(Ashton Stevens)는 "나는 마술사들을 믿는다!"라고 말했다. 그의 믿음을 깨뜨리지 말자.

할란 타벨 Harlan Tarbell

추천사

세상을 살다보면 무언가에 빠져드는 것이 있다. 마술도 그런 것 중 하나인 것 같다. 한국 마술은 도제식으로 발전되어 왔다. 2004년 우리나라에서는 학문을 추구하는 대학에 마술학과가 개설되었다. 내 인생에 있어 새로운 도전인 동아인재대학 마술학과 학과장을 맡게 되어, 마술이라는 새로운 분야에 대해 학문적 체계를 구축해야겠다는 사명감을 가지게 되었다. 그런데 안타까운 것은 학문의 전당이라는 대학에서 교재로 사용할 만한 서적이 국내에는 없다는 현실이었다. 대부분의 교수님들은 개인이 지니고 있는 경륜에 의존하여 강의를 하였다. 2005년에 접어들면서 만나는 마술관련 종사자분들에게 마술 전문 서적과 관련하여 많은 조언을 들었다. 알렉산더매직패밀리 김준오 감독, 안양마술극장 황휘 대표, 매직W 최병락 대표, 헬로우매직 김세전 대표 등등의 분들이 주저 없이 ≪타벨의 마술교실≫을 추천하였다. 그러나 막상 이 책을 출판할 출판사를 선정하지 못했었다. 그러던 차에 2006년 겨울 엔터스매직 양원곤 대표의 소개로 시그마북스에서 ≪타벨의 마술교실≫의 완역작업이 이루어졌다.

≪타벨의 마술교실≫은 1927년에 출간되어 무려 80년 만에 우리나라에 소개된 것이다. 타벨이 머리말에서 밝혔듯이 "마술사가 만들어지기까지의 과정은 다른 직업과 별반 다르지 않다. 마술사가 되려면 기본적인 기술은 물론 예상하지 못한 상황에 대처하기 위한 기술까지 익혀야 한다. 배경도 상당히 중요하다. 신기한 마술을 보여주려면 자신이 선보이려는 마술을 완전히 꿰고 있어야 함은 물론 유쾌한 성격과 쇼맨십도 필요하다"라는 주장에 심히 공감한다. 내가 만났던 대다수의 마술사들은 ≪타벨의 마술교실≫을 마술의 바이블이라고 말한다. 이러한 평가를 이 책을 읽는 독자들도 동감할 것으로 생각한

다. 또한 타벨은 "어떤 직업의 파워는 그 분야에 종사하는 개개인의 파워에 달려 있다. (중략) 전문성이라고는 하나도 없이 단순한 속임수를 부리면서 스스로 '마술사' 라고 칭하는 아마추어는 마술계의 암적인 존재이기 때문이다" 라고 일침을 놓고 있다. 80년 전에 이러한 주장을 했다는 것에 감탄할 따름이다.

우리나라에서 마술은 철저한 도제식 방법으로 시작되었고, 오늘날에도 그 명맥을 유지하고 있다. 서구에서 도입된 학문적인 토양도 없이 유입된 마술은 폐쇄적인 틀에서 발전하였다. 이러한 발전은 결국 한계에 도달할 것으로 예견된다. 타벨이 마술사를 양성하기 위한 교재를 쓰고 싶어 기획하면서 체계적으로 정리한 것이 이 책이다. 이 책의 발간에 대해 타벨은 출간을 해준 출판사에 깊은 감사를 표하고 있다. 나도 마찬가지로 한국어 번역 출판을 맡아준 시그마북스 강학경 대표께 깊은 감사를 표하고 싶다. 총 8권으로 구성된 ≪타벨의 마술교실≫이 우리나라 마술사들에게도 값진 교재로 간직되길 바란다. 끝으로 타벨이 마지막으로 강조한 "모든 기술은 신기한 원리로 이루어진다. 기본을 탄탄하게 닦는 것이 중요하다는 사실을 명심하기 바란다" 를 진정한 마술사를 꿈꾸는 우리나라 예비마술사들의 가슴에도 새겨져 세계적인 마술사로 거듭나길 기대한다.

한국마술산업진흥학회 회장
동아인재대학 마술학과 학과장
강 형 동

차례

LESSON 34

마술쇼 루틴 연출하기

Tarbell course in MAGIC

마술쇼 루틴 연출하기

마술쇼를 구성하는 것은 연극이나 영화 같은 극작품을 만드는 일과 비슷하다. 막이 오를 때부터 내리는 순간까지 관객의 시선을 사로잡을 수 있도록 만들어야 한다. 그러한 목적을 달성하려면 도저히 현실처럼 보이지 않는 신비함과 긴장감, 코미디, 어느 정도의 진지함, 화려한 색채, 다양함과 놀라움 등의 요소를 적당히 섞어서 쇼를 만들어야 한다. 관객은 각양각색이다. 이렇게 다양한 요소로 그들의 호응을 이끌어 내려면 처음부터 끝까지 그들을 즐겁게 해주고 호기심을 자극해야만 한다.

마술용품점에서 마술 도구를 사거나 책에서 마술 방법을 익히거나 도구를 직접 만들어서 아무런 연관성 없이 아무렇게나 시연하는 것은 마치 배우가 대본도 없이 의상만 갖춰 입고 무대에 올라가서 생각나는 대로 말과 몸짓을 보여주는 것과 다를 바 없다.

'마술사의 교과서' 라고 칭송받는 마술쇼를 선보인 위대한 마술사 서스톤은 "내 쇼는 연극이고 나는 그 연극에서 마술사를 연기하는 배우이다" 라고 말했다. 그의 말대로 마술사는 마술사역을 연기하는 배우이다. 그러므로 훌륭한 대본이 필수이다. 연극에는 여러 종류가 있다. 단막극도 있고 그저 짧은 장면으로 이루어진 것도 있으며 저녁 내내 공연하는 연극도 있는가 하면 희극이나 소극, 혹은 서커스에 이르기까지 다양하다. 관객 중에는 수많은 사람들이 있으므로 취향도 제각각이다. 대본이 꼭 똑같아야 할 필요는 없다. 하지만 대본이 비슷하다면 좀 더 독창적으로 해석하고 연기하는 것이 중요하다.

마술을 시연하는 방법은 수만 가지이다. 여러 가지 트릭과 이펙트를 다양한 방법으로 연결할 수 있기 때문이다. 음악도 마찬가지이다. 음표를 자유자재로 조합하면 새로운 음악이 탄생한다. 기술을 응용하거나 혼합해서 새로운 마술을 만들 수 있다. 일곱 개의 온음과 다섯 개의 반음을 이용해 피아노의 흰색 건반과 검은색 건반을 오가며 연주하는 음악은 사람들의 귓가에 오래도록 기억된다. 서로 다른 음이 어우러

지면 새롭고 아름다운 음악이 탄생한다.

글을 쓰는 것도 마찬가지이다. 작가는 26개의 알파벳을 조합해서 독자들에게 오래도록 사랑받는 명작을 탄생시킨다. 간단한 단어를 조합하면 흥미로운 줄거리가 만들어진다. 이렇게 작가는 글자와 단어, 문장을 조합해서 인간의 감정을 표현하고 상황을 묘사하며 어렵고 전문적인 문제를 알기 쉽게 설명하고 사실과 허구, 드라마와 코미디 등 다양한 장르의 작품을 창조함으로써 독자의 관심을 자극한다.

색채 전문가는 어떨까? 그는 여러 가지 색깔을 이용해서 사람들을 사로잡는 멋진 작품을 만든다. 요즘은 다양한 색깔을 이용해서 집안은 물론 상점과 옷이 예전보다 훨씬 더 화사해졌다. 좋은 예로 자연은 매우 훌륭한 색채 전문가이다. 소박한 색깔에 빛을 더해서 노을과 같은 장관을 만들어내지 않는가.

지금까지 음악과 문학, 색깔에 관하여 살펴보았다. 음이나 단어, 색을 잘못 조합하면 불쾌감을 일으키는 결과물이 나온다. 그것은 관객을 지루하게 만들고 짜증나게 할 수도 있다. 책과 음악, 디자인이 성공하려면 기꺼이 돈을 내고 싶은 마음이 들도록 관객의 마음을 사로잡아야 한다. 관객은 마음을 잡아끄는 무언가를 보거나 듣기 위해서 극장으로 간다. 관객을 사로잡으려면 꼭 많은 돈을 들여서 무대를 화려하게 꾸미고 수많은 배우와 합창단을 출연시켜야만 할까? 그렇지 않다. 막대한 제작비를 투자한 대규모 작품보다 소박한 무대의 1인극이 얼마든지 더 재미있을 수 있다. 소박한 옷을 입은 윌 로저스가 혼자 나오는 무대가 화려한 장치에 화려한 의상을 입은 배우들이 등장하는 무대보다 더 사랑받을 수도 있다는 말이다.

윌 로저스는 시종일관 관객의 웃음보를 터뜨린다. 그의 유쾌한 말재주는 막대한 제작비를 쏟아 부은 쇼에 비할 것이 아니다. 물론 대형 작품도 얼마든지 재미있게 만들 수 있다. 여러 가지 소재를 제대로 섞어서 연결하는 것이 중요하다.

간단한 연설 혹은 대규모 작품의 성공은 루틴에 달려 있다. 지나가는 말처럼 들리는 재미있는 대사는 연기자가 며칠 밤을 고민한 끝에 생각해낸 것일 수도 있다. 팔러나 스테이지에서 몇 가지 마술을 선보일 때는 루틴이 제대로 되어야 관객의 관심을 끌 수 있다.

연극 제작자나 극작가, 배우, 흥행사처럼 극과 관련된 분야에 종사하는 사람들은 오래전부터 루틴의 중요성을 잘 알고 있었다. 작품의 연출과 공연을 위해 제작자에게 수많은 자금이 투자되었다. 제작자들은 수많은 공식을 사용해서 무대를 연출한다. 그중에서 언제 어디서나 가장 효과적인 공식이 하나 있다. 바로 "막의 시작과 끝에 관객의 흥미를 끌 만한 요소를 집어넣어라"라는 공식이다.

쇼맨은 쇼의 시작과 끝이 가장 중요하다는 사실을 잘 안다. 시작이 성공적이면 끝으로 갈수록 시시해져도 관객은 그리 불평하지 않는다. 처음에 말과 표현, 혹은 기술로 관객에게 재미있는 쇼라는 믿음을 심어주었기 때문이다. 이러한 믿음은 빨리 심어 줄수록 좋다. 데이비드 뱀버그(푸 만추)가 한 말, "관객은 멋진 장면이 나올 거라고 기대한다. 그들을 실망시켜서는 안 된다"와도 상통한다.

쇼는 마지막이 가장 중요하다. 관객들이 집으로 돌아가면서 그것에 대해 이야기꽃을 피우도록 만들어야 한다. 그러기 위해서는 화려한 컬러와 액션 그리고 강력한 이펙트가 필요하다. 빛과 색깔, 액션이 로켓처럼 터져야 한다.

쇼를 만드는 것은 정말 로켓 발사에 비교할 수 있다. 번쩍이는 섬광과 쿵 하는 소리가 울려 퍼진 후 로켓이 하늘에 불꽃으로 길을 그린다. 잠시 후 난데없이 여러 가지 색이 어우러진 아름다운 빛과 불꽃이 터진다. 아름다운 불꽃이 잠잠해진 후 더 멋진 불꽃이 터져 나와서 놀라운 즐거움을 선사하기도 한다. 처음에 빛과 쿵 하는 소리가 사람들의 관심을 끌고 공중에서 "핑핑", "슛슛" 하는 소리와 함께 퍼지는 불꽃이 계속 그들을 즐겁게 해주며 마지막에 갑자기 불꽃이 작렬하면서 예기치 못한 즐거움을 선사한다. 이 과정을 정리하면 다음과 같다.

첫째, 즐거움을 선사하라.
둘째, 계속 즐겁게 만들어라.
셋째, 가장 강력한 즐거움을 추가하라.

훌륭한 연기자는 평범한 소재로 관객을 사로잡을 수 있다. 예전에 어떤 뮤지컬을 관람한 적이 있다. 언뜻 보기에는 평범한 뮤지컬이었는데 크게 히트를 쳤다. 관객에게 14번이나 앙코르를 받을 정도로 성공할 수 있었던 이유는 훌륭한 각색과 연출 덕분이었다. 요즘 이렇게 훌륭한 연출과 밴드, 오케스트라 혹은 가수를 이용해 인기를 끄는 작품들이 늘어나고 있다.

미국인들이 사랑하고 즐겨 부르는 노래 중에 〈신이여, 미국에 축복을(God Bless America)〉이라는 노래가 있다. 혼잡했던 제1차 세계대전 때만 해도 그 악보는 먼지 속에 방치된 신세였다. 하지만 몇 년 후 케이트 스미스(Kate Smith)가 그 곡을 방송에서 불러 온 국민에게 큰 감동을 주었다.

작곡가 스티븐 포스터(Stephen Foster)가 유명해진 이유는 크리스티 악단(미국의 E.P. Christy(1815-62)가 조직한 Minstrel Show의 일행으로 영미에서 호평을 받음-옮긴이)의 공이 컸다. 포스터는 크리스티에게 〈오, 스잔나(Oh, Suzanna)〉라는 곡을 단돈 15달러에 팔았고 크리스티는 그것을 전 국민의 애창곡으로 만들었다. 말하자면 노래를 만든 사람은 포스터이고 불러서 유행시킨 사람은 크리스티이다. 당시 남북전쟁에 대한 증오심에 불타고 있던 북부 사람들이 남부 출신인 포스터의 신곡 〈스와니 강〉을 거부감 없이 받아들이게 된 것은 모두 크리스티 덕분이었다.

예전부터 보드빌(vaudeville, 노래와 희곡을 곁들인 소희극-옮긴이)의 루틴은 '5막극' 이 기본이었다. 그러한 기본 구조가 오랫동안 사랑받아온 이유는 관객의 심리를 잘 이용하여 극을 구성했기 때문이다. 이 법칙은 마술쇼의 루틴을 만드는 데 응용해도 손색이 없다.

제1막(액트 1) — 색다른 시작(풀 스테이지)
제2막(액트 2) — 1인극 또는 2인극(1장)
제3막(액트 3) — 중요한 단편극(풀 스테이지)
제4막(액트 4) — 희극을 곁들여 시선 끌기(1장)
제5막(액트 5) — 플래시와 액션(풀 스테이지)

제1막에서는 관객의 시선을 끌고 흥미를 자극했다. 음악을 곁들여 색다른 행동을 보여주는 경우가 많아 '무언의 막' 이라고 부르기도 했다. 처음에 스케이트나 자전거를 타거나 통을 뛰어넘거나 불 쇼를 하거나 아무 말 없이 마술을 보여주거나 하는 행동은 짧은 시간 안에 관객의 흥미를 끌 수 있는 매우 효과적인 방법이었다. 하지만 대사로 보드빌의 막을 올리는 경우도 있다. 나는 잭 베니(Jack Benny)가 멋진 1인극부터 시작해 쇼 내내 의식을 거행하는 사람 역할을 하는 모습을 본 적이 있다.

제2막은 처음부터 끝까지 극을 떠받쳐주는 역할을 했다. 배우 한두 명이 대사를 시작하고 노래를 하거나 춤을 추기 시작하는 시점이 바로 제2막이었다. 이처럼 제2막은 관객과 친밀감을 형성하는 역할을 했다. 제1막이 일종의 움직이는 사진이라면 제2막은 관객과의 직접 대화라고 할 수 있다.

제3막은 주요극으로 구성되었으며 풀 스테이지였다. 유명 배우나 코미디언이 주연하는 1인극으로 이루어지기도 했고 동양 마술쇼 혹은 소피 터커(Sophie Tucker(1884-1966), 본명은 소니아 칼리시(Sonia Kalish)로 전설적인 보드빌 가수-옮긴이)의 음악극이나 독심술로 이루어지기도 했다. 보드빌의 중간에 위치한 제3막은 관객의 관심을 묶어두는 역할을 맡았다.

제4막은 마지막을 남겨둔 시점인데다가 방금 전의 강렬한 제3막 다음에 이어지기 때문에 더 돋보이게 하기 위해 관객에게 웃음을 주는 희극으로 구성되는 경우가 많았다. 또한 1장으로 이루어지므로 관객과 개인적으로 접촉할 수 있었다. 막스 브라더스(미국의 희극배우 4형제-옮긴이)나 웅장한 4중창단을 끼워 넣거나 카디니(Cardini(1894-1973), 영국 태생의 프로 마술사-옮긴이) 스타일의 메니플레이션 마술 또는 대사가 유창한 마술사를 출연시키는 것이 제격이었다.

마지막으로 제5막에는 플래시와 액션, 환상과 저글링, 재주나 그네 타기 등을 보여주는 곡예단이 필요했다. 여기에는 블랙스톤이나 단테처럼 화려한 마술을 선보이는 마술사들을 출연시켰다. 보드빌의 피날레이므로 감동적인 음악과 함께 신속한 액션을 선보여야 했다.

자, 그럼 보드빌의 전통적인 루틴 구성이 마술에 어떻게 응용되었는지 철저하게 분석해보자. 우선 서스톤 쇼부터 살펴보겠다.

서스톤의 쇼

제1막(액트 1) — 음악과 함께 여러 색깔을 이용한 화려하고 신속한 오프닝을 선보였다. 풀 스테이지였다.

제2막(액트 2) — 서스톤이 혼자 나와 관객에게 직접 말을 걸고 혼자 카드 메니플레이션을 선보인 후 자신의 대표적인 마술인 '라이징 카드' 를 선보여 풀 스테이지 무대로 융화시켰다.

제3막(액트 3) — '카르낙 공주 공중에 띄우기(Levitation of Princess Karnac)' 나 '아스라

(Asrah)', 관객석 공중에 달린 새장 속에 든 여자아이를 없어지게 만드는 '야시아(Iasia)' 나 '여성을 반으로 꿰매기(Sawing a Woman in Half)' 등과 같은 일루전 마술을 선보였다. 풀 스테이지였다.

제4막(액트 4) — 커튼 앞에 선 채 모자에서 계란이 나오게 한 후 어린이 관객의 팔에 쌓아올리면서 실수로 몇 개씩 깨뜨리기도 하는 코미디를 선보였다. 남성 관객의 코트에서 카드를 빼내고 여성 관객의 헝겊조각과 오리를 꺼내는 마술을 선보였다.

제5막(액트 5) — 몸에 대포알을 맞은 소녀가 공중으로 떠오르는 놀랍고 신속한 일루전 마술을 보여주었다.

제6막(액트 6) — 때때로 서스톤은 6막을 추가해 피날레를 흥미진진하게 장식하기도 했다. 회전 거울로 색을 반사하는 '동양의 공중 식수대(Oriental Water Fountains)' 를 추가했다.

이번에는 블랙스톤의 루틴을 살펴보자.

블랙스톤의 쇼

제1막(액트 1) — 블랙스톤은 화려한 의상을 입은 여성 조수들을 무대에 세워 놓고 실크와 리본테이프, 꽃다발이 나오게 함으로써 화려한 컬러와 생동감 넘치는 액션으로 무대를 가득 채웠다. 제1막은 대사 없이 음악을 틀어놓고 진행하였다.

제2막(액트2) — 관객과 직접 친밀하게 대화를 나누는 '춤추는 손수건(Dancing Handkerchief)' 을 선보였다. 이것은 관객에게 빌린 손수건이 뒤바뀌는 마술이었다. 또 제2막에서는 '둥둥 떠다니는 백열전구(Floating Electric Light Bulb)' 도 인기가 있었으며 무대에 어린이 관객을 세워놓고 상자에 든 토끼가 사탕으로 변하는 마술도 선보였다.

제3막(액트 3) — 여기에서는 '말 사라지게 하기(Vanishing Horse)' 나 남자아이가 공중에서 사라지는 '힌두 로프 마술(Hindu Rope Trick)' 같은 일루전 마술을 선보였다. 또 아라비아인으로 변장한 블랙스톤이 대포 총구에 묶인 상태에서 극적인 액션과 신속한 변화를 보여주는 장면도 있었다.

제4막(액트 4) — '새장 사라지게 하기(Vanishing Bird Cage)' 를 선보이고 여자 가수를 등장시켜 관객에게 친밀하게 다가갔다.

제5막(액트 5) — 여러 가지 의상과 노인, 곰 등을 등장시켜 신속한 변화를 보여주는 일루전 마술로 멋지게 피날레를 장식했다.

단테의 쇼

제1막(액트 1) — 막이 오르면서 중국 전통 의상을 입은 단테가 등장했다. 새로운 막이 오르면서 계속해서 새로운 장면이 나왔다. 그리고 음악과 함께 팬터마임으로 재빠르게 연속적으로 불이 나타나게 했다. 화려한 색채와 액션이 가득한 풀 스테이지였다.

제2막(액트 2) — 카드와 당구공을 이용한 메니플레이션으로 관객과 친밀하게 접촉하는 마술로 구성되었다.

제3막(액트 3) — 단테는 '무대 뒤를 보여주는 마술(Backstage Magic Sketches)' 로 관객의 흥미를 자극했다. 하나의 장에서는 새로운 일루전 마술을 선보였고 또 다른 장에서는 무대 뒤를 보여주는 마술을 선보였다. 무대 장치를 이중으로 만들어서 관객에게 마술의 원리를 보여주는 것처럼 하다가 새로운 마술을 선보임으로써 오히려 관객을 깜짝 놀라게 만들었다.

제4막(액트 4) — 무대의 막 앞에 서서 맥주나 실크 세 장, 초가 나타나게 하거나 초, 로프에 실크 묶기, 로프 마술 등을 보여줌으로써 관객과 친밀하게 소통했다.

제5막(액트 5) — 빠르게 움직이는 일루전 마술을 선보였다. 화려한 색채와 정교한 기법으로 이루어진 '동양의 공중 식수대(Oriental Water Fountains)' 로 마무리하고 마지막에 거울로 극장 안을 반사시켰다.

이번에는 음료수를 이용한 브로드웨이의 '액트' 를 분석해보자.

호프만의 드링크쇼Think-A-Drink 액트

제1막(액트 1) — 생각만 하면 컵의 내용물이 바뀐다! 우선 관객에게 생각의 힘이 얼마나 위대한지 설명한다. 그리고 생각만으로 유리컵에 담긴 물이 와인으로 변했다가 다시 진으로 바뀐다.

제2막(액트 2) — 알코올 음료가 잇달아 등장한다.

제3막(액트 3) — 물이 담긴 주전자에서 뜨거운 커피와 여분의 크림, 설탕, 찻숟가락이 나오고, 아이스크림 소다와 함께 아이스크림도 나오며 맥주 한 박스 등이 나온다.

제4막(액트 4) — 토마토 주스나 우유, 콜라, 루트비어(root beer, 나무나 뿌리의 즙을 발효시켜서 만든 탄산음료-옮긴이) 등의 탄산음료가 나온다. 시작 부분에서 알코올 음료가 불가사의한 신비함을 선사했다면 이번에는 탄산음료가 관객에게 웃음을 준다.

제5막(액트 5) — 여분의 커다란 고블릿을 이용한 브로모 셀처(bromo-seltzer, 두통 날 때 시원한 탄산음료를 마시자는 뜻-옮긴이)로 마무리했다. 거품 나는 셀처 탄산수(셀처는 독일의 selters 마을에서 나는 천연 광천수를 말함-옮긴이)가 든 커다란 컵을 들고 여성 조수를 향해 건배함으로써 관객의 흥미를 유발하는 액션으로 마무리했다.

유럽은 물론이고 미국의 극장과 카바레(cabaret, 쇼 등을 즐기면서 식사를 할 수 있는 곳-옮긴이), 클럽 등에서 오랫동안 사랑받아 온 유럽의 출신의 뛰어난 마술사 프락손의 액트에서도 보드빌의 다섯 가지 루틴을 응용한 흔적이 나타난다.

프락손의 쇼

제1막(액트 1) — 불꽃이 반짝이는 무대에서 불붙은 담배 메니플레이션을 선보였다. 불붙은 담배를 입에 넣고 물을 마시자 여전히 입에서 불붙은 담배가 나온다.

제2막(액트 2) — 종이에 싼 계란이 사라지는 마술을 선보였다.

제3막(액트 3) — 커다란 고블릿에서 커다란 카드가 나오는 마술을 선보였다. 대사가 많은 부분이었다.

제4막(액트 4) — 샴페인이 든 통으로 동전을 잡는 마술을 선보였다. 액션과 짤랑거리는 소리가 어우러지는 재치 있는 마술이었다.

제5막(액트 5) — 소리 나는 라디오가 사라지는 마술을 선보였다.

이밖에도 다양한 액트와 쇼를 분석해볼 수 있지만 그럴 필요는 없을 것 같다. 벌써 눈치 챘겠지만 모든 쇼와 액트의 구성 원리는 똑같다.

효과적인 오프닝

막이 오를 때 사용할 대사를 만들기 위해서 한 단어당 10달러를 지불하는 것은 과연 이익이 되는 일일까? 대답은 '그럴 가능성이 충분하다' 이다. '레슨 35 관객을 웃게 만드는 방법' 에서 자세히 설명하겠지만 나는 실제로 그만 한 돈을 지불한 적이 있다. 막이 오르는 순간부터 각양각색의 관객을 확실히 사로잡을 수 있는 오프닝 대사를 한 글자도 틀리지 않고 그대로 소개한다. 이것은 내가 15년 동안 다양한 관객들 앞에서 실제로 그 효과를 확인한 방법이다.

내가 몇 년 동안 무대에서 가장 먼저 선보인 마술은 지팡이가 사라졌다 다시 나타나게 하는 마술이었다. 나는 마술사의 신비한 힘에 관한 이야기로 말문을 열었다. "제가 투탕카멘왕의 시대에 살았다면 투탕카멘왕은 저의 신비한 힘이 마법의 지팡이에서 나온다는 사실을 단번에 꿰뚫어보았을 것입니다. 전 아마 파피루스로 지팡이를 싼 다음 찢어서 지팡이가 감쪽같이 사라져버렸다고 했겠죠. 여러분도 잘 아시다시피 파피루스는 당시에 종이로 쓰였죠. 하지만 실제로는 지팡이가 사라진 것처럼 보이게 만드는 것뿐이니까 투탕카멘왕이 속는 거죠. 사실은 옷 속에 숨길 거거든요." 이렇게 말한 후 코트 주머니에서 다시 지팡이를 꺼낸다. 지팡이를 테이블에 올려놓고 끈과 술이 달린 '중국 지팡이' 두 개를 잡으면서 "중국에서는 마법의 힘이 깃든 지팡이 두 개가 모이면 동양의 이중 지팡이가 된다고 하죠" 라고 말한다.

이렇게 단도직입적으로 오프닝 대사를 읊은 후 곧바로 '중국 지팡이' 마술로 들어갔다. 때로는 어디선가 지팡이가 나타나도록 한 다음 그 지팡이를 가지고 쇼를 시작하기도 했다. 지팡이가 나타나게 하는 방법은 여러 가지였다. 가짜 뱀으로 파라오 앞에서 마술을 보여주는 모습을 표현하거나 색종이 조각이 흩뿌려지는 동안 지팡이가 사라지게 만들거나 종이 찢기 마술에서 사용할 기다란 종잇조각으로 지팡이를 숨기기도 했다. 러셀 월시(Russel Walsh)는 지팡이가 양손에 놓인 상태에서 갑자기 커다란 실크로 변하게 하는 방법을 고안했다. 그것은 나이트클럽이나 카바레, 스테이지에서 공연하는 마술사들에게 특히 인기가 있었다. 현재 나는 길고 폭이 좁은 봉투에 지팡이를 넣어 사라지게 만드는 방법을 사용한다. 찢은 봉투 조각은 관객의 무릎에 떨어지게 한다.

바비 벡스터(Bobby Baxter)는 매우 신기한 방법으로 지팡이를 신문지에 돌돌 말아서 숨겼다. 갑자기 빛나는 조명과 함께 종이를 풀어서 지팡이가 나타나도록 했다. 그렇게 멋진 방법으로 나타난 지팡이를 가지고 쇼를 시작했다.

'사회자(Master of Ceremonies)' 처럼 재치 넘치는 '도니(베르너 F. 돈필드)' 는 담배와 플래시 페이퍼(flash paper)로 무대를 열었다. 손에 든 플래시 페이퍼에 갑자기 불꽃이 타오르게 함으로써 단번에 관객의 관심을 사로잡았다. 이렇게 처음 무대에 등장하자마자 관객의 관심을 사로잡은 후 조그만 지갑에서 커다란 지팡이가 나타나게 하는 마술을 선보이거나 했다. 케이스 클라크(Keith Clark)는 양손에서 차례로 불꽃이 타오르게 하면서 무대에 등장했다. 의상은 회색 예복을 착용했다.

로프 마술 전문 마술사 밀번 크리스토퍼(Milbourne Christoper)는 흰색 로프에서 갑자기 세 개의 매듭이 생기게 하는 방법으로 첫 무대를 장식했다. 또는 실패에서 풀어낸 실이 로프로 변하거나 로프에서 담배가 나오게 하기도 했다. 또한 그는 배경음악을 잘 활용한다. '카우보이의 매듭—특별한 카우보이 음악' 같은 매듭 마술로 시작하기도 한다. 그럴 때는 "이번에 보여드릴 마술은 '페루의 도마뱀 매듭(Peruvian Lizard Tie)' 입니다. 페루 음악으로 부탁해요"라며 무대 뒤쪽에 있는 오케스트라에 연주를 부탁한다. 그러면 오케스트라가 두 배 빠른 템포의 곡을 연주한다. 희극적인 분위기를 살리기 위해 계속 똑같은 곡을 연주하라고 부탁할 때도 있다.

토미 마틴(Tommy Martin)은 코트 주머니에서 손수건을 꺼낸 후 포도주가 든 고블릿이 나타나게 한다. 시끌벅적한 나이트클럽 무대에서는 마이크에 대고 말함으로써 관객의 시선을 끈다.

존 부스(John Booth)는 불붙은 담배를 실크로 바꾸는 오프닝을 좋아한다. 불붙은 담배는 온데간데없이 사라지고 손가락 사이에서 갑자기 실크가 나타나는 마술로 관객의 관심을 사로잡는 데 효과적이다. 존 무홀랜드(John Mulholland)는 마술 강의를 할 때 처음에 골무가 나타나도록 한 후에 시작한다.

그렇다면 카디니는 어떨까? 카디니는 오페라 관람용 모자와 흰색 장갑, 단안경까지 쓴 완벽한 영국 신사로 변신해서 등장한다. 그는 신문을 읽고 있다가 앞에 서 있는 벨보이를 쳐다본다. 그리고 벨보이의 턱으로 손을 뻗어 팬되어 있는 카드가 나오게 한다. 벨보이에게 준 신문에 카드를 던지고 계속해서 팬 되어 있는 카드가 나타나도록 한다.

니콜라는 모자와 토끼가 마술사의 상징이라고 생각했다. 그래서 완벽한 정장 차림에 망토와 모자를 착용하고 등장해 자신의 모자에서 흰색 토끼가 나타나게 했다. 한

편 잭 귄(Jack Gwynne)은 나무상자에서 커다란 흰색 토끼가 나오게 하는 방법을 사용한다. 세 방향으로 된 칸막이 위에서 재빨리 나무상자를 조립한다.

세르베 르 로이(Servais Le Roy)는 오페라 관람용 모자에서 연속적으로 커다란 토끼가 나타나게 하는 방법을 사용했다. 통통한 몸집의 조수 보스코(Bosco) 역시 모자에서 토끼가 나타나게 했다. 그가 헐렁한 바지에서 커다란 산토끼를 꺼낼 때면 관객석이 웃음의 도가니로 변했다.

폴 로시니는 특유의 스타일 때문에 다양한 마술로 첫 무대를 장식할 수 있었다. 그의 대사와 카리스마, 마술 스타일이 서로 조화를 잘 이루었다. 또 그는 놀라움을 선사하는 컵스 앤드 볼즈로 무대를 여는 것을 좋아한다. 마도니(Mardoni)는 쌀과 오렌지, 꽃병, 다이아몬드 게임을 이용해서 물체가 세 가지로 바뀌게 하는 루틴을 애용한다.

'마술사 라센 가족(Magical Larsen Family)'의 빌 라센(Bill Larsen)은 큰 공과 컵을 이용해 직접적이고 재치있는 몇 가지 동작을 선보이는 컵스 앤드 볼즈 루틴으로 오프닝을 장식한다. 그의 아름다운 아내 제럴딘(Geraldine)이 조수 역할을 한다.

캘리-캘리(Cali-Cali)는 컵과 공, 계란을 이용한 루틴으로 쇼를 시작하고 병아리로 마무리한다. 이집트인으로 변장한 채 자신의 유명한 이집트 마술을 선보이면서 순조로운 스타트를 끊는다. 일명 위대한 자(The Great)라고 불리는 알렉산더 헤르만(Alexander Herrmann)은 흰색 장갑을 꺼낸 후 허공에서 사라지게 만드는 오프닝을 선보였다. 때때로 흰색 장갑을 돌돌 말아 허공으로 던져서 비둘기로 변하게 한 다음 새장으로 날아들어 가게 만들기도 했다. 프레더릭 유진 파웰(Frederick Eugene Powell)과 에드워드 레노(Edward Reno) 역시 그러한 유형의 오프닝을 성공적으로 활용했다. 루 브렌트(Lu Brent) 같은 현대 마술사들은 장갑을 던져 커다란 꽃다발로 변하게 만들기도 한다.

중국식 마술쇼에도 여러 가지 훌륭한 오프닝이 있다. 그중에서 서너 가지 색깔의 종이를 찢어 공처럼 돌돌 만 다음 허공으로 던져 꽃다발로 변하게 만드는 방법이 있다. 칭 링 푸(Ching Ling Foo)는 바닥에 놓인 헝겊 아래에서 물이 담긴 커다란 볼이 나타나게 하는 오프닝을 선보였다. 친 우(Chin Woo)는 뚜껑 달린 유리병에 담배를 던져 연기가 피어오르게 하는 신기한 오프닝을 선보였다. 막이 오르기 전에 징을 세 번 울리는 것도 처음에 관객의 '분위기'를 살리기 위한 좋은 방법이다.

풀 스테이지 공연에서 정교한 오프닝을 선보이려면 필요한 도구가 많기 때문에 짐도 늘어난다. 나는 항상 마술사가 무대 중앙에서 연기와 함께 나타나는 것이 가장 이상적인 오프닝이라고 생각했다. 관객은 훅 하는 연기와 함께 마술사가 사라지거나 나타나는 것을 정말 좋아한다. 그러한 이펙트를 연출하기 위해 지금까지 여러 가지 방법이 활용되었다. 그레이트 레이먼드(The Great Raymond)는 연기와 함께 멋지게 등장했다. 매력적인 여성 트럼펫 연주자 여덟 명이 무대 중앙에 놓인 금속 플랫폼을 마주 보고 서 있었다. 막이 오르는 동시에 팡파르가 울렸다. 갑자기 연기가 나오면서 멋진 야회복을 입고 웃으면서 서 있는 레이먼드가 무대에 나타났다. 연기가 뿜어져 나온 후 커다란 프레임 안에서 등장하는 마술사들도 있다.

언젠가 서스톤은 무대 중앙에 커다란 책을 놓고 오프닝을 선보였다. 책 옆에 여자 조수가 서 있고 책 표지에는 '세계의 유명 마술사(World Famous Magicians)' 라는 제목이 쓰여 있었다. 조수가 책을 펼치자 북쪽의 마술사(Wizard of the North) 존 헨리 앤더슨(John Henry Anderson)의 그림이 나왔다. 계속해서 책장을 넘기자 헤르만과 켈라 같은 마술사들의 그림이 나왔고 마지막으로 마치 그림인 것처럼 책 안에 서 있는 서스톤이 나타났다. 서스톤은 책에서 빠져나와 꽃과 물이 담긴 그릇, 불이 담긴 그릇, 비둘기 등을 연이어 나타나게 했다. 모든 마술은 아무런 대사 없이 특별히 편집한 음악에 맞춰 이루어졌다.

데이비드 뱀버그(푸 만추)도 비슷한 방법으로 무대에 등장한다. '마술사는 반드시 신기한 방법으로 등장해야 한다' 는 것이 그의 신조이다. 푸 만추도 서스톤처럼 무대에 커다란 책을 준비해놓는다. 중국 전통 의상을 입은 여성 조수 두 명이 책장을 넘긴다. 가장 먼저 중국 마술사들의 쇼를 흉내 내는 중국 마술신의 그림이 나오고 이어서 칭 링 푸와 청 링 수, 오키토가 나오고 마지막으로 푸 만추의 그림이 나온다. 푸 만추의 그림이 반으로 찢어지면서 실제로 푸 만추가 등장한다.

남미 투어를 성공적으로 마친 창(Chang)은 악마로 분장한 소녀들이 춤추고 있는 지옥의 풍경으로 무대를 열었다. 불꽃과 무서운 가면을 쓴 데블 닥터(Devil Doctor)가 등장한다. 데블 닥터가 무서운 가면을 벗자 창의 얼굴이 나타난다.

이처럼 오프닝은 특별히 정해져 있지 않다. 마술사의 스타일이나 쇼의 성격에 따라 달라진다. 가장 중요한 것은 오프닝으로 무대의 막이 오른 순간부터 관객의 관심을 사로잡아야 한다는 사실이다.

클로징The Closing

클로징의 규모와 특징 역시 쇼의 유형과 성격에 따라 달라진다. 처음에 작은 물체를 이용한 루틴을 선보인 후 마지막에 모자에서 토끼가 나오는 모습을 보여주면 굉장히 대단해 보인다. 마치 짐 셔먼(Jim Sherman)이 관객에게 빌린 모자에서 토끼가 나오게 한 것처럼 말이다. 이것은 관객은 물론 마술사들 사이에서까지 흥미진진한 화젯거리가 되었다. 카디니(Cardini)는 담배와 파이프가 나타나게 한 후 담배에 불을 붙이는 신속한 마무리를 선보였다. 나는 어릴 때 고향인 일리노이 주 모튼의 문화회관에서 단테의 마술쇼를 구경한 적이 있었다. 그때 단테는 일루전 마술을 클로징으로 선보여 관객을 사로잡았다. 무대 중앙에 액자 두 개를 연결해서 비스듬히 펼쳐놓은 것 같은 프레임이 설치되어 있었고 그 위에 플랫폼이 놓여 있었다. 긴 상의와 터번, 구레나룻 복장을 한 단테가 플랫폼에 서 있었다. 그의 앞쪽에는 양면 칸막이가 있었다. 조수가 나와 칸막이를 내리자 당시 헤르 얀센(Herr Jansen)이라는 이름을 사용했던 단테가 사라지고 없었다. 그런데 조수가 콧수염과 모자를 떼자 그가 바로 단테였다. 비록 어린 시절의 경험이었지만 나는 오랜 세월이 지나서까지 단테의 클로징을 잊지 못했고 그것이 대단히 훌륭한 방법이라고 생각했다.

로랑(Laurant)은 가죽 대신 종이를 덧댄 북에서 큰 실크와 장식리본, 깃발이 나오게 하는 클로징을 선보였다. 종이가 찢어지면서 북 안에서 그것들을 꺼냈다. 커다란 실크 여러 장이 합쳐져 성조기로 변하면서 무대 배경막 전체를 덮었다. 커다란 깃발을 사용할 때는 걸고자 하는 곳에 제대로 걸어야 하고 바닥에 닿지 않도록 조심해야 한다. 다양한 색깔의 실크를 사용하는 것도 효과적이다. 로랑은 보드빌에서 '화장(火葬)'을 클로징으로 선보였다.

에드 레노(Ed Reno)는 어린이 관객을 조문객으로 불러 재미있는 오리 장례식을 선보였다. 본격적인 장례식이 시작되자 상자 안에 담겨 테이블에 놓여 있던 오리가 온데간데없이 사라졌다.

후디니(Houdini)와 하딘(Hardeen), 프랭크 시저(Frank Caesar)를 비롯한 많은 마술사들은 '사람을 바꾸는 트렁크(Substitution Trunk)'가 훌륭한 클로징이라고 생각했다. '사람을 바꾸는 트렁크'란 가방에 여자아이를 넣고 잠근 후 밧줄로 묶으면 소녀가 마술사로 변하는 마술이다. 퍼시 애벗(Percy Abbot)은 나무로 된 포장 케이스를 넣어 놓은 레이스 달린 캔버스 가방을 이용했다. 자신과 조수를 바꿔치기 할 수 있는 좋은 방법이었다.

이 책의 마지막에서 설명할 '중국남자와 유령 그리고 고양이(Chinaman, the Ghost and the Cat)' 나 '서커스의 유령(The Phantom of the Circus)' 같은 일루전 마술은 그 자체로도 촌극이 되는 매우 효과적인 클로징이다. 켈라의 '마녀와 선원 그리고 원숭이(The Witch, the Sailor and the Monkey)' 는 촌극 유형의 독창적인 일루전 마술이었다. 블랙스톤(Blackstone)을 비롯한 몇몇 마술사들은 재빠른 변화 일루전을 클로징으로 선호한다.

푸 만추는 '유령의 성(Haunted Castle)' 이라는 기괴한 무대 장치에 '유령 캐비닛(Spirit Cabinet)' 으로 코미디 요소를 가미한 클로징을 선보였다. 야광으로 빛나는 유령과 해골로 '오락적인 가치' 를 추구하고 마지막에 조명을 틀어 '빛' 과 '흥행의 가치' 를 더했다. 공동묘지가 아름다운 소녀들이 가득한 '용의 동굴(Dragon Cave)' 로 바뀌었다.

아무리 단순한 마술이라도 필요한 복장을 갖춰 입고 무대 장치와 도구를 준비해놓으면 큰 규모의 일루전 마술처럼 보이게 만들 수 있다. 나는 쇼에서 '힌두 로프 마술(Hindu Rope Mystery)' 이나 '중국의 밥그릇(Chinese Rice Bowls)', '사막의 모래(Sands of the Desert)' 같은 마술을 선보이면서 그 사실을 깨달았다. 그러기 위해서는 연출과 조명, 복장, 연기 그리고 음악이 제대로 갖춰져야 한다. 유명한 동전 마술사 앨런 쇼(Alan Shaw)는 핀이 꽂혀 있는 지점 아래에서 손가락에 1달러 은화를 돌돌 마는 클로징을 선보였다. 물론 그것은 정확한 조명과 연출로 이루어졌다.

잭 귄(Jack Gwynne)은 주로 앙코르 마술을 클로징으로 삼는다. 아름답게 각색한 '인형의 집(Doll House)' 이 그의 단골 클로징 메뉴였다. 하지만 앙코르를 선보일 때는 금속 프레임에 달린 벨벳 커튼에 양손을 찔러 넣은 채 나타나 '잡지 리스토어 마술(Torn and Restroed Magazine Page)' 을 선보인다. 앙코르 마술을 통해 관객들이 대규모의 일루전보다 마술사 개인을 기억하게 만들어야 한다는 것이 그의 신조이다.

예전에 롤테어(Roltare)를 비롯해 메니플레이션이 위주가 되는 무대를 선보인 마술사들에게는 테이블을 오페라용 모자와 지팡이 혹은 트렁크 가방으로 바꾸는 클로징이 인기였다. 그들은 그렇게 바꾼 물건을 가지고 무대에서 물러났다. 프랑스에서 펜싱을 연구한 케이스 클라크(Keith Clark)는 대단히 재치 있는 클로징을 선보인다. 관객이 허공으로 던진 덱이 떨어지는 순간 그가 검을 들고 허공으로 돌진하여 카드의 중앙을 찌르는 것이다.

더닝거(Dunninger)는 나와 마찬가지로 아슬아슬한 심리 마술을 클로징으로 선호한다. 색다른 대사를 이용하는 심리 마술 루틴이 관객의 기억에 오래도록 남고 흥미로운 화젯거리가 된다는 사실을 잘 알기 때문이다. 그레이트 알렉산더를 비롯한 수많은 마술사들이 독심술을 이용한 클로징을 유용하게 활용했다. 그 효과는 마술사가 독심술사 역할을 제대로 하느냐에 좌우된다.

언젠가 번쩍 하는 빛과 연기 속에서 마술사가 갑자기 사라지는 클로징을 보는 것이 나의 소망이다. 커튼 앞이나 무대 중앙에 혼자 서 있다가 갑자기 사라진다면 더 효과적일 것이다. 클로징에 꼭 필요한 극적인 '빛' 요소까지 들어 있지 않은가.

쇼의 균형 맞추기 Balancing The Show

계속 관객의 흥미를 끌려면 오프닝과 클로징 사이에 여러 가지 흥미진진한 마술과 오락을 선보여야 한다. 중국 속담에 "새로움은 기쁨의 어머니다"라는 말이 있다. 요즘 사람들은 변화를 좋아한다. 바짝 긴장한 상태에서는 아무리 좋은 것이라도 참을 수 있다. 군침 도는 음식마저도 말이다. 그런데 원래 인간이라는 존재는 쉽게 피로와 불안을 느끼기 때문에 계속해서 관객의 관심을 잡아끄는 것은 매우 힘들다. 피로가 밀려오면 휴식을 원하게 되는 법이다. 따라서 쇼에 변화가 나타나기를 바라고 새로운 재미가 펼쳐지기를 바라게 된다.

"다양함은 인생의 색다른 묘미이다"라는 말은 보드빌이나 여느 쇼에서도 마찬가지이다. 쇼에서는 타이밍과 자연스러운 연기 그리고 다양함이 가장 중요하다. 그 법칙은 마술쇼에서도 똑같이 적용된다. 결국 마술은 인간의 감정과 심리를 다루는 분야이기 때문이다. 관객은 도저히 불가능한 일처럼 보이는 신비한 경험을 원할 뿐 아니라 유쾌한 웃음과 재미, 영감, 놀라움 그리고 공포와 눈물까지도 경험하고 싶어한다.

하나의 마술은 여러 가지 요소로 나눌 수 있다. 바로 신비함과 흥행 가치, 코미디, 놀라움, 빛, 색채, 팬터마임, 대사, 오프닝, 클로징, 주요 메뉴, 유지, 일루전, 메니플레이션, 심리, 교육, 무시무시함, 판타지, 시간 때우기, 새로움, 빠른 장면, 서커, 드라마틱 같은 요소이다.

대부분의 마술은 2~4가지 유형이 조합되어 이루어진다. 때로는 대조법을 활용하는 것도 효과적이다. 다시 말하자면 진지한 코너 다음에 그와 대조적인 코미디를 삽입함으로써 관객에게 웃음을 줄 수 있다. 각각의 요소를 연구해서 다양성을 갖춘 쇼를 만들어야 한다. 하지만 어떤 루틴을 삽입할 때는 극적인 이유가 있어야 한다. 한 예로 내 쇼에는 중국 코너가 있다. 나는 관객에게 다양한 중국식 마술을 보여줌으로써 중국 마술에 대한 이해를 돕고자 한다. 처음에는 '한지 찢기(Chinese Paper Tearing)' 로 시작해서 네 개의 반지를 이용하는 '연결된 반지(Linking Ring)' 루틴으로 넘어가고 '밧줄에서 나무 반지 빼기(Three Wooden Rings off a Rope)' 와 상자에서 토끼가 나오는 팬터마임 마술인 '실크 마술(Silk Mystery)' 로 넘어가고, 중국 전통 의상을 입고 선보이는 극적인 '밥그릇 마술(Rice Bowl Mystery)' 로 마무리한다.

특정한 국가의 특징을 보여주는 루틴을 만들 때는 마술에 포함되는 내용에 대해서 잘 알아야 한다. 예를 들어 이집트에서는 '계란은 탄생의 상징' 이라고 생각해서 계란을 다양한 용도로 사용한다. 따라서 이집트 마술에서 계란과 병아리는 매우 중요한 역할을 한다. 계란과 병아리 마술은 조금씩 내용을 달리 해서 다양하게 선보일 수 있다. 계란과 병아리를 이용한 '컵스 앤드 볼즈' 와 손수건 안에 계란을 넣는 '깨지지 않는 계란(Unbreakable Egg)', '에그 백(Egg Bag)' 으로 즐거운 루틴을 만들 수 있다.

어떤 물체를 변하게 만들거나 합쳐서 다음 이펙트에 이용하는 경우가 많다. 예를 들어 지팡이를 실크로 바꾼다. 실크에서 나온 팬한 카드를 모자에 떨어뜨린다. 모자를 뒤집자 카드는 사라지고 실크가 나온다. 실크 두 장을 묶어서 낚싯대 끝에 놓는다. 갑자기 마술사의 손에 반대 색깔의 손수건이 나타난다. 마술사가 '딱' 하고 신호를 보내자 그 손수건이 사라지고 다른 두 장의 손수건과 함께 묶인 채 관객의 머리 위에 있다. 이런 것이 바로 '조합(blending)' 이다. 어떤 물체를 계속 다른 물체와 조합함으로써 계속해서 놀라움을 선사할 수 있다.

직접적인 방식을 활용해야 시간과 에너지 낭비를 피할 수 있다. 말하자면 1.5m 내에서 할 수 있는 일을 4.5m 내에서 하지 말라는 뜻이다. 항상 신속하게 움직일 수 있도록 모든 도구들은 제자리에 잘 갖춰놓는다. 테이블에 너무 많은 물건을 올려두거나 무대가 너무 산만하면 안 된다. 조수가 필요한 물건을 제때 가져오고 치우는 것도 매우 중요하다. 만약 조수가 없다면 필요한 물건을 손에 잘 닿는 곳에 두고 재빨리 처리할 수 있어야 한다. 한 가지 마술이 끝나면 적당한 시간 간격을 두고 다음 마술을 선보여야 한다.

즉석으로 선정하게 되는 관객의 존재도 항상 고려해야 할 문제이다. 무대에 너무 많은 사람이 들락날락하면 안 된다. 남성 관객 두 명이 필요하다면 그들의 도움으로 준비를 끝마친 후 무대 아래로 내려 보낸다. 또다시 도와줄 사람이 필요하다면 이번에는 여성 관객을 부르고 다음에는 어린이 관객을 부른다. 가장 중요한 것은 어떤 순간에도 관객을 당황하게 만들지 말라는 것이다.

루틴을 만들 때는 되도록 무대에 서 있는 시간이 많도록 해야 한다. 관객석으로 내려가서 관객과 섞이는 순간 마술사로서의 파워를 잃어버리게 된다. 게다가 관객석으로 내려가서 마술을 선보이면 몇몇 관객에게만 잘 보이고 나머지 관객들은 마술사 주위에 모여들어 기다려야 하는 사태가 발생하므로 쇼가 지체되는 경우가 많다. 극장에서의 1분은 마치 10분처럼 느껴질 만큼 긴 시간이다. 꼭 관객석으로 내려가야 한다면 지체하지 말고 최대한 빨리 무대로 돌아와야 한다. 모든 관객에게 잘 보이도록 꼭 무대에서 시연해야 한다.

어떤 마술을 선보일지 제대로 선택하고 관객을 잘 다루면서 최고의 루틴을 만들기 위해서는 경험이 가장 중요하다. 당신이 개인적으로 좋아하는 마술도 있고 그렇지 않은 마술도 있을 것이다. 또한 자신 있게 선보일 수 있는 마술도 있고 약간 자신 없는 마술도 있을 수 있다. 에이드 듀발(Ade Duval)이 그랬던 것처럼 자신이 마음에 드는 마술을 확장해서 발전시킬 수 있어야 한다. 듀발은 실크 한 장이 나오게 하는 '유령의 튜브(Phamton Tube)' 마술을 특히 좋아했다. 그래서 몇 장의 실크가 더 나오게 하는 방법을 연구했다. 결국 실크와 장식리본까지 나오게 해서 온 무대를 덮을 수 있게 되었다. 하지만 거기에서 그치지 않고 그 아이디어를 이용해서 유럽과 아메리카에서 최고 히트를 기록한 '실크 안의 판타지(A Phantasy in Silk)' 를 만들었다.

풀 이브닝 쇼는 1부와 2부로 나누는 것이 관례이다. 1부와 2부에는 각각 오프닝과 관객의 관심을 유지하기 위한 마술 그리고 클로징으로 이루어지는 루틴이 있다. 1부 끝부분에 히트 메뉴를 넣는 것이 좋다. 그래야 2부가 시작되기 전 휴식 시간에 관객들에게 이야깃거리를 제공할 수 있다. 1부 프로그램이 좋아야 관객의 기대가 커지고 2부의 성공이 보장되므로 매우 중요하다.

"사랑이 세상을 움직인다"는 말이 있다. 사랑은 마술쇼까지 움직일 수 있다. 애정이 깃든 노력이 있는 곳에 관객의 사랑이 있다. 천재도 그곳에서 탄생한다. 애정으로 만들어진 쇼는 '활기'를 띠고 결국 관객에게 기쁨을 줄 수 있는 프로그램이 된다.

이 책에는 다양한 오프닝과 클로징, 중간에 끼워 넣을 만한 마술이 나온다. 간단한 형태로 시연할 수 있는 마술을 통해 기본 원리를 배우면 필요에 따라 더 멋지고 정교하게 바꿀 수 있다.

LESSON

35

관객을 웃게 만드는 방법

Tarbell course in MAGIC

관객을 웃게 만드는 방법

"제작자는 돈이나 표로 박수를 살 수 있지만 웃음은 살 수 없다. 웃음은 관객이 즐거운 마음으로 지불하는 대가이기 때문이다."

– 애슈턴 스티븐스(Ashton Stevens)

오늘날 마술은 기본적으로 엔터테인먼트에 속한다. 웃음 없는 엔터테인먼트는 산타할아버지 없는 크리스마스와 같다. 마술과 웃음은 늘 함께 하는 사이이다. 저명한 기업가이자 스타 메이커 제임스 폰드(James B. Pond)도 "누구나 마술사를 사랑한다"라고 하지 않았는가.

그런데 과연 무엇이 사람들을 웃게 만들까? 여성 클럽에서 공연을 한다고 생각해 보자. 몇 가지 오프닝을 선보인 후 한 여성에게 다가가 이렇게 말한다. "실례합니다. 머리에 동전이 있네요"라고 말하면서 머리에서 동전이 나오게 하면 관객석은 웃음 바다가 될 것이다. 그 이유는 무엇일까? 여성 관객의 머리에서 동전을 꺼내는 것이 그렇게 재미있는 행동일까?

마술용품점에서 마술쇼의 코미디 오프닝으로 활용할 수 있는 제품을 광고한다고 해보자. 하지만 그 제품이라는 것이 고작 '팜한 동전을 여성의 머리에서 꺼내라'라는 안내서라면 과연 당신은 어떤 반응을 보일까? 아마 속았다는 생각에 가게 주인에게 마구 화를 낼 것이다. 하지만 그 제품이 의자에 붙이는 도구라면 어떨까? 의자에 앉는 순간 종이 뚜껑이 큰소리를 내면서 떨어진다면 소비자는 관객을 웃길 수 있는 도구라며 돈이 하나도 아깝지 않다고 생각할 것이다.

이 제품을 가지고 교양 있고 우아한 회원들이 모인 여성 클럽에서 공연한다고 해보자. 관객 한 명을 의자에 앉히자 '쾅' 하는 소리가 난다면 모두 어떤 반응을 보일까? 관객들은 당신이 바보라고 생각할 것이다. 처음부터 좋지 않은 모습을 보이면 나머지 프로그램까지 망치게 된다. 그 이유는 '쾅' 하고 터지는 소리가 재미없기 때문도 아니고 마술용품점에서 정직하지 못한 물건을 팔았기 때문도 아니다. 단지 코미디가 어울릴 만한 장소가 아니기 때문이다.

문제는 마술사가 관객의 심리를 제대로 이해하지 못했다는 것이다. 자신이 아니라 관객을 의자에 앉게 한 것이 그의 실수이다. 자신이 의자에 앉은 후 '쾅' 하는 소리가 나자 깜짝 놀라며 "일부러 의자를 부서뜨린 것 아니냐고요? 네, 맞습니다. 쇼의 시작을 알리는 '쾅' 하는 소리입니다"라고 말한다면 어떨까? 놀림의 대상은 바로 마술사 본인이 되므로 관객이 웃음을 터뜨리게 된다.

'완벽한 바보(The Perfect Fool)'의 에드 윈(Ed Wynn)은 농담 그 자체뿐 아니라 누가 어떻게 말하는지가 사람을 웃게 만든다고 말한다. 모든 일에는 알맞은 시간과 장소가 있기 마련이다. 웃음과 눈물은 종이 한 장 차이이다. 보는 각도에 따라 웃음이 될 수도 있고 눈물이 될 수도 있다.

오프닝의 가치Value of an Opening

몇 년 전 벨라스코(Belasco)의 전 프로듀서인 샌더 랜도노비츠(Sandor Randonovitz)에게 100달러를 지불하고 내 프로그램의 오프닝을 부탁한 적이 있다. 그가 만들어준 오프닝 대사는 이러했다. "예전에 친구 엘버트 후바드(Elbert Hubbard)에게 이런 부탁을 한 적이 있죠. 마술사로서 조언 한마디 해달라고 말이에요. 여러분도 아시다시피 그 친구는 로이크로프터(Roycrofter, 미국의 예술과 공예 발달에 기여한 공예 기술자들의 모임인 로이크로프트의 회원을 뜻함-옮긴이)죠. 그랬더니 그 친구가 그러더군요. '사실만을 이야기하면 되네. 그러면 관객이 속을 거야' 라고요." 결과적으로 그 100달러는 내 인생에서 가장 값지게 쓴 돈이었다. 그 돈의 가치는 100달러 이상이었다. 그 대사는 내가 주로 상대하는 관객들에게 잘 맞았기 때문에 즉시 웃음을 이끌어낼 수 있다. 나의 공연 스타일에도 잘 맞는다. 나는 엘버트 후바드를 잘 알 뿐 아니라 그의 철학까지 연구했다. 어떻게 보면 나도 로이크로프터라고 할 수 있었다. 나중에 나는 내 프로그램에 엘버트 후바드의 사상을 집어넣기도 했다.

웃음의 심리학Psychology of Laughter

웃음의 심리학을 공부하면 관객에게 어필하기 위해서 꼭 알아야 할 기본 원리를 배울 수 있다. 어느 저명한 심리학자는 무엇이 사람을 웃게 만드는지 알아보기 위해서 갓난아기들을 대상으로 실험했다. 인간이 어떻게 해서 웃기 시작하는지 알아보기 위해서였다. 아기들은 심리학자가 아기들을 안아 엄마 쪽으로 흔들어서 옮길 때 가장 쉽게 반응하고 가장 크게 웃었다. 그는 엄마의 팔에 닿기 직전에 다시 아기들을 뒤로 뺐다. 물론 그것은 고의적인 행동이었지만 그가 그렇게 하자 아기들은 불안해했다.

여기에서 웃음을 유발하는 기본 원리를 알 수 있다. 그 원리는 마술쇼에 응용할 수 있다.

- 웃음은 관객의 마음이 그들이 기대하는 목표 지점으로 옮겨지다가 도착하기 직전에 유쾌하게 뒤로 물러나 전혀 다른 결론에 도달할 때 발생한다.
- 웃음은 생각의 기차가 평행으로 뻗은 길을 지나 '난센스(nonsense)'의 붕괴에서 멈출 때 생긴다.

맥스 말리니(Max Malini)는 공식적인 사교모임의 무대에 선다. 부유한 사람들이 모이는 곳이다 보니 주변 환경이 화려하고 호화롭다. 그는 각설탕 네 개가 사라졌다 나타났다 하는 손기술을 선보인다. 텅 빈 모자를 보여주고 입구가 아래로 가도록 테이블에 올려놓는다. 그의 손에 있던 각설탕이 사라지고 모자 안에서 나온다. 나머지 각설탕도 차례차례 모자 안에서 발견된다. 말리니가 각설탕 네 개를 집어 모자를 향해 던지자 모두 사라진다. 관객 한 명이 직접 모자를 들어본다. 이때 관객은 모자 안에서 무엇이 나오기를 기대할까? 물론 네 개의 각설탕이 나오리라고 생각한다. 지금까지 각설탕이 한 개씩 나타났으므로 이번에는 다 같이 모여 있으리라고 생각한다. 하지만 모자를 들추었을 때 정말 각설탕 네 개가 나올까? 그렇지 않다. 모자를 들추자 길거리에서 주워온 것이 분명한 벽돌 반쪽이 나타난다. 그러자 관객석에서 웃음이 터져 나온다.

어처구니없는 결말Nonsensical Denouement

말리니는 관객이 기대하는 목표 지점으로 그들의 마음을 옮기다가 목표에 도착하기 직전에 유쾌하게 뒤로 물러나게 함으로써 전혀 다른 결론—난센스—에 도달하게 만들었다. 격식을 차린 사교 모임에서 마술사가 거리에서 주워온 벽돌을 내놓으리라고 누가 상상이나 했겠는가? 관객들이 두고두고 말리니와 벽돌에 대해서 이야기할 것은 뻔하다. 맥스 말리니는 예기치 못한 결말을 보여주는 마술사로 크게 유명해졌다.

나는 '20세기 손수건 마술(20th Century Handkerchief Trick)'을 시연할 때 노란색 손수건과 파란색 손수건의 귀퉁이를 묶고 돌돌 말아서 유리잔에 넣는다. 초록색 손수건을 집어 유리잔에 던지는 척해서 사라지게 한다. 노란색 손수건 귀퉁이를 잡아 손수건을 꺼낸다. 노란색과 파란색 사이에 초록색이 아니라 빨간색 손수건이 묶여 있다. 그 순간 내가 뭔가 잘못된 듯 당황한 표정을 지으면 관객석은 웃음바다가 된다. 예기치 않은 결말이 관객을 웃게 만드는 것이다.

예를 들어 묶은 두 손수건 사이에서 다른 색깔의 손수건이 나오는 대신 엉뚱하게 덧신 같은 물체가 나온다고 생각해보자. 분명히 관객석은 웃음바다가 될 것이다.

카디니는 코미디를 선보일 때 사건이 예기치 않은 쪽으로 흘러가도록 한다. 놀라움의 연속이다. 카디니 본인이 관객보다 더 놀란 모습을 보인다. 그가 다른 방향을 보고 있을 때 그의 손끝에서 엉뚱한 물체가 나온다. 그 모습을 먼저 본 관객들은 카디니가 당황할 것을 생각하며 웃음을 터뜨린다. 카디니는 몸짓과 중얼거림을 통해 당황한 모습을 훌륭하게 연기한다. 그리고 웃음바다로 변한 관객석을 보면서 클로징을 선보인다. 불붙은 담배가 아니라 엉뚱한 물체가 나온 후 이번에는 손끝에서 정말로 불붙은 담배나 파이프가 나온다.

그렇다면 카디니는 '구두쇠의 꿈(Miser's Dream)'을 어떻게 시연할까? 계속 동전이 나타나게 한 다음에 하나씩 모자 속으로 던질까? 그렇지 않다. 그의 손에서 갑자기 맥주잔이 나온다. 그가 맥주를 마시는 도중에 난데없이 손끝에서 동전이 나온다. '쨍그랑' 하는 소리와 함께 유리잔에 동전을 집어넣는다. 계속해서 손끝에서 동전이 나온다. 그런데 갑자기 손끝에서 빵이 나오자 카디니가 깜짝 놀란다. 그 순간 관객석은 웃음바다로 변한다.

마술 줄거리와 연극 줄거리는 비슷하다Magic plots and play plots, alike

작가들도 앞에서 언급한 심리 뒤틀기(mental twist)를 이용해서 웃음을 이끌어낸다.

'내 동생 에일린(My Sister Eileen)' 은 예상치 못한 결말로 관객의 폭소를 터뜨린다. 3막극으로는 드문 경우이다. 오하이오 주 콜럼버스 출신의 에일린과 그녀의 언니는 뉴욕에 집을 구한다. 하지만 지하에 있는 그 집에서는 전혀 사생활이 보장되지 않았다. 천장에 오픈 윈도가 있는 데다 문에 자물쇠가 없어 사람들이 제멋대로 들락날락하거나 밖에서 뛰는 소리가 시끄럽게 다 들려서 도저히 조용히 지낼 수가 없었다. 또한 지하에서는 지하철 공사 때문에 시도 때도 없이 요란한 폭발음이 들렸다. 재계약을 할 때 집주인은 이제 지하철 소리가 들리지 않을 것이라고 약속한다. 그러한 내용이 담긴 시장의 공문서를 보여주기까지 한다. 안심한 에일린 자매는 계속 그 집에서 살기로 한다. 하지만 머지않아 요란한 드릴링 머신 소리가 들린다. 자매는 집주인에게 "저게 도대체 무슨 소리죠? 이제 폭발음이 안 날거라고 했잖아요!" 라고 소리친다. 그러자 집주인이 대답한다. "이제 폭발 작업은 끝나고 구멍 뚫는 작업이 시작됐거든요!" 또다시 끔찍한 드릴 소리가 들리고 마룻바닥에서 드릴을 든 인부의 얼굴이 보인다.

하딘은 올슨(Olsen)과 존슨(Johnson)의 'Hellz-a-Poppin' 쇼에서 두 명의 코미디언을 위한 '난센스' 를 보여준다. 하딘과 올슨이 칙 존슨을 '아스라(일루전)' 테이블에 올려놓고 흰색 천으로 덮어 공중에 뜨게 만든다. 그런데 올 올슨(Ole Olsen)이 흰색 천을 아래로 잡아당기자 공중에 떠 있던 존슨이 사라진다. 그리고 올슨은 "휴, 하나님 감사합니다. 드디어 저 녀석을 없애버렸군" 라고 말한다. 그런데 위에 있는 상자 안에서 소리가 들려온다. "그건 네 생각이겠지!" 아니나 다를까, 거기에는 잠옷을 입은 존슨이 앉아 있다.

수갑에 묶인 채 캐비닛에 갇힌 존슨이 수갑을 풀고 탈출할 때 서류 파일이 부딪히는 소리와 망치로 모루(대장간에서 달군 쇠를 올려놓고 두드릴 때 받침으로 쓰는 쇳덩이-옮긴이)를 두드리는 소리, 드릴 소리가 난다. 모두 전혀 예기치 않은 소리이다.

'꽥 꽥 꽥(Quack-Quack-Qauck)' 과 '1888년 이후 최고로 담뱃재를 잘 만드는 사람(Maker of Fine Cigar Ashes Since 1888)' 의 닥터 록웰(Dr. Rockwell)은 심리 뒤틀기의 중요성을 잘 알고 있다. 그는 마술사로 일한 지 얼마 안 되어서 그 사실을 배웠다. 어느 날 그는 유리 튜브에서 손수건을 사라지게 만드는 마술을 선보이고 있었다(소매에 숨기는 방식으로). 그런데 갑작스럽게 검은색 실이 끊어지는 바람에 손수건이 컵 안에 그대로 남아 있게 되었다. 하지만 록웰은 당황하지 않고 재빨리 손수건이 왜 사라지지 않았는지 설명했다. "요즘 같은 세상에 정말 믿을 사람 없다는 교훈을 주는 일이네요. 사실 좀 전에 무대 담당자에게 좀 도와달라고 50센트를 주었거든요. 손수건에 묶어놓은 실이 무대 밖에 있는 고양이 꼬리까지 연결되어 있었습니다. 고양이 앞에는 쥐를 넣어둔 덫을 놔뒀죠. 제가 신호를 보내면 무대 담당자가 덫을 열어서 쥐를 내보내기로 했어요. 그러면 고양이가 쥐를 잡으려고 달려갈 테니까요. 하지만 이게 뭡니까. 아무래도 제가 준 돈으로 술을 사먹고 곯아떨어진 모양입니다!"

관객은 그의 엉뚱한 설명에 야유를 보냈지만 마술이 실패했다는 사실과 그의 엉뚱한 설명에 즐거워했다. 나중에 록웰은 의학을 익살스럽게 표현하는 데 자신의 재능을 쏟았다. 그는 다양한 유형의 의사들과 치료법을 경험했기 때문에 환자, 즉 관객과 즐겁게 상담할 수 있었다. 특히 척추를 바나나에 빗대어 치료법을 설명하는 것은 코미디의 고전이다. "이것은 일방통행 도로를 올라가다 죽은 외다리 재단사의 척추입니다. 그의 머리는 이쪽에 있고 그는 반대쪽에 앉았네요."

록웰은 닥터 록웰이라는 자신의 이름을 '난센스의 붕괴' 로 끝나는 진지한 생각의 기차 원리에 응용했다. 록웰이라는 이름을 연상시키는 '닥터' 라는 기품 있는 제목에 'F. O. B.' 나 '켁-켁-켁!' 같은 말을 더해서 코믹한 엔딩을 선보였다. 오후 행사에 커트어웨이 코트(앞자락을 비스듬히 재단한 상의)와 줄무늬 바지를 입은 그의 옷차림은 코미디의 배경이 되는 프로다운 위엄성을 더해주었다. 그는 커다란 시가를 피움으로써 이를 보완했다. 이따금씩 야구 모자를 쓰든가 가운을 입든가 뿔테 안경을 쓰는 방법으로 지적인 외모를 가린 채 "채식주의자는 고기를 먹지 않는 사람입니다"라고 이야기한다. 여기까지는 평범한 생각의 기차이다. 하지만 "남들이 보는 앞에서만 말이죠"라고 덧붙임으로써 평범한 생각의 기차를 파괴한다. 그 결과 관객석에서 웃음이 터져 나온다.

내가 여성 클럽의 무대에 설 때 관객의 머리에서 동전을 꺼내 웃음을 유발하는 것도 똑같은 심리를 이용한 것이다. 나는 처음에 전문 연설자처럼 시작했다. 그런 다음 갑자기 생각을 바꾸어(아무도 기대하지 못한 방향으로) 동전이 있지 않았던 곳에서 동전을 찾아내 관객이 유쾌한 웃음을 터뜨리도록 만들었다. 결국 마술사란 예기치 못한 행동을 해야 하는 사람이 아닌가.

폴 로시니는 '레몬 속에 든 계산서(Dollar Bill in Lemon)' 마술에서 뜬금없이 여성의 머리나 남성의 귀에서 레몬을 꺼내 관객을 큰소리로 웃게 만든다.

예기치 못한 일-마술과 웃음의 기본The Unexpected-Basis of Magic and Laughter

마술은 웃음의 심리학을 토대로 한다. 예기치 못한 일이나 결말을 통해 평범한 것을 평범하지 않은 것으로 바꾸는 것이다. 평범한 물체가 불가능의 영역에서 평범하게 생각되는 특징이나 액션을 갖추게 된다.

한 예로 블랙스톤(Blackstone)은 남성 관객에게 손수건을 빌린다. 이 손수건을 여성용 작은 손수건만 한 크기로 만들어서 보여준 후 남성용 크기로 펴서 보여준다. 한 귀퉁이에 매듭을 묶은 후 작은 상자나 유령 캐비닛에 넣는다. 그 다음에 본격적으로 사건이 발생한다. 손수건이 갑자기 살아 있기라도 한 것처럼 캐비닛 문 입구에서 매듭을 빠져나와 이리저리 주변을 둘러본다. 손수건은 이리저리 교묘하게 움직이더니 급기야 바닥에 착지해서 정신없이 춤을 추기 시작한다. 도망가려고 계속 꿈틀거리는 손수건을 블랙스톤이 겨우 잡아서 든다. 하지만 진정시키려 할수록 손수건은 더 빠르게 움직인다. 결국 블랙스톤은 화가 나서 손수건을 철썩 때린다. 다시 한번 세게 때리자 손수건은 기가 죽어서 조용해진다. 하지만 갑자기 다시 폴짝 뛰어올라 움직이기 시작한다. 손수건이 마치 사람처럼 너무나 자연스럽게 움직이는 모습을 보고 관객은 큰소리로 웃기 시작한다. 손수건은 매듭이 풀릴 때까지 움직이다가 캐비닛으로 돌아간다. 이것은 블랙스톤 쇼의 히트작 중 하나이다.

여성 마술사 제럴딘 라센(Geraldine Larsen)은 자신의 손에 딱 들어가는 토끼 인형 피터킨스(Peterkins)에 생명을 불어넣는다. 피터킨스는 마치 개구쟁이 어린 토끼처럼 장난을 쳐서 관객을 웃음의 도가니로 몰아넣는다. 그리고 호기심 많은 어린아이처럼 팬한 덱에서 선택된 카드를 골라낸다. 여성 마술사의 방식으로 풀어나가는 매력적인 이 코미디는 라센 쇼의 히트작이다.

마술사가 사기꾼이라고 생각할 수도 있다. 나는 월트 디즈니가 세상에서 가장 사랑스러운 사기꾼이라고 생각한다. 그는 동물들을 만화영화의 주인공으로 등장시켜 유쾌한 캐릭터로 그려낼 뿐 아니라 동물의 심리도 잘 표현한다. 많은 사람들이 '백설공주와 일곱 난쟁이' 에서 작은 새가 파이 반죽에 올라가서 발톱으로 파이의 주름을 만드는 모습을 기억할 것이다. 토끼 플럼퍼(Plumper)와 지미니 크리켓, 밤비, 미키 마우스, 도널드 덕, 덤보의 귀여운 모습도 수많은 사람들의 기억에 남아 있다. 월트 디즈니는 스크린에서 마술을 보여준다. 저마다 특징을 살린 동물들의 행동으로 관객의 웃음을 이끌어내는 그야말로 진정한 마술사이다.

웃음은 행복과 비슷하다. 좌절이나 절망은 순간적이어야 하고 심각해서도 안 된다. 타인을 당황하게 하거나 상처를 주어서도 안 된다. 속임수든지 농담이든지 연극이든지 끝났을 때는 모두 사람들이 그 경험에 대해 행복을 느낄 수 있어야 한다.

우리는 술에 취해 걸어가는 사람을 보고 웃는다. 중심을 잡지 못하고 비틀거리거나 돌발적인 행동을 하기 때문이다. 취객이 비틀거리다 넘어지는 모습을 보고는 웃지만 그가 일어나지 못하고 계속 땅에 누워있으면 다쳤을지도 모른다는 생각에 걱정이 된다. 이제 더 이상 웃을 때가 아닌 것이다. 심리적인 분위기가 바뀌어 그를 도와야겠다는 생각이 들고 다치지 않았기를 바라게 된다. 마찬가지로 관객은 광대가 무대에서 여러 번 넘어지는 모습을 보고 폭소를 터뜨린다. 심하게 넘어질수록 더 재미있어 하고 더 큰소리로 웃는다. 그런데 절정의 순간에 광대가 오케스트라 악단석으로 넘어진다면 어떨까? 관객은 아까보다 더 큰소리로 박수를 치면서 웃는다. 하지만 오케스트라 단원들이 광대를 일으켜 세우고 악단장이 관객 중에 의사가 있느냐고 외친다면 웃음은 비극으로 변해버린다. 이것은 제대로 된 결말이라고 할 수 없다.

마술은 타인을 공격하거나 당황하게 만들면 안 된다

Magic Should Never Offend or Embarrass

나는 미숙한 마술사들이 무대로 올라오는 여성이나 남성 관객에게 물을 튀기면서 재미있어 하는 경우를 많이 보았다. 신경 써서 차려 입은 옷에 물이 튀고 구김이 생기는 것을 좋아할 사람이 어디 있을까? 그렇게 시작한 마술이 제대로 끝날 리 없다.

앨버트 후바드는 마술사를 좋아하는 이유에 대해 "마술쇼에서 무슨 일이 일어나든지 집에 가보면 시계와 돈지갑이 그대로 있기 때문"이라고 말했다. 다시 말하자면 아무도 상처받지 않고 당황하지 않고 고통스러워하지 않고도 즐거운 시간을 보낼 수 있기 때문이라는 뜻이다. 관객은 신기한 마술쇼를 보고 더 행복한 기분으로 돌아간다.

마술사는 쇼 도중에 관객의 모자에 계란을 깨뜨릴 수도 있고 빌린 손수건을 태울 수도 있으며 시계를 부수거나 관객의 코트에서 토끼가 나오게 할 수도 있고 관객의 시계나 지갑, 멜빵을 훔칠 수도 있다. 하지만 쇼가 끝나면 모두가 원래 상태로 돌아간다. 극의 현실은 관객에게 어떠한 가치를 더해줄 수 있다. 관객은 공연장에 들어오기 전에는 없었던 가치를 가슴에 품은 채 돌아간다. 그 가치는 영적이거나 심리적이거나 물질적인 것일 수도 있다. 관객에게 받는 것보다 더 큰 것을 주는 마술사가 훌륭한 마술사이다.

서스펜스와 기대감Syspense and Expectancy

코미디 마술에서는 서스펜스와 기대의 상황과 법칙이 매우 중요하다. 바로 누군가에게 재미있는 일이 일어나리라는 것과 결말에 다다를수록 관객이 신나는 웃음을 터뜨리게 된다는 사실을 예고하는 상황이다.

무어(E. J. Moore)의 코미디 마술이 정말 재미있는 코미디 상황이었던 것도 그러한 이유 때문이었다. 무어는 조수에게 펀칭백 위에 달린 나무 부분의 물이 가득한 개수통을 받치고 있으라고 한다. 지팡이로 아래를 받친 채 말이다. 그리고 그는 갑자기 마음을 바꿔 다른 마술을 선보인다. 마치 조수가 지팡이로 힘겹게 개수통을 받치고 있다는 사실을 잊어버린 듯하다. 하지만 관객에게는 힘겨워하는 조수의 모습이 잘 보인다. 조수는 시간이 지날수록 점점 힘이 빠지기 시작한다. 관객은 개수통과 물이 조수에게 떨어지는 우스운 상황을 조바심 내면서 기다린다. 지팡이가 흔들거리고 개수통이 거의 떨어질 듯하자 관객석에서는 웃음소리가 터져 나오기 시작한다. 하지만 조수는 이내 다시 중심을 잡고 위급한 상황을 넘긴다. 하지만 결국 지팡이가 중심을 잃고 냄비가 떨어지자 관객석은 웃음바다로 변한다. 관객은 냄비 안에 아무것도 없음을 알게 된다. 물이 사라지고 없다. 조수가 아니라 관객이 당한 것이다. 나는 냄비가 바닥으로 떨어지면서 그 안에서 오리가 나오면 얼마나 재미있을까 생각해본다.

그렇다. 웃음거리가 된 대상은 조수가 아니라 관객이다. 이처럼 실제로는 누가 누구를 놀리는지에 상관없이 웃는 사람이 놀림의 대상이 된다. '에그 백 루틴(Egg Bag Routine)' 에서 주머니가 아니라 팔 안쪽에 계란을 숨겼다고 설명할 때 관객이 웃음을 터뜨리는 상황을 떠올려보자. 팔을 들어 계란이 사라졌음을 보여주고 가방에서 계란이 나온다면 관객은 큰소리로 웃음을 터뜨린다. 오히려 관객이 웃음거리가 된 것이다.

'파쎄 파쎄 보틀 앤 글라스(Passe Passe Bottle and Glass)' 는 기대감과 웃음의 화살이 관객에게 돌아가는 것을 조합시킨 마술이다. 신기하게도 병과 컵의 위치가 두 개의 튜브 혹은 덮개 아래로 바뀐다. 그 변화가 일어나는 도중에 조수는 마술사가 미처 보지 못하는 틈을 이용해서 몰래 튜브에서 병을 빼내 왼쪽 겨드랑이에 숨긴다. 관객은 마술사가 튜브에서 병이 사라진 것을 알고 당황하리라는 생각에 웃음을 터뜨린다. 어떻게 된 상황인지 마술사가 모른다고 생각하기 때문에 재미있어 하는 것이다. 하지만 마술사가 튜브를 들자 병이 그대로 있다. 아무 일도 일어나지 않은 것이다. 조수는 깜짝 놀라며 자신의 겨드랑이를 살펴보지만 병은 사라지고 없다. 역시 상황을 지휘하는 사람은 마술사인 것이다.

'유령 손수건(Ghostly Silk, 제2권)' 도 관객을 한 방 먹인다. 마술사가 종이 원뿔에서 몰래 실크를 꺼낼 때 관객은 그가 무언가를 없애려 한다고 생각한다. 그가 실크를 없애려고 할수록 관객은 더 크게 웃는다. 하지만 관객은 실크가 원뿔에 그대로 남아 있는 모습을 보게 된다. 마침내 실크가 감쪽같이 사라지자 그들은 깜짝 놀란다.

모자에서 연속적으로 계란이 나오게 하는 마술도 기대감을 바탕으로 한 또 다른 유쾌한 마술이다. 데이비드 드방과 하워드 서스톤이 각각 영국과 미국에서 시연했다. 남자아이의 팔에 계란을 쌓는다. 계란이 너무 많아 바닥에 떨어져 깨진다. 아이는 계란을 떨어뜨리지 않으려고 팔을 이리저리 움직여보지만 어쩔 수 없이 바닥으로 떨어진다. 하지만 마술사는 모자 또는 반대편에 서 있는 여자아이를 보면서 계속 계란을 올려놓아 남자아이가 곤경에 처한 사실을 눈치 채지 못한다. 나는 이 장면에서 관객들이 거의 배꼽이 빠질 정도로 웃는 모습을 많이 보았다. 심지어 계란이 깨지는 모습을 보려고 자리에서 일어나는 관객들도 많았다.

계란 이야기가 나와서 말인데 계란뿐 아니라 소시지, 햄, 마늘, 양파, 바나나, 맥주 같은 특정한 음식은 코미디를 연상시킨다. 그것을 주제로 여러 가지 흥미로운 상황을 만들어낼 수 있다. 예를 들어, 바나나 껍질을 벗기고 한 입 베어 문 후 다시 껍질이 붙는 장면에서 많은 이들이 웃음을 터뜨린다.

반복Repetition

한 가지 행동이나 표현의 반복도 웃음을 유발한다. 많은 사람들이 "왈츠곡 조금만 부탁해요. 이제 됐어요!(Tiny waltz, please-that's enough!)" 하면 폴 로시니를 떠올린다. 그는 코미디에 반복 요소를 활용했다. 시연 도중 오케스트라에 "왈츠곡 조금만 부탁해요"라고 말한 후 음악소리가 나오자마자 "이제 됐어요!"라고 소리 지른다. 오케스트라는 연주를 제대로 해보지도 못하고 멈춘다. 심지어 연주가 시작되기도 전에 그만하라고 한 적도 있다. 이것을 반복함으로써 관객의 웃음을 이끌어낸다.

이므로 폭스(Imro Fox)는 절호의 순간에 갑자기 몸을 숙여서 핀을 줍는다. "핀이 또 있잖아!" 이것은 단순한 행동이지만 반복하면 재미있게 느껴진다. 그는 몸을 굽히는 순간에 몰래 어떤 물체를 안전하게 숨기거나 위치를 바꾸거나 작은 물체가 사라지게 만든다.

오스왈드 윌리엄스(Oswald Williams)의 '손수건 배니시 반복(Repeat Handkerchief Vanish)'(제1권 **레슨** 19)은 반복해서 시연함으로써 웃음을 유발한다. 마술사가 마술용품점에서 왼손에 실크를 쑤셔 넣어 사라지게 만드는 광고를 보았다는 이야기를 꺼낸다. 그리고 광고 내용을 관객에게 알려주기 위해서 직접 실크를 사라지게 만든다. 가게에 들어가서 주인에게 정말로 그런 제품이 있는지 물어보았다고 말하면서 또다시 시연한다. 그는 주인이 "빨간색 실크로 하는 마술이요?" 등의 이야기를 했다고 말하며 또 실크를 사라지게 한다. 그리고 마침내 주인이 "아뇨, 저희는 그런 제품은 팔지 않습니다. 하지만 실크를 계란으로 바꾸는 제품은 팝니다!"라고 했다면서 정말로 실크가 계란 혹은 레몬으로 변한 모습을 보여준다.

카디니의 손에 불붙은 담배가 연속으로 나타난다. 깜짝 놀라는 그를 보고 관객은 웃음을 터뜨린다. 계속 담배가 나와 카디니가 점점 더 어리둥절해하자 관객은 더 즐거워한다.

웃음거리가 되는 마술사Jokes on the Performer

코미디에서는 마술사가 자신을 웃음거리로 만드는 능력이 가장 중요하다. 이것은 코미디언으로 성공하기 위한 비결이라고 할 수 있다. 허브 윌리엄스(Herb Williams)가 피아노 마술을 시연할 때 그가 피아노를 치려고 자리에 앉자 이상한 일이 벌어진다.

건반이 망가지고 피아노가 조각조각 부서지고 폭발음이 들리는 등 갑작스러운 상황이 발생한다. 관객은 당황한 그의 모습에 웃음을 터뜨린다.

에드가 버겐(Edgar Bergen)이나 잭 베니(Jack Benny), 프레드 앨런(Fred Allen), 피버 맥지(Fiber McGEe), 에드 윈(Ed Wynn) 같은 코미디언들이 인기 있는 이유는 기꺼이 '망가지기' 때문이다. 그들은 점잖은 이미지가 와르르 무너지는 것을 두려워하지 않는다. 관객의 마음속에는 마술사의 잘난 척하는 모습이나 거드름 피우는 모습이 무너지는 것을 보고 싶은 욕구가 있다는 사실을 잘 알기 때문이다. 관객은 억제된 충동을 분출하거나 누군가를 괴롭히는 것을 좋아한다. 마술사는 기꺼이 그들의 희생양이 되어준다.

찰리 맥카시(Charlie McCarthy)는 종종 에드가 버겐을 비난한다. 그가 일주일에 고작 75센트만 쓸 정도로 구두쇠라는 것이다. 그는 버겐의 대머리와 점점 더 빠지는 머리카락, 사람들 앞에서 거드름 피우는 모습에 관해 농담을 한다. 즉 그는 버겐이 스스로 하지 못하는 말이나 행동을 할 수 있다. 그래서 관객은 맥카시가 마치 어린아이처럼 타인의 기를 꺾어놓거나 장난치고 티격태격 말다툼을 벌이는 모습을 기대한다.

잭 베니는 자신의 라디오 프로그램을 진행하는 도중에 구두쇠 같은 성격과 맥스웰 자동차, 바람둥이 기질 그리고 바이올린 때문에 놀림을 당한다. 프레드 앨런은 다른 사람을 놀리는 동시에 자기 자신도 끌어내림으로써 균형을 맞춘다. 즉 그는 뿌린 만큼 거두는 것을 두려워하지 않는다. 피버 맥지는 자기 자신에 대한 놀림을 정면으로 받아들임으로써 인기를 얻었다. 그는 계속해서 사람들에게 거만한 태도를 지적받는다. 에드 윈은 각고의 노력을 기울인 결과 터무니없는 방식으로 어떤 일을 함으로써 관객이 자신을 보고 웃게 만들었다.

우리는 자신을 너무 심각하게 받아들이지 말아야 한다. 관객은 같이 곤경을 겪는 '동지' 같은 마술사를 좋아한다.

사실은 허구보다 재미있다Fact, Funnier than Fiction

위대한 유머리스트(humorist)는 자연스럽게 행동한다. 그들의 자연스러운 태도는 인위적인 모습을 우습게 보이도록 만든다.

트리클랜드 질릴랜(Strickland Gillilan)은 "Off ag' in, on ag' in, gone ag' in, Finnegan!"

으로 유명해졌다. 그는 윌 로저스처럼 편안한 사고방식과 행동으로 감동을 주는 스타일이다. 그는 "유머는 진실을 겨냥해야 한다. 진실은 아무 데도 의지하지 않고 혼자 설 수 있다. 사진이 더 재미있는 이유는 배경이 익숙하기 때문이다"라고 말하면서 예전에 알던 여성의 이야기를 한다. 그 여성은 항상 남편의 출장에 따라갔다. 여행경비는 두 배로 늘어났지만 재미는 반으로 줄어들었다. 그녀는 평소에 사사건건 문제를 일으키는 성격에다(화를 잘 내는 성격) 성미까지 고약했다. 남편은 아내가 따라올 때마다 문제를 일으키지만 이혼을 하느니 같이 다니는 것이 낫겠다고 생각하고 참았다. 이 이야기를 들으면 머릿속에 상황이 그려지기 때문에 누구라도 웃음을 터뜨릴 것이다. 유머리스트는 말로 진실을 표현해서 타인을 웃게 만드는 사람이다.

질릴랜은 미국이 추축국(제2차 세계대전 시의 독일 · 일본 · 이탈리아-옮긴이)과의 전쟁에 전혀 대비하지 않은 사실을 짧은 말로 훌륭하게 옹호했다. 그는 많은 사람들이 미국이 전쟁에 대비하지 않았다고 불평하지만 미국이 전쟁에 대비하지 않은 이유는 살인할 생각이 없으며 최고의 이상을 추구하고 인류를 최대한 고양시키는 데 힘쓰고 있기 때문이라고 말했다. 반면 추축국은 오랫동안 살인과 파괴, 노예화에 대한 계획을 세웠다. 하지만 우리는 하느님을 바라보면서 건설적인 목표를 위해서 살았다. 살인 계획을 미리 세우는 추축국보다 미국처럼 전쟁을 준비하지 않고 높은 이상을 추구하는 국가에서 사는 것이 더 낫다. 그리고 그는 마지막에 갑자기 유머리스트다운 질문을 던졌다. "누가 더 냄새가 고약한지 스컹크와 시합한다고 생각해보세요. 그 시합에서 이기고 싶겠습니까?"

유머리스트는 관객이 무대에서 표현하고 싶지만 용기가 없어서 하지 못하는 것을 표현해야만 인기를 얻을 수 있다는 사실을 경험을 통해 배웠다. 유머리스트는 우리가 직접 듣고 싶었던 말을 그대로 들려준다. 유머리스트는 지위가 높은 사람이나 낮은 사람이나 모두 골탕 먹일 수 있으며 모두가 그런 상황을 좋아하도록 만든다.

엘버트 후바드를 비롯한 로이크로프터들은 유머 덕분에 자신들의 고향인 뉴욕 주 이스트 오로라에 새 정류장을 건설할 수 있었다. 후바드는 오랫동안 이스트 오로라에 철도 정류장을 새로 건설하려고 애썼다. 로이크로프터의 예술 활동에 도움이 되기 때문이었다. 마침내 그는 편집자 펠릭스 쉐이(Felix Shay)와 함께 '돼지우리 사진 콘테스트(Pig Pen Contest)'를 주최하기로 아이디어를 짜냈다. 그래서 「프라 매거진(Fra

Magazine)」에 한 페이지에 걸쳐 "이스트 오로라의 돼지우리보다 더 돼지우리처럼 생긴 정류장을 찍어주시는 분께 상금 500달러를 드립니다"라는 광고를 게재했다. 정류장과 돼지우리의 사진도 나란히 실렸다. "꼭 돼지우리가 아니라 정류장 사진을 보내셔야 합니다. 미국에 이스트 오로라의 창고보다 더 돼지우리 같은 정류장은 없다고 확신합니다. 보나마나 상금 받으실 분은 없을 겁니다"라는 문구와 함께. 온 국민을 웃긴 이 콘테스트 덕분에 이스트 오로라에는 새 정류장이 건설되었다.

유머리스트는 때로 과장하기도 하지만 항상 한편에 진실을 간직하고 있다. 진실은 언제나 혼자 힘으로 설 수 있다. 사람들이 윌 로저스나 마크 트웨인 같은 유머리스트들을 사랑하는 이유는 왠지 그들이 진실을 말해줄 것 같고 비밀을 이야기해줄 것처럼 느껴지기 때문이다.

나는 만화가 존 맥큐천(John T. McCutcheon)의 만화에 표현된 그의 유머감각에서 항상 영감을 느꼈다. 예전까지만 해도 만화는 네스트(Thomas Nast)의 풍자만화부터 시작해서 심각한 정치를 다루는 것이 일반적이었다. 하지만 맥큐천은 좀더 소박하고 유머러스한 만화를 그리기 시작한 장본인이다. '봄날의 소년(Boy in Spring Time)'을 비롯한 그의 많은 작품이 유년 시절을 주제로 한다. 그는 앞면에 인디애나 주의 풍경과 정겨운 고향집을 그려놓았다. 윌리엄스(Gaar Williams)나 브릭스(Briggs), 글루야스 윌리엄스(Gluyas Williams), 지미 하틀로(Jimmy Hatlo), 웹스터(Webster) 같은 만화가들도 맥큐천을 본보기 삼아 계속해서 편안하고 재미있는 만화를 선보였다. 그들은 누구나 유년 시절에 겪었을 법한 이야기를 보여줌으로써 독자를 기분 좋게 해준다. 독자는 누구나 자신과 비슷한 경험을 했다는 생각에 기분이 좋아지고 어릴 적 행복했던 기억이 떠올라 행복해진다. 주인공을 통해 자신과 타인의 모습을 보고 추억에 잠긴다. 관객은 유쾌한 경험을 되살아나게 해주는 편안함을 좋아한다.

알 베이커(Al Baker)는 마술 세계의 유머리스트이다. 그는 예리한 관객들 앞에서도 재빨리 행동한다. 진실을 표현하면서 관객을 웃게 만들 수 있다. 지금은 영화배우로 활약하는 맥스 터훈(MAx Terhune)도 유쾌한 유머리스트이다. "제가 시골 출신인 줄 몰랐죠?"는 그의 유명한 오프닝 대사이다.

관객은 서스톤이 목사의 코트에서 산더미 같은 카드를 꺼내거나 점잖은 신사의 코트에서 오리를 꺼내면 폭소를 터뜨린다. 서스톤은 채식주의자한테서 소시지를 꺼낸다거나 술을 마시지 않는 사람한테서 맥주를 꺼내는 것처럼 전혀 다른 곳, 혹은 전혀 예기치 못한 장소에서 뜻밖의 물체가 나타나게 하는 방법으로 오랫동안 관객들을 웃겼다.

긴급 상황 대처법Meeting Emergencies

나는 지금까지 마술사로써 곤경에 처한 적이 수없이 많다. 하지만 앞에서 설명한 원리를 터득한 덕분에 무사히 넘어갈 수 있었다. 언젠가 교회 연회에서 공연하기 위해 서둘러 가는 중이었다. 평소 기차를 타기 전에 미리 짐을 맡기기 때문에 내가 지니고 있는 마술도구는 덱과 담배 패키지, 불타는 이펙트를 내기 위한 섬 팁 세트밖에 없었다.

아무 생각 없이 교회 응접실로 들어서는데 한 남자가 말을 걸었다. "실례합니다. 닥터, 오늘 밤에 보여주실 마술 중에 카드나 담배를 이용한 마술은 빼주시면 감사하겠습니다. 목사님 사모님께서 담배라면 아주 질색을 하시거든요. 또 교회 이사회 멤버이신 집사님께서는 카드놀이를 아주 싫어하십니다. 지난 주일에야 그 말씀을 하셔서 이제야 전해드립니다." 나는 준비물이 갖춰져 있었기 때문에 당황하지 않고 즐겁게 인사를 나눴다. 물론 나도 사람이기에 걱정이 되지 않을 수가 없었다. 하지만 어쨌든 "인생은 관점의 문제거든"이라는 친구 스트리클랜드 질릴랜의 말처럼 나는 관객이 예기치 못한 일을 기대한다는 사실을 잘 알고 있었으므로 걱정은 접어두고 내 관점에 대해서만 생각했다.

드디어 무대에 서야 할 시간이 다가왔다. 나는 몇 마디 말문을 뗀 후 왼편에 앉은 목사 부인에게 말했다. "실례합니다. 손수건 좀 잠시 빌릴 수 있을까요?" 손수건을 받고 이렇게 말했다. "이 손수건은 아주 신기한 손수건입니다. 방염 손수건이거든요. 그래서 불에 타지 않습니다. 파리에 있을 때 방염 손수건을 처음 보았는데 이번에 두 번째로 보네요. 파리에서는 담뱃불에 타지 않도록 보호하기 위해서 방염 손수건을 사용합니다." 이렇게 목사 부인의 손수건과 담배를 은근슬쩍 연결시키는 것만으로도 관객은 미소를 띠기 시작했다. "직접 보여드리겠습니다. 잘 보세요. 촛불에 이 손수건을 갖다 대도 타지 않을 겁니다." 하지만 당연히 손수건은 타버렸다. 나는 깜짝 놀라 당황한 표정을 지으면서 얼른 불을 껐다.

"제가 이 손수건이 불에 타지 않는다고 확신한 이유는 방염 손수건 특유의 광택이 나기 때문입니다. 하지만 마술사도 사람이라 실수할 때가 있습니다. 그리 큰일은 아닙니다. 걱정하지 마세요. 부인, 손수건에 반지를 잠깐만 대주시겠습니까? 고맙습니다! 이제 손수건이 원래대로 돌아올 겁니다." 손수건이 정말로 처음처럼 멀쩡해지자 관객은 무척 기뻐했다. 여기에서 나는 클라이맥스에 도달하기 위해 관객의 심리를 이용했다. 첫째, 손수건이 불에 타지 않는다고 말함으로써 은연중에 손수건과 담배의 관계를 암시했다. 손수건이 불에 타지 않는다고 큰소리쳤지만 결과적으로 탔으므로 곤경에 처하게 되었다. 즉 제대로 알지도 못하고 말해서 웃음거리가 되었다. 하지만 손수건을 원래 상태로 되돌려놓음으로써 관객에게 신용을 되찾았다. 사람이나 물건 모두 아무런 피해를 입지 않았다.

이번에는 오른편의 목사 옆자리에 앉은 집사에게 말했다. "실례합니다, 집사님. 혹시 주머니에 카드가 있으신가요?" 물론 카드놀이를 싫어하는 그에게 카드가 있을 리 없었다. 그는 고개를 저으면서 "없습니다. 저는 카드놀이를 하지 않습니다"라고 대답했다.

"오늘은 미리 집에서 챙겨 오셨을 텐데요? "행사가 시작되기 전에 지루한데 목사님하고 카드나 해야겠다"고 말입니다. 정말 없는지 한번 주머니를 뒤져보세요." 집사는 자신의 주머니에서 덱을 발견하고 깜짝 놀랐다. 거기에는 정말로 카드가 들어 있었다. 순간 연회장은 웃음바다로 변했고 집사도 웃음을 터뜨렸다.

"감사합니다, 집사님. 미리 준비해오셨을 줄 알았습니다." 나는 관객이 여전히 손수건 때문에 재미있어 하는 상태에서 이렇게 다시 웃음을 유발했다. 관객들이 해보고는 싶지만 용기가 없어서 하지 못하는 일을 실행에 옮겼다. 그렇기 때문에 관객의 억제된 충동이 웃음으로 터져 나온 것이었다. 집사 역시 마술사가 자신의 예상을 벗어난 행동을 하리라고 어느 정도 예상하고 있었기 때문에 나의 행동으로 인해 마음의 상처를 입지는 않았다. 그날 집사와 목사는 나의 카드 마술을 도와주면서 다른 관객들처럼 최고로 즐거운 시간을 보냈다.

나중에 목사 부인이 핸드백에서 담배를 꺼내 마술에 사용하라고 준다면 어떨까? 나는 절대 거절할 수 없을 것이다. 물론 손수건을 돌려줄 때 거기에 몰래 담배를 끼워 넣었다. 마술을 시연하기 위해 테이블 중앙으로 올라갈 때 집사의 컵을 잡으면서 그의 코트 옆 주머니에 덱을 넣어둔 것처럼 말이다.

불쾌해 보이는 물건 때문에 곤경에 빠졌다가 오히려 재미있는 오락으로 변화시킨 것이다. 교회 측의 부탁이 있었기 때문에 내 주머니에서 담배나 카드를 꺼내 시연하는 것은 현명한 방법이 아니다. 하지만 집사와 목사 부인에게서 담배와 카드가 나온다면 이야기는 달라진다.

그 후 나는 매년 열리는 그 교회의 연회에 몇 차례나 초대받았다. 그때마다 가장 큰 소리로 웃는 사람은 집사와 목사 그리고 목사 부인이었다. 그들은 내가 무슨 일을 벌일지 궁금해 하면서 마음속으로는 은근히 이번에도 자신들이 희생양이 되었으면 하고 바라는 눈치였다. 내가 두 번째로 무대에 섰을 때 집사는 나를 이렇게 소개했다. “저와 목사님이 카드놀이를 하게 만든 유일한 사람입니다. 그래서 오늘은 제가 미리 카드를 준비해왔죠.” 그는 이렇게 말하면서 주머니에서 카드를 꺼냈다.

예기치 않은 기적을 만드는 예기치 않은 기회

Unexpected Opportunities for Unexpected Miracles

예기치 않은 일에 관한 이야기가 나와서 말인데 또 다른 예를 들어보겠다. 예전에 아이오와 주의 유명한 디너 클럽에서 마술을 시연한 적이 있다. 클럽 회장은 이렇게 나를 소개했다. “저는 오늘 아주 바빴습니다. 제 마술사 친구가 이 동네를 방문했기 때문이죠. 오늘 점심 식사를 함께 했는데 예상치 못한 일이 벌어졌습니다. 자꾸 물건이 사라졌다 나타났다 하는 거였죠. 이번에는 또 뭐가 사라졌다 나타날지 예측할 수 없었습니다. 그래서 오늘 밤에는 닥터 바로 옆자리에 앉아서 제 음식 접시를 열심히 지켜보기로 했습니다. 닥터가 제 음식을 사라지게 하지 않도록 지키려고요. 다행히 아직까지는 무사합니다. 여러분, 닥터 타벨을 소개합니다.”

나는 그 오프닝 대사에서 유머러스한 상황을 연출할 수 있는 힌트를 얻었다. 그래서 자리에서 일어나 이렇게 말했다. “고맙습니다, 회장님. 오늘 하루는 정말 바빴던 것 같습니다. 음식이 사라질까 봐 걱정하게 만들어서 죄송합니다. 하지만 제 음식을 사라지게 만드느라 너무 바빠서 다른 사람들 음식은 신경을 못 썼네요. 그나저나 주머니는 무사한가요?”

“그야 물론이죠.” 그는 이렇게 말하면서 바지 주머니에 손을 집어넣었다. 그런데 갑자기 웃는 표정이 깜짝 놀라는 표정으로 바뀌었다. 관객들은 표정만 보고도 지갑이 없어졌다는 사실을 추측할 수 있었다. "지갑은 걱정하지 마세요. 목사님이 잘 보관하고 계시니까요!" 나는 이렇게 말하고 내 오른쪽에 앉은 목사에게 "빨리 돌려주세요"라고 말했다. 당연히 목사는 "저한테 없는데요"라고 말했다. "없긴요, 빨리 지갑 돌려주시라니까요." 목사가 주머니를 뒤지자 놀랍게도 지갑이 나왔다. "거 보세요. 빨리 돌려주세요."

예전에 시카고 프레스 클럽의 사회자 레슬리 오피(Leslie Opie)는 나를 이렇게 소개했다. "오늘 점심 때 클럽에 오는데 정말 재미있는 일이 있었습니다. 길 아래에서 사과 장수가 사과를 깎고 있더군요. 그래서 물어봤습니다. "존, 사과를 깎고 있군요. 사과 소스를 만들려고요?" "아뇨. 돈을 찾고 있어요." "돈을 찾는다니 무슨 소리에요? 사과에 돈이 왜 있어요?" "있어요. 방금 어떤 남자가 사과를 샀는데 절반으로 자르니까 1달러 지폐가 나왔어요. 또 다른 사과를 자르니까 5달러가 나왔고요. 나머지 사과도 다 자기한테 팔라고 했지만 내가 싫다고 했어요. 돈이 들어 있는 사과니까 내가 다 가지려고요." "도대체 그 남자가 누군데요?" "저기 지나가는 사람이에요." 사과 장수는 저쪽을 가리키면서 말했습니다. "아, 저분은 닥터 타벨이에요. 마술사죠. 마술로 사과에 돈이 들어 있는 것처럼 보이게 한 거예요. 저는 저분과 잘 아는 사이에요. 지금 저희 클럽 오찬회에 참석하러 가시는 길이시죠." 사과 장수는 제 말을 듣고 가장 큰 사과를 줬습니다. 그걸 닥터에게 주고 이렇게 전하라더군요. 하루에 한 번씩 사과를 먹으면 의사를 멀리 할 수 있다고요. 자, 닥터 타벨, 이게 바로 그 사과입니다."

그는 정말로 나에게 사과를 주었다. 관객은 사회자의 이야기에 폭소를 터뜨렸다. 알렉산더 헤르만의 일화를 조금 변형시킨 그 이야기가 당시의 상황과 잘 맞았기 때문이다. 나에게는 그 소개말이 언짢게 들릴 수도 있었지만 관객이 예기치 못한 일을 좋아한다는 사실을 잘 알기 때문에 일어나서 사과를 받았다.

"이렇게 큰 사과를 공짜로 주다니 꼭 고맙다고 전해주세요. 제 고마운 마음을 보여드리고 싶군요." 나는 테이블에서 나이프를 가져와 사과를 반으로 갈랐다. 사과가 반으로 갈라지면서 10달러짜리 지폐가 나타났다. 지폐를 펼쳐서 "이렇게 10달러까지 같이 보내주다니 너무 고맙네요. 사과 속에 진짜 돈이 들어 있다는 사실을 이제 믿으시겠죠?" 라고 말했다.

그러자 실내가 온통 웃음바다로 변했다. 마술사는 방금 전에 무슨 일이 일어났든지 간에 끝에서는 상황을 정복할 수 있어야 한다. 순조로운 스타트를 끊고 관객과 친밀해질 수 있는 방법은 얼마든지 많다. 늘 촉각을 곤두세우고 적절한 기회를 이용하여 상황을 자유자재로 다룰 수 있어야 한다.

서커 트릭Sucker Tricks

예기치 않은 결말로 끝나는 코미디 마술의 한 유형으로 서커 트릭이라는 마술이 있다. 서커 트릭은 조지 코핸(George M. Cohan)이 말한 연극의 비법을 바탕으로 하는 매우 짧은 연극이다.

액트 1 : 주인공(마술사)을 궁지에 몰아넣어라.
액트 2 : 그에게 돌을 던져라.
액트 3 : 주인공(마술사)을 궁지에서 빠져나오게 하라.

서커 트릭은 관객으로 하여금 마술의 비밀을 알게 되었다고 생각하게 만드는 마술이다. 그러면 마술사는 '궁지' 에 몰리게 된다. 그 상황에서 빠져나오려고 노력하면 할수록 더 난처해지기만 한다. 이것이 바로 관객이 그에게 '돌을 던지는' 단계이다. 마침내 마술사는 궁지에서 빠져나와 관객이 틀렸다는 것을 증명하고 상황을 지배한다. 또다시 예기치 않은 일이 벌어진 것이다. 관객은 처음보다 더 크게 놀란다.

'상자 안에서 주사위 굴리기(Sliding Die Box Trick)' 마술이 오랫동안 인기를 끈 것도 그러한 이유 때문이다. 상자 안에서 주사위가 이리저리 굴러가는 소리가 분명히 들리는데도 마술사가 주사위를 사라지게 했다고 말하자 관객은 상자를 열어보라고 소리친다. 상자를 열자 주사위는 온데 간데 보이지 않고 옆에 놓인 모자 안에서 나온다.

제2권에서 설명한 '에그 백(Egg Bag)' 루틴도 관객의 웃음을 유발하는 서커 트릭이다. 물론 다양하게 변형해서 루틴을 만들 수 있지만 기본 원리는 똑같다. 줄이 길어졌다 짧아졌다 하는 '중국 지팡이(Chinese Sticks)' 도 서커 트릭을 조합한 마술이다.

관객은 마술의 비밀을 알았다고 생각하지만 시간이 지날수록 점점 혼란에 빠진다. 제2권에서 설명한 '유령 손수건(Ghostly Silk)' 에서는 손수건이 종이 원뿔에서 살그머니 빠져나온 것처럼 보이지만 사실 마술사는 원뿔에 그대로 있다는 사실을 감추려고 애쓴다. 하지만 결국 손수건은 감쪽같이 사라져 유리컵 안에서 나온다.

서커 트릭은 간단한 물체로 만들 수 있다. 덮개 속에 어떤 물체를 숨기고 또 다른 덮개 속에 다른 물체를 숨긴다고 가정해보자. 마술사가 두 물체의 위치를 바꾸겠다고 말한다. 하지만 덮개를 들춰보지도 않은 채 위치가 바뀌었다고 말한다. 혼자만 슬쩍 보고 "네, 위치가 바뀌었습니다. 하지만 원래 위치로 돌려보내는 것이 더 힘듭니다. 원래 위치로 돌려보내보겠습니다"라고 말할 수도 있다. 그런 다음 두 개의 덮개를 들어 올려서 두 물체가 원래의 위치에 있음을 보여준다. 그리고 이 마술을 한 번 더 반복한다. 이번에는 정말로 두 물체의 위치가 바뀐다.

예기치 않은 결말로 웃음을 유발하는 '서커 체인지 오버'가 있다. 한 예로 약 1m 정도 떨어진 두 테이블에 각각 30㎝ 크기의 상자를 올려놓는다고 해보자. 상자 덮개는 열어놓는다. 상자 A의 안과 밖을 보여주고 토끼도 보여준다. 그런 다음 테이블에 상자를 내려놓고 그 안에 토끼를 넣는다. 이제 옆 상자로 토끼를 옮기겠다고 한다. 그리고 상자 B로 가서 토끼를 꺼낸다. 하지만 상자 A 안에 아무것도 없다고 보여주지는 않는다. 상자 B가 텅 비었음을 보여준 후 다시 그 안에 토끼를 넣는다. "자, 수리수리 마수리! 토끼가 옆 상자로 옮겨갑니다!" 이렇게 주문을 외운 후 상자 A가 텅 비었음을 보여주지 않은 채 상자 B에서 토끼를 꺼낸다. 이번에는 관객들이 웅성거린다. "자, 그럼 다른 상자도 보겠습니다." 또다시 토끼의 위치가 바뀌어 있자 관객들은 흥분하기 시작한다. 방금 상자 B에서 토끼를 꺼내면서 안이 텅 비었음을 보여주었다. "자, 다른 상자도 보겠습니다." 관객은 계속 흥분한 채 환호를 지른다. "다른 상자에도 토끼가 들어 있을 줄 아셨나요? 천만에요. 토끼가 아니라 고양이입니다!"

이렇게 말하고 고양이(또는 다른 동물)를 꺼낸 후 상자에는 토끼가 없고 텅 비었음을 보여준다. 이렇게 마술사는 예기치 않은 결말을 통해 상황을 지배하게 된다.

이러한 유형의 루틴은 다른 물체를 이용해서도 시연할 수 있다. 담뱃갑을 이용한다고 해보자. 올드 골드 시가렛(Old Gold Cigarettes) 상표의 담뱃갑이 이쪽 덮개에서 저쪽 덮개로 이동하는 것처럼 보여준다. 관객이 덮개 안에 담뱃갑이 하나 더 숨어 있다고 생각할 무렵 다른 상표의 담뱃갑을 보여준다. 물체가 두 개의 모자에서 왔다 갔다 하는 방법을 사용해도 된다. 종이 가방이나 종이 깔대기를 사용할 수도 있다. 창의력이 뛰어난 마술사라면 기본 아이디어를 응용해 얼마든지 새로운 루틴을 만들 수 있다.

헛소동Much Ado About Nothing

헛소동은 최고의 코미디언들이 관객을 웃기기 위해 사용하는 공식이다. 이러한 유형의 코미디를 활용하는 대표적인 인물로 필즈(W. C. Fields)가 있다. 특히 소풍 갈 채비를 마친 필즈와 그의 가족이 등장하는 자동차 신은 유명하다. 필즈가 고대 유물처럼 보일 만큼 낡은 자동차에 가족과 짐을 실으려고 할 때 여러 가지 문제가 발생한다. 가족들은 소란을 피우고 모든 것이 엉망진창이 된다. 자동차 문이 떨어지는가 하면 느닷없이 엔진에서 연기가 피어오른다. 이처럼 웃음을 유발하는 여러 가지 사건이 벌어진 후 드디어 필즈가 자동차에 시동을 걸고 출발한다. 하지만 자동차는 겨우 5m 가서 멈추고 모두 자동차에서 내린다. 겨우 5m 떨어진 소풍 장소에 가기 위해서 한바탕 소동을 벌인 것이다!

필즈는 '지그펠드 폴리스(Ziegfeld Follies)'에서 뉴욕 아파트 3층의 뒤쪽 현관을 배경으로 우스운 장면을 연출하곤 했다. 그는 잠을 자려고 하지만 우유배달부에서 고양이까지 자꾸만 방해하는 바람에 잠을 자지 못한다. 예기치 못한 일 때문에 소란스러워지기만 하고 정작 해야 할 일을 하지 못하는 상황이다. 가장 재미있는 장면 중 하나는 그가 골프공을 치려고 하지만 15분 동안 허탕을 치는 장면이다. 골프공을 치려고 할 때마다 번번이 방해꾼이 나타나는 바람에 한 번도 치지 못한다. 관객은 '이번에는 치겠지' 하고 기대하지만 그 기대는 결코 충족되지 않는다. 마지막에 놀라운 반전이 이루어진다. 관객들이 지금까지 상황으로 미루어 짐작했던 것과는 전혀 다른 결말이 벌어진다. 필즈는 "코미디언이 할 수 있는 가장 재미있는 일은 '하지 않는 것'이다"라는 말을 자주 했다. 다시 말해서 코미디언은 자기도 모르게 상황의 희생자가 된다.

원맨 서커스의 조 쿡(Joe Cook)은 자신의 무대에서 헛소동 공식을 활용했다. 그는 레버를 당기면 막대가 올라가 공이 무대로 떨어지고 커튼 바퀴가 움직이는 등의 정교한 장치를 활용했다. 마지막에는 나무망치가 악사 한 명을 치고 악사가 넘어지면서 심벌즈에 부딪혀 소리가 난다. 이 난리법석은 모두 헛소동이다.

조 쿡은 바퀴 달린 트렁크를 가지고 나와 안과 밖을 보여준 다음 그 안에서 실크를 꺼낸다. 여러 병에 든 음료수를 칵테일 셰이커에 따른 후 흔들어서 잔에 따로따로 따르자 원래의 음료수가 나온다. 조 쿡이 고안한 이 마술은 복잡한 장치를 이용해 간단한 일을 실행하는 아이디어를 바탕으로 한다.

에드 윈은 코미디계에서 유명한 발명가이다. 그는 타자기가 옥수수 이삭 하나를 먹도록 장치했다. 기계가 한 줄씩 옥수수를 먹고 한 줄을 다 먹을 때마다 벨이 울린다. 그리고 머리에 달린 방풍유리와 와이퍼가 자몽을 먹는 그의 얼굴 위로 온다. 그는 말 그대로 '완벽한 바보(The Perfect Fool)' 가 된다.

에드 윈은 여러 가지 바보 같은 총으로 여섯 개의 크래커를 쏘았다. 그는 간단한 농담을 갈고 닦아 몇 배나 더 재미있게 만들었다. 그는 특정 지역의 상황이라든가 그날의 뉴스를 이용해서 농담을 한다. "워싱턴에는 스테이지 도어 캔틴(Stage Door Canteen, 제2차 세계대전 도중 휴가 중인 병사들에게 오락을 제공하기 위한 연합서비스조직(United Service Organizations) 중 하나-옮긴이)이 있고 의회가 서빙을 할 겁니다. 불쌍한 병사들, 배고파 죽겠군요. 의회에서 사안 하나가 통과되려면 좀 오래 걸립니까!" 그는 로프 마술을 선보일 때 "아, 정말 갈등됩니다. 이것으로 줄넘기를 할지 목을 매달아야 할지 잃어버린 말을 찾아야 할지 도대체 모르겠군요!" 라고 말한다.

마술사의 대사가 헛소동을 일으킬 수도 있다. 에드 레노(Ed Reno)는 이러한 방식으로 관객의 웃음을 유발했다. 그는 젊은 조수들에게 앞뒤가 맞지 않는 이야기를 한다. "이분에게 의자를 갖다드려. 아니, 잠깐. 시장님 아드님이라고 하셨죠? 시장님 아드님에게 의자 두 개를 갖다드려라!"

그리고 "얘야, 이름이 뭐지? 아, 존. 저는 처음 보는 순간 존을 알아보았습니다. 2년 전에 존은 서부에 있는 대학의 학장이었죠. 하지만 서스캐처원(Saskatchewan, 캐나다 서부의 주-옮긴이) 바깥쪽 국경선과 푸에르토리코의 안쪽 사이에 눈보라에서 길을 잃은 새들을 돌봐주는 카나리아 병원을 세우기 위해서 학장을 그만뒀죠. 왼손에 상자를 들고 오른손으로 하모니카를 연주할 수 있는 사람은 존밖에 없습니다. 그러니까 여러분 모두 다음 선거에서 존을 뽑아주세요" 라고 말한다. 레노는 이 대사를 하면서 마술을 선보인다. 두 가지를 한 번에 해서 하나의 마술이 되는 것이다. 어린아이가 실수로 쏜 장난감 권총에 맞은 오리가 테이블에 놓인 상자에서 사라지는 에드 윈의 '오리 장례식(Duck Funeral)' 은 수많은 관객을 웃겼다.

러셀 스완(Russell Swann)은 바구니에서 뱀이 입에 선택된 카드를 물고 나타나는 정교한 코미디 의식을 고안해냈다. 여기에서는 목욕 수건이 터번 역할을 한다. 그가 뮈제트(musette, 작은 목관 악기-옮긴이)를 연주하고 관객석에서 나온 관객들을 따라 바닥에 무릎을 꿇고 바구니에서 올라오는 뱀을 맞이한다. 빌 윌리스턴(Bill Williston)이 요란한 난리법석을 떨면서 시연하는 헛소동극인 '원 맨 회오리바람(A One Man Cyclone)' 에서 윌리스턴 자신이 원 맨 회오리바람이었다.

이유와 내용을 연구하라Study the Cause and Ingredients

모름지기 마술사라면 누구나 웃음—웃음을 유발하는 상황과 요소—에 대해 연구해야 한다. 다시 말하지만 웃음과 마술은 늘 함께 하는 사이이다. 현대 마술은 웃음의 심리학을 토대로 한다. 하지만 대부분의 마술은 시연하는 사람의 성격에 달려 있다. 따라서 마술사는 자기 자신에 관해 연구할 필요가 있다. 자신의 강점을 분석하고 성격에 맞춰 응용할 수 있는 유머와 코미디를 연구해야 한다. 가장 중요하게 고려해야 할 요소가 '타이밍' 이라는 사실도 잊지 말아야 한다. 타이밍은 웃음을 유발할 수도 있고 망칠 수도 있다.

웃음은 관점의 문제이다. 보통 사람이라면 한 남성이 회전문으로 들어가는데 반대편에 아름다운 아가씨가 나오는 모습이 재미있다고 생각할까? 물론 하나도 재미있지 않을 것이다. 일상생활에서 흔히 일어날 수 있는 일이기 때문이다. 하지만 남성이 들어가고 여성이 나오는 장면이 무대에서 펼쳐지고 에드 윈이 "정말 대단한 마술입니다. 저 남성분이 어떻게 저렇게 빨리 옷을 갈아입었는지 모르겠군요!" 라고 말한다면 관점이 달라진다. 이때는 웃음이 터져 나온다.

LESSON

36

친분 마술

Tarbell course in MAGIC

친분 마술
Intimate Magic

친분 마술이란 친구들에게 혹은 바나 클럽 등에서 즉석으로 선보이는 마술로써 마술사의 레퍼토리에서 중요한 부분을 차지한다. 주변에서 흔히 볼 수 있는 물체를 이용해 관객이 가까이에서 관찰하고 있는 상태에서 신기한 마술을 보여주므로 오히려 대형 스테이지 마술보다 더 열렬한 반응을 얻을 수도 있다. 입으로만 마술사라고 주장하는 사람은 갑자기 마술을 보여 달라는 요청을 받으면 "지금은 마술 도구가 하나도 없어서…"라고 거절할 것이다. 분야에 상관없이 전문 마술사라면 언제든지 즉석에서 시연할 수 있는 친분 마술 한 가지쯤은 익혀둬야 한다.

헤르만과 후디니, 맥스 말리니, 네이트 라이프치히(Nate Leipzig)처럼 최고로 평가받는 마술사들은 모두 언제 어디서나 곧바로 선보일 수 있는 친분 마술 실력이 뛰어났다.

크리스토퍼의 더블 크로스
Christopher' s Double Cross

★ 이펙트

종이 한 장을 반으로 찢는다. 찢어진 두 장을 같이 놓고 한 번 더 찢는다. 이렇게 모두 여덟 조각으로 찢어 테이블에 두 뭉치로 나눠 놓으면 한 뭉치에 네 조각이 있게 된다. 관객에게 둘 중 하나를 선택하라고 한다. 관객이 자신이 선택한 뭉치를 손에 놓고 주먹을 쥔다. 마술사가 테이블에 남은 네 조각에 각각 연필로 십자 표시를 한다. 그런 다음 접시에 올려놓고 성냥불로 태운다. 마술사의 지시에 따라 관객이 주먹 쥔 손을 불타는 종이에 가까이 댄다. 손을 펼치자 놀랍게도 십자 표시가 되어 있는 종잇조각이 나타난다.

★ 준비물

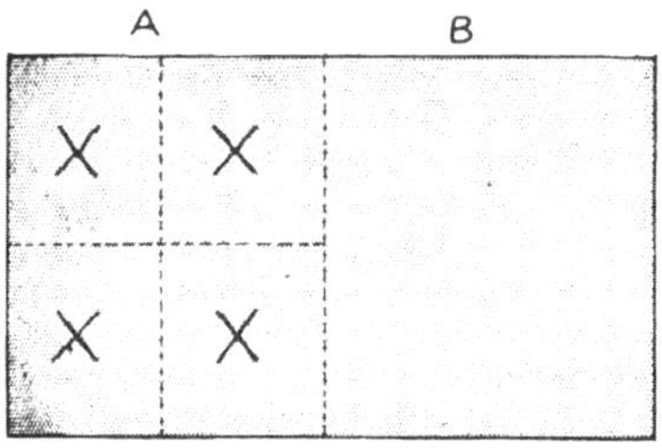

그림 1

1. 종이 한 장. 크기는 7.6cm × 15cm 정도가 좋다. 십자 표시가 비치지 않도록 불투명해야 한다(**그림 1**).
2. 연필
3. 받침 접시
4. 작은 성냥갑

준비

종이의 왼쪽 1/2에 네 개의 십자를 긋는다. 그림의 점선은 실제로 그렇게 표시하라는 뜻이 아니라 나중에 점선을 따라 종이를 찢었을 때 십자의 위치를 보여주기 위해 첨부한 것이다. 실제로는 종이에 점선을 표시하지 않지만 그림의 점선 표시를 보면 네 개의 종잇조각에 십자가 들어 있는 모습을 쉽게 상상할 수 있다.

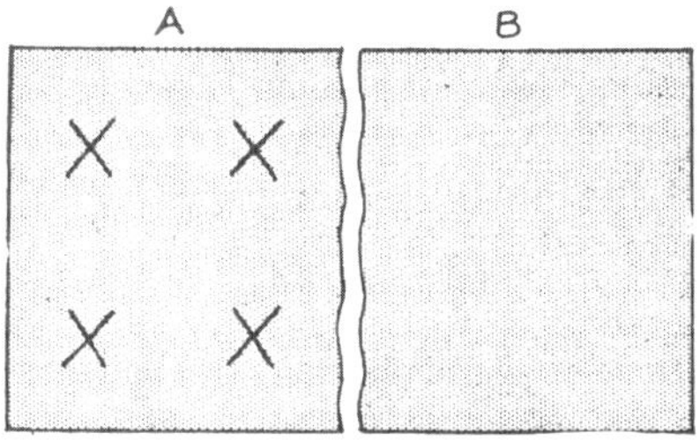

그림 2

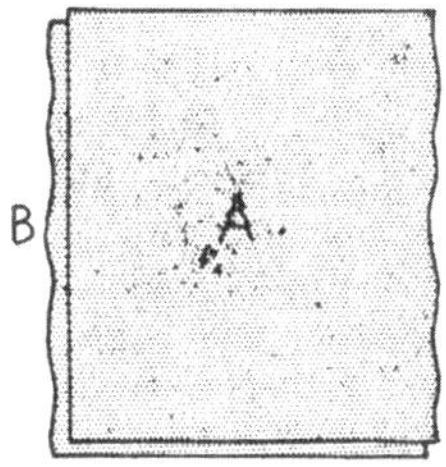

그림 3

십자 표시가 관객의 눈에 띄지 않아야 하므로 마무리 단계에서 관객에게 보여줄 때까지 잘 숨겨야 한다. 안쪽 가슴주머니 등 쉽게 접근할 수 있는 곳에 숨긴다. 받침 접시는 테이블에 놓고 성냥갑은 주머니에 넣어둔다.

시연

주머니에서 미리 세팅한 종이를 꺼낸다. 뒷면의 십자 표시가 보이지 않도록 조심한다. **그림 2**처럼 반으로 찢는다. A 뒤에 B를 놓는다. 그리고 뒤집어서 B가 관객에게 보이도록 한다(**그림 3**). 이렇게 하면 앞면과 뒷면을 모두 보여주는 이펙트를 낼 수 있다. 십자 표시는 안쪽에 있고 겉으로 보이지 않는다.

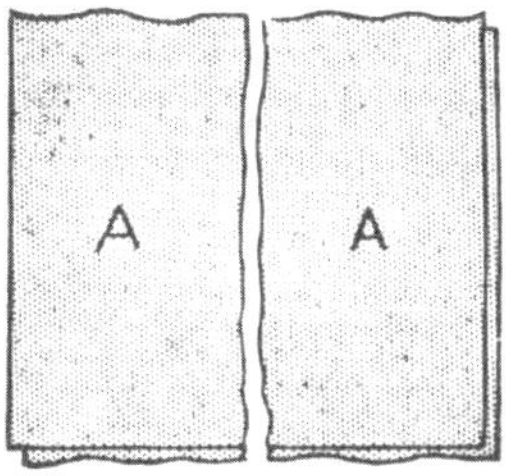

그림 4

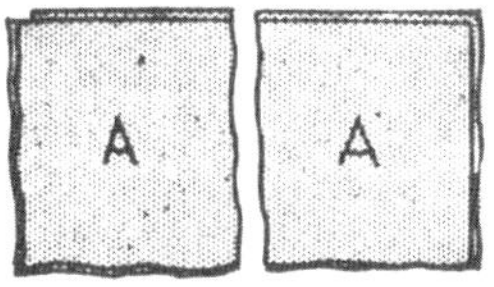

그림 5

그림 6

종이를 다시 반으로 찢는다(**그림 4**). 오른쪽 조각을 왼쪽 조각 뒤에 놓는다. **그림 5**처럼 다시 반으로 찢고 오른쪽 조각을 왼쪽 조각 뒤 또는 앞에 놓는다(**그림 6**).

여덟 개의 종잇조각을 테이블에 두 뭉치로 나눠 놓는다. **그림 7**처럼 십자 표시된 A 조각이 하나의 뭉치가 되며 아무 표시도 없는 B 조각이 나머지 뭉치가 된다. 십자 표시는 테이블을 향한다. 테이블에 놓을 때 십자 표시가 보이지 않도록 조심해야 한다.

"자, 두 뭉치 중 하나를 선택해주시겠습니까? 네, 이쪽을 고르셨습니다. 고맙습니다."

일반적으로 관객은 A 뭉치가 자신에게 조금 더 가까이 놓여 있으면 그것을 선택한다.

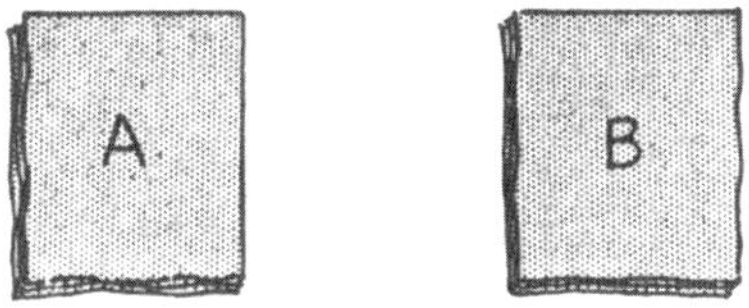

그림 7

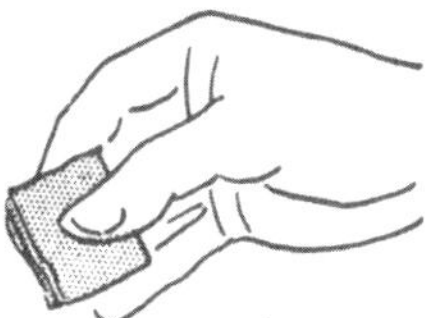
그림 8

A 뭉치를 잡는다. **그림 8**처럼 오른손 엄지손가락을 위에 대고 나머지 손가락은 아

래에 오도록 하여 잡는다. **그림 9**처럼 종이를 뒤집어 관객의 왼손에 올려놓는다. 이 때 제일 위에 있는 종이의 십자를 가릴 정도로만 손가락으로 종이를 가려서 건네주면 된다. 관객이 주먹을 쥘 수 있도록 왼손으로 도와준다.

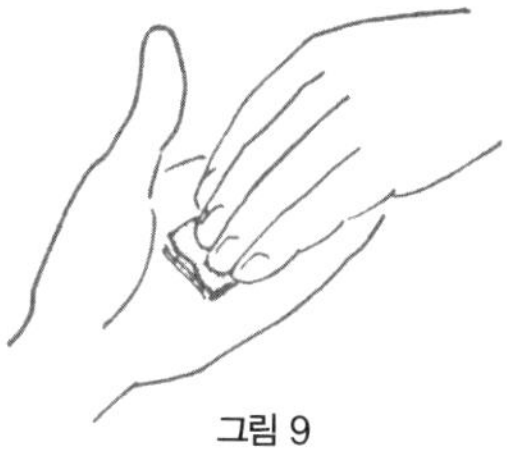
그림 9

그림 10

그림 11

"왼손에 종잇조각이 놓였습니다. 이제 주먹을 꼭 쥐세요."

관객이 주먹을 쥐면 손을 떼야 한다. 위쪽을 향해 있는 십자 표시가 보이면 안 되므로 관객의 손이 종이를 완전히 가렸을 때 손을 떼도록 한다(**그림 10**).

만약 관객이 B 뭉치를 선택한다면

"네, 좋습니다. 이 종이를 사용하도록 하겠습니다."

라고 말하고 살짝 펼쳐놓는다. 그런 다음 A 뭉치를 들어

"나머지 뭉치는 왼손에 들고 주먹을 쥐세요."

라고 말하고 관객의 손에 올려놓으면 된다.

연필로 B 조각에 모두 십자 표시를 한다. 관객이 든 A 뭉치에 표시된 십자의 크기와 비슷해야 한다.

"자, 네 개에 전부 십자 표시를 했습니다."

십자 표시가 위로 오도록 종이를 받침 접시에 놓은 후 성냥불로 태운다(**그림 11**). 관객의 손목을 잡고 왼손을 불타는 종이쪽으로 이끈다.

"불타는 종이 위에서 손을 앞뒤로 흔드세요. 신기한 일이 벌어질 겁니다."

관객에게 주먹을 펴라고 한다. 관객의 눈을 응시하면 위쪽 종이에 표시된 십자가 보인다.

"선생님의 손에 있는 네 개의 종잇조각에도 십자가 생겼을 겁니다."

그림 12처럼 십자가 표시된 종이를 한 조각씩 관객에게 보여준다.

"십자 표시가 두 배로 늘어났습니다."

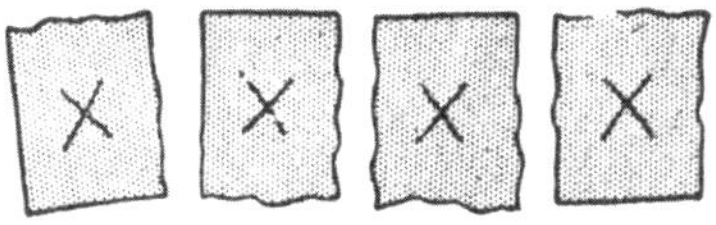

그림 12

★ 참고

미리 십자 표시를 한 종이를 똑같은 크기의 세팅하지 않은 종이와 섞어놓아도 된다. 세팅한 종이를 꺼내고 다른 종이는 옆으로 치운다. 커다란 종이 한쪽 귀퉁이에 십자 표시를 하고 7.5cm × 15cm 크기로 자른다.

빌 맥카프리(Bill McCaffrey)는 '더블 크로스'를 시연할 때 여러 개의 파일링 카드를 꺼낸다. 미리 세팅한 카드는 맨 위에 놓는다. 그는 카드를 커트한 후 관객에게 한 장을 선택하라고 한다. 이때 관객이 미리 준비한 카드를 선택하도록 포스한다. 또는 준비한 카드를 맨 위에 놓고 관객에게 아무 카드나 골라서 앞뒤를 살펴보라고 한다. 그런 다음 그것을 미리 준비한 'X' 카드로 톱 체인지한다. 이 방법은 톱 카드 체인지(제2권 p.225~227)와 비슷하다.

십자 표시 대신 함께 있는 사람의 이름을 써넣을 수도 있다. 또는 포스하려는 카드의 이름을 쓴 후 아무것도 없는 빈 카드에 포스한 카드의 이름을 써도 된다. 관객의 손에 든 종이에 이름이 나타난다.

조 버그의 더블 크로스
Joe Berg's Double Cross

이것은 크리스토퍼의 '더블 크로스' 다음에 시연하면 좋은 이펙트이다.

★ 이펙트

마술사가 왼손을 뒤집어 관객의 시선을 끈다. 오른손으로 왼손을 문질러 아무 표시도 없음을 보여준다. 어두운 색 카드보드지 양면을 보여준 후 관객에게 들라고 준다. 관객이 뒤집은 상태로 마술사의 왼손에 카드보드지를 올려놓는다. 마술사가 카드보드지 위쪽 중앙에 약 1.5cm 간격으로 십자 두 개를 그리고 오른손 집게손가락으로 십자를 문지른다. 카드보드지를 치우자 마술사의 왼손 손바닥에 똑같이 분필로 그린 십자 표시 두 개가 생긴다.

★ 준비물

1. 흰색 분필
2. 28cm × 36cm 규격의 카드보드지 한 장. 흰색 분필이 잘 표시되도록 검은색이나 어두운 색이어야 한다.

준비

왼손 가운뎃손가락과 넷째 손가락 손톱에 분필로 십자 표시를 한다(**그림 1**). 왼손을 살짝 구부리고 있다가 손바닥을 보여주면 십자 표시를 숨길 수 있다.

그림 1

그림 2

시연

왼손을 펴서 관객의 시선이 손바닥으로 쏠리게 한다(**그림 2**). 손가락을 쭉 편다. 똑같은 방법으로 오른손도 보여준다. 묻은 먼지를 전부 닦아내는 것처럼 오른손으로 왼손 전체를 청소하는 모습을 보여주고 왼손 손바닥에 아무것도 없음을 확인시킨다.

"이 카드보드지 좀 살펴봐주세요. 아무 이상이 없으면 제 왼손에 올려놔주세요."

관객에게 카드보드지 양면을 보여주면서 건네준다.

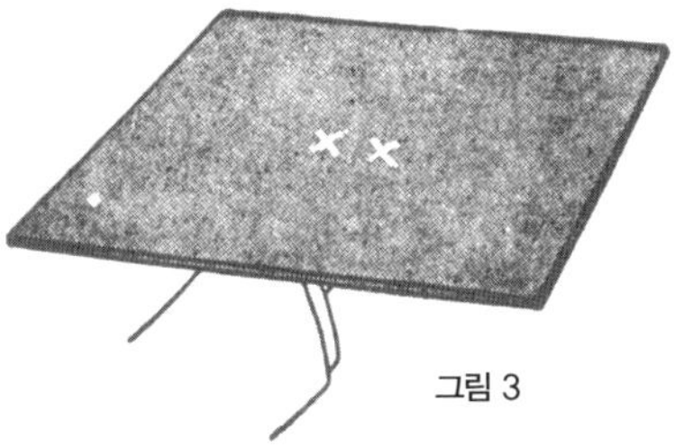

그림 3

관객이 당신의 왼손에 카드보드지를 올려놓는다. 미리 손톱에 그려놓은 것처럼 카드보드지 중앙에 십자가 두 개를 그린다(**그림 3**).

"이것은 더블 크로스입니다."

오른손으로 카드보드지 오른쪽을 잡는다. 카드보드지로 가린 상태에서 **그림 4**처럼 왼손으로 주먹을 쥐었다가 다시 편다. 주먹을 쥘 때 손가락의 십자 표시가 손바닥에 찍힌다. 두 개의 십자 표시가 손가락에서 손바닥으로 옮겨가는 것이다(**그림 5**). 카드보드지가 왼손에 놓인 상태에서 오른손 엄지손가락으로 카드보드지의 십자 표시를 지운다.

그림 4

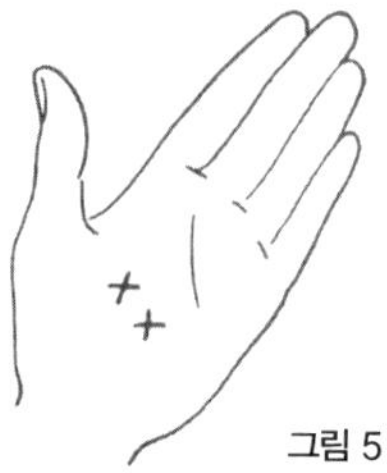

그림 5

"이렇게 십자 표시 두 개를 문지르면 신기한 일이 생깁니다. 십자 표시가 카드보드지를 뚫고 제 손바닥으로 왔네요. 십자 표시 두 개를 그리는 새로운 방법입니다."

카드보드지를 치우고 왼손 손바닥에 생긴 십자 표시를 보여준다(**그림 5**).

★ 참고

원한다면 검은색 분필이나 검은색 크레파스, 연필을 이용해도 된다. 저녁 식사 후 시연하는 경우라면 카드보드지 대신 도자기 접시를 사용한다.

타벨의 슈가 마크

Tarbell' s Sugar Mark

더 오래된 버전에서는 관객에게 각설탕에 연필로 표시를 하도록 했다. 그런 다음 물이 든 컵에 설탕을 떨어뜨리고 관객에게 손바닥 혹은 손등을 컵 위에 놓으라고 했다. 관객이 손을 치우자 놀랍게도 그의 손에는 자신이 각설탕에 했던 것과 똑같은 표시가 되어 있다. 그 비법은 바로 마술사가 관객에게 설탕을 받아서 관객이 해놓은 표시에 관심을 집중시킬 때 몰래 혀로 엄지손가락에 침을 바르는 것이었다. 그런 다음 물이 든 컵에 관심을 집중시켰다. 이렇게 설탕에서 물로 관객의 관심을 이동시키면서 침 묻은 엄지손가락을 각설탕의 표시에 갖다 댄다. 그러면 각설탕의 표시가 엄지손가락으로 옮겨간다. 그 다음에 왼손으로 컵에 설탕을 떨어뜨린다. 오른손 손등이 위로 가고 엄지손가락이 아래로 가게 한 상태에서 관객의 왼손을 잡는다. 엄지손가락은 아래로 내린 채 관객의 손바닥을 누르고 나머지 손가락은 관객의 손에 놓는다. 이렇게 하면 컵에 내려놓은 관객의 왼쪽 손바닥에 표시가 생긴다. 관객이 손을 들면 놀랍게도 손바닥에 표시가 되어 있다.

지금부터 설명하려는 새로운 버전은 위에서 설명한 옛날 방식에 정통한 사람들마저도 깜짝 놀라게 만들었다. 마술사가 각설탕을 만지기는커녕 근처에도 가지 않으므로 놀랄 수밖에 없다. 관객이 설탕에 표시한 후 스스로 컵에 떨어뜨린다.

★ 이펙트

저녁 식사 테이블에서 반대편에 앉은 관객에게 각설탕 하나만 꺼내서 한 면에 연필로 아무 표시나 하라고 한다. 알파벳이나 숫자 등 아무 표시나 상관없다. 관객이 표시를 다 하면 물이 담긴 컵에 떨어뜨리고 받침 접시로 덮으라고 말한다. 잠시 후 관객이 접시를 뒤집자 각설탕에 한 것과 똑같은 표시가 접시에 나타난다.

★ 준비물

1. 각설탕 두 개
2. 물이 든 컵. 차나 커피도 괜찮다.
3. 받침 접시
4. 약 5cm 길이의 몽당연필
5. 보통 길이의 연필

준비

시연하기에 앞서 미리 각설탕 하나를 챙겨둔다. 응급상황에 대비해 미리 주머니에 넣고 다녀도 좋고 시연하기 직전에 테이블에 챙겨두어도 된다. 오른쪽 주머니에 몽당연필도 넣어둔다. 테이블 아래에서 몰래 연필로 각설탕에 표시를 해둘 수 있다.

시연

테이블 반대편에 앉은 관객에게 각설탕과 연필을 준다.

> "한쪽 면에 연필로 표시를 해주세요. 아무 표시나 상관없습니다. 알파벳을 쓰셔도 좋고 1~10 중에 아무 숫자나 쓰셔도 좋고 그림을 그리셔도 좋아요. 가문(家紋)을 그리셔도 됩니다."

관객이 표시할 때 주머니에서 몰래 각설탕을 꺼내 연필로 관객이 한 것과 똑같은 표시를 그려놓는다(**그림 1**).

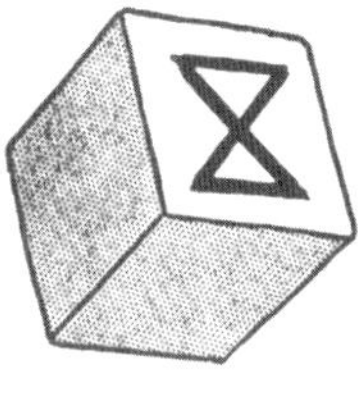

그림 1

그림 2

자연스럽게 가운뎃손가락에 침을 묻힌 후 표시 부분에 대고 누른다. 그렇게 하면 **그림 2**처럼 손가락에 표시가 생긴다. 설탕과 연필은 다시 왼쪽 주머니에 넣는다.

"네, 좋아요. 아무 표시나 하세요. 마음대로 하시면 됩니다. 자, 다 그리셨으면 각설탕을 물 컵에 넣으세요."

오른손 엄지손가락과 집게손가락으로 관객의 받침 접시를 든다. 이때 가운뎃손가락의 표시가 보이지 않도록 조심한다. 받침 접시를 뒤집어놓는다. 하지만 관객에게는 받침 접시에 아무런 변화가 없는 것처럼 보인다. 이 행동은 특별히 관심을 끌지 말고 관객이 자연스럽게 보는 상태에서 이루어져야 한다.

"자, 접시에 컵을 올려놓으세요."

관객이 컵을 잡는 순간

"아, 잠깐만요. 컵에 접시를 올리는 것이 더 낫겠네요."

라고 말한다. 왼손으로 접시를 뒤집어 오른손에 올린다. **그림 3**처럼 네 손가락 끝이 접시 바닥에 놓이게 된다. 이렇게 하면 가운뎃손가락으로 접시 바닥을 눌러 표시를 남길 수 있다.

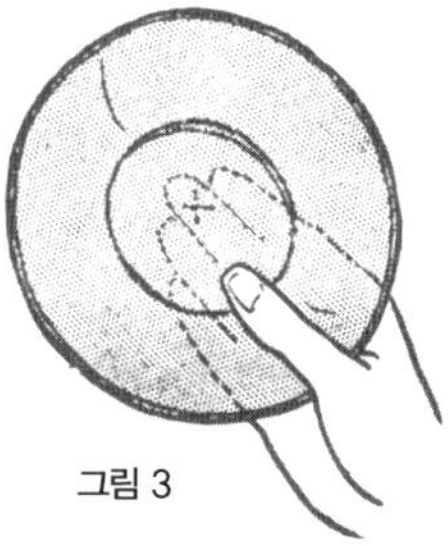

그림 3

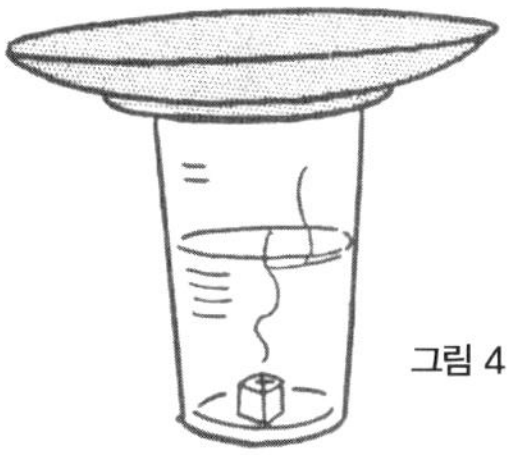

그림 4

관객이 다시 컵을 내려놓고 컵 위에 접시를 올려놓는다(**그림 4**). 지금까지의 행동 중에는 의심을 살 만한 것이 하나도 없다. 관객은 자신이 스스로 컵에 접시를 올려놓았다는 사실을 잘 기억할 것이다. 관객이 접시를 올려놓는 동안 손가락을 문질러 남아 있는 표시를 지운다.

"자, 지금까지의 상황을 한 번 정리해볼까요? 선생님께서는 각설탕에 아무 표시나 하고 물이 든 컵에 넣으셨습니다. 그리고 컵에 접시를 올려놓았습니다. 자, 이제 재미있는 일이 벌어집니다. 물이 보글거리면서 설탕이 조금씩 녹고 있는 모습 보이시죠? 이만하면 충분한 것 같네요. 이제 접시를 들고 바닥을 한 번 보세요."

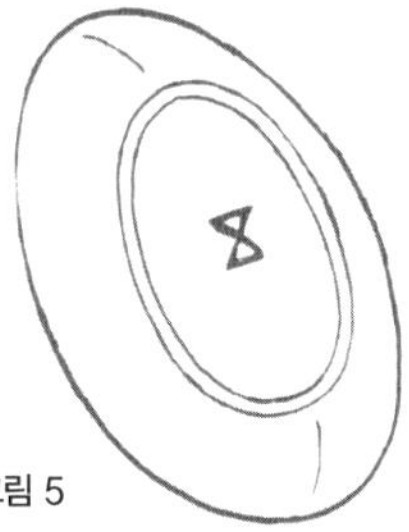

그림 5

관객이 접시를 뒤집어서 바닥을 본다. 놀랍게도 바닥에 관객이 한 것과 똑같은 표시가 있다(**그림 5**).

"아까 선생님께서 그린 표시와 똑같죠? 아시다시피 저는 손도 대지 않았습니다. 선생님이 설탕을 골랐고 표시를 했고, 컵도 물도 선생님 것이고 접시도 선생님 것이죠."

크리스토퍼의 종이성냥과 동전

Christopher' s Match Book and Coin

이것은 밀버른 크리스토퍼(Milbourne Christopher)가 자주 선보이는 친분 마술이다. 매우 재치 있는 방법을 이용해서 동전이 나타나게 하는 마술이다. 친구들 앞에서 시연하면 좋다.

★ 이펙트

종이성냥을 보여준다. 덮개를 찢고 성냥은 치운다. 두 조각 난 덮개의 앞뒤를 보여준 후 겹쳐놓는다. 위에 있는 조각을 치우자 아래쪽에 동전이 놓여 있다.

★ 준비물

1. (한 개비씩 뜯어 쓰는) 종이성냥

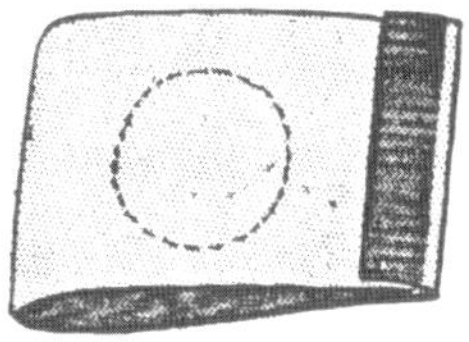

그림 1

2. 동전(25센트 크기가 좋다.)

준비

그림 1처럼 아래쪽 덮개와 성냥 사이에 동전을 넣는다. 이 상태로 오른쪽 주머니에 넣어둔다.

시연

종이성냥을 꺼내 앞면과 뒷면을 보여준다. 이때 오른손 엄지손가락과 집게손가락으로 잡는다. 동전이 빠지지 않도록 두 손가락으로 잘 눌러서 잡아야 한다. 양손으로 종이성냥을 옮기면서 손과 성냥을 보여준다.

종이성냥을 펼쳐 동전이 핑거 팜 자세로 오른손으로 빠져나오도록 한다. 구부린 상태의 넷째 손가락으로 동전을 잡는다. 덮개 전체를 떼어내 밑에서 약 1.5cm 지점을 찢는다. 성냥과 나머지 종이 부분은 치운다. 떼어낸 종이를 반으로 찢는다.

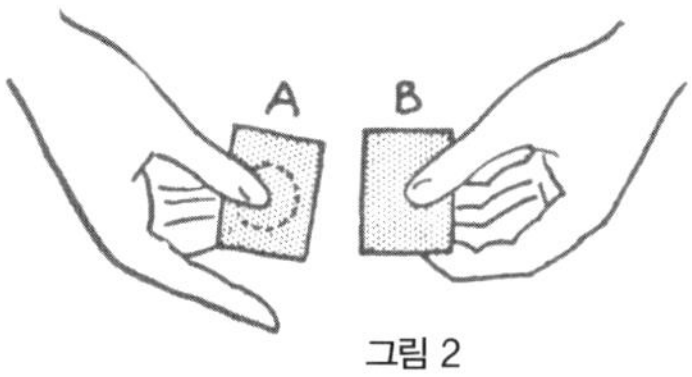

그림 2

찢어진 두 조각을 겹쳐서 오른손에 있는 동전 위에 놓는다. 동전이 둘째 마디에 오게 한다.

왼손으로 위쪽에 있는 조각 B를 들고 나머지 손으로 조각 A를 들어 동전이 **그림 2**와 같은 위치에 오도록 한다. 이 그림은 관객에게 보이는 모습이다. 동전은 오른손에 든 A 조각 밑에 숨겨져 있다.

이제 관객에게 착각을 불러일으키는 움직임을 보여줘야 할 차례이다. 이 동작을 잘 익혀두면 동전 같은 작은 물체를 숨기는 데 유용하게 사용할 수 있다. 이제 오른손 손가락을 한데 모아 A 뒷면을 보여준다. 오른손 엄지손가락으로 A는 앞으로 밀고 나머지 손가락과 동전은 뒤로 밀어 A가 최대한 많이 드러나 보이도록 한다(**그림 3**).

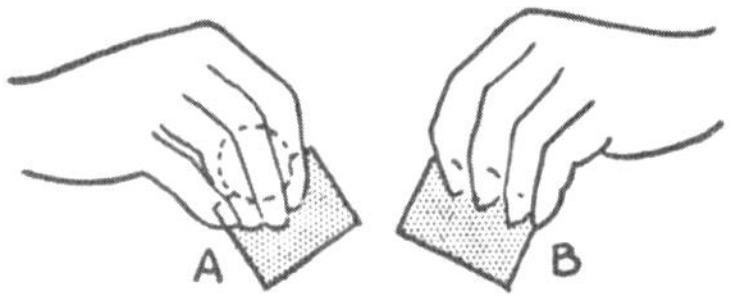

그림 3

그림 4

그림 4는 동전을 미는 이 동작을 다른 각도에서 본 모습이다. 가운뎃손가락 끝이 동전의 움직임을 대부분 컨트롤한다. A 뒷면을 보여준 후 다시 **그림** 2의 자세로 돌아간다. 오른손 네 손가락과 동전을 종이 뒤에서 밀어 동전을 숨긴다. 이 손기술을 완벽하게 익힌 후 다음 동작으로 넘어가야 한다. 동전을 숨긴 채 종이의 앞면과 뒷면을 모두 보여줄 수 있어야 한다.

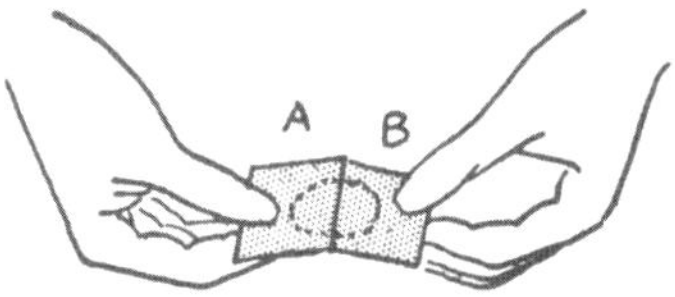

그림 5

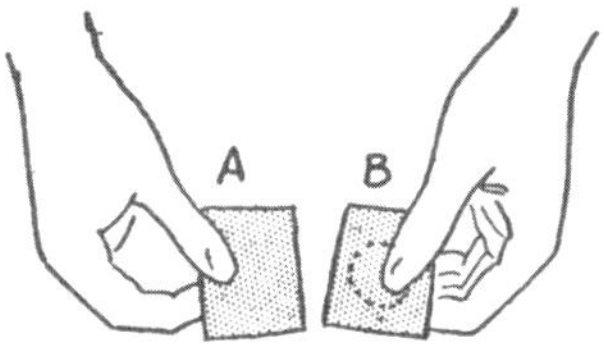

그림 6

A와 B를 합친다. **그림** 5처럼 A 일부분이 B와 겹치도록 놓는다. 왼손 손끝으로 동전을 밀고 B 아래에서 동전을 잡은 상태로 A와 B의 간격을 떨어뜨린다(**그림** 6).

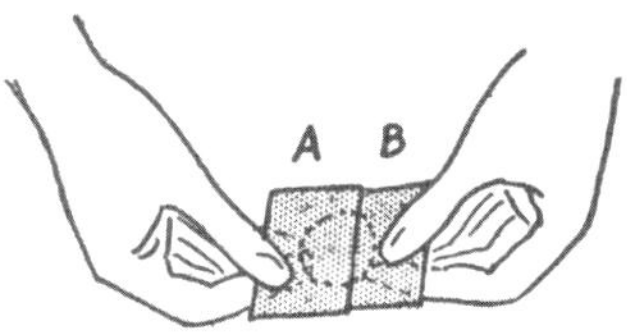

그림 7

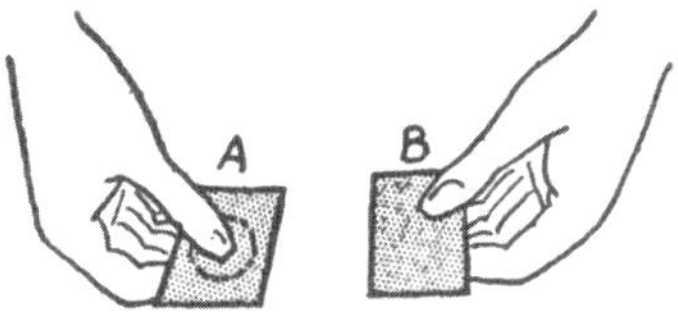

그림 8

A의 앞면과 뒷면을 보여준 후 **그림** 7처럼 원래대로 B에 약간 겹치도록 놓는다. 이때 동전은 재빨리 A 아래로 미끄러뜨린다. 오른손 손가락을 A 아래쪽에 대고 동전을 컨트롤하면 된다. 다시 A와 B의 간격을 떨어뜨리고 B의 앞면과 뒷면을 보여준다

(**그림** 8).

A를 B 위에 놓는다. **그림** 9처럼 동전은 그 사이에 놓이게 된다. A를 들어 B 위에 놓인 동전을 보여준다(**그림** 10).

"무에서 유를 창조한다는 말이 괜히 나온 게 아니군요. 돈이 생겼습니다."

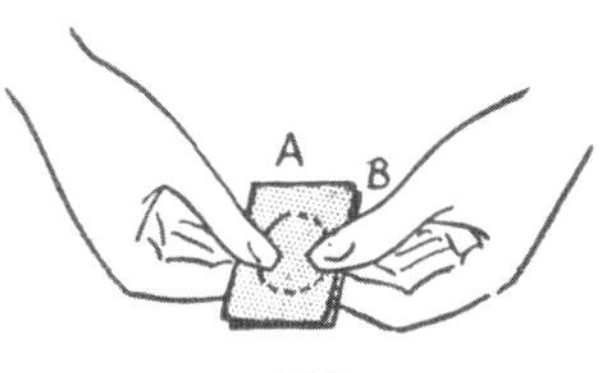

그림 9

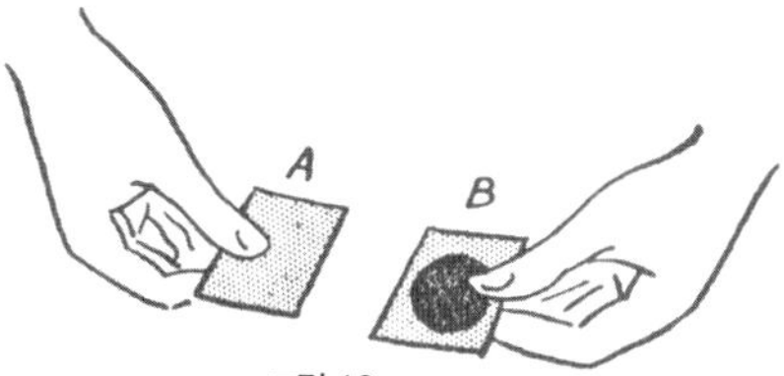

그림 10

★ 참고

종이성냥 대신 명함 두 장을 이용해서 동전이 나타나게 할 수도 있다.

크리스토퍼의 성냥 스티커
Christopher' s Match Sticker

★ 이펙트

마술사가 종이성냥을 펼치고 관객이 성냥의 개수를 센다. 마술사가 성냥을 꺼내 관객의 왼손에 놓는다. 그중에서 한 개비만 꺼내고 관객에게는 종이성냥을 든 채 주먹을 꼭 쥐라고 한다. 마술사가 성냥개비에 불을 붙인 후 끄자 성냥이 사라진다. 관객이 주먹을 펴고 성냥의 개수를 센다. 성냥개비의 수는 처음과 똑같지만 하나가 불에 타 있다. 마술사의 손에서 사라진 성냥이 관객의 손에 와 있는 것이다.

★ 준비물

1. 종이성냥
2. 성냥개비에 불을 붙이기 위해 필요한 똑같은 종이성냥 하나 더

준비

첫 줄에 있는 성냥개비 하나를 뒤로 꺾어서 다른(하나 더 준비한) 종이성냥에 대고 긋는다. 곧바로 불을 꺼서 불탄 자국을 남긴다(**그림** 1). 종이성냥 덮개를 불탄 성냥 밑에 끼워 넣고 자연스럽게 닫는다(**그림** 2). 이렇게 세팅한 종이성냥을 왼쪽 주머니에 넣는다. 나중에 꺼내기 쉽도록 성냥이 위로 가거나 뒤쪽을 향하도록 넣는다.

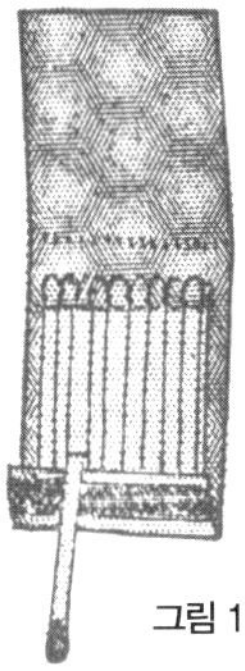

그림 1

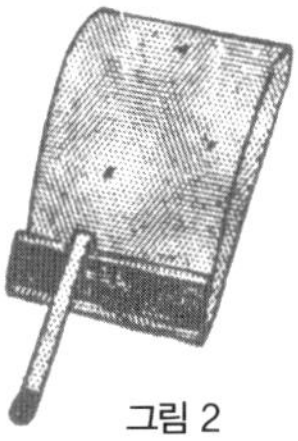

그림 2

시연

왼손으로 주머니에서 종이성냥을 꺼낸다. **그림** 3처럼 엄지손가락으로 불탄 성냥개비를 눌러서 감춘다. 따라서 관객은 불탄 성냥개비가 미리 준비되어 있다는 사실을 알지 못한다. 종이성냥 덮개를 연다(**그림** 4).

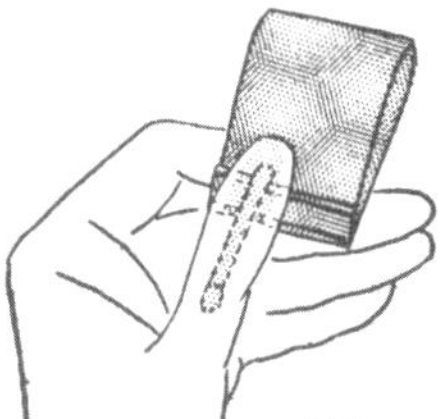

그림 3

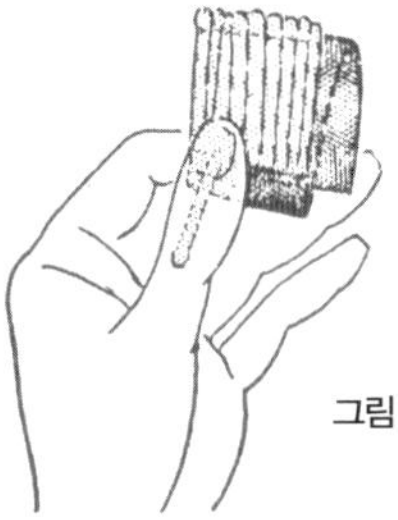

그림 4

“성냥개비의 개수를 세어주세요. 실수하지 않도록 한 번에 하나씩 정확히 세야 합니다. … 네, 16개군요.”

관객이 성냥개비를 센다. 모두 16개라고 해보자. 성냥개비를 뒤로 구부려 왼손으로 들어오게 한다. 따라서 16개의 성냥개비 전체가 불탄 성냥개비가 있는 쪽으로 내려오게 된다. **그림 5**처럼 종이 부분을 전부 찢어 성냥개비를 떼어낸다.

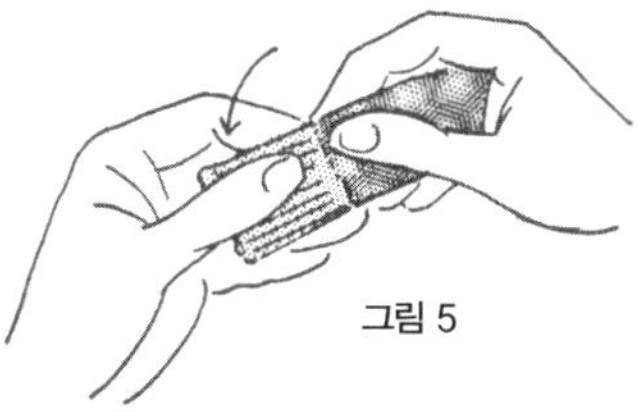

그림 5

그림 6

관객의 왼손에 성냥개비를 놓는다. 불에 탄 성냥개비가 보이지 않도록 제일 밑에 잘 가린 상태로 줘야 한다(**그림** 6).

“자, 왼손에 성냥개비 16개를 들고 계세요. 제가 한 개비 가져가겠습니다. 성냥개비가 떨어지지 않도록 주먹을 꽉 움켜쥐세요. 자, 산수 문제 하나 내겠습니다. 성냥개비 16개에서 제가 하나 가져갔으니 몇 개가 남았을까요? 네, 15개 정답입니다! 선생님께서는 성냥개비 15개를 꽉 쥐고 계시는 겁니다. 자, 잘 보세요.”

방금 관객에게 가져온 성냥개비를 아까 찢어내고 남은 종이 부분에 대고 긋는다. 불을 끄면 성냥개비에 탄 자국이 남는다.

“성냥개비에 불을 붙였다 껐습니다. 불탄 자국이 있어서 알아보기 쉽겠죠? 자, 잘 보세요.”

왼손에 성냥개비를 놓고 관객의 손으로 던지는 척하면서 사라지게 만든다. 제1권의 **레슨** 1에서 배운 작은 물건을 이동시키는 방법을 활용하면 된다.

“불탄 성냥개비를 선생님의 손으로 던졌습니다. 주먹을 펴고 성냥개비가 몇 개인지 세어보세요. 하나씩 테이블에 올려놓으면서 세어보세요. … 네, 16개입니다! 분명히 16개에서 제가 하나 떼어냈는데 처음과 똑같아졌네요. 한 번 자세히 살펴보세요. 하나는 불탄 자국이 있을 겁니다. 제가 가지고 있던 녀석이 혼자 외로워서 친구들에게 갔나 봅니다. 성냥개비도 외로운 걸 싫어하나 봅니다."

모두의 관심이 성냥개비를 세는 관객의 모습에 집중되어 있는 사이 팜 되어 있는 불탄 성냥개비를 손쉽게 처리할 수 있다.

오들리 월시의 성냥 루틴
Audley Walsh Match Routine

이 마술은 즉석에서 활용할 수 있는 루틴으로 오들리 월시는 뛰어난 손기술로 재미있는 이펙트를 선보였다.

★ 이펙트

마술사가 허공에 오른손을 올리자 나무 성냥개비가 나온다. 이번에는 왼손을 올리자 또 성냥개비가 나온다. 두 개의 성냥개비를 오른손에 V자 모양으로 놓는다. 왼손으로 하나를 들어서 던지는 척한다. 그러자 다시 성냥개비가 오른손에 V자 모양으로 나타난다. 이 동작을 반복한다. 왼손 손바닥에 성냥개비 하나를 놓는다. 나머지 성냥개비는 바지에 대고 문지른 후 손바닥에 놓인 성냥개비에 갖다 댄다. 마치 전기 충격을 받은 것처럼 성냥개비가 허공으로 튀어 오른다. 왼손에 남은 성냥개비는 갑자기 사라져 오른손 손끝에서 나타난다.

★ 준비물

나무 성냥개비 두 개. 일반적인 크기가 가장 좋지만 약간 짧은 것을 사용해도 된다.

준비

관객에게 보이지 않도록 성냥개비 두 개를 양손에 하나씩 섬 팜 하면 준비가 끝난다.

시연

손등이 관객을 향한다. **그림 1**처럼 성냥개비가 양손에 하나씩 섬 팜 되어 있다. 오른손을 뻗는다. 이때 손가락을 구부려 집게손가락과 가운뎃손가락 사이로 성냥개비를 잡는다(**그림 2**).

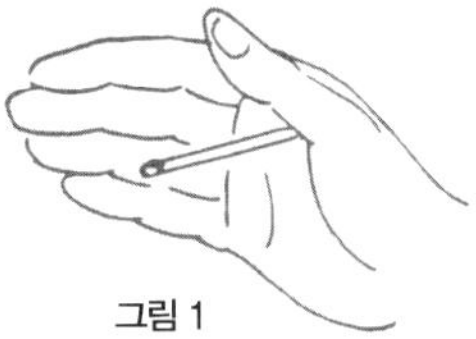

그림 1

그림 2

손가락을 약간 펴서 **그림 3**처럼 성냥개비를 잡는다. 엄지손가락 끝은 성냥개비 맨 아래에 있다. 엄지손가락으로 성냥개비를 위로 민다(**그림 4**).

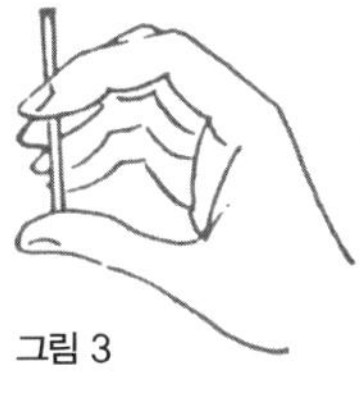

그림 3

그림 4

가운뎃손가락과 엄지손가락 손끝 사이로 성냥개비를 잡은 상태에서 집게손가락을 성냥개비 반대편에 놓는다. 이렇게 하면 **그림 5**처럼 집게손가락과 엄지손가락 끝으로 성냥개비 끝을 쉽게 잡을 수 있다. 이 동작은 성냥개비 같은 작은 물체를 나타나게 하는 데 매우 중요하므로 완벽하게 연습한다.

그림 5

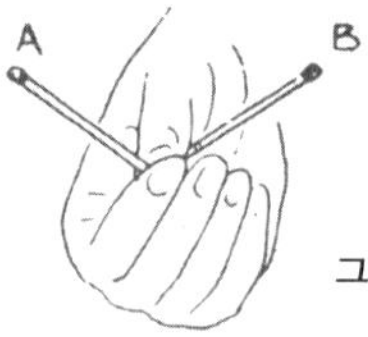

그림 6

이와 같은 방법으로 왼손도 뻗어 성냥개비가 나오게 한다. **그림** 6처럼 두 개의 성냥개비를 오른손 끝에 V자 모양으로 잡는다. 왼손으로 성냥개비 B를 가린다(**그림** 7). 이때 왼손 엄지손가락으로 다시 성냥개비 B를 오른손으로 민다(**그림** 8과 **그림** 9). 왼손으로 성냥개비를 들고 가져오는 것처럼 보이지만 실제로 성냥개비는 여전히 오른손에 있고 엄지손가락에 가려 관객에게 보이지 않는다(**그림** 10). 왼손으로 성냥개비를 던지는 척한다.

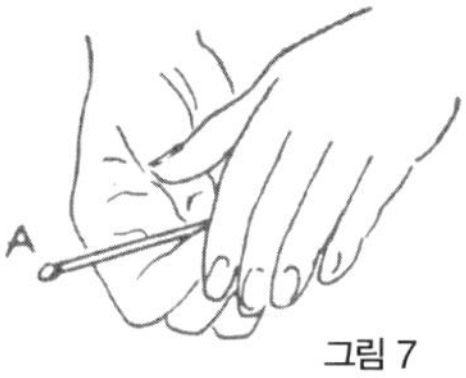

그림 7

그림 8

왼손의 앞뒤를 보여준 후 다시 오른손 앞쪽으로 가져간다(**그림** 7). 이때 왼손으로 가린 채 다시 성냥개비를 V자 모양으로 되돌릴 수 있다. 가운뎃손가락을 회전점으로 삼아 넷째 손가락 끝을 성냥에 대고 밀면 된다.

왼손을 떼서 다시 성냥개비가 나타났음을 보여준다(**그림** 6). 이렇게 성냥개비를 던지는 척하다 다시 나타나게 하는 동작을 두 번 더 반복한다. 맨 마지막에는 왼쪽 무릎 뒤에서 성냥이 나오게 하고 왼손을 오른손으로 가져가 성냥개비가 오른손 안에서 다시 V자 모양이 되게 한다.

그림 9

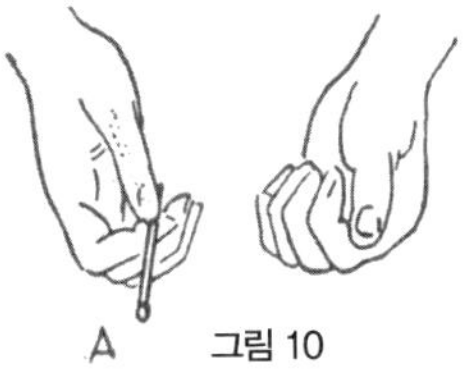

그림 10

B 머리 부분이 아래로 가도록 왼손 손바닥에 놓는다. A는 **그림** 11처럼 오른손 집게손가락, 가운뎃손가락, 넷째 손가락 끝과 엄지손가락 끝에 놓는다. 성냥개비 끝부분은 넷째 손가락 손톱으로 누른다. A 머리 부분을 오른쪽 다리(바지 위)에 대고 문지른 후 손바닥에 놓인 B의 머리에 갖다 댄다. 두 개의 성냥개비를 접촉시킬 때 오른손 넷째 손가락 손톱(끝)으로 A 끝을 툭 친다. 손가락을 떼는 순간 성냥개비의 반대쪽(머리) 끝이 움직이게 되므로 B가 전기 충격을 받은 것처럼 허공으로 발사된다. 툭 치는 소리는 마치 전기 불꽃이 튀는 것처럼 들린다.

그림 11

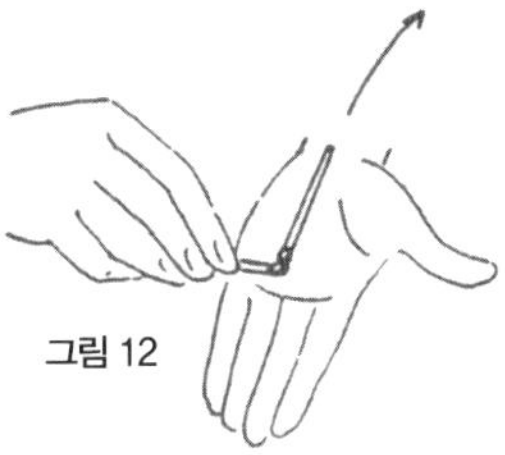

그림 12

그림 13처럼 오른손 집게손가락과 엄지손가락으로 A를 잡고 왼손 손바닥에 기대어 놓는다. 왼손으로 성냥개비를 잡고 주먹을 쥔다(**그림** 14).

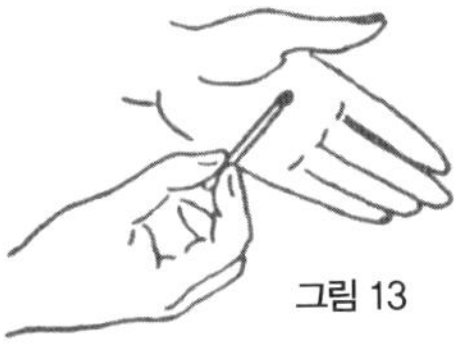

그림 13

그림 14

왼손 손등을 관객 쪽으로 돌리고 엄지손가락으로 성냥개비를 약간 바깥쪽으로 밀어낸다(**그림** 15). 오른손으로 성냥개비를 꺼낸다.

그림 13처럼 다시 왼손을 돌리고 주먹을 편다. **그림** 16처럼 다시 왼손에 성냥개비를 놓고 오른손 집게손가락과 넷째 손가락 사이로 잡는다. 왼손으로 성냥개비를 감싸고 오므린다.

그림 15

그림 16

마치 성냥개비가 들어 있는 것처럼 다시 손등이 관객을 향하도록 한다. 왼손이 오른손에서 떨어지는 순간 오른손 손등이 관객을 향하고 가운뎃손가락과 넷째 손가락은 약간 안쪽으로 향하므로 **그림** 17, **그림** 18과 같은 자세로 성냥개비를 잡을 수 있다. 다시 왼손을 앞으로 돌리고 펴서 성냥개비가 사라졌음을 보여준다.

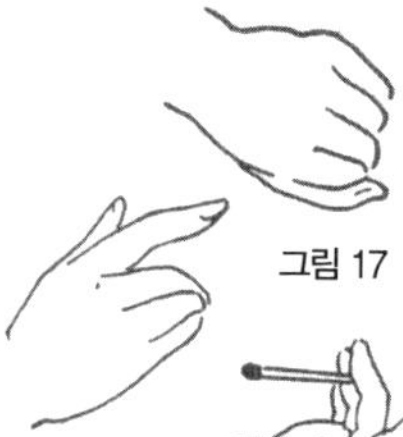
그림 17

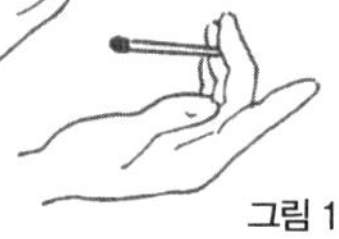
그림 18

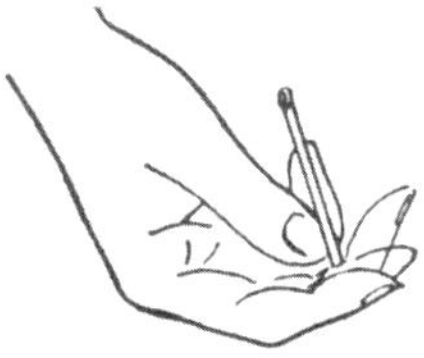
그림 19

오른손 손바닥이 위로 놓여 있을 때 **그림** 19처럼 엄지손가락으로 성냥개비를 툭 친다. 성냥개비가 나타나는 순간 시선이 그쪽으로 향해야 한다.

성냥으로 옷핀 통과하기

Match Through Safety Pin

이것은 단단한 물체가 다른 단단한 물체를 통과하는 이펙트이다. 현실적으로 불가능한 일이 눈앞에서 펼쳐진다. 수년 전에 마술사들에게 매우 인기가 높았는데 앞으로도 여전히 참신한 마술로 남을 것이다. 이미 작고한 잉글랜드의 셀빗(P. T. Selbit)은 이 마술에 크게 기여했다.

★ 이펙트

5cm 옷핀을 열어 뾰족한 바늘에 머리 부분을 자른 약 5cm 크기의 성냥개비를 고정시킨다. 옷핀을 잠그면 성냥개비 한쪽 끝이 옷핀의 반대쪽 바(bar)에 놓인다. 왼손으로 옷핀 한쪽 끝을 잡은 상태에서 오른손 집게손가락으로 성냥개비 아래쪽을 만진다. 그러면 성냥개비 위쪽 끝이 바를 통과한다. 성냥개비가 회전하면서 몇 번씩 바를 통과한다.

★ 준비물

1. 나무로 된 성냥개비. 머리 부분을 잘라 약 5cm 길이로 만든다.
2. 5cm 옷핀

더 큰 핀이나 나무 막대기로 시연할 수도 있다. 하지만 막대기와 성냥개비의 크기가 잘 맞는지 미리 확인해야 한다. 막대기가 너무 길면 이펙트가 제대로 나오지 않는다.

준비

옷핀을 열어 뾰족한 바늘에 성냥개비 가운데를 끼운다. 그리고 잠근다(**그림 1**).

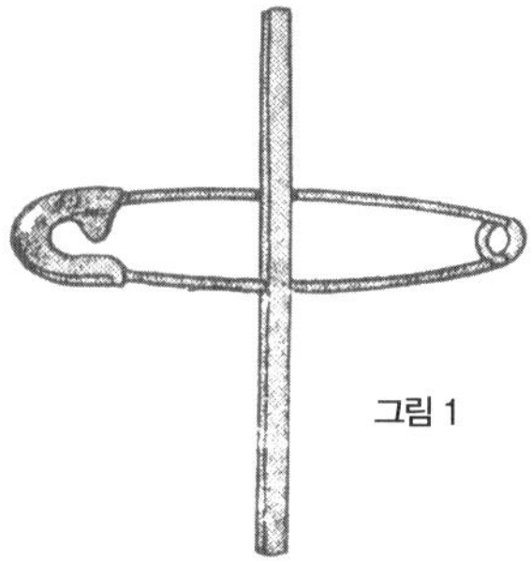

그림 1

시연

왼손 엄지손가락과 집게손가락 사이로 옷핀 머리 부분을 꽉 잡는다. 성냥개비는 위쪽 바에 걸려 있다(**그림** 2). 오른손 집게손가락 끝을 성냥개비 밑에 대고 위로 탁 친 후 뗀다. 제대로 친다면 **그림 3**처럼 성냥개비 위쪽 끝이 바의 안으로 들어가게 된다.

그림 2

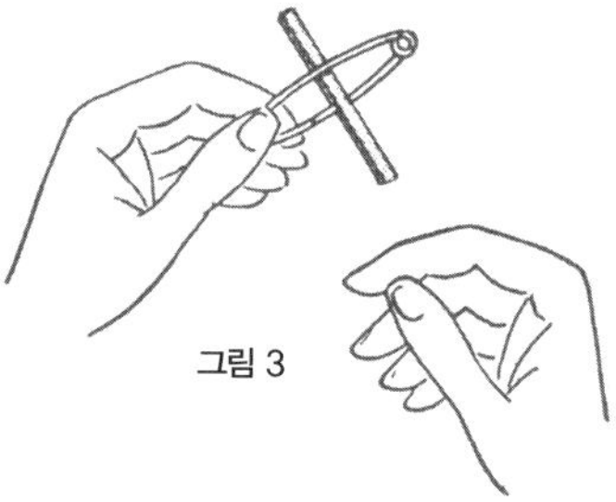

그림 3

성냥개비를 빙 돌려 다시 **그림 2**처럼 만든다. 오른손 집게손가락으로 다시 아래쪽 끝을 치면 위쪽 끝이 바를 통과한다. 하지만 실제로는 성냥개비가 옷핀을 통과한 것이 아니라 성냥개비 끝을 쳐서 위로 올렸으므로 '리바운드' 효과가 나타나 성냥개비가 옷핀 안으로 내던져진 것이다. 이처럼 성냥개비 양끝의 위치가 바뀌지만 움직임이 너무 빠르기 때문에 알아차릴 수 없다.

손가락으로 성냥개비를 제대로 친다면 아무리 관찰력이 뛰어난 사람이라도 속일 수 있고 몇 번씩이나 반복해서 보여줄 수 있다. 관객은 보면 볼수록 더 깜짝 놀라게 된다.

성냥 세우기
Match on Edge

이것은 마술이라기보다 개그나 묘기에 가깝다. 리처드 힘버(Richard Himber)가 가장 즐겨하는 개그 중 하나이다.

그림 1

원래의 방식은 관객에게 종이성냥을 주고 테이블에 세워보라고 하는 것이다. 하지만 관객이 성냥을 세우는 데 실패하자 마술사가 **그림** 1처럼 성냥을 반으로 접어 테이블에 놓는다. 물론 이렇게 하면 접힌 부분 때문에 성냥이 서게 된다. 힘버는 그 다음부터 자신만의 방식으로 새롭게 변형해서 선보였다.

★ 이펙트

마술사가 종이성냥에서 성냥개비 하나를 뜯어 집게손가락과 가운뎃손가락으로 잡아 테이블에 놓는다. 성냥은 평평한 부분이 바닥에 닿은 채 가로로 놓인다. 마술사가

"성냥을 세울 수 있을까요?"

라고 말한다. 관객이 도전해보지만 실패한다. 이번에는 마술사가 성냥개비를 들어서 테이블에 놓는다. 성냥개비가 머리 부분까지 반으로 갈라지고 펼쳐지면서 테이블에 선다.

★ 준비물

종이성냥

준비

그림 2처럼 종이성냥에서 성냥개비 하나를 뜯어 **그림** 3처럼 나이프나 면도칼로 머리 부분까지 쪼갠다. 이등분 된 막대를 머리에서 뒤쪽으로 구부린다(**그림** 4). 그리고 두 부분을 원래대로 되돌려서 평범한 성냥개비처럼 보이도록 한다. 이렇게 세팅한 성냥개비를 주머니나 손쉽게 접근할 수 있는 곳에 둔다.

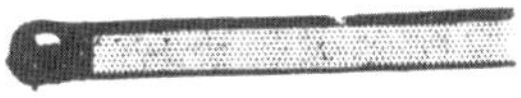
그림 2

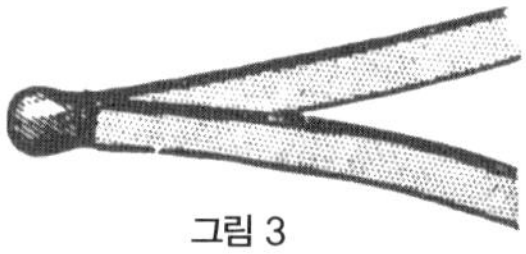
그림 3

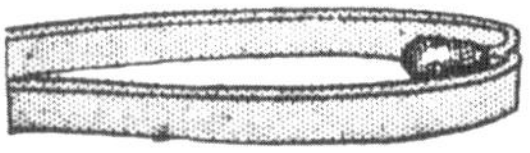
그림 4

시연

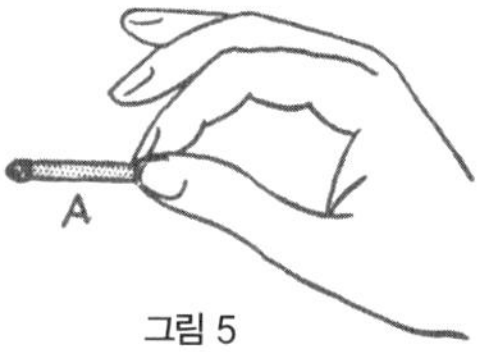

그림 5

종이성냥에서 성냥개비 하나를 뜯어낸다. **그림** 5처럼 오른손 엄지손가락과 집게손가락 사이로 잡는다. 손은 테이블에서 약 30cm 떨어진 지점에서 든다. 성냥개비를 테이블에 내려놓는다. 평평한 부분이 바닥에 닿는다.

"과연 성냥개비를 세울 수 있을까요? 물론 가능합니다."

관객에게 성냥개비를 주고 시도해보라고 하지만 물론 실패로 돌아간다. 관객에게 여러 차례 시도하게 한다. 관객이 성냥개비를 세우는 데 열중하고 있을 때 미리 세팅해둔 성냥개비를 몰래 꺼내 집게손가락과 가운뎃손가락 사이에 팜 한다(**그림** 6).

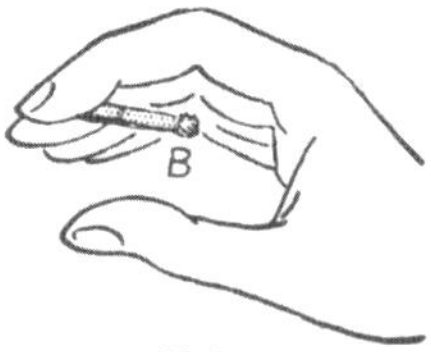

그림 6

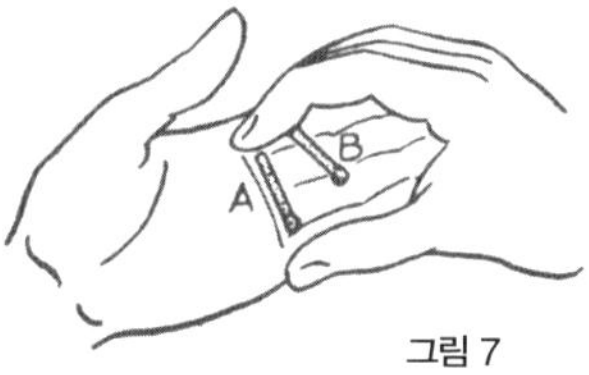

그림 7

왼손으로 테이블에서 관객이 가진 성냥개비를 가져온다. 이때 가운뎃손가락과 넷째 손가락 기부로 잡는다. **그림 7**처럼 오른손을 뻗어 성냥개비를 잡는 척한다. 하지만 실제로는 관객에게 보이지 않도록 왼손으로 성냥개비를 잡고 관객에게 보이지 않도록 몸쪽으로 향하게 한 상태에서 세팅하지 않은 정상적인 성냥개비를 핑거 팜 한다. 그와 동시에 오른손으로는 미리 세팅한 쪼개진 성냥개비가 집게손가락과 가운뎃손가락, 엄지손가락 사이에서 드러나 보이도록 한다. 이때 빠르게 움직이면 의심을 살 위험이 전혀 없다. 단지 왼손으로 테이블에서 성냥개비를 집어 오른손으로 옮기는 것처럼 보인다. **그림 5**처럼 쪼개진 성냥개비를 잡는다.

"자, 성냥개비를 세울 수 있는지 없는지 잘 보세요."

성냥개비를 테이블에 내려놓으면 **그림 3**처럼 쪼개진 부분이 펴지면서 서게 된다. 성냥개비가 저절로 쪼개지면서 서는 모습은 놀라움 그 자체이다. 관객은 조금 전까지만 해도 멀쩡해보였던 성냥개비가 갑자기 갈라지면서 똑바로 서는 모습을 보고 깜짝 놀란다.

마음대로 올라갔다 내려갔다 하는 성냥개비
Rising and Falling Match

이것은 오래전부터 큰 인기를 누려온 친분 마술의 하나로 물이 든 음료수 병과 종이성냥만 있으면 어디서나 시연할 수 있다.

★ 이펙트
물이 가득 든 코카콜라나 탄산음료수 병에 불탄 성냥개비를 떨어뜨린다. 마술사의 지시에 따라 성냥개비가 바닥까지 가라앉았다가 다시 위로 올라온다. 성냥개비는 계속해서 마술사의 명령대로 올라가거나 내려가거나 멈춘다.

★ **준비물**

1. 코카콜라나 탄산음료수 병
2. 종이성냥

준비

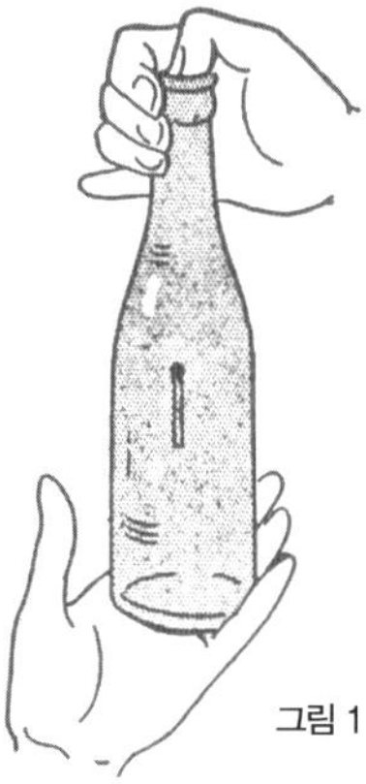
그림 1

병에 물을 가득 채운다. 종이성냥에서 성냥개비 하나를 떼어내 불을 붙였다 끈다. 불탄 자국이 생길 정도면 된다. 성냥개비 머리 부분이 위로 오도록 병에 떨어뜨린다. **그림 1**처럼 왼손에 병을 놓고 오른손 엄지손가락으로 입구를 누른다. 엄지손가락을 꽉 눌렀다 떼면 성냥개비가 내려갔다 올라왔다 멈추었다 한다. 끝까지 내려갔다가 올라오도록 쉽게 컨트롤할 수 있다. 계속 연습하다 보면 성냥개비를 재미있게 컨트롤하는 방법을 배울 수 있다.

예전에는 병마개를 막고 병의 옆면을 눌러 성냥개비를 컨트롤하는 방식을 사용했다. 그럴 경우에는 약국에서 구입 가능한 평평한 병이 사용된다.

조끼 단추 떼기

A Button Off The Vest

예전에 시연되던 마술 중에는 대단히 흥미진진한 것들이 많이 있다. 예를 들어 관객의 조끼나 코트에서 단추를 떼어내 처음처럼 완벽하게 꿰매놓는 마술이 있다. 이것은 짧은 시간 동안 관객을 흥분의 도가니로 몰아넣을 수 있다.

마술사 월리스(Wallace)는 이 이펙트를 현대적인 방식으로 바꿔 시연하는데 대부분 즉석 마술로 선보인다. 나는 그가 이 마술을 시연하는 모습을 자주 보았다. 그는 그때마다 많은 사람들의 화젯거리가 된다. 그는 아무런 망설임 없이 자연스럽게 척척 시연한다.

★ 이펙트

마술사가 관객의 조끼 맨 아래에 있는 단추를 푼다. 조끼의 오른쪽 귀퉁이를 잡고 아래쪽 단추로 관심을 집중시킨다. 그리고 오른손으로 단추를 잡아서 뗀다. 단추는 마술사의 오른손에 있고 조끼에는 정말로 단추가 떨어지고 없다. 마술사가 조끼로 단추를 던지는 척하자 단추가 원래의 상태로 붙는다.

준비

여분의 조끼 단추 하나만 있으면 된다. 조끼 주머니나 코트 오른쪽 작은 주머니에 넣어둔다. 조끼 단추는 대부분 검정색이지만 만약을 대비해 갈색이나 회색 단추도 준비하는 것이 좋다.

시연

오른손 집게손가락과 가운뎃손가락 사이로 몰래 단추를 숨긴다(**그림 1**). 힘을 빼고 손바닥이 아래로 향하도록 자연스럽게 든다.

그림 1

그림 2

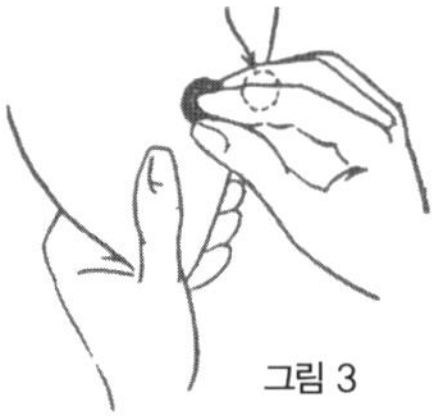

그림 3

왼손으로 조끼 아랫단을 펼치고 단추 바로 아래 지점을 잡는다(**그림 2**). **그림 3**처럼 오른손을 단추에 놓고 두세 차례 잡아당긴다. 손을 움직일 때마다 조끼에 붙어 있는 단추가 보여야 한다.

그런 다음 **그림 4**처럼 오른손으로 붙어 있는 단추를 가리고 왼손 엄지손가락 동그란 부분으로 단추를 가린다. 그와 동시에 오른손에 숨긴 여분의 단추를 왼손 엄지손가락 끝과 단추 바로 위에 있는 코트 사이로 이동시킨다. 오른손을 떼고 조끼 단추가 여전히 같은 위치에 있음을 보여준다(**그림 5**).

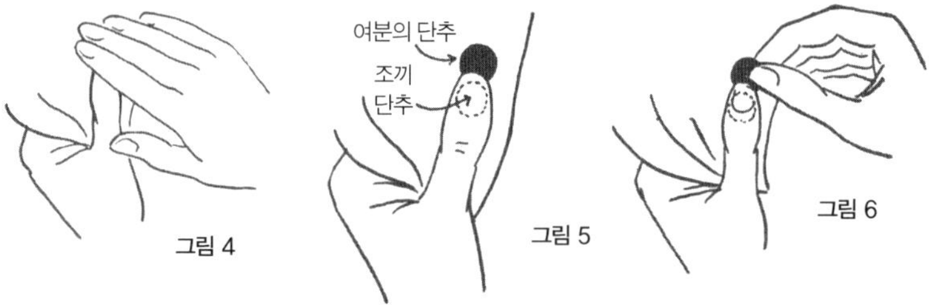

그림 4 그림 5 그림 6

다시 오른손을 뻗어 엄지손가락과 집게손가락, 가운뎃손가락 사이로 여분의 단추를 잡는다(**그림** 6). 여분의 단추 아래쪽 가장자리가 왼손 엄지손톱 가장자리 아래에 오게 한다(**그림** 7). 이제 단추를 잡아뗀다. 이때 단추로 엄지손톱을 쳐서 실이 끊어지는 소리가 나도록 한다.

그림 8처럼 오른손에 여분의 단추를 들고 보여줌으로써 단추가 조끼에서 떨어졌다는 사실에 관심을 집중시킨다. 따라서 관객의 시선은 단추가 들어 있지 않은 엄지손가락 윗부분으로 이동한다. 바로 전의 동작에서 엄지손가락 위에서 단추가 보였기 때문이다. 마지막으로 잡아당겨 (여분의) 단추가 떨어져 나오자 관객들은 깜짝 놀란 나머지 왜 마술사가 단추가 있던 자리에 엄지손가락을 놓았는지에 대해서는 생각하지 못한다.

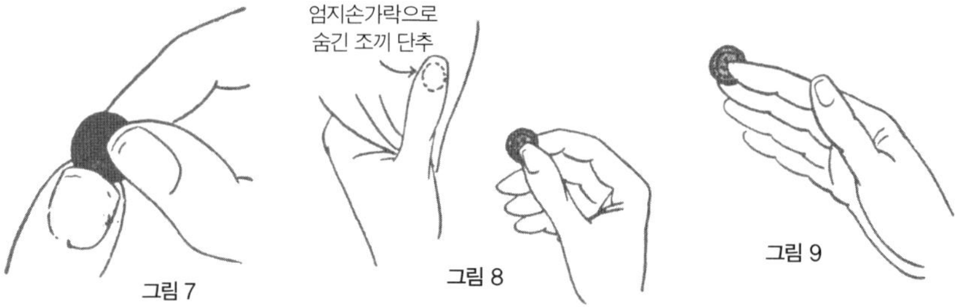

그림 7 그림 8 그림 9

그림 9처럼 오른손 집게손가락과 가운뎃손가락 끝으로 여분의 단추를 옮긴다. 조끼로 던지는 척하면서 단추를 다시 엄지손가락 기부와 손바닥 사이로 되돌려놓는다(**그림** 10). **그림** 11처럼 단추를 섬 팜 한다. 던지는 동작이 끝나면 오른손 손가락을 조끼와 왼손 엄지손가락 끝에 갖다 댄다(**그림** 12).

그림 10

그림 11

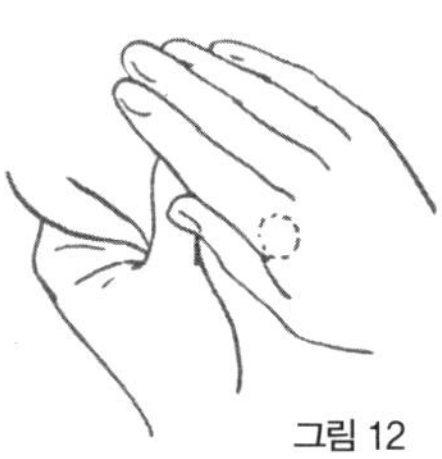

그림 12

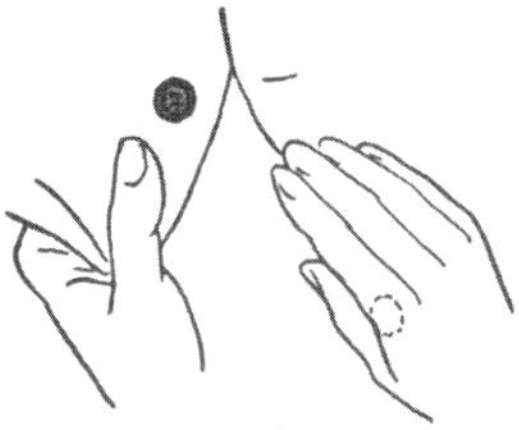

그림 13

조끼에 달린 단추에 놓인 왼손 엄지손가락을 서서히 떼고 오른손도 옆으로 치워 단추가 다시 붙어 있는 모습을 보여준다(**그림 13**). 처음처럼 단추가 조끼에 단단히 붙었음을 보여준다. 모든 동작은 갑자기 느려지거나 지체되는 일 없이 침착하게 이루어져야 한다.

술집에서의 마술
Tavern Trickery

이것은 크리스토퍼가 바처럼 병뚜껑을 쉽게 손에 넣을 수 있는 곳에서 시연하는 마술이다.

★ 이펙트
친구들과 바에 있을 때 마술사가 바텐더에게 병뚜껑을 달라고 부탁한다. 병뚜껑 안을 보여준 후 입구가 아래로 가도록 바에 올려놓는다. 마술사에게는 덱에서 선택된 카드가 있다. 관객이 병뚜껑을 뒤집자 그 안에 선택된 카드의 이름이 쓰여 있다.

★ 준비물
1. 병뚜껑. 바텐더가 주는 병뚜껑과 똑같아야 한다. 크리스토퍼는 바에서 파는 맥주의 브랜드와 맞추기 위해 여러 종류의 맥주 병뚜껑을 지니고 다닌다. 또는 미

리 병뚜껑을 빌린 다음 똑같은 것을 구하면 된다. 세븐업이나 코카콜라 등 음료수 병뚜껑을 이용해도 된다.

2. 덱

준비

그림 1

포스하려는 카드를 정한다. 연필이나 잉크를 이용해 병뚜껑 안에 카드의 숫자와 모양을 표시해둔다. 예를 들어 다이아몬드 7을 포스하려고 한다면 **그림 1**처럼 표시한다. 덱의 맨 위에 다이아몬드 7을 놓고 포스 준비를 한다.

시연

미리 준비해둔 병뚜껑을 몰래 꺼내 오른손에 핑거 팜 한다. 바텐더에게 똑같은 병뚜껑을 빌려서 왼손에 놓고 관객에게 안쪽을 보여준다.

"자, 방금 빌린 병뚜껑입니다. 만드는 것보다 빌리는 편이 빠르니까요."

왼손 손바닥에 놓인 병뚜껑에 오른손을 갖다 대고 왼손을 몸쪽으로 돌려 빌린 병뚜껑을 팜 한다. 그와 동시에 오른손에서 미리 준비한 병뚜껑이 보이게 하고 안쪽이 보이지 않도록 조심하면서 바에 올려놓는다.

이렇게 빌린 병뚜껑과 미리 준비한 병뚜껑을 바꿔치기하는 동작은 간단하다. 제1권에서 배운 동전 바꿔치기 방법과 똑같다. 왼쪽 코트 주머니에서 덱을 꺼내면서 그 안에 빌린 병뚜껑을 떨어뜨린다.

원하는 방법대로 카드를 포스한다. 포스하려는 카드, 즉 여기에서는 다이아몬드 7을 덱의 맨 위에 놓아두는 것이 가장 쉬우면서도 직접적인 방법이다. 팬하여 모든 카드가 전부 다르다는 것을 보여준 후 차곡차곡 정리해 뒷면이 위로 가도록 바에 올려놓는다.

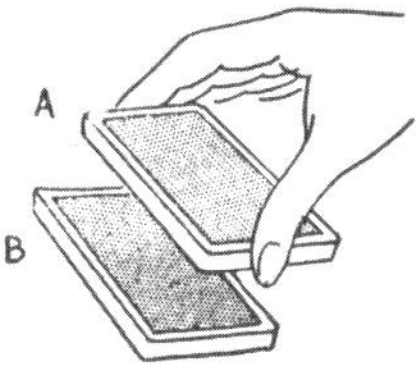

그림 2

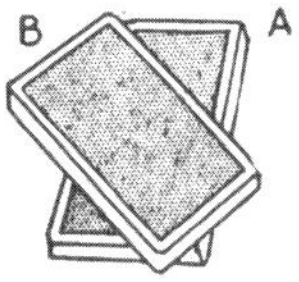

그림 3

"커트하세요."

관객이 **그림 2**처럼 일부를 들어올린다. 관객이 들어 올린 A를 가져와 바에 놓는다. 나머지 B를 들어 **그림 3**처럼 A 위에 올린다.

"네, 선생님이 원하시는 대로 커트하셨습니다."

B를 치우고 A의 맨 위에 있는 카드를 집어 든다. 물론 그것은 다이아몬드 7이다.

"자, 술집에 맞는 마술을 보여드리죠. 병뚜껑을 들어서 보세요. 네, 여기 다이아몬드 7입니다."

크리스토퍼의 손끝 텔레파시
Christopher' s Finger Tip Telepathy

이것은 전혀 모르는 사람에게 카드의 이름을 알려주는 재치 있는 이펙트이다.

★ 이펙트

마술사가 텔레파시를 보여주겠다고 한다. 텔레파시를 보낼 사람과 받는 사람 역할을 할 두 명의 관객을 뽑는다. 예를 들어 여성 관객과 남성 관객을 한 명씩 뽑아 서로 반대쪽에 앉히고 남성에게 카드 한 장을 고르라고 한다. 여성에게는 노트와 만년필을 준다. 남성은 자신이 고른 카드를 뚫어져라 쳐다보고 여성은 무슨 카드인지 추측

해서 적는다. 여성이 적은 카드가 정말로 남성이 고른 카드이다.

★ 준비물

1. 덱
2. 노트
3. 손수건
4. 만년필

준비

그림 1

포스하려는 카드를 정한다. 여기에서는 스페이드 5라고 해보자. **그림 1**처럼 왼손 가운뎃손가락 안쪽에 만년필로 스페이드 5라고 쓰고 말린다. 손가락을 자연스럽게 붙인 상태로 움직이면 글씨가 보이지 않는다. 글씨가 쓰인 반대쪽이 관객을 향하게 하면 들킬 염려가 없다. 스페이드 5를 덱의 맨 위에 놓는다.

시연

"텔레파시에 관한 실험을 해보겠습니다. 부부는 일심동체라는 말도 있잖아요. 여성분, 누군가의 마음을 읽어보시겠습니까? 네, 고맙습니다."

여성을 한쪽에 앉히고 남성은 반대쪽에 앉힌다. 남성 관객에게 노트와 만년필을 주고 아무런 이상이 없는지 살펴보라고 한다.

"자, 여성분께서 이 남성분의 마음을 읽으실 겁니다. 하지만 이 두 분이 미리 입을 맞춰놓았을 수도 있죠. 그것이 아니라는 사실을 증명하기 위해서 카드를 사용하겠습니다. 마음대로 한 장 고르세요."

팬하여 카드가 전부 다르다는 것을 보여준다. 원하는 방법으로 스페이드 5를 포스한다. 여기에서는 가장 쉬운 방법으로 포스하기로 한다. 이 마술은 물론 다른 마술에서도 사용할 수 있는 방법이다. 덱을 폴스 셔플하여 스페이드 5를 '톱' 에 남겨둔다. 팬하여 전부 다른 카드임을 보여준다. 뒷면이 관객을 향하도록 다시 덱을 차곡차곡 정리한 후 맨 아래에 있는 카드를 뒤집는다. 이제 덱을 어떤 방향으로 뒤집든지 카드 뒷면이 바깥쪽을 향하게 된다. 오른손으로 가린 채 덱을 뒤집으면 바닥이 맨 위에 오게 된다. 뒤집은 카드만 제외하고 나머지 카드는 전부 위를 향한다. 하지만 관객에게는 덱의 뒷면이 위를 향한 것처럼 보인다.

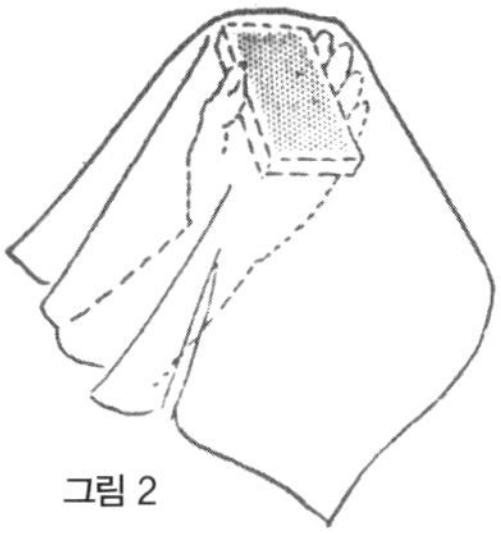
그림 2

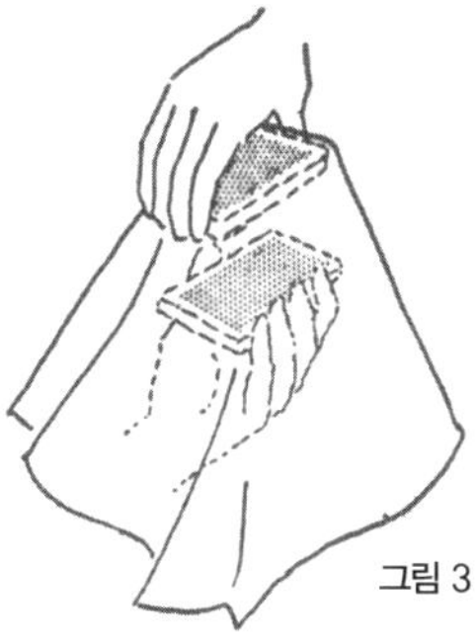
그림 3

"어떤 카드를 뽑을지 미리 아실 수는 없었겠죠? 자, 손수건으로 덱을 가리겠습니다."

그림 2처럼 손수건으로 덱을 가린다. 원한다면 손수건으로 가린 후 덱을 뒤집어도 된다. 덱의 뒷면이 위로 온 상태에서 팬하고 차곡차곡 정리해서 손수건으로 감싼 후 뒤집었으므로 제일 위에 있는 카드를 제외하고 나머지는 전부 앞면이 위로 향한다.

"자, 손수건 위에서 커트하세요. 원하시는 만큼 떼시면 됩니다."

남성 관객이 손수건 위에서 원하는 만큼 커트하여 들어 올린다(**그림** 3). 당신의 손에 남은 부분은 약간 밑으로 내려 뒤집는다. 이렇게 하면 스페이드 5가 제일 위에 놓인다. 물론 이 동작은 손수건 안에서 이루어진다. **그림** 4처럼 손수건에서 왼손과 카드를 꺼내고 오른손으로는 손수건과 관객이 든 카드를 든다.

"원하시는 대로 커트하셨습니다. 맨 위 카드를 드세요. 저와 여성분께는 보여주지 마세요."

남성이 당신의 패킷(남아있는 카드)에서 맨 위에 있는 카드를 가져간다. 다시 손수건으로 패킷(남아있는 카드)을 덮고 나머지 카드를 그 위에 놓은 후 아까 뒤집은 카드를 다시 뒤집는다. 테이블에 덱을 놓고 손수건은 주머니나 테이블에 놓는다. 노트와 만년필을 들고 여성 관객에게 간다. 물론 여성 관객은 텔레파시를 받는 사람 역할이다.

"자, 이제 마음을 읽을 준비가 다 끝났습니다. 저 남성분의 마음을 읽으셔야 합니다. 남성분께서는 아까 고른 카드를 쳐다보고 계세요. 저와 여성분에게는 보여주지 마시고요. 집중해서 잘 보셔야 합니다."

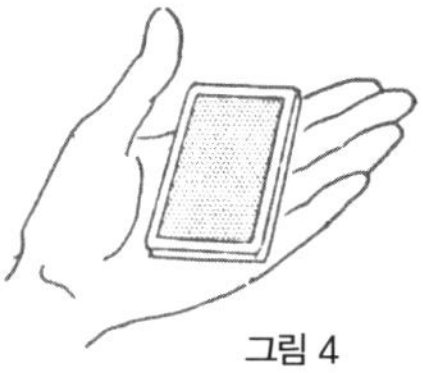
그림 4

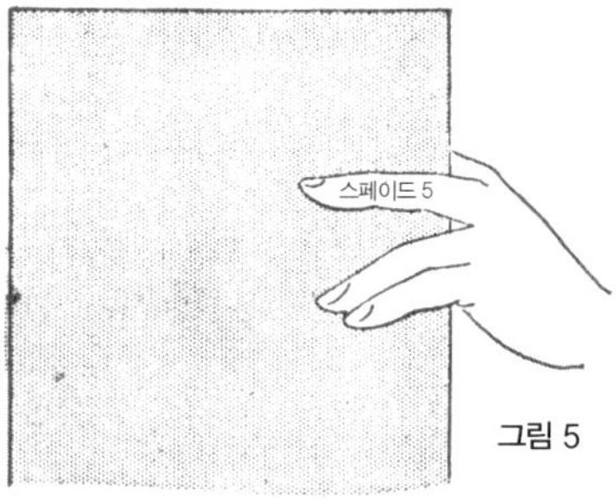

그림 5

왼손으로 노트를 잡는다. **그림 5**처럼 엄지손가락과 집게손가락은 앞에 놓고 나머지 세 손가락은 뒤에 놓는다. 넷째 손가락과 새끼손가락을 당겨 글씨가 적힌 가운뎃손가락이 의자에 앉아 있는 여성을 향하게 한다. **그림 5**는 관객에게 보이지 않는 쪽의 노트이다.

"자, 여성분. 무슨 카드인지 잘 집중해서 생각해보세요. 머릿속에 떠오를 겁니다. 무슨 카드인지 이 노트에 만년필로 적으세요. 그냥 머릿속에 떠오르는 카드를 적으시면 됩니다. 떠오르시죠? 네, 좋습니다."

당신이 가운뎃손가락에 써놓은 글씨가 여성의 눈높이에서 약 30cm 정도밖에 떨어져 있지 않으므로 여성은 그것을 보고 당연히 스페이드 5라고 적을 것이다.

"여러분이 보시다시피 남성분은 혼자 카드를 들고 계시고 여성분은 남성분과 떨어진 곳에 앉아 있습니다. 자, 여성분, 뭐라고 적으셨는지 보여주세요. 아, 스페이드 5라고 적으셨군요. 남성분, 아까 고르신 카드가 뭐죠? 스페이드 5라고요? 네, 고맙습니다. 여성분이 정확히 맞추셨습니다. 여성분, 마음을 읽을 수 있다는 사실은 아무한테도 말하지 마세요.”

물론 당신의 손가락에 쓰인 글씨를 보고도 그대로 적지 않는 사람이 있을 수도 있다. 하지만 그렇다고 당황할 필요는 없다. 노트와 손을 아래로 내려 손가락을 붙인 다음에 관객에게 방금 무엇을 보았는지 물어보면 된다.

또 다른 관객에게도 당신의 손가락에 카드 이름이 적혀 있는지 물어본다. 그리고 오른손을 자유롭게 보여준다. 노트를 오른손으로 옮겨 잡고 왼손 손가락을 붙인 상태로 손바닥과 손가락을 보여준다. 역시 손가락을 붙인 상태로 손등도 보여준다. 손가락을 앞으로 쭉 펴고 집게손가락을 가운뎃손가락과 넷째 손가락에서 떨어뜨려 손 앞뒤를 보여준다.

“무슨 카드가 떠오르셨죠? 스페이드 5요? 그래서 여성분께서도 스페이드 5라고 쓰셨군요. 여성분은 저를 배경으로 삼아서 남성분의 마음을 읽으셨습니다. 일종의 환상이죠.”

손가락의 글씨는 기회가 닿을 때 지운다. 때로 크리스토퍼는 미리 집게손가락 옆면에 다른 카드를 써놓고 이 마술을 한번 더 시연하기도 한다. 두 번째에는 다른 방법으로 카드를 포스해도 된다.

유령 옷핀
The Phantom Safety Pin

이것은 옷핀과 냅킨 또는 손수건만 있으면 시연할 수 있는 즉석 마술이다.

★ 이펙트

마술사와 관객이 각각 왼손과 오른손으로 냅킨을 잡아당긴다. 냅킨이 두 사람의 손 사이에서 마치 커튼처럼 드리워진다. 마술사가 냅킨 위에서 1.5cm 정도 아래에 핀을 꽂고 오른쪽에 있는 관객의 손 옆으로 찔러서 뺀다. 그리고 옷핀을 잠근다. 마술사는 오른손으로 옷핀을 잡고 갑자기 자신의 왼손 옆, 즉 냅킨의 위쪽까지 휩쓴다. 옷핀은 여전히 잠겨 있지만 냅킨은 찢어지기는커녕 멀쩡하다.

★ 준비물

1. 길이 5cm 정도의 큰 옷핀. 바늘 부분을 무디게 세팅해놓는 마술사들도 있다.
2. 냅킨 또는 손수건. 빌려도 되지만 미리 준비해놓는 것이 좋다. 파티에서 흔히 볼 수 있는 리넨 손수건은 찢어질 수 있으므로 피하는 것이 좋다. 물론 능숙한 전문가라면 그럴 위험이 거의 없지만 만약을 대비해 자신의 손수건을 이용하는 것이 최선책이다.

시연

관객에게 오른손으로 냅킨 한 귀퉁이를 들라고 하고 당신은 왼손으로 반대쪽을 든다(**그림 1**). 위에서 아래로 약 1.5cm 지점, 관객의 손에서 가까운 곳에 옷핀을 꽂고 잠근다(**그림 1**과 **그림 2**).

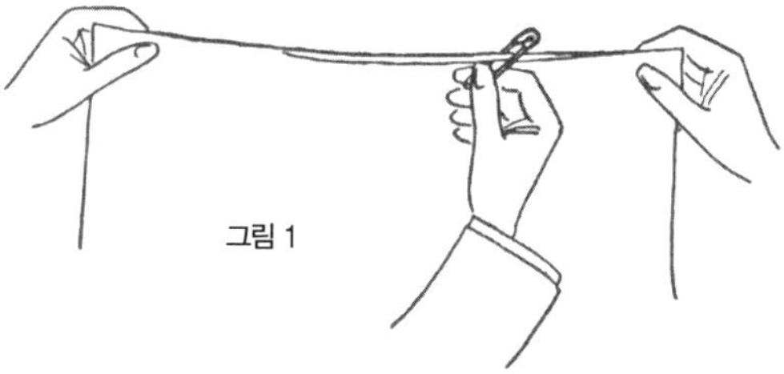
그림 1

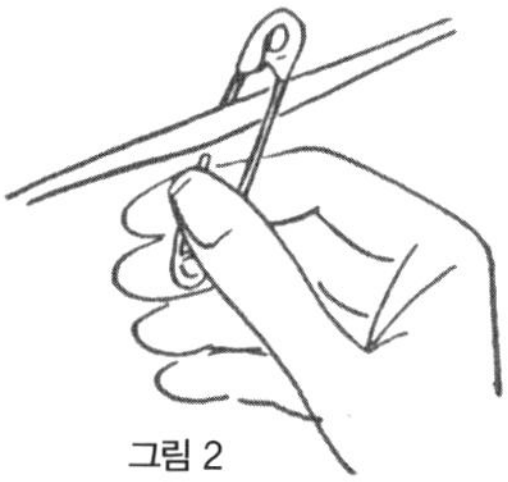
그림 2

옷핀이 정말로 냅킨에 꽂혀 있다는 사실을 보여준다. 왼손으로 냅킨을 잡아당기고 오른손으로는 옷핀을 위쪽 가장자리에 평행하게 놓은 다음 냅킨을 향해 살짝 누른다. 이렇게 하면 잠금 상태인 바늘이 살짝 뒤로 벌어지지만 풀리지는 않는다(**그림 3**). 갑자기 당신의 오른손이 냅킨 가장자리를 따라 왼쪽으로 핀을 잡아당기다가 앞으로 고꾸라져서 냅킨 안으로 들어간다(**그림 4**). 이처럼 옷핀이 냅킨을 휩쓸고 지나갔으므로 관객은 당연히 냅킨이 찢어졌으리라고 생각한다. 하지만 확인 결과 냅킨은 멀쩡하다.

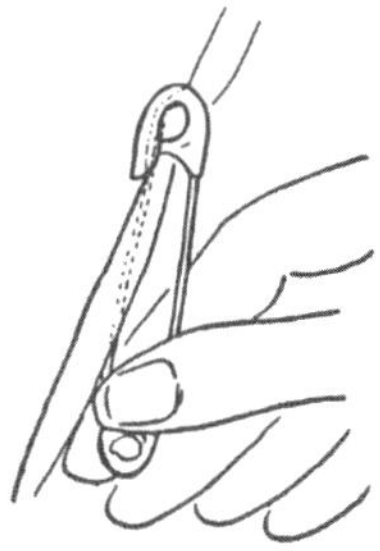

그림 3

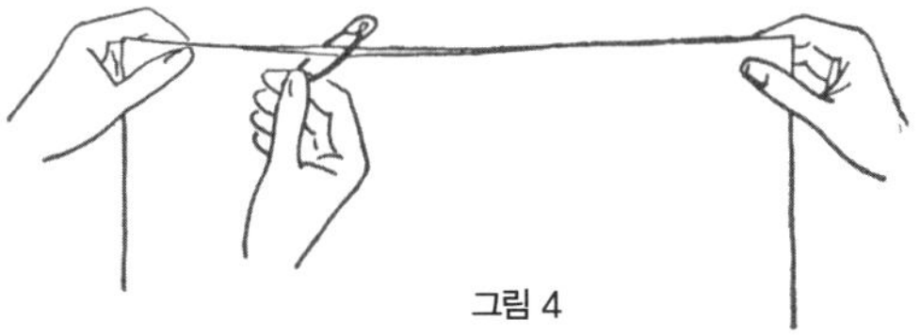

그림 4

물론 위와 같은 일루전을 보여주려면 기술이 필요하다. 제대로 하지 않으면 정말로 냅킨이 찢어질 수 있다. 오른손 엄지손가락과 집게손가락, 가운뎃손가락 사이로 옷핀을 잡고 냅킨에 대는 방법과 바늘 부분을 냅킨에 대고 위로 밀어붙이는 방법을 잘 알아야 한다. 밀어붙이는 힘의 정도는 냅킨이 바늘을 지나 덮개(머리부분)로 들어갈 정도여야 한다. 옷핀이 왼손 근처까지 왔을 때 앞으로 찌르면 바늘이 처음처럼 다시 냅킨을 뚫고 들어간다. 물론 핀은 여전히 잠긴 상태이다.

이 동작이 완전히 손에 익을 때까지 연습해야 한다. 일반적인 상황에서는 꼭 바늘을 무디게 만들어 놓지 않아도 된다. 동작의 순서를 제대로 익히면 실수하지 않을 것이다.

반지와 로프 그리고 옷핀

Ring, Rope and Pin

이것은 마술사들 사이에서 매우 인기가 높은 이펙트였다. 기본적인 원리를 바탕으로 더 정교하게 만들 수 있다.

★ 이펙트

약 60cm 길이의 부드러운 빨랫줄을 보여준다. 옷핀으로 로프를 고정시켜 중앙에 고리를 만든다. 테이블에 로프를 놓고 손수건으로 가린다. 손수건 양쪽에 로프가 튀어나와 있다. 손수건 아래에 있는 반지를 잠깐 동안 보여준다. 로프를 빼자 로프의 반지가 고리의 중앙에 놓여 있다. 그것은 관객에게 빌린 반지가 분명하다.

★ 준비물

1. 약 60cm 길이의 부드러운 빨랫줄
2. 안전핀
3. 반지. 관객에게 빌린 반지를 사용해도 된다.
4. 손수건

시연

옷핀으로 로프를 고정시켜 중앙에 고리를 만든다. 테이블에 로프를 놓고 손수건으로 가린다(**그림** 1). 손수건 양쪽에 로프가 튀어나와 있다. 고리 옆에 반지를 놔둔다. 빌리거나 미리 준비해둔 불투명한 손수건으로 로프와 반지를 덮는다(**그림** 2).

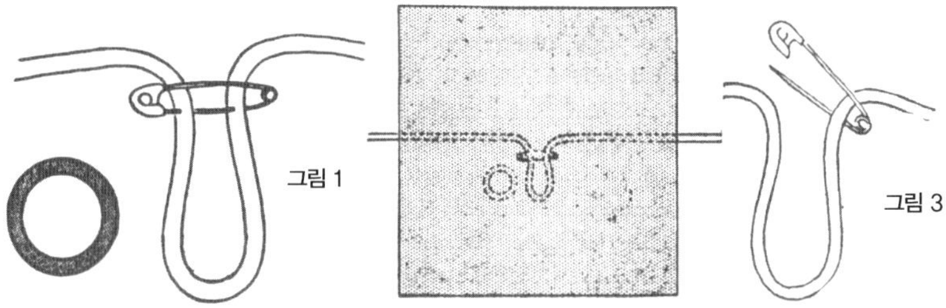

그림 1 그림 2 그림 3

손수건 속에 양손을 넣고 옷핀을 연다. **그림** 3처럼 로프 일부분이 풀어진다. 다시 핀을 잠그고 핀과 고리로 반지를 미끄러뜨린다(**그림** 4). 핀을 열어 풀어져 있는 로프에 끼워 처음처럼 다시 고리를 만든다(**그림** 5).

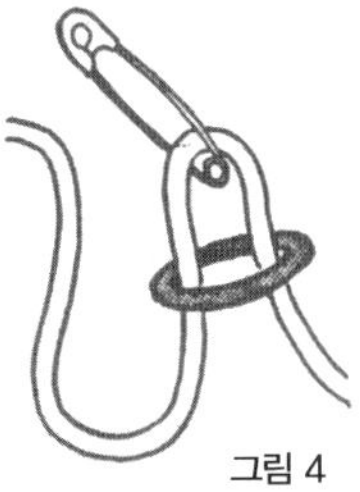

그림 4

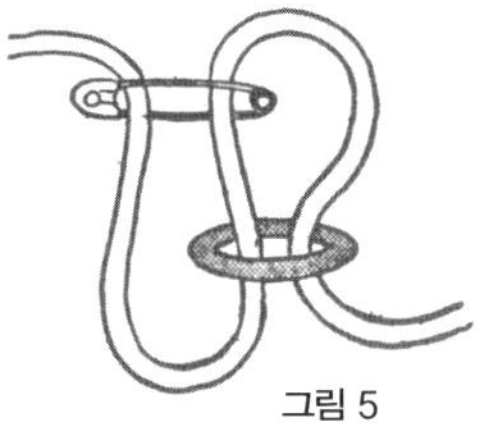

그림 5

왼손으로 로프 왼쪽을 잡고 오른손 엄지손가락을 오른쪽 고리에 넣는다(**그림** 6). 손수건으로 가린 상태에서 오른손 엄지손가락을 고리에 넣은 채 왼손으로 로프를 잡아당기면 로프 오른쪽 끝이 반지를 빠져나가 반지가 원래의 고리에 걸리게 된다(**그림** 7).

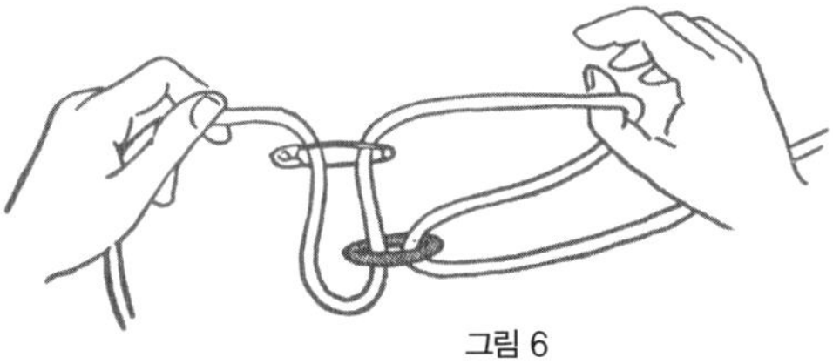

그림 6

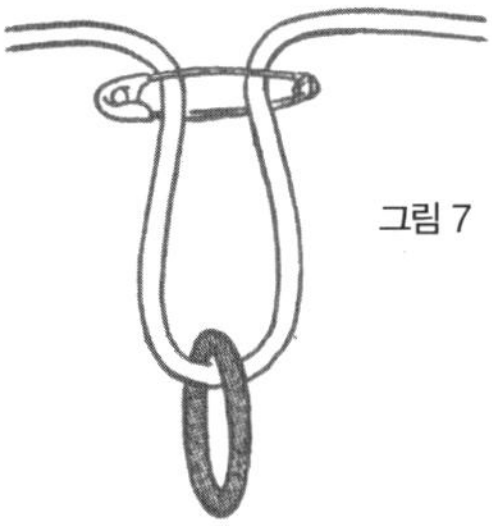

그림 7

또 다른 방법도 있다. 로프와 핀, 반지가 **그림** 5처럼 배치된 상태에서 오른쪽 고리를 약간 넓히고 양손을 손수건에서 꺼낸다. 자연스럽게 오른손을 손수건에 올려 가운뎃손가락 끝이 오른쪽 고리 안에 오게 한다. 오른손으로 로프 왼쪽 끝을 잡고 왼쪽으로 당겨서 밧줄과 반지, 핀이 손수건에서 완전히 떨어지도록 한다. 오른쪽 가운뎃손가락으로 고리 안을 잡으면 밧줄 오른쪽 끝이 쉽게 반지를 빠져나와 로프가 **그림** 7과 같은 모양이 된다.

두 번째 버전반지, 로프 그리고 옷핀

이것은 손수건으로 가리지 않고 오픈한 상태에서 이루어진다는 점만 제외하면 앞에서 설명한 '반지, 로프 그리고 옷핀'과 똑같은 이펙트이다.

시연

약 60cm 길이의 로프를 테이블에 펼쳐놓고 그 앞에 반지를 놓는다(**그림 1**). 밧줄 가운데에 반지를 끼워 고리를 만든다(**그림 2**).

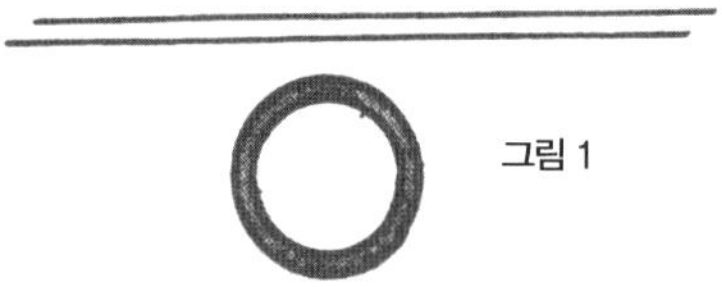
그림 1

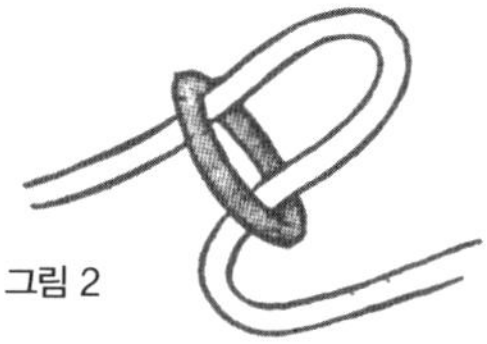
그림 2

핀으로 또 다른 고리를 만든다(**그림 3**). 왼손으로 손등이 관객을 향한 채 로프 가운데를 잡고 몰래 엄지손가락을 고리에 집어넣는다(**그림 4**). 그림에서 보듯 이때 오른손으로 핀의 오른쪽 로프 부분을 잡아야 한다.

로프를 꽉 잡고 왼손은 정면으로 관객을 향하게 한다. 이 동작은 신중하면서도 신속하게 이루어져야 한다. 왼손으로 가린 채 로프 왼쪽이 반지를 통과하도록 한다. 그 결과 반지가 고리 안으로 들어가 로프에 걸리게 된다(**그림 5**).

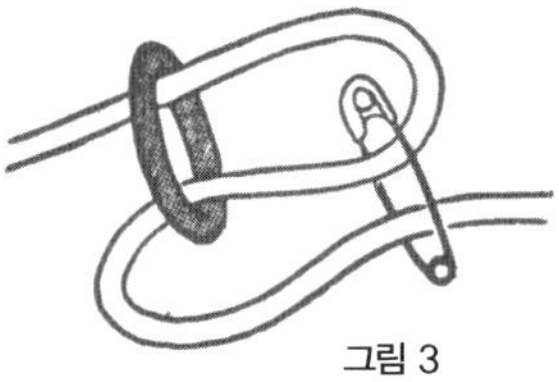
그림 3

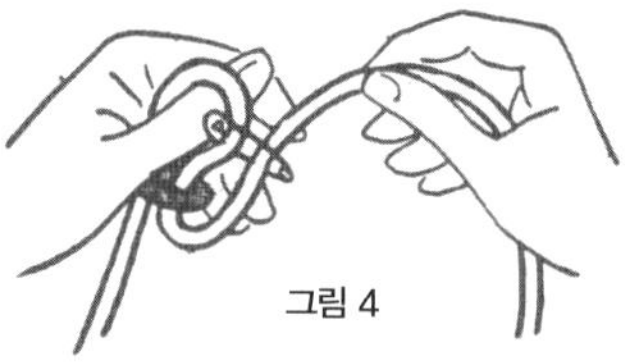
그림 4

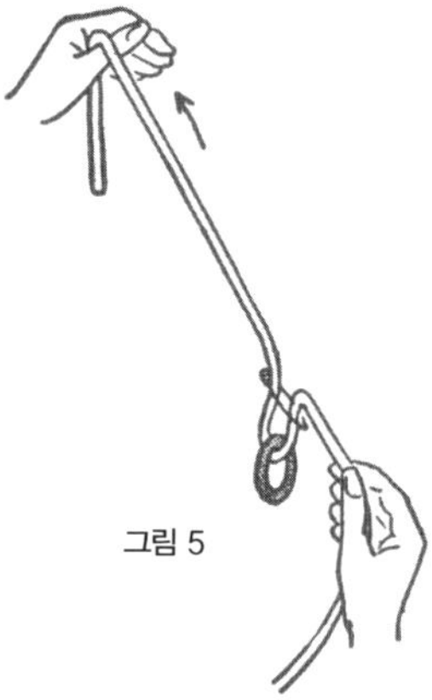
그림 5

톰 오스본의 '반지와 유령 매듭'
Tom Obborne's 'Ring and Spirit Knot'

이것은 톰 오스본이 즐겨 사용하는 것으로써 옷핀을 사용하지 않고 로프에 링을 거는 이펙트이다. 그는 신기한 손기술로 이 이펙트를 보여준다.

★ 이펙트

마술사가 로프 가운데에 고리를 만든 후 뒤집어서 가짜 매듭을 만든다. 로프 양끝은 사용하지 않는다. 로프 양끝을 당겨 그것이 가짜 매듭임을 보여준다. 고리를 만든 후 가짜 매듭을 만드는 과정을 다시 보여준다. 빌린 반지를 가짜 매듭 가운데에 놓고 손수건으로 가린다. 손수건 양쪽에서 로프 양끝을 잡아 늘인다. 관객 1, 2에게 로프 양끝에 각각 손가락을 놓으라고 한다. 마술사가 손수건 안에서 손을 움직인 후 로프를 밖으로 뺀다. 가짜 매듭이 진짜 매듭으로 변했고 가짜 매듭 안에 넣은 반지가 로프에 걸려 있다.

★ 준비물

1. 약 60cm 길이의 로프
2. 금속이나 나무 또는 플라스틱으로 된 지름 약 5cm 정도의 링. 관객에게 반지를 빌려서 사용해도 된다.
3. 손수건

시연

로프를 보여준 후 테이블에 놓고 가운데에 고리를 만든다(**그림 1**). B가 A와 겹친다.

"이것을 유령 고리라고도 합니다."

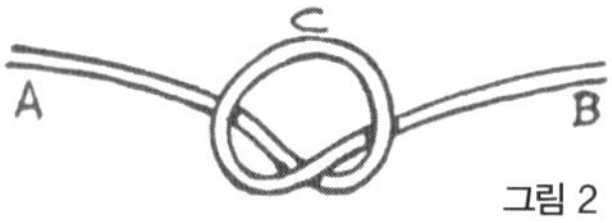

그림 2

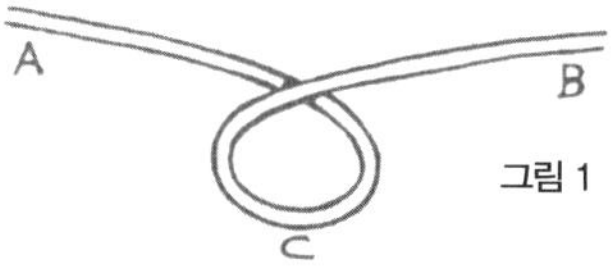

그림 1

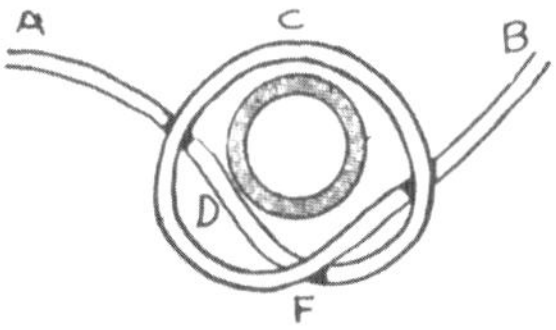

그림 3

고리 맨 끝 C를 들어 뒤집는다. C가 맨 위에 놓이면서 **그림 2**처럼 가짜 매듭이 만들어진다.

"그리고 이것은 유령 매듭이라고 하죠."

양끝 A와 B를 잡고 각각 잡아당긴다. 가짜 매듭이 사라진다.

"이렇게 스르르 사라져버리는 가짜 매듭이기 때문이죠."

지금까지 한 것과 똑같은 방법으로 다시 고리와 가짜 매듭을 만든다(**그림 1**과 **그림 2**). 반지를 보여주고 가짜 매듭 가운데에 놓는다(**그림 3**).

"이것은 유령 반지입니다."

테이블에 손수건을 펼쳐서 가짜 매듭과 반지를 가린다. 손수건 양쪽에서 로프 끝이 삐져나온다. 관객 1에게 집게손가락을 로프 한쪽 끝에 대라고 한다. 또 다른 관객 2에게는 반대쪽 끝에 손가락을 놓으라고 한다.

"두 분께서 양쪽에 각각 손가락을 올려놓으셨습니다. 지금부터 손수건 안에서 어떤 일이 벌어지든지 로프 양쪽 끝을 사용하지 않는다는 뜻이겠죠?"

손수건 안에 손을 넣고 D를 반지에 넣어서 고리를 만든다(**그림 4**). 매듭을 약간 세게 당겨서 반지가 고리로 미끄러지고 B가 반지 위로 건너가게 한다(**그림 5**). 왼손 엄지손가락을 고리 D를 지나 E에 놓고 오른손 엄지손가락과 집게손가락으로는 고리와 B의 바깥쪽을 꽉 잡는다. 반지가 **그림 5**와 같은 모양으로 있게 한다. 오른손의 나머지 손가락으로는 B의 바깥쪽을 잡는다.

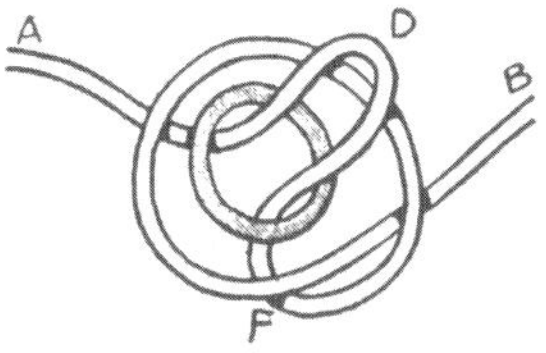

그림 4

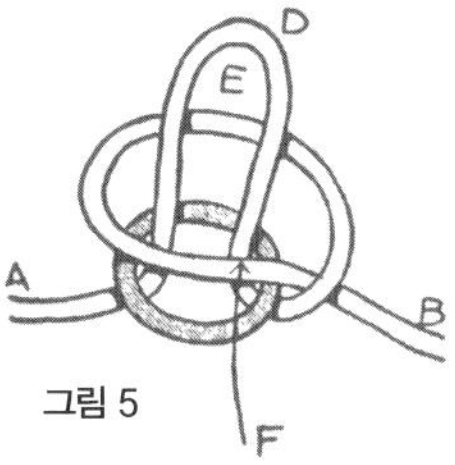

그림 5

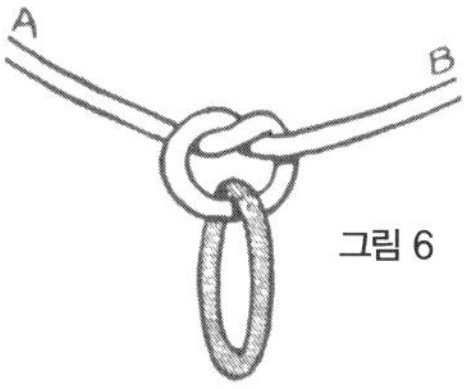

그림 6

손수건 오른쪽에서 반지와 매듭을 꺼낸다. 그렇게 하면 A 끝이 왼쪽 관객의 손에서 빠져나오고 당신의 엄지손가락은 자동으로 A 끝으로 미끄러져 반지와 가짜 매듭으로 들어간다. 그 결과 왼손으로는 A를 오른손으로는 B를 쉽게 잡을 수 있게 된다. 이제 반지는 **그림 6**처럼 진짜 매듭 안에 걸려 있다. 관객에게 살펴보라고 건네줘도 된다.

> "유령이 진짜 매듭을 만들고 반지를 로프에 걸었습니다. 로프 양끝을 사용하지 않고 말입니다."

★ 참고

톰 오스본은 로프에 가짜 매듭을 만들고 처음부터 그것이 진짜 매듭이라고 하기도 한다. 그리고 주문을 걸어 그 매듭에 반지를 끼우는 척한다. 다음 마술과 같은 방법으로 쉽게 가짜 매듭을 만들 수 있다.

간편한 가짜 매듭

정말로 싱글 매듭을 만드는 것처럼 보이지만 결국은 가짜 매듭이 되는 방법이다.

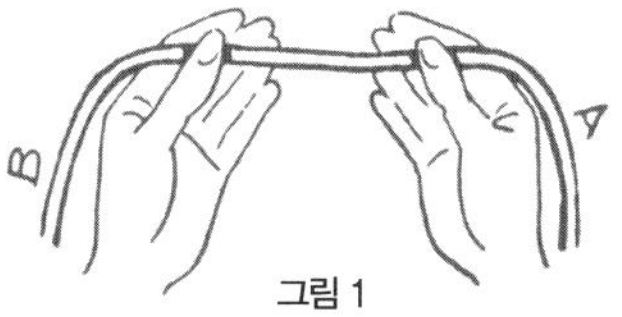

그림 1

그림 1처럼 양손으로 로프를 잡는다. 끝 B는 왼쪽에, 끝 A는 오른쪽에 놓인다. A를 오른쪽 바깥으로 감고 A를 B 위에 놓는다(**그림 2**). 왼손 엄지손가락으로 A와 B의 교차 지점을 가린다. **그림 3**처럼 고리 안에 손을 넣어 B를 잡고 **그림 4**처럼 고리 밖으로 뺀다. 겉으로는 정말로 싱글 매듭을 묶은 것처럼 보이지만 실제로 그것은 가짜 매듭이다. **그림 5**와 같은 모습으로 매듭을 테이블에 놓는다. 이렇게 하면 '반지와 유령 매듭' 마술을 시연할 준비가 끝난다. 이 가짜 매듭을 **그림** 4처럼 들고 오른손이 그 위를 지나면서 멋지게 매듭이 사라지게 할 수 있다.

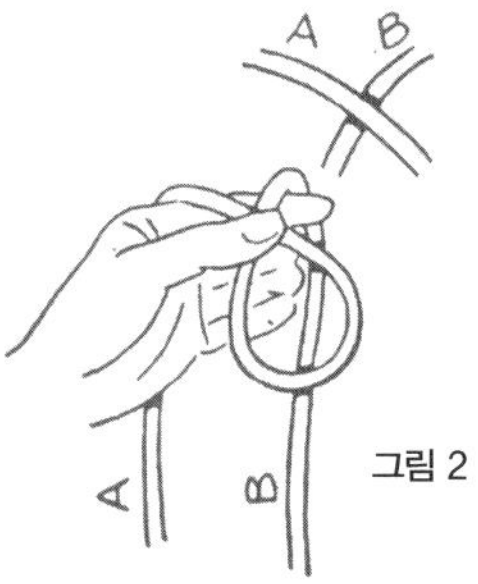

그림 2

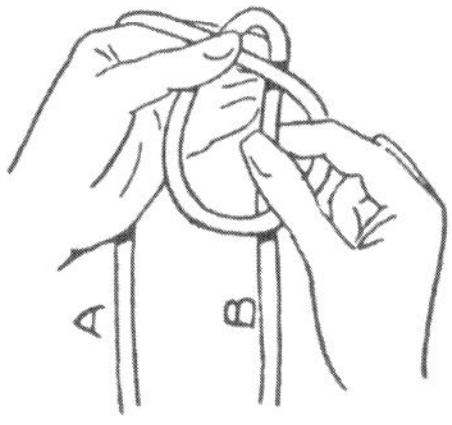

그림 3

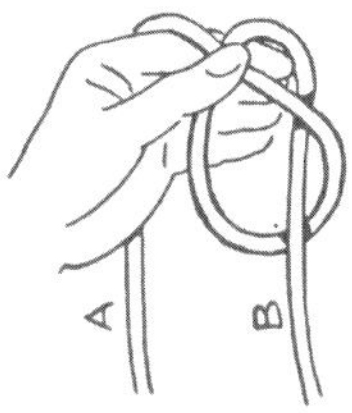

그림 4

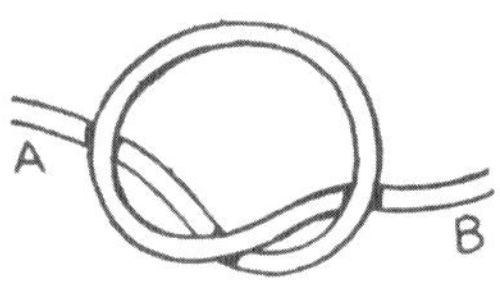

그림 5

로프 양끝을 놓지 않고도 로프에 매듭을 묶을 수 있다는 사실을 보여주는 G. W. 헌터(G. W. Hunter)의 퍼즐 매듭을 먼저 시연하면 아주 흥미로운 루틴을 연출할 수 있다. 퍼즐 매듭은 이번 레슨의 나중에 설명할 예정이다. 로프에 반지를 걸고 관객이 양끝을 잡은 상태에서 앞서 만든 로프에 묶는 이 버전을 그 다음에 선보이면 된다.

매듭에 들어간 반지
The Ring in the Knot

이 이펙트는 '반지, 로프 그리고 옷핀' 다음에 시연하기에 안성맞춤이다.

시연

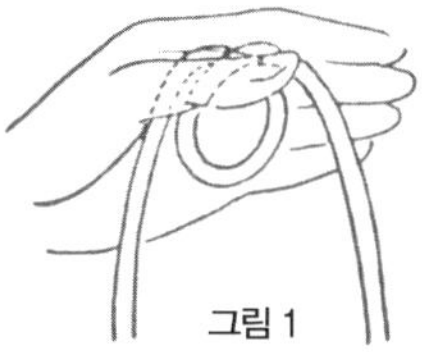
그림 1

핀을 떼고 반지를 로프에 미끄러뜨린 후 관객에게 반지를 준다. 모두의 관심이 그에게 쏠려 있는 동안 왼손으로 로프 가운데에 고리를 만든다(**그림 1**). 관객에게 보이지 않도록 왼손으로 가리고 한다.

로프 오른쪽을 고리 뒤쪽에서 안쪽으로 끼워 슬립 매듭(slip knot, 잡아당기면 곧 풀어지는 매듭–옮긴이)을 만든다(**그림 2**).

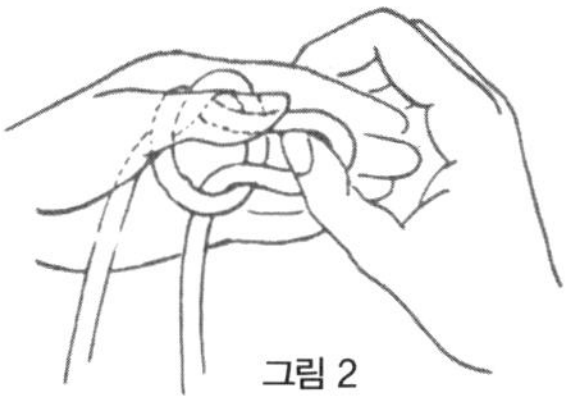
그림 2

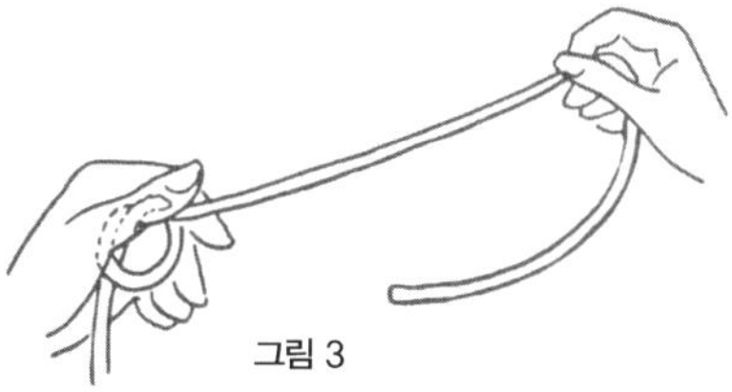
그림 3

오른손 엄지손가락을 슬립 매듭에 넣고 오른손을 앞으로 당긴다. 이렇게 하면 오른쪽 끝이 위로 올라와 고리를 통과하므로 **그림 3**처럼 왼손에 싱글 매듭이 생긴다. 자연스럽게 움직이면 관객은 당신이 로프에 매듭을 묶은 사실을 눈치 채지 못한다.

나는 왼쪽 끝에서 약 1/3 떨어진 지점에 몰래 싱글 매듭을 묶을 때도 있다. 그런 다음 오른손으로 가린 상태에서 오른손 가운뎃손가락을 고리에 넣고 로프를 따라 오른쪽으로 움직여 매듭을 로프 한가운데에 슬쩍 놓는다(**그림** 4). 그러고 나서 왼손으로 잠시 오른쪽을 가리고 매듭을 잡는다.

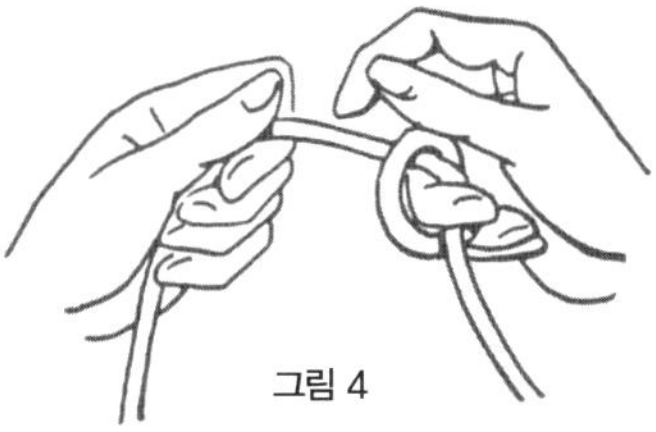
그림 4

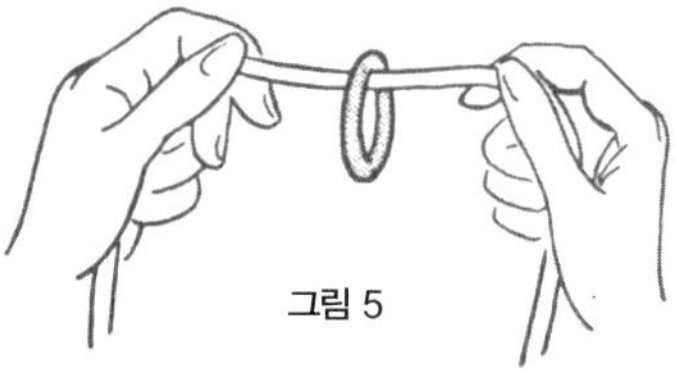
그림 5

반지가 로프 오른쪽 끝 위로 미끄러지고 **그림** 5처럼 로프를 잡는다. 반지가 로프를 따라 왼손으로 미끄러져 들어가게 한다. 왼손으로 가린 채 오른손은 반지가 매듭의 고리 안으로 들어가도록 돕는다(**그림** 6, **그림** 7, **그림** 8).

그림 6

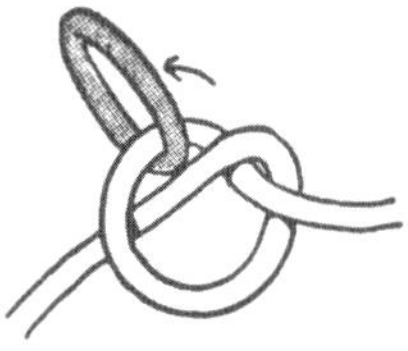
그림 7

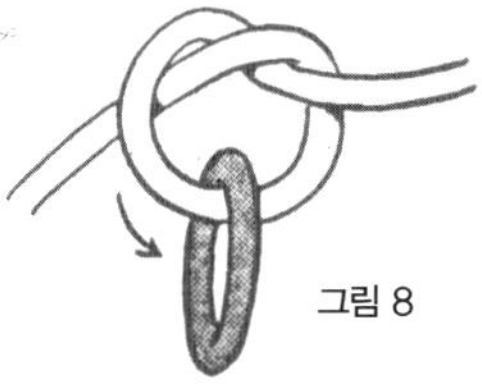
그림 8

그림 9

매듭을 세게 당긴다. 로프 오른쪽을 잡고 있는 오른손으로 왼손에서 매듭을 빼내 반지가 매듭 안에 묶여 있음을 보여준다(**그림** 9). 지금까지의 동작이 관객에게는 당신이 로프에 반지를 걸고 매듭을 묶은 것처럼 보인다.

재치 있는 만년필
A Fountain Pen Nifty

★ 이펙트

마술사가 만년필 뚜껑을 열고 펜을 테이블에 놓는다. 뚜껑은 왼손에 놓고 주먹을 쥔다. 오른손으로 펜을 들어 왼손 위에서 잠깐 동안 흔든다. 왼손을 펴자 뚜껑이 사라지고 없다. 갑자기 마술사의 손등에서 만년필이 뚜껑이 닫힌 채 나타난다.

★ 준비물

만년필. 자신의 만년필을 사용해도 되고 빌려도 된다.

시연

만년필 뚜껑을 열어 **그림** 1처럼 오른손으로 잡는다. **그림** 2처럼 펜은 뾰족한 부분이 약간 테이블 밖으로 튀오나오도록 놓는다. **그림** 1처럼 오른손으로 뚜껑을 잡고 **그림** 3처럼 뚜껑을 잡으려는 것처럼 왼손을 뻗는다. 왼손으로 가린 채 엄지손가락으로 뚜껑을 다시 오른손으로 회전시킨다. 오른손 엄지손가락과 집게손가락, 가운뎃손가락으로 뚜껑을 잡는다(**그림** 4). 뚜껑을 왼손으로 잡은 것처럼 주먹을 쥐고 양손의 간격을 살짝 떨어뜨린다(**그림** 5). 뚜껑은 여전히 오른손에 있다.

그림 1

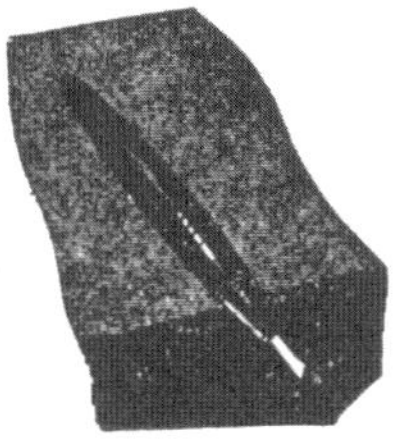

그림 2

그림 3

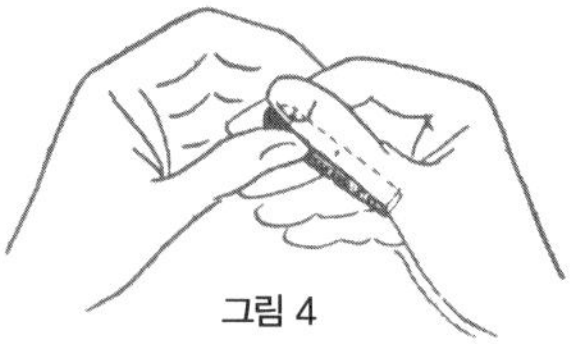
그림 4

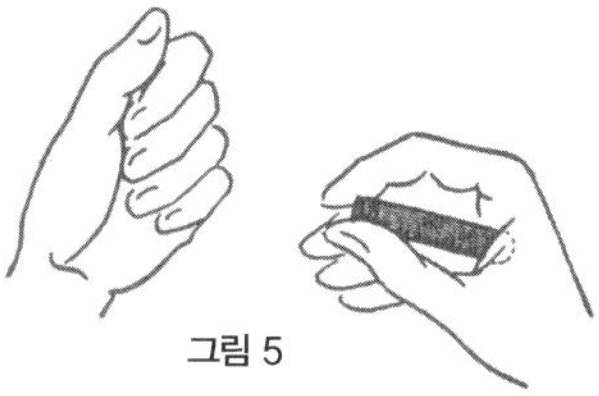
그림 5

오른손으로 테이블에서 펜을 집어 든다. 펜을 집을 때 뚜껑 입구가 펜촉으로 쉽게 들어가므로 간단히 집을 수 있다. 망설임 없이 신속하게 해야 한다.

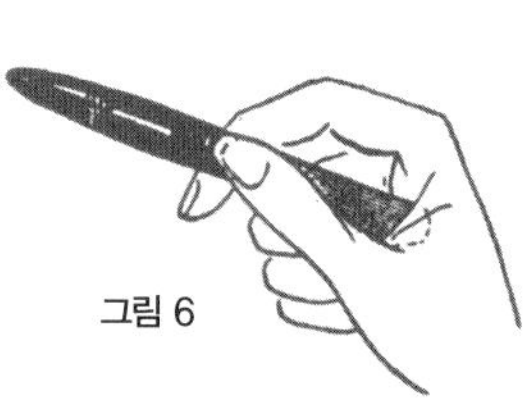
그림 6

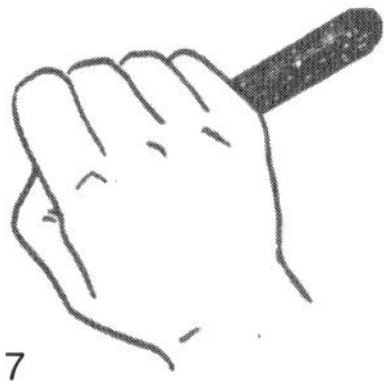
그림 7

또 다른 방법도 있다. 왼손으로 펜을 들어 오른손으로 옮긴다. 왼손으로 펜촉을 오른손에 든 뚜껑 입구에 넣는다. 주먹 쥔 왼손에 대고 펜을 흔들면서 펜을 당신 쪽으로 향하게 하여 손쉽게 뚜껑을 닫을 수 있다(**그림** 6). 왼손을 펴서 아무것도 없음을 보여준다. 펜을 잡은 오른손을 주먹 쥐고 엄지손가락으로 펜을 바깥쪽으로 밀면 **그림** 7처럼 뚜껑이 먼저 밖으로 빠져나온다. 펜을 보여주고 다시 주머니에 집어넣거나 빌려준 사람에게 돌려준다.

조 버그의 교차하는 종이 냅킨
Joe Berg's Criss-Cross Paper Napkin

찢어진 종이가 원래대로 멀쩡해지는 종이 리스토어 마술은 오랫동안 마술사들 사이에서 큰 인기를 누려왔다. 때때로 새로운 방식을 가미해서 신선한 리스토어 마술을 선보이는 마술사들도 있다. 그중에 조 버그가 있다. 그는 종이 냅킨 교차하기 루틴에 신선함을 더했다. 이것은 식후에 선보이거나 팔러 마술로 적합할 뿐 아니라 스테이지 마술로도 훌륭한 이펙트이다.

★ 이펙트

마술사가 종이 냅킨을 보여주고 열십자 모양으로 자른다. 그중 하나를 찢어서 공 모양으로 만든 후 테이블 왼쪽에 놓는다. 또 다른 정사각형을 찢어서 공으로 만들어 첫 번째 공의 뒤에서 약 30cm 떨어진 지점에 놓는다. 나머지 정사각형 두 개는 찢지 않은 상태로 각각 공으로 만들어 오른쪽에 30cm 간격으로 놓는다. 마술사가 왼쪽에 놓인 공 두 개를 펼치자 찢어진 종이가 원래대로 멀쩡해져 있다. 오른쪽에 놓인 공 두 개는 찢어진 종잇조각이다. 찢어진 종이로 만든 공과 찢지 않은 종이로 만든 공의 위치가 바뀐 것이다. 찢어진 조각을 다시 공으로 말자 종이가 멀쩡해진다. 모두 멀쩡한 상태의 종잇조각 네 개를 함께 뭉쳐서 공으로 만든 후 펼치자 처음과 똑같은 크기의 냅킨으로 돌아온다.

★ 준비물

1. 종이 냅킨 세 장(크기와 색깔이 똑같아야 함)
2. 가위
3. 직경 약 2.5cm 반지

그림 1

그림 2

준비

종이 냅킨 한 장을 공으로 말아서 오른쪽 라펠(lapel, 양복의 접은 깃-옮긴이) 아래에 넣는다(**그림 1**). 다른 냅킨은 똑같이 네 등분한다. 크기가 똑같은 정사각형 조각이 네 개 만들어진다. 그중 한 조각을 공으로 말아 오른손에 핑거 팜 한다(**그림 2**). 나머지 세 조각은 버린다. 이제 한 장 남은 종이 냅킨을 오른쪽 코트 주머니에 넣는다. 만약 실내에서 미리 냅킨 두 장을 마련해두었다면 행사 주최자에게 냅킨 한 장을 달라고 한다. 물론 당신이 미리 숨겨둔 냅킨과 똑같은 것이어야 한다. 반지는 오른쪽 코트 주머니에 넣어둔다.

시연

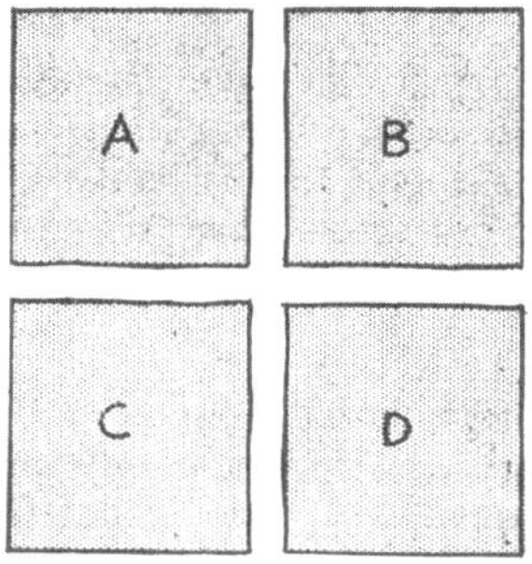

그림 3

"혹시 열십자놀이라고 아세요? 열십자 모양으로 교차한 물건을 위로 던져서 뭐가 뭔지 알아맞히는 놀이입니다. 재미있겠죠?"

종이 냅킨을 빌리거나 주머니에 미리 준비해둔 것을 꺼낸다. 가위로 열십자 모양으로 잘라 네 등분한 다음 **그림 3**처럼 테이블에 놓는다.

왼손으로 네모종이 A를 집는다. 오른손에는 미리 공으로 말아 핑거 팜 해둔 네모종이 E가 있다. 양손으로 A를 찢어 공으로 만든다. 종이를 찢을 때 처음에는 가로로 찢은 다음 세로로 찢는다. 잘 알다시피 냅킨에 결이 있기 때문에 결대로 찢으면 잘 찢어진다. 냅킨을 조금만 찢어보면 결의 방향을 알 수 있다. 찢은 조각을 말아 공으로 만들 때 핑거 팜 한 E를 A 뒤쪽으로 보낸다. 손가락으로 종이를 누르면서 두 공의 위치를 바꾼다. 따라서 멀쩡한 종이로 만든 E가 찢어진 종이로 만든 A 앞에 놓인다(**그림 4**). E와 A를 하나처럼 꽉 잡고 관객에게 보여준다(**그림 5**).

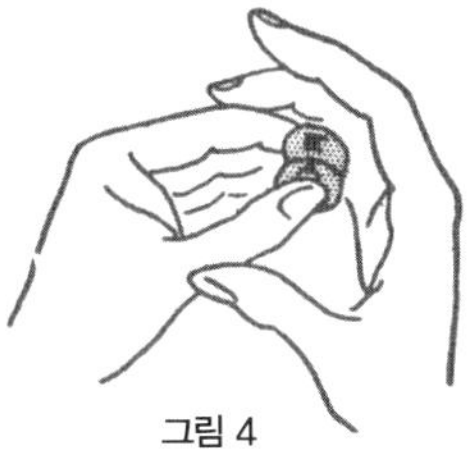
그림 4

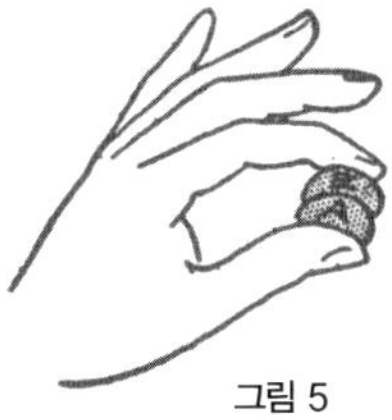
그림 5

공처럼 돌돌 말아서 꽉 누를 때 오른손 손가락을 E와 A 앞에 놓고 누른다. 그와 동시에 왼손 엄지손가락으로 A를 오른손으로 밀어서 핑거 팜 준비를 한다(**그림 6**). **그림 7**처럼 왼손으로 E를 가져와서 테이블의 F자리에 놓는다(**그림 8**).

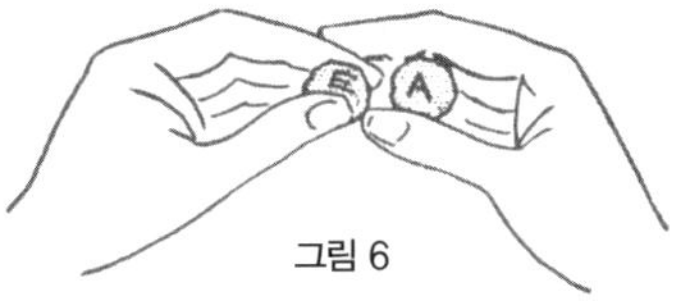

그림 6

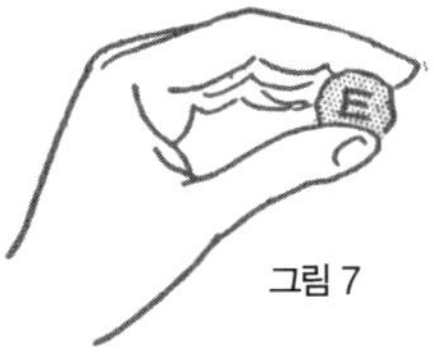

그림 7

네모종이 B를 집어서 공으로 만들어 위에서 E와 A를 바꿔치기 한 것처럼 A와 바꾼다. 왼손 엄지손가락과 집게손가락 사이로 A를 든다. B는 오른손에 핑거 팜 한다.

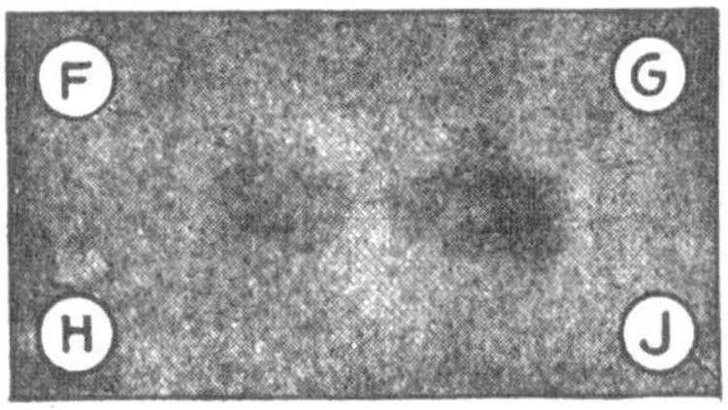

그림 8

"아까 찢어진 종이로 만든 공은 왼쪽에 놓았죠? 온전한 종이로 만든 공은 오른쪽에 놓겠습니다."

이렇게 말하고 A를 G자리에 놓는다(**그림 8**).

네모종이 C를 집는다. 찢어서 공으로 만들어 오른손에 있는 B와 바꿔치기 한다. C는 오른손에 핑거 팜 하고 B는 왼손 손가락 끝으로 보여준다.

"잘 보세요. 찢어진 종이로 만든 공은 왼쪽에 놓습니다."

B를 H자리에 놓는다.

네모종이 D를 집어서 공으로 뭉친다. 오른손에 핑거 팜 되어 있는 C와 바꿔치기 한다. D는 오른손에 핑거 팜 하고 C는 왼손으로 잡아 모두에게 보여준 후 J자리에 놓는다.

"온전한 종이로 만든 공은 오른쪽에 놓습니다."

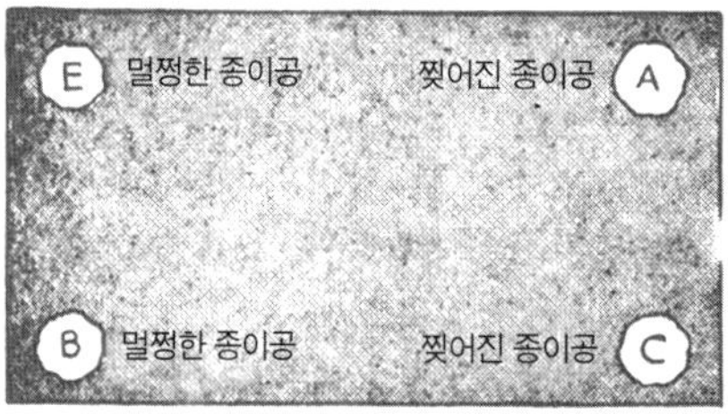

그림 9

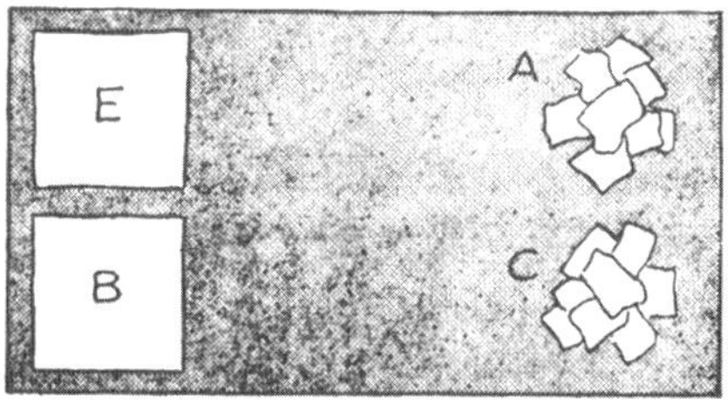

그림 10

그림 9는 공이 실제로 배치된 모습이다. 온전한 종이 두 장이 왼쪽에 있고 찢어진 종이 두 장은 오른쪽에 있다. 하지만 관객은 찢어진 종이가 왼쪽에 있고 온전한 종이가 오른쪽에 있다고 생각한다.

"자, 이제 신기한 일이 벌어집니다. 어느 것이 어느 것일까요? 알아맞혀 보세요. 딩동댕~"

E를 펴서 온전한 종이임을 보여주고 다시 테이블에 놓는다(**그림** 10).

"찢어진 종이가 아니라 멀쩡한 종이입니다."

B를 펴서 테이블에 반듯하게 놓는다. A를 펴서 찢어진 종이임을 보여주고 테이블에 종잇조각을 펼쳐놓는다.

"이쪽에 멀쩡한 종이가 아니라 찢어진 종이가 있습니다."

C를 펴서 찢어진 종이임을 보여주고 종잇조각을 펼쳐놓는다(**그림** 10).

찢어진 종잇조각 C를 구겨서 공으로 만들어 오른손에 숨겨둔 D(온전한 종이로 만든 공)와 바꿔치기한다. D를 J자리에 놓는다. 온전한 종이 B를 들어 공으로 만든 후 오른손에 핑거 팜 된 C(찢어진 종이로 만든 공)와 바꿔치기한다. C를 H자리에 놓는다.

찢어진 종잇조각 A를 구겨 공으로 만들어 오른손에 핑거 팜 된 B(온전한 종이로 만든 공)와 바꿔치기한다. **그림** 11은 테이블에 배치된 종이의 모습이다.

"알아맞혀 보세요. 딩동댕~ 하시고 마법의 가루를 뿌리면 신기한 일이 벌어집니다."

그림 11

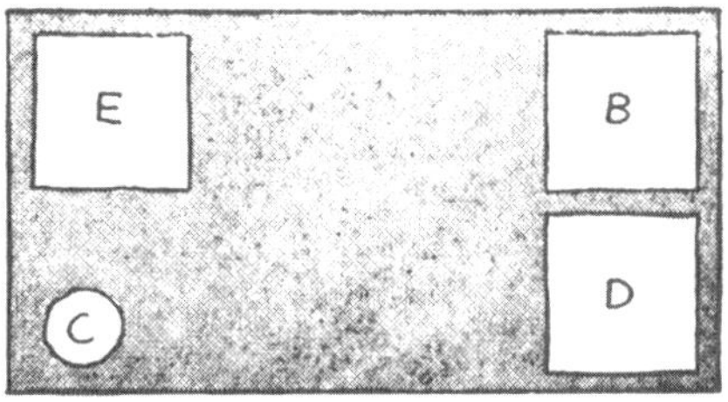

그림 12

이렇게 말하면서 오른손을 오른쪽 코트 주머니에 가져가 그 안에 A(찢어진 공으로 만든 공)를 떨어뜨리고 마법의 가루를 꺼내는 척한다. 테이블에 놓인 공에 가루를 뿌리는 척한다.

"이쪽과 저쪽 모두 멀쩡한 종이로 변할 겁니다."

B와 D를 펴서 온전한 종이로 변했음을 보여준다(**그림** 12).

관객의 관심이 테이블에 놓인 종잇조각에 쏠린 사이 **그림** 13처럼 자연스럽게 오른쪽 엄지손가락을 오른쪽 라펠에 가져가 공으로 말아서 숨겨둔 종이 냅킨을 핑거 팜 해서 꺼낸다.

그림 13

그림 14

C, E, B, D를 집어 하나의 공으로 뭉치고 그것을 커다란 종이 냅킨으로 만든 공과 바꿔치기한다. 오른손에 C, E, B, D를 핑거 팜 하고 왼손 손가락으로 큰 공을 보여준다.

오른쪽 주머니에 C, E, B, D를 떨어뜨리고 반지를 꺼낸다. 반지를 종이공 위에 놓는다.

"꽃에 걸린 반지야, 정말 편안해 보이는구나. 마술의 반지가 없으면 나는 아무것도 아니라네."

반지를 주머니에 다시 넣는다. 종이공을 펴서 네 등분하기 전의 원래의 종이 냅킨으로 돌아왔음을 보여준다(**그림 14**).

공을 펴서 종이 냅킨이 원래의 모습으로 돌아온 모습을 보여줄 때는 다음과 같이 운율을 맞춘 대사로 끝내면 된다.

"수리수리 마수리, 눈물은 주름이 되었구나. 한발짝 가까이 가보면 다시 원래 상태로 돌아왔네."

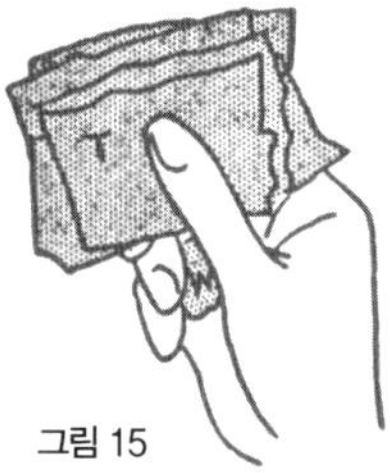

그림 15

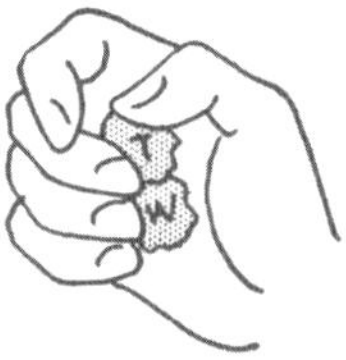

그림 16

★ 참고

종이공을 바꿔치기하는 방법을 약간 변형해서 한 손만 사용할 수도 있다. **그림 15**처럼 네 등분한 종이 냅킨을 오른손으로 잡는다. 미리 여분의 종이 냅킨을 굴려서 만든 공 W는 오른손에 핑거 팜 한다.

그림 17

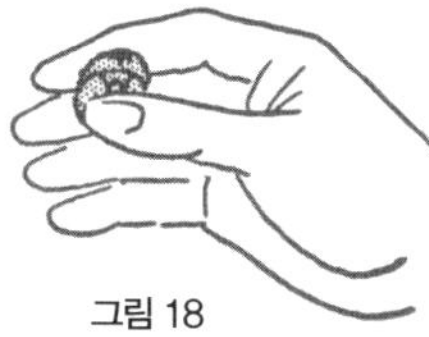
그림 18

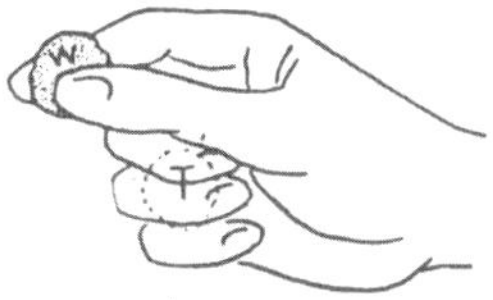
그림 19

찢어진 종이 T를 공처럼 눌러서 오른손으로 손 안쪽으로 민다(**그림 16**). **그림 17**처럼 엄지손가락을 W 아래에 놓고 T와 W를 하나의 공으로 만든다(**그림 18**). 두 개의 공을 하나처럼 보여준다.

손가락으로 가린 채 찢어진 종이공을 핑거 팜 하고 커다란 종이냅킨으로 만든 W는 엄지손가락과 집게손가락 사이에 남겨둔다(**그림 19**). 한 손만 이용하는 이 손기술은 제대로 시연하면 대단히 자연스러워 관객에게 환상을 줄 수 있다.

초능력을 가진 크레파스
Psychometric Crayon

초능력의 일종인 사이코메트리(psychometry, 특정인의 소유물에 손을 대어 소유인에 관한 능력을 읽는 초능력-옮긴이)를 이용한 이펙트, 즉 보지 않고 물건을 맞추는 이펙트는 오랫동안 친분 마술에서 큰 인기를 누려왔다. 튜브나 상자 같은 곳에 물체를 숨기고 자석이나 아령, 비밀 기호 등의 표시를 이용해 무슨 물체인지 알아내는 방법이 사용되었다. 여기에서는 크레파스를 이용하는 이펙트를 소개한다. 매우 간단하고 효과적인데다 집안에서 흔히 손에 넣을 수 있는 간단한 물체를 이용하기 때문에 준비 시간도 오래 걸리지 않는다.

★ 이펙트

크레욜라(crayola, 미국의 유명한 크레파스–옮긴이) 크레파스 한 상자와 크레파스 하나가 들어갈 만한 크기에 한쪽 끝을 닫은 종이 튜브를 관객에게 준다. 관객이 마술사의 지시에 따라 아무 색깔이나 골라 크레파스를 종이 튜브에 넣고 자신의 등 뒤에 서 있는 마술사에게 준다. 마술사가 종이 튜브에 들어 있는 크레파스의 색깔을 정확히 맞춘다. 이 과정을 몇 번 더 보여준다.

★ 준비물

1. 크레욜라 한 상자. **그림 1**은 크레욜라 크레파스의 모습이다.

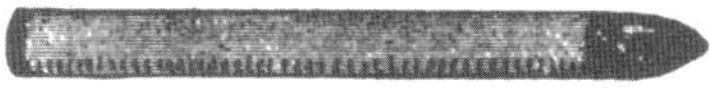

그림 1

그림 2

2. **그림 2**와 같은 종이 튜브. 가로, 세로 약 13cm 길이의 정사각형 종이로 연필을 감싼 후 테이프나 풀, 고무줄 등으로 귀퉁이를 고정시킨다. 튜브의 한쪽 끝은 닫고 반대쪽 끝은 열어둔다.

시연

관객에게 크레파스 상자와 종이 튜브를 준다.

"지금부터 신기한 사이코메트리 실험을 보여드리겠습니다. 사이코메트리란 보지 않고 무슨 물건인지 알아맞히는 초능력이죠. 듀크 대학의 라인 박사가 여러 가지 그림이 그려진 카드를 가지고 실험을 한 적이 있습니다. 보지 않고 무슨 그림이 그려져 있는지 맞히는 실험이었는데 참가자들마다 아주 흥미로운 결과가 나왔죠. 지금부터 그 실험을 한번 해볼까 합니다. 카드가 아니라 크레파스를 이용해보겠습니다. 여러 가지 색깔의 크레파스가 있습니다. 보이지 않게 잘 감춰지는지 한 번 확인해보겠습니다. 자, 크레파스 하나를 숨길 수 있는 종이 튜브를 미리 준비해왔습니다. 제가 뒤돌아서면 아무 색깔이나 하나 골라서 종이 튜브에 넣으세요. 남은 크레파스는 보이지 않게 치우시고요. 종이 튜브에 크레파스를 넣으시고 제 등 뒤로 주세요."

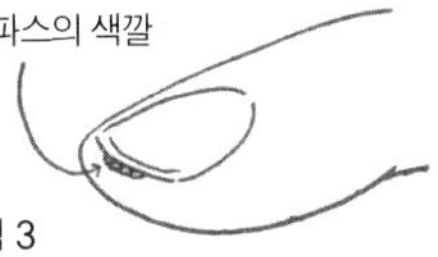

그림 3

관객이 크레파스를 골라 종이 튜브에 넣고 당신에게 준다. 당신은 종이 튜브에 든 크레파스를 뒤로 놓은 채 다시 관객 쪽으로 뒤돌아선다. 이 자세를 취할 때 종이 튜브의 열린 입구로 크레파스가 약간 삐져나오게 한 후 왼손 새끼손가락과 나머지 손가락으로 그곳을 꽉 잡는다. 오른손 집게손가락 손톱으로 크레파스 끝을 문질러서 손톱에 크레파스가 약간 묻게 한다(**그림 3**).

다시 크레파스를 종이 튜브로 밀어 넣는다. 이제 관객에게 등을 돌려 종이 튜브가 보이도록 한다. 오른손을 앞으로 가져와 손톱에 묻은 색깔을 확인한 후 문질러서 지워버린다. 다시 손을 뒤로 가져가고 크레파스가 무슨 색깔인지 알아보려는 듯 옆으로 몇 번 움직인다.

"무슨 색깔인지 알 것 같습니다. 감이 오네요. 빨간색입니다!"

다시 관객 쪽으로 돌아서서 종이 튜브를 앞에 놓는다.

"선생님, 아까 무슨 색 크레파스를 고르셨죠? 네, 빨간색이군요. 감사합니다."

종이 튜브를 뒤집어서 빨간색 크레파스를 꺼내 보여준다. 똑같은 실험을 두세 번 반복해서 보여줘도 된다. 모든 동작이 자연스럽게 이루어져야 한다. 계속 연습하다 보면 가장 자연스러운 동작을 찾을 수 있을 것이다. 손톱에 크레파스를 몰래 묻히고 확인하는 동작이 가장 중요하다.

재치만점 매듭
Nifty Knots

닥터 지나 베넷(Dr. Zina Bennett)이 만든 이 루틴은 친분 마술로 유용하지만 스테이지 마술로도 손색이 없다. 베넷은 싱글 매듭을 만들거나 만들지 않는 본래의 방식에 본인이 '매듭 두 개'를 이용하는 이펙트를 추가했다.

★ 이펙트

마술사가 약 90cm 길이의 부드러운 로프를 보여준다. 오른손에 양끝을 포개놓고 로프를 당겨서 매듭이 없음을 보여준다. 그 동작을 다시 반복해서 보여주는데 갑자기 로프 가운데에 싱글 매듭이 생긴다. 마술사가 매듭을 푼 후 자유자재로 매듭을 만들거나 사라지게 할 수 있다고 말한다. 관객들은 갑자기 로프에 싱글 매듭 두 개가 약간 떨어져 있음을 보게 된다.

★ 준비물

약 90cm 길이의 로프. 스테이지에서 사용할 경우에는 더 길어도 된다. 친분 마술로 선보이는 경우에는 로프 대신 운동화 끈이나 리본, 실, 노끈 등을 사용해도 된다.

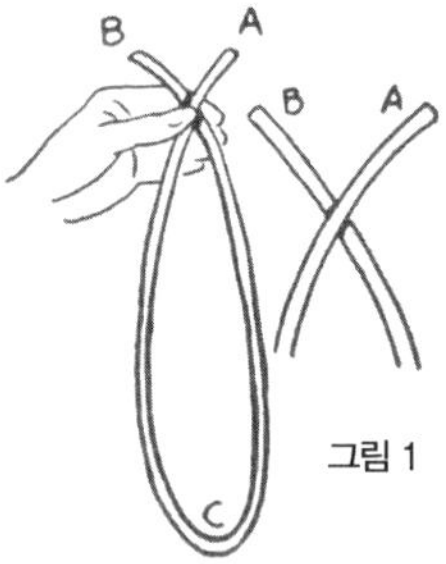

그림 1

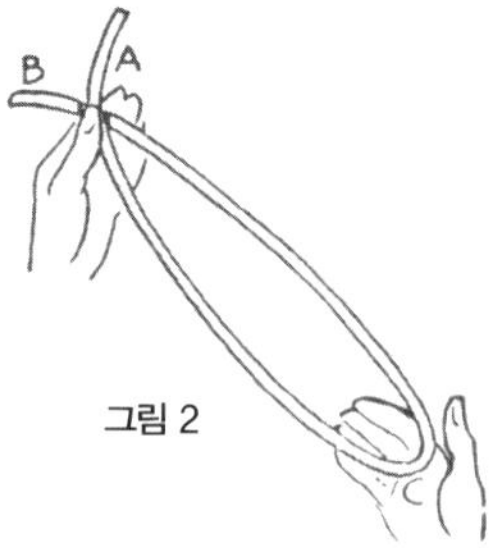

그림 2

시연

양손으로 로프 양쪽 끝을 각각 잡는다. 끝 A는 왼손에, 끝 B는 오른손에 놓는다. B를 왼손의 A 뒤에 놓는다(**그림** 1).

오른손으로 손바닥이 위쪽을 향하게 하여 아래쪽 고리 C를 잡는다(**그림 2**). 고리 C를 끝 A 위에 놓는다(**그림 3**). 양끝을 잡아당기면 로프에 매듭이 없는 상태가 된다(**그림** 4). 다시 A를 왼손에 놓고 B를 오른손에 놓고 시작한다.

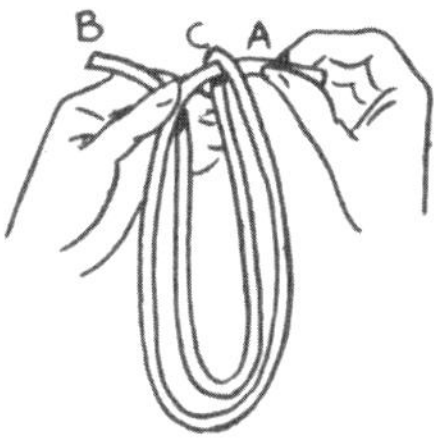

그림 3

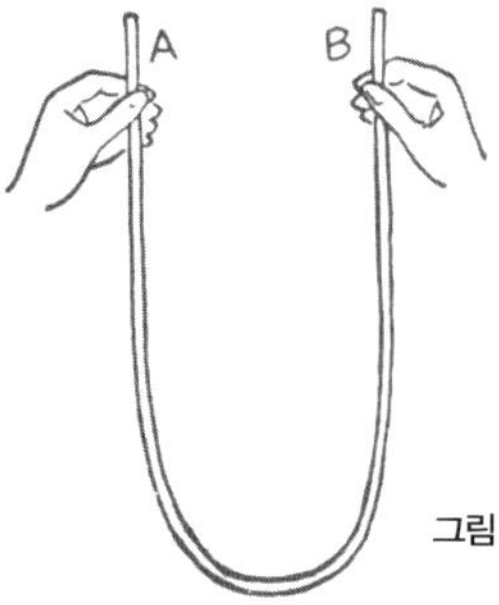

그림 4

이번에는 **그림 5**처럼 오른손으로 고리 C를 잡되 손바닥이 아래쪽을 향하게 한다. 이렇게 할 때 오른손이 당신을 향한다. 고리 C를 끝 A에 놓는다(**그림** 6). 양손을 잡아당기면 로프 가운데에 매듭이 생긴다(**그림** 7).

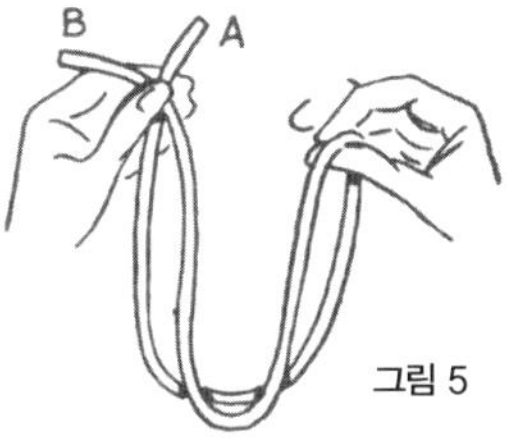

그림 5

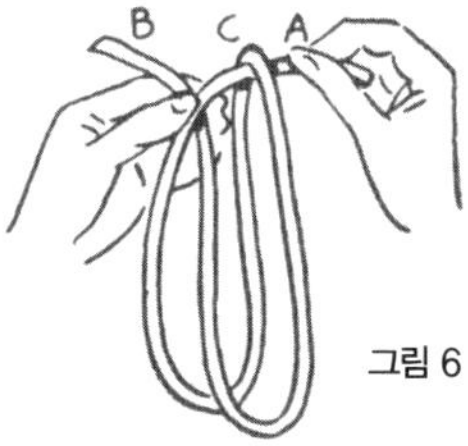

그림 6

다른 방법으로 싱글 매듭을 묶을 수도 있다. 앞에서 설명한 것처럼 매듭이 없는 상태로 만든 다음 B를 A 앞에 놓고(**그림 8**) 고리 C는 **그림 2, 그림 3, 그림 8**에서 설명한 것처럼 A 위로 올리면 매듭이 만들어진다.

그림 7

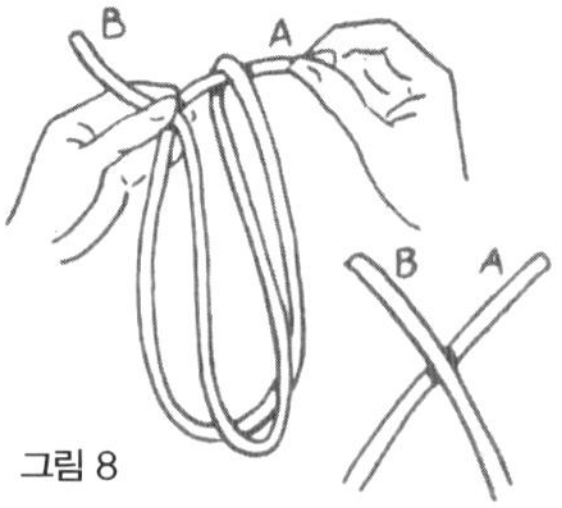

그림 8

다시 한번 첫 번째 루틴으로 매듭이 없음을 보여준다. 그런 다음 싱글 매듭을 만든다. 매듭을 풀고 다시 A를 왼손에, B를 오른손에 놓고 시작한다. 실제로도 로프의 양끝을 양손에 처음처럼 똑같이 들기는 하지만 여기에서는 알아보기 쉽게 A와 B로 구분한다.

이제 마지막으로 매듭 두 개를 만들 차례이다. 양손에 로프 양끝을 각각 잡는다(**그림 4**). B를 A 뒤로 가져간다. A가 반드시 B 앞에 있어야 한다(**그림 1**). 오른손 엄지손가락과 집게손가락을 로프의 아래쪽 고리에 집어넣고(**그림 9**) 고리 C를 **그림 10**처럼 위로 올린다.

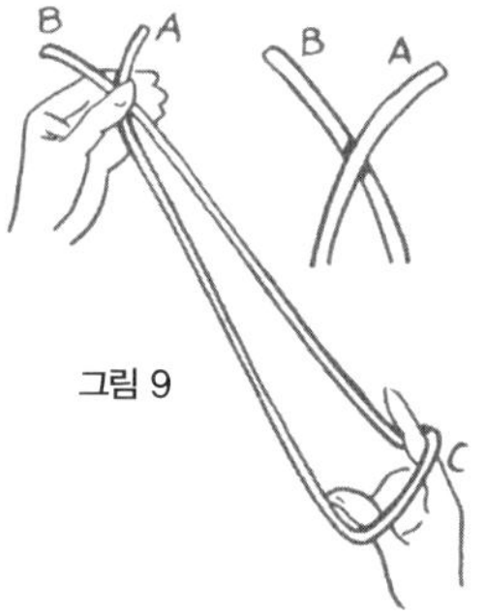

그림 9

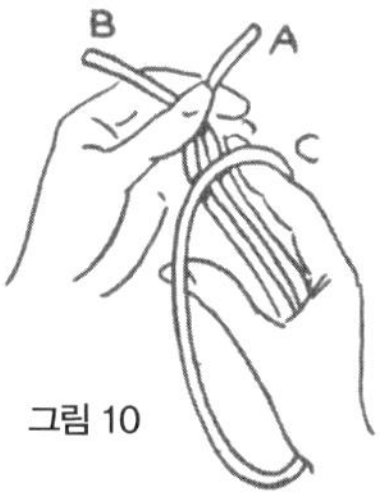

그림 10

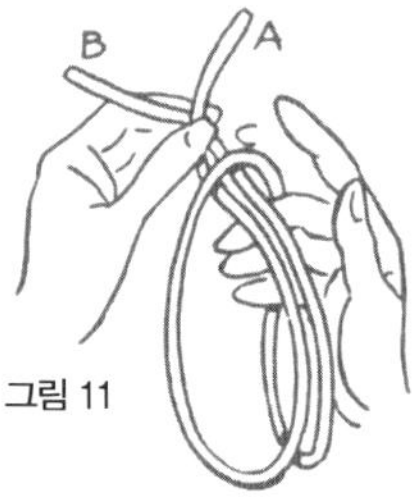

그림 11

오른손 가운뎃손가락, 넷째 손가락, 새끼손가락을 중앙에 있는 두 개의 로프 안에 넣는다(**그림 11**). 왼손 엄지손가락과 집게손가락으로 A를 내려서 오른손 가운뎃손가락과 넷째 손가락 사이에 끼운다(**그림 11-X**).

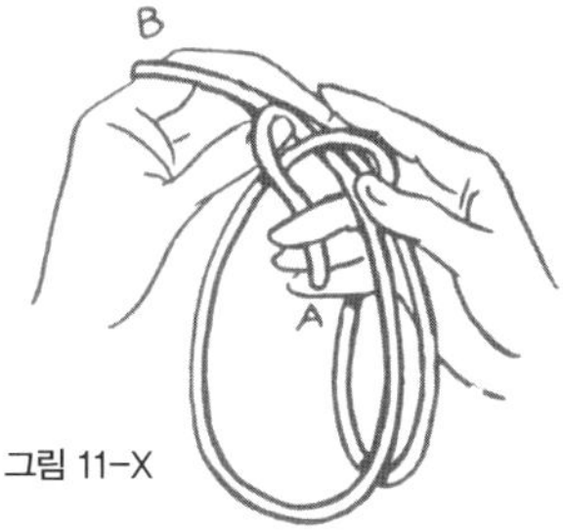

그림 11-X

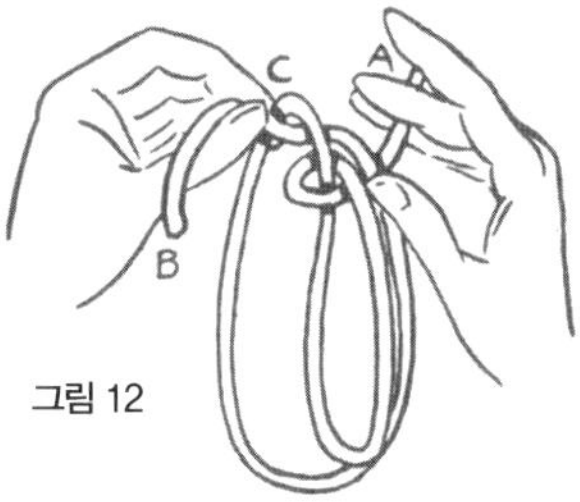

그림 12

이 세 손가락을 두 로프 안에서 밖으로 뺀다(**그림 12**). 양손을 잡아당긴다. 하지만 이때 안쪽의 매듭이 풀어질 때까지 고리 C를 B에 댄 채로 있어야 한다.

그림 13

그림 14

이렇게 하면 로프에 약간의 간격을 두고 두 개의 매듭이 생긴다(**그림 13**과 **그림 14**). 이 루틴을 막힘없이 자연스럽게 시연할 수 있을 때까지 연습한다.

여러 가지 매듭 없애는 방법
Vanishing Knot Flourishes

로프 마술을 하다 보면 싱글 매듭을 만들고 나서 그냥 풀지 않고 신기한 방법으로 없애고 싶을 때가 있다. 로프의 앞쪽은 마술사의 몸에서 떨어져 있다.

방법 1

그림 1은 로프 가운데에 싱글 매듭이 있고 C 부분이 D 부분의 앞에 있는 경우이다.

끝 B는 왼손으로 잡고 끝 A는 오른손으로 잡는다.

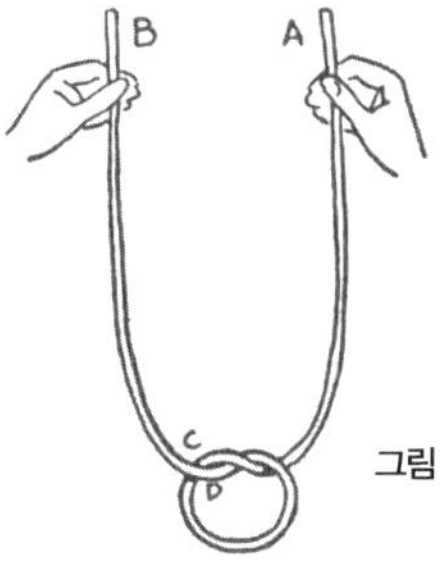

그림 1

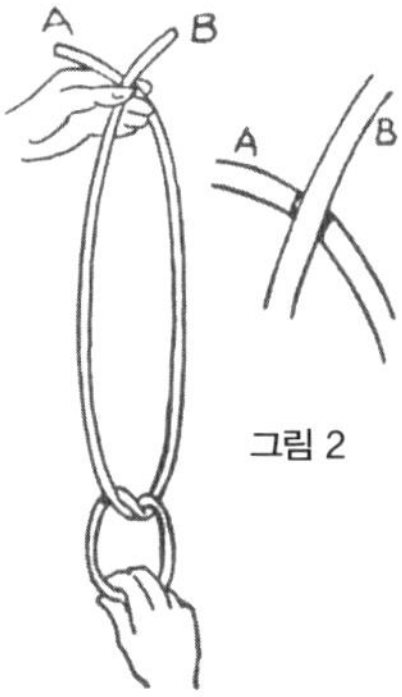

그림 2

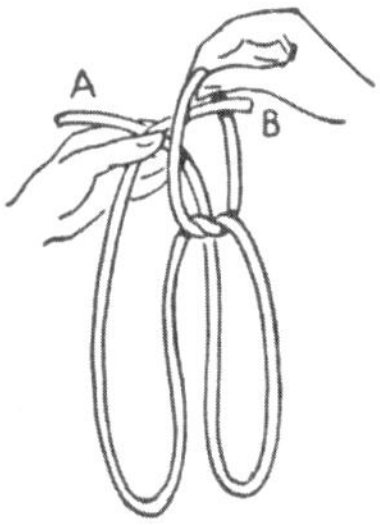

그림 3

그림 2처럼 A를 B 위로 가져간다. 오른손으로 매듭 고리의 아래쪽을 잡는다. **그림 3**처럼 고리를 뒤에서 B 위로 올린다. 손에서 고리를 놓아 그것이 B 위에 떨어지게 한다. 오른손으로 끝 B를 잡고 양손을 떼어놓는다. 이렇게 하면 매듭이 사라진다(**그림 4**).

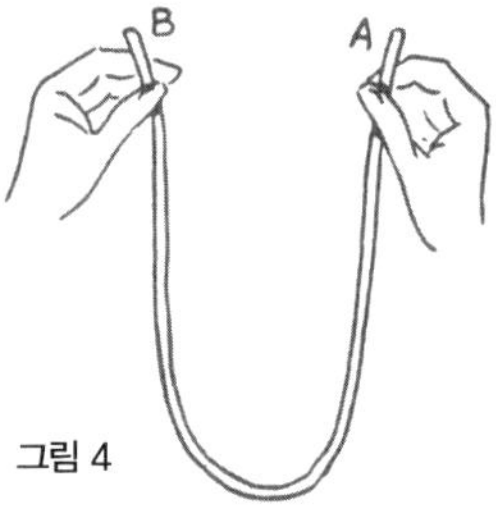

그림 4

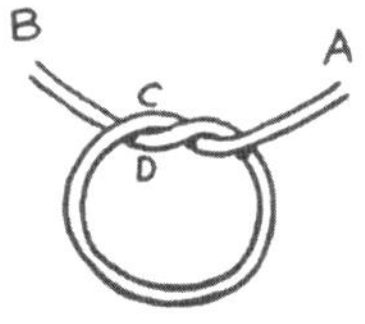

그림 5

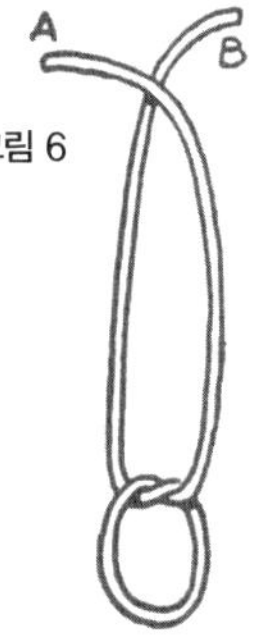

그림 6

방법 2

그림 5처럼 로프 C 부분이 뒤쪽에서 올라와 D의 앞으로 가는 경우에는 오른손으로 끝 A를 올려 끝 B 앞에 놓는다(**그림 6**). 아래쪽 매듭 고리를 앞으로 가져와(당신의 몸에서 떨어뜨려) 끝 B 위에 놓는다(**그림 7**). 왼손으로 끝 A를, 오른손으로는 끝 B를 잡고 양손을 떨어뜨리면 매듭이 사라진다(**그림 4**).

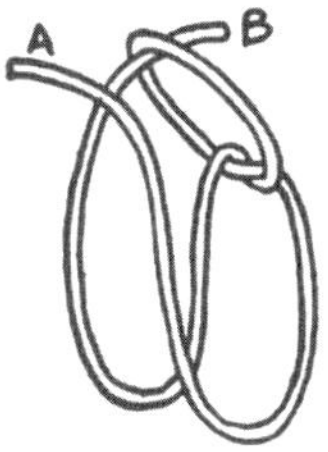

그림 7

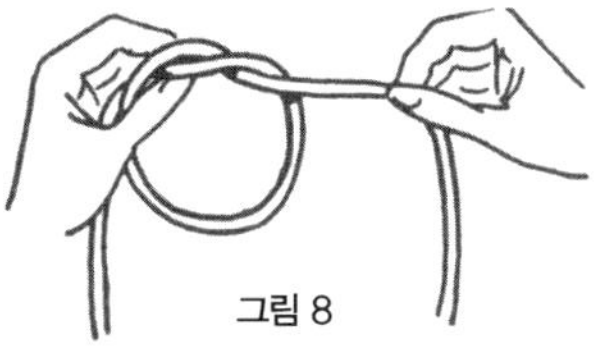
그림 8

방법 3

왼손으로 매듭 고리를 잡고 엄지손가락을 고리 안에 넣어서 고리를 늘인다(**그림** 8). 오른손으로 로프를 오른쪽으로 당기면 고리가 로프에서 사라진다. 매듭이 로프를 따라 미끄러지다 왼쪽에서 사라진다.

방법 4

매듭 고리를 왼손 손가락들에 올리고 아래에 있는 오른쪽 끝을 위로 올려서 가운뎃손가락과 넷째 손가락 사이로 잡는다(**그림** 9). 여전히 로프 오른쪽 끝을 잡은 상태에서 매듭이 손가락에서 빠져나가도록 한다. 그렇게 하면 오른쪽 끝이 매듭 안으로 들어가면서 로프가 풀린다.

방법 5

오른손으로 감싸는 것만으로 매듭이 사라진 것처럼 보이게 할 수 있다. **그림** 10처럼 로프를 잡는다. 오른손 가운뎃손가락과 넷째 손가락을 매듭 안으로 구부린다.

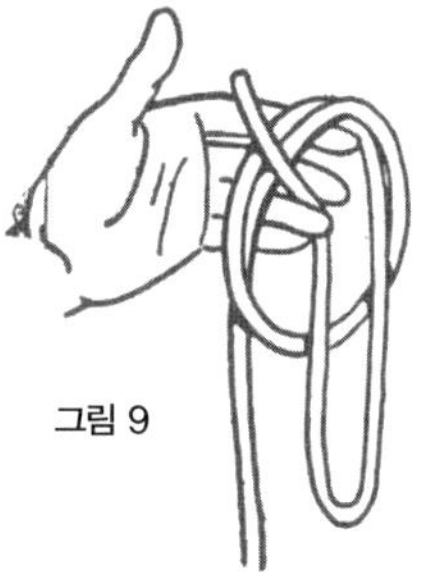
그림 9

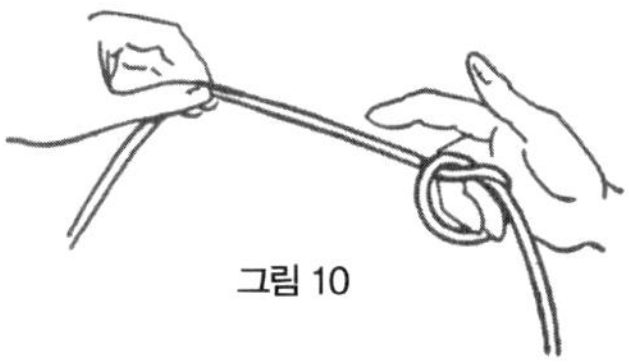
그림 10

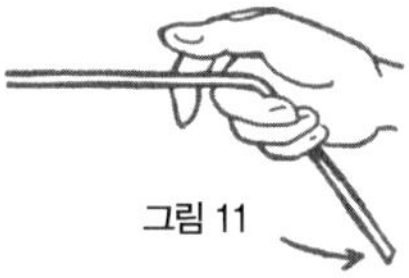
그림 11

그 상태에서 오른손을 오른쪽으로 가져오면 매듭이 로프를 따라 미끄러지면서 **그림 11**과 같은 모습이 된다. 오른손은 오른쪽 끝까지 움직이지 말고 끝이 매듭에서 스스로 빠져나와 **그림 11**과 같은 모습이 될 정도로만 움직인다.

헌터의 퍼즐 매듭
G. W. Hunter' s Puzzle Knot

고대의 퍼즐은 양손으로 로프 양끝을 잡고 놓지 않은 상태에서 매듭을 만드는 것이 어려운 문제였다. 그 해결책은 처음에 팔짱을 낀 상태로 로프를 잡은 후 팔짱을 풀어 싱글 매듭이 생긴 모습을 보여주는 것이었다.

작고한 영국의 유명한 마술사 G. W. 헌터는 그러한 문제점을 해결하고 무대에서 선보일 수 있는 흥미로운 방법을 고안했다.

★ 준비물
약 1.5m 길이의 부드러운 로프

시연
그림 1처럼 양손 엄지손가락과 집게손가락, 가운뎃손가락으로 각각 로프 끝을 잡는다. 끝 A는 왼손으로 잡고 끝 B는 오른손으로 잡는다. '앞쪽(프런트)' 이 비스듬하게 관객을 향한다. B를 잡은 오른손을 왼팔 위로 가져가서 앞으로 내린다. **그림 2**처럼 왼쪽 앞쪽에 매달린 로프와 교차되도록 내려야 한다.

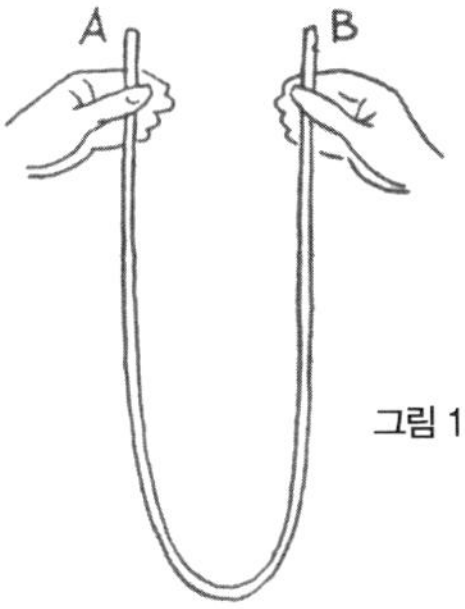

그림 1

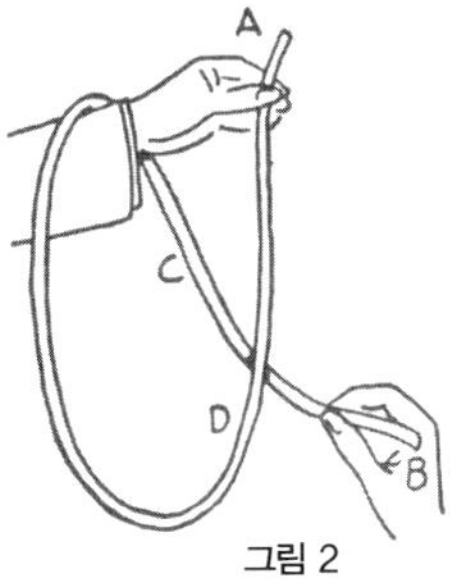

그림 2

끝 B를 D 뒤로 올려서 C 아래로 가져가 (C의) 앞쪽으로 넣어 AD 뒤쪽에 대고 앞으로 나오게 한다(**그림 3**).

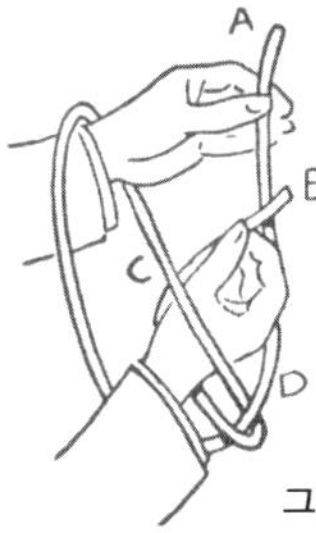

그림 3

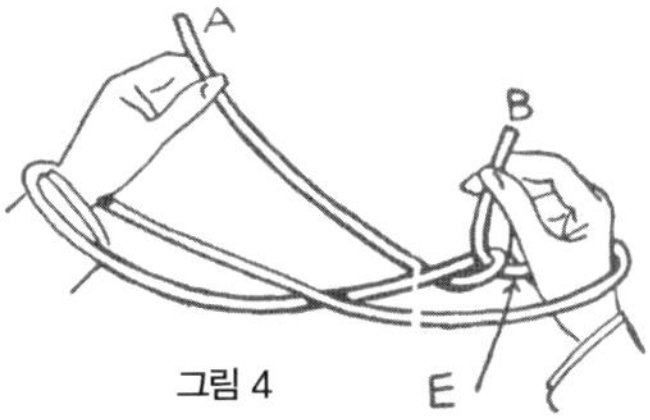

그림 4

그림 4처럼 로프를 쭉 펼친다. 왼손 가운뎃손가락과 넷째 손가락, 새끼손가락을 구부려 E 부분을 잡는다.

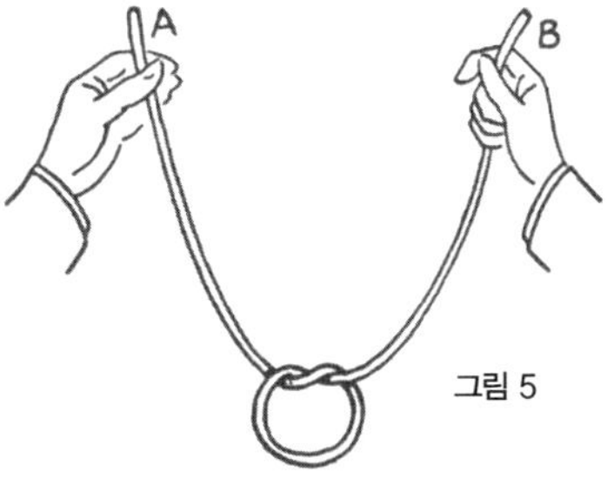

그림 5

양손을 몸 앞으로 내려 고리가 손목을 빠져나가게 한다. 끝 B가 오른손 엄지손가락과 집게손가락 사이에서 빠져나가고 E 부분은 여전히 잡고 있는 상태가 된다. 따라서 **그림 5**처럼 로프 가운데에 싱글 매듭이 생긴다. 끝 B를 놓고 E 부분을 잡는 동작이 눈에 잘 띄지 않고 갑자기 이루어지므로 관객은 잠시 동안 끝 B를 놓았다는 사실을 알지 못한다.

총각의 바늘
Bachelor' s Needle

이것은 매우 오래된 이펙트이지만 꼭 배워야 할 친분 마술이다.

★ 이펙트

왼손 엄지손가락에 흰색 빨랫줄을 칭칭 감고 엄지손가락과 집게손가락, 가운뎃손가락 사이에서 약 2.5cm 정도의 조그만 고리가 삐져나와 있다. 오른손으로 매듭이 묶인 반대쪽 끝을 잡아 갑자기 고리 안으로 밀어 넣는다.

★ 준비물

약 90cm 길이의 흰색 빨랫줄 또는 끈

시연

오른손으로 로프를 잡고 왼손 엄지손가락 갈래에 넣는다. 매듭이 묶인 끝부분이 약 15cm 정도 아래로 내려가게 한다(**그림 1**). 엄지손가락에 로프를 다섯 번 감은 후 뒤로 비틀어 **그림 2**처럼 고리를 만든다. 고리는 손가락 위로 약 2.5cm 정도 솟아야 하며 엄지손가락 끝에서 집게손가락과 가운뎃손가락에 대고 잡는다.

그림 1

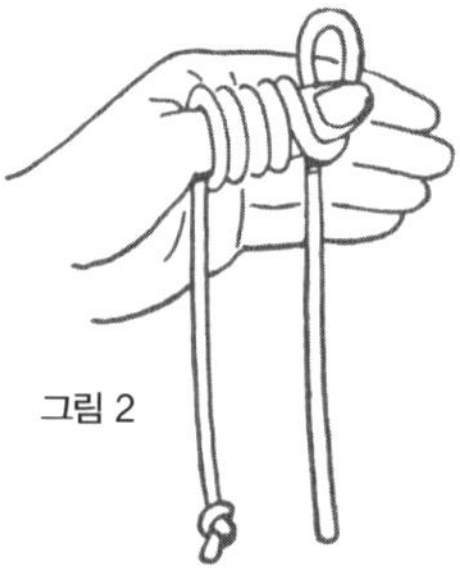
그림 2

그림 3처럼 오른손으로 매듭 묶은 끝을 잡아 앞으로 고리 위로 올린다. 이렇게 하면 로프가 팽팽하게 펴지면서 갑자기 고리로 들어가 당겨진다(**그림 4**). 매듭 묶은 끝부분을 고리 안에 넣어 빼서 고리를 약간 작게 만든다. 그런 다음 똑같은 방법으로 다시 로프를 꿰어 넣고 푸는 모습을 다시 한번 보여준다.

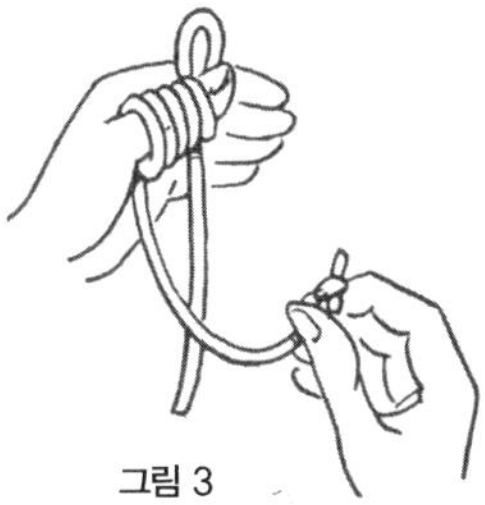
그림 3

그림 4

LESSON 37

지폐 마술

Tarbell course in MAGIC

지폐 마술
Conjuring With Currency

이 세상에 돈을 싫어하는 사람이 있을까? 그러한 이유 때문에 동전이든 지폐든 돈을 이용한 마술은 무척 인기가 많다. 특히 지폐를 이용하면 마술사가 쉽게 자르거나 없애거나 접는 척할 수 있으며 복구하거나 옮기려는 물체와 함께 공처럼 말 수도 있다.

이번 레슨에서는 유명 마술사들이 비장의 무기로 내세운 마술도 소개할 예정이다. 모두 일상생활에서 흔히 구할 수 있는 물체로 시연할 수 있으며 이미 수많은 관객 앞에서 시험을 거친 것들이다. 하지만 이렇게 책으로 공개되는 것은 처음이므로 대부분의 사람들에게는 생소한 이펙트와 손기술이 많을 것이다.

"당신은 돈에 대해 잘 압니까?"

세일즈맨 일자리를 구하는 척하면서 랠프 리드의 사무실에 들른 어떤 남자가 랠프에게 이렇게 질문을 던졌다. 랠프는 화폐를 많이 다루어보았으므로 당연히 그렇다고 대답했다. 그러자 남자는 발행년도와 상태가 다른 5달러 지폐 여러 장을 꺼냈다. 모두 아홉 장의 지폐를 테이블에 올려놓았다. 앞면이 위로 가도록 하고 가로 부분의 가장자리를 한 줄로 연결해서 놓았다. 프린팅이 있는 지폐의 오른쪽 부분이 위쪽에 있는 상태였다.

"확실히 진짜 돈처럼 보이나요?"

라고 남자가 물었다. 랠프는 몇 장이 시중에서 사용되는 지폐와 비교했을 때 조금 의심쩍고 이상해 보인다고 생각했다. 그래서 남자의 요구대로 가짜로 보이는 네 장의 지폐를 지목했다. 줄의 처음 두 번째부터 네 장의 지폐였다.

"이 네 장이 의심쩍어 보인다 이거죠?"

남자는 이렇게 말하면서 아주 천천히 그리고 신중하게 아홉 장의 지폐를 뒤집어 한쪽에 새로 한 줄로 놓았다. 이제 반대쪽 면이 위에 놓이도록 말이다. 하지만 자세히 보니 전과 똑같이 위쪽 가장자리가 위에 있었지만 모든 지폐가 거꾸로 되어 있었다!

"자, 이제는 어떻게 보이나요?"

남자가 천천히 말했다. 정말 어려운 질문이었다. 지폐의 양면 모두 가장자리 위쪽 부분이 똑같은 걸까, 아니면 앞면에는 프린팅 부분이 위쪽에 있고 반대 면에는 거꾸로 되어 있는 걸까? 지폐를 빼서 보지 않는 한 알 수 없는 문제였다. 랠프는 도저히 알 수 없었다. 그래서 그는 전에 지적한 네 장의 지폐가 의심쩍어 보인다고 말했다.

다시 뒤집어 보니 그가 말한 네 장의 지폐는 오른쪽이 위로 올라가 있었고 나머지 지폐는 거꾸로 되어 있었다. 랠프의 대답은 적중했다. 나머지가 모두 가짜였다. 랠프는 '돈에 대해 공부하기(How To Know Uncle Sam's Money)' 라는 코스에 등록해서 공부했는데 그 남자는 재무부의 허가로 가짜 지폐를 들고 다니면서 이렇게 학생들을 시험했던 것이다.

화폐 마술에 관심이 있는 마술사가 진짜 화폐를 구분할 수 있는 방법을 배우려면 꼭 특정한 교육과정에 등록할 필요는 없다. 재무부가 발행한《돈에 대해 알아라(Know Your Money)》는 책자가 있다. 32페이지 분량에 그림이 삽입되어 있는 이 책자는 워싱턴 DC에 있는 문서관리국(Superintendent of Documents)에서 10센트에 구입할 수 있다.

지폐의 특징에 대해 공부하고 '돈' 에 대해 잘 안다는 생각이 들 정도가 되면 가짜 지폐가 아니라 진짜 지폐를 이용해서 관객에게 대단히 즐겁고 신기한 실험을 보여줄 수 있다. 하지만 위에서 말한 책자에는 가짜 지폐의 특징이 일부분만 설명되어 있다. 지폐라는 주제는 일반인은 물론 마술사에게도 무척 생소할 것이다. 놀랍게도 그 책자에는 방금 소개한 랠프 리드의 일화에서 알 수 있는 지폐의 특징, 즉 모든 지폐의 양면에는 프린팅 부분이 위에 있다는 사실이 언급되어 있지 않다.

존 스카안의 지폐 바꾸기

John Scarne' s Bill Change

마술사들은 관객의 눈에 띄지 않게 5달러 지폐를 1달러 지폐로 바꾸는 등 지폐를 바꿔치기해야 할 때가 있다. 여기에서는 존 스카안이 사용한 확실한 방법을 소개한다. 스카안은 그 방법을 이용해 관객이 표시를 한 뒤 빌려준 지폐를 자신의 지폐로 간단히 바꿔치기했다. 관객이 그가 왼손에 든 지폐가 빌린 지폐라고 생각할 때 그는 오른손에 있는 빌린 지폐를 몰래 코트나 바지주머니에 든 어떤 물건 안에 넣는다. 여기에서는 5달러 지폐를 1달러 지폐로 바꾸는 방법에 대해 배워보자.

★ 이펙트

마술사가 5달러 지폐를 보여주고 접는다. 다시 지폐를 펼치자 1달러짜리로 바뀌어 있다.

★ 준비물

1. 5달러 지폐
2. 1달러 지폐

준비

그림 1

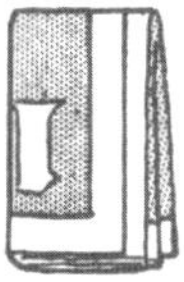

그림 2

그림 3

1달러를 반으로 접는다. 초록색 부분이 밖으로 나온다. 똑같은 방향으로 또 접어 네 등분하고 한 번 더 접어서 8등분한다(**그림 1**). **그림 2**처럼 반으로 접는다.

시연

접어놓은 1달러 지폐를 핑거 팜 한다(**그림 3**). 접어서 포개진 부분이 뒤로 가고 펼쳐진 부분은 앞에 오도록 놓는다. 손가락을 약간 구부려서 지폐를 꽉 잡으면 핑거 팜 된 지폐가 관객에게 보이지 않는다.

5달러 지폐를 보여주고 초록색 부분이 관객을 향하도록 오른손에 든다(**그림 4**). 5달러로 핑거 팜 한 1달러가 보이지 않도록 가린다. 오른손 네 손가락은 펴고 엄지손가락으로 5달러 윗부분을 눌러서 1달러를 잡는다.

5달러를 왼손으로 옮긴다(**그림 5**). 이때 5달러를 잡을 때는 왼손 네 손가락은 관객에게 보이도록 앞에 놓고 엄지손가락은 뒤에 놓아야 한다. 왼손 엄지손가락으로 5달러 뒤에 놓인 1달러를 잘 잡고 왼쪽으로 움직여 약 1.5cm 부분이 5달러와 겹치도록 놓는다. **그림 6**은 마술사에게 보이는 모습이다. 1달러의 위쪽 가장자리가 5달러의 중앙선에 놓인다는 사실을 염두에 둔다.

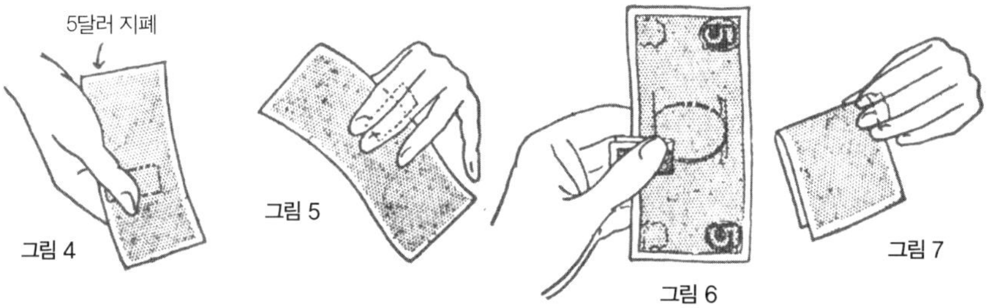

그림 4 그림 5 그림 6 그림 7

5달러의 윗부분을 잡고 뒤로 가져가 지폐를 반으로 접는다(**그림 7**). 계속 꼬아 비틀어서 1/8 크기로 만든다(**그림 8**). 이 동작을 할 때 잘못해서 왼손 손가락을 펼치면 숨겨 놓은 1달러가 보이므로 조심한다. 왼손 엄지손가락으로 5달러 아랫부분과 1달러의 튀어나온 부분을 가려서 방향을 틀어 관객에게 5달러의 양면을 보여준다(**그림 9**). 이렇게 5달러의 양면을 보여주면 관객은 마술사가 방금 접은 지폐만 들고 있다고 생각하고 다른 지폐가 숨겨져 있다고는 생각하지 못한다.

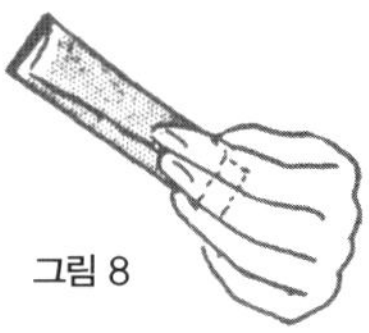

그림 8

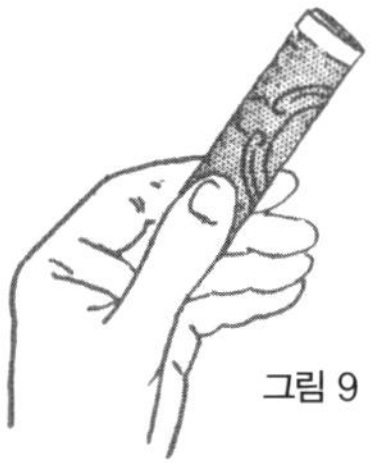

그림 9

그림 10

그림 9처럼 5달러를 잡는다. **그림** 8에서 보듯 손바닥과 엄지손가락이 당신 쪽을 향하고 나머지 손가락 뒤쪽은 관객을 향한다. **그림** 10처럼 오른손 엄지손가락 아래쪽을 5달러의 맨 위 가장자리 바깥쪽에 대고 반으로 접고 접힌 부분을 섬 팜 자세로 집어넣는다. 1달러가 보이지 않도록 조심한다.

5달러를 접을 때 관객에게 보이지 않도록 오른손 손가락들로 가린다. 왼손 엄지손가락으로 1달러를 누른 채 오른손 엄지손가락으로 접은 5달러를 누르고 1달러에서 잡아뗀다(**그림** 11). **그림** 11은 각 지폐의 위치를 보여주기 위함이다. 실제로는 오른손 안쪽에 5달러가 들어 있는 모습이 보이면 안 된다. 왼손에 든 1달러가 모두에게 잘 보인다. 관객은 그것이 5달러짜리 지폐라고 착각한다. 마술사가 그저 5달러 지폐를 가지고 접은 것처럼 보이므로 관객이 생각하기에는 의심스러운 점이 하나도 없다.

> "자, 보시다시피 5달러짜리가 아주 작아졌죠? 하지만 한 가지 꼭 알아두세요. 5달러를 접을 때는…"

왼손에 든 1달러에 시선을 향한 채 뚫어지게 바라보면서 오른쪽 코트 주머니에 손을 가져가 연필이나 동전 혹은 다른 작은 물건을 꺼내면서 거기에 5달러짜리 지폐를 떨어뜨린다.

> "절대 그 위에 카-슈-젤-밥을 흔들면 안 됩니다. 아, 카-슈-젤-밥이 뭐냐고요? 고대시대의 연필 이름입니다. 5달러 위에다 카-슈-젤-밥을 흔들면 5달러가 1달러로 변해버리기 때문이죠."

위와 같은 대사를 하면서 다시 연필이나 동전 등 방금 꺼낸 물체를 다시 주머니에 넣고 빈손만 꺼낸다. 접혀진 지폐를 펼친다.

★ 참고

스카안은 다른 방법으로 지폐의 주름을 잡기도 한다. 5달러를 접어서 **그림 12**처럼 든다. 오른손이 텅 비었음을 보여준 후 주머니에서 손수건을 꺼내 앞뒤를 보여주고 5달러 위에 던진다(**그림 12**). 손수건의 가운데가 5달러를 덮는다.

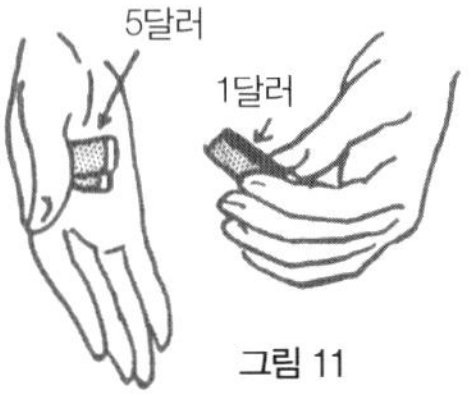

그림 11

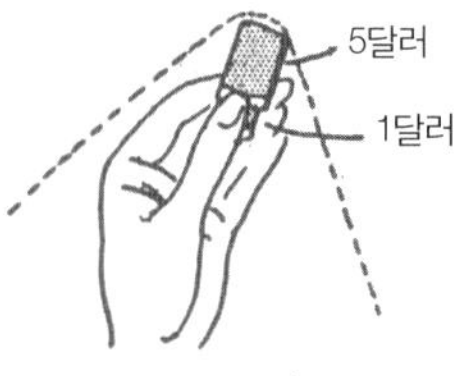

그림 12

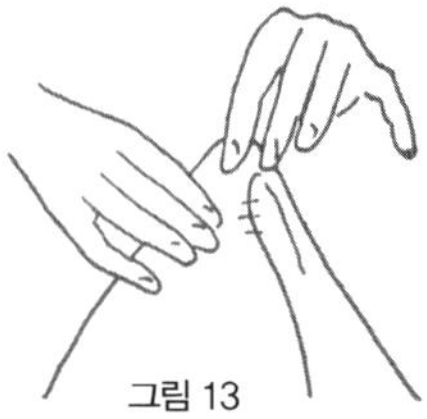
그림 13

손수건 위에서 오른손에 5달러를 끼우고 손수건을 홱 잡아당긴다. 안에 5달러를 감춘 채 오른손도 함께 뺀다. 왼손에 있는 1달러의 모습이 드러난다. 안에 1달러가 든 채로 손수건을 주머니에 넣고 1달러를 가지고 루틴을 계속한다.

때때로 스카안은 관객에게 **그림 12**처럼 1달러와 5달러를 들고 꽉 누르라고 하기도 한다. 그리고 손수건으로 지폐를 가린다. 그리고 관객이 1달러를 꽉 잡을 수 있도록 자신의 오른손 엄지손가락과 나머지 손가락들로 관객의 손을 눌러주는 동안 손수건 위에서 왼손에 5달러를 끼운다(**그림 13**).

"5달러를 꽉 잡으세요. 제가 빼앗아가지 못하도록요."

갑자기 손수건을 홱 잡아당기면 5달러는 손수건과 함께 그의 손에 들어오고 관객의 손에는 1달러가 남는다.

"구두쇠처럼 꽉 잘 잡으셨군요."

타인의 손에 놓인 지폐를 가지고 시연하려면 많은 연습이 필요하다. 동작 하나하나를 주의 깊게 연구한다. 손수건을 홱 잡아당기기 전까지 1달러가 절대 보여서는 안 된다는 점을 명심한다. '존 스카안의 지폐 바꾸기' 마술은 거울 앞에 서서 연습할 것을 권한다. 이것이 관객의 눈을 감쪽같이 현혹시키는 지폐 메니플레이션의 최고봉이라는 사실을 깨닫게 될 것이다.

그랜트의 슬로 모션 빌 트랜스포지션
Grant' s Slow Motion Bill Transposition

여기에서 소개하는 1달러와 5달러 지폐를 바꾸는 방법은 그랜트(U. F. Grant)가 생각해낸 것인데 관객은 물론 마술사들까지도 깜짝 놀라게 만들었다. 최고의 기술이라고 할 수 있을 정도로 모든 동작이 정확하다.

★ 이펙트

마술사가 자신의 지갑에서 1달러와 5달러를 꺼내서 보여준다. 각각 1/8 크기로 접어서 지폐의 숫자 부분이 보이도록 한다. 왼손에 5달러를 놓고 1달러는 오른손에 놓는다. 양손을 멀리 떼고 두 지폐를 마지막 순간까지 보여준다. 양손을 오므렸다가 펼치자 1달러와 5달러의 위치가 바뀐다.

★ 준비물

1. 1달러 지폐(마술용)
2. 5달러 지폐 두 장(마술용)

모든 지폐는 발행년도와 상태가 비슷해야 한다.

그림 1

그림 2

준비

5달러 지폐 한 장을 초록색 부분이 위로 가게 들고 동그라미에 든 숫자 5가 있는 오른쪽 상단을 찢는다(**그림 1**). 조심스럽게 동그라미를 찢는다(**그림 2**).

1달러 오른쪽 위쪽 귀퉁이 초록색 면에 마술용 왁스를 바른다(**그림 3**). 회색 면이 위로 오도록 1달러를 5달러 위에 놓고서 지갑에 넣는다.

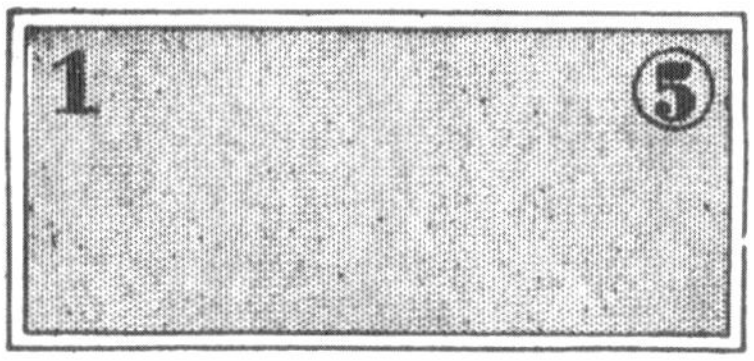

그림 3

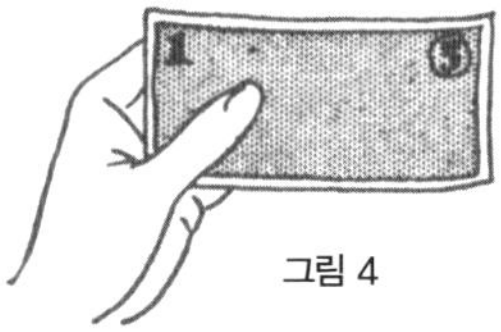

그림 4

시연

1달러와 5달러를 회색 면이 관객을 향하도록 꺼낸다. 모두에게 잘 보이도록 든다. 5달러를 빼서 테이블에 놓는다. 그러면 이제 **그림 4**처럼 왼손으로 1달러를 들고 있게 된다. 이것은 당신에게 보이는 모습이다. 1달러의 왼쪽 끝을 잡고 반대쪽 앞으로 포갠다. 그러면 **그림 5**처럼 지폐가 반으로 접힌다.

그림 5

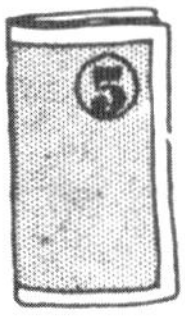

그림 6

그림 7

다시 지폐를 접는다(**그림 6**). 그리고 **그림 7**처럼 아래쪽 가장자리를 앞쪽으로 해서 위로 올린다. 이렇게 하면 지폐의 초록색 부분이 바깥쪽이 되고 가짜 귀퉁이가 당신을 향하게 된다. 왼손 손바닥에 1달러를 놓고 5달러를 들어 앞에서와 비슷한 방법으로 초록색 부분이 밖으로 나오도록 접는다.

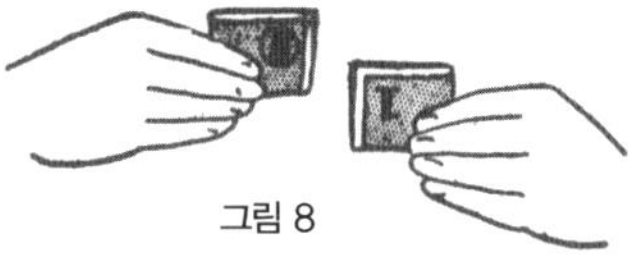

그림 8

그림 9

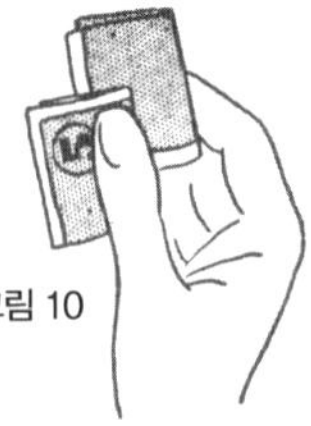

그림 10

오른손으로 숫자 5가 관객을 향하도록 5달러를 든다. 1달러는 왼손으로 5가 당신을 향하도록 든다. **그림 8**은 관객에게 보이는 모습이다. 5달러를 1달러 앞에 놓고 지폐 두 장을 함께 든다(**그림 9**).

이쪽에서 저쪽으로 움직이거나 혹은 팔을 이용한 움직임을 통해 눈에 띄지 않게 오른손으로 가린 채 두 지폐를 뒤집어 가짜 5가 붙은 지폐가 관객을 향하도록 한다. 그러고 나서 두 지폐를 약간 부채꼴로 편다(**그림 10**). 1달러가 아래쪽에 있는 지폐의 숫자 5를 가린다. 관객에게는 5가 위에 있는 모습이 보이므로 1달러가 아래에 있다고 생각한다. 당연히 그럴 수밖에 없다.

그림 12처럼 5달러로 보이는 지폐(사실은 1달러)에서 왼손을 뗀다. 그와 동시에 오른손 엄지손가락으로 남은 지폐의 5를 가린다(**그림 12**).

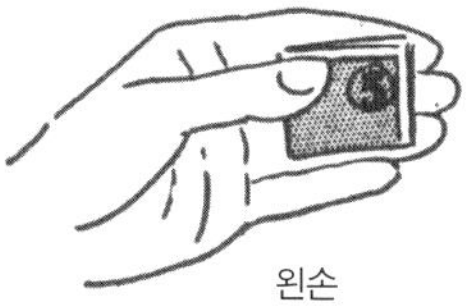

그림 11

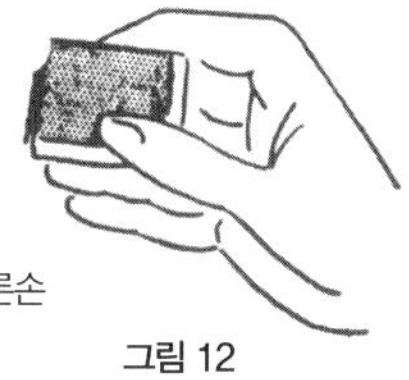

그림 12

"왼손에 5달러가 있고 오른손에 1달러가 있습니다."

왼손에 있는 지폐에 5라는 숫자가 보이므로 관객은 당연히 오른손에는 1달러가 있다고 생각한다. 양손을 멀리 떼어놓은 상태에서 마지막으로 지폐를 보여준 후 양손을 오므린다. 다시 주먹을 펴서 지폐를 뒤집는다. 손가락 위에 놓인 지폐를 손가락으로 움직이면 쉽게 뒤집을 수 있다.

"잘 기억하세요. 왼손에 5달러가 있고 오른손에 1달러가 있습니다. 양손은 이렇게 떨어져 있습니다. 하지만 잘 보세요! 보시다시피 이제 오른손에 5달러가 있고 왼손에 1달러가 있습니다. 이 녀석들이 마음대로 왔다 갔다 하는군요."

이렇게 말하면서 먼저 오른손을 펼치고 다음에 왼손을 펼친다. 5달러를 펼쳐서 회색 부분이 위로 가도록 테이블에 놓는다. 1달러도 가짜 귀퉁이가 관객에게 보이지 않도록 회색 부분이 위로 가도록 놓는다. 오른손 엄지손가락으로 왁스로 바른 부분을 떼어낸 후 1달러를 테이블에 놓는다. 그런 다음 두 지폐를 확인시켜준다.

두 번째 루틴

그랜트는 다른 루틴으로 5달러로 추정되는 지폐를 관객의 가슴주머니에 넣는다. 주로 손수건을 접어 넣고 다니는 주머니이다. 숫자 5가 잘 보이고 손안에 아무것도 없는 모습이 잘 보이도록 손끝을 이용해서 지폐를 잡는다. 가슴주머니에 지폐를 찔러 넣고 계속 잡고 있다가 재빨리 꺼낸다.

"네, 그냥 5달러짜리 지폐입니다."

라는 말로 관객의 관심을 집중시킨다. 그리고 관객의 주머니에 지폐를 찔러 넣고 몰래 엄지손톱으로 가짜 동그라미를 제거한다.

관객이 그의 지시에 따라 자신의 주머니에서 지폐를 꺼낸다. 놀랍게도 지폐에서 5가 아니라 1이라는 숫자가 보이자 관객은 깜짝 놀라면서 혹시 무슨 속임수가 있는지 양면을 모두 살펴본다. 그러다가 그는 마술사의 지폐를 보게 되고 아무런 이상도 없는 평범한 5달러 지폐라는 사실을 알고 다시 한번 깜짝 놀란다.

★ 참고

아서 로이드(Arthur Lloyd)는 유명한 '인간 카드 인덱스(Human Card Index)' 에서 숫자 동그라미만 한 크기로 자른 얇은 셀룰로이드 종이에 풀로 가짜 5를 붙였다. 셀룰로이드의 반대쪽에는 왁스를 발라놓았다. 이렇게 하면 숫자가 평평하므로 더 쉽게 다룰 수 있다. 로이드는 관객에게 지폐를 빌려서 무슨 이상이 없는지 살피는 척하면서 1달러에 미리 준비한 동그라미를 붙였다.

그랜트의 '백만 달러' 지폐 마술

Grant's 'Million Dollar' Bill Mystery

이것은 그랜트가 만든 신기한 이펙트로써 다이 버논(Dai Vernon)을 비롯해 교묘한 기술을 좋아하는 마술사들이 주로 선보이고 있다. 여기에서는 진짜 돈 대신 마술용 돈이나 지폐 크기로 자른 종이가 사용된다.

★ 이펙트

마술사가 지폐 두 장을 보여주고 반으로 찢는다. 관객 두 명에게 두 지폐의 찢어진 절반 부분을 각각 하나씩 준다. 나머지 두 조각은 감쪽같이 사라진다. 마술사가 자신의 안주머니에서 봉해진 봉투를 꺼내 관객에게 주고 찢어서 안에 든 것을 꺼내라고 한다. 관객이 봉투에서 두 지폐의 찢어진 부분을 꺼낸다. 마술사가 그것을 차례로 두 명의 관객이 들고 있는 절반 부분과 맞춰본다.

★ 준비물

1. 1달러 세 장. 진짜 돈이나 마술용 돈 또는 지폐 크기로 자른 종이 모두 가능하다. 또는 똑같은 명함 세 장으로도 시연할 수 있다.
2. 편지 봉투
3. 담배나 1달러 지폐, 연필 등을 사라지게 만드는 데 이용하는 담배 손잡이(마술용품점에서 구입). 이 손잡이는 제2권 **레슨 24**에서 설명했다.

준비

1달러 두 장을 포개서 반으로 찢어 봉투에 넣는다. 봉투를 봉하여 오른쪽 안쪽 코트 주머니에 넣어둔다.

담배 손잡이를 몸의 왼쪽 부분에 맞춘다. 고무줄의 한쪽 끝을 오른쪽 바지 위쪽에

핀으로 고정하고, 담배 받침대는 고무줄의 반대쪽 끝에 매단다. 고무줄이 왼쪽 바지 위쪽에 고정되어 있는 안전핀을 통과하므로 받침대가 핀에서 튕겨나가지 않도록 해 준다.

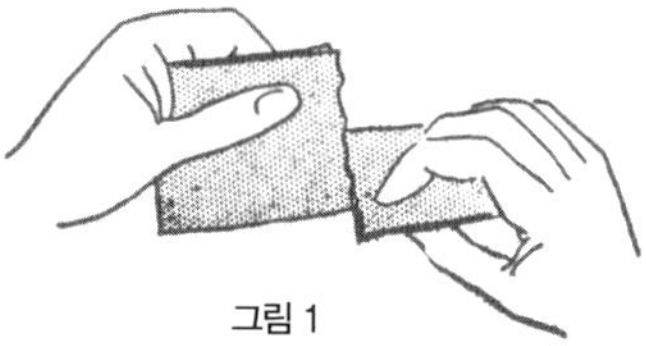

그림 1

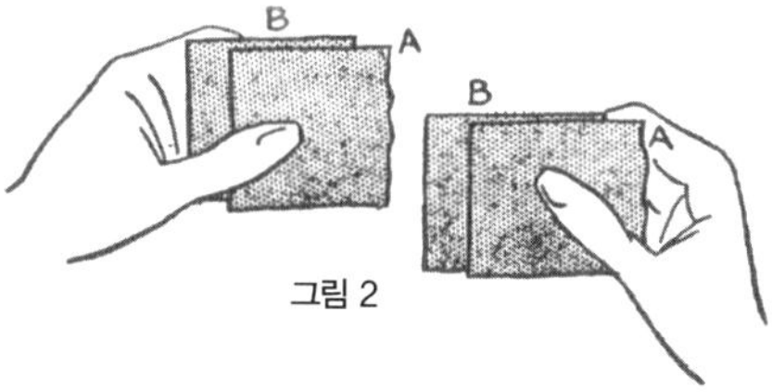

그림 2

시연

1달러 두 장을 포개서 반으로 찢는다(**그림 1**). 오른손으로 잡은 두 개의 절반을 회전시켜서 찢어진 가장자리가 오른쪽을 향하게 한다. 양손에 각각 찢어진 절반을 두 개씩 든 상태에서 위쪽에 있는 두 개를 약간 오른쪽으로 움직인다(**그림 2**). **그림 3**처럼 양손을 붙인다. 뒤쪽에 있는 두 장은 왼손으로 잡고 앞쪽에 있는 두 장은 오른손으로 잡는다.

이제 양손을 떨어뜨린다. 뒤쪽 두 장은 왼손에 있고 앞쪽 두 장은 오른손에 있다(**그림 4**). 이렇게 양손을 붙였다 떼는 동작은 순식간에 이루어져야 한다. 오른손에 든 두 장을 잘 보이도록 테이블에 놓는다. 왼손에 든 두 장 중 한 장을 왼쪽에 선 관객 1에게 주고 나머지 한 장은 오른쪽에 선 관객 2에게 준다. 관객들은 각각 다른 지폐의 절반을 들고 있다고 생각한다. 하지만 실제로 그들은 똑같은 지폐의 절반을 들고 있다. 테이블에 놓인 찢어진 두 조각은 두 번째 지폐이다.

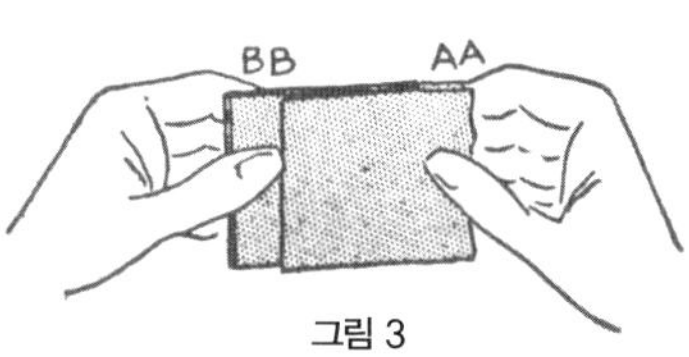

그림 3

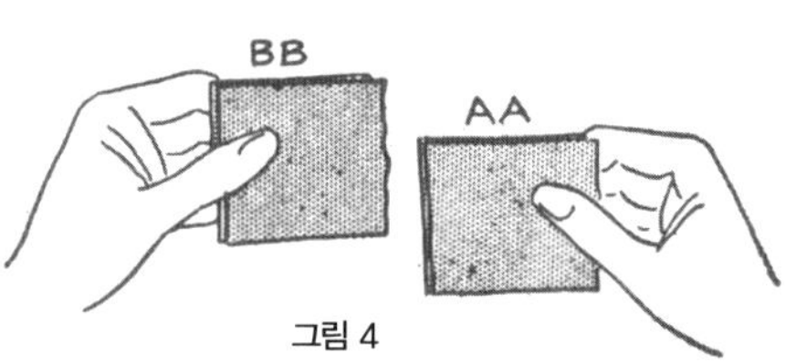

그림 4

관객 1에게 한 지폐의 절반을 들고 관객 2에게는 다른 지폐의 절반을 들고 있으라

고 한다. 테이블에서 두 조각을 꺼내 보여주면서

"그럼 저한테는 두 지폐의 절반이 한 장씩 있게 되겠군요."

라고 말한다.

그림 5

두 조각을 담배만 한 크기로 돌돌 만다. 왼쪽에 선 관객 1을 쳐다본다. 그러면 당신의 오른쪽이 관객을 향하게 된다. 두 조각은 오른손 엄지손가락과 집게손가락, 가운뎃손가락 끝으로 든 상태이다(**그림 5**). 관객 1을 쳐다보며

"그렇게 한 조각만 들고 계시니 돈이 돈 같지 않군요."

라고 말한다.

그와 동시에 왼손으로 몰래 코트에서 담배 손잡이를 꺼낸다. 다시 앞쪽을 본다. 왼손 손등은 담배 손잡이를 숨기고 있다. 오른쪽에 선 관객 2를 보고 말한다.

"선생님도 마찬가지고요."

왼손에 숨긴 손잡이에 지폐를 집어넣는다. 주먹을 쥐고 주먹 안에 지폐를 밀어 넣는 척하면 된다. 오른손을 들어 집게손가락으로 관객을 가리킨다. 이렇게 하면서 담배 손잡이를 몰래 다시 코트 안으로 돌려보낸다. 이렇게 하면 지폐가 사라진다.

"하지만 저는 돈에 별 관심이 없습니다."

이렇게 말하면서 천천히 왼손을 펼쳐 그 안에 아무것도 없음을 보여준다. 양손 모두 앞뒤로 보여준다.

"혹시 그냥 하는 말 아니냐고요? 그렇죠. 세상에 돈 싫어하는 사람이 있을까요? 아, 제 안주머니에 봉투가 들어 있다는 말씀은 안 드렸네요."

오른손을 오른쪽 라펠에 대고 코트 자락을 펼쳐서 안주머니를 보여준다. 관객 3에게 주머니에서 봉투를 꺼내라고 한다. 그런 다음 코트 자락을 다시 내려놓는다.

"봉투가 봉해져 있군요. 찢어서 내용물을 꺼내세요. 지폐 두 조각이 들어 있을 겁니다. 하나를 이리 주세요."

관객이 두 조각 중 하나를 준다. 왼쪽에 선 관객 2에게 가서 그가 들고 있는 조각을 가져온다. 두 조각을 맞춰본다. 물론 같은 조각이 아니다.

"유감스럽게도 맞지 않는군요."

오른쪽으로 몸을 돌려 **그림 6**처럼 오른손에 있는 조각을 왼손에 있는 조각 아래에 놓고 재빨리 위쪽에 있는 조각을 오른손 엄지손가락과 집게손가락, 가운뎃손가락에 끼운 다음 지폐를 든 채 손을 뗀다. 아래쪽에 있는 조각이 왼손에 남게 된다(**그림 7**). 단순히 두 조각을 바꿔치기하는 것이다.

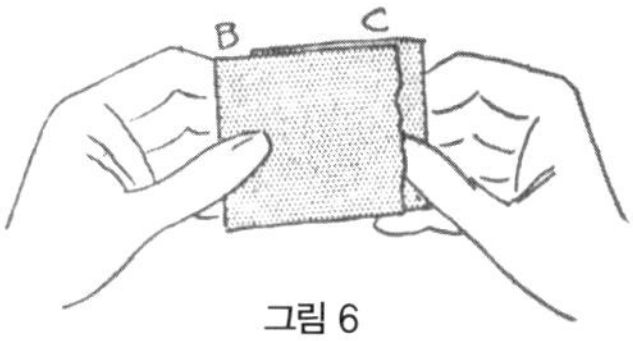

그림 6

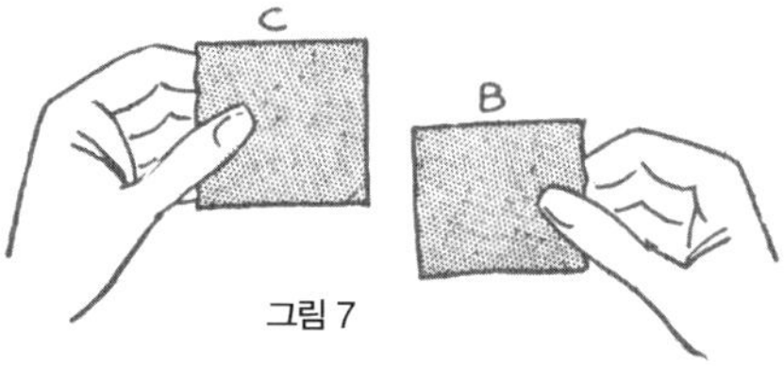

그림 7

오른쪽에 선 관객 2에게 오른손에 든 조각을 주고 그가 들고 있는 조각과 맞춰보라고 한다. 관객이 두 조각을 맞추자 정확히 맞는다.

"네, 맞습니다. 감사합니다!"

봉투를 든 관객 3에게 나머지 조각을 달라고 한다. 그것을 오른손으로 받고 양손에 든 두 조각을 왼쪽에 선 관객 1에게 준다.

"이 두 조각이 맞는지 한 번 맞춰보세요. 네, 맞습니다. 이제야 돈처럼 보이는군요."

지폐를 빌려준 관객들에게

"이 돈에는 마법의 힘이 들어 있습니다. 이건 제가 가지고 여러분에게는 새 돈을 드리면 안

될까요? 제 지갑에 두 장 있습니다."

★ **참고**

절반으로 찢은 지폐를 사라지게 하는 방법은 담배 손잡이를 이용하는 것 말고도 다양하다. 제2권 **레슨 22**에서 설명한 더블 페이퍼(double paper)를 이용하는 것도 좋은 방법이다.

만약 관객에게 빌린 지폐 두 장을 사용한다면 제1권 **레슨 17** '마음대로 움직이는 손수건(Elusive Silks)' 에서 설명한 체인징 백을 이용해 지폐를 빌리는 것도 좋은 방법이다. 손잡이를 돌리면 쉽게 다른 두 장의 지폐로 바뀐다. 원래의 지폐 두 장에는 빌려준 관객에게 숫자를 표시하라고 한다. 바꿔치기한 두 장의 지폐로 루틴을 진행한 후 마무리 단계에서 체인징 백에 네 조각을 떨어뜨린 다음 손잡이를 돌려 지폐를 바꿔서 관객에게 원래의 지폐를 돌려주어 표시를 확인하라고 한다.

마술용품점에는 다양한 유형과 크기의 체인징 백을 판매한다. 작은 크기나 중간 크기를 추천한다. 한층 재미를 더하려면 '단추는 빼고 지폐만' 체인징 백에 모금한다. 그리고 마지막에

"기부한 돈을 다시 돌려주는 곳은 여기밖에 없을 겁니다."

라고 말한다.

금속 카드 상자를 이용해서 지폐를 바꿔치기할 수도 있다. 금속 카드 상자에 신권을 준비해놓은 다음 다시 붙여서 깨끗하게 한 후 새로 돈을 찍어내는 척하면서 찢어진 네 조각과 바꿔치기할 수 있다. 물론 처음에 지폐 번호를 확인하지 않는다.

'돈 만드는 기계(Money Making Machine)' 는 찢어진 네 조각을 신권 두 장으로 바꿔치기하는 환상적인 방법이다. 이 기계는 오래전에 만들어진 허술한 기계를 본떠서 새롭게 설계되었다. 원래 기계의 롤러에 백지를 통과시켜 더 큰 액수의 지폐가 나오게 만드는 것이 원래의 아이디어였다. **그림 8**은 마술용 돈을 만드는 기계의 모습이다. 원통형에 있는 기다란 천이 한쪽 롤러에서 다른 쪽 롤러로 움직이며 한쪽에서 풀어지면서 하나의 룰러에 놓이게 된다. 당연히 한쪽 롤러에는 신권이 들어 있고 찢어진

조각들은 그 반대편에 넣게 된다. 신권이 기계 밖으로 나오면 두 조각은 안으로 말려 들어간다. 두 번째 지폐도 똑같이 한다.

"지폐를 붙인 다음 깨끗하게 닦아서 뽑아주는 기계입니다."

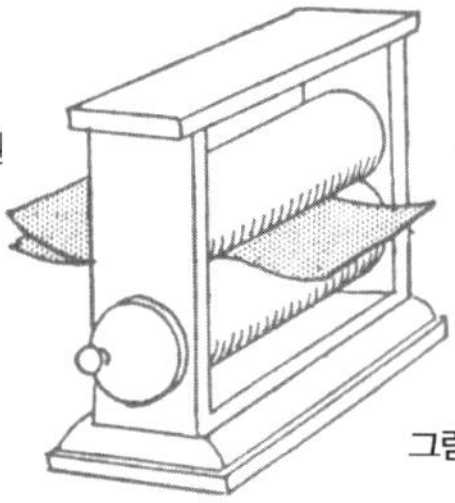

그림 8

마술용 돈이나 오린 종이를 사용한다고 해도 마무리 단계에서 돈으로 리스토어되므로 마술의 완성도를 높일 수 있고 관객에게 기념으로 나눠줄 수도 있다.

지폐 조각이 든 종이봉투를 주머니에서 꺼낼 때 봉투가 텅 비었음을 보여주지 않는다. 그 대신 똑같은 봉투를 하나 더 준비하면 마술이 한결 업그레이드된다. 똑같은 봉투를 준비해서 안이 텅 비었음을 보여준다. 그리고 관객에게 봉투를 봉하라고 한다. 봉해진 봉투를 안주머니에 넣고 지폐 조각이 든 봉투와 바꿔치기하여 관객의 안주머니에 넣으라고 한다. 이렇게 바꿔치기하면 매우 자연스럽다.

까다로운 카드 놀이
The Persnickety Pinochle Player

이것은 '백만 달러' 지폐 마술의 코미디 버전이다. 여기에서는 1달러 두 장 대신 다이아몬드 에이스 두 장이 사용된다. 에이스 두 장을 보여준다.

"이것은 '피노클 카드 놀이(pinochle, 2~4명이 카드 48장을 가지고 하는 카드 놀이-옮긴이)' 를 하는 어떤 사람에 대한 이야기입니다. 그 사람은 다이아몬드 에이스 두 장을 손에 들고 '나 원 참!' 이라고 하더니 반으로 찢었습니다."

에이스 두 장을 앞면이 당신 쪽으로 오게 들고 반으로 찢는다.

"그리고 두 조각을 테이블에 놓고 왼쪽에 앉은 적수에게 말했습니다. '에이스 반쪽-에이스 한 장-에이스 반쪽. 정말 재미있는 놀이군!' 그리고 적수에게 에이스 반쪽을 주었습니다. 오른쪽에 있는 적수에게도 똑같이 말하고는 다른 에이스의 반쪽을 주었죠."

왼쪽에 있는 관객 1에게 에이스 반쪽을 주고 오른쪽에 있는 관객 2에게도 에이스 반쪽을 준다.

"그럼 두 개 남은 반쪽은 어떻게 했을까요? 아마 알면 놀라실 겁니다. 종이로 싼 다음 이렇게 말했죠. '으라차!' "

두 조각을 제2권 **레슨 22**에서 배운 '센트리 카드 배니싱 페이퍼' 에 떨어뜨린다. 종이를 펼치면 조각이 사라지고 없다.

"그것이 에이스 두 장의 마지막이었죠. 아 참, 제 안주머니에 봉해진 편지봉투가 들어 있다는 것을 말씀드리지 않았군요."

코트 안주머니에서 봉한 봉투를 꺼낸다. 봉투에는 반으로 찢어진 세 번째 에이스가 들어 있다. 관객 3에게 봉투에 든 내용물을 꺼내라고 한다. "둥" 하는 악기소리와 함께

"이것 좀 보세요. 에이스가 여기로 들어갔을 줄 누가 알았겠습니까!"

라고 말한다.

왼쪽에 있는 관객 1에게서 에이스 조각을 가져온다.

"어디 한 번 볼까요. 두 조각이 맞나요? 맞지 않습니다. 결혼하기도 전에 갈라선 커플이군요."

두 조각을 바꿔서 관객 1이 든 조각을 관객 2가 든 조각과 맞춰본다.

"이 조각과는 잘 맞을까요? '일치한다' 에 14달러 85센트를 거셔도 좋습니다. 첫 눈에 사랑에 빠진 커플입니다!"

오른쪽에 있는 관객 2에게 두 조각을 준다. 관객 3에게 나머지 조각을 가져와 당신의 손에 있는 조각과 맞춰본다.

"이 조각은 선생님의 조각과 일치합니까? 네, 일치합니다!"

관객들에게 에이스 조각을 기념으로 준다.

"둘이서 오랫동안 행복하게 살았다는 이야기입니다. 처음에는 적이었지만 나중에는 친구가 되죠. 그게 바로 피노클 카드 놀이의 방법입니다. 정말 멋지죠?"

만약 원한다면 마술용품점에서 판매하는 카드 박스나 제1권 **레슨 9**에서 설명한 이중 봉투를 이용해서 찢어진 카드를 원래의 멀쩡한 카드로 리스토어해도 된다.

불탄 지폐 리스토어하기
Novel Burned And Restored Bill

이것은 밀번 크리스토퍼(Milbourne Christopher)가 무척 재미있게 시연하는 이펙트이다. 이 마술은 시연 시간이 매우 짧지만 크리스토퍼의 손에서 매우 효과적으로 시연된다. 이 이펙트의 기본 원리를 응용해서 지폐를 없애는 것처럼 하면서 바꾸는 마술을 할 수도 있다.

★ 이펙트
마술사가 1달러 지폐를 빌린 후 관객에게 지폐 번호를 기억하거나 지폐에 머리글자를 써넣으라고 한다. 지폐를 공처럼 구겨서 받침 접시에 놓는다. 마술사는 다시 생각을 바꿔 받침 접시를 뒤집어놓고 그 위에 구겨진 지폐를 올려놓는다. 성냥불로 지폐를 완전히 태운다. 받침 접시를 들자 아래에서 지폐가 나온다. 지폐를 들어서 펼치자 관객에게 빌린 돈과 똑같다.

★ 준비물

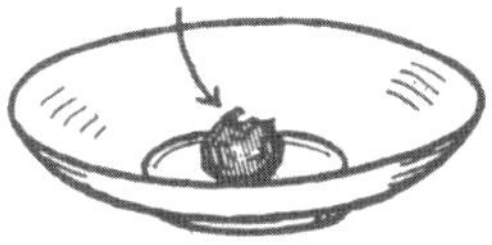

그림 1

1. 신문에서 오린 중간색의 사진. 1달러 지폐와 똑같은 크기로 오린다. 중간색 인쇄물은 밝기가 다양해야 하고 어두운 명암도 들어가 있어야 한다. 그래야 사진이 바깥쪽에 보이도록 지폐와 함께 구겼을 때 1달러를 구긴 것처럼 보이기 때문이다(지폐를 컬러 복사해서 사용하거나 마술용품점에서 마술용 가짜 지폐를 구입해서 사용해도 좋음–감수자).
2. 빌린 1달러 지폐
3. 받침 접시
4. 성냥갑 혹은 성냥 꾸러미

준비

중간색의 신문지 사진을 구겨서 지름 약 2cm의 공으로 만든다. 공 모양이 유지되도록 힘껏 구긴다.

시연

오른손에 신문지 공을 핑거 팜 하고 1달러를 빌린다. 빌려준 관객에게 지폐 끝 번호 세 자리를 외우거나 지폐에 아무 표시나 하라고 한다.

지폐를 공처럼 구긴다. 신문지 공과 비슷해 보이도록 지폐의 회색 면이 겉으로 보이게 한다. 오른손 엄지손가락과 집게손가락, 가운뎃손가락 끝으로 지폐 공을 잡는다. **그림 1**처럼 앞쪽의 테이블에 놓인 받침 접시로 공을 던지는 척한다. 하지만 실제로는 지폐 공을 뒤로 밀어 안쪽으로 밀어 넣고 신문지 공을 꺼낸다. 시선은 받침 접시에 놓인 공을 향한 채 오른손을 약간 내려 지폐 공이 핑거 팜 자세로 떨어지도록 한다.

"자, 접시에 지폐 공을 놓았습니다. 아니, 잠깐만요."

오른손으로 접시의 가까운 쪽을 잡는다. 엄지손가락은 아래쪽에 놓고 나머지 손가락은 위쪽에 놓아서 손가락과 접시 사이로 지폐 공을 잡는다. 그와 동시에 왼손으로 신문지 공을 집어 든다(**그림 2**).

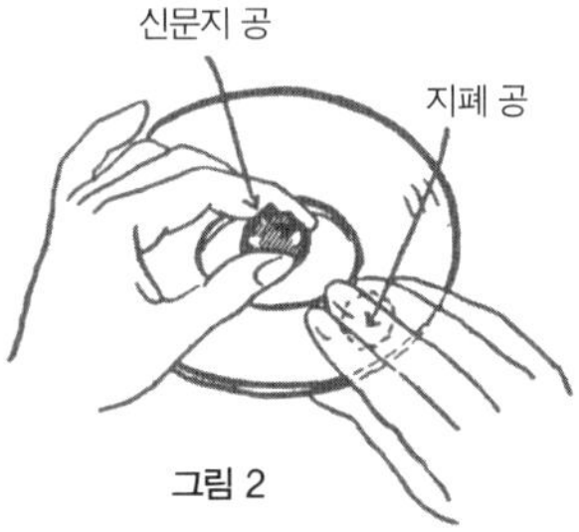

그림 2

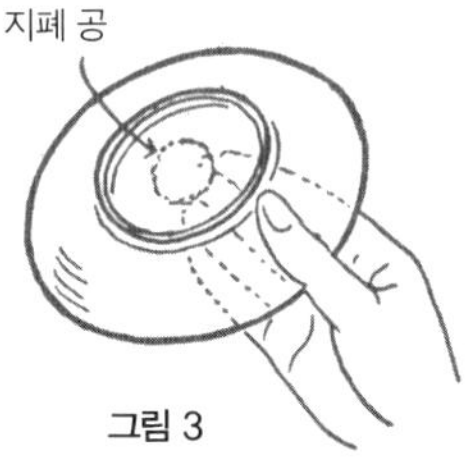

그림 3

왼손으로 신문지 공을 잡는 동시에 오른손은 접시를 뒤집어놓는다. 접시로 가린 채 손가락 끝으로 지폐 공을 밀고 접시 가운데에 대고 누른다(**그림 3**).

"접시를 뒤집어서 그 위에 지폐 공을 놓는 것이 더 나을 것 같습니다."

접시를 뒤집어서 그 위에 신문지 공을 올려놓는다(**그림 4**). 지폐 공은 접시 아래에 있지만 관객은 그 사실을 알지 못한다. 성냥불을 켜서 오른손으로 잡고 왼손으로는 신문지가 잘 타도록 약간만 헐렁하게 펼친다. 종이에 불을 붙여서 태운다(**그림 5**).

"돈을 태우다니 제 정신인가 하고 생각하실 분들도 계실 겁니다."

지폐가 다 타면 오른손 엄지손가락과 집게손가락, 가운뎃손가락으로 받침 접시 위에 놓인 재를 문지른다. 이때 지폐가 전부 다 타면 안 된다. 남은 부분을 눈에 띄지 않게 엄지손가락과 집게손가락, 가운뎃손가락 사이로 집는다. 즉 타고 남은 재를 문질러 받침 접시 안으로 보내려는 것처럼 이펙트를 내는 것이다. 잠시 후 관객의 시선이 전부 접시를 향해 있을 때 탄 부분을 쉽게 제거할 수 있다.

그림 4

그림 5

그림 6

"접시 속으로 문지르겠습니다."

지폐 주인에게 접시를 들어 올리라고 한다. **그림** 6처럼 접시를 들어 올리면 손에 든 탄 부분을 처리해 손에 아무것도 없게 만든다.

"접시 아래에 선생님의 돈이 있네요."

양손이 텅 비었음을 보여준 후 지폐 공을 들어서 편다. 관객에게 돌려주고 표시가 맞는지 확인하라고 한다.

"정말 신기하죠? 재가 돈으로 환생한 이야기였습니다."

하프 앤드 하프
Half and Half

이것은 제임스 허픽(James F. Herpick)과 루이스 태넌(Louis Tannen)의 아이디어가 합쳐져 탄생한 이펙트이다. 두 사람은 새롭고 특이하고 재빠르고 재치 있는 이펙트로 발전시켰고 거기에 내가 위의 제목을 붙였다.

★ 이펙트

마술사가 1달러를 빌려서 편지봉투에 넣는다. 봉투에 든 지폐가 잘 보이는 상태에서 관객이 봉투 뚜껑에 자신의 머리글자를 적는다. 그런 다음 관객은 머리글자가 적힌 부분이 바깥으로 오도록 하여 봉투를 봉한다. 그리고 가위로 봉투 가운데를 자른다. 지폐가 두 조각으로 잘라진다. 마술사가 두 조각을 잡고 흔들자 50센트 은화 두 개로 변한다.

★ 준비물

1. 부드러운 종이로 된 편지봉투 여섯 장. 내용물이 비치지 않도록 색깔이 있고 종이가 두꺼운 것이 좋다. 불투명한 흰색 편지 봉투를 사용해도 된다. 1달러 지폐를 펴서 들어갈 만한 약 17cm × 9cm 크기 정도면 적당하다.
2. 마술용 왁스
3. 가위
4. 50센트 은화 두 개
5. 너무 길지 않은 연필 한 자루

준비

이 마술에서는 지미 허픽의 봉투 바꿔치기가 대단히 큰 비중을 차지한다. 이것은 다른 여러 가지 마술에서도 유용하게 사용할 수 있다. **그림 1**처럼 가위로 봉투 한 장의 한쪽 끝을 0.5cm 정도 잘라낸다. 그리고 역시 **그림 1**처럼 같은 봉투의 위쪽 곡선 가장자리를 자른다. 다른 봉투에 집어넣었을 때 보이지 않도록 조금만 잘라내면 된다. 직선 가장자리를 풀로 붙인다. 이렇게 하면 다른 편지봉투보다 크기가 약간 작아지지만 겉으로 보기에는 자연스러워 보인다.

그림 2처럼 다른 방법으로 준비할 수도 있다. 곡선 가장자리를 자르는 대신 맨 아래쪽 가장자리를 깎고 붙이는 방법이다.

이렇게 준비된 봉투를 나머지 보통 봉투에 넣는다. 뚜껑이 서로 포개어진다. 보통 사람들에게는 하나의 봉투처럼 보인다. 지금까지 준비 과정에서는 뚜껑이 모두 열려 있었지만 끝났을 때 바깥쪽 뚜껑을 안쪽 뚜껑으로 접으면 보통 봉투와 마찬가지로 안쪽 뚜껑이 입구 쪽으로 접혀진다(**그림 3**). 바깥쪽 봉투의 개방된 가장자리의 가운데 부분, 즉 입구에서 만나는 두 겹의 가장자리를 살짝 밖으로 구부려놓는다. 이렇게 하면 나중에 왼손 엄지손가락을 대서 쉽게 그 가장자리를 안쪽 봉투의 가장자리에서 분리하여 빼낼 수 있다.

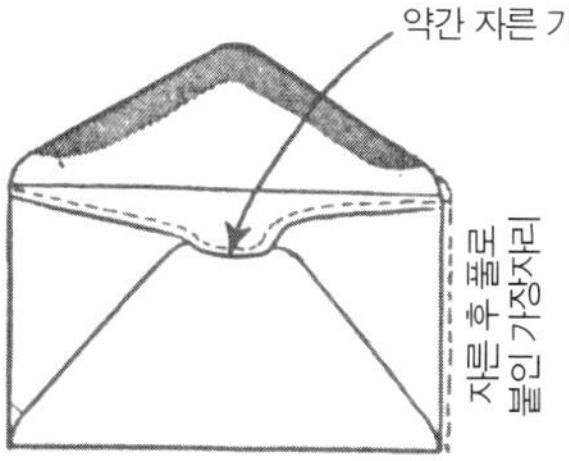

그림 1

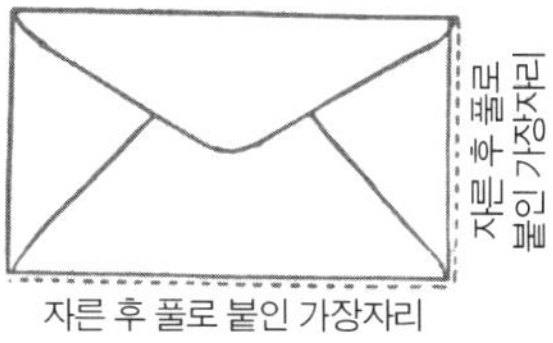

그림 2

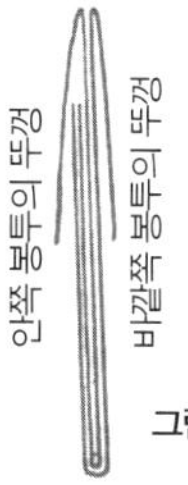

그림 3

이제 남은 봉투 네 장은 뚜껑이 있는 쪽이 위로 오도록 차곡차곡 포개어놓고 그 위에 준비된 봉투를 마찬가지로 뚜껑이 위로 오도록 올려놓는다(**그림 4**). 이 봉투 꾸러미를 왼쪽 코트 주머니에 넣어둔다.

50센트 은화 두 개는 오른쪽 코트 주머니에 넣는다. 연필도 은화와 같은 주머니에 넣는다. 가위는 오른쪽 조끼 주머니에 넣고 마술용 왁스는 제1권 **레슨 4**(96쪽)의 '손수건 안에 든 동전 사라지게 하기(Vanishing Coin in Handkerchief)' 에서와 같이 오른손 엄지손톱 아래에 조금 묻혀 초승달 모양으로 문지른다.

시연

관객에게 1달러 지폐를 빌려 왼손으로 잡는다. 오른손 엄지손가락을 지폐 위에 놓고 누른다. 그와 동시에 왼손 엄지손가락으로 잠깐 동안 오른손 엄지손톱을 누른다. 이렇게 하면 관객 몰래 손톱 아래의 왁스를 지폐에 묻힐 수 있다.

그림 4

그림 5

왼손으로 봉투 꾸러미를 꺼낸다. **그림** 5처럼 미리 손 써둔 봉투가 맨 위에 오도록 잡는다. 오른손으로는 지폐를 잡는다. 오른손 엄지손가락으로 가짜 봉투의 눈에 보이는 뚜껑을 여는 동시에 왼손 엄지손가락으로는 가운데 지점의 개방된 곡선 가장자리들을 분리한다(**그림** 6). 이렇게 하면 두 가장자리 사이에 지폐를 쉽게 넣을 수 있다. 다시 말해서 지폐는 바깥쪽 봉투 안, 즉 안쪽 봉투의 위에 놓이게 되는 것이다. 이로써 지폐는 당신과 안쪽 봉투 사이의 한 겹 아래에 놓인다.

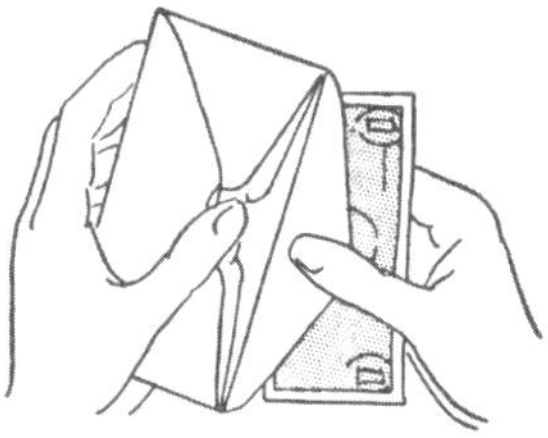
그림 6

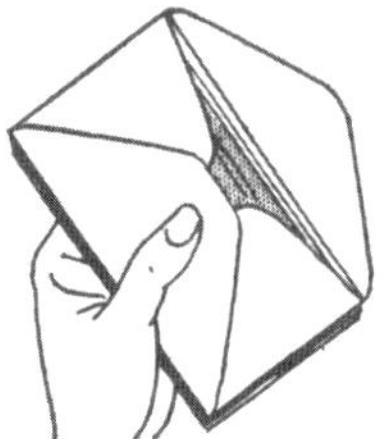
그림 7

지폐는 봉투 끝까지 들어가지 않고 바깥쪽 가장자리가 안쪽 봉투의 가장자리(봉투에 들어가도록 깎은 부분)를 덮을 정도로만 들어간다(**그림 7**). 따라서 아무리 자세히 봐도 속임수의 흔적이 드러나지 않는다. 지폐를 이렇게 넣은 다음 봉투를 눌러 왁스가 발라지게 한다. 지폐가 바깥쪽 봉투의 위쪽 안쪽에 붙는다. 이렇게 신속한 동작으로 바깥쪽 봉투에 지폐를 넣을 수 있다.

왼손으로 봉투 꾸러미를 똑같은 방향으로 잡는다. 오른손 엄지손가락으로 뚜껑을 잡아 관객에게 지폐의 일부가 보이도록 한다. 그런 다음 관객에게 지폐가 보이는 상태에서 뚜껑 안에 머리글자를 써넣으라고 한다. 오른손을 오른쪽 코트 주머니로 가져가 연필을 꺼내서 준다. 관객이 안쪽 봉투의 개방된 뚜껑 안에 머리글자를 쓸 때 왼손으로 봉투 꾸러미를 계속 잡은 채 관객에게 내밀어야 한다. 연필을 다시 받아 오른쪽 코트 주머니에 넣는다. 이때 왼손으로 봉투를 잡고 위로 올려서 모두에게 잘 보이도록 침을 바른다.

지폐가 든 봉투를 꾸러미에서 빼내는 척한다. 하지만 실제로는 다음과 같이 텅 빈 안쪽 봉투를 꺼낸다. 왼손 손가락들이 꾸러미 밑에 있기 때문에 가운뎃손가락을 쉽게 앞으로 뻗어 이중 봉투의 두 뚜껑 사이에 넣을 수 있다. 열린 뚜껑이 손가락들의 움직임을 가려준다. 오른손 엄지손가락과 나머지 손가락들로 머리글자가 쓰인 열린 뚜껑을 잡아 오른쪽으로 당긴다(**그림 8**). 침 바른 뚜껑을 구부리고 꽉 눌러서 붙인다. 지폐는 봉투 꾸러미의 맨 위에 놓인 바깥쪽 봉투 안에 남겨진다. 왼손으로는 봉투 꾸러미를 얼른 안주머니에 넣는다. 지폐가 든 봉투가 주머니 안쪽에 놓이게 한다.

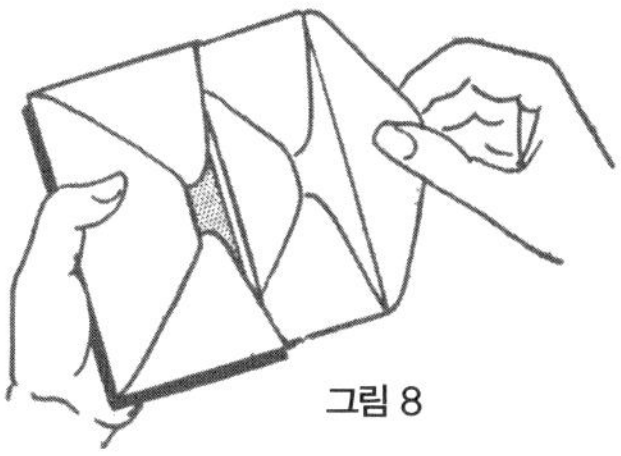

그림 8

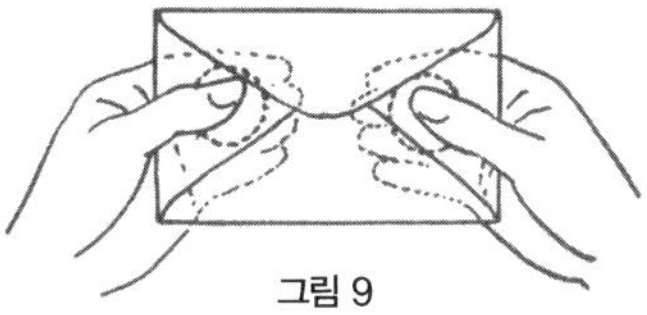

그림 9

"선생님께서는 1달러가 든 이 봉투에 머리글자를 써넣으셨습니다. 확실하죠? 자, 이제 바깥쪽에도 머리글자를 써넣으세요."

오른손으로 다시 주머니에서 연필을 꺼낸다. 이번에는 그 안에 미리 넣어둔 50센트짜리 은화 두 개를 핑거 팜 해서 같이 꺼낸다. 주머니에서 손을 꺼내 양손으로 봉투를 잡고 관객에게 글씨를 쓰라고 한다. 오른손에 있는 봉투의 가장자리 밑에는 손가락들로 동전을 가리고 있다.

오른손으로 오른쪽 조끼 주머니에서 가위를 꺼내 관객에게 주고 연필은 다시 가져와 왼쪽 코트 주머니에 넣는다.

"자, 제가 양손으로 봉투를 들고 있을 테니 가위로 가운데를 잘라주세요."

봉투에 가려 보이지 않으므로 동전 하나를 왼손으로 옮기는 것은 매우 쉽다. 관객이 가위질을 하기 전에 이렇게 동전을 옮기면 봉투 아래에 대고 양손에 동전을 하나씩 잡고 있게 된다(**그림 9**).

"자, 자르세요. 선생님의 돈이니까 저는 상관없습니다만. 아, 목이 좀 마르군요. '하프 앤드 하프' 좀 마셔야겠어요. 하프 앤드 하프는 더블린 혼합주인데 기가 막히죠. 네, 그렇게 반으로 싹둑 자르세요."

관객이 봉투를 반으로 자른다. 물론 그 안에 든 지폐도 반으로 잘린 것처럼 보인다

(**그림** 10).

"자, 이제 이렇게 반쪽 두 개가 생겼네요. 네, 반쪽 두 개입니다. 잔돈 여기 있습니다."

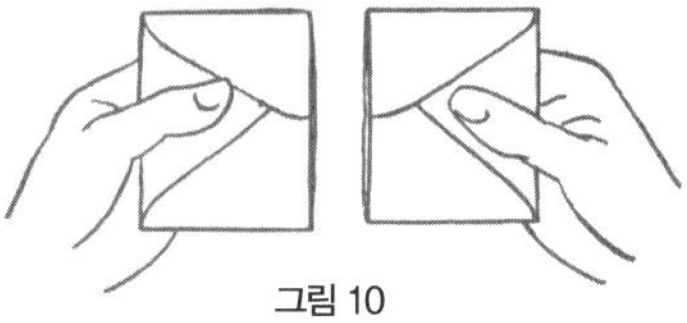

그림 10

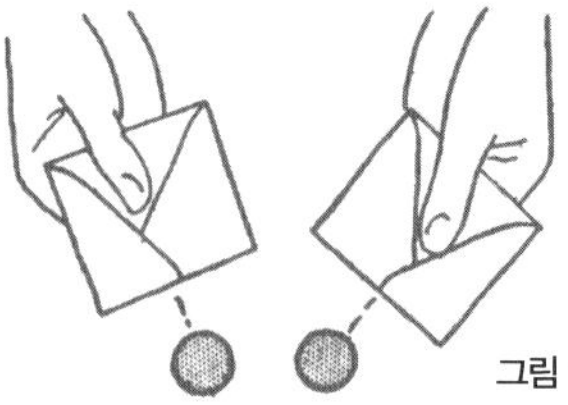

그림 11

이렇게 말하고 마치 봉투에서 50센트 은화를 쏟으려는 듯 양손을 약간 아래로 기울여 잘려진 봉투 조각 뒤에 놓인 손가락 사이에서 동전을 떨어뜨린다. 정말로 봉투 조각에서 동전이 쏟아져 나오는 것처럼 보인다(**그림 11**).

봉투를 포개어 놓고 즉시 가위로 봉투를 조각조각 잘라서 안에 지폐가 없음을 보여준다. 가까이에서 자세히 보면 미리 잘라 풀로 붙여놓은 부분이 보일 수도 있는데 이렇게 하면 증거를 없앨 수 있다.

생명의 은인
The Life Saver

뉴욕에 있는 루이스 태넌의 가게에서 문득 우리는 사라진 지폐가 라이프 세이버(life saver, 가운데에 구멍이 뚫린 사탕의 이름-옮긴이) 안에서 다시 나타나게 할 수 있다는 생각이 들었다. 몇 차례의 실험 끝에 고안해낸 그 방법을 여기에서 소개한다. 멋진 즉석 마술로 사용할 수 있음이 이미 증명되었다.

★ 이펙트

관객에게 1달러를 빌리고 지폐 번호를 잘 기억해두라고 한다. 관객이 지폐를 접어서 조그맣게 구긴다. 마술사가 그것을 자신의 주머에 찔러 넣는다. 그러자 그 안에 든 지폐가 사라지고 관객이 마술사의 라이프 세이버 패키지를 깨뜨리자 그 안에서 나타난다. 물론 처음과 똑같은 지폐이다.

★ 준비물

1. 라이프 세이버 한 통(은박지로 포장된 민트 맛). 민트 맛이 다른 맛보다 약간 크기가 작다.
2. 한쪽 끝에 옷핀이 달린 검정색 고무줄. 나중에 설명하겠지만 지폐를 사라지게 만드는 데 손잡이로 사용된다.
3. 두껍고 작은 고무링. 우산에 끼우는 용도로 시중에서 판매한다.

준비

고무링을 구할 수 있으면 고무줄 끝에 묶는다(**그림** 1). 조심스럽게 라이프 세이버의 한쪽 끝 은박지를 열어서 펼친다(**그림** 2). 나중에 다시 닫아야 하므로 조심스럽게 열어야 한다. 라이프 세이버의 닫힌 쪽 끝을 고무링에 집어넣는다(**그림** 3). 고무링은 약 2.5cm 정도 들어갈 것이다. 따라서 라이프 세이버 통이 마치 컵이나 홀더 역할을 할 수 있다. 나중에 양쪽 어깨 사이에 옷핀을 끼웠을 때 그것이 물체를 사라지게 만드는 손잡이 역할을 할 수 있다(**그림** 5). 손잡이에 대해서는 제1권 **레슨** 17(484쪽)에 설명하였으므로 익숙할 것이다.

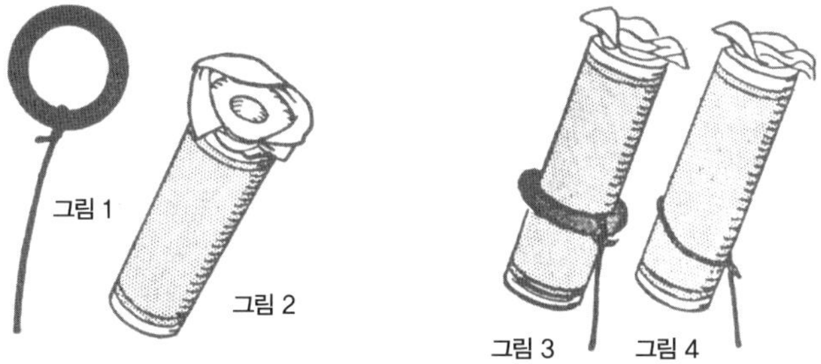

만약 고무링이 없다면 라이프 세이버 한쪽 끝에 고무줄을 묶는다(**그림** 4). 고무링이나 고무줄 모두 나중에 풀어야 하므로 너무 세게 고정시켜서는 안 된다. 고무줄을

잡아당겨서 왼쪽의 바지 앞주머니에 넣으면 모든 준비가 끝난다.

시연

1달러 지폐를 가진 관객에게 지폐 번호를 외워두라고 한다. 당신에게는 알려주지 않는다. 당신은 지폐 번호를 보면 안 되므로 관객에게 직접 하라면서 지폐 접는 방법을 알려준다.

그림 5

그림 6

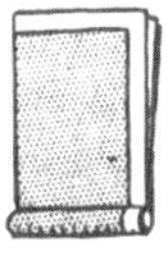
그림 8

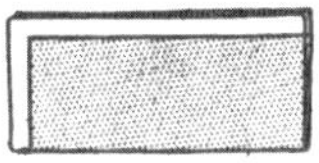
그림 7

그림 9

관객은 우선 지폐의 폭이 좁은 부분을 반으로 접는다. 그러면 지폐가 거의 정사각형과 비슷해진다(**그림** 6). 그런 다음 반대쪽으로 접는다. 지폐의 크기가 1/4로 줄어들고 지폐 번호는 안쪽에 놓인다. 마지막으로 관객은 **그림** 8처럼 폭이 좁은 부분을 접힌 부분부터 말기 시작한다. 작은 두루마리 모양으로 다 만 종이를 관객에게 가져온다(**그림** 9). 관객이 이렇게 지폐를 접는 사이 몰래 왼쪽 바지 주머니에 든 라이프 세이버 손잡이를 손쉽게 왼손으로 가져올 수 있다.

이제 오른손으로 만 종이를 들고 왼손은 들어서 주먹을 쥔다. 그리고 오른손으로 왼손 주먹 안으로 지폐를 찔러 넣는다. 왼손에 라이프 세이버가 있는 상태이므로 **그림** 10처럼 지폐가 라이프 세이버의 개방된 끝부분 속으로 들어가게 된다. 관객은 당신이 단순히 주먹 안으로 지폐를 찔러 넣는다고 생각한다. 이때

> "예전에 누군가 제 생명을 구해준 적이 있습니다. 제 수중에는 1달러뿐이었죠. 목숨을 구해준 데 대한 보답으로 제가 가진 1달러를 주었습니다. 그래서 당연히 제 손은 텅텅 비게 되었죠."

라고 말한다.

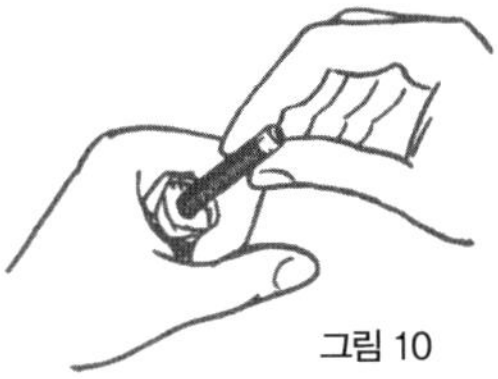
그림 10

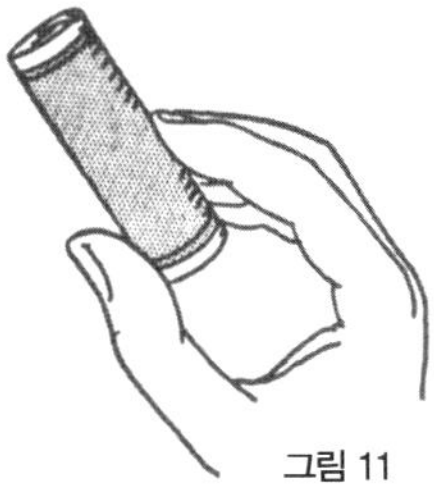
그림 11

그렇게 말하면서 라이프 세이버 손잡이를 자연스럽게 코트 안으로 보낸다. 그리고 오른손이 먼저 텅 비었음을 보여주고 왼손도 보여준다. 오른손이 텅 비었음을 보여주고 나서 마치 바지 주머니의 오른쪽 끝부분을 만지려는 듯 오른손을 코트 안에 넣는다. 하지만 실제로는 거기에 라이프 세이버를 넣고 재빨리 고무줄을 뺀다. 오른손 엄지손가락과 나머지 손가락으로 라이프 세이버의 열린 은박지를 원래대로 닫는다. 이 동작은 재빨리 신속하게 이루어져야 한다. 재빨리 오른손을 **그림 11**처럼 라이프 세이버와 함께 밖으로 빼고 관객에게 다음과 같이 말한다.

> "아마 선생님께서도 생명의 은인이 필요할 때가 있으실 겁니다. 그래서 이렇게 응급상황에 대비해서 가지고 다니시라고 미리 만들어진 라이프 세이버를 준비했습니다. 별 도움이 되지 않는다면 그냥 부숴버리면 됩니다. 네, 양손으로 잡으시고 가운데를 뚝 자르세요. 뭐가 들었죠? 1달러 지폐요? 한번 직접 펴보세요. 저는 만지지 않겠습니다. 아까 선생님의 지폐 번호와 똑같습니까? 그럼 선생님의 돈이 맞군요. 다시 생명의 은인이 필요할 때까지 잘 가지고 계세요."

두 번째 버전

앞에서 소개한 이펙트는 즉석에서 보여줄 수 있는 묘기이다. 하지만 이번에 소개할 두 번째 버전은 시연 시간이 더 길고 관객이 더 적극적으로 참여하므로 원할 경우 클로즈업 마술로 활용할 수 있다.

★ 이펙트

일반적으로 빌린 지폐를 손수건으로 덮은 다음 관객에게 들고 있으라고 하는 점만 빼고는 첫 번째 버전과 똑같다. 관객이 들고 있는 동안 지폐가 사라지고 첫 번째 버전에서처럼 라이프 세이버 안에서 나온다.

★ 준비물

1. 두꺼운 원단으로 된 불투명한 손수건. 밑단에 구겨진 지폐처럼 보이도록 종이공을 꿰매어놓음. 제1권 **레슨 14**(380쪽)에 나오는 손수건에 카드 조각을 붙이는 방법과 비슷하다.
2. 1달러 지폐 한 장
3. 얇은 고무밴드 두 개. 색깔이 있는 것이 좋다.
4. 첫 번째 버전에 필요한 모든 준비물

준비

준비한 1달러 지폐를 접어서 지폐 번호가 안으로, 초록색 부분이 밖으로 나오도록 돌돌 만다. 공에 고무밴드 하나를 씌운다. 이렇게 준비한 지폐를 왼쪽 바지 앞주머니에 넣고 거기에 라이프 세이버 손잡이도 넣는다. 미리 손 써둔 손수건은 바깥쪽 가슴주머니에 넣는다. 가짜 귀퉁이가 잘 가려지도록 하고 나중에 필요할 때 꺼내기 쉽게 놓아야 한다. 하나 남은 고무밴드는 테이블에 놓아두거나 오른쪽 조끼 주머니에 넣는다.

시연

지폐 번호를 잘 기억해둔 후 지폐를 접어서 돌돌 만다. 왼손으로 라이프 세이버와 미리 준비한 지폐를 몰래 꺼내서 숨긴다. 관객이 돌돌 말아서 고무밴드를 씌운 지폐를 가져온다. 왼손 주먹을 들고 오른손으로 빌린 지폐를 그 안에 찔러 넣는다. 지폐가 왼손에 있던 라이프 세이버 안으로 들어간다. 라이프 세이버를 풀어서 코트 안으로 날려 보낸다. 재빨리 미리 준비한 지폐를 보여주면서 말한다.

"다시 생각해보니 선생님께서 직접 돈을 들고 계시는 편이 낫겠습니다. 제가 손수건으로 가리겠습니다. 손수건 안에서 지폐를 힘껏 비트세요. 그리고 잘 잡고 계세요. 네, 좋습니다."

손수건으로 가린 채 미리 준비한 지폐를 핑거 팜 하고 그 대신 가운데 아래에 있는 단에서 가짜종이를 가져온다. 이렇게 하는 동안 왼손으로는 핑거 팜 된 미리 준비한 지폐를 옆쪽 코트 주머니로 치우고 오른손으로는 첫 번째 버전에서처럼 손잡이에서 라이프 세이버를 가져온다. 라이프 세이버의 한쪽 끝을 닫은 후 관객에게 주고 왼손으로 들라고 한다. 관객에게 손수건 속에 지폐가 잘 있는지 물으면 그렇다고 대답할 것이다. 재빨리 손수건의 느슨한 귀퉁이를 잡고 홱 잡아당긴다. 지폐가 사라지고 없다. 첫 번째 버전과 똑같은 마무리와 대사를 사용해도 된다.

르 폴의 찢어진 지폐
Le Paul's Torn Bill

이것은 르 폴의 묘기 이펙트인데 마음에 들 것이다. 르 폴은 즉석에서 매우 다양한 클로즈업 이펙트를 선보인다.

★ 이펙트

마술사가 1달러 지폐를 반으로 찢는다. 반쪽을 관객에게 주자 그것이 50센트 은화로 바뀐다. 마술사가 나머지 반쪽을 가지고 원래대로 리스토어하고 관객에게 돌려준다.

★ 준비물

1. 빌린 1달러 지폐
2. 50센트 은화 하나

시연

오른손에 몰래 은화를 핑거 팜 한다.

> “어떤 사람이 제게 사회주의를 설명할 수 있는지 묻더군요. 기꺼이 설명해드리겠습니다. 1달러 좀 빌려주시겠습니까? 네, 감사합니다.”

왼손으로 지폐를 든다. 엄지손가락은 당신에게 가장 가까운 쪽을 잡고 나머지 손가락은 반대쪽을 잡는다(**그림 1**). **그림 2**처럼 오른손을 지폐로 가져온다.

그림 1

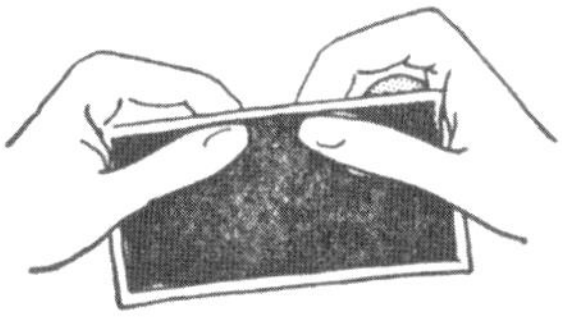

그림 2

> “사회주의에서는 돈을 똑같이 나눠야 한다고 하죠. 이렇게요….”

재빨리 지폐의 오른쪽 절반을 당신 쪽으로 향하게 접고 오른손 엄지손가락과 나머지 손가락으로 지폐를 뒤쪽으로 미끄러뜨린다(**그림 3**). 지폐를 똑바로 잡고 정말로 지폐를 찢는 동작을 취한다. 소리와 모양을 통해 매우 자연스럽게 정말 지폐를 찢는 것 같은 환상을 불러일으킨다. 왼손 손가락들을 구부려 지폐의 오른쪽을 왼손 손가락 안으로 민다(**그림 4**). 이 동작은 연속적으로 이루어져야 한다. 거울 앞에서 연습하여 정확한 타이밍과 이펙트를 제대로 익힌다.

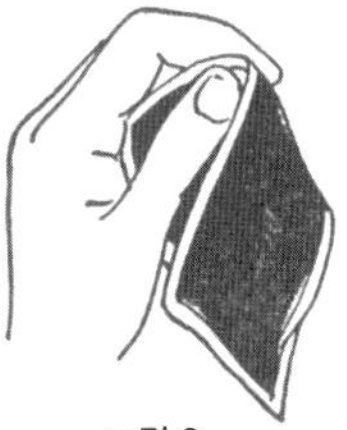

그림 3

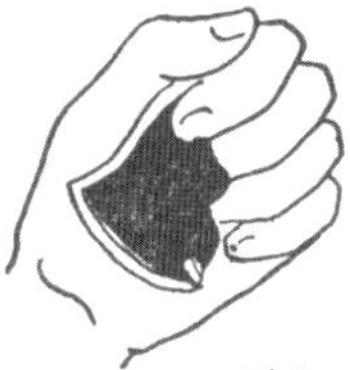

그림 4

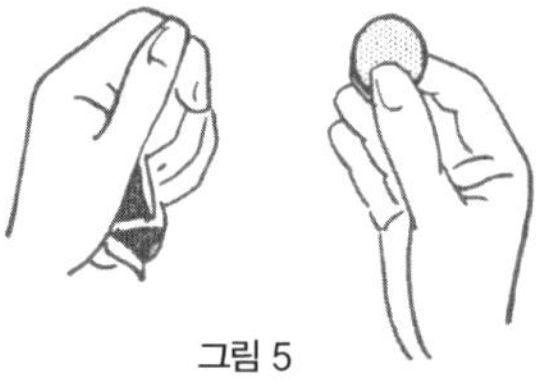

그림 5

오른손 손가락 끝으로 은화를 가져온다(**그림 5**).

"자, 여기 절반입니다"

라고 말하며 관객에게 50센트 은화를 준다.

"그럼 저도 절반을 가져야겠죠…."

이렇게 말하고 당신의 왼손을 쳐다본다.

"아니, 왜 그러십니까? 사회주의가 마음에 안 드십니까? 그러시다면…"

그림 6

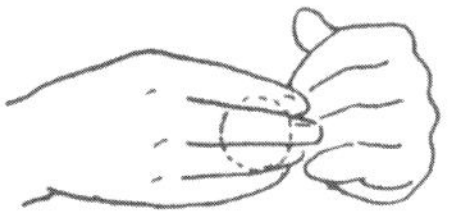
그림 7

은화를 왼손 손가락 관절에 대고 놓는다. **그림** 6은 관객에게 보이는 모습이다. 오른손 엄지손가락으로 당신에게 가장 가까운 안쪽을 잡고 나머지 손가락들로는 바깥쪽을 잡는다. 오른손 엄지손가락과 나머지 손가락으로 왼손 손가락 관절에 닿을 때까지 동전을 민다. 이렇게 하면 동전이 다시 오른손 안으로 들어가지만 관객에게는 동전이 왼손 안으로 들어가는 환상을 줄 수 있다(**그림** 7).

"그렇다면 은화를 다시 집어넣고 처음에 빌려주신 1달러를 돌려드리도록 하겠습니다."

오른손으로 지폐 한쪽 끝을 잡고 펼쳐서 보여준다. 핑거 팜 된 은화가 보이지 않도록 조심하면서 관객에게 지폐를 돌려준다.

지폐로 연필 부러뜨리기

A Dollar Makes a 'Break'

지폐로 연필을 자르는 이펙트는 오랫동안 마술사들에게 큰 인기를 끌었다. 하지만 여기에서는 그것을 약간 변형한 이펙트를 소개한다.

★ 이펙트

마술사가 지폐 특히 1달러는 사람들이 생각하는 것 이상으로 힘이 세다고 말한다. 그런 다음 관객에게 연필을 주고 양손으로 잡고 있으라고 한다. 마술사가 1달러를 1/4 크기로 접고 그것으로 연필을 치면 연필이 부러질 것이라고 말한다. 하지만 지폐로 연필을 치자 아무런 일도 일어나지 않는다. 이번에는 좀더 세게 내리치자 지폐가 사라지고 50센트 은화 한 개와 25센트 두 개가 바닥으로 떨어진다. 연필 대신 지폐가 부러진 것이다.

마술사가 주머니에서 또 1달러를 꺼내 똑같이 1/4 크기로 접는다. 또다시 지폐로 연필을 내리치자 이번에는 연필이 반으로 잘라진다.

★ 준비물

1. 1달러 지폐 한 장
2. 50센트 한 개와 25센트 두 개
3. 연필. 약한 연필일수록 좋다.

시연

오른손에 50센트 한 개와 25센트 두 개를 핑거 팜 한다. 25센트는 네 손가락에 갖다 대고 50센트는 그 위에 놓아야 한다. 주머니에서 연필을 꺼내 남성 관객에게 양손으로 각각 연필 끝을 잡으라고 한다. 꽉 잡아야 한다.

1달러를 보여주고 반으로 접은 후 다시 반대쪽으로 접어서 1/4 크기로 만든다. **그림** 1처럼 오른손 엄지손가락과 집게손가락으로 든다.

"돈은 사람들이 흔히 생각하는 것보다 훨씬 더 힘이 셉니다. 물론 돈이 없으면 사람들은 산산조각나기도 하죠. 여기에서는 1달러가 연필을 반으로 부러뜨릴 만큼 힘이 세다는 사실을 보여드리겠습니다. 선생님, 연필 양끝을 꽉 잡으세요."

지폐 끝으로 연필을 내리친다. 하지만 아무 변화도 일어나지 않는다.

"다시 한번 해보겠습니다."

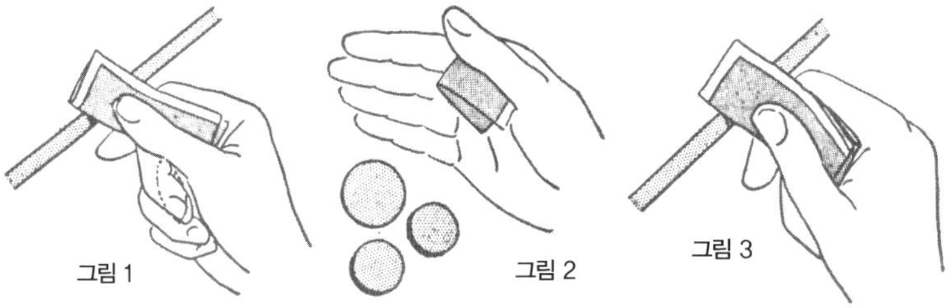

연필을 내리치는 순간 오른손 집게손가락으로 지폐를 뒤로 접어 섬 팜 한다(**그림** 2). 오른손으로 연필을 가볍게 스쳐 지나는 동시에 손에서 연필을 놓아 바닥으로 떨어뜨린다(**그림** 2). 1달러 지폐가 50센트와 25센트 두 개로 바뀐 것처럼 보인다. 동전을 집어 보여주면서 이렇게 말한다.

"연필이 아니라 돈이 부서져 버렸네요. 다른 지폐로 다시 한번 해보겠습니다."

오른손으로 오른쪽 바지주머니나 코트 주머니에 은화를 넣는다. 그리고 주머니 안에서 팜 된 지폐를 편 다음 밖으로 꺼낸다. 지폐를 1/4 크기로 접어 **그림** 3처럼 연필을 내리친다. 이때 오른손 집게손가락을 떼야 한다는 사실을 잘 확인한다.

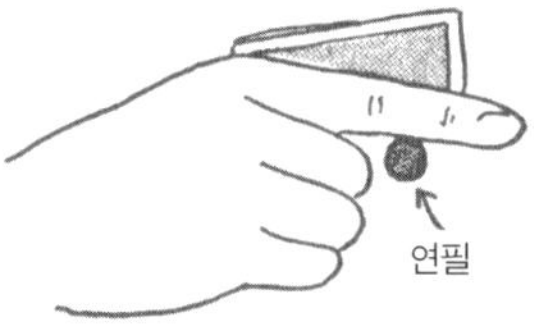

그림 4

그림 5

"연필을 꽉 잡으세요."

다시 손을 올려서 내리친다. 하지만 연필에 닫기 직전에 오른쪽 집게손가락을 쭉 펴서 가운데 뼈로 연필의 가운데를 친다(**그림** 4). 그러면 연필이 반으로 부러진다(**그림** 5). 재빨리 집게손가락을 **그림** 3처럼 구부린다. 지폐로 쳐서 연필이 부러진 것 같은 환상을 줄 수 있다.

"돈이 연필보다 세다는 말이 정말 맞지요?"

뒤죽박죽 지폐
The Topsy-Turvy Bill

나는 몇 년 전에 존 부스(John Booth)가 선보인 흥미로운 이 이펙트를 기억한다. 아마 이것을 알고 있는 사람은 별로 없을 것이다.

★ 이펙트

조지 워싱턴의 얼굴이 보이도록 1달러 지폐를 똑바른 위치에서 보여준다. 그리고 몰래 뒤집었다고는 생각되지 않는 동작으로 지폐를 접는다. 하지만 지폐를 펼치면 지폐가 거꾸로 되어 있다. 느린 동작으로 다시 한번 보여주자 신기하게도 다시 원래의 위치로 돌아간다.

★ 준비물

1달러 지폐 한 장

시연

"예전에 이런 질문을 받은 적이 있습니다. 아무도 몰래 어떤 물건을 거꾸로 뒤집을 수 있냐는 질문이었죠. 물론 물건의 전체 모습을 다 보여주는 상태에서요. 그 사람은 길쭉한 캐비닛에 남자아이를 넣고 잠시 동안 문을 닫았을 때 캐비닛이 거꾸로 되는 더스톤의 마술을 보았다고 합니다. 어떻게 그렇게 거꾸로 뒤집을 수 있을까요? 자, 제가 이 1달러 지폐를 가지고 그 과정을 설명해드리겠습니다."

양손으로 지폐를 쫙 펴서 잡는다. 오른쪽으로 비스듬히 서서 앞쪽에 지폐를 들기 때문에 관객은 지폐 앞면에 그려진 조지 워싱턴의 똑바로 된 얼굴을 보게 된다(**그림 1**).

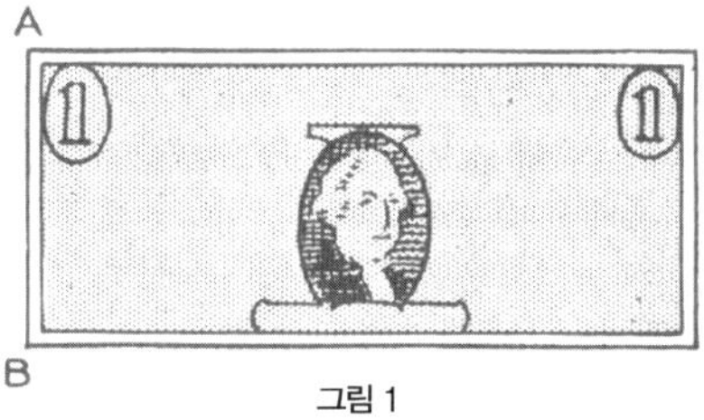

그림 1

그림 2

"자, 보시다시피 1달러를 쫙 펼쳐서 들었습니다. 이제 지폐를 접겠습니다. 잘 보세요. 접는 동안에도 워싱턴의 얼굴은 계속 똑바로 놓인 상태일 겁니다."

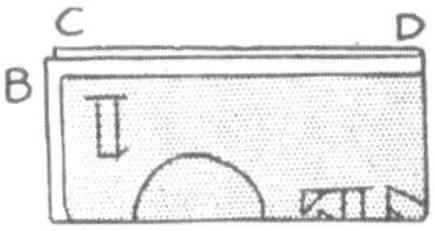

그림 3

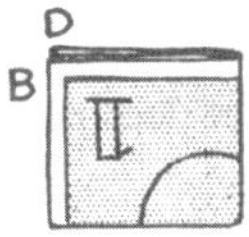

그림 4

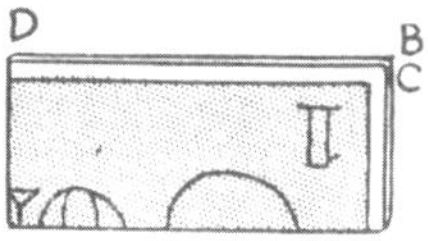

그림 5

그림 2처럼 아래쪽 B를 위쪽 A로 올려서 접는다. 끝부분 C를 A에 갖다 대서 B에 닿도록 접는다(**그림 3**). 접힌 부분 D가 끝부분 B에서 C와 만나도록 접는다(**그림 4**). (접는 방향은 오른쪽에서 왼쪽 방향으로 접는다.)

끝부분 BC를 오른쪽으로 가져가 지폐를 편다(**그림 5**). 끝부분 C를 왼쪽으로 가져간다(**그림 6**). 이제 앞쪽 접힌 부분을 아래로 내려 지폐를 완전히 편다(**그림 7**). 워싱턴의 얼굴이 거꾸로 뒤집혀 있다.

그림 6

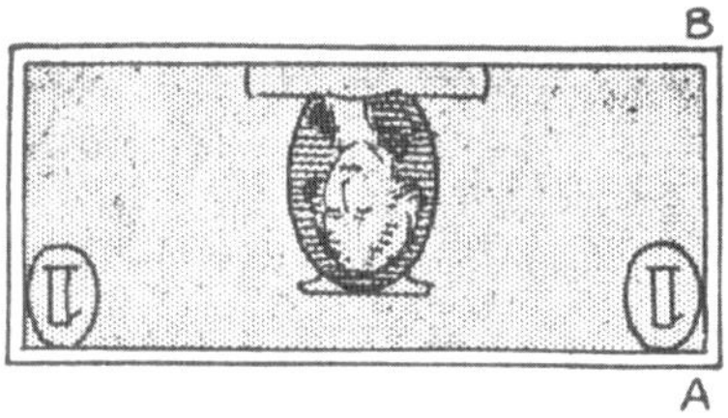

그림 7

"지폐가 거꾸로 뒤집혔습니다."

자연스럽게 지폐의 뒷면을 보여준다. 물론 뒷면도 거꾸로 되어 있다.

"다시 한번 보여드려야겠군요. 보시다시피 뒤집지 않고 그냥 접기만 했습니다."

거꾸로 된 지폐로 아까처럼 접는다. 지폐가 다시 거꾸로 되어 원래의 똑바른 위치로 돌아온다.

"또 거꾸로 되었습니다. 원래의 똑바른 위치로 돌아갔군요. 정말 거꾸로 뒤집혔던 거 맞죠?"

★ 참고

첫 부분에서 소개한 랠프 리드가 겪은 돈에 관한 이야기를 해 준 다음에 이 묘기를 보여주면 더 효과적이다. 관객은 원래 지폐의 모양이 어떤지 혼란을 느낄 것이다.

버랜드의 한 장으로 네 장 만들기

Berland' s One To Four

이것은 사무엘 버랜드(Samuel Berland)에게 감사해야 할 이펙트이다. 능숙한 마술사의 손으로 멋지게 시연할 수 있을 것이다.

★ 이펙트

가위로 1달러를 반으로 자르고 또다시 반으로 자른다. 이렇게 네 등분하여 손끝에 팬하여 놓는다. 아무것도 없는 오른손으로 지폐 조각 하나를 튕기자 1달러로 변한다. 남은 세 조각도 마찬가지이다. 이렇게 마술사는 1달러로 4달러를 만들어낸다.

★ 준비물

1. 1달러 다섯 장(마술용)
2. 고무 접착제 약간
3. 작은 가위

준비

지폐 한 장을 초록색 부분이 밖으로 나오도록 반으로 꾹 눌러서 접는다. 가로를 반으로 접어 1/4 크기로 만든다. 평평하게 꽉 누른다. 펼쳐진 가장자리에 고무 접착제를 발라 평평하게 고정시켜도 된다. 나머지 지폐 세 장도 이렇게 준비한다. 뜨지 않도록 최대한 평평하게 눌러서 접는 것이 중요하다.

이렇게 준비한 네 장의 지폐는 코트 왼쪽 아래에 카드 클립으로 끼워둔다든지 손에 쉽게 닿을 수 있는 곳에 둔다. 가위는 코트 오른쪽 주머니에 넣거나 테이블에 올려놓는다.

시연

오른손으로 지폐 한 장을 보여주면서 왼손으로 접어둔 지폐 네 장을 몰래 가져올 시간은 충분하다(**그림** 1). 지폐 한 장을 곧바로 왼손에 놓아 핑거 팜 된 지폐 네 장을 가린다(**그림** 2).

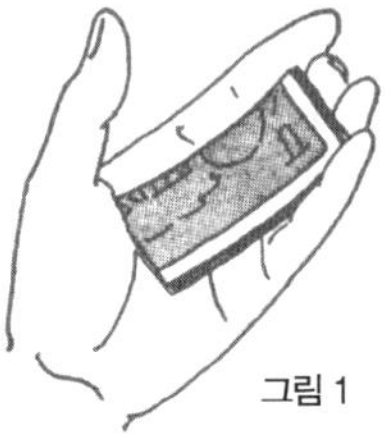
그림 1

그림 2

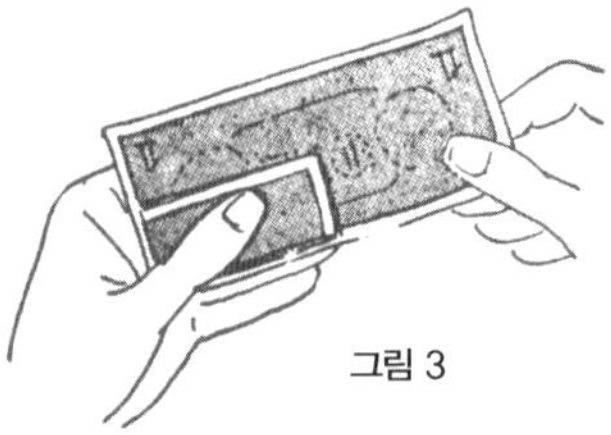
그림 3

오른손은 자연스럽게 텅 비었음을 보여주고 오른손 엄지손가락을 지폐 1과 숨긴 지폐 네 장 밑에 넣고 나머지 손가락들은 지폐 1 위에 놓는다. 왼손 손바닥에 놓인 지폐를 든다. 뒤에 있는 네 장도 딸려온다. 왼손이 텅 비었음을 보여준다. 지폐를 다시 왼손에 놓는다(**그림** 3). 뒷부분이 보이도록 놓는다. 지폐 네 장은 지폐 1의 왼쪽 아래 귀퉁이로 옮겨진다.

지폐 1을 오른쪽으로 반으로 접어 네 장을 가린다. 접힌 지폐의 앞뒤를 보여준다. 가위를 가져다 지폐를 반으로 자른다(**그림** 4). 아래 그림에서는 지폐 네 장의 위치를 알려주기 위해 가장자리가 살짝 보이도록 했지만 실제로는 전혀 보이지 않는다.

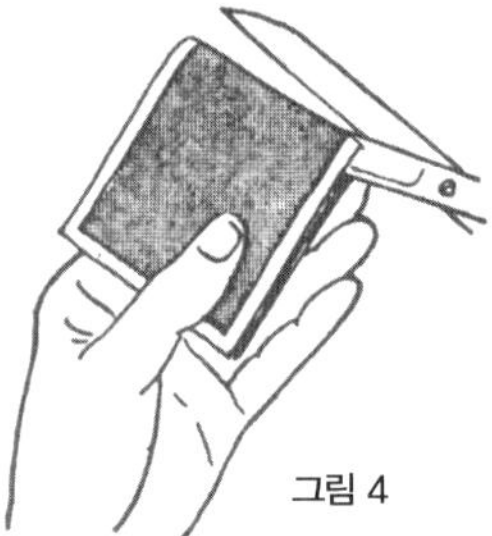
그림 4

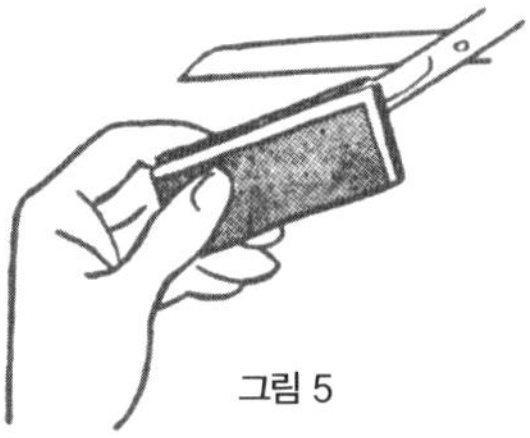
그림 5

반으로 잘려진 지폐를 뒤에서 앞으로 옮겨 회색 부분이 관객을 향하고 손에 든 나머지 절반과도 딱 맞춰서 포갠다. 이 두 조각을 앞쪽으로 접어 1/4 크기로 만든다. **그림** 5처럼 다시 가위로 반을 자른다. 가위는 다시 테이블에 놓는다.

지폐를 뒤로 뒤집어 자른 조각이 뒤에 오고 네 장이 관객을 향하도록 한다. 네 장이 네 조각처럼 보이도록 조심스럽게 팬한다. 잘린 네 조각은 서로 간격을 약간 떨어뜨려 뒤로 반으로 접은 후 왼손 엄지손가락으로 잡는다(**그림** 6). 관객에게는 펼쳐진 네 장의 지폐가 **그림** 7처럼 보인다.

그림 6

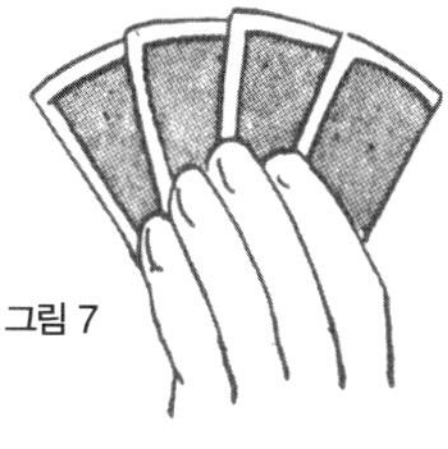
그림 7

그림 8

왼손 엄지손가락으로 잘린 조각을 왼손으로 잡아당기고 왼손은 오른손에서 떨어진다(**그림** 8). 팬한 지폐를 든 오른손은 자동으로 오른쪽으로 움직여 손 안쪽을 보여준다. 왼손은 손등이 관객을 향한다.

팬은 왼손 손바닥 옆쪽 위에 놓고 조각을 가린다(**그림** 9). 오른손은 무심코 텅 비었음을 보여주고 오른쪽에 있는 지폐 한 장을 집어 위 아래로 움직이고 손가락들로 그것을 펼친다. **그림** 10처럼 가위로 자른 조각이 온전한 지폐로 변해 있다. 두 번째 지폐로도 똑같이 한다.

그림 9

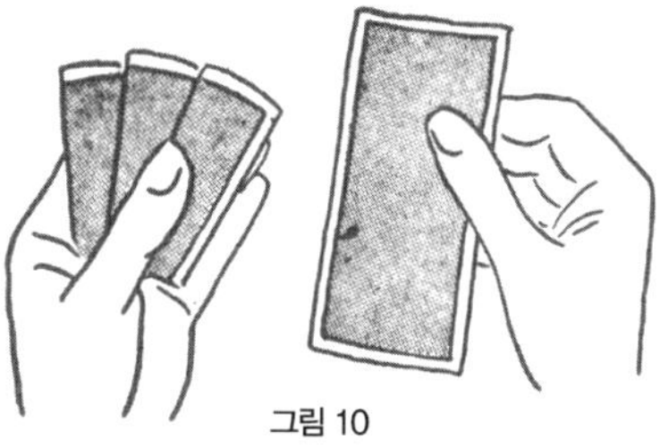
그림 10

이 두 장을 오른손에 있는 남은 두 장 옆에 놓는다. 지폐로 가린 채 왼손 손가락들로 잘린 조각을 오른손에 있는 펼친 두 장 아래로 민다.

이제 남은 두 장을 튕겨서 펼친 후 네 조각이 모두 온전한 지폐로 돌아왔음을 보여주는 일만 남았다(**그림 11**). 이렇게 펼친 네 장의 지폐를 왼손으로 옮기고 남은 조각들이 숨겨진 오른손으로는 가위를 들어 코트 주머니에 넣어서 처리한다.

★ 참고

진짜 돈을 이용해 '한 장으로 네 장 만들기(One to Four)'를 시연할 때 나는 실제로 가위로 자르지 않고 자르는 시늉만 한다. 가위 아래 부분을 지폐의 뒤쪽 부분에 대면 된다. 처음에 네 장의 지폐를 꾹꾹 접어서 1/4 크기로 만든 다음 우선 그중 한 장을 펼친다. 접은 자국이 생기기 때문에 나중에 그 자국 그대로 쉽게 접을 수 있다. 나머지 세 장은 **그림 1**처럼 왼손에 숨긴다. 흰색 가장자리가 왼쪽과 맨 밑에 오도록 지폐를 뒤집는다는 사실만 빼면 똑같다.

그림 11

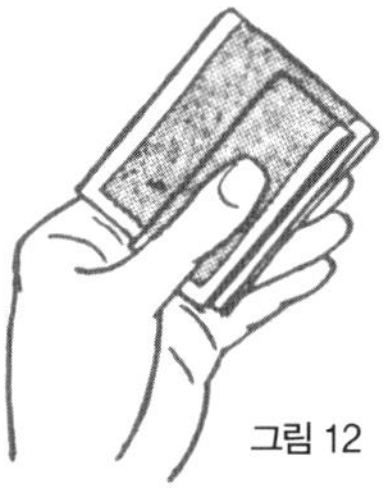

그림 12

그림 2처럼 지폐 한 장을 앞뒤로 보여준 후 회색 면이 위로 가게 왼손의 세 장 위에 올려놓는다(**그림 2**). 지폐를 숨긴 세 장과 함께 **그림 3**의 자세로 가져온다. 맨 바깥쪽에 있는 지폐의 흰색 테두리가 지폐 1의 바깥쪽 가장자리와 맞을 것이다.

그림 13

그림 12처럼 지폐를 앞으로 반으로 접는다. **그림** 13처럼 가위를 지폐 뒤쪽에 접은 지폐들 사이에 놓고 가짜로 자르는 척한다. 지폐를 앞으로 접어 1/4 크기로 만든다. 나머지 지폐와 조심스럽게 정렬한다. 가위를 지폐와 두 번째 지폐 사이에 놓고 가위의 아래 부분을 움직여 지폐를 네 조각으로 자르는 척한다. 그런 다음 지폐들을 펼쳐 네 조각으로 잘린 것처럼 보여주고 하나씩 펼쳐 리스토어된 모습을 보여준다.

돈 만들기
Making Money To Order

때로 나는 신문지의 사진을 지폐 크기로 오려서 네 조각으로 자른 다음 각각의 조각이 온전한 지폐로 변하는 이펙트를 시연한다. 신문지의 그림은 멀리서 보면 1달러 지폐처럼 보이도록 되도록 밝은 회색과 어두운 회색이 들어 있는 그림을 선택한다. 진짜 지폐 네 장은 회색 면이 밖으로 오도록 접어둔다. 이 루틴은 앞에서 소개한 '한 장으로 네 장 만들기' 와 매우 비슷하다.

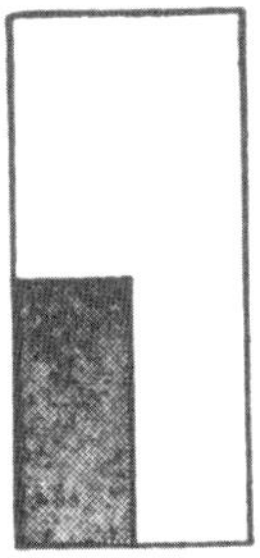

그림 1

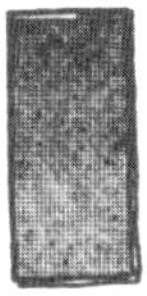

그림 2

클로즈업 마술을 위해 신문지에서 중간 명도의 사진을 지폐 1/4 크기로 자른 후 지폐의 왼쪽 아래 귀퉁이의 회색 부분에 흰색 고무 접착제로 붙인다(**그림** 1). 돈에 흠집을 내지 않고 사진을 언제든지 쉽게 떼어낼 수 있다. 지폐는 조심스럽게 1/4 크기로 접는다. 이렇게 하면 신문지 그림이 **그림** 2처럼 된다. 접은 지폐는 신문지 그림과 똑같아 보인다.

지폐와 똑같은 크기의 신문지 사진을 자른 다음에는 '한 장으로 네 장 만들기' 와 똑같이 다루면 된다. 미리 준비한 지폐들은 왼손에 핑거 팜 한다. 신문지 사진은 1/4 크기로 자르고 나머지 지폐는 신문지가 관객을 향하도록 펼친다. 신문지를 뒤로 접어 앞에서 지폐 조각과 마찬가지로 처리한다.

미리 준비한 지폐를 접어서 펼칠 때 신문지를 뒤쪽으로 가져가고, 지폐를 펼쳐서 각각의 신문지가 온전한 지폐로 돌아왔음을 보여준다. 때때로 오른손으로 가린 채 왼손에 놓인 접은 지폐를 모두 뒤집은 다음 펼쳐서 온전한 지폐임을 다함께 보여줄 수도 있다.

"출판업으로 돈을 버는 아주 쉬운 방법이죠."

★ 참고

신문지 그림은 멀리서 보면 지폐와 똑같이 보이므로 굳이 지폐에 붙이지 않아도 된다. 거울 앞에서 실험해보고 결정한다.

즉석에서 번호 외우기
Instant Number Memorization

톰 오스본(Tom Obborne)이 테이블에서 시연하는 묘기 중에서 가장 좋아한 것 중 하나는 관객에게 1달러를 빌려달라고 하는 것이다. 그는 빌린 지폐를 자신의 앞에 놓인 테이블에 초록색 면이 위로 오도록 올려놓는다. 그리고 지폐를 들어 관객에게 주면서 지폐 번호에 집중하라고 한다. 그런 다음 지폐 번호를 똑바로 읽고 거꾸로 읽는다.

이 이펙트는 신속하게 숫자를 암기하는 시스템과 연관이 있는데 마술을 배우는 사람이라면 그것을 꼭 알아야 한다. 관객에게 지폐를 빌릴 때 지폐를 받아서 초록색 면이 위로 가게 앞에 있는 테이블에 놓을 때 모두의 관심을 끌지 않고 지폐 번호의 첫 네 자리 숫자를 재빨리 확인한다.

지폐 번호가 38242561이라고 해보자. 한 눈에 여덟 자리 숫자를 전부 외우지 말고 반만 외운다. 네 자리 숫자로 된 연도를 외우는 것은 그리 어려운 일이 아니다. 우리는 연도를 외우는 데 익숙하다. 예를 들어 콜럼버스가 아메리카를 발견한 것은 1492

년, 혹은 BC 1836년이다. 지폐 번호의 첫 네 자리를 보고 연도식으로 3824년으로 쉽게 외울 수 있다.

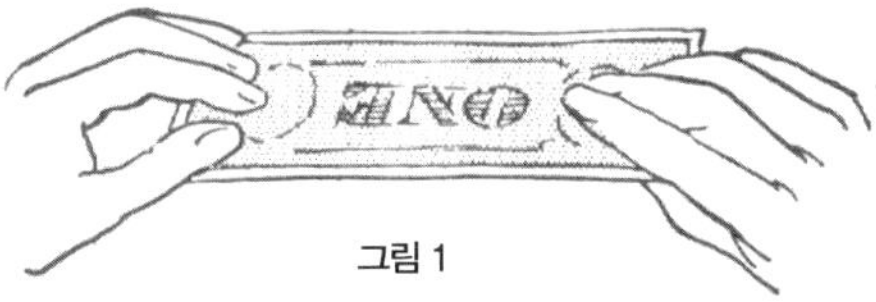

그림 1

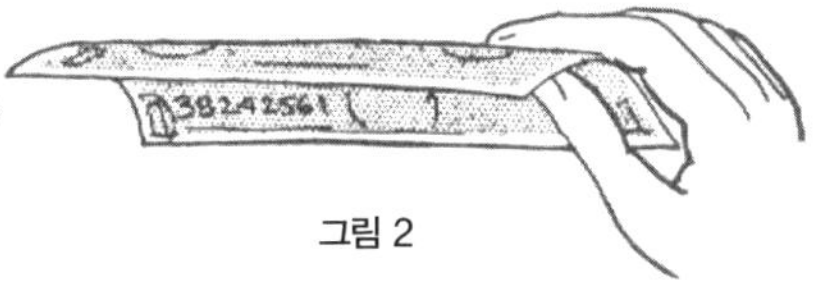

그림 2

이제 지폐는 초록색 면이 위로 가게 테이블에 놓여 있다. 1달러는 'ONE' 이라고 쓰인 글자가 관객을 향하고 당신에게는 뒤집혀 있다. 왼손 손가락들은 지폐의 왼쪽 끝 위에 놓이고 오른손 손가락들은 지폐의 오른쪽 끝 위에 놓인다. 오른손 엄지손가락은 밑에 있다. 그 상태에서 지폐를 쭉 편다(**그림 1**).

오른손으로 지폐를 들어 올려 관객에게 준다. 그렇게 하면서 잠시 동안 지폐를 **그림 2**처럼 들어 재빨리 지폐 번호 마지막 네 자리 2561을 외운다. 'AD 2561년' 이라고 생각하고 외운다.

재빨리 지폐의 숫자 부분이 관객을 향하고 초록색 부분이 당신을 향하게 한다. 관객에게 지폐 번호에 집중하라고 말하고 지폐 번호를 앞에서부터 부를지 뒤에서부터 부를지 물어본다. 둘 다 할 수 있다. 두 연도를 마음속에 새기기만 하면 된다. 모든 동작을 자연스럽고 기품 있게 할 수 있도록 연습한다.

★ 참고

톰 오스본은 흔히 사용되는 암기 시스템인 기억법을 활용한다. 많은 마술사들이 마술용품점에서 판매하는 숫자나 카드 덱 또는 단어를 외우는 데 활용하는 기억 시스템을 잘 알고 있을 것이다.

지폐에 서명하기
Sign A Bill

나는 오랫동안 이 이펙트를 재미있게 활용했다. 이것은 마술이라기보다 마술 홍보에 사용할 수 있는 묘기에 가깝다.

은행에서 약 20달러어치의 신권을 준비한다. 그리고 인쇄소로 가서 모든 지폐의 가로를 나란히 맞춘 후 아라비아고무를 바르고 수표장이나 그와 비슷한 것으로 묶는다(**그림 1**). 모든 지폐의 회색 면이 위로 와야 한다.

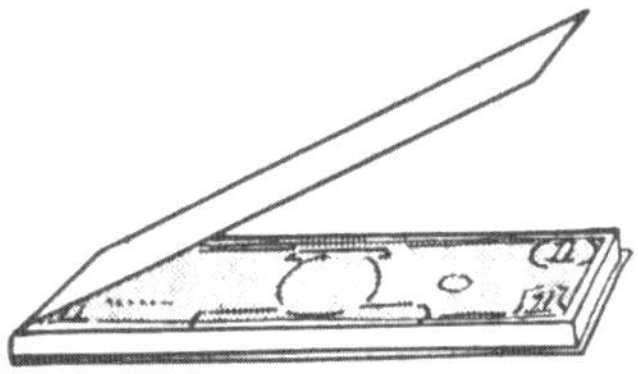

그림 1

1달러를 지불할 때는 수표장을 꺼내 커버를 뒤로 접고 만년필로 오른쪽 아래 귀퉁이에 있는 맨 위 지폐에 서명하는 척한다. 방금 서명한 부분을 입으로 불거나 압지를 꺼내 잉크를 흡수해서 마르게 할 수 있다.

지폐는 아라비아고무로 철했으므로 쉽게 꺼낼 수 있다. 이렇게 지폐를 꺼내서 상대방에게 준다. 이때 돈을 받는 사람에게 줄 수 있는 이펙트는 굉장하다. 진짜 돈처럼 보인다. 빳빳한 신권에 방금 서명한 것처럼 보인다. 관객의 웃음을 유발할 수 있는 좋은 방법이다.

지폐 두루마리

A Roll Of Bills

이것은 지폐를 이용한 또 다른 묘기이다. 지폐 여러 장을 좁은 가장자리에 흰색 고무 접착제를 붙여서 잇는다. **그림 2**처럼 지폐를 돌돌 만다.

그림 2

돈을 지불할 때 지폐 두루마리를 꺼내서 편다. 상대방에게 납땜질하여 움직이지 않는 가위를 주면서 말한다.

"원하는 만큼 잘라서 가지세요."

상대방은 지폐를 자르려고 하지만 가위가 움직이지 않아서 실패한다.

마술용품점에 가면 손잡이는 움직이지만 자르는 부분이 납땜질되어 붙어 있거나 구조를 약간 바꿔서 물체가 잘리지 않도록 되어 있는 가위를 구할 수 있다.

LESSON

38

현대 동전 마술

Tarbell course in MAGIC

현대 동전 마술
Modern Coin Effects

연이어 등장한 현대 최고의 동전 메니플레이터들 덕분에 이번 레슨의 내용은 계속 해서 추가되어야 했다. '하나만 더' 하는 마음으로 계속 추가하다 보니 분량이 원고의 목록보다 훨씬 더 많아졌다.

이렇게 해서 이번 레슨에서는 원래 코스에 없던 내용이 추가되었다. 그중 대다수가 새롭거나 책으로 설명된 적이 없는 것들이므로 '코인 맨' 이라면 누구든 큰 관심을 보일 것이다.

마누엘의 코인 스타
Manuel' s Coin Star

이것은 다섯 개의 동전을 사용하는 멋진 이펙트로써 훌륭한 메니플레이터이자 '마이티 달러의 대가(Master of the Mighty Dollar)' 마누엘 덕분에 인기가 높아졌다. 코인 메니플레이션에 관심 있는 사람이라면 꼭 마스터해둬야 할 가치가 충분하다. 이 그림을 위해 르 폴이 포즈를 취해주었다. 그의 손에서 펼쳐지는 코인 스타도 대단히 멋지다.

★ 이펙트

마술사의 양손이 텅 비었다. 그런데 갑자기 양손 손가락을 쫙 펴자 갑자기 다섯 개의 동전이 나타난다.

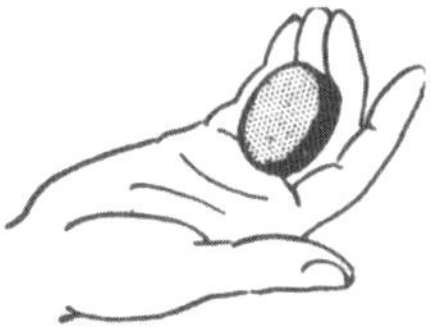

그림 1

그림 2

시연

다섯 개의 반 달러 은화가 필요하다. 다섯 개의 동전을 쌓아서 오른손에 핑거 팜 한다(**그림 1**). 가운뎃손가락과 넷째 손가락은 핑거 팜 된 동전 쪽으로 약간 구부려 동전을 들키지 않고 관객에게 손바닥을 보여줄 수 있도록 한다(**그림 2**).

오른손 손등이 관객에게 보이도록 몸의 오른쪽이 관객을 향하도록 한다. **그림 3**처럼 왼손을 오른손으로 올려 엄지손가락과 나머지 손가락들 끝 사이로 동전을 끼운다(**그림 4**).

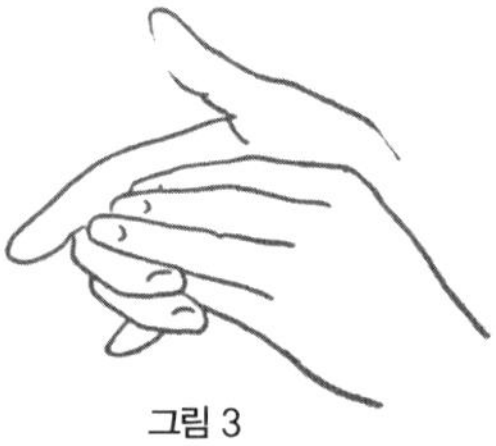

그림 3

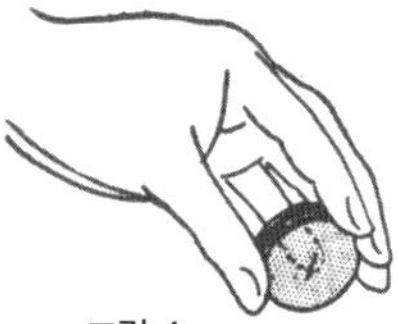

그림 4

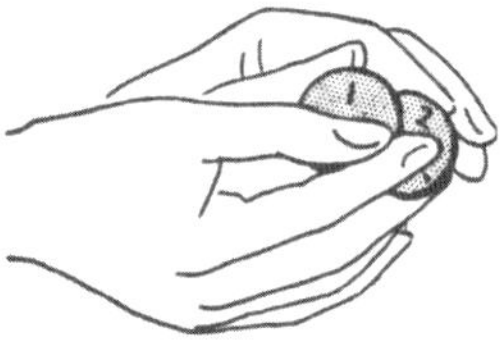

그림 5

오른손 엄지손가락을 첫 번째 동전 1에 대고 누르고 다시 뒤로 밀어서 오른손 손끝과 왼손 엄지손가락 사이로 잡는다(**그림 5**). 나머지 동전 네 개는 오른손 집게손가락과 왼손 집게손가락 끝으로 잡는다.

그림 6

그림 7

오른손 집게손가락으로 동전 2를 뒤로 밀어 두 집게손가락 사이로 끼운다. 그와 동시에 양손 가운뎃손가락 끝으로는 남아 있는 세 개의 동전을 잡는다(**그림** 6).

오른손 가운뎃손가락 끝으로 동전 3을 양손 가운뎃손가락 끝으로 미는 동시에 넷째 손가락 끝으로 동전 4와 5를 잡는다(**그림** 7).

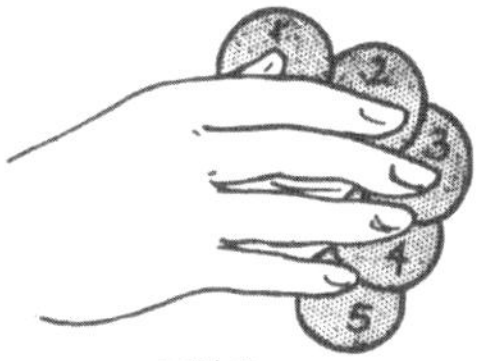

그림 8

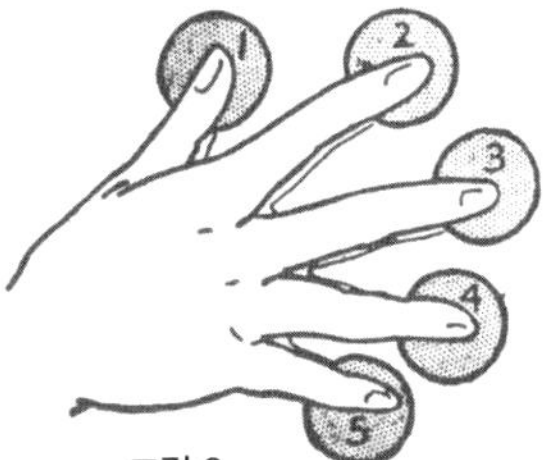

그림 9

오른손 넷째 손가락 끝으로 동전 4를 양손 넷째 손가락 끝으로 미는 동시에 새끼손가락으로 남은 동전 5를 잡는다(**그림** 8).

이제 양손 한 쌍의 손가락 끝에 동전을 하나씩 끼고 있는 상태가 된다. **그림** 9처럼 손가락을 펴서 코인 스타(coin star)를 만든다.

동전을 제거하는 또 다른 플러리시(flourish, 손끝을 이용한 여러 가지 기술) 양손으로 테이블에 놓인 바구니를 잡고 새끼손가락 끝의 힘을 빼서 동전 5를 바구니 안에 떨어뜨린다. 동전 4와 3, 2, 1도 차례로 그렇게 한다.

동전 네 개를 이용한 플러리시
The Four Coin Flourish

이것은 동전 네 개를 이용한 플러리시로써 마누엘이 가장 좋아한 것이었다. 그는 동전을 사용할 때도 있고 크롬으로 도금된 디스크를 사용하기도 했다. 나는 그가 스포트라이프가 자신에게 집중되어 있을 때 거울로 극장 안에 빛을 반사하는 모습을 본 적도 있다. 르폴은 자신의 메니플레이션 작업에 대단히 유용하다고 생각하고 이 그림에 필요한 여러 가지 손동작을 취해주었다. 이러한 플러리시는 전문 마술사라면 몇 주 아니 몇 달 동안이라도 연습해서 완벽하게 마스터할 만하다.

★ 이펙트

마술사가 차곡차곡 쌓인 동전 네 개를 보여준다. 동전이 갑자기 하나씩 옆으로 펼쳐지기 시작하더니 네 손가락과 엄지손가락의 입구 사이에서 하나씩 나타난다.

★ 준비물

반 달러 또는 팜 코인 네 개. 마술사마다 자신의 손가락 크기에 가장 잘 맞는 크기를 찾아야 한다. 처음에는 반 달러 은화나 반 달러 크기의 팜 코인으로 시작하면 좋다.

시연

그림 1처럼 오른손 엄지손가락과 집게손가락 사이로 쌓은 동전을 잡는다. **그림 2**처럼 가운뎃손가락과 넷째 손가락을 올려 처음 동전 두 개를 끼워 동전 3과 4에서 분리한다(**그림 3**). 동전 1과 2는 가운뎃손가락과 넷째 손가락으로 들고 3과 4는 집게손가락과 엄지손가락으로 든다는 점에 유의한다.

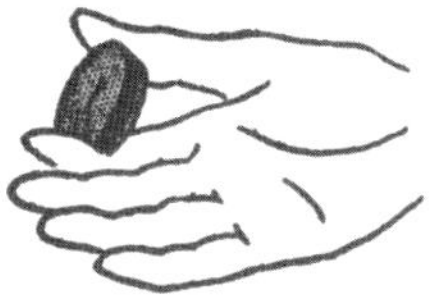

그림 1

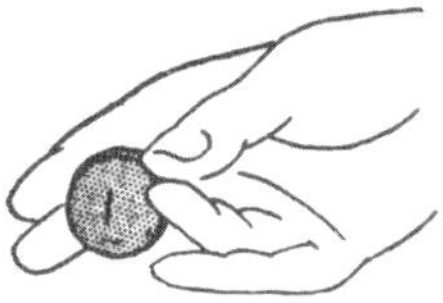

그림 2

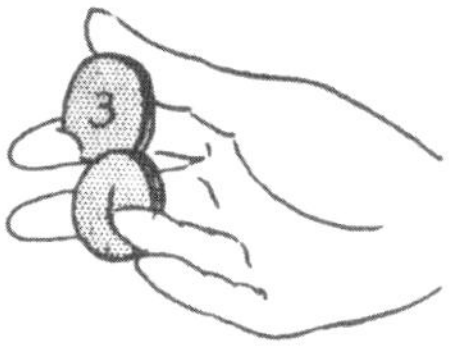

그림 3

동전 3과 4를 집게손가락과 가운뎃손가락 사이의 위치로 옮긴다(**그림 4**). 엄지손가락은 동전 1과 2를 고정시켜 엄지손가락과 가운뎃손가락과 넷째 손가락 사이로 잡을 수 있도록 한다(**그림 5**). 새끼손가락을 올려 동전 1을 새끼손가락과 넷째 손가락 사이에 끼운다는 점에 유의한다.

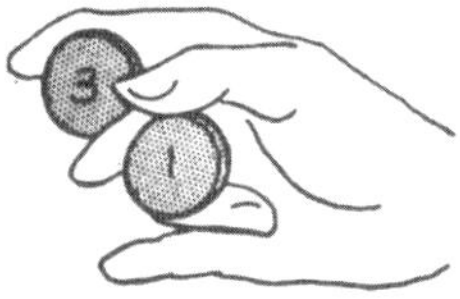

그림 4

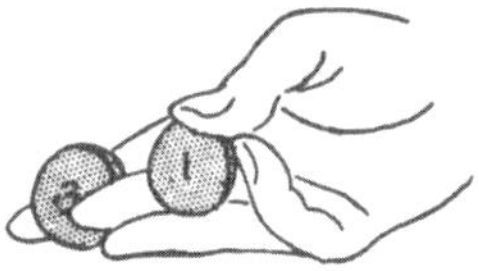

그림 5

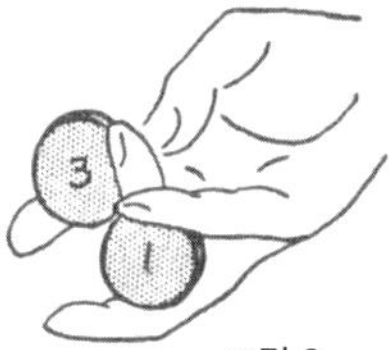

그림 6

그림 7은 동전 1을 새끼손가락과 넷째 손가락 사이로 말려들려가고 동전 2가 가운뎃손가락과 넷째 손가락으로 가고 동전 3이 집게손가락과 가운뎃손가락 사이로 가고 동전 4가 엄지손가락과 집게손가락 사이로 말려들어가는 모습을 나타낸다. **그림 8**은 이 플러리시가 마무리 된 자세이다.

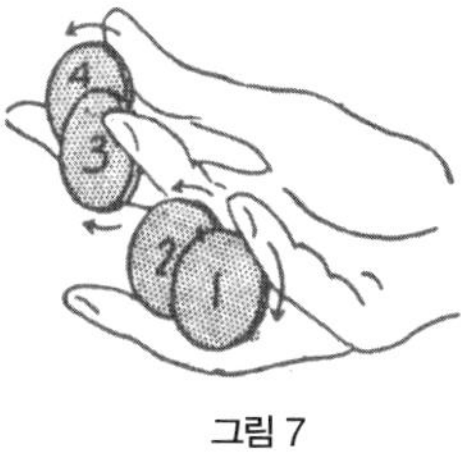

그림 7

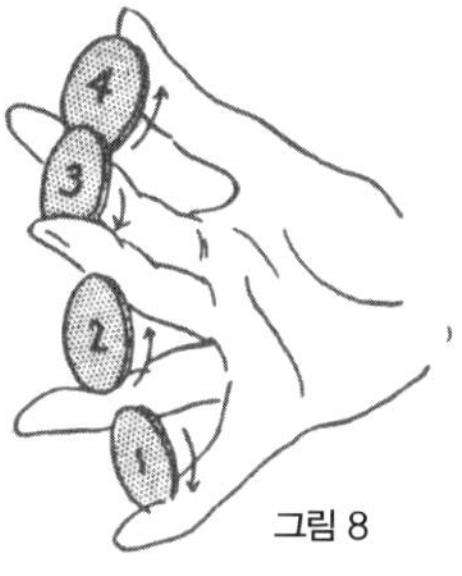

그림 8

동전을 손에 놓고 모든 동작을 꼼꼼히 연구해야 한다. 처음에는 힘들게 느껴지지만 계속 연습하다 보면 손가락 근육과 머리가 그 동작에 길들여진다. 아서 버클리의 "훌륭한 플러리시는 1년 동안 연습할 만한 가치가 있다"라고 말하지 않았는가.

코인 롤
The Coin Roll

앨런 쇼(Alan Shaw)는 몇 년 전 손 위에서 하는 코인 롤로 대히트를 쳤다. 그것은 전 세계 코인 메니플레이터들에게 인기를 끌었다. 쇼는 동전 마술을 끝내거나 집중 조명이 자신의 손으로 돌려 앙코르로 코인 롤을 보여주었다. 이것을 마스터하려면 많은 연습이 필요하다.

★ 이펙트

반 달러 혹은 1달러 동전이 저절로 구르고 뒤집어지면서 손가락에서 손위를 거쳐 손 아래로 내려가 다시 손 위로 올라온다. 이 모든 동작이 연속적으로 이루어진다.

시연

그림 1처럼 오른손 엄지손가락과 집게손가락 사이로 동전을 잡는다. 엄지손가락을 동전과 함께 올려 동전이 집게손가락 위로 뒤집어지게 한다(**그림** 2). 가운뎃손가락을 약간 들어 가장 가까운 동전의 가장자리 위로 내려서 동전이 집게손가락과 가운뎃손가락 사이에 끼워지게 한다(**그림** 3).

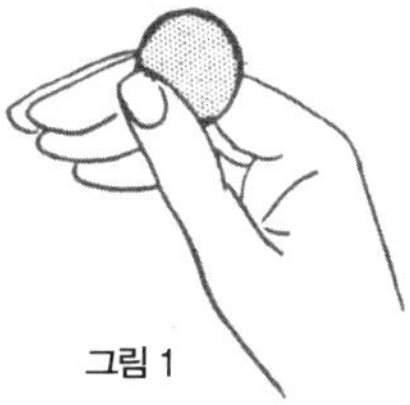

그림 1

그림 2

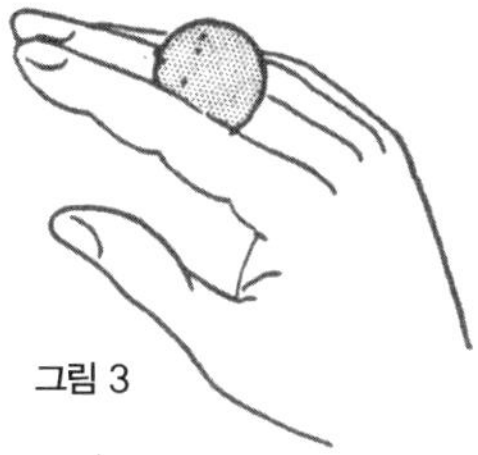

그림 3

넷째 손가락을 올린 후 동전 가장자리 위로 내려 가운뎃손가락과 넷째 손가락에 끼워질 정도로만 동전을 가운뎃손가락으로 굴려 떨어뜨린다. 동전이 넷째 손가락 위로 떨어지고 새끼손가락은 위로 들어 동전을 넷째 손가락과 새끼손가락 사이로 기울인다(**그림 4**). 동전이 적지 않은 거리 아래로 떨어지면서 손가락들 측면 아래로 가게 되고 오른손 엄지손가락이 동전 뒤쪽에 닿을 수 있으므로 **그림 5**처럼 손바닥 안으로 가져와 **그림 6**과 같은 위치로 올릴 수 있다.

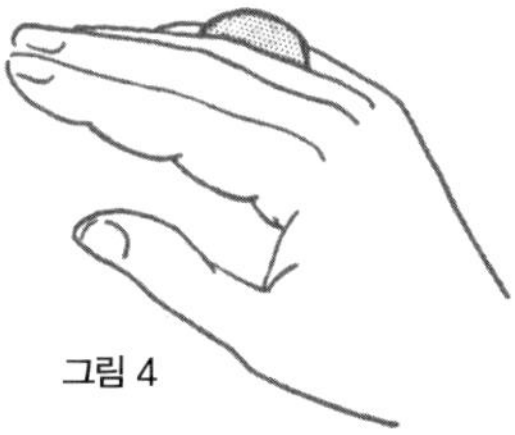

그림 4

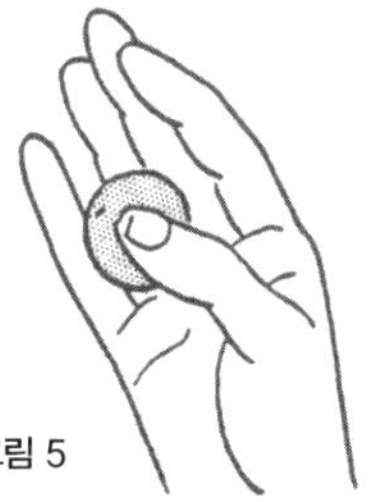

그림 5

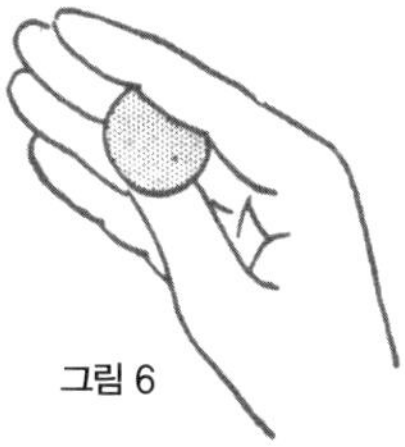

그림 6

즉 집게손가락과 가운뎃손가락 사이에 끼우고 약간 기울여 엄지손가락을 뒤쪽에 놓은 후 **그림 1**처럼 엄지손가락과 집게손가락 사이로 밀 수 있다.

이와 같은 루틴으로 동전이 손가락 위로 올라갔다 아래로 내려와 원래 시작점으로 돌아오도록 반복한다. 이와 같은 루틴을 여러 번 반복할 수도 있다. 앨런 쇼는 빠른 속도로 동전을 굴리는 놀라운 기술로 항상 관객의 박수갈채를 받았다.

알 징크의 코인 프로덕션
Al Zink's Coin Production

이것은 알 징크가 선보인 흥미롭고 새로운 코인 프로덕션이다. 모든 동작이 조화를 이룰 때까지 연습할 필요가 있다.

★ 이펙트

마술사가 오른손에 든 10센트를 보여준다. 텅 빈 왼손을 보여준 후 주먹을 쥐고 10센트를 가운뎃손가락에 놓는다.

왼손을 뒤집은 후 펴서 손바닥에 놓인 5센트를 보여준다. 주먹 쥔 손의 넷째 손가락과 새끼손가락 사이에 놓여 있다. 다시 왼손을 뒤집은 후 펴자 이번에는 25센트가 나타난다. 25센트는 주먹 쥔 손의 집게손가락과 가운뎃손가락 사이에 놓여 있다. 다시 손을 펴자 1달러가 나타난다. 이렇게 10센트와 25센트, 반 달러가 갑자기 나타나는 모습은 대단히 훌륭하다.

준비

그림 1처럼 오른손 손가락 사이에 5센트와 25센트, 반 달러를 핑거 팜 한다. 조금만 연습하면 이러한 팜 방식이 어렵지 않으며 동전을 팜 한 상태에서도 손을 자유롭게 사용할 수 있다. 손을 약간 구부리고 자연스럽게 들면 관객의 눈에 띄지 않도록 쉽게 동전을 팜 할 수 있다.

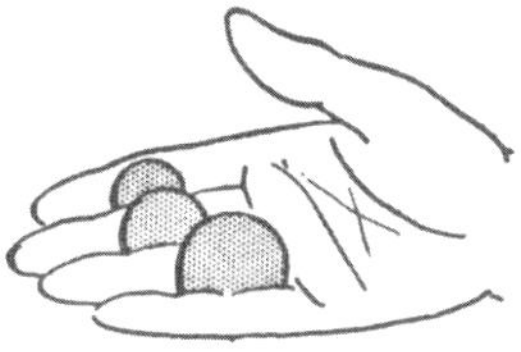

그림 1

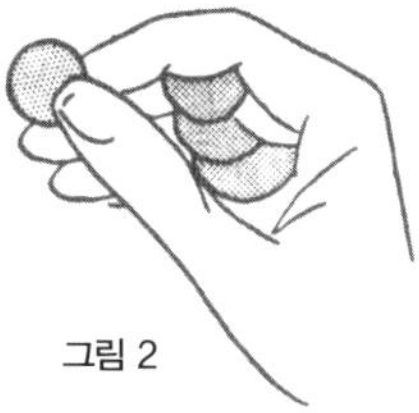

그림 2

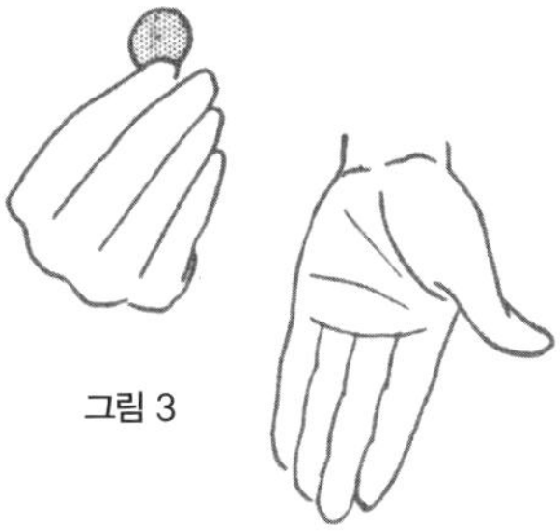

그림 3

시연

5센트 25센트, 반 달러가 팜 되어 있는 상태에서 오른손 집게손가락과 엄지손가락 사이로 10센트를 잡는다(**그림 2**). **그림 3**은 오른손에 든 10센트가 관객에게 보이는 모습이다. 왼손 역시 손바닥이 관객을 향하도록 든다.

"이 10센트는 자석입니다. 어떤 사람들은 10센트가 은화이기 때문에 자석이 아니라고 하죠. 하지만 그것은 성공이 성공을 낳고 돈이 돈을 낳는다는 사실을 모르고 하는 말입니다."

10센트를 왼손 손바닥 위에 놓는다(**그림 4**).

"은으로 손바닥에 십자를 긋는 것이 아무 의미도 없다고 생각하시죠?"

10센트를 들고 왼손은 주먹을 쥐고 뒤집어서 손등에 10센트를 올려놓는다(**그림 5**).

"이렇게 10센트를 손등에 놓는 것도 아무것도 아니라고 생각하실 겁니다."

관객의 관심이 손등에 놓인 동전으로 쏠린 사이 오른손 엄지손가락으로 집게손가락과 가운뎃손가락 사이에서 5센트를 빼서 손가락에 대고 평평히 눌러 손에서 뺄 준비를 한다(**그림 6**).

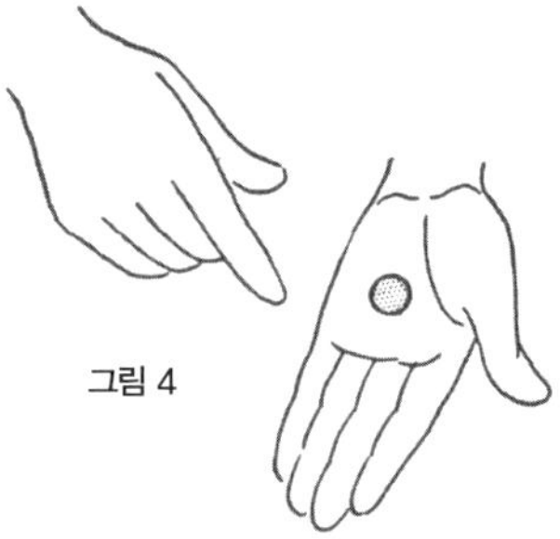

그림 4

그림 5

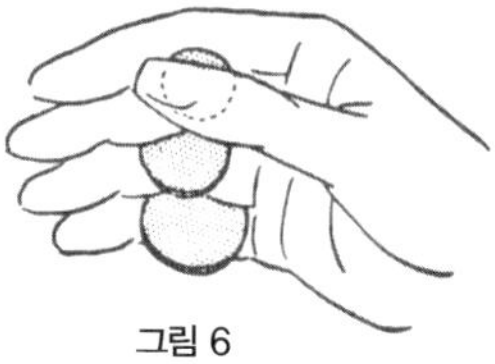

그림 6

오른손 집게손가락과 엄지손가락으로 10센트를 집는 동시에 5센트를 엄지손가락과 가운뎃손가락, 집게손가락으로 계속 잡는다. 왼손을 뒤집어 펴서 다시 손바닥을 보여준다. 던지는 듯한 동작을 취하면서 오른손을 왼손 위로 가져가 5센트를 왼손으로 떨어뜨린다. 그와 동시에 왼손을 주먹 쥐고 손등이 위로 오도록 다시 뒤집고 10센트를 가운뎃손가락과 넷째 손가락 사이에 넣는다(**그림** 7). 만약 이 동작을 정확히 한다면 관객에게는 단지 오른손을 내밀어 주먹 쥔 왼손 손가락 사이에 10센트를 넣는 것처럼 보인다. 10센트를 손가락 사이에 놓고 가린 채로 5센트를 왼손으로 던져 넣는 동작을 열심히 연습한다. 이 마술의 성패는 이 동작에 달려 있으므로 반드시 완벽하게 마스터해야 한다.

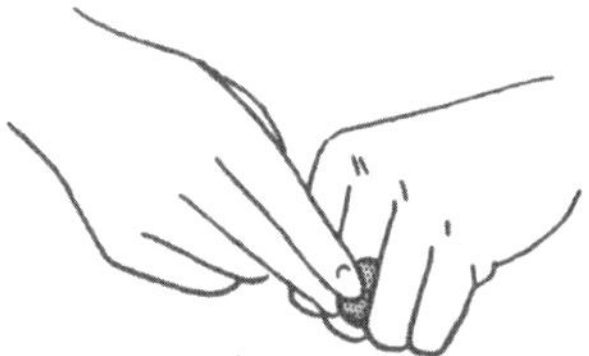

그림 7

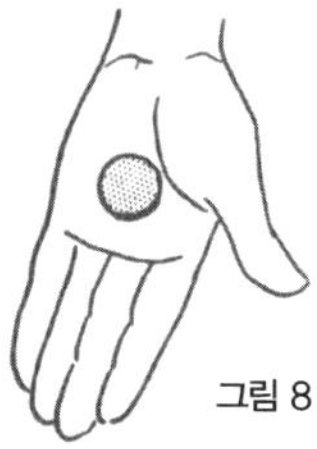

그림 8

그림 9

"손가락 사이에 10센트를 끼우는 행동은 어떨까요? 이것도 아무것도 아니라고 생각하시겠죠? 하지만 잘 보세요!"

왼손을 뒤집어 펴서 손바닥에 놓인 5센트를 보여준다(**그림** 8).

"10센트가 5센트를 끌어당겼네요."

관객의 관심이 5센트에 쏠린 동안 오른손 손가락 사이에서 25센트를 빼서 집게손가락과 가운뎃손가락 첫마디로 올리고 엄지손가락으로 눌러 평평하게 든다. 오른손 집게손가락과 가운뎃손가락, 엄지손가락 끝으로 왼손에서 5센트를 든다(**그림 9**).

마찬가지로 왼손을 향해 던지는 척하면서 손 안으로 25센트를 떨어뜨리고 왼손 넷째 손가락과 새끼손가락 사이에 5센트를 넣고 손을 뒤집는다(**그림 10**). 왼손을 뒤집어 펴서 25센트를 보여준다(**그림 11**).

"25센트입니다."

그림 10

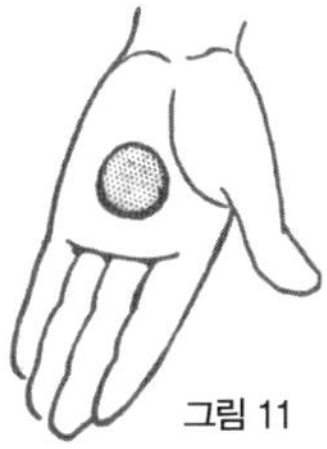
그림 11

오른손 엄지손가락을 반 달러 밑으로 움직여 핑거 팜 자세로 가져온다. 집게손가락과 가운뎃손가락, 엄지손가락으로 25센트를 집는다. 오른손을 들어 25센트를 왼손 집게손가락과 가운뎃손가락에 집어넣는다. 그와 동시에 반 달러가 왼손 안으로 날아가게 한다. 그때 재빨리 왼손을 주먹 쥐고 손등이 보이도록 뒤집는다(**그림 12**). 왼손을 펴서 반 달러를 보여준다(**그림 13**).

"자, 그리고 반 달러입니다."

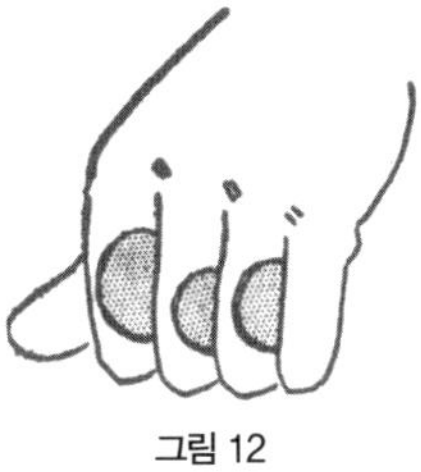
그림 12

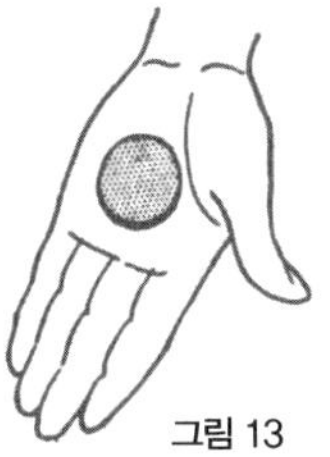
그림 13

★ 참고

나는 접은 1달러 지폐를 코트 오른쪽 안에 작은 클립으로 끼워놓아 동전이 더 나오게 하기도 한다. 관객의 관심이 반 달러에 쏠릴 때 오른손을 코트 가장자리에 내밀어 코트 안에서 손가락을 구부려 지폐를 핑거 팜 하여 꺼낸다. 그리고 손을 올려 반 달러를 잡고 왼손을 뒤집어 25센트와 5센트, 10센트를 꺼내 반 달러 위에 쌓고 모든 동전을 오른손 엄지손가락과 나머지 손가락들로 든다.

> "은화를 많이 가지고 다니기를 꺼려하는 사람도 있죠. 그런 분들을 위해서 은화는 보내버리고 1달러 지폐를 준비했습니다."

동전을 왼손으로 던지는 척하면서 실제로는 다시 동전들을 잡고 대신 지폐를 던진다. 손등이 위로 가도록 왼손을 뒤집는다. 동전은 오른손에 몰래 핑거 팜 한다. 왼손을 다시 뒤집어 펴서 손바닥에 놓인 1달러 지폐를 보여준다. 지폐를 펴서 보여준다. 그러고 나서 핑거 팜 해둔 동전들과 함께 지폐를 주머니에 넣는다.

넬슨 하네의 동전으로 손 통과하기
Nelson Hahne' s Dime Through Hand

★ 이펙트

왼손 손바닥이 텅 비었음을 보여준 후 왼손을 주먹 쥐고 손등이 위로 오도록 뒤집는다. 손등에 10센트를 놓고 반 달러로 가린다. 반 달러를 빼자 10센트가 사라지고 없다. 왼손을 뒤집어 펴자 손바닥에 10센트가 놓여 있다. 동전이 손을 통과한 것이다.

시연

앞에 있는 테이블에 10센트와 반 달러를 놓는다. 직접적인 관심을 끌지 말고 양손이 텅 비었음을 보여준다. 손바닥이 위로 가도록 든 왼손에 관객의 관심이 쏠리게 한다. 왼손을 주먹 쥐 후 뒤집는다. 오른손으로 10센트를 집어 왼손 위에 놓는다(**그림 1**). 그림은 당신 앞에서 본 왼손의 모습을 나타낸다.

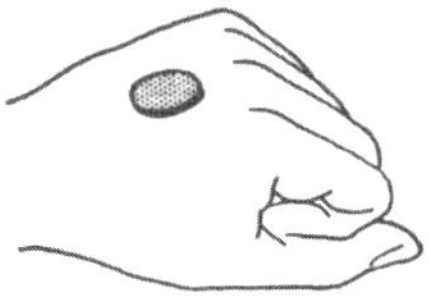
그림 1

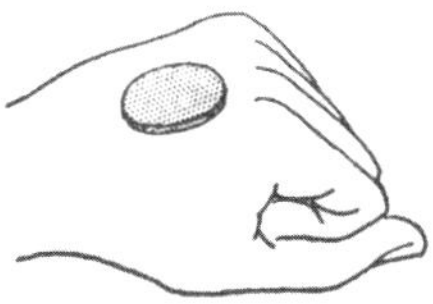
그림 2

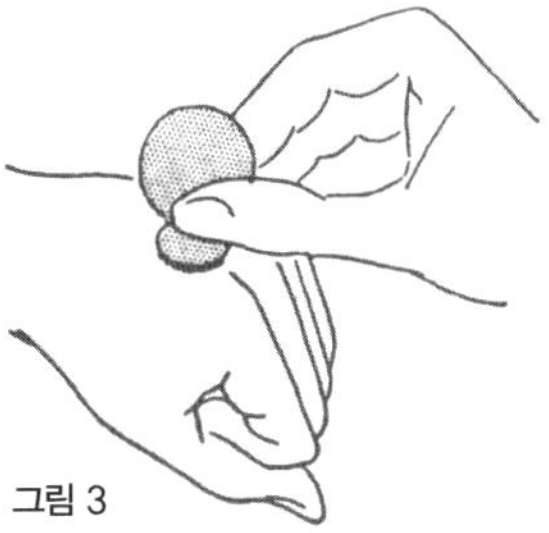
그림 3

반 달러를 집어 10센트 위에 놓는다(**그림 2**). 반 달러를 들어 10센트가 여전히 손등 위에 있음을 보여준다. 이번에는 반 달러를 10센트 앞으로 가져간다(**그림 3**). 오른손 엄지손가락이 10센트 위에 있다. 10센트는 반 달러에 가려 관객에게 보이지 않는다. **그림 4**는 관객에게 보이는 모습이고 **그림 3**은 마술사에게 보이는 모습이다. **그림 5**처럼 반 달러와 손으로 가린 채 오른손 엄지손가락으로 10센트를 뒤로 당겨 **그림 6**처럼 왼손 주먹 안으로 들어가게 한다. 동전이 손안으로 완전히 들어가게 한다.

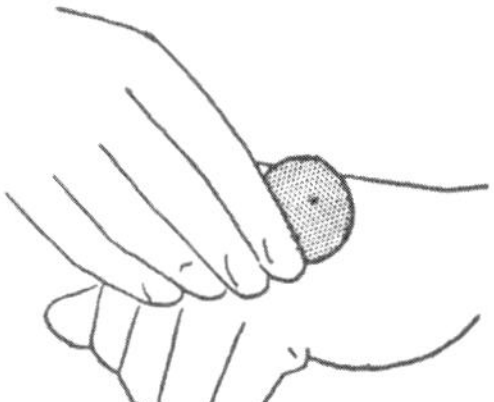
그림 4

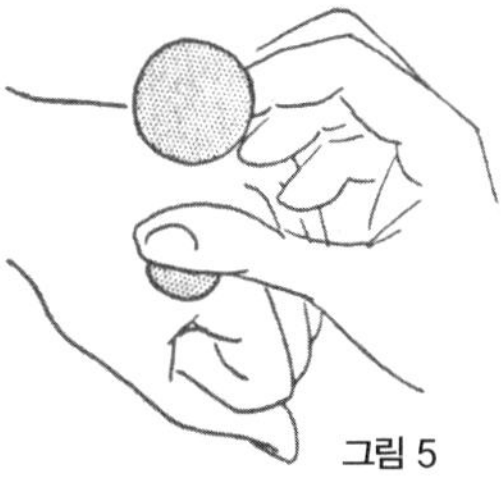
그림 5

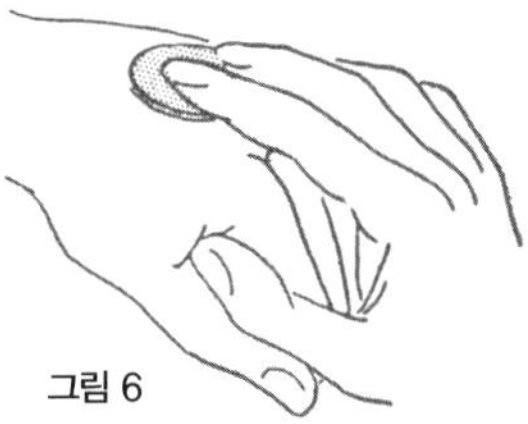
그림 6

이 동작이 이루어지는 동안 반 달러는 10센트를 가리는 것처럼 손 위로 떨어진다. 오른손 집게손가락을 반 달러 위에 놓는다. 오른손을 떼서 **그림 2**처럼 반 달러를 보여준다.

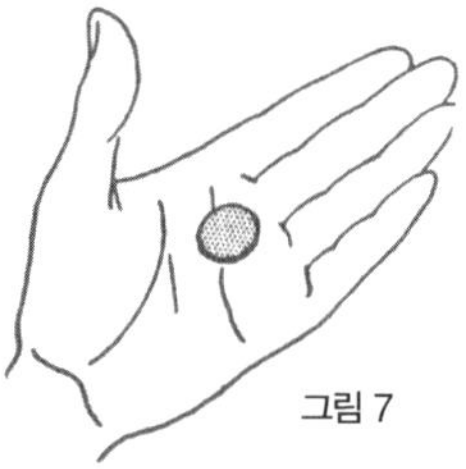
그림 7

"잘 보세요!"

반 달러를 들어 10센트가 사라지고 없음을 보여준다. 왼손을 뒤집어 펴서 손바닥에 놓인 10센트를 보여준다. 10센트가 손을 통과한 것처럼 보인다(**그림 7**).

조 버그의 코인 체인지
Joe Berg' s Coin Change

★ 이펙트

오른손에는 은화가 왼손에는 동화가 놓여 있다. 두 동전의 위치가 바뀌어 은화가 왼손으로 가고 동화가 오른손으로 간다.

★ 준비물

1. 반 달러 같은 은화
2. 영국 페니 같은 동화. 원한다면 금색의 광고용 동전을 사용해도 된다. 색깔이 다른 동전 두 개를 사용하는 것이 포인트이다.

준비

테이블 오른쪽에 동화를 놓고 왼쪽에는 은화를 놓는다. 왼손으로 은화를 집어 평범한 팜 자세로 손바닥 가운데에 놓는다. 동전을 오른손 손바닥에 뒤집어놓고 다시 왼손 손바닥으로 놓는다. 다시 오른손에 뒤집어놓는 척하면서 실제로는 왼손에 계속 클래식 팜 해둔 상태에서 오른손으로 동전을 잡은 것처럼 오른손 손가락을 구부려 주먹을 쥔다. 왼손 엄지손가락과 손끝으로 동화를 집는다(**그림 1**).

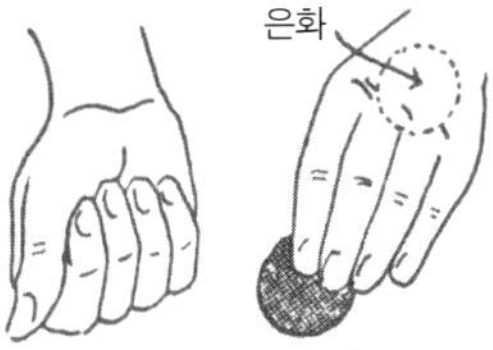

그림 1

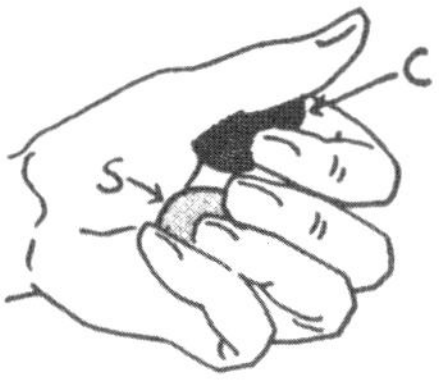

그림 2

왼손으로 주먹을 쥐면서 **그림** 2처럼 동화를 다시 섬 팜 포지션으로 놓는다. 이때 두 개의 동전이 부딪히지 않도록 조심한다. 은화를 핑거 팜 자세로 떨어뜨린다. 주먹 쥔 오른손을 보면서 말한다.

"오른손에 은화가 있습니다."

그리고 주먹 쥔 왼손을 보면서 말한다.

"동화는 왼손에 있습니다."

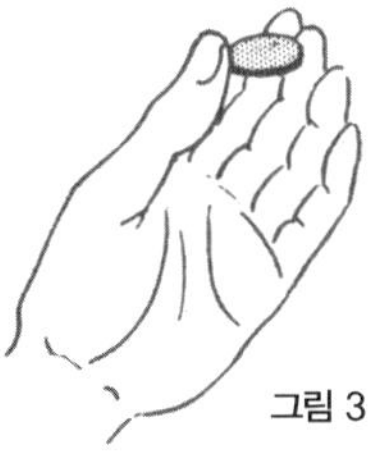
그림 3

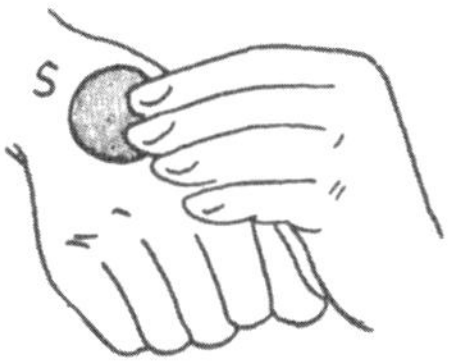

그림 4

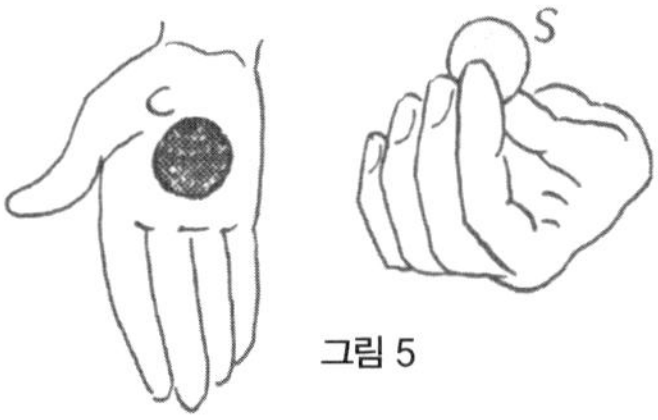

그림 5

그림 3처럼 동화는 섬 팜으로 숨겨둔 채 은화를 왼손 손끝에 가져간다.

"이제 은화가 왼손에 있습니다."

그림 4처럼 은화를 오른손 손등에 놓는다. 하지만 그렇게 하기 위해 손을 움직이면서 섬 팜 된 동화를 오른손 엄지손가락과 손끝 사이의 입구로 던져 넣는다. 은화를 손등에 놓으면서 동화를 눈에 띄지 않게 오른손 안에 넣는 동작을 열심히 연습한다. 왼손이 텅 비었음을 보여준다. 손끝에 들고 있는 은화를 집는다. 오른손을 펴서 손바닥에 놓인 동화를 보여준다(**그림** 5).

"그리고 동화는 오른손에 있습니다."

해리 번스테인의 달러 앤드 다임

Harry Bernstein' s Dollar And Dime

이것은 뉴욕의 해리 번스테인(Harry Bernstein)이 간단한 표준 손기술을 바탕으로 구성한 독창적인 루틴이다. 관객을 감쪽같이 속일 수 있는 가장 멋진 동전 묘기 중 하나이다. 이 교재로 공부하는 학생이라면 그리 어렵지 않게 마스터할 수 있으며 연습 시간을 투자할 만한 가치가 충분한 기술이다.

★ 이펙트

손끝에 놓인 은화가 손가락 사이에서 10센트로 바뀌어 나타나고 또다시 1달러로 바뀐다. 이 과정이 몇 번씩 반복된다. 계속 텅 빈 손가락에서 동전이 하나씩 나타나자 관객들이 깜짝 놀란다.

시연

은화와 10센트만 있으면 된다. 미리 준비하거나 관객에게 빌려서 사용해도 된다. 하지만 주머니의 1달러 크기의 팜 코인을 사용하는 것보다 미리 주머니에 은화를 넣어두는 것이 더 멋진 이펙트를 연출할 수 있으므로 추천한다. 여기에서는 헤리 번스테인이 사용한 팜 기법을 소개하지만 끝부분의 참고사항에 제안되어 있는 것처럼 만약 원한다면 손기술을 약간 변형해도 된다.

왼손 가운뎃손가락의 중간마디에 10센트를 팜 한다. **그림 1**처럼 세 번째 관절이나 안쪽 관절이 아니라 중간 관절을 구부려서 동전을 놓는다는 것만 제외하고는 정상적인 핑거 팜 자세와 똑같다. 1달러를 꺼내 오른손 엄지손가락과 집게손가락 끝 사이로 잡는다(**그림 2**).

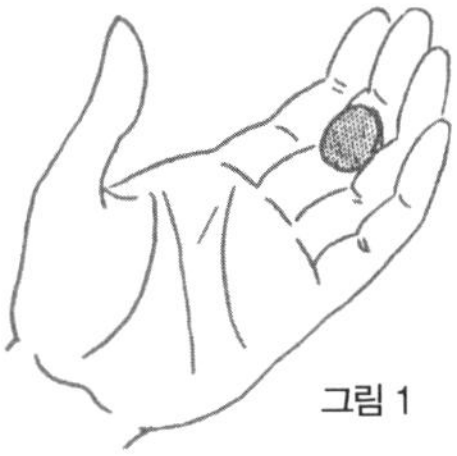
그림 1

그림 2

1달러를 보여준 다음 천천히 왼손 손바닥에 올려놓고 왼손을 주먹 쥔다(팜 된 10센트를 잡은 채). 달러와 부딪혀 소리 나지 않도록 그 자세로 10센트를 꽉 잡는다. 왼손을 펴고(달러가 아직 있는 상태)

"더 꽉 쥐어야겠군요."

라고 하면서 오른손 손가락으로 달러를 들어서 보여준 다음 아까처럼 왼손에 놓는 척한다. 하지만 실제로는 계속 오른손에 놓은 상태로 제1권의 '다이렉트 코인 배니시(제1권 레슨 3 76쪽)' 처럼 패스를 한다. 왼손은 주먹을 쥐고 다시 펴자 달러가 10센트로 바뀌어 있다.

오른손은 손등이 관객을 향한 채 달러를 핑거 팜한 상태에서 10센트를 집어서 보여준 다음 **그림 3**처럼 왼손에 '프렌치 배니시(제1권 72쪽, 그림 49)' 자세로 놓는다.

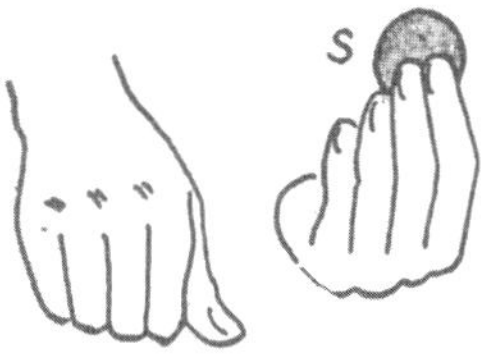

그림 3

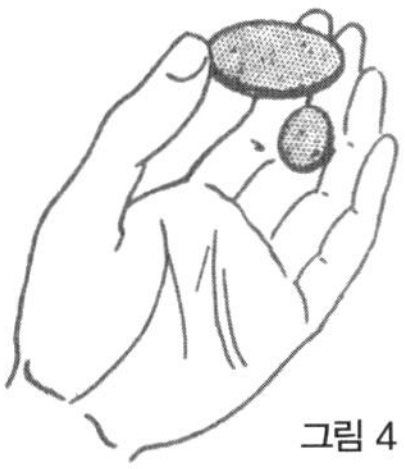
그림 4

10센트를 보여준 후 오른손으로 프렌치 배니시를 한다. 오른손에 10센트를 가져오는 척하면서 실제로는 아까처럼 왼손에 핑거 팜 자세로 떨어뜨린다. 오른손은 천천히 펴서 다시 달러를 보여준다.

다시 달러를 왼손에 프렌치 배니시 자세로 놓고 왼손 엄지손가락 끝과 왼손 가운뎃손가락 끝 사이에서 회전시킬 준비를 한다. 10센트는 계속 왼손에 핑거 팜 되어 있다(**그림 4**). 텅 비게 되는 오른손은 무심코 손가락을 쫙 펴서 보여준다. 오른손 집게손가락 끝으로 달러의 가까운 가장자리를 앞으로 밀어 180도 회전하게 만든다. 이제 오른손 집게손가락과 엄지손가락은 달러의 아래 혹은 뒤에 있으므로 왼손 가운뎃손가락 중간 관절에 놓인 10센트를 몰래 집을 수 있다. 10센트를 집어서 **그림 6**처럼 몰래 든다. 이것은 10센트가 집게손가락 뿌리가 아니라 오른손 집게손가락과 엄지손가락 끝을 향해 밖으로 나온다는 점만 빼고는 '인비저블 섬 팜(Invisible Thumb Palm)(제1권 62쪽 그림 7과 그림 8)' 과 비슷하다.

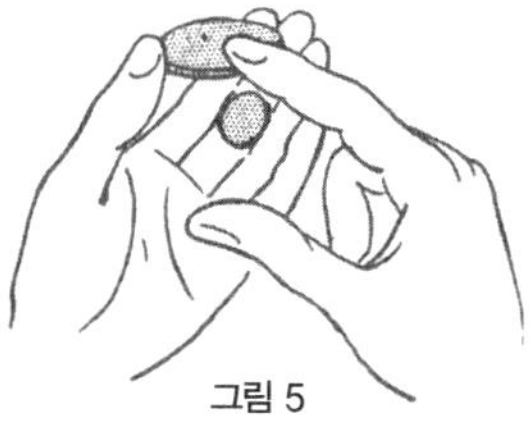
그림 5

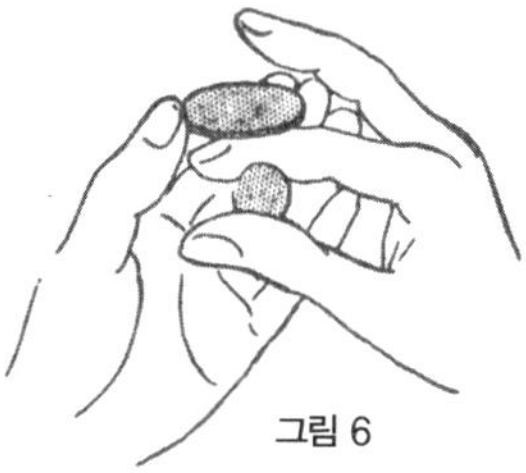
그림 6

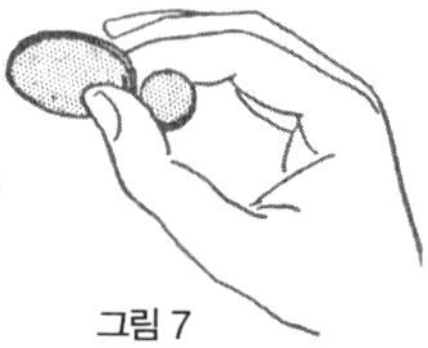
그림 7

가운뎃손가락으로 10센트를 위에 맞춘다. 이렇게 10센트를 든 채 똑같은 손가락들로 1달러를 잡아 오른쪽으로 비스듬히 10센트 앞에 놓는다. **그림 7**은 손 모양을 정확히 보여주기 위해서 측면에서 본 모습이다.

그림 8

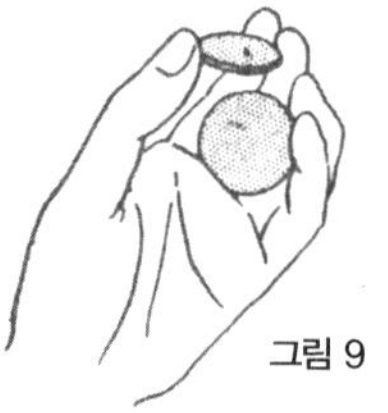
그림 9

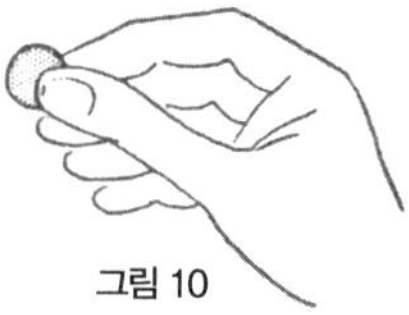
그림 10

관객에게는 반대쪽이 보이므로 **그림 8**처럼 달러만 보인다. 오른손 손바닥이 위로 가게 해서 손끝이 앞쪽의 관객을 가리킨 채 오른쪽 팔뚝을 내렸다 올렸다 하여 달러의 앞뒤를 보여준다. 10센트는 보이지 않고 양손은 텅 비었다(**그림 8**).

다시 달러를 왼손에 프렌치 배니시 자세로 놓는다. 방금 설명한 자세로 여전히 10센트를 숨기고 있는 오른손은 달러 앞쪽으로 패스하여 가린 채 달러를 왼손 손바닥에 떨어뜨리고 10센트는 여전히 왼손에 프렌치 배니시 위치에 있다(**그림 9**). 여기에서 관객은 사라진 달러가 당신의 오른손에 있다고 의심한다. 천천히 오른손을 펴서 앞뒤 모두 보여주고 손가락을 쫙 펴서 텅 비었음을 보여준다. 또다시 달러가 10센트로 바뀌었다.

이제 **그림 10**처럼 오른손 손끝으로 10센트를 잡고 왼손 손끝으로 가져간다. 10센트가 달러로 바뀐 것처럼 보인다. 이 동작을 할 때 양손 손등은 물론 관객을 향하고 오른손 엄지손가락으로 10센트를 오른손 집게손가락 두 번째 관절로 움직인다. 그와 동시에 왼손 엄지손가락으로 달러를 앞으로 움직여 양손 손끝 사이에서 나타나게 한다(**그림 11**). 오른손은 떼면서 손끝으로 달러를 잡아서 앞면 전체가 보이도록 맨 끝 가장자리를 잡고 아래쪽의 첫 번째 관절 근처에는 10센트가 숨겨져 있다. 이때 10센트는 평평하게 잡는다. **그림 12**처럼 오른손 엄지손가락과 집게손가락, 가운뎃손가락을 함께 밀어붙여서 10센트를 살 속에 완전히 숨기고 손끝에 나와 있는 눈에 보이는 달러는 무사히 모든 면을 보여줄 수 있다.

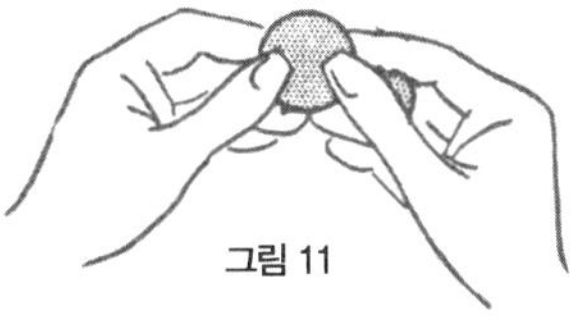
그림 11

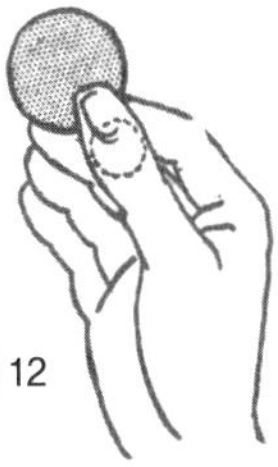
그림 12

다시 달러를 왼손에 프렌치 배니시 자세로 돌려보내고 10센트는 계속 오른손에 핑거 팜 한다. 오른손을 왼손으로 가져가 달러를 가리고 섬 팜 한 후 10센트를 그곳에 남긴다. 달러가 한번 더 10센트로 바뀌는 것이다. 다시 오른손을 왼손 앞으로 패스한다. 하지만 이번에는 다시 10센트가 왼손 손바닥 안으로 떨어지고 달러는 왼손에 있게 된다. 따라서 10센트가 다시 달러로 바뀐다.

마무리를 위해서 달러를 빙글 돌려 양면을 보여준 후 앞에서 이미 설명한 것처럼 뒤집은 다음 10센트를 몰래 오른손 손끝으로 잡고 10센트는 아까처럼 그 뒤에 숨긴다. 그리고 오른손을 올렸다 내렸다 하여 달러의 양면을 보여주고 왼손이 텅 비었음을 보여준다. 10센트가 온데간데없이 사라진다. 달러를 주머니에 넣으면서 10센트도 처리한다.

★ 참고

만약 손가락의 크기나 모양 또는 길이 때문에 10센트를 핑거 팜 하여 두 번째 관절에 꽉 잡기가 어렵다면 정상적인 핑거 팜 자세로 세 번째 관절이나 안쪽 관절로 잡는다. 필요할 경우 페니나 5센트, 혹은 25센트 같은 더 큰 동전을 달러와 함께 사용할 수도 있지만 모두 10센트보다 크기 때문에 비효과적이다. 원한다면 다른 패스 방법을 사용해도 되지만 여기에는 '다이렉트 코인 배니시' 가 가장 적합하다. 10센트를 달러 밑으로 몰래 움직인 다음 **그림 6**과 **그림 7**처럼 오른손 손가락 사이에 오른쪽으로 기울여서 잡는 대신 **그림 11**과 **그림 12**에서 설명한 것처럼 평평하게 잡아도 된다.

폴 모리스의 코인 배니시
Paul Morris' Coin Vanish

이것은 'sleeving' 이 포함된 매우 흥미로운 코인 배니시이다. 성실한 코인 메니플레이터라면 꼭 배워야 한다. 마무리 동작에서 양손이 모두 텅 비었음을 보여준다.

★ 이펙트

오른손으로 동전을 왼손에 놓고 양손을 아래로 내린다. 즉시 오른손이 텅 비었음을 보여준다. 동전이 정말로 왼손에 놓였음을 증명하는 것이다. 하지만 왼손 주먹을 폈을 때 동전은커녕 아무것도 없다!

시연

손에 반 달러 크기의 동전을 놓은 채 설명을 읽는다. 상세한 설명이 복잡하게 느껴질 수도 있지만 동작 자체는 매우 간단해 쉽게 배울 수 있다.

손바닥이 위로 향한 왼손을 몸 앞쪽에 허리에서 약간 떨어진 곳에 놓는다. 동전은 손바닥이 아래로 향한 오른손 가운뎃손가락과 엄지손가락 사이로 잡는다. 동전의 한쪽 가장자리만 잡으면 된다. 동전을 놓지 않은 채 왼손 손바닥에 놓는다. 오른손 엄지손톱은 손바닥 오른쪽 가장자리에 놓인다(**그림** 1). 오른손 가운뎃손가락과 엄지손가락은 약간 펴고 집게손가락과 넷째 손가락, 새끼손가락은 뗀다는 점에 유의한다. 이 자세에서 동전 전체의 모습이 확실하게 잘 보인다.

그림 1

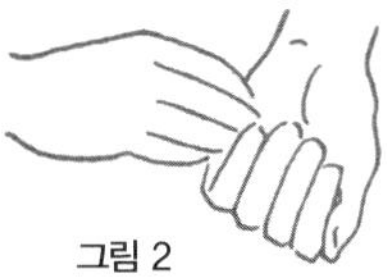
그림 2

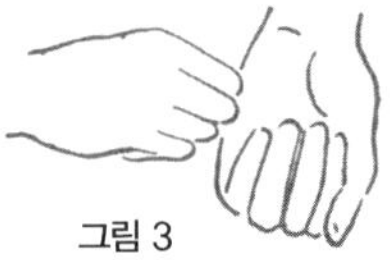
그림 3

그림 4

그림 2처럼 왼손으로 천천히 동전을 감싸 쥔다. 왼손 주먹을 왼쪽으로 약 5cm 정도 움직이면서(동전을 들고 가는 척) 오른손 네 손가락을 전부 떨어뜨려 엄지손가락 기부 쪽으로 구부리고 동전을 가져온다(**그림** 3). 따라서 손바닥이 아래를 향한 오른손은 헐렁한 주먹 모양이 된다. 동전은 자동적으로 오른손 가운뎃손가락과 넷째 손가락 첫째 마디와 손톱에 있고 엄지손가락 볼록한 부분으로 잡는다(**그림** 4). 오른손 손등이 이렇게 몰래 동전을 가져오는 장면을 가린다.

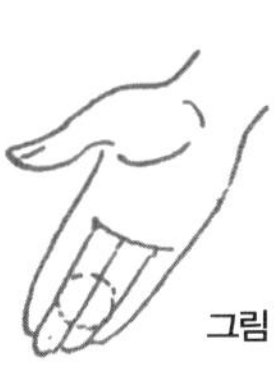
그림 5

그림 6

그림 7

이제 오른 주먹을 오른쪽으로 빼고 허벅지 옆에 두고 뒤집어서 손바닥이 위로 오게 평평하게 편다. 이 손을 바라보기만 해도 관객의 관심은 그리로 쏠린다. 동전이 없다. 동전을 오른쪽으로 움직이고 손을 뒤집었을 때 엄지손가락이 동전을 놓았으므로 동전이 자연스럽게 손바닥 뒤쪽으로 옮겨져 놓이게 되었다(**그림** 5).

관객은 오른손이 텅 비었다는 사실에 만족할 때 왼손 주먹으로 관심을 옮긴다. 왼손 주먹을 왼쪽으로 어깨 높이 정도로 움직이면서 고개도 따라 움직인다. 이렇게 왼손에 관객의 관심을 집중시키는 틈을 타서 마술사는 동전을 처리할 기회가 생긴다. **그림** 6과 **그림** 7처럼 동전을 오른손 손바닥 앞에 놓는 동시에 손가락을 구부려 느슨하게 주먹을 쥐면 된다. 그러면 손바닥의 손목 가까운 부분에 놓인 동전을 가운뎃손가락과 넷째 손가락 끝으로 잡게 되고 손등이 위를 향한다. 이제 이 오른손 주먹을 오른쪽 어깨 앞에서 약 18cm 떨어진 곳으로 올리는 도중에 주먹을 뒤집어 손가락이 자신을 향하도록 한다. 그와 동시에 **그림** 8, **그림** 9, **그림** 10처럼 주먹을 돌리면서 동전을 오른쪽 소매로 떨어뜨린다.

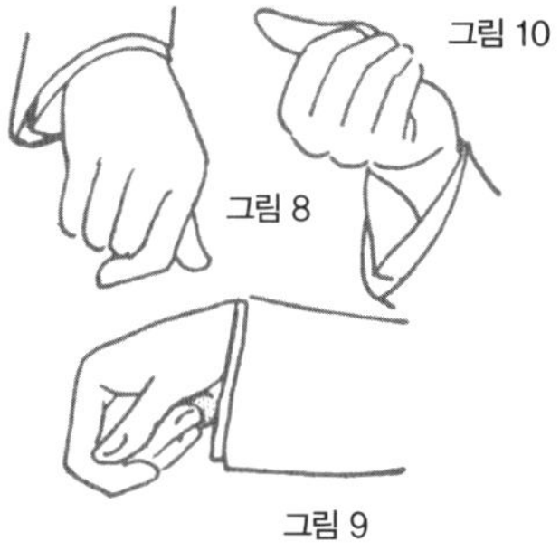

이제 왼손 주먹을 펴서 텅 비었음을 보여준다. 그런 다음 오른손을 주먹 쥐고 있음을 알아차리면서 그 주먹도 역시 편다. 따라서 양손 모두 텅 빈 것이 된다. 손가락을 쫙 펴서 동전이 사라졌음을 보여준다.

★ 참고

동전이 왼손에 놓일 때 오른손 손가락을 구부려 동전이 오른손 손바닥에 닿게 하고 **그림** 7과 같은 자세로 가져간다. **그림** 9처럼 오른손을 올려서 소매 안으로 동전을 떨어뜨리고 **그림** 10처럼 손을 뒤집는다. 이제 왼손을 펴서 텅 비었음을 보여준 후 오른손도 보여준다.

폴 모리스의 컬러 체인징 코인

Paul Morris' Color Changing Coin

★ 이펙트

이것은 '모리스 코인 배니시(Morris Coin Vanish)'를 변형한 이펙트이다. 오른손으로 금화를 왼손에 놓는다. 양손의 간격을 떨어뜨리자마자 오른손이 텅 비었음을 보여준다. 왼손 주먹을 펴자 금화가 은화로 바뀌어 있다. 이펙트를 시연하기 전후에 동전에 아무 이상이 없음을 확인한다.

시연

반 달러 크기의 은화 한 개와 금화 한 개를 사용한다. 시연하기 전에 왼쪽 소매에 은화를 떨어뜨린다. 그리고 금화를 이용해 '폴 모리스의 코인 배니시'를 한다. 하지만 이 루틴에서는 변화가 한 번 일어난다. 즉 오른손으로 왼손 주먹에서 몰래 동전을 가져온 후 관객의 관심이 위로 향한 손바닥과 텅 빈 것처럼 보이는 오른손에 쏠려 있다. 왼손을 잠깐 동안 아래로 떨어뜨려 소매에서 떨어져 나오는 은화를 받고 다시 손을 올린다. 따라서 마지막에 왼손 주먹을 펴서 동전이 사라졌음을 보여주는 대신 동전의 색깔이 바뀌어 금화 대신 은화가 나타나게 된다.

★ 참고

'코인 배니시'와 '컬러 체인지' 이펙트는 차례로 선보일 수 있다. 첫 번째 이펙트를 시작하기 전에 왼쪽 소매에 은화를 떨어뜨린다. 첫 번째 이펙트가 끝나면 오른손을 아래로 내려서 몰래 소매에서 떨어지는 동전을 받고 그 손을 바지주머니에 넣어 다른 동전을 꺼내는 척한다. 그러고 나서 두 번째 이펙트를 시연하면 된다. 관객은 첫 번째 이펙트와 마찬가지로 클라이맥스 단계에서 동전이 사라질 것이라고 기대하지만 대신 동전의 색깔이 바뀐다. 이렇게 해서 관객에게 예상치 못한 새로운 결말을 안겨준다.

폴 모리스의 동에 번쩍 서에 번쩍 코인

Paul Morris Ubiquitous Coin

'동에 번쩍 서에 번쩍 코인'은 동전 두 개와 대사를 이용하는 즉석 손기술 루틴이다. 그 자체만으로도 흠 잡을 데 없는 흥미진진한 이펙트이지만 '앞뒤로(Back and Forth)' 루틴과 연이어 선보이면 시간도 늘리고 완성도도 더 높일 수 있다. 따라서 두 이펙트는 하나의 연속 루틴으로 선보일 수도 있고 별개로 두 개의 루틴으로 연출할 수도 있다. 대사도 하나의 긴 루틴이나 별개의 두 개 루틴에 맞도록 구성하면 된다.

여기에서는 동전을 소매에 넣는 기술과 '프렌치 드롭(French Drop)' 기술만 갖추면 된다. '동에 번쩍 서에 번쩍 코인'을 시연할 때 오른손에 동전을 팜 하고 왼쪽 바지 주머니에 또 다른 동전을 팜 한 상태에서 시작한다. 다른 루틴과 조합해서 더 길게 연출할 때는 오른손에 동전을 팜하고 양쪽 바지주머니에 각각 동전을 하나씩 팜 한 상태로 시작한다.

다음은 '동에 번쩍 서에 번쩍 동전'과 '앞뒤로(Back and Forth)'에 사용할 수 있는 대사를 운율에 맞게 구성한 것이다. 이 대사를 이용해서 두 이펙트를 하나씩 시연해도 되고 이어서 시연해도 된다. 괄호 안의 숫자는 운율 뒤에 나오는 설명의 상대적인 위치를 나타낸다.

"자자, 여러분, 저한테 조금만 관심을 기울여주시면
정말 재미있는 마술을 보여드리겠습니다.
제 오른손에 있는 동전 하나로 시작하죠. (1) 네, 그렇게요….

그리고 왼쪽에 놓습니다. (2) 평평하게 놓죠.
동전이 완전히 사라지게 만들겠습니다. (3) 잘 보이시죠?
여기까지가 1부였습니다.

아니, 뭐라고요? 한번 더 보여 달라고요?
물론이죠! 기꺼이 보여드리겠습니다.
사실 엔화 동전을 준비했습니다. 똑같은 방법으로
한 번 더 속일 수 있을지 시험해보려고요 ….
마술책에 이렇게 쓰여 있거든요.
'동전을 사라지게 만드는 방법은 10가지가 있다.'

그러니까 (4) 이 두 번째 동전이 사라지게 만들면
조금이라도 의심의 눈초리를 보내는 사람들의 코를 납작하게 만들어 줄 수 있겠죠.
자, 잘 보세요. (5) 오른쪽에서 왼쪽으로…
아, 이런! (6) 저는 솔직한 마술사입니다. 사실 제 손기술은 그리 뛰어나지 못해요.
'마술사의 손이 우리의 눈보다 빠른 것일 뿐이야' 라는 것은
여러분의 생각일 뿐입니다.

자, 다시 동전을 (7) 여기 제 손에 올려놓겠습니다.
여러분 모두 동전이 확실히 여기에 있다는 것을 아시겠죠?
네, 정말 동전은 바로 여기에 있습니다 ….
하지만 제가 '빨리 움직여!' 라고 외치면… (8) 동전이 허공으로 날아갑니다.
하지만 너무 어두운 밤이라서 보이지는 않을 거예요.
허공으로 날아갔다가 (9) 여기 제 오른손으로 다시 돌아왔지요!

놀라셨나요? 놀라실 것 없어요. 식은 죽 먹기처럼 쉽거든요.
여러분도 저만큼 똑똑하실 겁니다.
하지만 사실 (10) 사실은… (11)
손목을 비틀어서 (12) 동전을 던지는 척만 하면 됩니다.
그리고 허공을 쳐다봅니다. (13) 마치 동전이 날아간 것처럼요.

다시 손으로 떨어진 것처럼 손을 보지요. (14) 그리고 다시 여러분을 보면 되지요.

정말 간단합니다. 그런데 여러분들의 얼굴을 보니
'사기꾼!' 이라고 말하고 싶은 표정인 것 같네요.
그러지들 마세요. 그러시면 화납니다. 제가 여러분을 속였다고요?
왜 그렇게 생각하시죠? 전 정말 그런 사람이 아닙니다.
좋습니다. 증명해드리죠. 저의 재치를 증명해주기 위해서
남성분 두 명의 도움이 필요합니다.
말씀드렸다시피 속임수가 아니라 그저 퍼포먼스입니다. … (15)
선생님, 잠깐만 도와주시겠습니까?
그리고 (16) 선생님께서도 저를 도와주시겠습니까?
네, 감사합니다. 두 분 모두 무대로 올라오세요. (17)

제 왼손에 동전을 놓겠습니다. (18) 이렇게요.
그리고 남성분 한 분에게 부탁하겠습니다. (19) 이렇게요. (20) 제 손목을 잡으시라고요.
다른 분께서는 (21) 이리로 가까이 오셔서 (22)
제 오른손 손목을 잡으세요. 동전이 사라지지 못하도록요.
자. 남성분 두 분이 저를 꽉 잡고 있는 상태에서 실험을 시작하겠습니다.
동전을 위로 날려 보내겠습니다.
남성분들, (23) 준비되셨습니까? 잘, 보세요. 꽉 잡으시고요.
자, 보세요. (24) 왼손에 있던 동전이 사라졌습니다. (25) 오른손으로 왔습니다!"

앞뒤로
Back And Forth

다음의 대사는 '동에 번쩍 서에 번쩍 동전'에 이어진다. 만약 '앞뒤로'를 따로 시연하기를 원한다면 1절을 생략하고 2절과 함께 시작하면 된다.

"고맙습니다. (26) 선생님… 무척 친절하시군요.
이제 하나가 끝났으니 동전 하나로 더 여러분을 깜짝
놀라게 해드려야겠습니다. (27) 여기 있습니다…. 잘 보세요!

동전 두 개가 있습니다. (28) 하나만 사용하고 이것은 (29) 계속 보이도록 놓아두겠습니다.
참고로 저는 양치질을 (30) 매일 합니다. 입 냄새 안 나죠?
이제 시작해보죠. 자, 죄송하지만
동전을 여기에 놓아주시겠습니까? (31) 잡기 쉽도록요.

(32) 왼쪽에 하나가 있고… (33) 반대쪽에도 하나가 있으니 두 개입니다 ….
하지만 그것이 사실이 아니라는 것을 곧 알게 되실 겁니다.
(34) 왼손에 있는 1번 동전이
제가 (35) 오른손으로 나머지 동전을 잡고 있는 사이… 잠깐 기다리세요. 아직 안 끝났습니다.

아, 동전들이 저를 거부하고 있네요.
평상시대로 제 한 손에 다 함께 모이라고 말해야겠습니다.
하지만 동전들이 제 말을 듣지 않는다면
마법을 사용할 수밖에 없겠군요.

동전아, (36) 빨리 움직여라. 이것은 명령이다. (37)

그래, 좋아… (38) 이제 반대쪽을 보도록 하겠습니다. (39)

네, 역시나 여기 있군요. (40) 두 개가 다시 함께 있습니다.

역시 마술사의 힘은 대단하지 않습니까?"

'동에 번쩍 서에 번쩍 코인' 과 '앞뒤로' 시연 후 하기 좋은 손을 이용한 루틴

1. 오른손 가운뎃손가락과 엄지손가락으로 동전의 끝을 잡은 채 관객에게 보여준다. 손등이 관객을 향한다.
2. '폴 모리스의 코인 배니시' 설명 중 두 번째 문단을 참고한다.
3. 위에서 말한 코인 배니시를 실시한다.
4. 왼손으로 왼쪽 바지주머니에서 동전을 꺼내 오른손에 놓고 보여준다(**그림 1**).

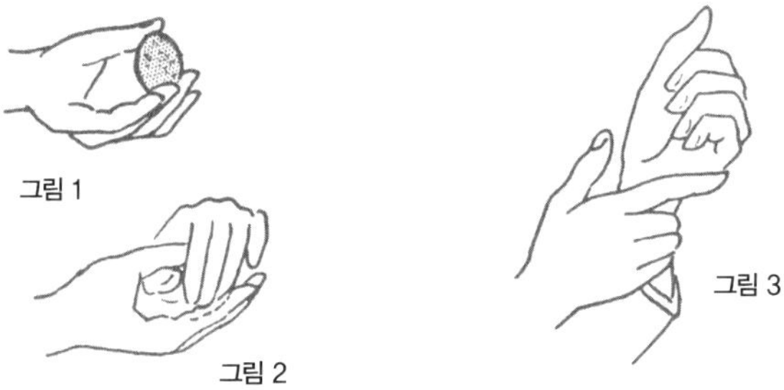

그림 1

그림 2

그림 3

5. **그림 2**의 프렌치 드롭(French Drop)을 실시하여 실제로 왼손에 있는 동전을 놓는다. 이는 프렌치 드롭을 실제로 시연하여 동전이 오른손에 남아있다고 생각하는 마술사나 예리한 관객을 속이기 위한 동작이다.
6. 오른손 집게손가락을 관객에게 살짝 흔들면서

   "아니, 이런!"

   이라고 말하며 왼손에 든 동전을 보여준다.
7. 다음과 같이 살짝 변형한 방법으로 프렌치 드롭을 실시한다. 오른손으로 동전을 왼손에 놓는 척하면서 실제로는 양손을 살짝 왼쪽으로 움직여서 동전을 오른

손에 떨어뜨린다. 동전이 오른손 손바닥이나 손가락에 다시 떨어지는 즉시 왼손은 주먹을 쥔다. 이 순간 동전은 오른손으로 미끄러져 왼쪽 소매로 들어가게 된다(**그림 3**). 오른손을 편다. 손바닥이 관객을 향해 있으며 아무것도 들어 있지 않다. 반면 왼손 주먹에는 동전이 들어 있는 것처럼 보인다.

8. 갑자기 왼손 주먹을 쫙 편다. 마치 왼손 주먹에서 동전이 점프해서 나타난 것처럼 시선은 왼쪽을 올려다본다. 눈에 보이지 않는 동전이 오른쪽을 향해 움직이는 것처럼 시선도 따라간다. 오른손을 내려 오른손 소매에서 동전을 받는다. 이제 오른손을 오른쪽으로 허리 높이로 올린다. 그러고 나서…
9. 오른손 주먹을 펼친다. 동전이 보이도록 손바닥이 위로 올라가야 한다.
10. 몸의 앞쪽에서 오른손을 편다. 오른손은 손바닥이 위로 향한 상태이며 손끝에 동전이 놓여 있다.
11. 오른손을 살짝 올렸다 내려서 관객의 관심이 동전에 쏠리도록 한다.
12. 동전이 놓인 손끝을 구부린다. 그곳에 놓인 동전은 가운뎃손가락 끝으로 잡는다. 이 동작을 하는 동시에 동전은 다시 뒤로 던져져서 소매로 들어가게 된다. '폴 모리스의 코인 배니시' 의 마지막 단락에 나오는 것처럼 손목 또는 주먹이 회전하는 힘 때문이다. 이와 동시에 다시 주먹을 손가락이 위로 향하도록 돌려서 쫙 펴면서 동전을 던지는 동작을 취한다.
13. 오른손으로 던진 보이지 않는 동전을 쳐다본다. 8번과 마찬가지로 동전이 마치 허공으로 떨어지는 것처럼 시선을 좇는다. 그와 동시에 8번처럼 왼손을 아래로 내려 왼쪽 소매에서 동전을 떨어뜨려 받는다. 그리고…
14. 왼손 주먹을 펼친다. 동전이 보이도록 손바닥이 위를 향해야 한다.
15. 관객 한 명을 조수로 뽑는다.
16. 15번과 마찬가지로 조수 역할을 해줄 관객 한 명을 더 뽑는다.
17. 두 사람을 당신과 나란히 세운다. 모두 당신의 오른쪽에 세워야 한다.
18. 손에 든 동전으로 프렌치 드롭을 실시한다. 왼손에 동전을 놓는 척하면서 실제로는 오른손에 남겨두는 행동이다. 하지만 오른손에 든 종전은 손바닥에 똑바로 놓지 않고 가운뎃손가락과 넷째 손가락을 구부려 그 안에 핑거 팜 한다. 이렇게 하면 구부린 손가락으로 동전을 감출 수 있으므로 오른손을 손바닥이 위

로 향하게 한 채 관객에게 보여줄 수 있다(**그림** 4).

19. 바로 옆에 있는 조수 관객에게 할 일을 말해준다. 왼손 손목을 어깨 높이로 들고 오른손으로 손목을 잡으면서 시범을 보여준다. 이때 오른손으로 왼손 손목을 감싸 잡는 동시에 왼손 소매에 동전을 떨어뜨린다(**그림** 5).

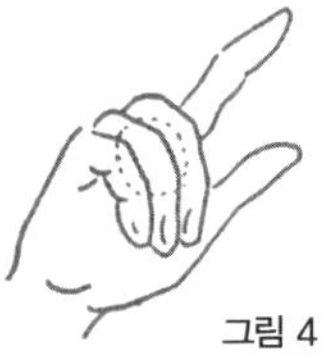
그림 4

그림 5

20. 이 관객에게(19번 참고) 당신의 왼쪽으로 가서 위에서 설명한 것처럼 당신의 손목을 잡으라고 한다.
21. 오른쪽에 서 있는 두 번째 조수 관객에게 더 가까이 오라고 한다.
22. 오른손 집게손가락으로 당신의 바로 옆쪽 바닥을 가리키며 "이쪽으로 오세요"라고 말한다(**그림** 6). 이때 오른손이 아래로 내려가면서 소매에 들어 있던 동전이 손바닥 안으로 떨어진다. 이제 오른손 주먹을 어깨 높이로 들어 두 번째 관객에게 손목을 잡으라고 한다. 당신의 양손은 어깨 높이로 앞쪽을 향해 놓여 있으며 두 명의 관객이 각각 손목을 잡고 있는 상태이다.

그림 6

23. 첫 번째 관객과 두 번째 관객에게 차례로 말을 건다.
24. 왼손 주먹을 펼쳐 동전이 사라지고 없음을 보여준다.
25. 오른손 주먹을 펼쳐 손바닥에 놓인 동전을 보여준다.
26. 두 명의 관객에게 다음의 동작을 실시하기 위해 손목을 놓아달라고 말한다.

27. 오른쪽 바지주머니에서 동전을 꺼낸다. 25번에서 나온 동전은 왼손에 있다.
28. 양손에 하나씩 놓인 동전을 보여준다.
29. 왼손의 동전을 치아 사이로 문다. 동전이 입 밖으로 튀어나도록 끝부분을 물어야 한다.
30. 말을 하면서 입술을 벌려 치아를 보여준다.
31. 프렌치 드롭을 한다(18번 참고).
32. 동전이 들어 있는 것처럼 보이는 왼손 주먹에 관심을 집중시킨다. 핑거 팜으로 동전을 감추고 있는 오른손 손바닥으로 왼손을 가져가면 된다.
33. 오른손 집게손가락과 가운뎃손가락 끝으로 입에 든 동전의 가장자리를 잡아 꺼낸다. "두 개가 됐습니다"라고 말하면서 그 동전을 왼손 주먹에 떨어뜨리는 척한다. 실제로는 팜 된 상태의 동전만 떨어진다. 두 개의 동전이 스쳐 지나면서 짤랑거리는 소리가 난다. 오른손에 남은 동전은 팜 되어 있다.
34. 왼손 주먹을 펴서 동전 한 개를 보여준다.
35. 오른손에 든 다른 동전도 보여준다.
36. 오른손을 쫙 펼친 상태로 동전을 든다(10번 참고). 이때 왼손 집게손가락과 엄지손가락 끝으로 동전을 잡고 있는 상태이므로 왼쪽 팔을 옆으로 내린다. 왼손 소매에 든 동전이 왼손 안으로 떨어진다. 다른 동전과 부딪히지 않도록 가운뎃손가락과 넷째 손가락, 새끼손가락을 구부려 잡는다.
37. 12번과 똑같은 방법을 이용해 오른쪽 소매에 동전을 넣어 사라지게 한다.
38. 두 개의 동전이 함께 들어 있는 왼손 주먹을 위로 올린다.
39. 주먹을 펼친다.
40. 왼손에 두 개의 동전이 함께 있는 모습을 보여준다.

동전으로 손수건 통과하기
Coin Through The Handkerchief

여기에서 폴 모리스는 제1권 레슨 4(99쪽)에 나오는 오리지널 버전 '동전이 손수건을 통과하는 마술(Coin Through The Handkerchief)' 과 다른 버전을 선보인다.

★ 이펙트

손수건 중앙에 반 달러를 놓은 후 손수건으로 동전을 꼰다. 그러자 신기하게도 동전이 손수건을 뚫고 나온다.

★ 준비물

1. 반 달러 또는 동전
2. 실크 손수건 혹은 빌린 포켓 손수건

시연

오른손 엄지손가락과 나머지 손가락 끝 사이로 반 달러를 잡는다(**그림 1**). 실크 손수건으로 가린다. 손수건 중앙이 동전 위에 놓여야 한다(**그림 2**). **그림 3**과 같이 동전을 집는 것처럼 손수건 가운데를 집는다. 손수건 중앙이 오른손에서 떨어지는 동시에 오른손에 동전을 백 팜(back-palm)한다. **그림 4**처럼 오른손이 손수건에서 나오고 손바닥이 관객을 향하며 손등에 동전이 숨겨져 있다.

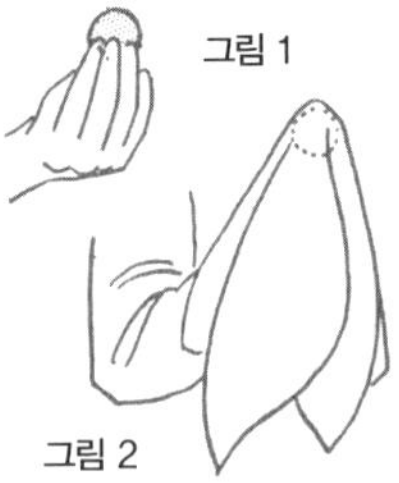
그림 1

그림 2

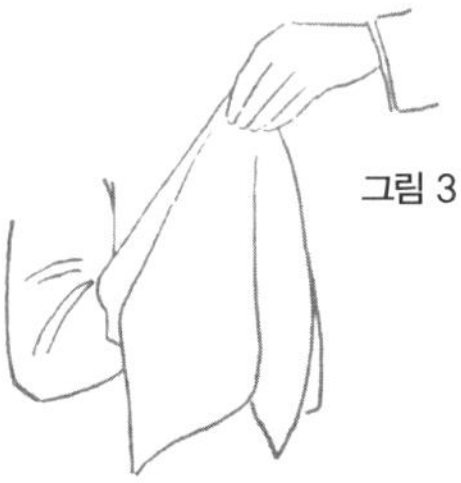
그림 3

오른손은 손수건 뒤로 옮겨 왼손에서 손수건 가운데를 가져와 잡는다(**그림** 5). 손등에 숨긴 동전은 손가락 앞으로 보내고 손수건에 댄다. 엄지손가락과 가운뎃손가락, 넷째 손가락 사이로 동전과 손수건을 잡고 집게손가락과 새끼손가락으로는 실크 뒤쪽으로 동전을 감싼다(**그림** 6).

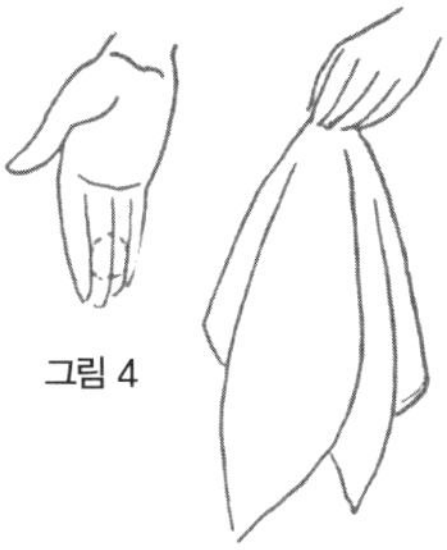

그림 4

그림 5

그림 6

왼손으로 동전 아래에서 실크를 잡아 오른손으로 동전에 실크를 감는다(**그림** 7). **그림** 8처럼 오른손을 뻗어 실크 주름 사이에서 반 달러를 꺼낸다. 손수건에 아무런 해를 가하지 않고 동전이 손수건 가운데를 통과하는 이펙트를 낼 수 있다. 이 마술은 처음부터 끝까지 대단히 짧은 시간에 이루어져야 한다.

그림 7

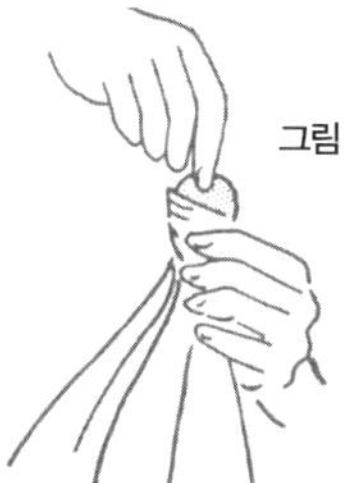

그림 8

모리스는 최근에 좋은 아이디어를 추가했다. 1cm × 4cm 정도의 길쭉하고 작은 흰색 천 조각에 가위 날을 숨겨서 주머니에 넣어둔다. 그리고 동전이 손수건을 뚫고 나가려고 할 때(이론적으로는 불가능한 일이지만) 모리스는 가위로 동전을 감싼 손수건 부분을 자르는 척한다. 가위를 벌렸다 오므리면 천 조각이 펄럭이므로 마치 손수건이 잘려지는 모양처럼 보인다. 관객은 동전이 '구멍' 으로 나왔는데도 손수건에 구멍이 없고 처음처럼 온전한 상태인 것을 보고 깜짝 놀란다.

프렌치 '약상자' 마술

French 'Pill Box' Mystery

제1차 세계대전 때 내가 속한 벌룬 24중대는 프랑스 란다네(Randanne)에 배치되었다. 벨기에 출신 마술사가 우리 캠프로 와서 1시간 동안 쇼를 보여주었다. 그가 가지고 온 장비는 중간 크기의 슈트케이스였다. 그는 우리 부대의 오락용 천막에 마련된 테이블에 슈트케이스를 올려놓고 재치 만점의 마술쇼를 위해 준비한 자신의 '마술 가방'을 열었다. 그가 보여준 마술은 대부분 내가 책에서 읽어서 알고는 있지만 직접 본 적은 없는 것들이었다. 그중에서 특히 나의 관심을 끈 이펙트는 표시된 동전 세 개가 금속 약상자에서 사라지는 마술이었다. 그가 선보인 방식은 매우 자연스러우면서도 관객들에게 환상을 불러일으켰다.

★ 이펙트

25센트, 5센트, 10센트 등 동전 세 개를 관객에게 빌린다. 나중에 알아볼 수 있도록 각각 동전에 표시를 한다. 양철로 된 약상자나 연고갑을 보여주고 뚜껑을 뺀다. 관객들이 자신의 동전을 상자에 넣는다. 마술사는 동전을 만지지 않는다. 또 다른 관객이 약상자의 뚜껑을 닫는다. 빌린 손수건을 약상자에 씌우고 관객에게 들고 있으라고 준다. 상자를 흔들어 동전이 들어 있음을 확인시켜준다. 마술사가 슈트케이스에서 종이로 싸서 고무밴드를 씌운 조그만 꾸러미를 꺼낸다. 관객에게 잘 보이도록 그것을 테이블에 놓는다. 마술사가 동전이 사라질 것이라고 말한다. 관객이 상자를 흔들자 동전 소리가 나지 않는다. 손수건을 치우고 상자를 열자 정말 동전이 사라지고 없다. 꾸러미의 포장지를 뜯자 고무밴드로 두 번 감싼 흰색 상자가 나온다. 고무밴드를 빼고 상자를 열자 역시 고무밴드로 감싼 성냥갑이 나온다. 성냥갑을 열자 이번에는 입구를 고무밴드로 꽉 묶은 헝겊주머니가 나온다. 고무밴드를 풀자 그 안에 표시된 세 개의 동전이 들어 있다. 동전을 각각 관객들에게 돌려준다.

★ 준비물

1. 지름 약 4cm 길이의 금속으로 된 약상자 혹은 '연고' 상자. 뚜껑을 덮었을 때 깊이가 약 2cm 정도여야 한다(**그림 1**). 약국에서 쉽게 구입할 수 있다.

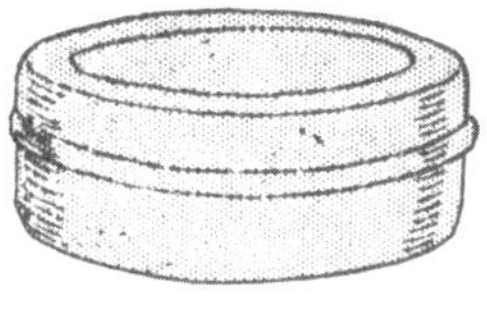
그림 1

그림 2

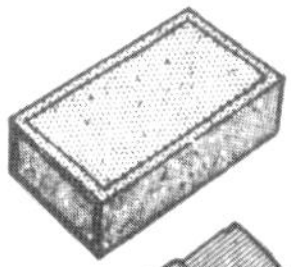
그림 3

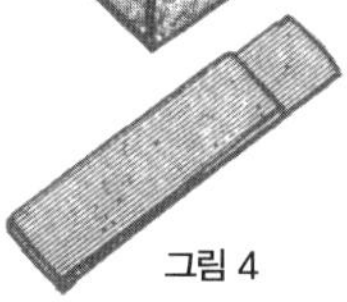
그림 4

그림 5

2. 크기 7.5cm × 5cm × 2.5cm의 흰색 작은 상자 또는 분갑(powder box). 역시 약국에서 구입할 수 있다.
3. 목제 성냥갑(**그림 3**).
4. 양철 혹은 금속으로 된 길이 7.5cm, 너비 2.5cm, 깊이 0.5cm의 슬라이드. 25센트 동전이 안으로 쉽게 들어갈 수 있을 만한 크기여야 한다. 슬라이드를 열었을 때 한쪽 끝이 2cm 정도 늘어나야 한다. 그 부분에 동전을 놓고 안으로 미끄러져 들어가게 할 수 있다(**그림 4**).
5. 밝은 색으로 된 헝겊주머니. 길이 5cm, 너비 약 3cm(**그림 5**)
6. 길이 약 4cm의 고무밴드 한 개. 그보다 더 긴 성냥갑과 흰색상자, 포장지를 전부 감쌀 수 있는 고무밴드 세 개.
7. 흰색상자를 포장할 종이.
8. 빌린 손수건. 혹은 자신의 손수건을 이용

준비

헝겊주머니에 슬라이드를 끼워 넣고 고무밴드로 입구를 꽉 묶는다. 여러 번 칭칭 감아도 된다. 따라서 만약 슬라이드를 열면 주머니 입구가 고무밴드로 묶이게 된다(**그림 6**). 이렇게 세팅한 주머니와 슬라이드는 성냥갑 안에 밖으로 삐져나오도록 넣어둔다(**그림 7**). 그리고 긴 고무밴드로 성냥갑을 가로, 세로로 묶는다.

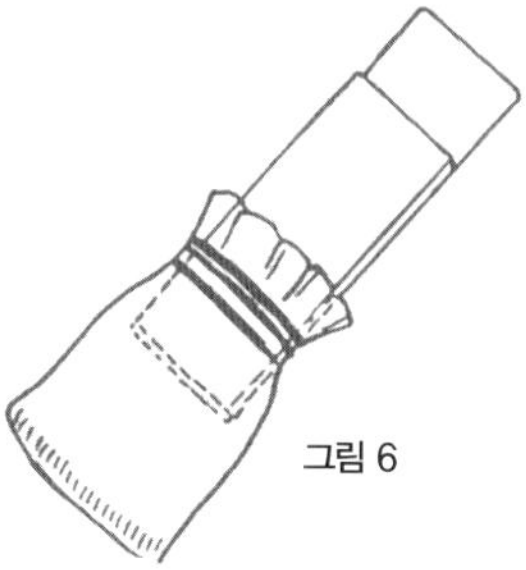

그림 6

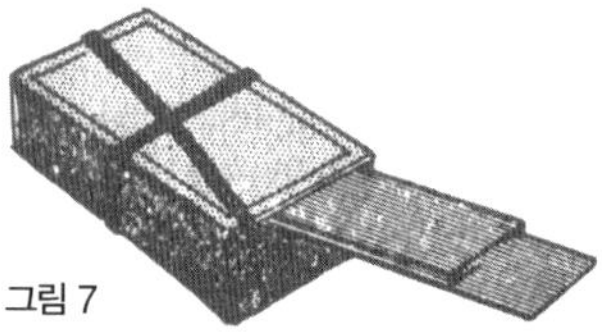

그림 7

성냥갑을 흰색 상자에 넣는다. 역시 슬라이드가 밖으로 삐져나온다. 포장지로 흰색 상자를 포장한 다음 고무밴드로 십자 모양으로 묶는다(**그림 8**). 슬라이드가 튀어나온 한쪽 끝부분은 약간 아래로 늘어진다. 나중에 슬라이드를 빼면 늘어진 부분을 원래 위치로 올린 다음 고무밴드를 그 위에 놓을 수 있다. 세팅이 끝난 꾸러미는 슈트케이스에 넣거나 테이블에 있는 다른 물건 뒤에 숨겨 놓는다. 금속 상자도 그 옆에 놓는다.

그림 8

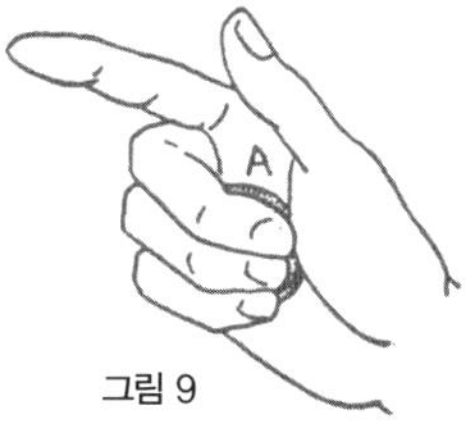

그림 9

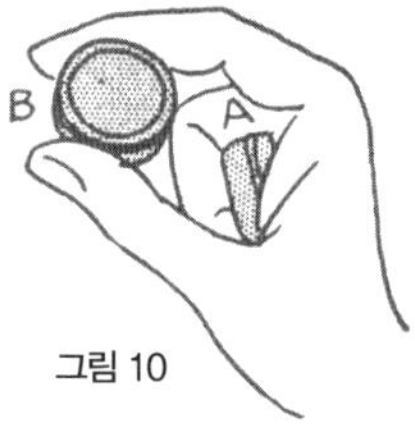

그림 10

시연

금속상자 두 개가 사용되므로 각각 A와 B로 표시한다. 슈트케이스나 테이블에서 오른손으로 A를 핑거 팜 한다(**그림 9**). 그리고 재빨리 엄지손가락과 집게손가락 사이로 B를 잡아서 꺼낸다(**그림 10**). 관객은 금속상자가 한 개 더 있다는 사실을 눈치 채지 못한다.

"동전을 빌려야겠습니다. 25센트와 5센트, 10센트 동전이 하나씩 필요합니다. 나중에 알아보기 쉽도록 동전에 표시를 해주세요."

관객 세 명이 각각 동전에 표시를 해서 준다. B의 뚜껑을 열고 왼손에 상자를 둔다.

"자, 세 분 모두 동전에 표시를 하셨습니다. 이제 이 상자에 동전을 넣어주세요."

이때 관객 쪽으로 가서 상자를 내밀어도 되고 관객이 당신 쪽으로 와서 넣도록 해도 된다. 왼손으로 상자를 잡고 **그림** 11처럼 든다. 뚜껑을 닫은 후 **그림** 10처럼 오른손 집게손가락과 엄지손가락 사이로 잡는다.

"혹시 손수건 빌려주실 분 계십니까?"

관객에게 손수건을 빌리거나 자신의 것을 사용한다. 오른손으로 손수건을 잡고 한쪽 귀퉁이로 든다. B를 손수건 가운데로 가져가서 손수건으로 손과 동전을 덮는다. 손수건 안에서 A와 B를 바꿔치기 한다. B는 오른쪽으로 보내고 A는 가운뎃손가락, 넷째 손가락, 새끼손가락 위에 놓으면 된다(**그림** 12).

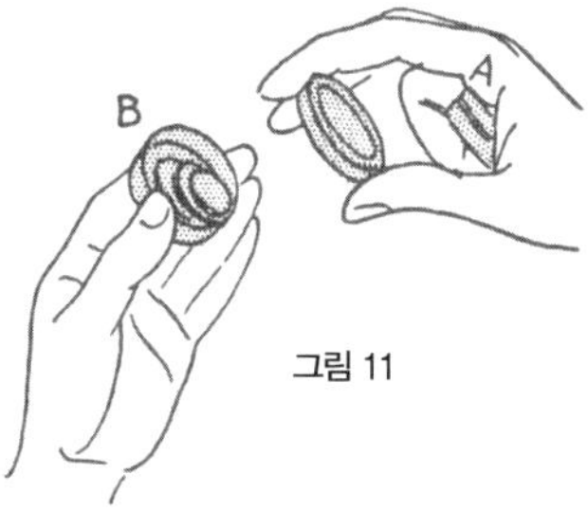

그림 11

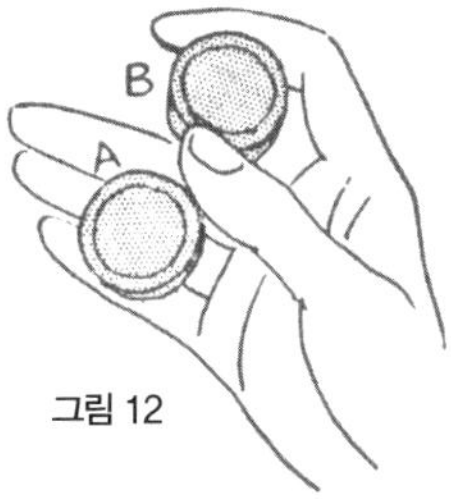

그림 12

그림 13

왼손으로 손수건 위에서 A를 잡는다(**그림** 13). B는 **그림** 9처럼 재빨리 핑거 팜 한다. 손수건과 상자를 왼손에서 오른손 집게손가락과 엄지손가락 사이로 바꿔 잡는다.

"동전이 든 상자를 들고 계실 분 계십니까?"

이렇게 말하면서 손수건을 흔든다. 핑거 팜 한 B에 든 동전이 부딪히면서 소리가 나므로 관객들은 당연히 손수건으로 가린 상자에 동전이 들었다고 생각한다. 관객에게 A와 손수건을 **그림** 13처럼 들라고 한다.

"혹시 수전증 없으시죠? 네, 좋습니다. 몸 앞쪽으로 높이 들어주세요."

슈트케이스에 손을 넣고 소리 나지 않도록 몰래 B를 열어 동전을 꺼낸다. 동전을 하나씩 슬라이드 끝에 놓고 주머니 안으로 떨어뜨린다. 슬라이드를 잡아 빼서 슈트케이스 안에 금속상자와 함께 남겨둔다. 꾸러미의 아래로 약간 내려간 부분을 약간 올려서 찢어진 틈이 보이지 않도록 고무밴드를 옆으로 가져와 잘 덮는다. 이 모든 동작은 한 순간에 재빨리 이루어져야 한다. 이 동작이 끝난 후 슈트케이스에서 꾸러미를 꺼내 잘 보이도록 테이블에 올려놓는다.

"자, 아시다시피 들고 계신 금속상자에는 빌린 동전 세 개가 들어 있습니다. 모두 표시가 되어 있죠. 그리고 테이블에는 꾸러미가 있습니다. 이집트의 한 신비주의자에게 사람들이 물었습니다. '단단한 물체가 눈에 보이지 않게 이동하는 일이 가능합니까? 라디오에서 말소리와 음악이 퍼져 나오는 것처럼 말입니다.' 자, 뭐니 뭐니 해도 말보다 행동으로 보여주는 것이 낫겠죠? 들고 계신 손수건을 치워주시겠습니까?"

관객이 손수건을 치우고 상자를 흔들자 동전 소리가 나지 않는다. 관객이 마술사의 지시에 따라 상자 뚜껑을 연다. 관객에게 상자와 뚜껑을 받아서 관객들에게 보여준다.

"동전 세 개가 전부 없어졌습니다."

테이블에 놓인 꾸러미의 포장지를 벗기고 포장지는 옆으로 치운다. 관객에게 고무밴드로 묶인 흰색 상자를 준다. 관객이 마술사의 지시에 따라 고무밴드를 풀고 상자 뚜껑을 연다. 이때 관객은 모두에게 잘 보이도록 서야 한다.

그림 14

"흰색 상자 안에 성냥갑이 있을 겁니다. 꺼내세요. 성냥갑도 고무밴드로 묶여 있을 겁니다. 고무밴드를 풀고 성냥갑을 열어보세요. 안에 헝겊주머니가 있을 겁니다. 주머니를 꺼내서 입구에 묶여 있는 고무밴드를 풀어보세요."

관객이 **그림 14**와 같은 주머니를 꺼내서 열고 안에 든 동전을 손에 떨어뜨린다.

"뭐가 들었죠? 네, 25센트와 10센트, 5센트군요. 빌려주신 분들에게 돌려주세요. 동전을 받으신 분들은 아까 표시한 동전이 맞는지 한 번 확인해보세요. 맞습니까? 네, 고맙습니다. 잘 보셨죠? 돈도 순간 이동을 할 수 있군요."

★ 참고

헝겊주머니 대신 아스피린 상자를 사용해도 된다. 뚜껑에 고무밴드를 묶어서 꽉 닫는다.

선배 마술사들은 상자에 슬라이드를 넣고 고무밴드로 묶은 후 다른 상자에 넣고 굵은 털실로 칭칭 감는 방법을 사용했다. 슬라이드의 끝부분이 털실뭉치에서 삐져나왔다. 슬라이드는 50센트가 미끄러져 들어갈 만한 크기였다. 슬라이드에 동전을 미끄러뜨려 안쪽에 있는 상자에 들어가도록 한 후 슬라이드를 빼내면 아무런 증거도 없이 털실 뭉치만 남는다.

빵에서 동전 나타나게 하기

Coins in A Loaf of Bread

이것은 '약상자를 이용한 마술(Pill Box Mystery)'의 다른 버전이다. 흥미롭게도 이 버전에서는 동전뿐 아니라 금속상자까지 사라진다.

★ 이펙트

관객에게 동전 세 개를 빌리고 나중에 확인하기 위해서 각각 표시를 하라고 한다. 금속상자의 뚜껑을 열어 동전을 넣은 후 손수건으로 덮고 관객에게 들고 있으라고 한다. 그리고 빵 덩어리를 가져와 테이블에 놓는다. 마술사가 관객이 든 손수건의 한 귀퉁이를 홱 잡아당기자 동전이 사라지고 없다. 빵을 자르자 그 안에서 상자가 나온다. 상자에서 동전을 꺼내 빌려준 관객들에게 돌려준다.

★ 준비물

1. '프렌치 약상자 마술(French Pill Box Mystery)' 에서와 똑같은 금속상자나 연고상자 두 개.
2. **그림** 15처럼 한 귀퉁이에 금속상자를 놓고 헝겊으로 덮어 꿰매놓은 손수건. 보통의 손수건이나 어두운 색의 실크 손수건이면 된다. 후자가 보기에 더 좋다.
3. 기름종이(wax paper)에 싼 빵 덩어리. **그림** 16처럼 바닥 중앙을 칼로 그은 후 상자가 들어갈 수 있고 떨어지지 않을 만큼 빵을 파낸다.
4. 빵 칼

그림 15

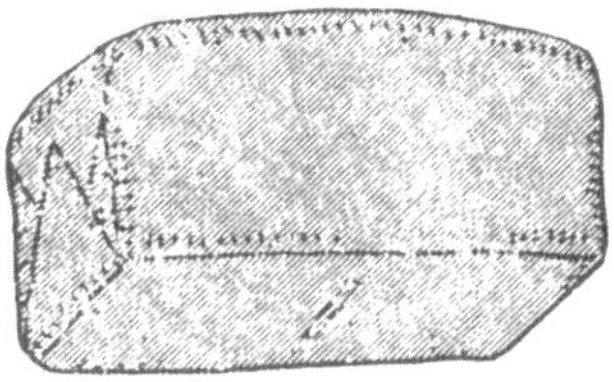

그림 16

준비

미리 세팅한 손수건을 테이블에 놓는다. 빵은 슈트케이스에 넣거나 작은 칸막이 뒤에 숨겨놓는다. 약상자는 슈트케이스나 주머니에 넣는다.

시연

관객에게 동전 세 개를 빌리고 각각 동전에 표시를 하라고 한다. 금속상자에 동전을 넣고 뚜껑을 닫는다. 테이블에서 손수건을 가져와 가운데를 왼손에 올리고 늘어뜨린다. 이때 헝겊이 달린 귀퉁이가 당신의 몸 앞으로 오도록 해야 한다. 오른손으로 관객이 들고 있던 동전 상자를 가져와 손수건 중앙에 놓는 척한다. 실제로는 다른 쪽 귀퉁이를 오른손에 놓고 귀퉁이에 달린 상자를 들어 손수건 가운데에 놓는다. 귀퉁이에 달린 상자를 왼손으로 **그림** 13처럼 잡고 오른손은 동전 상자를 핑거 팜 한 후 손수건에서 뗀다. 손수건 가운데에 놓은 상자는 오른손 엄지손가락과 집게손가락에 놓고 흔들어 동전 소리를 낸다. 이때도 마찬가지로 핑거 팜 한 상자에서 동전 소리가 나는 것이지만 관객은 손수건으로 덮고 잡고 있는 상자에서 나는 소리라고 생각하고 동전이 확실히 그 안에 들어 있다고 믿는다. 관객에게 상자와 손수건을 들고 있으라고 한다(**그림** 13).

동전이 든 상자를 팜 한 채 오른손으로 슈트케이스 또는 칸막이 뒤에 놓인 빵 아랫부분에 집어넣은 다음 빵을 테이블에 놓는다. 손가락으로 바닥의 틈을 잡으면 들키지 않고 자유롭게 빵을 들 수 있다. 관객이 들고 있는 손수건의 한 귀퉁이를 잡아당기면 상자에 동전이 사라지고 없다. 손수건은 옆에 치워두거나 주머니에 넣는다.

그림 17

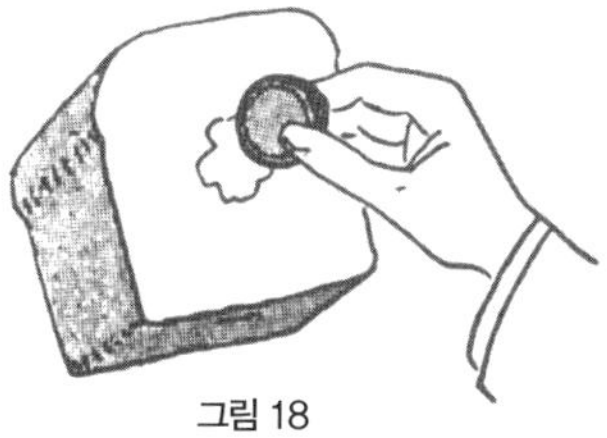
그림 18

빵을 집어 기름종이를 찢는다. 이때 바닥에 벌어진 틈이 관객에게 보이지 않도록 조심한다. 테이블에 빵을 올려놓은 후 빵 칼을 이용해서 반으로 자른다. 동전 상자에서 오른쪽으로 약 2.5cm 떨어진 지점을 잘라야 한다(**그림** 17). 왼손으로 상자가 들어 있는 A쪽을 집는다. 자른 쪽, 즉 빵의 흰색 부분을 관객에게 보여준다. 오른손에 아무것도 없음을 보여준 후 엄지손가락과 집게손가락을 빵 가운데를 찢는다. 안에 든 동전 상자가 만져지면 밖으로 꺼낸다(**그림** 18). 상자를 열어 동전 세 개를 보여준 후 빌려준 관객들에게 주고 표시가 맞는지 확인하라고 한다.

★ 참고

선배 마술사들은 관객에게 동전 대신 반지를 빌리기도 했다. 그 방법도 매우 효과적이다. 또한 빵에서 시계가 나오게 하는 마술도 매우 인기가 있었다. 미리 손수건 귀퉁이에 시계를 달아놓았다. 그리고 관객에게 시계를 빌려서 손수건으로 감싸는 척 하고 사라지게 만든 후 빵 안에서 나타나게 했다. 나머지 방법은 모두 '빵에서 동전 나타나게 하기' 와 똑같다.

오키토 동전 상자
Okito Coin Box

오키토(테오 뱀버그)는 몇 년 전에 '약상자' 를 이용해서 여러 가지 물체를 사라지게 만드는 이펙트를 현대적으로 바꾸었다. 약상자 한 개를 이용해서 관객의 눈을 피해 상자에 든 물건을 몰래 손에 넣는 방법이다.

★ 이펙트

조그만 둥근 상자를 보여준다. 뚜껑이 닫힌 상태이다. 50센트나 다른 동전 또는 작은 물체를 상자에 넣고 뚜껑을 닫는다. 상자를 흔들어 그 안에 물체가 들어 있음을 확인시켜준다. 하지만 상자를 열자 안에 있던 물체가 사라지고 없다.

★ 준비물

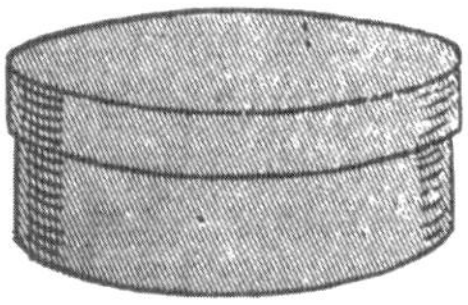
그림 1

마술용품점에서 판매하는 오키토 동전 상자. 이것은 둥근 금속상자로 뚜껑이 느슨하게 되어 있다(**그림 1**). 상자를 뒤집어서 바닥에도 뚜껑이 잘 맞는다.

앞에서 설명한 '약상자 마술' 에 이용되는 약상자를 활용해도 된다.

시연

오키토 상자에 50센트나 다른 동전 또는 작은 물체를 넣는다. 안에 있는 물체가 잘 보이도록 상자를 약간 기울여서 보여준다. **그림 2**처럼 오른손 손가락에 놓으면 된다. 뚜껑은 왼손 엄지손가락과 집게손가락 사이로 잡는다.

그림 2

그림 3

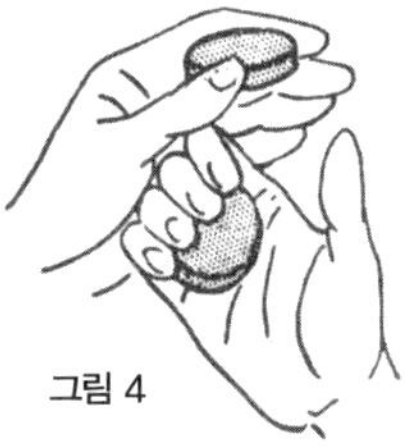

그림 4

뚜껑을 든 채로 왼손을 오른손 앞으로 가져가 상자가 관객에게 보이지 않도록 가린다(**그림 3**). 오른손에 놓인 상자를 손가락을 이용해서 거꾸로 뒤집는다(**그림 4**). 다시 손가락을 펴고 뚜껑을 상자에 뚜껑을 놓는다. 즉, 상자의 바닥에 뚜껑을 놓는 것이다(**그림 5**).

하지만 관객에게는 단순히 상자 뚜껑을 닫는 것처럼 보인다. 왼손을 치운다. 상자와 뚜껑은 오른손에 든 상태이다(**그림 6**). 상자를 앞뒤로 흔들어 물건이 들어 있음을 확인시켜준다.

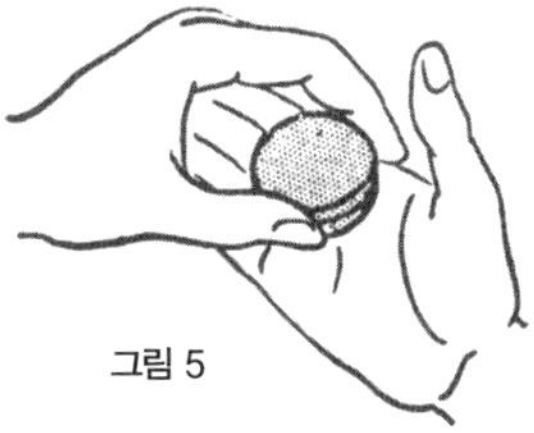

그림 5

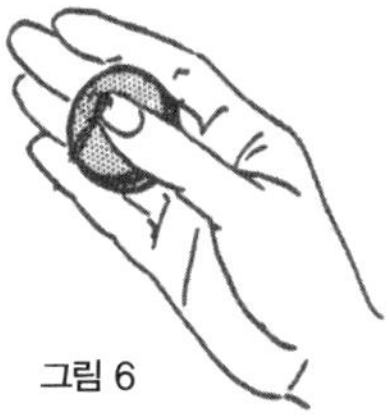

그림 6

왼손으로 오른손에 있는 오키토 상자를 들어 올린다. 상자에 든 물체는 오른손 손바닥에 팜 자세로 남겨둔다. 이때 손바닥은 동전(또는 다른 물체)이 관객에게 보이지 않도록 몸 앞쪽으로 향하게 한다. 모두에게 잘 보이도록 상자를 테이블에 놓고 손에 든 물체를 바닥의 장치에 넣는다.

오른손 엄지손가락과 집게손가락으로 상자를 들어 안이 텅 비었음을 보여준다. 이

때 엄지손가락과 집게손가락으로 몸통과 뚜껑을 잡고 상자 바닥(뚫린 부분)이 관객에게 보이지 않도록 한다. 손을 약간 들고 개방된 왼손을 약 38cm 아래에 둔다. 여전히 뚜껑을 잡은 상태에서 상자가 오른손으로 떨어지게 한다. 상자가 떨어지면서 다시 뒤집어진다. 상자 오른쪽 부분이 위로 향할 것이다. 어찌되었든 간에 이때 재빨리 상자를 똑바로 잡는 것은 쉽다. 상자와 뚜껑 모두 텅 비었음을 보여준다.

두 번째 방법

오키토 상자를 다루는 또 다른 방법은 **그림** 7처럼 안에 물체가 든 상태에서 왼손 엄지손가락과 나머지 손가락 끝으로 상자를 잡는 것이다. 상자가 관객 쪽으로 약간 기울어지므로 관객에게 내용물이 잘 보인다. 뚜껑을 든 오른손을 상자로 가져가 뚜껑을 닫기 직전에 왼손 엄지손가락으로 상자를 왼손 손가락 방향으로 밀어 거꾸로 뒤집어지게 한다(**그림** 8). 그러면 상자 바닥에 뚜껑을 씌우게 된다. 오른손을 옆으로 떼고 **그림** 9처럼 뚜껑 닫힌 상자를 보여준다.

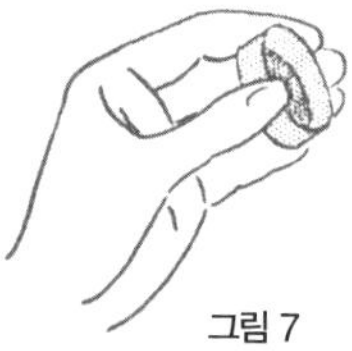
그림 7

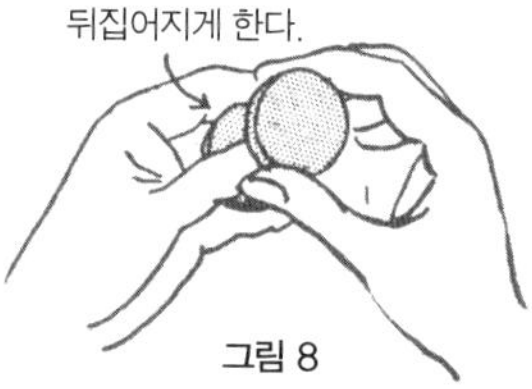

그림 8

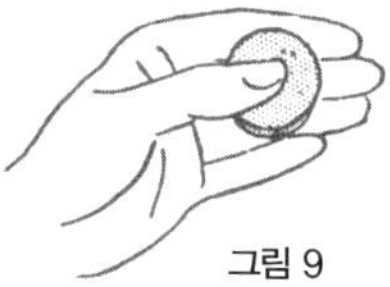
그림 9

상자를 흔들어 안에 물체가 들어 있음을 확인시켜준다. 오른손으로 왼손의 상자를 가져오면서 내용물은 왼손에 핑거 팜 한다. 또는 우선 상자를 오른손으로 옮겨서 흔든 다음 왼손으로 다시 상자를 들면서 물체를 내용물에 핑거 팜 해도 된다.

그림 10

그림 10은 상자가 거꾸로 뒤집혔을 때 가로로 본 뚜껑의 모습이다.

상자에 물건을 넣을 때도 이 법칙을 사용하면 된다. 오른손으로 뚜껑을 열고 왼손으로 재빨리 상자를 똑바로 세워서 내용물이 드러나게 한다. 상자를 뒤집는 모습은 뚜껑에 가려져 보이지 않는다.

세 번째 방법

이것은 가장 최신식 방법이며 가장 효과적이다. 하지만 한 손으로 몰래 뚜껑을 뒤집고 관객의 의심을 사지 않기 위해 상자(그리고 뚜껑)를 다른 손으로 옮겨야 하므로 각별한 주의와 능숙함이 요구된다.

그림 2처럼 오른손으로 뚜껑을 든다. 뚜껑은 왼손 손가락 끝에 둔다. 관객에게 열린 상자에 동전을 넣으라고 하고 일반적인 방법으로 뚜껑을 닫는다. 오른손을 위 아래로 움직여서 상자를 흔들기 시작한다. 이 동작을 하면서 몰래 상자를 거꾸로 뒤집는다. 우선 상자는 **그림 11**처럼 뚜껑이 닫힌 채 놓여 있다. 오른손을 위로 올리는 동시에 집게손가락과 엄지손가락 끝으로 뚜껑을 들어 올린다. 따라서 가운뎃손가락과 넷째 손가락으로 뚜껑을 뒤집어 손바닥 안으로 보낼 수 있다(**그림 12**). 그렇게 하는 동시에 오른손 집게손가락을 안으로 구부려서 뚜껑을 엄지손가락 갈래 부분으로 이동시킨다(**그림 13**).

그림 11

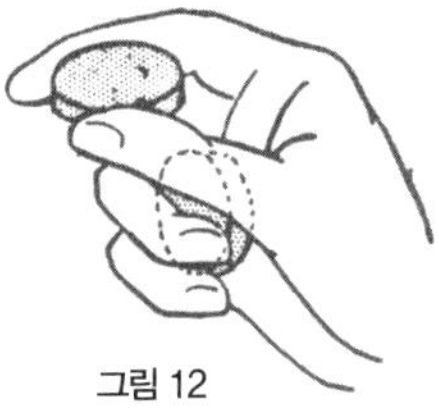
그림 12

엄지손가락 갈래에 놓인 뚜껑을 집게손가락으로 잡은 채 엄지손가락 끝으로 뒤집어 바닥이 손바닥에 놓이도록 한다(**그림 14**). 뚜껑을 뒤집는 동작은 3단계로 이루어진다. 첫째, 뚜껑을 올려서 손바닥으로 뒤집는다. 둘째, 엄지손가락 갈래로 뚜껑을 미끄러뜨린다. 셋째, 뒤집어진 상자에 뚜껑을 놓는다. 손을 움직이지 말고 가만히 놓은 상태에서 이렇게 세 가지 동작으로 나누어 연습한다. 이렇게 하면 빠른 시간에 쉽게 익힐 수 있다. 손을 움직이면서 세 가지 동작을 재빨리 하나의 동작으로 연결시키면 된다.

계속 상자를 위 아래로 흔들다가 갑자기 오른손에서 왼손 안으로 던졌다가(방금 몰래 상자를 뒤집어 놓았으므로 동전이 상자 아래에 있는 채로) 다시 오른손으로 던진다. 이때 동전이 보이거나 동전이 떨어지지 않도록 조심해야 한다. 그러기 위해서는 가운뎃손가락 끝

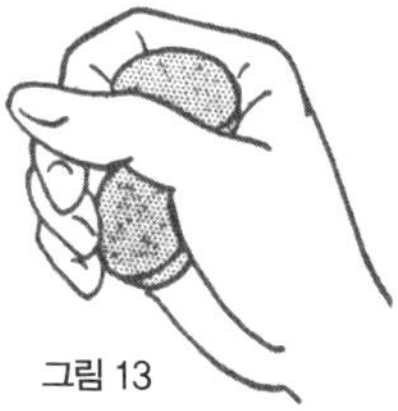

그림 13

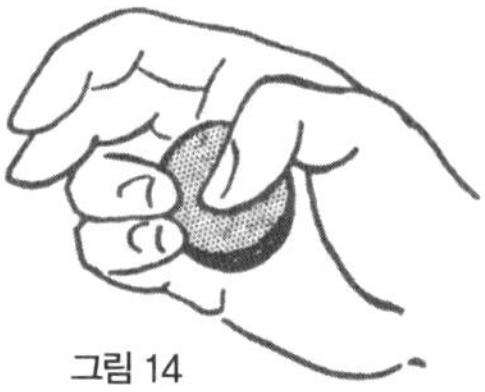

그림 14

에 상자를 평평하게 놓고 약간 아래쪽으로 활 모양을 그리면서 반대편 쪽으로 던지면 된다. 왼손으로 상자를 잡을 때 동전을 받치기 위해 손가락이 상자 안으로 들어가면 안 된다. 상자가 거꾸로 뒤집어져 있다는 사실이 드러나면 안 되기 때문이다. 약간 아래쪽을 향해 상자를 던지므로 동전이 뒤집혀진 상자의 위쪽으로 올라간 채 왼손 손바닥으로 옮겨진다. 그 순간 왼손을 오므려 상자를 잡는다. 잠시 동안 동전이 덜거덕거리는 소리가 계속되고 또다시 오른손으로 옮긴다. 이렇게 왼손에서 오른손으로 한 번만 왔다 갔다 하면 충분하다. 상자가 '정상적으로' 있다든지 '평상시와 같은' 모습으로 있다든지 하는 말은 할 필요가 없다.

지금까지의 동작은 꾸미지 않은 듯 자연스러워보이므로 관객에게 의심을 살 위험이 전혀 없다. 루이스 태넌은 제2권 **레슨 31**에 나온 '반지, 매듭, 로프(Ring, Knot and Rope)' 마술에서 재치 있게 이 방법을 사용한다. 오키토 상자에 든 반지가 별안간 사라져 로프 중앙의 매듭에 묶인 채 나타난다.

동전으로 모자 통과하기
Coin through The Hat

★ 이펙트

마술사가 관객에게 모자를 빌려 왼손으로 든다. 오른손을 들어 허공에서 50센트 동전이 나오게 한 후 모자에 던져 넣는다. 동전이 모자 안으로 떨어지는 소리가 분명히 들린다. 하지만 놀랍게도 마술사는 모자를 들어서 둥근 머리 부분에서 동전을 꺼낸다. 그 동작을 한번 더 보여준 후 동전을 허공으로 던져 모자 안으로 받는다. 그리고 또다시 모자 머리 부분에서 동전을 꺼낸다.

★ 준비물

1. 부드러운 소재의 펠트 모자
2. 50센트 또는 1달러 동전

시연

모자 안이 텅 비었음을 보여준 후 **그림** 1처럼 왼손으로 잡는다. 엄지손가락으로 테두리를 잡고 나머지 손가락은 모자 안쪽의 속테 부분을 잡는다. 오른손으로 몰래 동전을 핑거 팜 한다. 오른손을 허공으로 드는 순간 동전을 엄지손가락과 나머지 손끝으로 보내서 내보인다. 그리고 집게손가락과 가운뎃손가락 끝으로 잡는다. 오른손 넷째 손가락은 **그림 2**처럼 가운뎃손가락 위로 최대한 당겨서 올려놓는다.

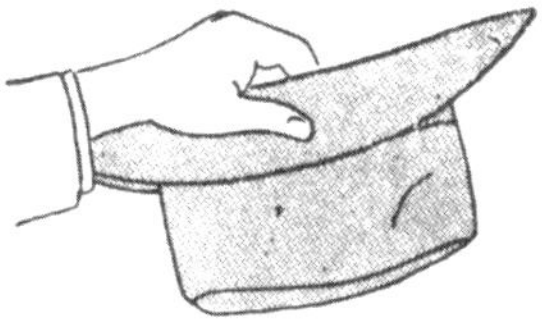
그림 1

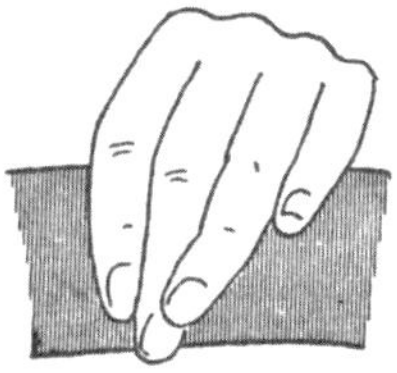
그림 2

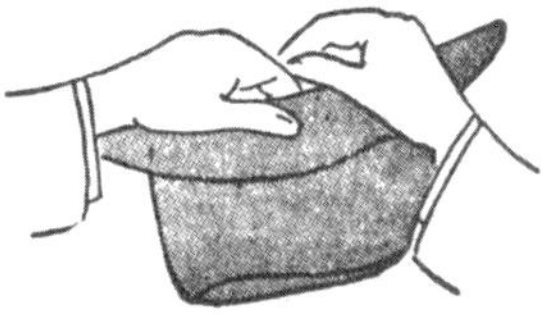
그림 3

오른손으로 모자에 동전을 넣는 척한다(**그림 3**). 모자에 손을 집어넣고 동전을 섬 팜 하면 된다(제1권 **레슨 3** '프런트 섬 팜 배니시' 66~67쪽).

동전이 모자 안으로 떨어지는 순간 왼손 가운뎃손가락에 놓인 넷째 손가락을 튕긴다. 마치 동전이 모자 안으로 떨어지는 것처럼 '탁' 하는 소리가 들릴 것이다(**그림 4**). 이 동작은 어렵지는 않지만 반드시 연습이 필요하다.

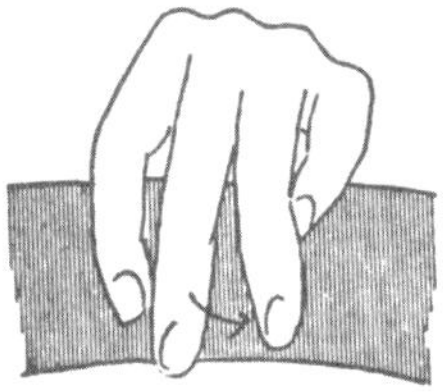

그림 4

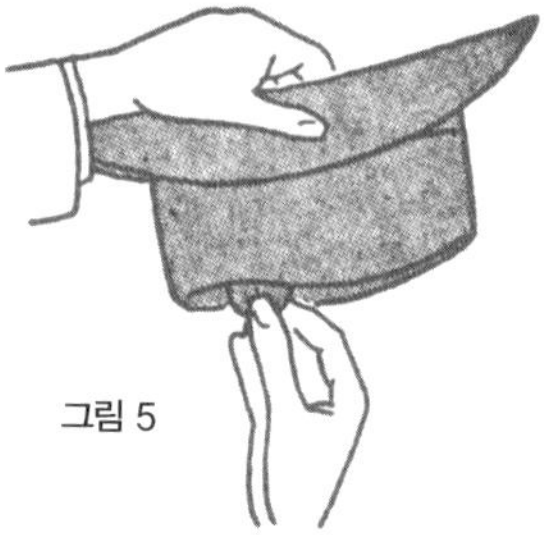

그림 5

모자 안에서 오른손을 빼서 재빨리 거꾸로 뒤집혀진 정수리 부분으로 가져간다. **그림 5**처럼 손끝을 이용해 동전을 모자 앞주름 뒤쪽으로 가져와서 보여준 다음 다시 원래의 위치로 돌려보낸다.

다시 모자 안으로 동전을 던지는 척한다. 오른손 넷째 손가락을 튕겨서 마치 동전이 모자 안으로 떨어지는 것 같은 소리를 낸다. 그리고 정수리 부분에서 동전을 꺼낸다.

이제 동전을 허공으로 던지는 척한다. 손을 위로 올리는 도중에 동전을 섬 팜 한다. 허공으로 올라가는 가공의 동전으로 시선을 따라 움직인다. 그런 다음 모자를 들어서 동전을 받는 척한다. 또다시 오른손으로 정수리 부분에서 동전을 꺼내는 척한다.

갑자기 나타나는 10센트

Dime Delusion

이것은 제임스 허픽(James F. Herpick)이 고안한 이펙트로 특히 유리잔과 액체가 준비되어 있는 바 또는 테이블에서 시연하기에 적합하다.

★ 이펙트

표시된 10센트와 텅 빈 위스키 잔 두 개를 보여준다. 동전과 유리잔에는 정말로 아무런 세팅이 되어 있지 않다. 마술사가 유리잔 하나에 동전을 떨어뜨린 후 나머지 잔에 붓는다. 그리고 그것을 자신의 왼손에 붓는다. 첫 번째 잔을 두 번째 잔에 거꾸로 세워놓는다. 오른손으로 두 개의 잔을 모두 고정시킨다. 이렇게 고정시키면서 오른손에 아무것도 숨기지 않았다는 사실도 확인시켜줄 수 있다. 왼손으로 유리잔을 향해 던지는 시늉을 하자 갑자기 짤랑거리는 소리와 함께 동전이 나타난다.

★ 준비물

1. 닳은 10센트 동전. 닳은 동전은 면이 평평해서 위스키 잔의 축축한 바닥에 잘 달라붙는다.
2. 바닥(안쪽)이 평평한 위스키 잔 또는 다른 컵

시연

위의 준비물이 갖춰졌다면 이제 두 개의 유리잔 중 하나의 안쪽은 물기가 없고 다른 유리잔은 바닥(안쪽)이 술이나 물 등으로 젖어 있는지 확인하는 일만 남았다. 그것이 이 마술에 필요한 유일한 세팅이라고 할 수 있다. 만약 반들반들한 새 동전이라면 물도 위스키만큼 효과가 좋다. 실제로 해보면 알겠지만 위스키나 와인처럼 끈적임이 있는 액체를 사용할 경우 새 동전도 잘 달라붙는다.

동전에 표시를 한 후 관객에게 그것을 마른 유리잔에 떨어뜨리라고 한다. 왼손으로 유리잔을 받아서 그 안에 든 동전을 오른손에 들고 있는 젖은 유리잔에 떨어뜨린다. 마른 잔을 테이블 위 당신의 오른편에 세워놓는다. 이제 오른손 손가락으로 젖은 유리잔을 둥그렇게 둘러싸고 유리잔을 왼손 안으로 약간 기울인다. 마치 왼손으로 동전을 쏟아 부으려는 것처럼 말이다.

왼손으로 동전을 잡은 것처럼 주먹 쥔다. 젖은 유리잔 안쪽 바닥에 붙어 있는 동전은 보이지 않는다. **그림 1**처럼 오른손으로 유리잔 아래쪽을 잡고 있기 때문이다. 이제 오른손으로 젖은 유리잔을 거꾸로 뒤집어서 테이블에 놓인 유리잔에 올려놓는다.

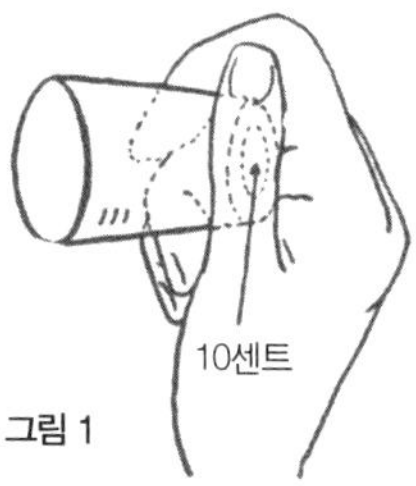

그림 1

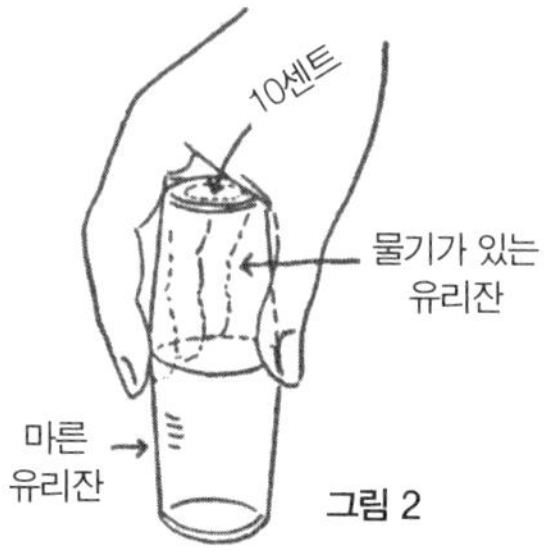

그림 2

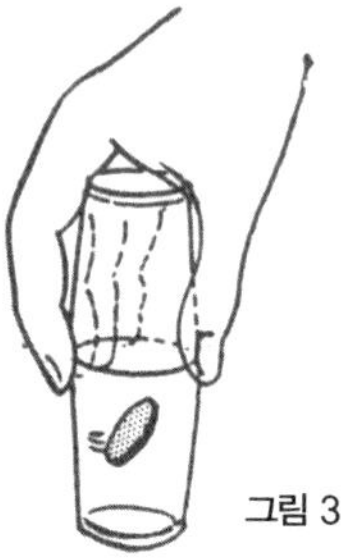

그림 3

두 유리잔의 입구가 맞닿게 되는 것이다. 동전은 위쪽에 놓인 젖은 유리잔 안쪽에 감춰져 있는 상태이다. 오른손 엄지손가락과 나머지 손가락들을 아래로 내려서 두 개의 유리잔이 맞닿아 있는 부분을 잡고 테이블에서 들어 올려 안에 아무것도 없음을 보여준다(**그림 2**). 왼손으로 던지는 동작을 취하고 오른손으로는 컵을 재빨리 흔든다. 동전이 짤랑거리는 소리를 내며 아래쪽에 있는 유리잔으로 떨어진다(**그림 3**). 관객에게 아래쪽 유리잔을 주고 아까 표시한 동전이 맞는지 확인하라고 한다.

톰 오스본의 파이브 코인 루틴

Tom Osborne' s Five Coin Routine

이것은 톰 오스본이 다양한 층의 관객을 대상으로 선보인 코인 루틴으로써 뛰어난 이펙트를 자랑한다. 마술사가 관객과 마주선 채 시연한다는 것이 이 루틴의 묘미이다. 재치 만점의 놀라운 루틴이다.

★ 이펙트

허공에서 1달러 동전을 잡아 왼손 엄지손가락과 집게손가락 사이에 놓는다. 오른손으로 허공에서 또 다른 동전을 잡아 왼손 집게손가락과 가운뎃손가락 사이에 놓는다. 똑같은 방식으로 허공에서 두 개의 동전을 더 나타나게 해서 왼손 다른 손가락에 놓는다. 오른손에서 또 다른 동전이 나타난다.

동전을 허공으로 던지자 동전이 하나씩 차례로 사라진다. 오른손으로 [redacted]씩 잡아서 유리잔에 떨어뜨린다. 왼손으로도 다섯 개의 동전을 나타나게 [redacted] 유리잔에 떨어뜨린다. 왼손으로 유리잔을 옮겨서 마술사의 코 아래에 놓[redacted]다. 오른손으로 코를 만지자 다섯 개의 동전이 유리잔 속으로 떨어진다.

★ 준비물

[redacted]

2. 밑바닥이 빠진 유리잔. 마술용품점에서 구입할 수 있다. 제2권 **레슨 27**(344쪽)에 나온 것처럼 밑바닥 부분을 잘라낸 유리잔이다.

준비

밑바닥이 빠진 유리잔을 코트 안쪽 가슴주머니에 넣어두거나 근처의 테이블에 올려놓는다. 오른손에 동전 다섯 개를 핑거 팜 한다(**그림 1**).

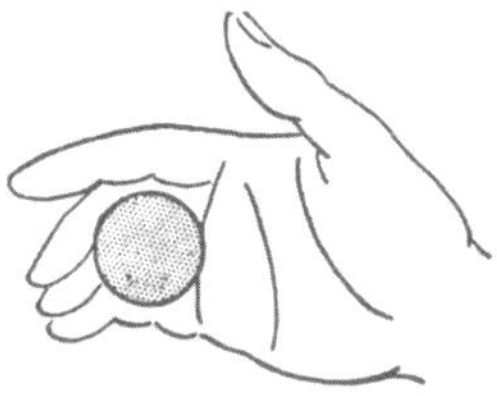

그림 1

그림 2

시연

이 동작은 음악과 함께 팬터마임으로 진행하면 매우 효과적이다. 마술사가 관객을 마주보고 선다. 양손을 앞쪽으로 가져가 손바닥이 관객을 향하도록 한다(**그림 2**). 오른손 손가락은 팜 한 동전이 보이지 않도록 약간 구부린다.

오른손을 왼쪽으로 돌린다. 손등이 관객을 향하게 되고 손가락은 왼쪽을 가리키게 된다. 오른손 엄지손가락을 맨 위에 놓인 동전에 올리고 집게손가락과 엄지손가락 끝 사이로 동전을 들어 올려서 관객에게 보이도록 한다(**그림** 3). 이 동작을 할 때는 마치 허공에서 동전을 잡는 것처럼 손을 약간 앞쪽으로 움직여야 한다. 왼손 엄지손가락과 집게손가락 사이로 동전을 잡는다(**그림** 4). 동전의 평평한 면이 관객을 향한다.

위와 똑같은 방법으로 허공에서 동전을 잡아 왼손 집게손가락과 가운뎃손가락에 놓는다. 세 번째 동전은 가운뎃손가락과 넷째 손가락 사이에 놓는다. 네 번째 동전도 똑같은 방법으로 나타나게 한 후 넷째 손가락과 새끼손가락 사이에 놓는다. **그림 5**는 왼손으로 동전 네 개를 잡은 모습이다. 다섯 번째 동전도 오른손에서 나타나게 한 후 계속 오른손에 둔다. 이제 동전 다섯 개가 모두 관객들에게 모습을 드러낸 상태이다.

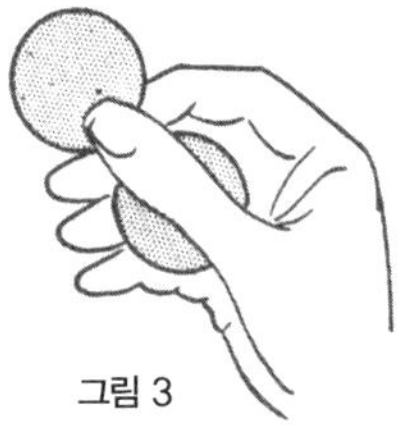
그림 3

그림 4

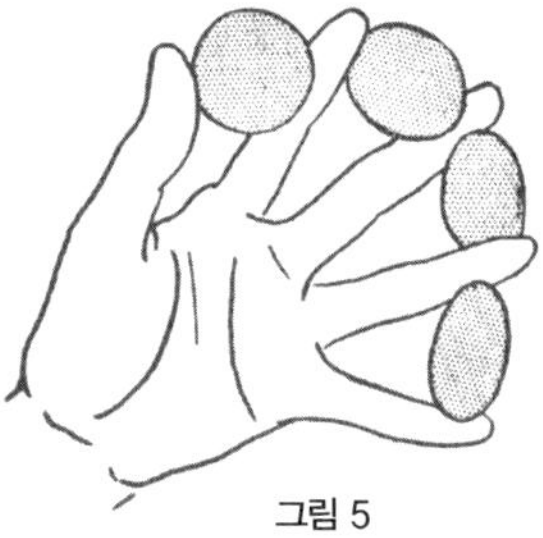
그림 5

오른손 손끝으로 다섯 번째 동전을 잡고 허공으로 던지는 척하면서 사라지게 한다. 실제로는 **그림** 6과 **그림** 7처럼 섬 팜 한다. 이것은 제1권 **레슨** 3에서 설명한 '인비저블 섬 팜' 으로 엄지손가락으로 동전을 숨긴 채 손을 앞뒤로 보여줄 수 있다.

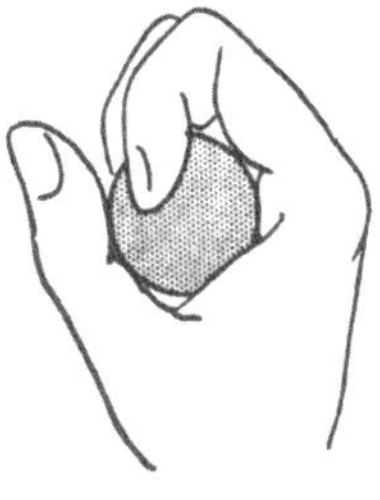
그림 6

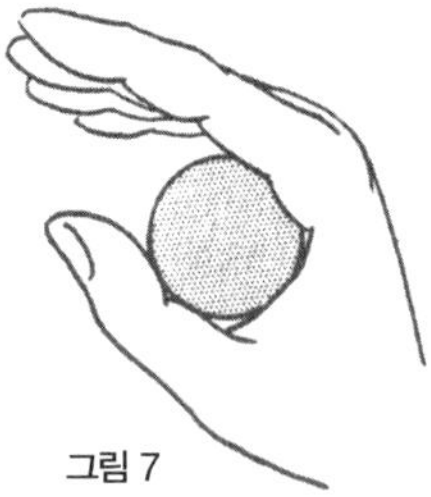
그림 7

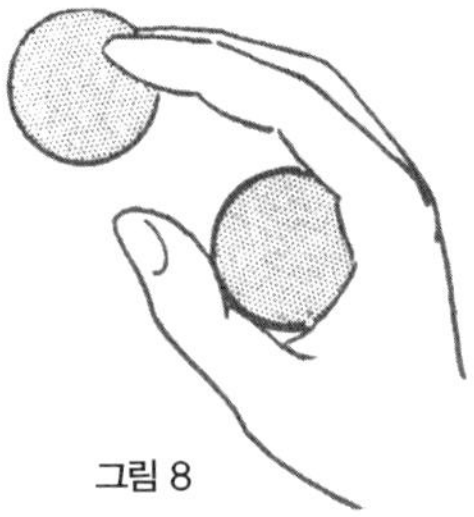
그림 8

오른손 집게손가락과 가운뎃손가락 끝으로 왼손 엄지손가락과 집게손가락에서 동전을 가져온다(**그림** 8). 오른손으로 허공에 던지는 동작을 취하는 동시에 '인비저블 섬 팜' 을 이용해 동전을 첫 번째 동전 아래에 놓는다(**그림** 9). 두 개의 동전이 나란히 쌓여야 한다. 오른손 집게손가락과 가운뎃손가락 끝을 첫째 손가락 끝에 대면서 손을 오른쪽으로 돌려서 손바닥이 관객에게 보이도록 한다. 엄지손가락으로 동전을 잘 가릴 수 있을 정도로만 오른쪽으로 돌려야 한다. 그 상태에서 엄지손가락을 제외한 네 손가락을 쫙 펼쳐서 보여준 후 다시 제자리에 놓고 손을 몸쪽으로 돌려서 손등이 관객을 향하도록 한다. 이렇게 동전이 하나씩 차례로 왼손에서 사라지고 오른손에는 다섯 개의 동전이 섬 팜 되어 있게 된다. 다섯 번째 동전이 사라질 때까지 관객의 관심이 왼손 손바닥에 쏠리지 않도록 해야 한다.

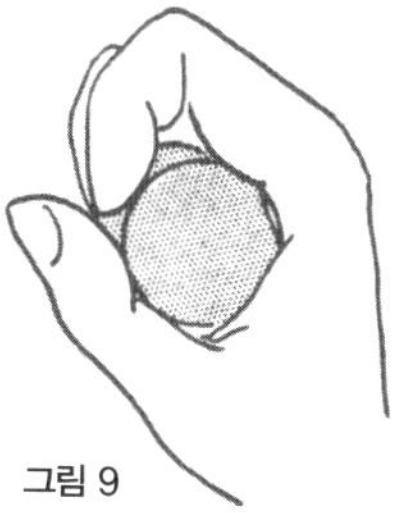
그림 9

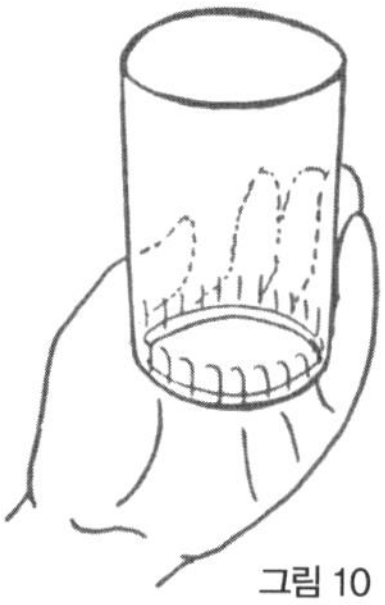
그림 10

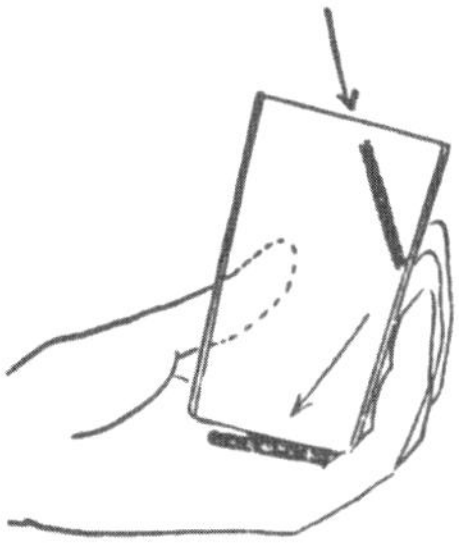
그림 11

여전히 당신이 관객을 향해 서 있다는 사실을 잊지 말아야 한다. 왼손으로 가슴 안주머니에서 밑 빠진 컵을 꺼낸다. 테이블 왼쪽에 올려놓았다면 거기에서 손으로 집어 든다. 컵의 밑바닥이 없다는 사실을 관객이 눈치 채지 못하도록 잘 든다. **그림** 10처럼 왼손 손바닥에 컵을 올려놓고 앞쪽에서 손가락을 구부린다. 엄지손가락은 왼쪽에 놓고 밑바닥이 보이지 않도록 가린다.

계속해서 오른손 엄지손가락과 집게손가락으로 동전을 받는다. 오른손 가운뎃손가락을 맨 밑의 동전 아래에 놓고 집게손가락 끝은 맨 위의 동전에 놓으면 섬 팜 포지션에서 쉽게 동전이 나타나게 할 수 있다. 가운뎃손가락으로 맨 밑의 동전을 미끄러뜨린다. 동전이 나오는 순간 집게손가락으로 덥석 잡는다(**그림** 9). 집게손가락과 가운뎃손가락을 펴서 마치 허공에서 동전이 나타난 것처럼 보여준다(**그림** 8). 그리고 컵에 떨어뜨린다. 이때 **그림** 11처럼 컵을 약간 앞으로 기울여서 동전이 컵의 앞쪽에 부딪혀 '쨍그랑' 소리를 내면서 손바닥으로 떨어지게 한다. 나머지 동전도 이렇게 하나씩 차례로 나타나게 한 다음 컵에 떨어뜨린다. 이렇게 해서 다섯 개의 동전이 모두 나타나게 된다. 동전이 컵의 앞쪽에 부딪히면서 이미 왼손 손바닥에 떨어진 다른 동전으로 떨어지는 소리가 들리므로 관객은 마술사가 평범한 컵에 동전을 떨어뜨렸다고 생각하게 된다. 동전을 떨어뜨릴 때 오른손 손바닥을 한두 차례 들어 텅 비었음을 보여줘도 된다.

동전이 나타나게 할 때 '인비저블 섬 팜' 대신 다른 방법을 사용할 수도 있다. 동전을 손바닥으로 미끄러뜨린 다음 오른손 엄지손가락 끝으로 들어서 내보이면 된다(**그림 3**).

오른손은 손가락을 펼쳐서 텅 비었음을 보여준 후 컵을 잡는다. 이때 컵의 앞부분을 잡아 아랫부분을 약간 가려야 한다. 이렇게 오른손으로 컵을 들어 손바닥에 놓는다. [illegible] 핑거 팜 되어 있다. 왼손 손등이 관객을 향한다. 왼손에 있는 다섯 개의 동전을 한 번에 하나씩 손으로 잡아 나타나게 해서 컵에 떨어뜨린다.

이제 왼손으로 컵의 바닥을 가린 채 든다. 동전은 오른손에 핑거 팜 하여 남겨둔다. 코에서 30cm 아래 부분까지 컵을 들어올린다. 오른손으로 코끝을 만지면서 동전이 짤랑거리는 소리와 함께 컵으로 떨어지게 한다(**그림 12**).

그림 12

이렇게 함으로써 멋지게 루틴을 마무리할 수 있다. 컵과 동전은 실크 손수건이나 밑바닥을 완전히 가릴 수 있을 만한 물체 뒤에 놓는다. 이것은 모자 대신 컵을 이용해서 [illegible] 15개의 동전을 컵에 떨어뜨리는 일종의 '미저스 드림(제3권 레슨 23)' 이라고 할 수 있다.

'스로-어웨이' 코인 배니시
The 'Throw-Away' Coin Vanish

이것은 다섯 개의 동전을 차례로 허공으로 던져 사라지게 만드는 더 쉬운 방법이다. '인비저블 섬 팜' 대신 '프런트 섬 팜'과 '플랫 팜' 기술을 사용한다. '인비저블 섬 팜'을 연습할 시간이 없는 사람들에게 유용한 방법이다.

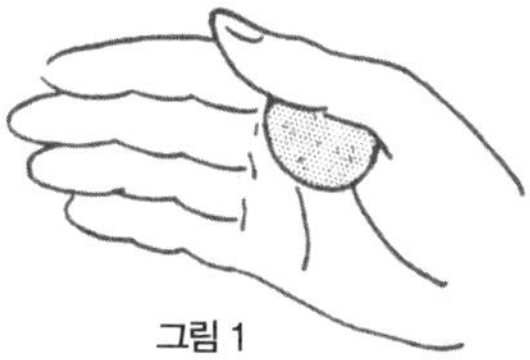

그림 1

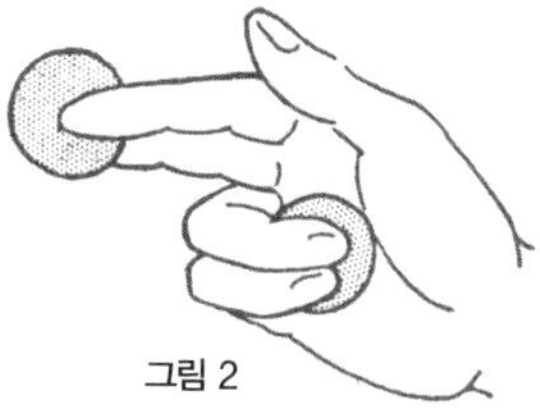

그림 2

시연

집게손가락과 가운뎃손가락으로 동전을 잡고 허공으로 던지는 척하는 순간 그 손가락들을 안쪽으로 구부려서 섬 팜 한다(**그림 1**). 약간 옆쪽으로 손을 내려서 동전이 섬 팜에서 플랫 팜 자세로 이동하도록 한다. **그림 2**처럼 집게손가락과 가운뎃손가락으로 두 번째 동전을 잡는다. 첫 번째 동전이 플랫 팜 되어 있는 상태임을 생각할 때 좋은 방법이다.

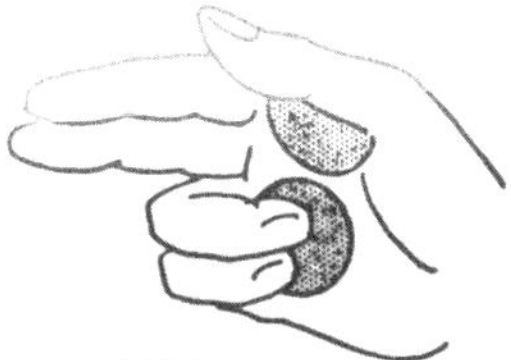

그림 3

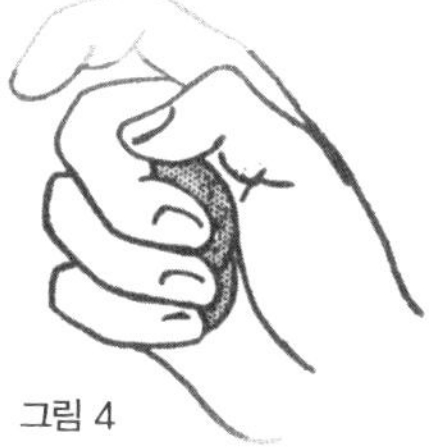

그림 4

두 번째 동전을 허공으로 던지는 척하면서 역시 섬 팜 한다(**그림 3**). 또다시 집게손가락을 안쪽으로 구부려 동전에 대는 동시에 엄지손가락을 약간 올려서 동전을 첫 번째 동전 위로 밀어 내린다. 두 개의 동전은 서로 딱 맞게 놓아야 한다. 나머지 세 개의 동전도 같은 방법으로 한다. 따라서 마지막에는 다섯 개의 동전이 딱 맞춰 쌓이게 된다.

하나씩 차례로 동전을 나타나게 할 때는 핑거 팜 자세로 이동시킨 후 엄지손가락으로 맨 위에 있는 동전을 위로 밀어서 집게손가락과 엄지손가락 끝으로 가게 하면 된다.

카멜레온 포커 칩

The Chameleon Poker Chips

이것은 동전 대신 포커 칩을 사용한 예전의 중국식 이펙트를 간단하게 변형한 버전으로 에드워드 드레인(Edward Drane)에 의해 대중적으로 선보이게 되었다. 여기에서는 드레인이 직접 사용한 포커 대사를 소개한다.

★ 이펙트

아홉 개의 흰색 포커 칩을 보여준 후 테이블에 각각 세 군데로 나눠서 쌓는다. 마술사가 포커에 관한 자신의 경험담을 들려주면서 다시 포커 칩을 손에 놓는다. 그러자 이번에는 칩이 초록색으로 변한다. 마술사가 이야기를 하는 동안 모두 여섯 차례에 걸쳐 색깔이 변하고 마지막에는 원래 흰색으로 돌아온다.

★ 준비물

그림 1처럼 각각 아홉 개의 포커 칩이 들어가는 두 부분으로 나뉘어져 있는 상자. 마술용품점에서 구입할 수 있다. 한 군데에는 일반적인 포커 칩 아홉 개를 넣고 나머지 칸에는 세팅한 포커 칩 아홉 개를 넣어야 한다. 세팅하지 않은 칩은 마지막 단계

에서 확인을 위해 관객에게 건네준다.

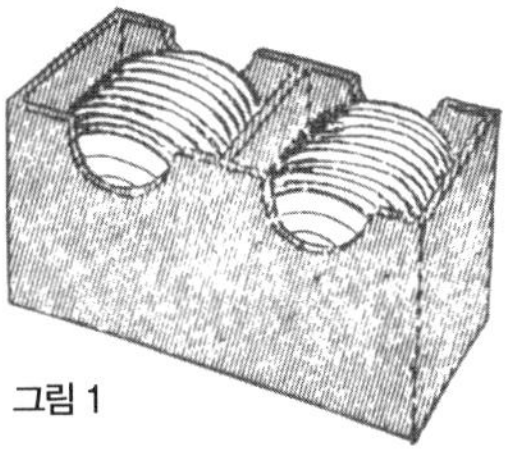

그림 1

세팅한 포커 칩은 서로 다른 세 가지 종류의 칩으로 이루어진다(**그림** 2). 칩 A는 한 면에는 아무런 무늬가 없고 다른 면은 가운데 원이 노란색이다. 칩 B는 한 면의 가운데 원이 초록색이고 다른 면은 파란색이다. 칩 C는 가운데 원이 주황색이며 그 안에 지름 약 0.5cm 정도의 검은색 점이 있고 다른 면은 빨간 동그라미가 있다. 칩의 가운데 원에만 색깔이 있고 나머지 두 개의 원은 흰색이라는 사실을 기억하면 된다.

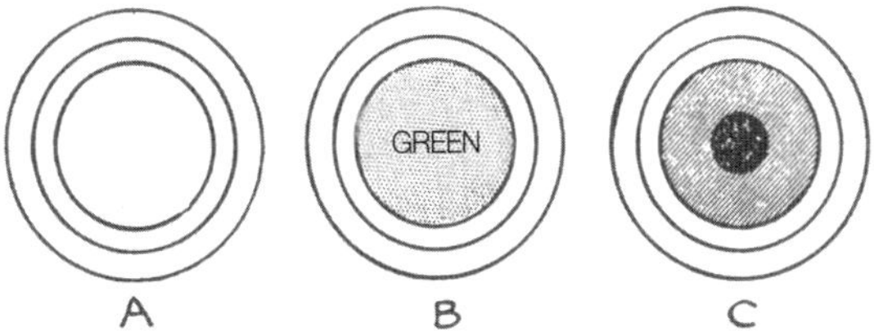

그림 2

준비

다음과 같이 칩을 쌓는다. 앞에서 말하는 색깔이 있는 면이 위로 와야 한다. 검은색 점이 박힌 주황색 칩 위에 초록색 칩 B를 올리고 그 위에 흰색 칩 A를 놓는다. 나머지 칩도 이와 같은 순서로 쌓는다. 이렇게 하면 흰색 칩(반대쪽은 가운데 원이 노란색인)이 맨 위에 오게 된다. 겉으로 보기에는 흰색 칩 아홉 개를 나란히 쌓은 것처럼 보인다. 왼손 손바닥에 올려놓는다(**그림** 3).

그림 3

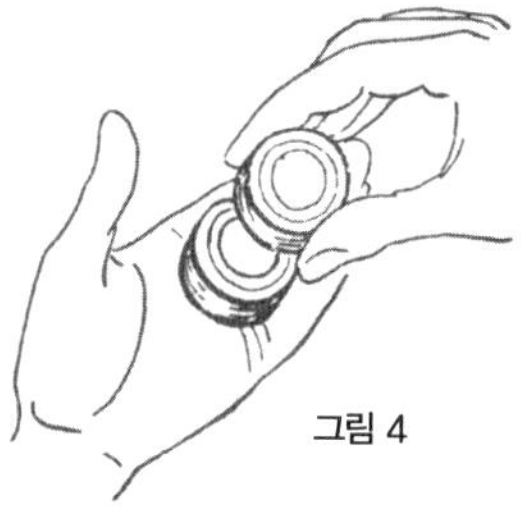

그림 4

시연

"어제 포커 게임을 하게 됐습니다."

그림 4처럼 오른손으로 칩 세 개를 들어서 앞에 놓인 테이블에 놓는다. 세 개를 더 들어서 그 옆에 따로 놓는다. 남은 세 개의 칩도 따로 놓는다. 이제 **그림** 5처럼 흰색 칩이 세 군데로 나뉘어져 쌓이게 된다. 다시 왼손에 칩을 전부 쌓는다.

"사실 저는 포커에 대해서 잘 모릅니다."

그림 6처럼 오른손 엄지손가락과 나머지 손가락으로 칩을 가리면서 잡는다. 왼손 엄지손가락 기부에 칩을 넣고 가운뎃손가락과 넷째 손가락을 그 위에 놓는다. 오른손으로 가린 상태에서 맨 위에 있는 칩을 맨 아래로 미끄러뜨려 패스한다. 따라서 초록색 칩이 맨 위에 있게 된다.

"그 자리에 있던 사람들도 전부 다 저더러 '초짜' 라고 하더군요(Green). 마치 이 초록색처럼 덜 익은 풋내기라는 거였죠."

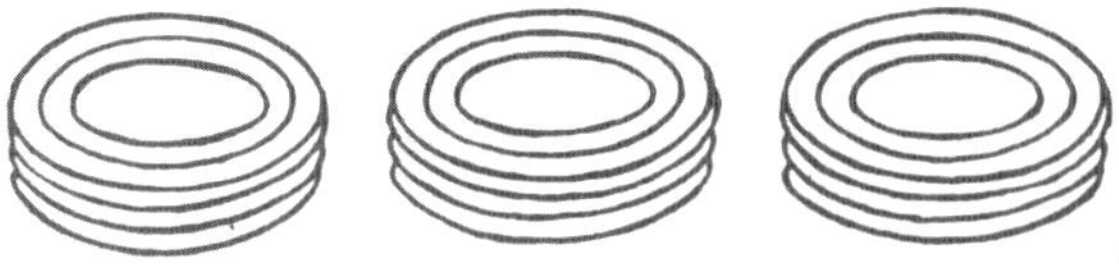

그림 5

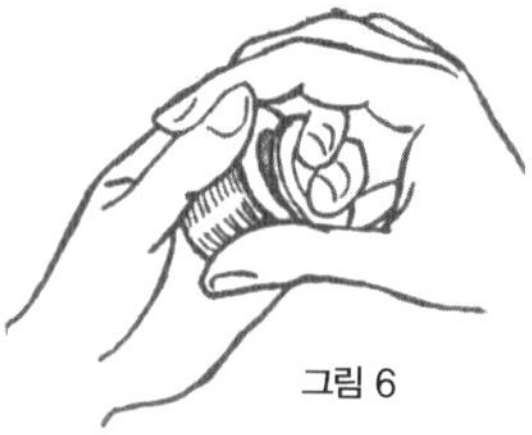

그림 6

그림 7

또다시 아홉 개의 칩을 테이블에 세 개씩 나눠서 올려놓는다. 세 군데 모두 초록색 칩이 맨 위에 있게 된다(**그림 7**). 또다시 왼손에 칩을 쌓는다. 역시 오른손으로 가린 채 맨 위에 놓인 초록색 칩을 맨 아래로 패스시켜 이번에는 검은 점이 박힌 주황색 칩이 맨 위에 오게 만든다.

"아니나 다를까 저는 10분도 안 되어서 궁지에 몰렸습니다. 마치 가운데에 박힌 이 점처럼 옴짝달싹할 수 없는 지경이 되었죠."

또다시 칩을 세 개씩 나눠 테이블에 놓는다. **그림 8**처럼 이번에는 검은 점이 박힌 주황색 칩이 맨 위에 놓인다. 왼손 손바닥에 다시 모든 칩을 쌓는다(**그림 8**).

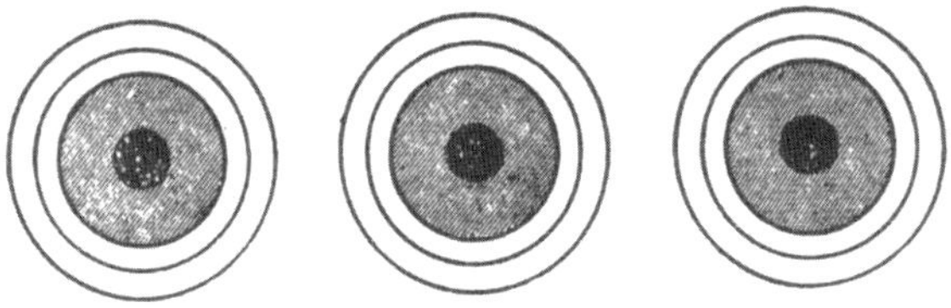

그림 8

"저는 좀더 그 자리에 있다가 돈을 잃기 시작했죠."

오른손으로 가린 채 왼손으로 칩을 거꾸로 뒤집는다. 따라서 맨 밑 파란색 칩이 맨 위로 온다.

"정말 기분이 우울해질 수밖에 없었습니다(Blue)."

칩을 세 개씩 나눠 테이블에 놓는다. 파란색 칩이 맨 위에 놓인다(**그림 9**). 왼손 손바닥에 모든 칩을 쌓아 놓는다. 오른손으로 가린 채 초록색 칩을 맨 아래로 패스한다. 이제 노란색 칩이 맨 위에 온다.

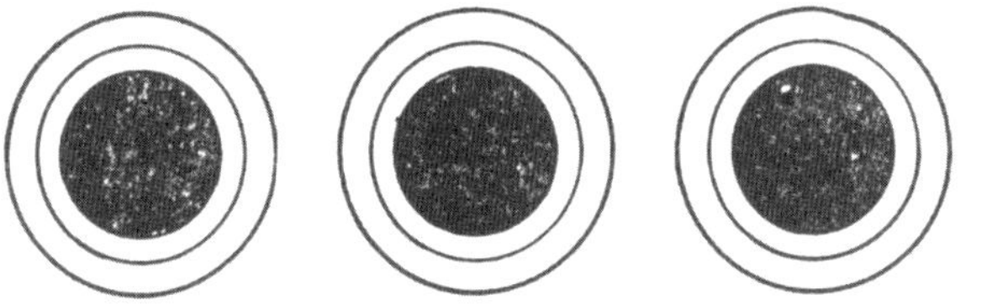

그림 9

"그런데 저에게 좋은 패가 주어졌습니다. 아마도 우연이었겠죠. 저는 큰돈을 걸었습니다. 그랬더니 사람들이 전부 떨어져나가더군요. 너무 소심하지 않습니까?(Yellow)"

또다시 칩을 세 개씩 나눠 테이블에 놓는다. 노란색 칩이 맨 위에 온다(그림 10). 왼손 손바닥에 모든 칩을 쌓아 놓는다. 오른손으로 가린 채 노란색 칩을 맨 아래로 패스해서 빨간색 칩이 맨 위로 오게 한다.

그림 10

"정말 화가 나더군요(Red). 눈에서 시뻘건 불이 날 정도로요. 모처럼만에 온 기회였는데 말이죠."

칩을 세 개씩 나눠 테이블에 놓는다(**그림 11**). 빨간색 칩이 맨 위에 온다. 또다시 왼손 손바닥에 모든 칩을 올려놓는다. 오른손으로 가린 채 왼손 엄지손가락과 나머지 손가락으로 칩을 거꾸로 뒤집는다. 이제 흰색이 맨 위로 온다.

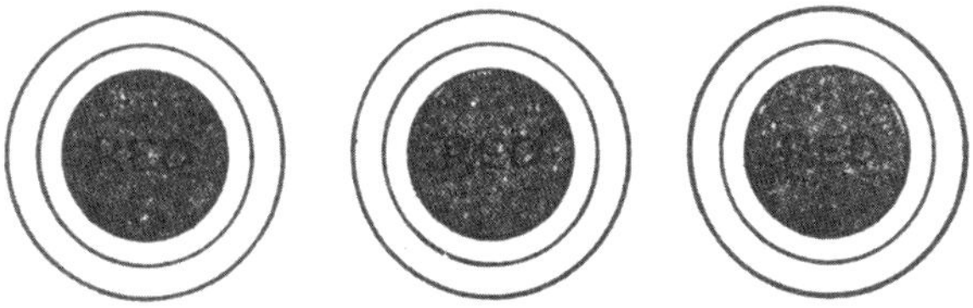

그림 11

"저한테는 맞지 않는 게임이었습니다. 그래서 새 칩을 사서 주고…"

그림 5처럼 또다시 칩을 세 개씩 나눠 테이블에 놓는다.

"자리를 빠져나왔습니다."

칩을 집어서 코트 오른쪽 주머니에 넣는다. 만약 칩을 살펴보고 싶어하는 관객이 있다면 주머니 안에서 일반적인 칩과 바꿔치기해서 꺼내주면 된다.

LESSON 39

기본적인 카드 손기술

Tarbell course in MAGIC

기본적인 카드 손기술

Fundamental Card Sleights

훌륭한 카드 마술은 자연스러워 보이면서 실제로는 관객을 착각하게 만드는 기본 손기술에 달려 있다. 비슷한 이펙트를 낼 수 있는 다양한 방식을 익혀두는 것이 좋다. 상황에 따라 동작을 바꾸거나 방식을 약간 변형해서 관객의 흥미를 돋울 수 있다.

이번 레슨에서는 위치에 상관없이 맨 위나 아래로 카드를 옮기는 방법, 여러 장의 카드를 따로 분리시키는 방법, 순서가 바뀌지 않도록 커트하는 방법, 펄스 카운트, 팬 하는 방법 등 간단하면서도 실용적인 손기술을 다양한 방식으로 배워본다. 여러 방식 중 단 하나라도 놓치면 안 된다. 제1권 **레슨 13**에서 배운 손기술에 추가할 수 있는 유용한 기술이다.

★ 참고

모든 카드가 한 방향으로 놓여 있을 때 뒷면이 밖으로 나온 카드가 '톱' 카드이고 (위치에 상관없이) 앞면이 밖으로 나온 카드가 '보텀' 카드이다.

르 폴의 패스

Le Paul' s Pass

이것은 선택된 카드를 덱의 가운데에서 맨 위로 보내기 위해 르 폴이 가장 즐겨 사용한 패스 방법이다. 흥미롭게도 이 패스에서는 선택된 카드가 자동적으로 덱의 맨 위에서 두 번째로 이동한다. 그 다음 맨 위에 있는 카드와 맨 아래에 있는 카드가 선택된 카드가 아님을 보여준 후 맨 위의 카드를 맨 아래로 이동시킨다. 선택된 카드가 맨 위에 놓이므로 언제든지 보여줄 수 있다.

시연

그림 1처럼 뒷면이 위로 가도록 왼손으로 덱을 잡는다. 왼손 엄지손가락은 리플 자세로 카드 옆쪽에 놓고 집게손가락은 끝에 놓는다. 나머지 손가락은 구부려서 반대쪽을 잡는다. **그림** 2처럼 리플하면서

> "자, 제가 리플(카드의 모서리를 위에서부터 엄지로 한 장씩 훑어가면서-감수자)하면 '그만!' 이라고 외쳐 주세요."

라고 말한다.

그림 1

그림 2

다시 리플하고 관객이 지시한 지점에서 멈춘다. 오른손으로 위쪽 패킷을 들고 아래쪽 패킷의 맨 위 카드를 관객에게 준 다음 잘 기억하라고 한다(**그림** 3). 다시 위쪽 패킷을 아래쪽 패킷 위에 놓고 덱을 차곡차곡 정리한다.

그림 3

그림 4

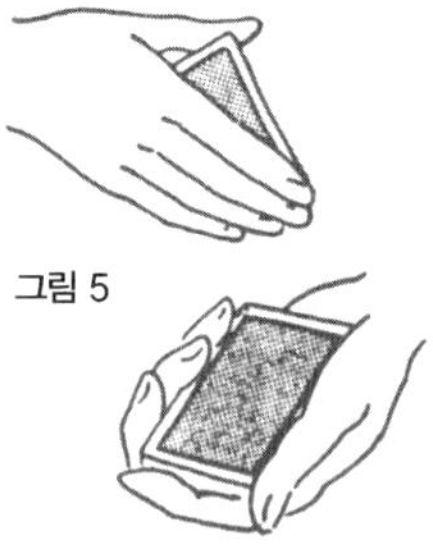
그림 5

절반 정도 아래까지 카드를 리플하고 위쪽 패킷을 잡는 척해서 선택된 카드를 다시 덱으로 돌려보낸다(그림 4). 오른손 [illegible]손가락으로 패킷의 뒷면 [illegible]

지 손가락은 앞쪽에 놓는다. 이렇게 손가락들로 가린 상태에서 위쪽 패킷 전체를 맨 위에 있는 카드만 빼고 아래쪽 패킷 위에 떨어뜨린다. 그 카드는 **그림** 5처럼 위로 들어서 덱의 뒤쪽으로 가져간다. 관객에게는 아래쪽 패킷은 왼손에 놓은 채 위쪽 패킷만 들어 올린 것처럼 보인다. 양손에 얼마만큼의 카드가 들었는지 두께를 가늠할 수 없도록 모든 카드의 뒷면은 관객 쪽으로 약간 기울여야 한다.

선택된 카드를 다시 덱에 놓고 오른손에 든 카드를 그 위에 놓는다(**그림** 6). 따라서 선택된 카드 위에는 카드가 한 장밖에 없다. 다시 말해서 선택된 카드는 위에서 두 번째 카드이다. 하지만 관객은 선택된 카드가 덱의 가운데에 놓였다고 생각한다.

그림 6

그림 7

그림 8

거울 앞에서 이 동작을 연습해보면 완벽하게 착각을 불러일으킨다는 것을 알 수 있다. 엄지손가락으로 덱의 가운데까지 리플하고 똑같이 두 패킷으로 나누는 척하는 동작이 보는 이로 하여금 착각을 불러일으킨다.

덱을 뒤집어서 관객(카드를 선택한 관객)에게 맨 밑에 있는 카드를 보여준다.

"아까 고르신 카드인가요? 아, 아니라고요."

이번에는 맨 위에 있는 카드를 들어서 보여준다.

"그럼 이 카드인가요? … 역시 아니군요."

맨 위에 있는 카드를 맨 아래에 놓는다(**그림** 7과 **그림** 8). 이제 선택된 카드가 덱의 맨 위에 놓이게 되므로 당신이 원할 때 언제든지 꺼내서 보여주면 된다.

참고

보는 손기술은 순식간에 재빠르게 이루어진다. 손을 움직일 때 조금의 망설임도 있어서는 안 된다. 르 폴은 재치 있고 신속한 동작으로 마술사들까지도 착각하게 만든다. 항상 시야의 각도를 유의해야 한다는 사실도 잊지 말자.

사이드-보텀 패스
Side-Bottom Pass

이것은 아서 버클리(Arthur Buckley)가 가장 즐겨 사용한 패스이다. 제1권 **레슨 13**에서 설명한 '사이드-스틸(Side-Steal)'을 변형한 패스이다. 사이드-스틸은 관객이 고른 카드를 덱의 옆쪽으로 미끄러뜨린 후 다시 맨 위로 이동시키는 기술이다. 하지만 사이드-보텀 패스에서는 덱의 맨 아래로 카드를 이동시킨다.

시연

차곡차곡 정리한 덱을 왼손으로 잡는다. 엄지손가락은 위에 놓고 나머지 손가락은 아래에 놓으면 된다. 관객에게 원하는 만큼 덱의 귀퉁이를 들춰서 거기에 있는 카드의 인덱스를 보라고 한다(**그림 1**).

그림 1

그림 2

관객이 카드를 들춰서 볼 때 왼손 집게손가락을 두 패킷 사이에 밀어 넣는다. 관객이 손을 빼며 위쪽 패킷을 제자리에 놓는다. 하지만 집게손가락을 살짝 밀어 넣었으므로 위쪽 패킷과 아래쪽은 약간 벌어지게 된다(그림 2). 카드를 쥔 채 왼손을 잠깐 동안 몸 옆쪽으로 내린다(**그림 3**).

"방금 보신 카드를 잘 기억해두세요."

그림 3

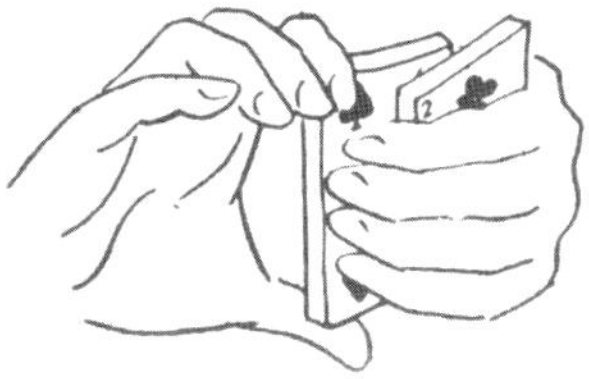

그림 4

다시 왼손을 위로 올리고 오른손으로 가린다. 이제 카드 뒷면이 위로 향한 채 가로로 잡은 상태가 된다. 위쪽 패킷을 약간 오른쪽으로 움직이고 왼손 손가락 끝으로 선택된 카드를 꽉 누른다(**그림 4**).

오른손 엄지손가락과 집게손가락으로 위쪽 패킷을 왼쪽으로 밀어 아래쪽 패킷과 차곡차곡 맞춰지게 만든다. 위쪽 패킷의 맨 아래에 놓인 선택된 카드는 오른쪽으로 빼서 넷째 손가락과 새끼손가락 첫째 마디로 오른쪽 바깥 귀퉁이를 잡는다(**그림 5**). 선택된 카드는 오른손에 완전히 가려 관객에게는 보이지 않는다. 선택된 카드는 오른쪽으로 밀어 완전히 덱에서 빼고 왼손 손가락 끝을 이용해서 덱의 맨 아래로 이동시킨다(**그림 6**).

그림 5

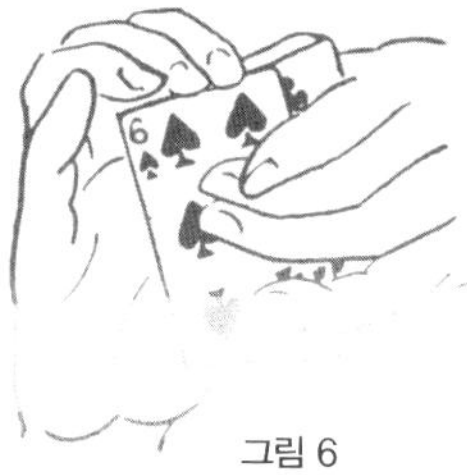

그림 6

★ 참고

패스를 변형할 수도 있다. 관객이 원하는 두께만큼 덱을 들춰서 카드를 고른 후 오른손 집게손가락으로 위쪽 패킷의 위를 잡고 엄지손가락으로는 아래를 잡는다. 관객이 고른 카드가 잘 보이게 하는 척하면서 위쪽 패킷을 약간 든다. 덱을 가로로 놓고 위쪽 패킷을 아래쪽 패킷으로 떨어뜨린다. 두 패킷의 오른쪽이 포개지도록 놓아야 한다. 이 자세에서 앞에서 설명한 대로 패스하면 된다. 왼손 손끝을 이용해 선택된 카드를 오른쪽으로 밀고 오른손 엄지손가락과 집게손가락으로 위쪽 패킷을 왼쪽으로 밀고 아래쪽 패킷과 차곡차곡 맞춘다.

프랭크 켈리의 맨 아래로 카드 옮기기

Frank Kelly' s Bottom Placement

[illegible]

나 손기술의 개발 가능성에 대해 철저히 연구한 듯하다. 하지만 마술이라는 분야는 참 오묘하다. 어떤 기술을 완벽하게 연구했다고 생각한 순간 새로운 관점이 등장하고 그에 따라 새로운 시대가 시작되기 때문이다. 뉴욕의 아마추어 마술사 프랭크 켈리(Frank Kelly)는 카드 마술 전문은 아니지만 교묘하면서도 매우 실용적인 카드 손기술을 고안했다. 그의 허락을 받아 여기에서 소개한다. 여러 가지 방식으로 응용할 수도 있는 실용적인 기술이다.

★ 이펙트

마술사가 왼손에 뒷면이 위로 향하게 덱을 잡고 엄지손가락으로 관객이 멈추라고 할 때까지 리플한다. 멈춘 지점에서 카드를 떼서 오른손으로 위쪽 패킷을 잡고 관객에게 카드를 보여준다.

왼손에 놓인 아래쪽 패킷에 위쪽 패킷을 놓고 차곡차곡 정리한다. 선택된 카드는 덱의 맨 아래에 놓인다. 관객에게 카드를 몇 장 더 선택하라고 한 후 이렇게 하나씩 맨 아래로 이동시켜서 원하는 방법으로 나타나게 하거나 사용할 수 있다.

시연

그림 1처럼 왼손으로 덱을 잡는다. 일반적으로 카드를 딜링하는 자세와 똑같지만

여기에는 두 가지 중요한 차이점이 있다. 첫째, 왼손 집게손가락 끝부분을 덱의 앞부분에서 구부린다. 손가락이 왼손 손바닥에는 닿지 않아야 한다. 둘째, 왼손 넷째 손가락과 새끼손가락은 덱의 바깥쪽 가장자리에 댄다. 두 손가락이 누르는 힘을 통해서 카드가 엄지손가락 기부의 살 부분에 맞닿아 고정된다. 이렇게 하면 **그림 2**처럼 엄지손가락을 아래로 움직여 몸 앞쪽에서 덱을 리플할 수 있다. 덱은 맨 아래에 있는 카드가 아래쪽을 향하도록 하여 평평하게 든다.

그림 1

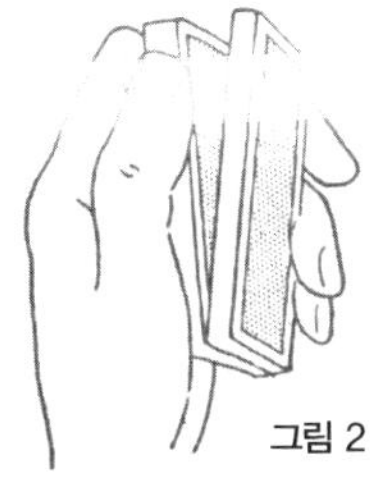
그림 2

관객이 멈추라고 할 때 멈춘다. 위쪽 패킷을 들어 맨 아래에 있는 카드를 보여주어야 하므로 나눠진 틈을 잘 잡고 있어야 한다. **그림 3**과 **그림 4**처럼 오른손 엄지손가락을 아래쪽 가장자리에 놓는다. 집게손가락과 가운뎃손가락, 넷째 손가락은 위쪽에 올리고 둘째 관절을 위쪽 가장자리로 구부린다. 따라서 손끝이 선택된 카드의 앞면에 닿게 된다. 넷째 손가락 끝은 선택된 카드의 귀퉁이에 놓고(또는 그쪽에 가깝게) 새끼손가락은 넷째 손가락에 가까이 댄다. 하지만 카드에는 닿지 않도록 한다. **그림 3**은 오른손으로 위쪽 패킷을 들어 올리는 모습이고 **그림 4**는 관객에게 선택된 카드를 보여주는 모습이다. 카드가 잘 보이도록 손가락을 잠깐 동안 들었다가 원래 위치로 내린다.

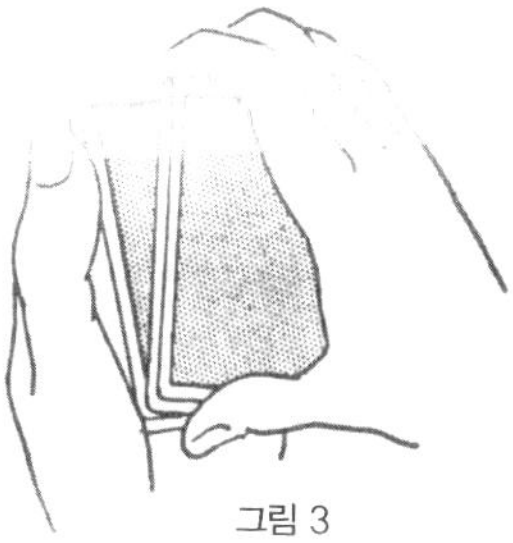
그림 3

그림 4

오른손을 내리고 왼손으로 가져가(왼손은 움직이지 않는다.) 패킷을 다시 합치면서 오른손 가운뎃손가락과 넷째 손가락으로 카드를 누르면서 약간 위로 올린다. 이렇게 하면 선택된 카드가 엄지손가락에서 빠져나오므로 아래쪽 가장자리가 패킷에서 떨어진다(**그림 5**와 **그림** 6). 따라서 패킷과 선택된 카드가 'V' 자 모양을 그리게 된다. 하지만 'V' 자의 너비가 너무 넓으면 안 된다. 이 동작은 패킷을 합치기 위해 오른손을 내린 상태에서 패킷의 측면에서 이루어지므로 관객의 눈에 띄지 않는다. 패킷과 오른손에 가려서 보이지 않기 때문이다.

그림 5

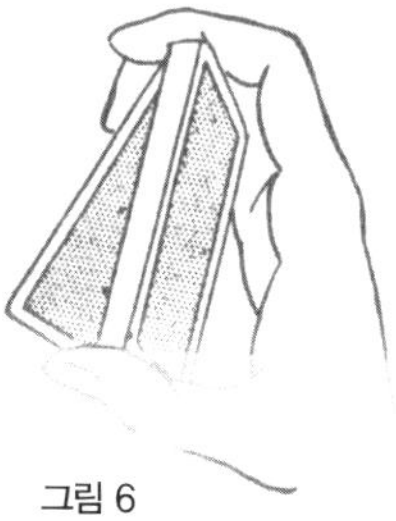
그림 6

왼손에 든 패킷은 엄지손가락으로 왼쪽 가장자리를 받치고 집게손가락은 뒤로 구부려서 잡은 상태이다. 오른손이 왼손(움직이지 않고 가만히 있는 상태)으로 다가올 때 왼손 엄지손가락으로 패킷을 꽉 누른다. 그리고 오른손 패킷으로 가린 채 왼손 가운뎃손가락과 넷째 손가락, 새끼손가락을 잠깐 동안 편다. 그 순간 오른손 패킷을 왼손 패킷 위로 가져가고 선택된 카드는 왼손 패킷 아래로 미끄러뜨린다. 방금 전과 같이 왼손 엄지손가락을 덱의 왼쪽 가장자리로 옮긴다(그림 7). 그림 8처럼 두 패킷을 차곡차곡 정리한다. 선택된 카드는 팩의 맨 아래에 놓여 있다.

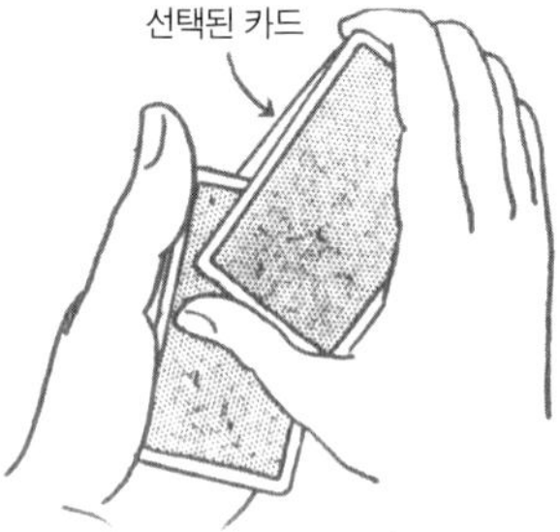

그림 7

그림 8

오른손 패킷을 왼손으로 가져갈 때 왼손(그리고 패킷)은 몸에 가깝게 놓고 오른손(그리고 패킷)은 약간 앞쪽으로 놓는다. 그래야 오른손 패킷을 왼손 패킷에 합칠 때 오른손 패킷에 'V' 자로 인해 생긴 틈이 왼손 패킷의 바깥쪽 귀퉁이부터 비스듬하게 들어갈 수 있다(**그림 7**).

정확한 설명을 위해 여러 동작으로 나눠 길게 설명했지만 사실 오른손 패킷을 선택된 카드가 맨 아래에 놓이도록 왼손 패킷에 합치는 동작은 매우 짧은 시간에 연속적으로 이루어진다.

이 기술은 매우 자연스러운 동작으로 이루어지기 때문에 관객에게 의심을 살 우려가 없다. 거울 앞에서 시야의 각도를 완벽하게 연습하면 아무 걱정 없이 시연할 수 있다. 하지만 맨 아래에 있는 카드가 절대 보여서는 안 된다. 켈리는 마술사가 그냥 덱을 커트해서 카드를 보여주는 것은 관객의 말에 따라 아무렇게나 리플을 멈추는 과정이 없으므로 권할 만하지 않다고 말한다.

카드로 잡지 통과하기

Card Through The Magazine

이것은 프랭크 켈리의 '맨 아래로 카드 옮기기(Bottom Placement)' 를 변형한 방식이다.

이펙트

리플하다가 위쪽 패킷을 들어서 카드를 선택한다. 위쪽 패킷을 제자리에 놓은 후 덱을 잡지에 올려놓는다. 잡지는 그 전에 앞뒤를 모두 보여준 후 테이블에 올려놓는다. 선택된 카드가 덱에서 사라져 잡지 밑에서 나온다.

준비물

1. 덱

2. 「리버티(Liberty)」지나 「타임(Time)」지, 「뉴스위크(Newsweek)」지만 한 잡지(얇은 잡지책)

시연

카드를 선택한 후 프랭크 켈리의 '맨 아래로 카드 옮기기' 기술을 이용해서 덱의 맨 아래로 옮긴다. 잡지를 들어 앞뒤를 보여준 후 포개진 부분(페이지가 박힌 부분)이 관객을 향하도록 테이블에 놓는다.

오른손으로 덱을 든다(프랭크 켈리의 '맨 아래로 카드 옮기기'의 **그림 4**). 잡지의 포개진 부분 쪽으로 손을 내리면서 선택된 카드를 'V' 자 모양으로 맨 아래로 이동시킨다(프랭크 켈리의 '맨 아래로 카드 옮기기'의 **그림 5**).

오른손을 잡지의 포개진 부분 앞으로 옮긴다. 오른손 패킷을 몸 앞으로 가져오면서 선택된 카드의 아래쪽 가장자리가 테이블에 닿아 잡지 밑으로 미끄러져 들어가게 한다(**그림 1**과 **그림 2**).

그림 1

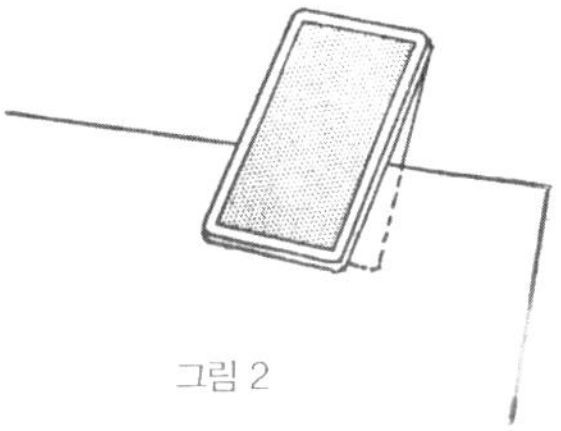

그림 2

그림 3

왼손 손가락 끝을 몸 앞쪽에 있는 잡지 가장자리 부분에 대고 관객 쪽으로 민다. 이렇게 하면 잡지가 완전히 선택된 카드를 가리게 된다. 그와 동시에 오른손으로 덱을 잡지 가운데에 올려놓는다(**그림 3**).

선택된 카드를 덱의 맨 아래에서 잡지 아래로 미는 동작은 그리 어렵지 않다. 한 순간의 망설임 없이 오른손으로 덱을 잡지에 올려놓는 동시에 왼손으로 잡지를 위쪽으로 밀면 된다. 카드가 잡지 밑으로 들어가는 모습은 오른손에 가려져 보이지 않는다.

선택된 카드가 덱에서 사라진다고 말하고 덱을 든다. 그런 다음 잡지를 들어서 그 밑에 놓인 카드를 보여준다. 카드가 잡지를 통과한 것이다.

토미 도드의 주머니 속에서 카드 나오게 하기

Tommy Dowd' s Card in the Pocket

이것은 카드가 덱에서 사라져 코트 안주머니에서 나타나는 신기한 마술로 토미 도드가 시연한 방식이다. 여기에도 프랭크 켈리의 '맨 아래로 카드 옮기기' 기술을 응용할 수 있다.

★ 이펙트

마술사가 선택된 카드를 덱 가운데에 넣는다. 왼쪽으로 왼손을 뻗은 상태에서 덱을 잡고 엄지손가락으로 리플하면서 선택된 카드가 가슴 안주머니에서 나타나도록 하겠다고 말한다. 관객에게 옷 바깥쪽에서 주머니를 만져보라고 한다. 마술사는 정말로 왼손으로 가슴 안주머니에서 선택된 카드를 꺼낸다.

준비

안주머니를 깨끗하게 비우고 덱에서 아무 카드나 골라 넣어둔다. 주머니에 카드를 숨겨놓았다는 사실을 관객이 알면 안 된다.

시연

관객이 아무 카드나 고른다. 프랭크 켈리의 '맨 아래로 카드 옮기기' 기술을 이용해서 선택된 카드를 덱의 맨 아래로 옮긴다. 그리고 왼손으로 덱을 든다(프랭크 켈리의 '맨 아래로 카드 옮기기' 의 **그림 4**). 카드 뒷면이 관객을 향하고 왼쪽으로 왼팔을 뻗은 상태에서 덱을 잡는다.

"자, 지금부터 선택된 카드가 덱에서 사라지고 제 안주머니에서 나타나게 하겠습니다. 자, 시작합니다!"

왼손 엄지손가락으로 빠르게 리플한다. 카드가 펄럭이는 소리가 관객에게 들릴 정도로 리플한다.

"네, 이제 카드가 사라졌습니다. 제 팔을 타고 안주머니로 들어갔나 봅니다."

이렇게 말하면서 오른손 집게손가락으로 덱을 가리키고 팔을 지나 몸, 가슴까지 이어서 가리킨다. 옷은 만지지 않는다.

"선생님, 제 가슴주머니에 카드가 있는지 한번 만져보세요."

카드를 선택한 관객에게 바깥쪽에서 주머니를 만져보라고 한다.

"정말 카드가 만져지나요? 네, 좋습니다. 제 말이 맞죠? 당연하죠. 전 마술사니까요."

오른손으로 덱을 옮긴다. 이때 왼손 엄지손가락은 덱 아래에 놓고 나머지 손가락은 위쪽으로 구부려 'V' 자 모양을 만들 준비를 한다. 덱의 뒷면이 관객을 향한다. 왼손으로 라펠 오른쪽 부분 아래를 잡고 코트를 약 15cm 정도 당긴다. 오른손을 라펠보다 약간 위로 가져간다. 그와 동시에 오른손 네 손가락으로 맨 아래에 있는 카드를 'V' 자 모양으로 만들어서 코트 안쪽으로 들어가게 하고 나머지 덱은 바깥에 남겨둔다(**그림 1**과 **그림 2**).

그림 1

그림 2

이제 **그림** 3처럼 왼손을 안주머니에 넣어 엄지손가락과 나머지 손가락 사이로 선택된 카드를 잡고 주머니 안으로 밀어 넣는다. 오른손은 라펠을 잡고 코트 자락을 펼쳐서 안쪽을 보여주면서 왼손을 주머니 안으로 가져간다.

"아까 고르신 카드가 뭐였죠?"

관객이 다이아몬드 5라고 대답한다고 하자. 주머니에서 선택된 카드를 꺼내 카드 이름을 말하면서 보여준다.

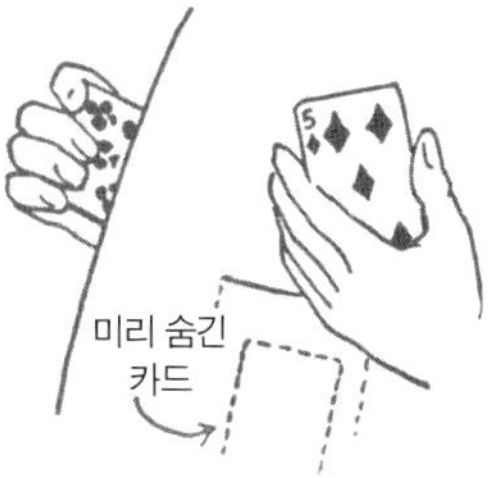

그림 3

그림 4

★ 참고

토미 도드는 다른 방법을 이용해서 선택된 카드를 덱의 맨 위로 옮기기도 했다. 그런 경우에는 덱의 앞면을 오른손 손바닥에 놓는다. 맨 위에 있는 카드를 'V' 자 모양으로 만들어 코트 안으로 떨어뜨린다.

원래 도드는 선택된 카드를 'V' 자 모양으로 만들 때 다른 방법을 사용했다. 선택된 카드가 맨 위에 놓인 덱을 딜링하는 자세로 오른손으로 잡는다. 엄지손가락은 덱의 위에 놓고 집게손가락은 위쪽 가장자리에 놓고 나머지 세 손가락은 덱의 바깥쪽 측면으로 구부린다. 왼손으로 잠깐 동안 덱을 가리고 맨 위에 있는 카드의 왼쪽 가장자리를 들어 오른손 넷째 손가락을 그 밑에 미끄러뜨린다. 나머지 손가락들은 카드 위쪽에 놓는다(**그림 4**).

오른손으로 라펠 오른쪽 부분을 잡고 맨 위에 있는 카드를 'V' 자 모양으로 만들어 코트 안쪽으로 들어가게 한다(**그림 5**). 왼손을 코트 안으로 가져가 선택된 카드를 잡아서 안주머니에 떨어뜨린다(**그림 6**). 이제 선택된 카드를 꺼낼 준비가 끝난다. 어떤 마술사들은 새끼손가락을 카드 밑에 놓고 덱과 분리시키기도 한다. 새끼손가락 대신 집게손가락을 사용하는 경우도 있다.

그림 5

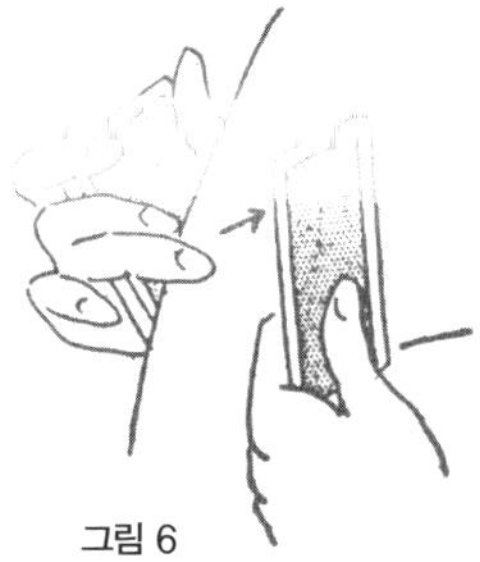
그림 6

토미 도드는 카드가 덱에서 사라져 코트 안주머니에서 나타나는 과정을 매우 재빠르고 재치 있는 손동작으로 보여준다.

텅 빈 주머니 보여주고 카드 나오게 하기
Simplex Card in Pocket

이것은 내가 10대 초반에 마술사들에게 배운 오래된 기술이다. 코트 안주머니가 텅 비었음을 보여준 후 그 안에서 카드가 나타나게 하는 효과적인 방법이다. 원한다면 안주머니가 텅 비었음을 보여준 후 마술사가 주머니를 만지지 않고 관객에게 직접 카드를 꺼내게 해도 된다. 이것은 주머니가 텅 비었음을 보여준 후 시연하므로 '토미 도드의 주머니 속에서 카드 나오게 하기' 마술과 멋지게 연결할 수 있다.

준비

오른쪽 조끼 주머니에 카드 한 장을 넣어둔다. 밖에서 보이지 않도록 깊숙이 넣어야 한다. 만약 주머니가 얕아서 카드가 삐져나온다면 나중에 코트 안을 보여줄 때 왼손으로 쉽게 가릴 수 있다.

시연

라펠 오른쪽 아래에 왼손을 넣어 오른쪽 조끼 주머니 입구를 가린다. 왼손 엄지손가락은 조끼 주머니에 넣어 카드 뒷면으로 올린다.

그림 1

오른손으로 라펠의 오른쪽 가장자리를 잡고서 코트 자락을 펼친다. 관객에게 코트의 오른쪽 안이 보인다. **그림** 1처럼 왼손 집게손가락과 가운뎃손가락을 주머니로 가져간다. 그리고 안으로 손을 넣어서 주머니를 뒤집어 보여준 후 원래대로 집어넣는다.

잡아당긴 상태였던 코트 오른쪽 자락을 제자리로 떨어뜨린다. 그러면 잠시 동안 왼손이 보이지 않게 된다. 그 순간을 이용해서 왼손 엄지손가락으로 조끼 주머니에서 카드를 꺼내 재빨리 코트 안주머니에 넣는다. 오른손으로 다시 코트 자락을 펼쳐서 왼손이 여전히 **그림** 1과 같은 자세로 있는 모습을 보여준다. 왼손을 빼고 코트 자락을 닫는다. 이제 언제든 카드를 꺼내서 보여주면 된다.

거울 앞에서 연습하면 카드를 조끼 주머니에서 코트 안주머니로 재빨리 옮길 수 있다는 사실을 알 수 있다.

★ **참고**

카드를 바꿔치기할 수도 있다. 코트 안주머니가 텅 비었음을 보여준 후 코트로 가린 채 조끼 주머니에서 카드를 가져온다. 왼손에 잡은 채 다른 카드를 보여준 후 코트 오른쪽 안에 넣는다. 그리고 카드를 재빨리 위쪽 조끼 주머니 안으로 미끄러뜨리고 손가락을 코트 주머니에 넣는다. 거의 동시에 오른손으로 코트 오른쪽 자락을 펼친다. 타이밍만 잘 맞춘다면 관객은 왼손이 보이지 않는다는 사실을 눈치 채지 못한다. 단지 코트 주머니 안에 카드를 집어넣는 것처럼 보인다. 코트 주머니에 든 카드를 뒷면이 관객을 향하도록 잠깐 동안 주머니 위로 들어 올린 다음 다시 주머니 안으로 넣는다. 이렇게 함으로써 단지 주머니 안으로 카드를 넣는다는 점을 강조할 수 있다. 적절한 때에 관객에게 코트 주머니에서 카드를 꺼내라고 한다. 카드가 바뀌어 있다.

찢어진 카드를 귀퉁이 부분만 빼고 온전한 카드로 바꿔치기할 수도 있다. 코트로 가린 채 조끼 주머니에 든 카드를 코트 주머니로 이동시키고 카드 조각을 코트 주머니에 넣는 척하면서 조끼 주머니로 떨어뜨리면 된다. 이 방법을 이용해 작은 봉투나 나무토막 등도 나타나게 하거나 사라지게 하거나 변하게 할 수 있다.

멀티플 카드 패스
Multiple Card Pass

이것은 덱에 따로 따로 위치한 여러 장의 카드를 재빨리 맨 위나 맨 아래로 옮길 수 있는 가장 훌륭한 패스 중 하나이다. 이렇게 훌륭한 패스를 생각해낸 다이 버논(Dai Vernon)은 상을 받을 만하다. 쓰임새가 많은 기술이므로 완벽하게 익혀야 한다. 특히 '포 에이스(Four Ace)' 마술에 사용하면 안성맞춤이다. 여기에서는 간편하게 '포 에이스'로 예를 들어 설명하겠다. 처음부터 카드의 위치를 파악하는 데 도움이 될 것이다. '포 에이스'를 통해 이 기술을 완벽하게 익히면 더 적거나 많은 카드를 이용해서도 똑같이 완벽하게 시

★ 이펙트

마술사가 덱을 팬 한 후 네 장의 에이스를 하나씩 따로따로 밖으로 삐져나오도록 덱에 끼워 넣는다. 팬 한 덱을 차곡차곡 정리하고 에이스도 안으로 밀어 넣는다. 커트하자 네 장의 에이스가 나란히 덱의 맨 위에서 나타난다.

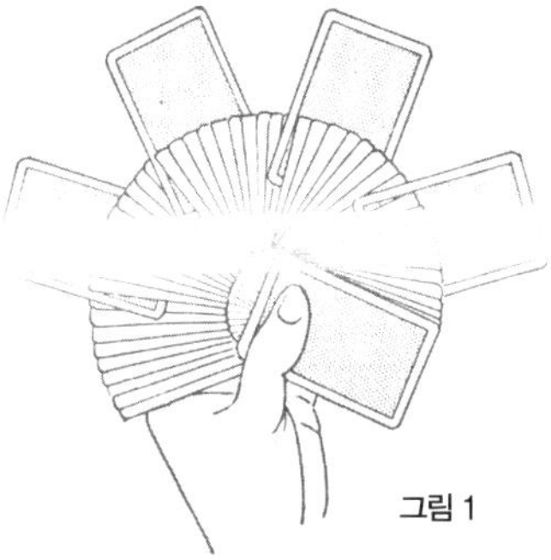

그림 1

시연

덱을 팬하고 에이스 네 장을 서로 떨어진 곳에 따로따로 꽂는다(**그림 1**). 절반 정도가 덱에서 삐져나오도록 꽂아야 한다.

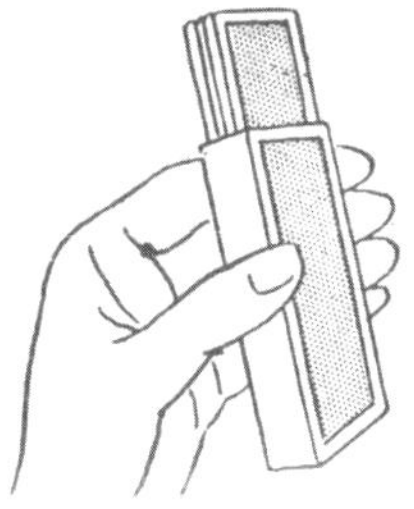

그림 2

팬 한 덱을 합쳐서 차곡차곡 정리한다. **그림 2**처럼 에이스는 여전히 밖으로 삐져나와 있다. 뒷면이 관객을 향하도록 왼손으로 덱을 잡는다. 덱을 차곡차곡 정리할 때 에이스는 2.5cm 정도만 삐져나오도록 약간 집어넣어도 된다. **그림 3**처럼 왼손 집게손가락 끝을 에이스 위에 놓고 엄지손가락과 나머지 손가락으로 잡은 채 덱을 거꾸로 뒤집는다. 오른손으로 첫 번째 에이스 앞쪽의 패킷을 잡고 엄지손가락으로 한쪽 옆을 잡은 다음 가운뎃손가락, 넷째 손가락, 새끼손가락은 반대쪽을 잡는다. 집게손가락은 첫 번째 에이스의 앞면에 놓는다.

에이스 네 장을 덱으로 밀어 넣는 척한다. 하지만 실제로는 **그림 4**처럼 에이스 앞쪽에 있는 바깥쪽 패킷을 위로 민다. 오른손으로 덱의 아랫부분을 가린다. 이처럼 에이스가 가만히 있는 상태에서 앞쪽 패킷을 위로 밀면 마치 에이스가 덱으로 들어가는 듯한 착각을 일으킬 수 있다.

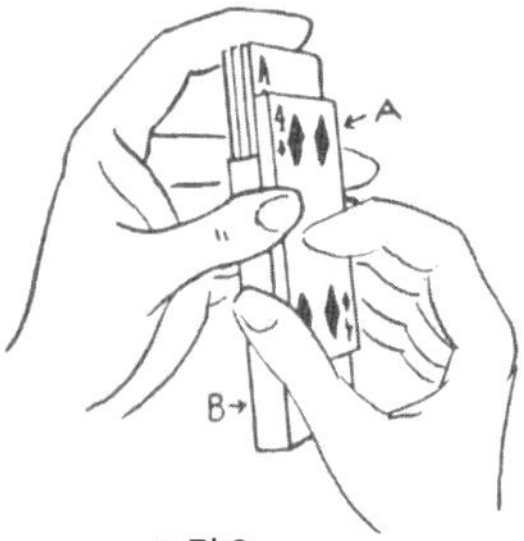

그림 3

그림 4

오른손으로 뒤쪽 패킷과 아래쪽 패킷을 잘 잡고 왼손 엄지손가락과 나머지 손가락은 위로 올려 에이스의 가장자리와 앞쪽 패킷을 누른다(**그림 5**). 뒤쪽 패킷은 아래로 밀었다가 위로 올려 팩의 앞면으로 가져간다(**그림 6**). 덱을 차곡차곡 정리한다(**그림 7**). 이제 네 장의 에이스가 덱의 맨 위에 놓이게 된다.

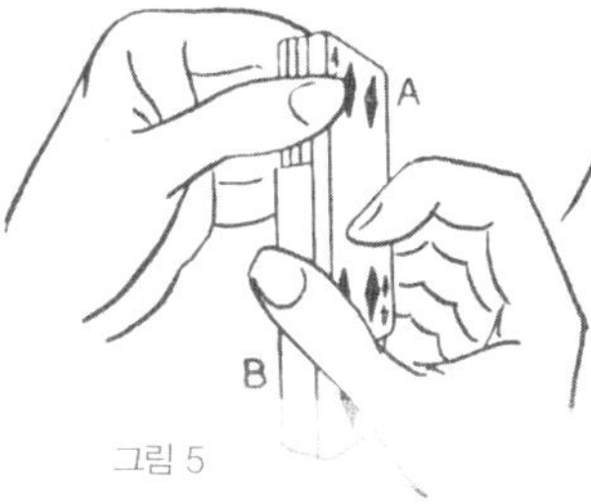

그림 5

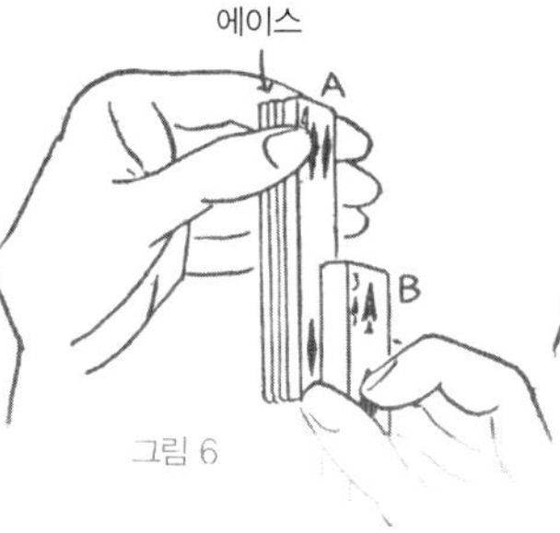

그림 6

그림 7

★ 참고

다른 방법으로 에이스를 덱에 넣을 수도 있다. 카드를 리플한 후 **그림 8**처럼 에이스 한 장을 끼워 넣고 계속 리플한 후 떨어진 곳에 계속 에이스를 끼워 넣는다.

에이스를 덱의 맨 아래로 옮기기

그림 2처럼 뒷면이 관객을 향하도록 덱을 든다. 계속 이 자세로 뒷면을 놓고 '멀티플 카드 패스'를 한다. 에이스가 자동적으로 덱의 맨 아래로 이동한다.

덱 중앙에서 에이스 거꾸로 뒤집기

관객 몰래 에이스 네 장을 덱의 맨 아래로 이동시킨다. 여전히 뒷면이 관객을 향하도록 든다. **그림** 9처럼 덱을 분리시켜서 에이스가 덱에서 약간 떨어지도록 잡는다. 오른손 엄지손가락은 아래에 놓고 나머지 손가락은 위에 놓는다. 뒷면이 위로 향하도록 가로로 잡는다. 왼손을 올린다. 엄지손가락을 덱 위쪽의 오른쪽 가장자리에 놓는다. 덱의 절반을 왼쪽으로 이동시킨다(**그림** 10).

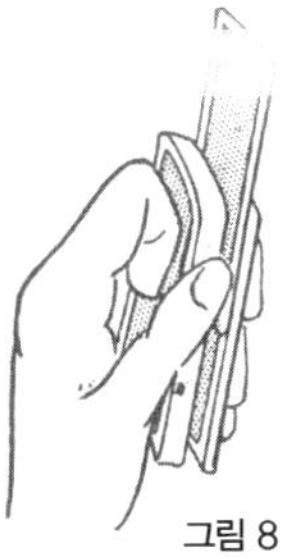
그림 8

그림 9

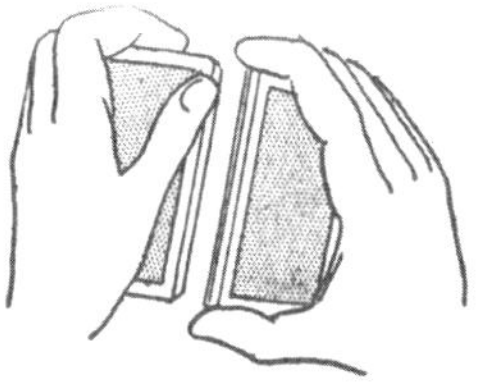
그림 10

갑자기 왼손 패킷의 앞면을 오른손 패킷에서 약간 떨어뜨려 잡고 있던 에이스의 앞면에 대고 포갠다. 그리고 **그림** 11처럼 에이스 네 장을 왼손 패킷에 떨어뜨린다. 에이스가 든 왼손 패킷은 **그림** 10처럼 원위치로 놓는다. 오른손 패킷을 왼손 패킷 아래로 내리고 덱을 차곡차곡 정리한다. 덱의 가운데쯤에 에이스 네 장이 거꾸로 놓여 있다. 테이블에 카드 뒷면이 위로 오도록 펼쳐놓고 거꾸로 뒤집어진 에이스를 보여준다(**그림** 12).

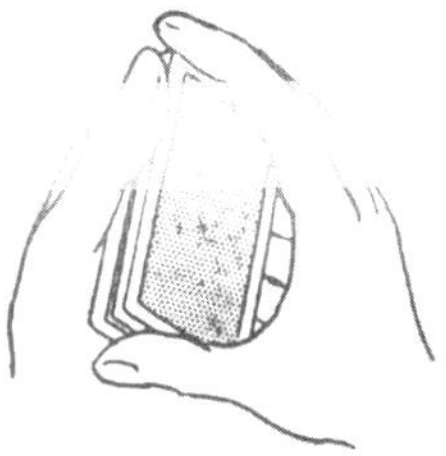
그림 11

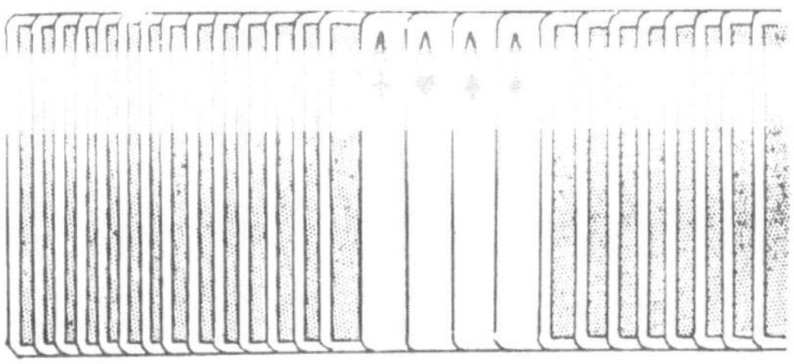
그림 12

폴스 커트
False Cuts

여기에서 설명하는 폴스 커트은 제1권 **레슨 13**에서 배운 폴스 커트의 연장선이다. 카드 순서가 바뀌지 않는 간단하면서도 자연스러운 폴스 커트에 관해서 배워본다. 맨 아래 카드와 맨 위 카드 모두 제 위치에 그대로 남게 된다. 신속하고 자연스럽게 커트하고 재빨리 움직여야 한다. 정말로 착각을 일으키는지 확인하려면 여러 번 연습해야 한다.

다이렉트 폴스 커트
Direct False Cut

이것은 덱을 두 패킷으로 나누고 아래쪽 패킷이 위쪽에 놓이는 스트레이트 커트이다. 실제로 카드의 순서가 하나도 바뀌지 않는다.

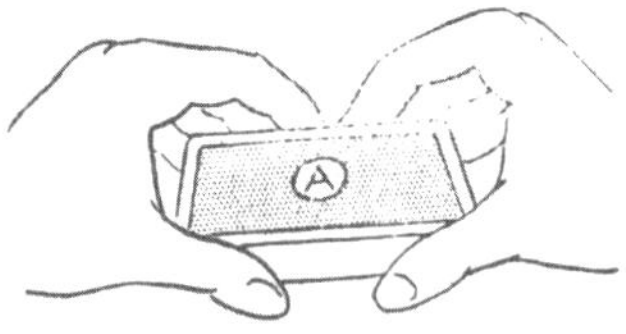

그림 1

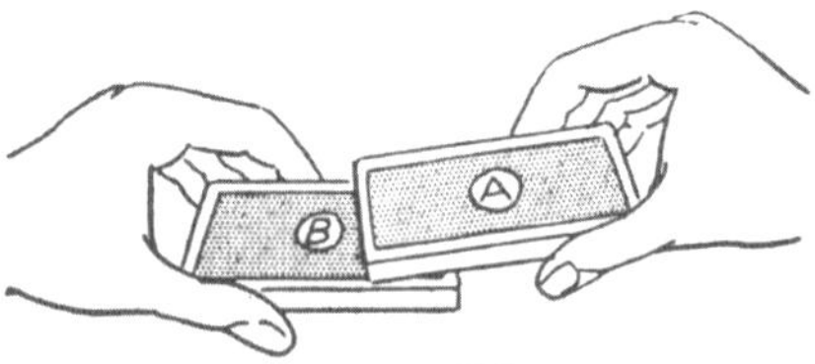

그림 2

뒷면이 위로 향하도록 테이블 앞쪽에 덱을 올려놓는다. 양손 엄지손가락으로 안쪽 측면을 잡고 집게손가락과 가운뎃손가락, 넷째 손가락으로 바깥쪽 측면을 잡는다(**그림** 1).

덱을 두 패킷으로 나눈다(**그림 2**). 오른손으로 위쪽 패킷 A를 잡고 왼손으로는 아래쪽 패킷 B를 잡는다. 떼는 순간 A의 오른쪽을 약간 위로 올린다.

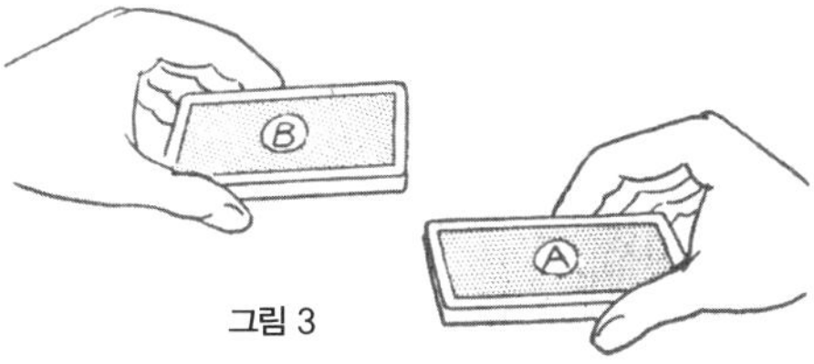

그림 3

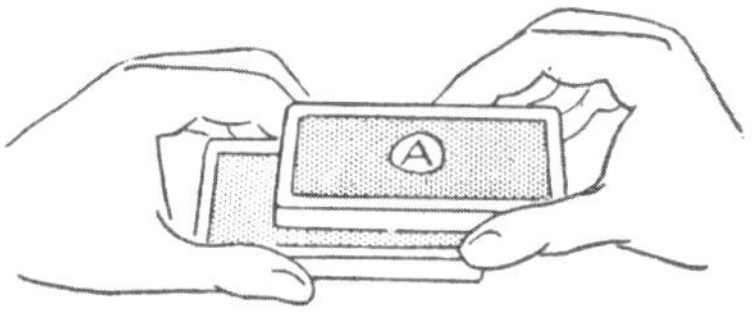

그림 4

그리고 왼손 패킷 B는 갑자기 위로 들어 올린다(**그림 3**). 이렇게 하면 실제와 반대로 관객에게 B가 위쪽 패킷이었고 A가 아래쪽 패킷이었다는 인상을 심어줄 수 있다. **그림 4**처럼 테이블에 B를 놓은 후 오른손에 든 A를 그 위에 놓고 차곡차곡 정리한다. 덱을 나누고 두 패킷의 위치를 바꾸는 이 동작은 순식간에 이루어진다. 자연스러워 보일 때까지 계속 연습한다.

힘버의 폴스 커트
Himber' s False Cut

이것은 매우 간단한 다이렉트 폴스 커트이다. 나는 예전에 유명한 오케스트라 단장이자 마술 애호가인 리처드 힘버(Richard Himber)가 이 폴스 커트로 친구들을 깜짝 놀라게 하는 모습을 본 적이 있다. **그림 1**처럼 왼손으로 덱을 잡는다. 왼손 엄지손가락은 안쪽 가장자리를 잡고 나머지 손가락은 바깥쪽 가장자리를 잡는다.

오른손으로 위쪽 패킷 A를 든다. 엄지손가락으로 안쪽 가장자리를 잡고 왼손 엄지손가락에서 약 1.3cm 정도 아래로 든다. 집게손가락으로 위쪽을 잡고 나머지 손가락으로는 바깥쪽 가장자리를 잡는다. A를 테이블 오른쪽에 올려놓는다. B는 **그림 2**처럼 A의 오른쪽에서 2.5cm~5cm 정도 떨어진 곳에 놓는다.

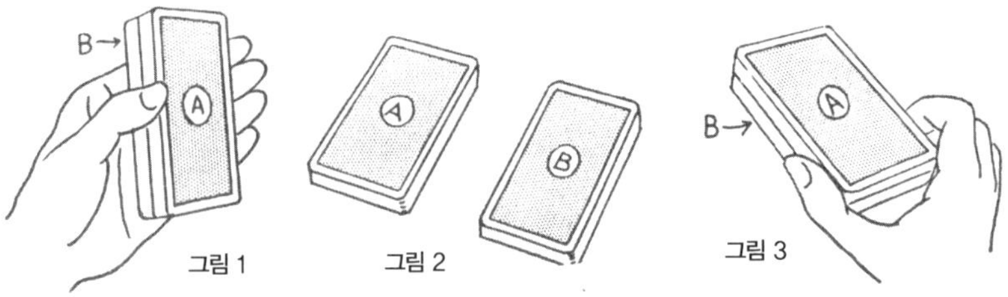

그림 1 그림 2 그림 3

A를 들어 B에 올리고 **그림 3**처럼 차곡차곡 정리한다. 분명히 커트한 것처럼 보이지만 카드의 순서는 바뀌지 않는다.

이것이 착각을 불러일으키는 이유는 움직임이 오른쪽에서 왼쪽으로 이루어지기 때문이다. 매우 자연스러운 움직임이다. 두 패킷이 테이블에 놓였을 때 오른손 집게손가락으로 A와 B를 차례로 가리키면서 관객에게 A를 B에 올리라고 할 수도 있다.

언더-커트 폴스 커트
Under-Cut False Cut

이것은 오랫동안 마술사들이 가장 선호해온 간단한 폴스 커트이다. 앞에서 설명한 '힘버의 폴스 커트' **그림 1**처럼 뒷면이 위로 향하게 왼손으로 덱을 잡는다. 왼손 엄지손가락으로 안쪽 가장자리를 잡고 나머지 손가락으로는 바깥쪽 가장자리를 잡는다.

오른손을 올려 엄지손가락으로 안쪽 가장자리를 잡는다. 집게손가락은 위에 놓고 나머지 손가락은 바깥쪽 가장자리에 놓는다. **그림 1**처럼 갑자기 오른손으로 아래쪽 패킷 B를 잡아 당겨 A의 뒤쪽으로 약 7.5cm 정도 올린다.

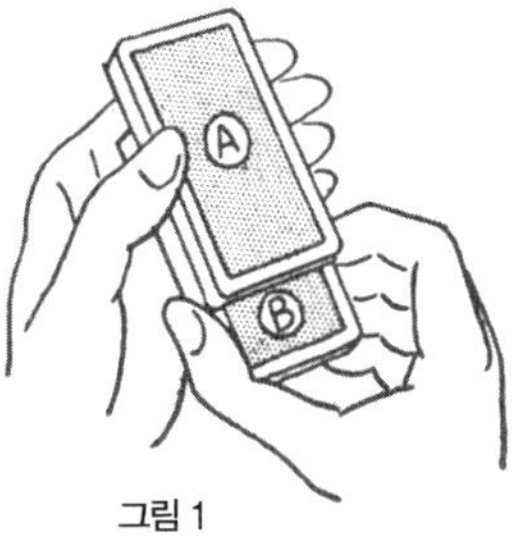

그림 1

그림 2

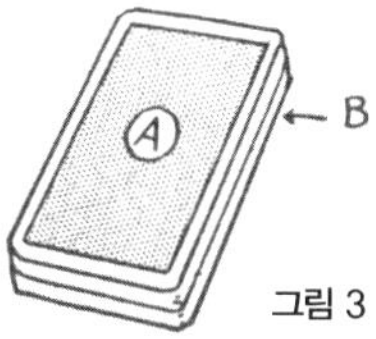

그림 3

그림 2처럼 테이블 오른쪽 앞에 B를 놓는다. 오른손으로 A를 들어 B 위에 놓고 차곡차곡 정리한다(**그림 3**).

이 폴스 커트는 빠른 동작으로 이루어져야 한다. 특정한 부분에서 더 빨리 움직이지 말고 계속 일정한 속도로 움직여야 한다. 폴스 커트는 동작이 직접적이고 정확해야만 보는 이에게 착각을 불러일으킬 수 있다.

폴 로시니의 폴스 커트

Paul Rosini' s False Cut

이것은 폴 로시니가 즐겨 사용한 폴스 커트로 그는 양손으로 자연스럽게 커트하는 것처럼 시연한다. 모든 동작은 순식간에 이루어진다.

시연

뒷면이 위를 향하도록 오른손으로 덱을 잡는다. 엄지손가락은 아래쪽 가장자리를 잡고 집게손가락과 가운뎃손가락은 위쪽 가장자리를 잡고 넷째 손가락은 위쪽 오른쪽 귀퉁이를 잡고 새끼손가락은 그냥 둔다(**그림 1**).

가운뎃손가락과 넷째 손가락으로 아래쪽 패킷을 잡은 상태에서 집게손가락으로 위쪽 패킷 A를 오른쪽으로 회전시킨다. **그림 2**처럼 엄지손가락이 회전축 역할을 한다. 왼손 엄지손가락을 A 위에 놓고 엄지손가락 기부의 갈래 부분으로 들어가도록 누른다(**그림 3**). 왼손으로 A를 잡고 왼쪽으로 당긴다(**그림 4**).

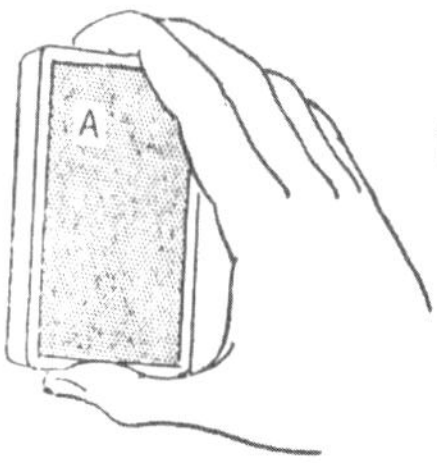

그림 1

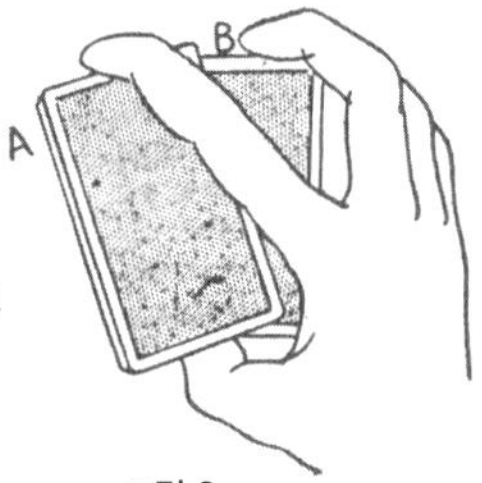

그림 2

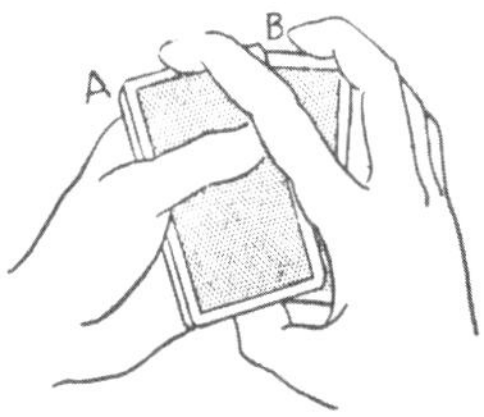

그림 3

이제 오른손을 왼손으로 옮겨 A를 B 왼쪽에 맞춘다. 이제 왼손을 이용한 패스로 A를 다루어야 한다. 왼손 가운뎃손가락과 넷째 손가락으로 오른쪽 가장자리를 눌러 왼쪽 가장자리가 올라가 B에서 떨어지도록 하면 된다. 이제 B를 A의 앞면 쪽으로 끼운다(**그림 5**).

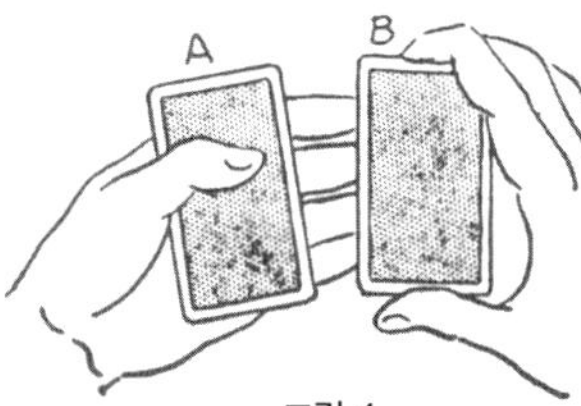

그림 4

그림 5

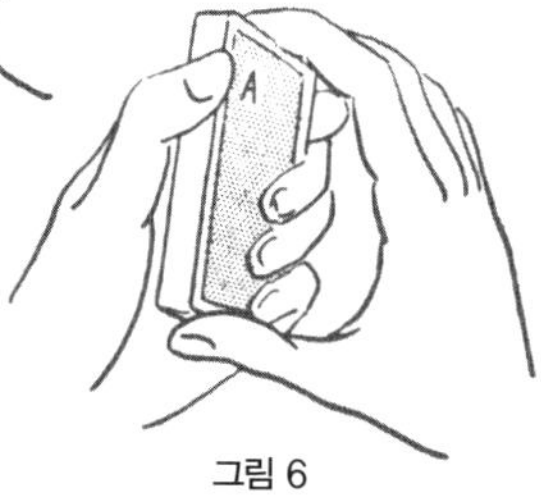

그림 6

그림 6처럼 덱을 차곡차곡 정리한다. 이제 A가 위에 있고 B가 아래에 있다. 물론 카드의 순서는 전혀 바뀌지 않았다.

이 폴스 커트는 비교적 간단하면서도 매우 효과적이다. 하나의 동작으로 이어질 때까지 연습한다. 폴 로시니는 나이트클럽 무대에 설 때마다 이 폴스 커트를 보여주었다.

E-Z 스리웨이 폴스 커트
E-Z Three-Way False Cut

이것은 폴 로시니가 나이트클럽 무대에서 가끔 사용하는 간단한 스리웨이 커트이다. 손에서 하는 커트와 테이블에서 하는 커트가 합쳐져 있으므로 테이블을 사용할 때 유용하다.

시연

그림 1처럼 뒷면이 위를 향하도록 양손으로 덱을 잡는다. 양손 집게손가락과 가운뎃손가락으로 바깥쪽 가장자리를 잡고 엄지손가락으로는 안쪽 가장자리를 잡는다. 덱을 세 등분한다. 이것을 각각 A, B, C라고 해보자. 가장 위에 있는 패킷이 A가 되고 아래에 있는 패킷이 C라고 해보자.

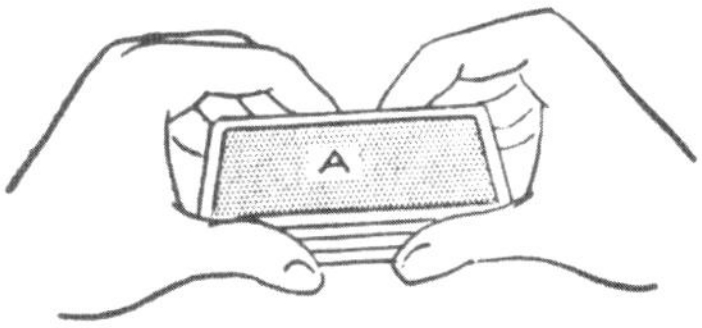

그림 1

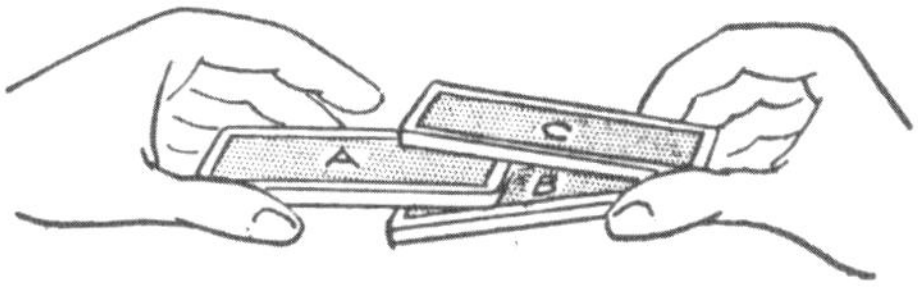

그림 2

오른손 엄지손가락과 집게손가락으로 C를 뺀다. **그림** 2처럼 A 위에 비스듬하게 놓고 오른손 엄지손가락과 가운뎃손가락으로는 B를 잡고 오른쪽에서, 즉 C에서 빼낸다. A는 왼손으로 잡고 B와 C는 오른손으로 잡는다.

그림 3

그림 4

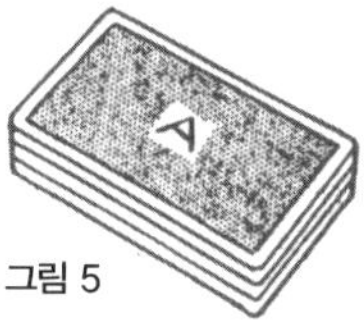

그림 5

그림 3처럼 테이블에 B를 놓고 바로 위에 C를 놓는다. 왼손에 든 A는 B 위에 놓는다(**그림 4**). 그리고 AB를 C에 놓는다(**그림 5**). 따라서 모든 카드의 순서가 전혀 바뀌지 않게 된다.

조 버그의 폴스 커트
Joe Berg' s False Cut

이것은 양손에 카드를 든 채 하는 커트이다. 매우 쉽고 간단한 스리웨이 커트이다.

그림 1처럼 왼손으로 덱을 잡는다. 카드 뒷면이 관객을 향한다. 엄지손가락으로 안쪽 측면을 잡고 집게손가락은 위쪽 가장자리를 잡고 나머지 손가락은 바깥쪽 측면에 놓는다. 덱을 세 등분한다. 이것을 각각 1, 2, 3이라고 해보자.

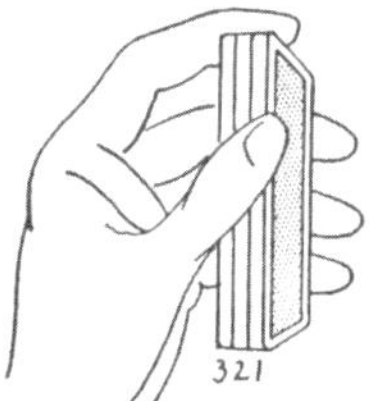

그림 1

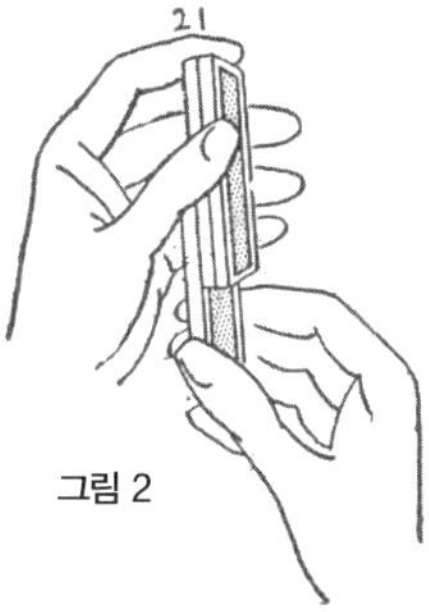

그림 2

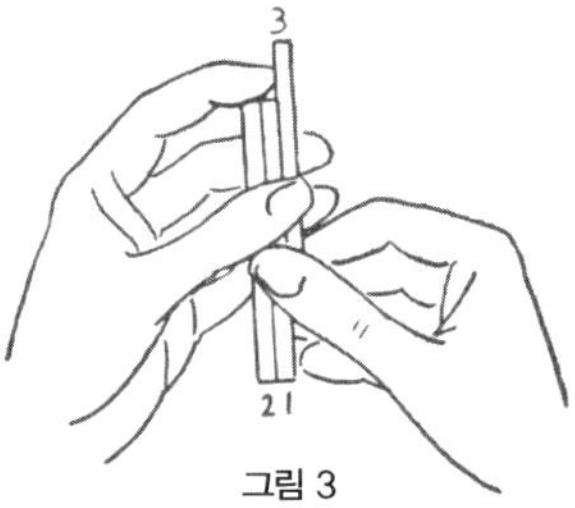

그림 3

그림 2처럼 오른손으로 아래쪽 1/3, 즉 패킷 3을 뺀 후 윗부분이 약 1.3cm 정도 삐져나오도록 패킷 1, 2 위에 반듯하게 놓는다(**그림 3**).

오른손으로 1을 빼서(**그림 4**) 3 위에 놓는다(**그림 5**). 이때 3이 아니라 2와 나란히 놓아야 한다. 하지만 3과도 위쪽 부분이 겹친다.

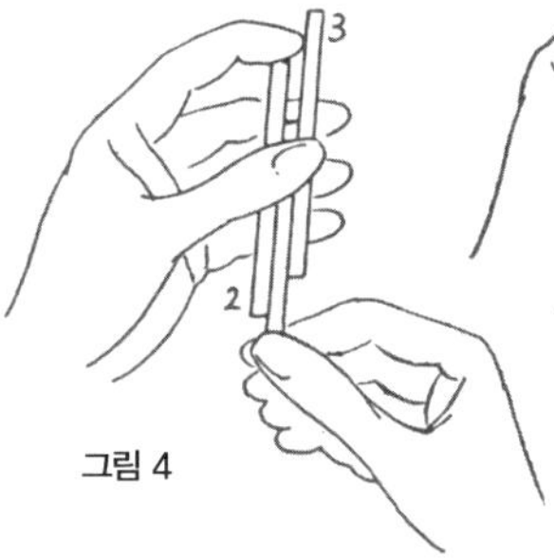

그림 4

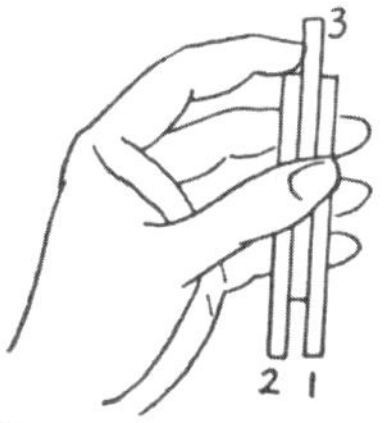

그림 5

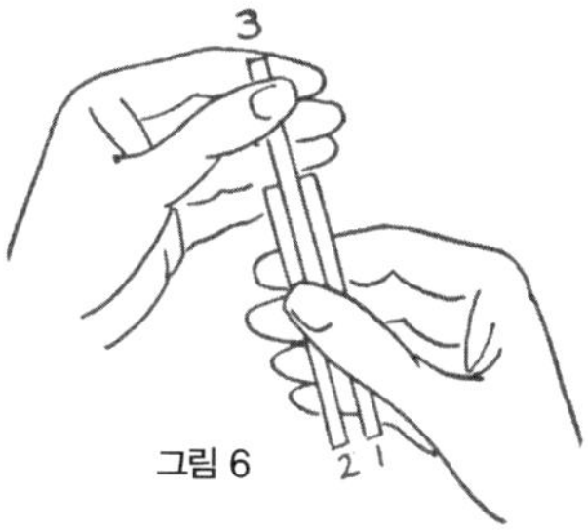

그림 6

오른손으로 카드를 옮긴다. 왼손으로 3의 겹친 부분을 잡은 채 2와 1을 아래로 빼서 3 위에 놓는다. 이렇게 하면 1, 2, 3이 **그림 1**처럼 원래의 위치로 돌아간다.

폴스 카운팅
False Counting

마술을 하다 보면 카드를 아홉 장만 카운트하고 관객에게는 12장을 카운트한 것처럼 믿게 만들거나 10장을 일곱 장처럼 보이게 해야 할 때가 많다. 그래서 마술사들은 오래전부터 침착하고 자연스러우면서도 착각을 불러일으키는 다양한 폴스 카운팅을 연구했다. 관객이 의심하지 않도록 공정한 방법으로 카운트하는 것이 포인트이다.

폴스 카운팅에서 가장 중요한 것 중 하나는 바로 타이밍 감각이다. 한 손에서 카드를 빼내어 다른 손으로 옮기든 그렇지 않든 간에 자연스러운 속도에 맞춰 하나씩 카운트해야 한다.

다이렉트 폴스 카운트

Direct False Count

간단한 다이렉트 폴스 카운트는 오래전부터 마술사들에게 인기가 많았다. 덱의 맨 위에서나 패킷에서나 또는 한 손에서 다른 손으로 한 장씩 카운트하는 동작이다.

시연

왼손에 든 아홉 장의 카드를 12장처럼 카운트한다고 해보자. **그림 1**처럼 왼손에 아홉 장의 카드로 이루어진 패킷을 잡는다. 카드 뒷면이 관객을 향하고 앞면은 당신을 향한다. 딜링하는 자세로 왼손 엄지손가락은 첫 카드 앞면에 놓고 나머지 손가락은 패킷의 바깥쪽 가장자리에 댄다.

그림 2처럼 왼손 엄지손가락으로 첫 번째 카드 하트 4를 오른쪽으로 밀어 오른손으로 잡는다. **그림 3**처럼 오른손으로 들면서

"하나"

라고 센다.

그림 1

그림 2

첫 번째 카드를 다시 패킷으로 가져가고 두 번째 카드를 셀 준비를 한다(**그림 4**). 왼손 엄지손가락으로 두 번째 카드 다이아몬드 6을 오른쪽으로 움직인 후 첫 번째 카드 하트 4는 왼손 넷째 손가락에 맞닥뜨려야 한다. 두 장을 함께 들면서

"둘"

이라고 센다. 이렇게 한 장씩 셀 때마다 모두에게 큰소리로 말한다.

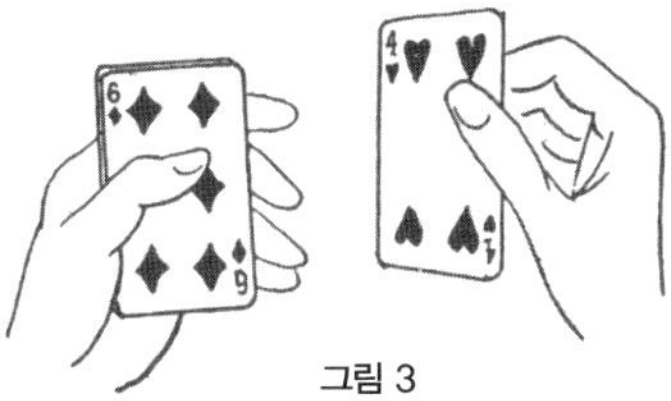
그림 3

그림 4

두 번째 카드를 가져올 때 오른손 엄지손가락으로 첫 번째 카드에 착 하고 닿게 한다. 관객에게도 그 소리가 들린다. 한 장씩 셀 때마다 이렇게 착 하는 소리가 들려야 한다. 이것은 카운트한다는 착각을 일으키기 위한 필수 요소이다.

두 번째까지는 정당하게 카운트했다. 이제 세 번째 카드로 폴스 카운팅을 해야 한다. 이 동작은 두 번째 카드를 꺼내는 동작과 거의 동시에 이루어져야 한다. 세 번째 카드 스페이드 3을 약간 오른쪽으로 민다. 오른손에 든 두 장의 카드를 왼손 손가락에 갖다 대고 오른손 엄지손가락으로는 스페이드 3을 누른다(**그림 5**).

그림 5

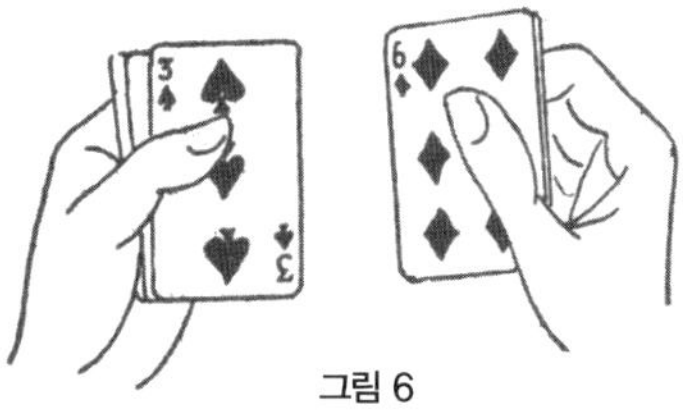
그림 6

왼손 엄지손가락으로 스페이드 3을 꽉 잡은 상태에서 오른손 엄지손가락을 오른쪽으로 움직인다. 그 손가락이 떨어지면서 착 하는 소리가 난다. 오른손 엄지손가락으로 스페이드 3의 위쪽 바깥 가장자리를 다른 두 장의 카드로 밀면 되므로 그리 어렵지 않다. 손가락이 카드의 가장자리로 미끄러지면서 마치 다이아몬드 6을 카운트할 때처럼 착 하는 소리가 난다. **그림 6**처럼 오른손을 오른쪽으로 들면서

"셋!"

이라고 센다. 관객은 오른손에 든 카드가 세 장이라고 생각하지만 실제로는 두 장이다. 스페이드 3은 왼손에 다른 카드들과 함께 남는다.

왼손 엄지손가락으로 스페이드 3을 약간 오른쪽으로 밀어 오른손에 든 카드가 왼손 네 손가락에 닿고 오른쪽 엄지손가락은 숫자 3에 닿게 한다. 그리고 정당하게 두 장의 카드에 올린다.

"넷!"

이쯤에서 진짜로 카운트하는 것과 가짜로 카운트하는 동작이 똑같아 보일 때까지 연습한다. 한 장씩 셀 때마다 반드시 착 하는 소리가 나야 한다.

다섯 번째 카드로도 폴스 카운트한다.

"다섯!"

여섯 번째 카드는 정당하게 센다.

"여섯!"

일곱 번째 카드는 폴스 카운트한다.

"일곱!"

나머지는 한 장씩 정당하게 카운트한다. 이렇게 계속 카운트 한 후 마지막 카드를 세고

"열둘!"

이라고 하면 된다.

★ 참고

두 번째 카드까지 정당하게 카운트 한후 나머지 카드로 전부 폴스 카운트를 했다.

어떤 마술사들은 왼손에 뒷면이 위로 향하게 카드를 놓고 수평으로 든 후 앞에서와 같은 방법으로 카운트한다. 하지만 카드 가장자리가 관객을 향하므로 정말 카드를 빼냈는지 알 수 없도록 한다는 점은 다르다. 정말 카드를 세는 동작과 착 하는 소리 그리고 숫자를 세는 소리가 합쳐서 착각을 만들어낸다.

슬립-오버 폴스 카운트
Slip-Over False Count

이것은 왼손에서 오른손으로 하나씩 카운트하는 '다이렉트 폴스 카운트'와 비슷한 이펙트를 낸다. 앞에서처럼 아홉 장을 12장처럼 카운트한다고 가정해보자.

시연

딜링 자세로 아홉 장의 카드를 앞면이 당신을 향하도록 왼손에 든다. 엄지손가락은 첫 번째 카드 앞면에 놓고 그 카드(여기에서는 다이아몬드 2라고 해보자)를 오른쪽으로 민다(**그림 1**). 오른손으로 그 카드를 잡아서 뺀다(**그림 2**).

그림 1

그림 2

그림 3

그림 4

두 번째 카드 하트 5도 **그림** 1처럼 왼손 엄지손가락으로 오른쪽으로 민다. 오른손으로 첫 번째 카드 다이아몬드 2를 하트 2에 놓고 두 장을 함께 뺀다(**그림** 3).

왼손 엄지손가락으로 세 번째 카드를 오른쪽으로 밀고 오른손에 든 두 장을 그 위에 놓고 세 장을 함께 뺀다.

네 번째 카드를 오른쪽으로 밀어 세 장의 카드에 놓였을 때 오른손 엄지손가락으로 첫 번째 카드 다이아몬드 2를 왼쪽으로 밀고 왼손 엄지손가락으로 더 왼쪽으로 잡아당겨 덱과 맞춘다(**그림** 4). 오른손으로 세 장을 든다. 관객은 네 장이라고 생각한다.

카드가 오른손에 놓였을 때 다시 가져오는 동작은 관객의 눈에 띄지 않아야 한다. 조금도 망설이지 말고 진짜 카운트나 가짜 카운트나 똑같은 타이밍으로 한다. 여분의 카드가 필요하므로 세 번째 카드는 전부 다시 가져온다. 각각의 카드는 큰소리로

"하나, 둘, 셋…"

하고 센다. 세 장을 한꺼번에 원래대로 이동시켜서 아홉 장을 12장처럼 세는 마술사들도 있다.

풋-백 폴스 카운트
Put-Back False Count

덱에서 카드 12장을 세서 꺼낸 척하면서 실제로는 다섯 장만 꺼낸다고 가정해보자. 이것은 여러 장 카운트한 것처럼 보이지만 실제로는 그보다 훨씬 적은 개수를 카운트하는 폴스 카운트이다.

시연

뒷면이 위로 향하도록 왼손에 수평으로 덱을 잡거나 마치 카운트하는 것처럼 앞면

이 보이도록 잡는다. 왼손 엄지손가락을 첫 번째 카드에 놓고 딜링 자세를 취한다. 왼손 엄지손가락으로 맨 위 카드를 오른쪽으로 절반쯤 밀어 오른손으로 잡는다(**그림 1**). 큰소리로

"하나"

라고 센다.

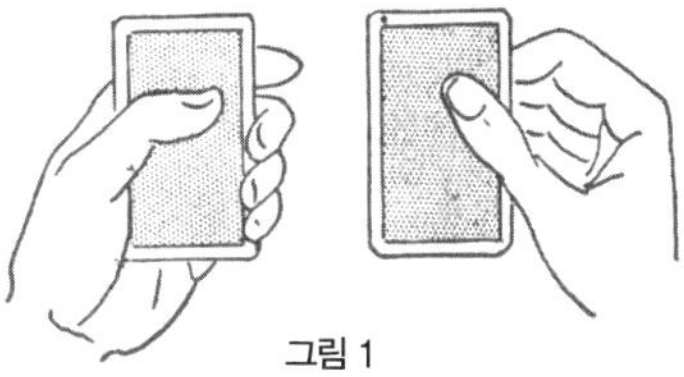
그림 1

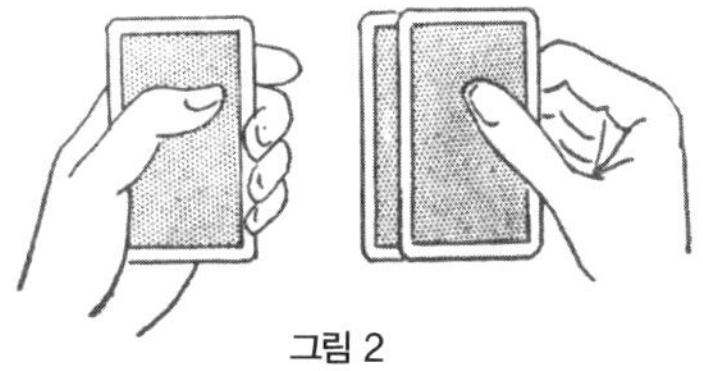
그림 2

두 번째 카드를 오른쪽으로 민다. 첫 번째 카드를 그 위에 놓고 오른손으로 두 장을 함께 떼면서 카운트한다.

"둘!"

다섯 장을 셀 때까지 이 동작을 계속한다.

이제 여섯 번째 카드를 잡는다. **그림 2**처럼 왼쪽으로 약 1.5cm 정도 왼쪽으로 튀어 나오도록 조그한다. 나머지 카드는 곧바로 여섯 번째 카드 아래에 놓는다. 여섯 번째 카드부터는 모두 이렇게 조그한다.

그림 3

오른손에 든 카드가 11장이 될 때까지 계속 카운트한다. 12번째 카드 차례가 되었을 때는 왼손 엄지손가락으로 밀지 않는다. 오른손(카드를 든 채)을 덱의 위로 가져가 아래에서 여섯 장을 덱의 맨 위에 놓고 왼손 엄지손가락으로 그곳을 잡는다(**그림 3**).

이제 다섯 장이 남은 오른손을 오른쪽으로 가져가면서

"열둘"

이라고 카운트한다. 마지막 동작에서는 카드를 약간 아래로 내린다. 관객은 당신이

모두 12장을 카운트했다고 생각하지만 실제로는 다섯 장이다.

★ 참고

클로즈업 마술로 시연할 때 카드 뒷면이 관객을 향하도록 잡고 카운트하는 것을 선호하는 마술사들도 있다. 어떤 경우든지 일정한 동작으로 한 장씩 카운트하면 된다.

픽-업 폴스 카운트
Pick-Up False Count

이것은 관객의 손이나 테이블에 한 장씩 놓으면서 폴스 카운트하는 방법이다. 예를 들어 15장을 12장처럼 카운트할 때 사용하면 좋다. 다시 말해서 관객의 손에는 실제로 카운트한 것보다 더 많은 카드가 놓이게 된다.

시연

뒷면이 위로 향하도록 덱 또는 패킷을 왼손에 든다. 오른쪽으로 스프레드하여 속으로 여덟 장을 카운트한다. 왼손 새끼손가락을 여덟 번째 카드 밑에 넣은 채 덱을 차곡차곡 정리한다. **그림 1**처럼 오른손 집게손가락과 가운뎃손가락으로 바깥쪽 끝을 잡고 엄지손가락은 앞쪽 끝을 잡고 카드를 든다. **그림 2**처럼 펼친 상태인 관객의 오른손에 카드를 놓는다. 이때 관객은 당신의 오른쪽에 서 있다.

"하나"

라고 카운트한다.

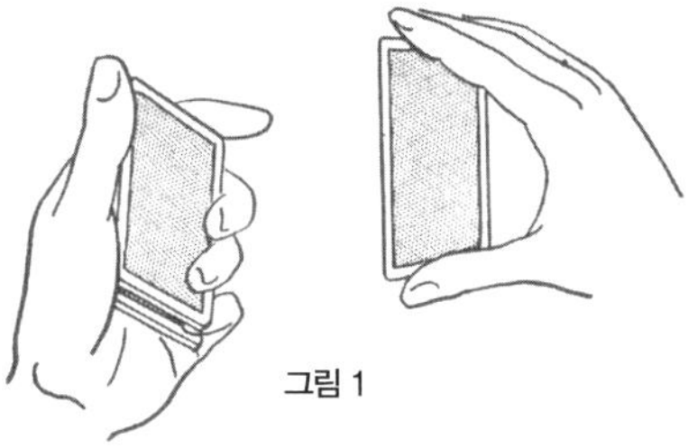

그림 1

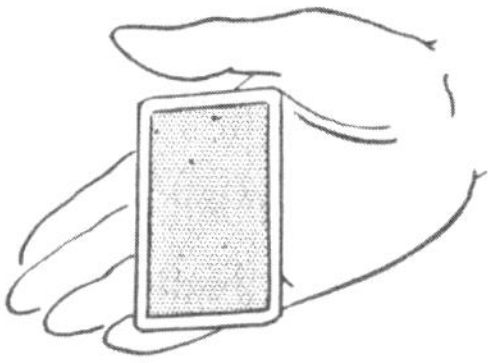

그림 2

이와 똑같은 방법으로 두 번째 카드를 잡아 관객의 손에 첫 번째 카드와 함께 반듯하게 올려놓는다.

"둘!"

세 번째 카드와 네 번째 카드도 똑같은 방법으로 카운트한다.

"셋!" … "넷!"

다섯 번째 카드를 카운트하는 방법은 다르다. 네 번째 카드를 카운트한 후에는 왼손 새끼손가락을 넣어 따로 떼어둔 카드가 네 장이 남게 된다. 그 네 장을 들어 관객의 손에 올려놓는다. 이처럼 네 장을 한 장처럼 놓으면서

"다섯"

이라고 카운트한다. 즉 몰래 세 장을 더 카운트한 것이다.

"열둘"

이라고 말할 때까지 규칙적인 움직임으로 계속 카운트한다. 한 번에 하나씩 큰소리로 말하면서 12까지 카운트하지만 나중에 관객은 손에 카드 15장이 놓여 있음을 알고 깜짝 놀라게 된다.

팜-오버 폴스 카운트

Palm-Over False Count

이것은 아드 듀발(Ade Duval)이 즐겨 사용한 방법으로 역시 관객의 손에 하나씩 올려놓으면서 카운트한다. 실제 있는 카드보다 더 많은 숫자로 카운트하는 방법이다. 관객의 손에 12장을 카운트하지만 실제로 카드는 아홉 장이다.

시연

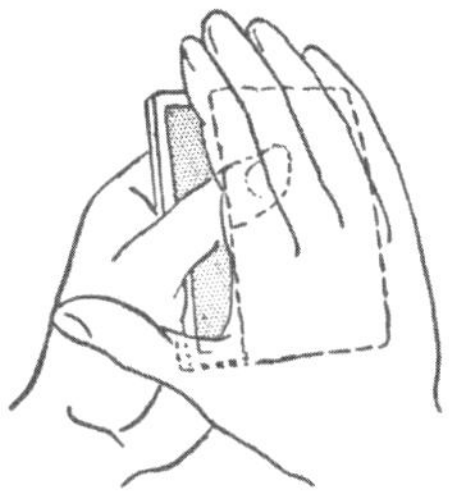

그림 1

왼손으로 차곡차곡 정리된 카드 아홉 장으로 이루어진 패킷을 잡는다. 뒷면이 위로 향하도록 잡고 엄지손가락을 위에 올려 딜링 준비를 한다. 첫 번째 카드를 오른쪽으로 절반 정도 민다. **그림 1**처럼 그 위에 오른손을 올려서 손바닥으로 팜 한다. 이렇게 팜 한 카드를 쫙 편 관객의 오른손에 올려놓는다. 관객은 당신의 오른쪽에 서 있다.

물론 팜 하는 모습이 다 보인다. 여기에서 팜은 몰래 카드를 숨기는 것이 아니라 손바닥으로 가려서 다른 곳으로 옮기기 위한 동작이다. 관객의 손에 카드를 올려놓고

"하나"

하고 카운트한다. 세 번째 카드까지 이렇게 손바닥으로 가려 옮겨서 카운트한다. 네 번째 카드를 옮기는 척하면서 왼쪽 엄지손가락을 이용해서 다시 덱으로 밀어 보낸다. 오른손으로는 팜 한 카드(네 번째 카드)를 가져가 관객의 손에 올려놓는 척한다.

"넷!"

이 동작은 매우 자연스러워 보인다. 마치 정말로 카드를 가져가는 것처럼 규칙적

인 동작으로 이루어지므로 모두 관객의 손에 정말로 카드가 놓였다고 생각한다.

다섯 번째 카드는 정상적으로 카운트하고 여섯 번째 카드는 폴스 카운트한다. 일곱 번째 카드는 정상적으로 카운트하고 여덟 번째 카드는 폴스 카운트한다. 아홉과 열, 열하나, 열둘은 정상적으로 카운트한다. 마지막 카드를 올려놓으면서

"열둘"

이라고 말한다.

★ 참고

첫 두 장을 카운트할 때 손바닥에 놓인 카드의 모습이 자연스럽게 드러나도록 함으로써 관객에게 정말로 카드가 옮겨지는 모습을 보여줘도 된다. 하지만 그 이후에는 카드를 보여줄 필요가 없다. 관객은 카드가 보이지 않더라도 당연히 옮겨지고 있다고 생각하게 된다. 정말로 카드를 옮기는 것처럼 오른손을 왼손에서 관객의 손으로 리드미컬하게 움직이기 때문에 그러한 착각을 일으키게 된다.

글라이드 폴스 카운트
Glide False Count

이것은 '글라이드' 라는 오래된 마술 원리를 사용하는 폴스 카운트이다. 초기 마술사들은 왼손에 카드 뒷면이 위로 향하게 잡고 오른손으로 맨 아래에서 카드를 빼서 테이블에 뒤집어 놓았다. 아무 때나 '그만' 하는 신호가 떨어지면 마술사의 오른손에 선택된 카드가 나타났다. 그 비밀은 선택된 카드를 몰래 덱의 맨 아래로 이동시키는 데 있었다. 왼손으로 맨 아래에 있는 카드를 잡을 때 오른손을 덱의 아래에 놓고 맨 아래에 있는 선택된 카드를 약 1.5cm 정도 밀어 놓아 두 번째 카드를 빼서 쉽게 테이블에 올려놓을 수 있도록 했다. 선택된 카드는 계속 가지고 있다가 관객이

"그만!"

이라고 말하면 꺼냈다. 또 관객이 선택한 숫자에 따라 선택된 카드가 나오게 할 수도 있었다. 이처럼 맨 아래에 있는 카드를 밀거나 제자리로 끌어당기는 것을 글라이드라고 한다. 관객은 글라이드를 눈치 채지 못한다.

글라이드 폴스 카운트를 이용해 실제 카드보다 절반 정도 작은 숫자로 카운트할 수 있다. 여기에서는 12장의 카드를 여섯 장으로 카운트한다고 해보자.

시연

그림 1처럼 왼손에 12장으로 된 패킷을 잡는다. 엄지손가락으로 한쪽 끝을 컨트롤하고 집게손가락과 가운뎃손가락, 넷째 손가락으로 반대쪽 끝을 컨트롤 하게 된다. 이때 가운뎃손가락과 넷째 손가락을 카드 앞면으로 구부려 둘째 마디 안쪽의 주름 부분으로 카드 끝을 감싸게 된다는 점에 유의한다.

이 자세로 왼손 가운뎃손가락과 넷째 손가락으로 맨 아래 카드를 약 1.5cm 정도 아래로 미끄러뜨린다(**그림 2**). 집게손가락과 엄지손가락으로는 카드를 잘 잡은 상태에서 나머지 손가락으로 움직이면 된다. 자연스럽고 쉽게 할 수 있을 때까지 글라이드를 연습한다.

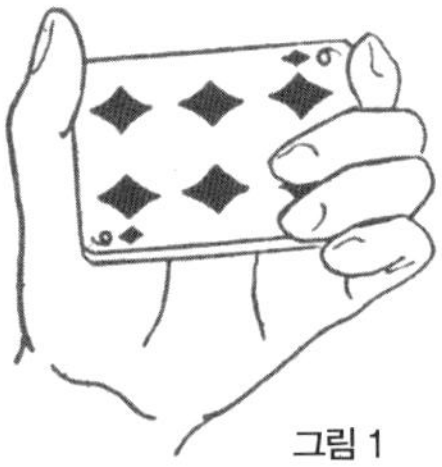

그림 1

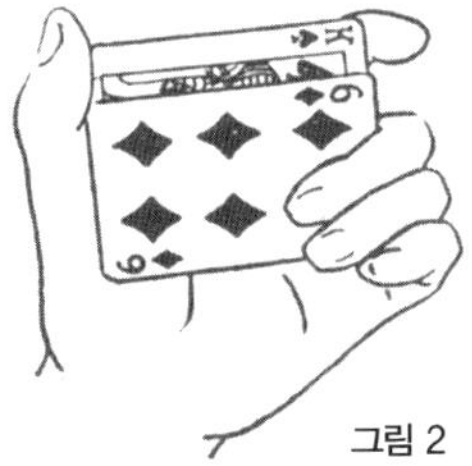

그림 2

그림 1처럼 카드를 잡는다. 손의 방향을 바꾼다. 따라서 손가락이 바닥을 향하고 카드 뒷면이 밖으로 향하므로 관객을 향하게 된다. 이때 손은 몸의 왼쪽으로 약간 비스듬하게 든다. **그림 2**처럼 글라이드 하고 글라이드 한 카드를 관객에게 보이지 않도록 든다. **그림 3**처럼 오른손을 가져가서 네 손가락을 패킷 아래에 놓고 엄지손가락은 위에 놓은 상태로 맨 위 카드를 가져오면서 카운트한다.

"하나!"

그림 4처럼 오른손에 든 카드를 패킷 아래에 오른쪽으로 약 1.5cm 정도 삐져나오도록 놓는다. 왼손 엄지손가락으로 카드의 위쪽 끝을 누르고 가운뎃손가락으로 카드를 패킷에서 떼어낸다. 오른손 엄지손가락은 패킷 위에 놓는다.

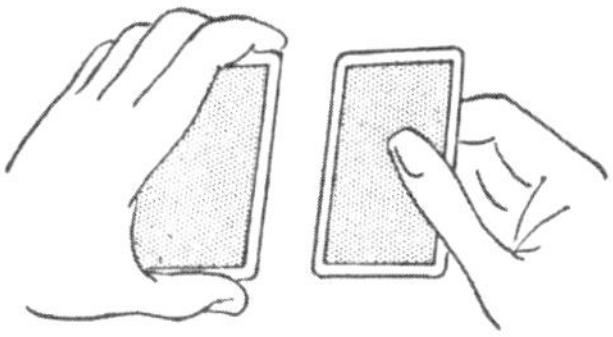

그림 3

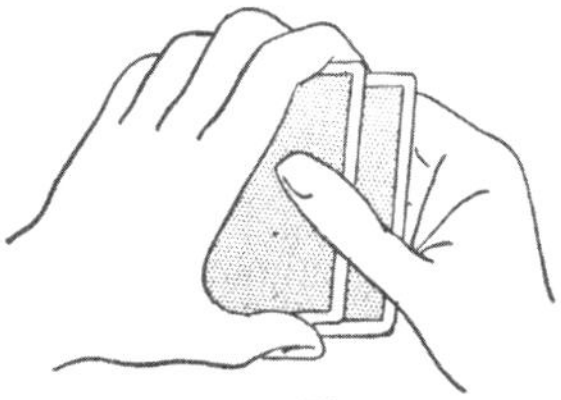

그림 4

그림 5

오른손 엄지손가락으로 맨 위 카드를 오른쪽으로 움직여 첫 번째 카드 위에 놓는다(**그림** 5). **그림** 3처럼 이 두 장을 함께 약간 오른쪽으로 가져가면서 카운트한다.

"둘!"

세 번째와 네 번째 카드도 똑같은 방법으로 카운트한다. 다섯 번째 카드를 카운트할 때는 오른손에 든 네 장을 왼손에 든 패킷 아래에 놓은 후 남은 일곱 장을 한 장처럼 든다. 그러면 왼손에는 글라이드 해서 남겨둔 한 장만이 남게 된다. 엄지손가락으로 이 카드의 안쪽 끝을 덥석 잡고 반대쪽 끝은 왼손 집게손가락을 위에 올려서 잡고 집게손가락과 가운뎃손가락으로는 바깥쪽 끝을 잡는다. 이 카드를 다른 카드에 올려놓으면서 카운트한다.

"여섯!"

마지막 카드를 덥석 잡는 동작은 모든 카드가 개별적으로 따로따로 떨어져 있다는 사실을 강조해준다. 마지막 카드가 한 장 남은 카드라는 사실을 확실히 보여주지 않으면 관객은 당신이 마지막에 여러 장의 카드를 패킷에 내려놓았다고 생각한다.

오버-핸드 폴스 카운트
Over-Hand False Count

이것은 잭 헥트(Jack Hecht)가 가장 즐겨한 폴스 카운트로써 오른손으로 카드를 들고 왼손 엄지손가락으로 한 장씩 빼는 방법이다. 실제 카드 수보다 더 많은 것처럼 카운트할 때 유용하다. 여기에서는 아홉 장을 12장으로 카운트한다고 해보자. 15장으로도 쉽게 카운트할 수 있다.

시연

그림 1처럼 오른손 엄지손가락과 나머지 세 손가락 사이로 아홉 장으로 이루어진 패킷을 잡는다. 몸의 왼쪽이 관객을 향하고 카드를 든 오른손은 몸의 왼쪽에 둔다. 관객에게는 카드 뒷면이 보여야 한다. 왼손을 들어 맨 위에 있는 첫 번째 카드를 뺀다. 왼손 네 손가락은 패킷 뒤에 놓고 엄지손가락은 앞에 놓는다(**그림** 1).

그림 1

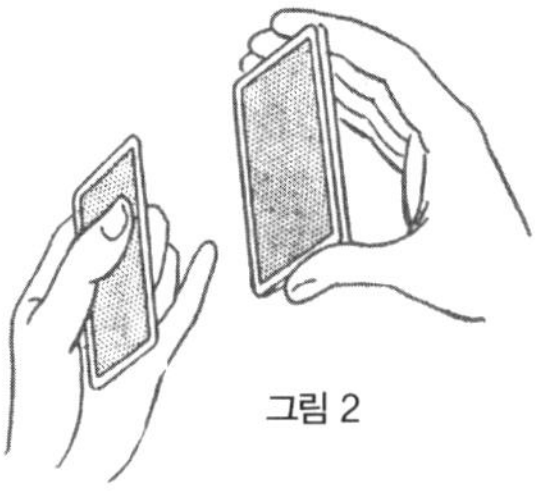
그림 2

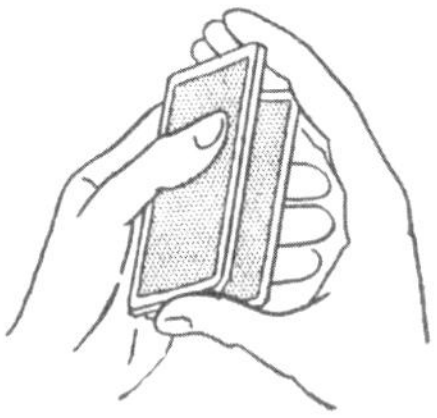
그림 3

그림 2처럼 첫 번째 카드를 빼면서 카운트한다.

"하나!"

그림 3처럼 이 카드를 패킷 뒤로 가져가 나머지 카드와 따로 분리해서 든다. 오른손 엄지손가락과 집게손가락, 가운뎃손가락으로 들면 된다. 왼손 엄지손가락으로 다음 카드를 아래로 뺀다. 패킷 뒤에 있는 첫 번째 카드도 빼서 두 카드를 딱 맞춰서 놓는다(**그림** 2).

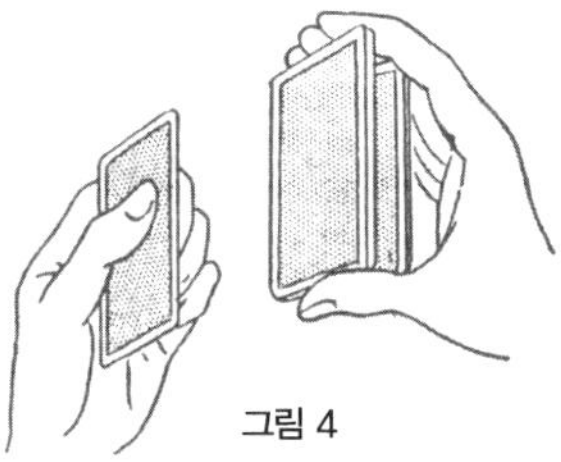
그림 4

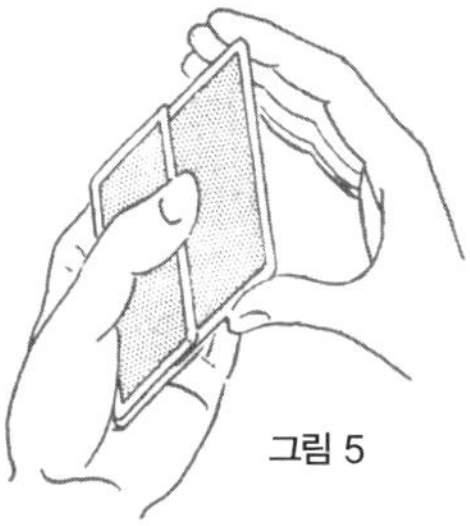
그림 5

세 번째 카드도 이렇게 한다. 세 장의 카드를 패킷 뒤로 가져가 오른손 엄지손가락과 집게손가락, 가운뎃손가락으로 패킷과 떨어뜨려 잡는다. 세 장을 이렇게 패킷 뒤에 놓고 왼손 엄지손가락으로 네 번째 카드를 뺀다(**그림** 4).

이 동작을 제대로만 하면 관객은 확실히는 모르지만 당신의 왼손에 카드가 네 장이 있다는 사실 정도만 알 수 있다. 카운트가 아주 빠르게 이루어지기 때문이다. 신속하게 다섯 번째 카드도 네 번째 카드 위에 카운트하고 여섯 번째, 일곱 번째, 여덟 번째, 아홉 번째도 카운트한다. 그런 다음 몰래 제쳐둔 세 장의 카드를 열 번째, 열한 번째, 열두 번째 카드로 카운트한다. **그림** 5는 열한 번째 카드를 카운트하고 손에 열두 번째 카드만 남게 되는 모습이다. 물론 열두 번째 카드는 곧바로 카운트하여 다른 카드 위에 놓게 된다.

★ 참고

모든 카드는 처음부터 끝까지 규칙적인 동작과 큰소리로 분명히 카운트한다. 위에서 세 장의 카드를 보류시킨 것처럼 더 필요한 카드의 숫자만큼 보류시키면 된다. 따라서 아홉 장을 15장처럼 카운트하려면 일곱 번째 카드를 카운트할 때 여섯 장의 카드를 보류시킨다.

노벨티 스트레이트 카운트

Novelty Straight Count

이것은 아서 버클리가 카드를 주머니로 옮기는 데 사용한 독특한 카운트 방법이다. 폴스 카운트할 필요가 없을 때 재미를 더하기 위해서 사용하는 카운트 방법이다. 현란한 효과를 낼 수 있으므로 꼭 배워둘 만한 가치가 충분한 기술이다. 여기에서는 아홉 장의 카드를 하나씩 카운트한다고 해보자.

시연

오른손 손바닥에 아홉 장으로 이루어진 패킷을 잡는다. 손등이 관객을 향하고 **그림 1**처럼 카드 앞면이 몸쪽을 향한다. 오른손 엄지손가락으로 맨 아래 카드를 쉽게 만질 수 있는 자세로 드는 것이 포인트이다. 새끼손가락으로 카드를 받치고 가운뎃손가락과 넷째 손가락으로는 카드의 바깥 가장자리를 감싼다. 두 손가락으로 카드의 반대쪽을 엄지손가락 갈래로 누른다.

그림 1

그림 2

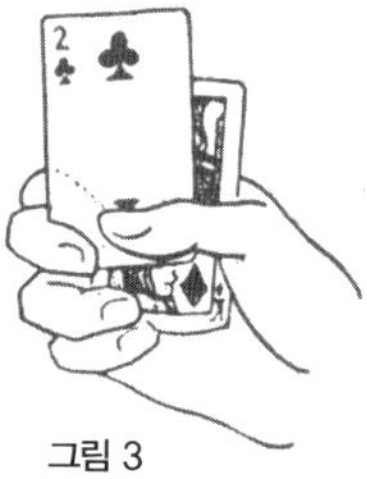

그림 3

그림 2처럼 오른손 엄지손가락 끝으로 첫 번째 카드를 위쪽 바깥쪽으로 움직인다. 나머지 카드를 감싸 쥐고 있는 넷째 손가락 위로 들면 된다. 가운뎃손가락과 집게손가락을 편다. **그림 3**처럼 집게손가락을 첫 번째 카드 아래로 구부리고 가운뎃손가락은 앞쪽으로 구부린다.

가운뎃손가락과 집게손가락 사이로 잡은 카드를 바깥쪽으로 밀고 두 손가락을 떼어 카드가 패킷에서 떨어지게 한다(**그림 4**). 이제 왼손으로 카드를 잡는다. 두 번째 카드도 똑같은 방법으로 나타나게 한다. **그림 5**는 양손에 카드를 든 모습과 앞쪽에서 (관객쪽에서) 본 모습이다.

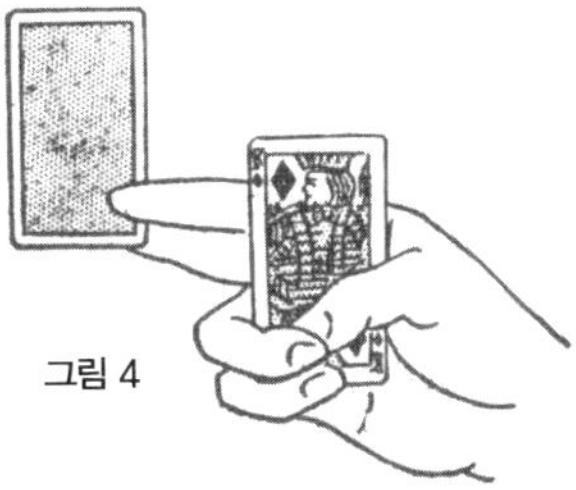

그림 4

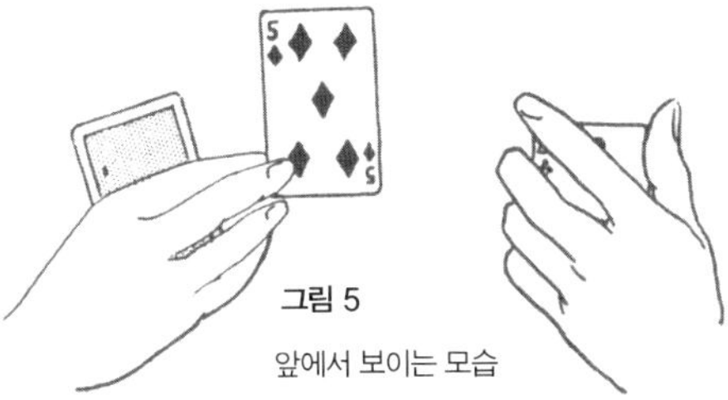

그림 5

앞에서 보이는 모습

나머지 카드도 이렇게 나타나게 해서 카운트한다. 각각의 카드가 나올 때마다 큰소리로 카운트한다. 숫자를 확실히 말해야만 관객이 카드의 개수를 의심하지 않는다.

카드 팬
Card Fans

팬은 전혀 새로운 기술이 아니다. 초기의 마술사들은 상대방이 카드를 쉽게 선택할 수 있도록 펼쳐 놓기 위해서 팬이 매우 간단하고 효과적인 방법이라고 생각해 오래전부터 이용했다. 로베르 우댕(Robert Houdin)은 자신의 저서 《요술과 마술의 비밀(Secrets of Conjuring and Magic)》이라는 책에서 카드 팬을 이용해 '카드의 숫자 줄이기(Diminishing Card)' 이펙트를 더 효과적으로 설명했다.

카디니와 르 폴, 구들레트 도슨(Goolette Dodson), 프락손(Frakson)의 실력에서 직접 보았다시피 현대 마술사들은 팬 기술을 예술의 경지로까지 발전시켰다. 카드 뒷면의 디자인과 컬러 때문에 팬했을 때 아름다운 모습이 나타난다.

뛰어난 아마추어 마술사 오들리 월시(Audley Walsh)는 팬에 새롭고 화려한 특징을 다양하게 더했다. 그가 직접 시연해준 내용은 나중에 다른 권에 추가될 예정이다. 이번 레슨에서는 일반적인 카드 마술에서 사용할 수 있는 실용적이고 간단한 팬을 소개하려고 한다. 일반적인 팬은 리버스 팬도 할 수 있어야 한다.

편의를 위해서 팬에는 새 카드를 사용하는 것이 가장 좋다. 매 쇼마다 새 덱을 사용하는 마술사들도 있다. 특정 브랜드의 덱이 다른 덱보다 팬이 더 잘되기도 하지만 사람마다 취향이 제각각이므로 여기에서는 특정한 브랜드를 추천하지는 않는다. 손은 깨끗하고 건조한 상태여야 한다.

오들리 월시는 카드를 여러 번 사용하기 위해 '팬-이즈(Fan-EZ)' 라는 흰색 가루를 만들었는데 마술용품점에서 구입할 수 있다. 각각의 카드 양면에 이 가루를 조금씩 뿌리고 면이나 부드러운 천조각으로 문질러서 완전히 제거한다. 이렇게 하면 카드가 반들반들해지므로 매우 쉽고 균등하게 팬하는 데 매우 큰 도움이 된다. 팬 할 때는 카드를 균등하게 배치한 상태로 들고 보여주어야 하므로 카드가 진짜 부채나 바퀴살처럼 단단하게 고정되는 것이 중요하다. 어떤 마술사들은 카드에 스테아린산아연(Zinc Stearate, 윤활제, 광택제 역할을 하는 미세한 가루-옮긴이)을 발라 매끄럽게 만들기도 한다.

심플 카드 팬
Simple Card Fan

그림 1처럼 왼손으로 덱을 잡는다. 엄지손가락으로 한쪽 면을 잡고 집게손가락과 가운뎃손가락으로 반대쪽을 잡는다. 오른손 엄지손가락으로 덱의 아래쪽 가장자리와 맨 위 카드를 가볍게 누른다(**그림 2**).

그림 1

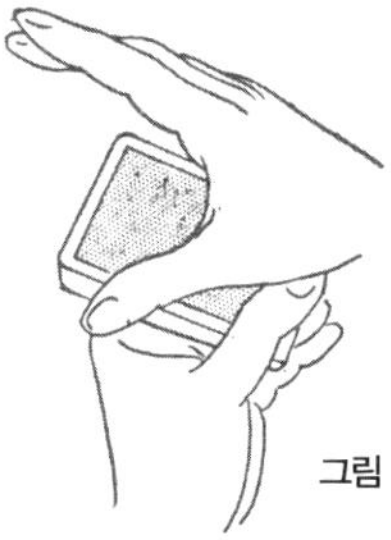

그림 2

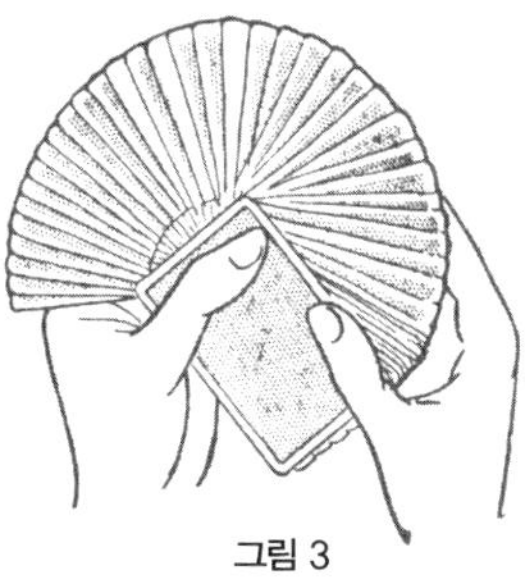

그림 3

오른손 엄지손가락을 카드 위로 살짝 누르면서 오른쪽으로 반원을 그린다(**그림 3**). 양손의 누르는 힘이 똑같아야 한다. 계속 연습하다보면 요령이 생긴다. 순식간에 부채꼴 모양이 만들어진다. 이것은 덱을 팬하여 카드를 선택할 때 특히 유용한 팬 방법이다.

심플 리버스 팬
Simple Reverse Fan

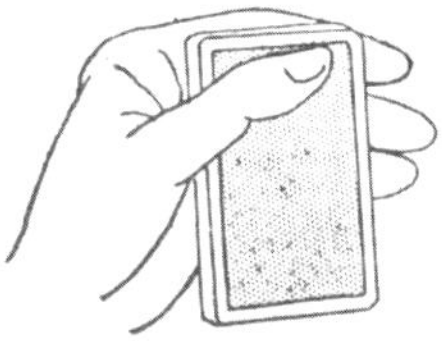

그림 1

이것은 첫 번째 카드를 제외하고 카드 앞면에 아무것도 없는 상태로 보여줄 때 매우 유용한 팬으로 순서가 거꾸로 된다. 카드 앞면이 하얗게 보이는 이유는 리버스 팬이 일반적인 팬과 달리 카드의 인덱스가 보이지 않기 때문이다.

그림 1처럼 왼손 엄지손가락과 나머지 손가락으로 덱을 잡는다.

오른손 엄지손가락을 덱의 왼쪽 가장자리에 놓는다. 아래 왼쪽 귀퉁이보다 약간 위에 놓아야 한다(**그림 2**).

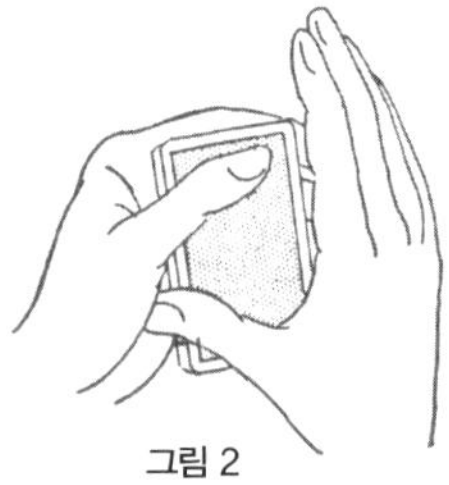
그림 2

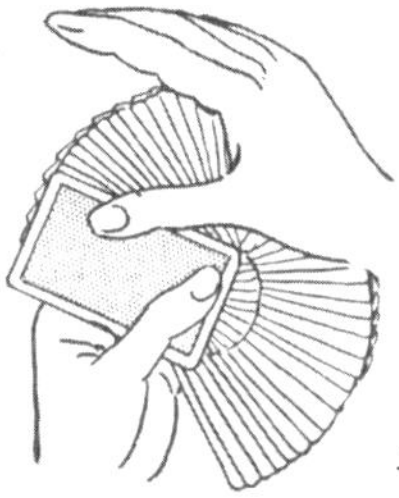
그림 3

그 상태에서 위를 향해 엄지손가락을 반원 모양으로 왼쪽 가까이까지 움직인다(**그림 3**). 엄지손가락으로 살짝만 힘을 주면 된다. 각각의 카드가 똑같은 간격으로 펼쳐지도록 일정하게 힘을 가해야 한다. 팬을 닫으려면 순서를 거꾸로 하면 된다.

정상적인 덱을 블랭크 덱으로 보여주기
Blank Deck to Regular Deck

이것은 일반적인 팬과 리버스 팬을 독창적으로 이용할 수 있는 예로써 카드 마술을 시작하기 전에 관객을 즐겁게 만들어줄 수 있다.

★ 이펙트

마술사가 카드 케이스에서 아무 표시도 없는 덱을 꺼낸다. 팬하여 앞면이 백지 상태임을 보여준다. 카드를 차곡차곡 정리하고 다시 팬하여 마술에 사용할 수 있는 일반적인 덱으로 보여준다.

★ 준비물

1. 덱
2. 1의 덱과 뒷면이 똑같은 블랭크 카드

준비

덱의 앞면에 블랭크 카드를 놓는다. 이렇게 세팅한 덱을 다시 케이스에 넣는다. 나중에 케이스에서 꺼낼 때 관객에게 백지 면이 보이도록 넣어야 한다.

시연

케이스에서 덱을 꺼낸다. 백지 면이 관객을 향한다.

"어제 덱을 새로 샀습니다. 그런데 이게 웬일입니까. 전부 백지 카드만 들어 있더군요…."

리버스 팬하여 카드를 백지 상태로 보여준다(**그림 1**).

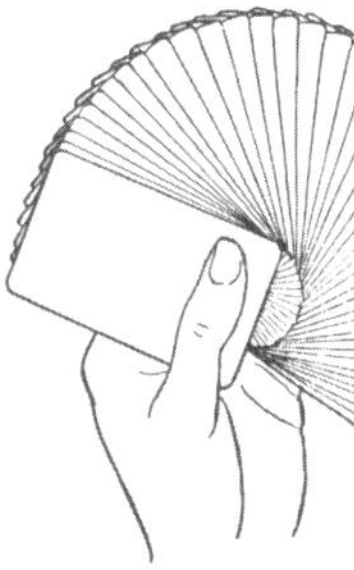

그림 1

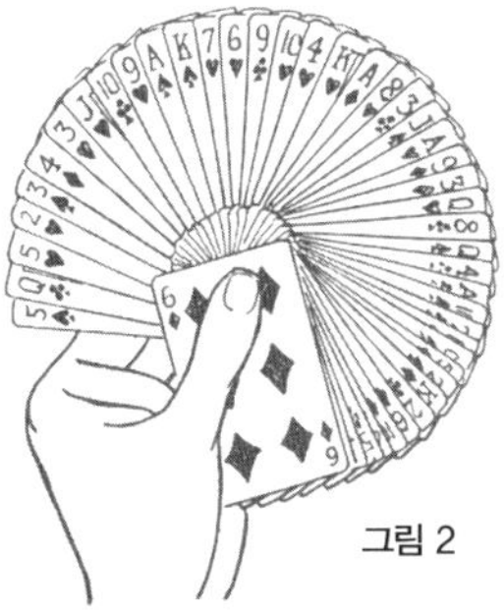

그림 2

"정말 재미있죠? 아마 그림 인쇄하는 것을 깜빡한 모양입니다. 한마디로 깜빡하고 옷을 안 입은 누드 카드입니다. 하지만 걱정할 필요는 없을 것 같습니다."

다시 카드를 차곡차곡 정리하여 블랭크 카드가 관객을 향하도록 왼손으로 든다.

오른손으로 블랭크 카드를 지나면서 덱의 뒤쪽에 있는 카드를 밀어 오른손 엄지손가락과 새끼손가락 사이로 집는다. 이것이 바로 '컬러 체인지(Color Change)' 이다. 오른손을 다시 내리는 순간 뒤쪽에 있는 카드가 블랭크 카드 위에 놓이게 된다. 자연스럽게 오른손이 텅 비었음을 보여준다(제2권 **레슨 25** 214쪽). 블랭크 카드가 정상적인 카드로 바뀌는 동작은 매우 효과적이다. 특히 대조 효과를 내기 위해서 하트 10을 비롯해 점이 많은 카드로 바뀌게 한다.

그림 2처럼 팬하여 모든 카드의 표시를 보여준다.

"제가 이렇게 직접 찍어냈으니까요."

덱의 앞뒤를 보여준 후 하고자 하는 마술을 시연한다.

모던 카드 팬
Modern Card Fan

이것은 새 카드뿐 아니라 오래된 카드를 이용할 수도 있어 현대 메니플레이터들에게 인기가 많다. 팬할 때 모든 카드가 하나씩 재빨리 나오게 하는 '튕기기'를 토대로 한 원리로 이루어진다. 여기에 나온 그림은 르 폴이 시연해준 모습을 보고 그린 것이다.

시연

오른손으로 덱을 잡는다. 집게손가락과 가운뎃손가락, 넷째 손가락은 위에 놓고 엄지손가락은 아래에 놓아서 세로로 잡는다. 덱을 왼손으로 가져가서 왼손 엄지손가락과 집게손가락 사이로 아랫부분을 잡는다. **그림 1**처럼 왼손 엄지손가락 갈래 사이로 덱을 누른다.

그림 1

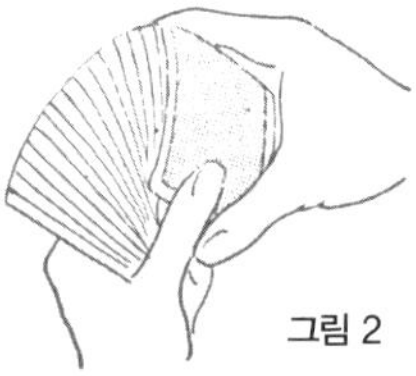
그림 2

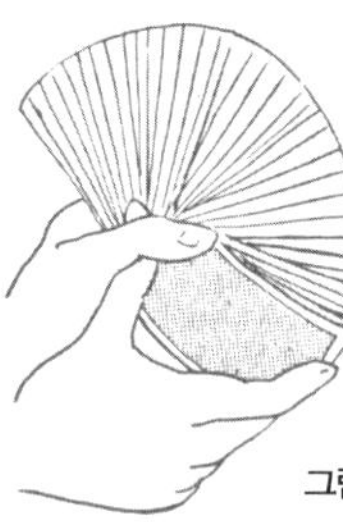
그림 3

그림 2와 **그림 3**처럼 오른손 네 손가락으로 덱을 약간 구부리는 동시에 오른손을 오른쪽으로 움직여 카드를 고르게 놓는다. 몇 장의 카드가 팬되었을 때 왼손 엄지손

가락을 이용해 카드가 잘 펼쳐지도록 오른쪽으로 움직이게 돕는다. 물론 왼손 엄지손가락을 회전축으로 삼아 재빨리 카드가 부채꼴로 펼쳐지도록 하는 것이다. 오른손은 팬이 다 될 때까지 계속 움직인다.

처음에 팬을 시도할 때는 카드가 제대로 펼쳐지지 않아서 실망할 수도 있다. 하지만 계속 연습하다 보면 일정한 간격으로 멋지게 팬하는 요령을 터득할 수 있다. 그 요령은 글로는 설명할 수 없지만 저절로 익히게 된다. 마치 자전거를 배울 때처럼 '감' 으로 배우는 것이다.

그림 4

그림 4는 팬의 앞면 모습이다. 왼손 네 손가락의 위치를 눈여겨 본다. 네 손가락은 팬의 마지막 부분을 펼치는 역할도 한다. 팬의 절반 앞부분은 저절로 펼쳐지지만 나머지 절반은 왼손 네 손가락을 이용해서 추가로 메니플레이션해야 한다.

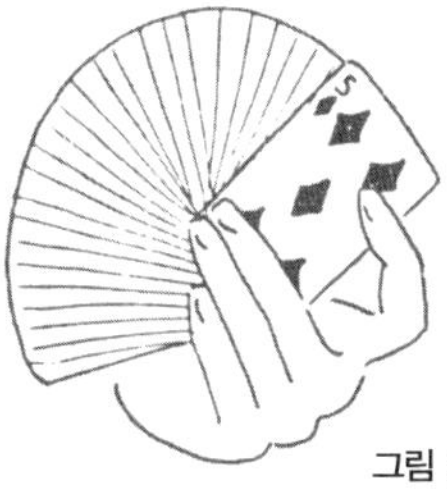
그림 5

그림 6

그림 7

한 손으로 팬을 닫으려면 왼손 집게손가락을 앞쪽 카드 앞에 올리고 오른쪽으로 밀면 팬이 닫히면서 덱이 차곡차곡 정리된다(**그림** 5, **그림** 6, **그림** 7).

팬 크게 만들기
Enlarging a Card Fan

뛰어난 메니플레이터라면 팬을 보통 크기보다 더 크게 보이도록 할 수 있다. 그것은 특히 스테이지 마술에서 필요한 기술이다. 르 폴은 그 기술의 달인이다.

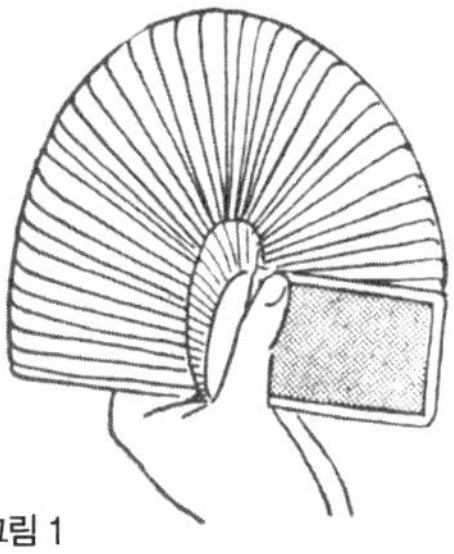

그림 1

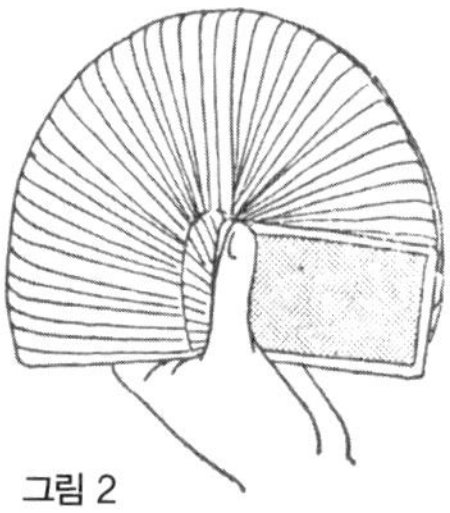

그림 2

시연

정상적인 팬과 똑같은 원리를 이용해서 팬한다. 하지만 **그림** 1과 **그림** 2에서 보듯이 카드가 더 넓게 펼쳐져서 중앙에 더 큰 고리를 그리면서 구부러진다는 점이 다르다. 즉 한 손으로 들 수 있을 정도로 최대한 카드를 넓게 펼치는 것이다. 이 팬의 목적은 최대한 넓은 공간을 가리기 위한 것이다.

모던 리버스 카드 팬
Modern Reverse Card Fan

이것은 오래된 카드도 사용할 수 있으며 역방향이라는 점만 제외하면 '모던 카드 팬' 과 똑같다. 이 기술을 마스터하면 대단히 멋진 플러리시가 가능해진다. 여기에 나온 그림도 르 폴의 시연 모습을 보고 그린 것이다.

시연

그림 1처럼 왼손으로 덱을 잡는다. 왼손 엄지손가락은 왼쪽 바깥 귀퉁이에 놓고 위쪽 가장자리는 넷째 손가락 윗부분과 똑같은 위치에 오도록 든다. 더 높게 덱을 드는 마술사들도 있다.

그림 1

그림 2

그림 2처럼 오른손으로 함께 덱을 잡는다. 앞에서 설명한 팬처럼 집게손가락, 가운뎃손가락, 넷째 손가락과 엄지손가락 사이로 덱의 양끝을 잡는다.

왼손 엄지손가락을 회전축 삼아 위를 향해 오른쪽으로 팬한다. 오른손 집게손가락, 가운뎃손가락, 넷째 손가락으로 덱을 살짝 누르는 힘은 카드가 일정하게 펼쳐지는 데 도움이 된다(**그림** 3과 **그림** 4).

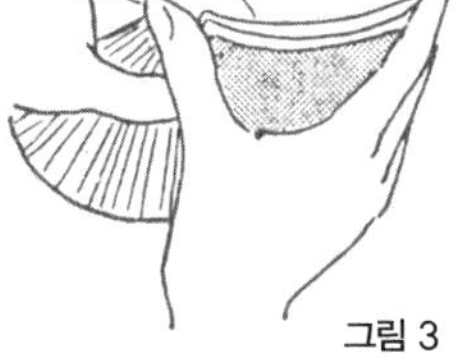
그림 3

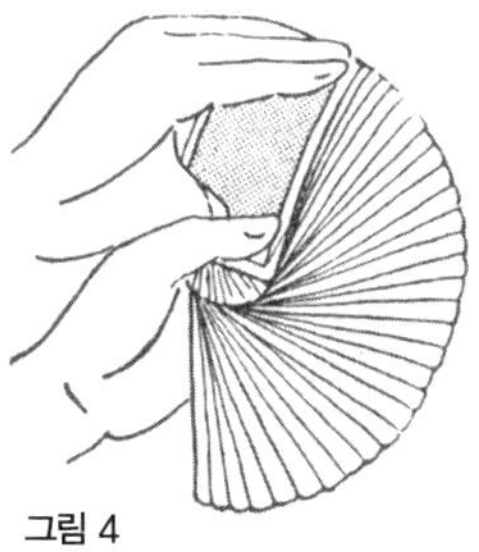
그림 4

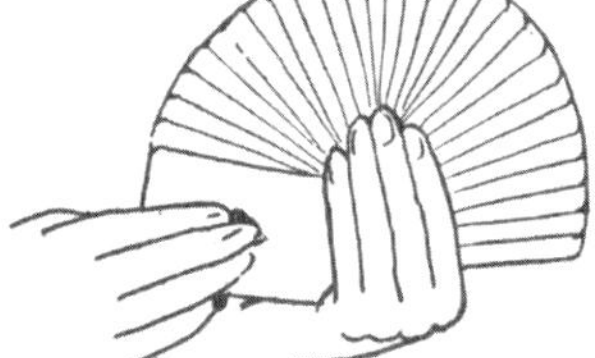
그림 5

그림 5는 덱이 앞쪽에서 관객에게 보이는 모습이다. 덱의 앞면에 있는 카드가 에이스라면 오른손 네 손가락으로 에이스를 가리면 덱이 아무것도 없는 하얀색으로 보인다. 리버스 팬에서는 인덱스가 보이지 않는다.

그림 1보다 왼손 넷째 손가락의 더 먼 부분에 카드를 놓아도 된다. 왼손 엄지손가락 끝을 덱의 윗부분 왼쪽 귀퉁이에 놓고 편안한 자세로 들면 된다. 좀더 연습하면 일정한 가격으로 카드를 넓게 펼칠 수 있다.

존 스카안의 마스터 체인지
John Scarne' s Master Change

이것은 봉투 안에서 카드를 바꾸는 재치 있는 기술로써 존 스카안이 자신의 무대를 위해 고안했다. 매우 실용적이고 신기한 착각을 일으키는 기술이다. 여기에서는 내가 직접 스카안에게 시연을 부탁해서 그가 사용하는 기술 그대로 그림으로 표현했다. 봉투에는 세팅을 할 필요가 없다. 무궁무진하게 응용할 수 있는 간단하고 신기한 기술이다.

★ 이펙트
마술사가 카드 한 장을 보여주고 빈 봉투에 넣는다. 여기에서는 하트 3이라고 해보자. 봉투에서 카드를 꺼내자 클럽 퀸으로(또는 마술사가 원하는 카드로) 바뀌어 있다. 봉투는 텅 비었다.

★ 준비물
1. 덱
2. 봉투. 스카안은 16.5cm × 9cm 크기를 선호

준비
클럽 퀸을 뒷면이 위로 가게 하여 덱의 맨 위에 놓고 하트 3은 두 번째에 놓는다. 만약 잘못 맞춘 카드를 선택된 카드로 바꾸고 싶다면 관객에게 카드를 선택하라고 한 후 덱의 가운데에 놓고 맨 위로 이동시키면 된다.

시연

봉투가 텅 비었음을 보여주고 다시 테이블에 놓는다. 왼손으로 덱을 들어 '더블 카드 리프트(제1권 **레슨 10** 256쪽)'를 해서 하트 3이 맨 앞에 보이도록 한다. **그림 1**처럼 오른손 엄지손가락과 집게손가락, 가운뎃손가락으로 두 장의 카드를 한 장처럼 잡는다. 왼손으로 봉투를 잡아 덱 앞에 놓고 든다(**그림 1**). 관객을 향한 하트 3에 관심을 집중시킨다. 이 카드(사실은 두 장)를 뒷면이 관객을 향하도록 뒤집어 **그림 2**처럼 봉투에서 약간 삐져나오도록 집어넣는다.

그림 1

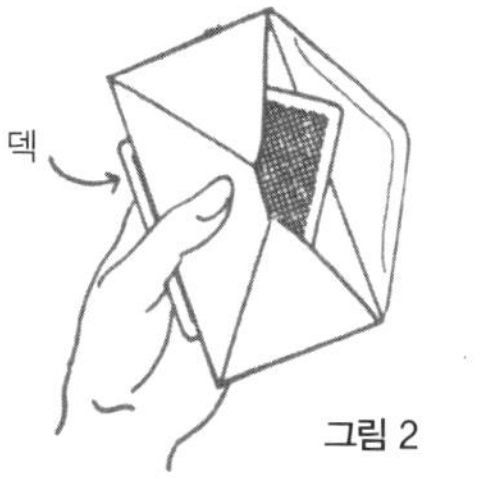

그림 2

다시 오른손 엄지손가락과 집게손가락, 가운뎃손가락으로 카드(사실은 두 장)의 바깥 귀퉁이를 잡고 봉투 뒷면이 관객에게 보이도록 뒤집어 두 장의 카드가 보이지 않도록 한다. 이때 오른손 엄지손가락으로 몰래 맨 위에 있는 카드(클럽 퀸)를 약간 왼쪽으로 미끄러뜨리고 아래에 있는 하트 3을 꺼낸다. 그 카드의 이름을 말하면서 **그림 3**처럼 관객에게 보여준다.

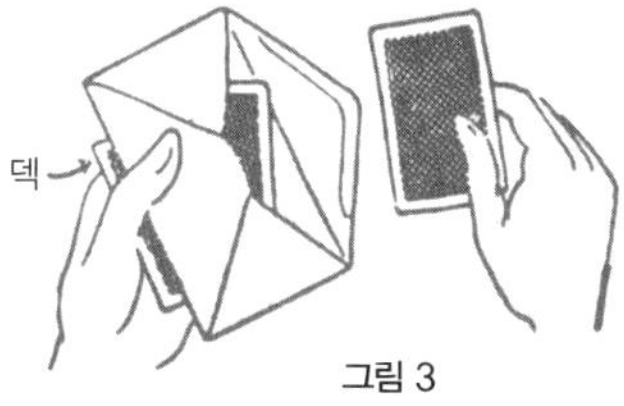

그림 3

그림 4

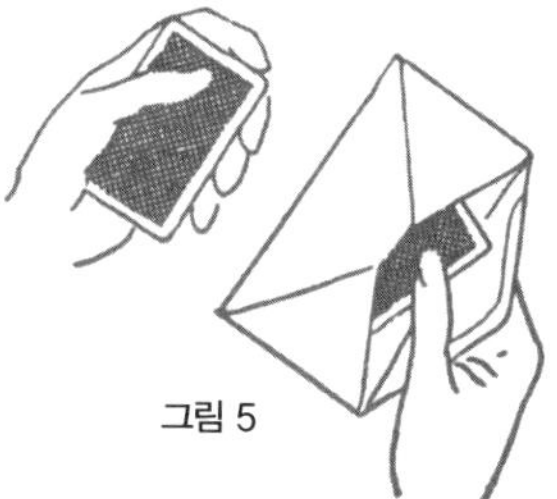
그림 5

하트 3을 다시 봉투에 넣는 척하면서 실제로는 봉투 뒤에서 왼손 엄지손가락 아래로 미끄러뜨려 오른손 엄지손가락을 봉투에서 삐져나온 퀸의 귀퉁이로 이동시키고 나머지 손가락은 봉투의 앞쪽으로 이동시킨다(**그림 4**).

왼손 엄지손가락으로 하트 3을 덱으로 미끄러뜨리고 오른손으로는 봉투를 오른쪽 옆으로 옮겨서 뒤집어 관객에게 안쪽을 보여준다(**그림 5**). 관객에게는 당신이 방금 봉투에 카드를 넣은 것처럼 보인다. 봉투 안으로 카드를 밀어 넣고 봉하거나 테이블에 올려놓는다. 그 다음에는 간단히 관객에게 봉투를 열어 카드가 클럽 퀸으로 바뀌었음을 확인시킨다. 봉투가 텅 비었으므로 아무런 증거도 남지 않는다.

체인지-어바웃 카드 앤드 봉투
Change-About Cards and Envelops

이것은 스카안의 '마스터 체인지'의 원리를 이용하는 기술이다.

★ 이펙트
두 장의 봉투가 텅 비었음을 보여준다. 마술사가 각각의 봉투에 하트 에이스와 클럽 킹을 넣는다(예를 들어). 봉투를 열자 두 카드의 위치가 바뀌어 있다.

★ 준비물
1. 덱
2. 클럽 킹 한 장 더
3. 봉투 두 장

준비
클럽 킹은 덱의 위에서 세 번째, 하트 에이스는 두 번째, 여분의 클럽 킹은 맨 위에 놓는다. 모두 뒷면이 위로 향한다.

시연

두 장의 봉투 모두 텅 비었음을 보여준 후 테이블에 약간 떨어지게 놓는다. 덱을 들어 뒷면이 위로 향하게 왼손으로 든다. 첫 카드 두 장을 마치 하트 에이스 한 장인 것처럼 들어서 보여준다. 그 카드(사실은 두 장)를 왼쪽 봉투에 넣는다. 이때 '마스터 체인지' 기술을 이용해 에이스는 덱에 남기고 킹이 봉투에 들어가게 한다. 다시 봉투를 제자리에 놓거나 왼편에 선 관객에게 건네준다.

맨 위에 있는 두 장의 카드를 한 장처럼 들어서 클럽 킹을 관객에게 보여주고 오른쪽 봉투에 넣는다. 이번에도 '마스터 체인지' 를 이용해 킹은 덱에 남고 에이스가 봉투에 들어가게 한다. 봉투를 제자리에 놓거나 오른편에 선 관객에게 건네준다. 이제 관객들에게 봉투를 열어 두 카드의 위치가 바뀌었음을 확인하게 하면 된다.

체인지-어바웃 톤 코너 카드
Change-About Torn Corner Card

이것은 내가 즐겨 사용하는 기술로써 바로 앞에서 설명한 '체인지-어바웃 카드 앤드 봉투' 를 응용한 방식이다. 한 귀퉁이가 찢어진 카드가 온전한 카드로 바뀐다.

★ 이펙트

마술사가 카드 한 장을 보여준다. 여기에서는 다이아몬드 에이스라고 해보자. 텅 빈 봉투에 넣고 왼쪽에 선 관객에게 들라고 한다. 이번에는 인덱스 부분의 귀퉁이가 찢긴 스페이드 10을 보여주고 찢긴 귀퉁이는 관객에게 들라고 준다. 귀퉁이가 찢어진 카드를 다른 빈 봉투에 넣고 오른쪽에 선 관객에게 들라고 준다. 마술사가 지시하자 두 카드의 위치가 바뀐다. 오른쪽에 선 관객이 봉투에서 다이아몬드 에이스를 꺼내고 왼쪽에 선 관객이 봉투에서 스페이드 10을 꺼낸다. 마술사가 관객에게 찢긴 귀퉁이를 가져와서 자신이 든 카드와 맞춰보자 정확하게 맞는다.

★ **준비물**

1. 카드
2. 스페이드 10 한 장 더
3. 봉투 두 장
4. 5센트 동전 크기만 한 종잇조각을 오른쪽 바지주머니나 코트 주머니에 넣어둠.

준비

그림 6

그림 6처럼 스페이드 10의 인덱스 귀퉁이를 찢는다. 이 카드를 뒷면이 위로 향한 채 놓인 덱의 위에 놓는다. 덱의 아래 왼쪽 측면에 찢긴 귀퉁이 부분이 놓여야 한다. 두 번째 카드는 다이아몬드 에이스이고 세 번째 카드는 또 다른 스페이드 10이다. 첫 번째 스페이드 10의 귀퉁이는 필요할 때 쉽게 몰래 손에 넣을 수 있도록 오른쪽 주머니에 숨겨두거나 코트 맨 끝자락 속에 끼워둔다. 물론 관객은 찢긴 귀퉁이를 몰래 준비했다는 사실을 알면 안 된다. 덱은 앞면이 위로 향하게 테이블에 놓는다.

시연

두 장의 봉투가 텅 비었음을 보여준 후 테이블에 약 30cm 떨어뜨려 놓는다. 덱을 집어 왼손에 뒷면이 위로 가고 찢긴 귀퉁이가 아래 왼쪽에 오도록 놓는다. 관객에게는 귀퉁이가 찢긴 모습이 보이면 안 된다. '마스터 체인지(**그림 1**)' 에서처럼 맨 위 두 장을 한 장처럼 든다. 이름을 말하면서 다이아몬드 에이스를 보여준다. **그림 2**처럼 그 카드(사실은 두 장)를 봉투에 넣는다. 찢긴 귀퉁이를 봉투 안으로 넣어 숨기고 반대쪽 멀쩡한 귀퉁이가 관객에게 보이도록 하면 된다. 다이아몬드 에이스를 밖으로 미끄러뜨려 보여주고 다시 봉투에 넣는 척하면서 '마스터 체인지' 한다. 봉투를 봉하거나 왼쪽에 선 관객에게 들라고 한다.

이제 카드 두 장을 한 장처럼 들어 스페이드 10을 관객에게 보여준다. 카드(사실은 두 장)가 보이지 않도록 두 번째 봉투에 완전히 집어넣는다. 그리고 스페이드 10에 표시하는 것을 깜빡했다고 말한다.

"이런… 스페이드 10에 표시를 해야 하는데 깜빡했네요."

봉투에서 스페이드 10을 꺼내고 에이스는 안에 숨긴 채 남겨둔다. 오른쪽 주머니에서 연필을 꺼내는 척하면서 미리 넣어둔 찢긴 귀퉁이를 핑거 팜 하여 꺼낸다.

"아이쿠, 주머니에 연필이 있는 줄 알았는데 없네요. 대신 여기 인덱스 부분을 찢으면 표시가 되겠죠?"

덱과 봉투를 다시 테이블에 놓고 다른 스페이드 10과 비슷하게 인덱스 부분을 찢는다. 찢어진 카드를 왼손에 들고 귀퉁이가 찢어진 모습을 보여준다. 그동안에 오른손은 약간 아래로 내려서 방금 찢어낸 귀퉁이를 손에 밀어 넣고 팜 해둔 귀퉁이는 밀어 낸다.

관객석에서 당신의 앞에 있는 남성에게 이렇게 말한다.

"자, 스페이드 10에서 찢어낸 조각입니다. 잠깐만 맡아주세요."

남성 관객에게 찢긴 귀퉁이를 주고 남은 귀퉁이는 계속 팜 상태로 남겨둔다. 그리고 바지주머니에서 동전을 꺼내면서 그 안에 귀퉁이를 떨어뜨린다.

"아 참, 받으세요. 수고비입니다."

남성 관객에게 동전을 준다. 이렇게 수고비로 동전을 주는 행동은 바지에 손을 넣어 귀퉁이를 처리할 수 있는 좋은 기회일 뿐 아니라 관객들에게 웃음도 선사할 수 있다.

찢긴 카드를 오른손으로 옮기고 왼손으로는 테이블에서 덱과 봉투를 집는다. 덱의 맨 위에 봉투를 놓는다. 찢긴 스페이드 1을 보여준 후 봉투에 넣는 척하면서 '마스터 체인지' 한다. 카드가 덱의 맨 위로 이동하고 오른손으로 봉투를 가져와 봉하거나 오른쪽에 선 관객에게 들라고 준다. 덱은 테이블에 윗면이 위로 가도록 놓거나 주머니에 넣는다.

"여러분도 보셨다시피 다이아몬드 에이스를 넣은 봉투는 왼쪽에 선 남성분께서 들고 계십니다. 오른쪽에 선 남성분께서는 귀퉁이가 찢긴 스페이드 10이 든 봉투를 들고 계시고요. 그리고 이 앞에 앉아 계신 분은 찢긴 귀퉁이를 들고 계시고요. 지금부터 불가능한 일이 현실로 이루어지는 모습을 보여드리겠습니다. 왼쪽 봉투에 든 다이아몬드 에이스를 눈에 보이지 않게 꺼내서…"

오른손으로 왼쪽 봉투에서 에이스를 꺼내는 척한다. 마치 관객에게 카드를 보여주는 것처럼 앞쪽에 든다.

"오른쪽 봉투에 넣겠습니다…."

오른쪽 봉투에 에이스를 떨어뜨리는 척한다.

"그리고 이 오른쪽 봉투에서 스페이드 10을 꺼내 왼쪽 봉투에 넣어야겠죠."

카드가 눈에 보이지는 않지만 오른쪽 봉투에서 스페이드 10을 꺼내 왼쪽 봉투에 넣는 척한다. 넣기 전에 카드를 보여주는 척하면서

"보시다시피 여전히 귀퉁이가 찢겨져 있습니다."

라고 말한다.

이제 오른쪽 관객에게 봉투를 열어 다이아몬드 에이스를 꺼내라고 하면 된다. 그리고 왼쪽 관객에게는 봉투를 열어 스페이드 10을 꺼내라고 한다. 앞에 있는 관객에게 찢긴 귀퉁이를 가져와서 찢긴 카드와 맞춰본다.

"딱 맞네요."

스카안의 '마스터 체인지' 응용

세팅하지 않은 봉투에서 물체를 바꿔치기 하는 마스터 체인지의 기본 원리는 카드뿐 아니라 안에 메시지가 들었거나 들어 있지 않은 봉투까지 바꿔치기 하는 데 응용할 수 있다. 예를 들어 왼손에 월급봉투를 잔뜩 쌓아놓고 그중에서 봉투 하나를 꺼내 안이 텅 비어 있음을 보여주고 백지 한 장을 넣어서 봉한다. 이것을 쌓여 있는 여러 봉투 맨 위에 놓는다. 그 봉투 바로 아래에 있는 두 번째 봉투에는 메시지가 담긴 종이가 들어 있다. 이 두 장의 봉투를 한 장처럼 들어서 더 큰 봉투에서 '마스터 체인지' 한다.

물론 지폐도 바꿔치기할 수 있다. 물체를 바꿔치기해야 할 때 조금만 창의력을 발휘하면 이 기술을 무궁무진하게 응용할 수 있다.

LESSON 40

카드 마술

Tarbell course in MAGIC

카드 마술

이번 레슨에서는 다양한 이펙트와 기본 원리를 조합한 마술을 소개한다. 대부분은 즉석 마술이지만 유명 마술사들이 스테이지에서 정기적으로 선보이는 스테이지 마술도 있다.

존 부스의 반복 카드 마술
John Booth's Repeat Card Mystery

존 부스는 지난 몇 년 동안 마술사들에게 큰 인기를 끈 '코미디 반복 카드 마술(Comedy Repeat Card Mystery)'의 흥미로운 버전을 메인으로 선보였다. 여기에서는 그가 직접 사용하는 대사와 함께 완벽하게 소개한다. 격식을 차리지 않은 익살스러운 마술이기 때문에 언제든지 소수의 사람들 앞에서 선보일 수 있고 부스처럼 스테이지에서 선보일 수도 있다. 주변에서 마술을 보여달라고 요청하면 처음에는 우스꽝스럽게 실패하는 모습을 보여준 후 이 마술을 이용해 웃음을 선사하는 동시에 마술사로서의 체면을 멋지게 되찾을 수 있다.

★ 이펙트

마술사가 카드 다섯 장을 보여주고 한 장씩 카운트한다. 그중 두 장은 옆에 치워둔다. 하지만 손에 들고 카운트하는 마술사의 손에는 여전히 다섯 장이 있다. 다시 두 장을 치우지만 여전히 마술사의 손에는 다섯 장이 있다. 이것을 여러 번 반복한다. 마지막으로 다섯 장 중 두 장을 옆으로 치우자 세 장만 남는다. 하지만 다시 똑같은 동작을 반복하자 처음처럼 다섯 장이 남는다.

★ 준비물

카드 15장

준비

이 마술을 시작하기 전에 '톱' 카드의 아랫부분 오른쪽 귀퉁이와 윗부분 왼쪽 귀퉁이를 살짝 접는다(뒷면으로). 이렇게 하면 왼손 새끼손가락으로 그 카드를 다른 카드에서 쉽게 뺄 수 있으므로 존 부스의 폴스 카운트를 이용해서 한 번에 카드 다섯 장씩만 보여줄 수 있다. 이렇게 서로 마주보고 있는 두 귀퉁이를 접어놓으면 테이블에서 카드를 집거나 가슴주머니에서 꺼내거나에 상관없이 루틴을 시연할 수 있다.

이 마술을 시연하기 전에 존 부스의 폴스 카운트를 익혀야 한다. 그러면 5~15까지 숫자 중 어떤 숫자든지 오직 다섯 장의 숫자로 카운트할 수 있다.

존 부스의 폴스 카운트

왼쪽을 향해 서서 카운트한다. 차곡차곡 정리된 15장의 카드를 왼손으로 잡는다. **그림 1**처럼 카드가 관객을 향한다. 계속 새끼손가락으로 뒤쪽에 있는 카드('톱' 카드)의 아래 왼쪽 귀퉁이를 잡고 살짝 끌어당긴다. 귀퉁이를 접어서 생긴 틈에 손가락을 끼워 넣고 당기면 된다(**그림 2**).

그림 1

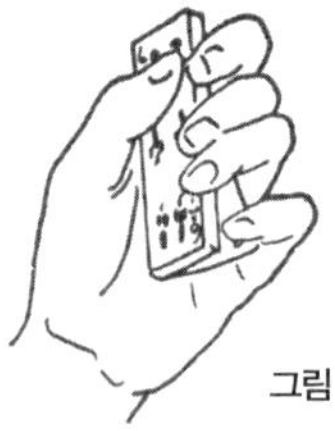
그림 2

그림 3처럼 왼손 엄지손가락으로 첫 번째 카드를 오른쪽으로 밀어 오른손으로 오른쪽 아래 귀퉁이를 잡는다. 이 카드를 오른쪽으로 당기면서 큰소리로 카운트한다.

"하나!"

왼손 엄지손가락으로 다음 카드를 오른쪽으로 민다. **그림** 4처럼 두 번째 카드의 일부분이 보이도록 올려놓고 두 장이 모두 보이는 상태에서 카운트한다.

"둘!"

세 번째 카드도 똑같은 방식으로 이동시킨다. 오른손으로 세 장을 함께 들고 카운트한다.

"셋!"

그림 3

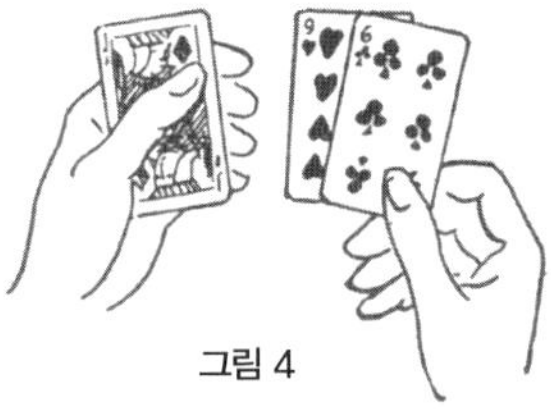
그림 4

그림 5

이 세 장을 왼손으로 가져간다. 이때 일부분이 왼손에 든 카드와 겹치도록 한다. 이번에는 카드 한 장이 아니라 맨 뒤에 있는 카드를 제외하고 모든 카드를 든다(**그림** 5). 이렇게 '여러 장'의 카드를 한 장처럼 들기 위해서는 다 같이 단단히 잡아야 한다. 이때 카운트하는 속도가 달라져서도 안 된다. 관객석에서는 이 카드가 한 장처럼 보인다. 큰소리로 카운트한다.

"넷!"

마지막 카드인 다섯 번째 카드를 오른손에 든 카드에 착 소리가 나도록 놓는다. 이렇게 하면 그 카드가 한 장이라는 것을 보여줄 수 있다.

"다섯"

하고 카운트한다.

이제 오른손으로 귀퉁이가 접힌 마지막 카드를 잡는다.

오른손으로 카드를 들어 카운트하는 동안에 모든 카드는 한 장씩 눈에 잘 띄도록 펼쳐서 잡는다. 이렇게 하면 말이 아니라 행동을 통해서 관객이 다섯 장의 카드를 모두 한 장씩 카운트했다고 믿게 만드는 심리적 효과를 낼 수 있다.

시연

왼손에 15장의 카드를 차곡차곡 정리해서 잡는다. 카드 앞면이 관객을 향한다.

"몇 년 전에 한 마술사를 만났는데요. 그 마술사는 항상 주머니에 딱 5달러만 가지고 다녔습니다."

15장의 카드를 다섯 장처럼 카운트한다.

"하나, 둘, 셋, 넷, 다섯!"

모두에게 잘 보이도록 카운트하면서(존 부스의 폴스 카운트로) 양손이 텅 비었음을 보여준다. 카드를 차곡차곡 정리해서 처음처럼 왼손으로 잡는다.

"어느 날 그 마술사가 저와 한 여성에게 브로드웨이 뮤지컬을 보여주었습니다. 매표소에서 표 값 2달러를 냈죠."

왼손에 든 '다섯 장(실제로는 15장)' 중에서 두 장까지 카운트하여 테이블에 놓는다. 이 두 장은 패킷의 앞면('보텀')에서 꺼내 카운트한다. 따라서 그림에서 보듯 클럽 6과 하트 9가 된다.

"5달러에서 2달러를 빼면 3이 남겠죠? 하지만 그 마술사가 돈을 세는 모습을 보았는데 신기하게도 5달러가 그대로 남아 있더군요!"

다시 카드를 카운트하여 여전히 손에 '다섯 장'이 있음을 보여준다. 다시 왼손으로 카드를 잡는다.

"너무 신기하고 실용적인 것 같아서 그 마술사에게 물어보았습니다. 그랬더니 그 마술사가

'간단합니다. 밖에 놀러나가서 한 번에 2달러씩만 쓰세요. 지금처럼요' 라고 말하더군요."

덱의 앞면에서 두 장을 더 카운트해 테이블에 놓는다.

"그런 다음 오른손으로 남은 돈의 오른쪽 위 귀퉁이를 치면 됩니다."

카드의 귀퉁이를 친다.

"하지만 절대 왼쪽 귀퉁이를 치면 안 됩니다. 그러면 돈이 순식간에 사라져버리거든요. 돈을 다시 세보면 처음처럼 5달러가 남아 있습니다."

폴스 카운트하여 들고 있는 카드가 여전히 '다섯 장' 임을 보여준다. 다시 왼손으로 잡는다.

"이렇게 손가락으로 돈을 치면 아무리 써도 돈이 그대로라는 사실을 알고 저는 결혼을 하기로 마음먹었습니다. 보석가게에서 2달러를 주고 반지를 샀죠. 매달 2달러씩 내는 것으로 하고 할부로 샀습니다."

카드 앞면부터 두 장을 카운트하여 테이블에 놓는다.

"그리고 정말 돈이 그대로 있는지 한 번 확인해보기로 했죠. 하나, 둘, 셋, 넷, 다섯!"

이렇게 숫자를 세면서 폴스 카운트한다.

"정말 그대로 있었습니다. 그 다음에 구청에 들러서 혼인신고를 하느라 또 2달러를 썼죠."

카드 두 장을 더 카운트하여 테이블에 놓는다. 이제 왼손에는 일곱 장이 남게 된다.

"하지만 마법의 돈에 문제가 생겼습니다. 다시 돈을 세어보니 3달러밖에 남지 않았더군요."

폴스 카운트하여 '세 장' 밖에 남지 않았음을 보여준다.

"제 여자친구는 화를 내면서 3달러밖에 없는 마술사와는 결혼하기 싫다면서 가버렸습니다. 혹시 마법의 돈을 세는 법을 아시는 분은 저 좀 도와주세요. 이렇게 2달러를 쓰고…"

카드 두 장을 더 카운트하여 테이블에 놓는다. 이렇게 하면 왼손에 다섯 장이 남게 된다.

"돈을 잡으면…"

왼손에 든 카드의 오른쪽 위 귀퉁이를 덥석 잡는다.

"돈이 이만큼 남죠. 하나, 둘, 셋, 넷, 다섯!"

박진감 넘치는 목소리로 한 장씩 다섯까지 세고 테이블에 놓는다. 말 그대로 왼손에 다섯 장이 남은 것이다.

"이 방법을 확실히 아시는 분은 저한테 좀 가르쳐주세요. 제가 하고도 어떻게 한 건지 잘 모르겠거든요."

★ 참고

놀람과 기쁨, (마지막으로 갈수록) 커다란 실망감을 제때 잘 표현하고 마지막에 극적인 코미디 대사로 웃음을 선사하는 연습을 하면 언제 어디서든지 시연할 수 있는 멋진 즉석 마술 레퍼토리를 손에 넣게 된다.

반복 카드 마술
Repeat Card Mystery

이것은 잉글랜드의 스탠리 콜린스(Stanley Collins)가 '네 장의 에이스(Four Ace)' 에서 사용한 손기술을 이용하는 일반적인 방식의 반복 카드 마술이다.

★ 이펙트

마술사가 여섯 장의 카드를 보여주고 한 장씩 카운트한다. 세 장은 테이블에 올려놓는다. 하지만 손에 남은 카드는 여전히 여섯 장이다. 계속해서 세 장을 테이블에 치워놓지만 여전히 손에는 여섯 장이 남는다.

★ 준비물

1. 카드 15장. 하나 더 카운트하기 위해서 18장을 사용하는 마술사들도 있다.

시연

카드 15장을 들어 차곡차곡 정리한다. 이렇게 정리하고 뒷면이 관객을 향한 채 들기 때문에 관객은 카드가 정확히 몇 장인지 알지 못한다.

그림 1처럼 왼손으로 카드를 든다. 엄지손가락을 한 면에 놓고 나머지 손가락은 반대쪽 면에 놓는다. (이 자세에서 **그림** 2처럼 가운뎃손가락으로 덱의 '보텀' 에 놓인 첫 번째(앞면) 카드를 약간 뒤로 미끄러뜨릴 수 있다.)

그림 1

그림 2

"예전에 6까지 셀 수 있는 인도 마술사가 있었습니다."

카드 뒷면이 관객을 향하도록 든다. 왼손 손바닥이 바닥을 향하고 **그림** 3처럼 카드를 약간 비스듬하게 든다. **그림** 4처럼 오른손을 가져가 네 손가락은 카드 아래에 놓고 엄지손가락은 '톱' 에 놓은 상태에서 '톱' 카드를 빼서 큰소리로 카운트한다.

"하나!"

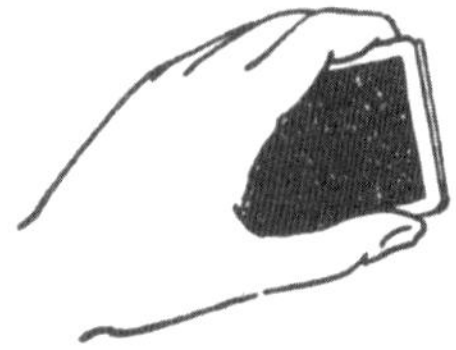

그림 3

그림 4

그림 5처럼 빼낸 카드를 다른 카드 밑에 넣은 후 오른손 엄지손가락으로 다른 '톱' 카드를 빼서 방금 '보텀' 에 넣은 카드와 함께 빼면서 카운트한다.

"둘!"

그림 5

이 카드 두 장을 '보텀' 으로 가져가고 함께 '톱' 카드를 카운트한다.

"셋!"

다음 '톱' 카드도 똑같은 동작으로 카운트한다.

"넷!"

이제 왼손에 든 패킷의 '보텀' 카드를 미끄러뜨려서 10장을 한 장처럼 잡고 오른손에 든 네 장의 카드 위에 놓는다.

"다섯!"

왼손에 한 장 남은 카드를 앞면이 관객을 향하도록 들어올린다. 왼손 엄지손가락으로 덥석 잡으면서 카운트한다.

"여섯!"

이 카드를 다른 카드 위에 놓는다. 여기까지의 카운트는 매우 빠르게 이루어져야 한다.

"그는 직접 카드 여섯 장을 카운트해서 보여주었죠. 그래서 제가 더 셀 수 없냐고 물어보았습니다. 그랬더니 '할 수 있지만 그럴 필요가 없네. 무엇이든지 다 6이 되니까. 직접 보여주지. 이 중에서 세 장을 빼겠네. 하나, 둘, 셋!' 이라고 말했습니다."

패킷의 '톱' 에서 세 장을 카운트하여 테이블에 놓는다.

"하지만 여전히 여섯 장이 있지. 하나, 둘, 셋, 넷, 다섯, 여섯."

이때 처음과 똑같이 카운트한다. "다섯" 을 카운트할 때 '보텀' 카드를 아래로 미끄러뜨리고 일곱 장을 한 장처럼 카운트하여 이미 테이블에 놓인 네 장 위에 놓는다.

"그래서 한번 더 부탁했습니다. '정말 신기하군요. 한번 더 보여주실래요?' 인도 마술사는 다시 세 장을 뺐습니다. 하나, 둘, 셋!"

카드 세 장을 하나씩 카운트하여 테이블에 놓는다.

"하지만 역시 여섯 장이 남았습니다. 하나, 둘, 셋, 넷, 다섯, 여섯!"

처음처럼 폴스 카운트한다.

"저는 너무 신기해서 인도 마술사에게 물었죠. '제가 세면 어떻게 될까요?' 그랬더니 '아무런 차이도 없네. 똑같아' 라고 하더군요. 그래서 이번에는 제가 해보겠다고 했습니다. 우선 세 장을 빼고… 하나, 둘, 셋!"

세 장을 카운트하여 테이블에 놓는다.

"하지만 정말 제 손에는 여전히 여섯 장이 있었습니다. 하나, 둘, 셋, 넷, 다섯, 여섯!"

이번에는 카드 게임을 할 때처럼 카드를 잡고 한 장씩 카운트하여 여섯 장이 틀림없음을 보여준다(**그림 6**).

그림 6

"그래서 저는 역시 여섯 장은 여섯 장이라고 생각했죠."

추가 마무리

반복 카드 마술에 사용할 수 있는 스토리는 매우 다양하다. 앞에서 인도 마술사에 대한 이야기를 소개한 것은 내가 즐겨 사용하기 때문이다.

하지만 나는 결말을 다르게 하는 경우도 많다.

"그러자 저는 만약 세 장이 아니라 한 장을 치운다면 어떻게 될지 궁금했습니다."

한 장을 테이블에 놓는다. **그림 6**처럼 카드를 잡는다.

"이제 다섯 장밖에 안 남았죠. 그러자 인도 마법사가 말했습니다. '당연하네. 믿음을 잊어버렸기 때문이지. 믿음이 있어야만 가능한 걸세. 진심으로 믿는다는 마음으로 다시 한번 해보게.' 그 말대로 저는 믿음을 가지고 다시 셌습니다. 하나, 둘, 셋, 넷, 다섯, 여섯!"

그림 7

다섯 장을 여섯 장으로 폴스 카운트한다.

"그래서 한 장 더 빼보았죠." (한 장을 테이블에 놓는다.)

네 장을 여섯 장으로 폴스 카운트한다.

"정말 믿음이 있어야만 가능한 일이었습니다."

★ 참고

어떤 마술사들은 스테이지에서 **그림 7**처럼 카드를 빼서 유리잔에 넣기도 한다. 이렇게 하면 관객에게 패킷에서 정말로 카드를 빼냈다는 믿음을 줄 수 있다.

'6 빼기 1' 반복 카드 마술

'One from Six' Repeat Card Mystery

이것은 마술사가 실제로 여섯 장의 카드를 가지고 시작해서 한 장씩 테이블에 카운트해 놓는 버전이다. 여섯 장을 들어서 한 장을 빼놓는다. 하지만 손에서 카드를 카운트하자 여전히 여섯 장이 남아 있다. 다시 한 장을 빼내도 여전히 여섯 장이다. 세 번째 카드를 옆에 치워놓아도 여전히 여섯 장이다.

시연

"제가 어릴 때 선생님께서 6에서 1을 빼면 얼마인지 물으셨습니다. 저는 6이라고 대답했죠. '뭐라고?' 다시 물으시기에 저는 또 6이라고 했습니다. 그랬더니 '6에서 하나를 빼는데 어떻게 계속 6이니?' 라고 하시면서 책상에서 카드 여섯 장을 꺼내 한 장씩 제 손에 올려놓으면서 카운트하셨어요."

덱에서 한 장씩 모두 여섯 장을 카운트하면서 테이블에 놓는다. 다 함께 들어서 차곡차곡 뒷면이 위로 가도록 정리한다.

"그리고 선생님은 '자, 이제 네가 세어 보렴. 모두 여섯 장이라는 것을 알게 될 거야' 라고 하셨습니다. 그래서 저는 카드를 셌지요. 하나, 둘, 셋, 넷, 다섯, 여섯!"

앞에서 설명한 '반복 카드 마술' 의 **그림 1**과 **그림 3**에서처럼 왼손으로 카드를 들고 카운트해야 한다. 오른손 네 손가락은 카드 밑에 놓고 엄지손가락은 위에 놓은 상태로 '톱' 카드를 뺀다(**그림 4**). 그리고 패킷 아래에 놓고(**그림 5**) '톱' 카드를 빼서 첫 번째 카드 위에 떨어뜨린다. 계속 똑같은 방법으로 여섯 장을 카운트한다.

"제가 다 세자 선생님이 카드 한 장을 달라고 하셨습니다. 그래서 한 장을 드렸죠."

'톱' 카드를 테이블에 놓는다.

"그리고 한 장씩 세어보라고 하셨습니다. 그래서 한 장씩 셌죠. 하나, 둘, 셋, 넷, 다섯, 여섯!"

첫 번째 카드를 패킷 아래에 놓고 오른손 엄지손가락으로 다음 '톱' 카드를 뺀다. 첫 번째 카드를 빼서 두 번째 카드 아래에 두지 않고 그냥 패킷 아래에 남겨둔다. 카운트하는 타이밍과 속도 때문에 관객은 당신이 정상적으로 카운트하고 있다고 한다. 따라서 이것은 꼭 알아 두어야 할 폴스 카운트 방식이다.

"그 순간 선생님은 무척 당황한 표정이었죠. 카드 한 장을 주고 다시 세보라는 말씀에 그렇게 했습니다. 선생님께 다시 한 장을 주었죠."

또 한 장을 테이블에 놓고 나머지 네 장을 여섯 장처럼 폴스 카운트한다. 이번에도 역시 두 번째 카드를 첫 번째 카드와 마찬가지로 패킷 아래에 둔다. 세 번째 카드부터 카운트하여 오른손에 놓는다.

"하나, 둘, 셋, 넷, 다섯, 여섯!"

"선생님은 '그럴 리가 없어. 6 빼기 1은 5야. 난 학교에서 그렇게 배웠어. 다시 한번 해보자' 라고 말씀하셨죠. 그래서 저는 이번에도 카드 한 장을 주었습니다."

한 장을 테이블에 놓는다. 이렇게 하면 손에는 세 장이 남는다. 세 번째 카드까지 한 번에 하나씩 패킷 뒤에 놓고 그 위에 있는 카드를 잡는 식으로 폴스 카운트한다.

"하나, 둘, 셋, 넷, 다섯, 여섯. 선생님은 머리가 아프신지 두통약을 드셨죠. 덧셈이 바뀌었으면 선생님들께 미리 공지하는 게 순서겠죠?"

테이블에서 카드 세 장을 들어 손에 있는 세 장 위에 놓고 모두 덱의 '톱' 에 놓는다.

★ 참고

여섯 장이 아니라 아홉 장으로 시작하는 방법도 있다. 스탠리 콜린스나 존 부스의 방법 중 아무 것으로나 카드 반복 마술을 시연하면 된다.

택 잇
Tack it

이것은 마술계의 대선배인 에드 레노(Ed Reno)가 만든 유명한 택 카드 마술의 매우 효과적인 버전이다.

★ 이펙트

관객이 덱에서 카드를 선택한 후 되돌려놓는다. 덱을 꼼꼼하게 셔플한다. 마술사가 관객에게 압정을 보여주는 척한다. 그리고 보이지 않는 압정을 덱의 가운데에 놓는다. 고무밴드로 덱을 감싼 후 판에 던진다. 선택된 카드만 빼고 나머지 카드가 전부 바닥으로 떨어진다. 선택된 카드는 압정과 함께 팬에 꽂힌다.

★ 준비물

1. 덱
2. 여분의 카드 한 장 더
3. 일반 압정 또는 카펫을 고정하는 압정
4. 고무밴드 두 개
5. 소나무로 된 부드러운 판자. 약 30cm × 41cm 정도의 크기가 좋다. 두께는 0.5cm 정도 되어야 한다. 화판을 사용하면 좋다.

준비

판자의 앞뒤에 아무 색이나 어두운 색을 칠한다. 일반적으로 검정색을 사용한다.

뒷면은 가장자리에서 5cm 정도 떨어진 테두리에 0.5cm 정도 두께의 탄성테이프를 붙인다. 테이프를 붙일 때 가로 부분 중 한 곳에 카드 한 장이 들어갈 만한 공간을 남긴다(**그림 1**).

원한다면 앞뒤 모두에 테이프를 붙여도 된다. 이것은 관객에게는 단지 테두리 장식처럼 보이지만 매우 실용적으로 사용할 수 있다.

여분으로 준비한 카드(여기에서는 다이아몬드 4라고 해보자)의 가운데에 압정을 찔러 넣는다. 압정의 윗부분이 앞면에 오고 뾰족한 부분은 뒷면에 가도록 앞면에서 찌르면 된다(**그림 2**).

이 카드를 판자의 뒷면에 놓는다. 카드 앞면이 보드에 닿고 압정은 테이프에 닿도록 하면 된다(**그림 3**).

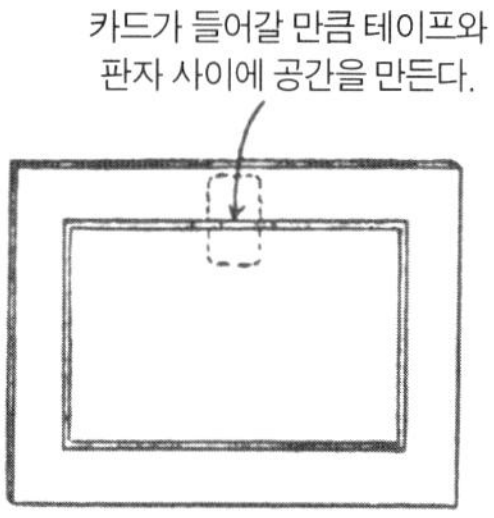

그림 1

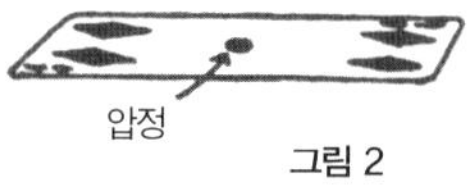

그림 2

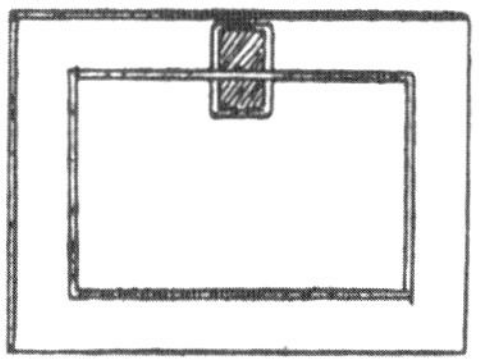

그림 3

가까이 둔 의자에 판자를 올려놓는다. 의자 등판 부분에 세워두거나 테이블에 올려놓는다.

덱에서 다이아몬드 4를 꺼내 '톱' 에 놓아 포스 준비를 한다.

시연

이것은 남자아이 관객을 조수로 활용하기에 매우 좋은 마술이다. 관객석에서 남자아이 한 명을 무대로 불러서 이름을 물어본다. 여기에서는 테오도(Theodore)라고 해보자.

양손으로 덱을 든다.

"자. 테오도, 실력 발휘 좀 해줄래? 관객들이 보지 않는 틈을 타서 여기 두 장의 카드 중에 하나만 골라봐."

다이아몬드 4를 포스한다(제1권 **레슨 13**).

"자, 여러분들에게 보여주렴. 나한테는 보여주면 안 된다."

아이가 관객들에게 카드를 보여주는 동안 당신은 뒤돌아서 있어야 한다. 고무밴드를 집어 든다.

"자, 이제 나머지 카드를 전부 가져가서 그 카드와 함께 잘 섞으렴."

아이가 덱을 가져가서 선택된 카드를 넣고 잘 섞는다.

"다 섞은 다음에는 고무밴드로 카드를 잘 묶을 거야. 이렇게 한 번 감싸고 반대로 한번 더 감싸는 거지."

고무밴드 하나는 가로로 끼우고 나머지 하나는 세로로 감싼다.

카드가 고무밴드로 단단하게 고정된 모습을 보여준다. 왼손으로 잡고 앞뒤를 보여준다(**그림 4**).

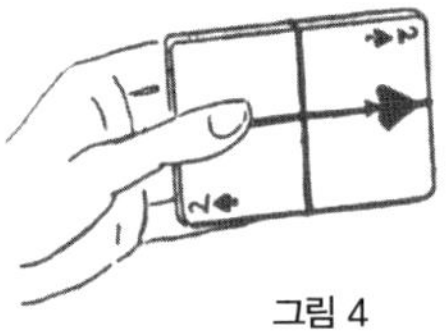

그림 4

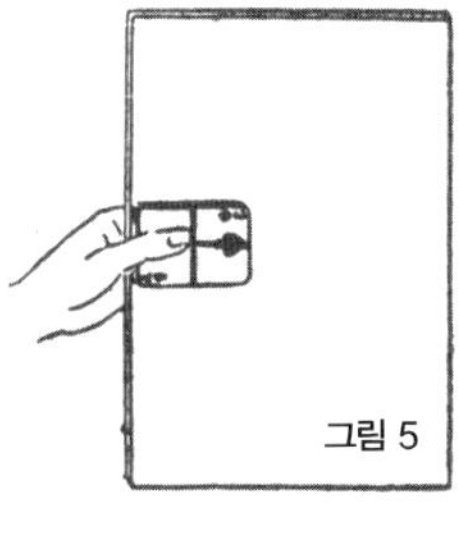

그림 5

의자 혹은 테이블로 가서 다음과 같은 방법으로 판자를 가져온다. 덱은 판자 앞면에 놓고 왼손 엄지손가락으로 잡은 다음 뒷면에 있는 압정 꽂은 카드는 나머지 네 손가락으로 잡는다(**그림 5**).

"테오도, 이쪽으로 오렴. 30cm나 60cm 정도 가까이 와라."

몸의 오른쪽이 관객을 향하도록 오른손으로 아이에게 손짓한다. 이렇게 하면 판자와 카드를 든 왼손이 관객에게 잘 보이지 않게 된다.

오른손으로 판자를 가져온다. 압정 꽂은 다이아몬드 4가 저절로 뒷면에서 떨어져 덱의 '톱'에 온다. 그 카드를 나머지 덱과 차곡차곡 맞춘다.

"그리고 이 판자를 들고 있으렴. 한쪽만 들어도 되고 양쪽 모두 들어도 된다."

판자의 앞뒤를 보여준 후 아이에게 테이프를 붙인 면이 관객에게 보이지 않게 들도록 준다(**그림** 6).

그림 6

"여기 계신 분들에게 너와 판자가 모두 잘 보이도록 꽉 잡아야 한다."

뒷부분에 있는 카드(판자에서 떨어진 카드)가 보이지 않도록 반드시 덱의 앞면이 관객을 향하도록 들어야 한다.

이제 주머니에 오른손을 넣어 엄지손가락과 집게손가락 끝으로 압정을 꺼내는 척한다.

"테오도, 지금 내가 압정을 들고 있단다. 혹시 압정에 찔려본 적 있니? 이렇게 조그만 압정이 어디서 갑자기 나타나는지 정말 신기하지? 압정을 카드 속에 넣자."

덱의 가운데 부분을 약간 펼쳐서 압정을 넣는 척한다(**그림** 7).

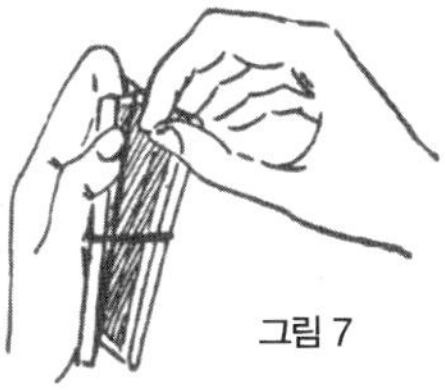

그림 7

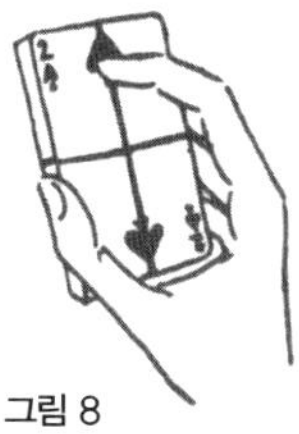

그림 8

덱을 닫는다. 다시 왼손 손바닥과 네 손가락으로 덱의 뒷면을 가린 채 관객을 향하도록 든다.

"아까 네가 고른 카드를 다시 돌려놓고 잘 섞었지, 그렇지? 잘했다. 그런데 그 카드가 뭐였지? 다이아몬드 4라고? 확실하니? 다이아몬드 8이나 9가 아니라 확실히 4였어? 좋아, 다이아몬드 4구나."

오른손에 덱과 세팅한 다이아몬드 4를 든다. **그림 8**처럼 잡는다.

"판자를 꽉 잡아라. 하나, 둘, 셋"

덱을 판자에 던져 평평하게 부딪히도록 한다. 던지는 힘과 덱의 무게로 인해 압정이 판자에 박히면서 다이아몬드 4가 고정된다(**그림 9**).

그림 9

나머지 덱은 바닥에 떨어지지만 고무밴드 때문에 흐트러지지는 않는다. 덱이 고무밴드에 묶여 원래대로 차곡차곡 되어 있는 모습이 관객에게 잘 보인다.

"테오도, 저기 다이아몬드 4가 있구나. 자, 자리에 앉아서 압정을 빼보렴."

★ 참고

에드 레노는 **그림 A**처럼 '택 잇' 에서 한 단계 업그레이드 된 판자를 사용한다. 이 판자는 앞뒤 모두 보여줄 수 있다.

한쪽 측면 가운데에 카드가 쉽게 들어갈 만한 기다란 틈을 만들었다.

그 틈과 이어지도록 한쪽 면에 또 틈을 만들었다. 이 틈을 이용해 카드에 박힌 압정이 위 아래로 움직일 수 있다.

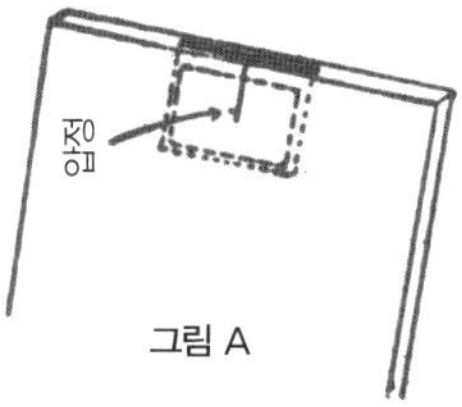

그림 A

압정 박힌 카드와 똑같은 카드(포스 카드)의 가운데에 압정이 튀어나오게 한다. 이 카드를 한쪽 틈에 끼우고 압정은 다른 틈에서 빼져나와 있다.

덱에 카드를 넣으려면 판자 앞면에 숨긴 카드에 덱을 나란히 놓은 후 틈에서 세팅한 카드를 빼서 덱에 놓고 들어 올리면 된다. 오른손 엄지손가락으로 압정 끝을 눌러 카드가 틈에서 쉽게 빠져나오게 한다.

천장에 카드 던지기
Card on the Ceiling

이것은 수많은 관객을 깜짝 놀라게 만든 오래된 마술로써 여전히 그들을 아리송하게 만든다.

★ 이펙트

선택된 카드를 덱으로 돌려보낸 후 셔플한다. 천장에 덱을 던지자 나머지 카드는 모두 떨어지고 선택된 카드만 천장에 붙어 있다.

★ 준비물

1. 덱
2. 마술용 왁스 한 통은 약국에서 파는 콧수염용 왁스(Mustache wax)를 사용한다.

준비

조끼 단추나 코트 단추에 왁스를 조그맣게 뭉쳐서 붙여놓는다.

시연

자유롭게 선택된 카드를 다시 덱에 놓은 후 '톱' 으로 패스한다. 선택된 카드를 '톱' 에 놓은 채 덱을 셔플한다.

왼손에 덱을 뒷면이 위로 향하게 잡고 오른손 손끝에 왁스를 묻혀 덱의 '톱' 에 있는 선택된 카드 가운데에 바른다.

이 동작은 덱을 왼손에서 오른손으로 옮기는 척하면서 자연스럽게 할 수 있다.

덱이 천장에 평평하게 부딪히도록 힘껏 던진다. 가해진 힘으로 인해 '톱' 카드가 천장에 달라붙는다.

천장에 카드를 던지는 동작은 충분한 연습이 필요하다. 어떤 마술사들은 벽면 높이 덱을 던지기도 한다. 이 이펙트 역시 익혀두면 좋다.

주변 사람의 집에서 시연하는 것이라면 집주인은 대부분 기념으로 카드를 천장에 붙인 채 그대로 놔둘 것이다.

천장에 카드 던지기 업그레이드 버전
Improved Card on the Ceiling

이 버전의 루틴은 제임스 허픽(James Herpick)과 잭 심블레니(Jack Thimbleny)가 발전시킨 것이다. 매우 간단해서 쉽게 시연할 수 있다.

★ 이펙트

셔플한 덱에서 관객이 아무 카드나 뽑는다. 관객이 카드에 자신의 이니셜을 쓴 후 다시 덱에 놓는다. 덱의 일부분을 옆으로 치우고 선택된 카드가 포함된 남은 부분을 고무밴드로 고정한다. 그런 다음 카드를 천장으로 던지자 고무밴드로 고정한 카드는 모두 바닥에 떨어지고 단 한 장만이 천장에 붙어 있다. 그것은 앞면에 관객이 이니셜을 써놓은 선택된 카드이다.

★ 준비물

1. 카드
2. 쌀알 두 톨 크기 정도의 마술용 왁스
3. 고무밴드

준비

부드러워질 때까지 손끝으로 왁스를 문질러 조끼 맨 아래 단추에 붙여 놓는다. 적당한 시기에 이 왁스를 선택된 카드에 묻혀서 천장에 붙도록 만든다.

시연

덱을 셔플하고 아무 카드나 선택한다. 관객에게 선택된 카드의 앞면에 굵은 글씨로 이니셜이나 자신의 이름을 쓰라고 한 후 덱의 아랫부분 '보텀' 에서 가까운 곳에 놓는다. 그리고 패스를 통해 선택된 카드를 몰래 '톱' 으로 옮긴다.

"아랫부분에 카드를 되돌려 놓았습니다. 선택된 카드를 포함한 일부분을 떼서 드리겠습니다. 고무밴드로 가로 세로를 두 번 감싸주세요. 네, 고맙습니다."

관객이 고무밴드를 감는 사이 조끼 단추의 왁스를 당신이 왼손에 들고 있는 패킷의 '톱' 카드(선택된 카드)에 몰래 바른다. 왁스가 끈적거리도록 엄지손가락을 계속 위에 올려놓는다.

그림 1

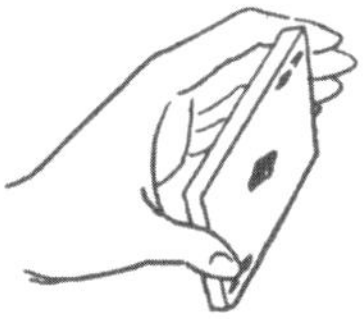
그림 2

고무밴드 감은 패킷을 다시 가져와 오른손 손바닥에 앞면이 위로 오도록 놓는다(**그림** 1). 왼손에 든 다른 패킷은 **그림** 2처럼 잡고 제1권 265쪽에서 설명한 '슬립 체인지' 를 준비한다. **그림** 3처럼 왼손 패킷을 오른손 패킷의 아래쪽 가장자리에 댄다. 오른손 네 손가락을 선택된 카드에 댄다. **그림** 4처럼 왼손 패킷을 들어 선택된 카드를 오른쪽 패킷의 '톱' 에 남긴다.

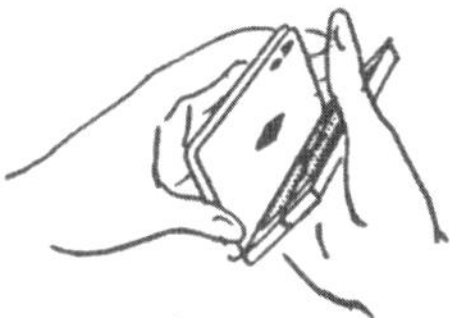
그림 3

그림 4

"아까 고르신 카드는 이 뭉치 어딘가에 있습니다. 보시다시피 고무밴드로 잘 고정시켰고요. 나머지 뭉치는 필요 없으니 옆으로 치우겠습니다."

위의 대사를 하면서 **그림** 3과 **그림** 4처럼 왼손으로 오른손을 가리키면서 그 순간 재빨리 슬립 체인지 한다.

오른손 패킷은 오른손을 쫙 편 상태에서 손바닥에 평평하게 잡는다. 아래에서 위로 움직이면서 패킷을 천장으로 던진다. 이렇게 힘주어 던질 때 가장 중요한 것은 패킷이 똑바로 올라가 천장에 평평하게 부딪혀야 한다는 점이다. 그래야 왁스 바른 카드가 천장에 성공적으로 붙는다.

천장에 그대로 붙여두면 사람들에게 좋은 이야깃거리를 제공할 수 있다. 비록 카드 한 장을 포기해야 하지만 말이다.

★ 참고

로스앤젤레스의 노먼 게를라흐(Norman Gerlach)는 이 마술에 사용되는 훌륭한 동작을 만들었다. 선택된 카드에 이니셜을 쓴 후 덱을 이등분해서 선택된 카드를 아래쪽 패킷에 놓는다. 여기까지는 일반적인 카드 마술이다. 오른손에 든 패킷을 왼쪽으로 옮겨 두 패킷의 아래쪽 가장자리가 맞붙게 하여 오른손의 '톱' 카드를 몰래 왼손 패킷의 선택된 카드 위로 슬립 체인지 한다(**그림** 5와 **그림** 6).

그림 5

그림 6

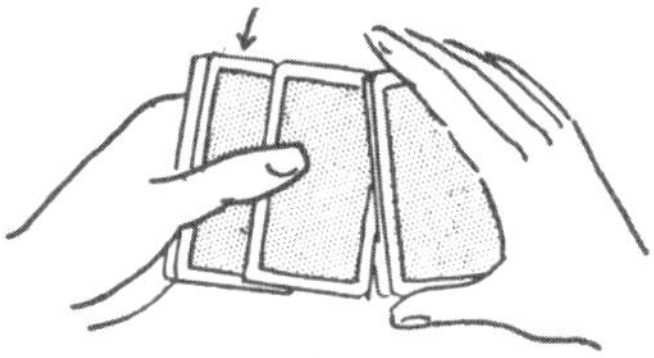

그림 7

"고르신 카드를 덱의 가운데에 넣지 말고 이 오른쪽에 든 카드 뭉치에 넣도록 하겠습니다."

왼손 패킷의 '톱' 카드를 오른손 패킷의 가운데에 넣는다(**그림** 7). 오른손 패킷에 선택된 카드를 놓는 척한다. 하지만 실제로 선택된 카드는 여전히 왼손 패킷의 '톱'에 있다. 이 동작은 착각을 일으키게 한다.

나머지는 앞에서 설명한 것과 똑같다.

벽에 카드 붙이기
Card on the Wall

이것은 또 다른 버전으로 카드 케이스와 카드, 천장이나 벽 또는 판자에 던지는 동작 모두 포함되어 있다. 제일 중요한 점은 카드 케이스에서 카드 한 장을 팜 하여 꺼내는 것이다.

아무 카드나 고른 후 덱에 다시 넣고 몰래 '톱' 으로 옮긴다. '톱' 카드의 위치가 바뀌지 않도록 셔플한다. 덱을 케이스에 넣는다. 이때 케이스 덮개가 '톱' 카드(선택된 카드)와 덱 사이에 놓이도록 닫는다. 카드가 보이지 않도록 엄지손가락으로 틈을 가린다.

다음으로 해야 할 동작은 선택된 카드를 팜 하여 꺼내는 것이다. 매우 간단하지만 반드시 연습해야만 자연스럽게 할 수 있다. **그림** 1처럼 카드 케이스를 든다. 틈 부분이 관객에게 보이지 않도록 한다.

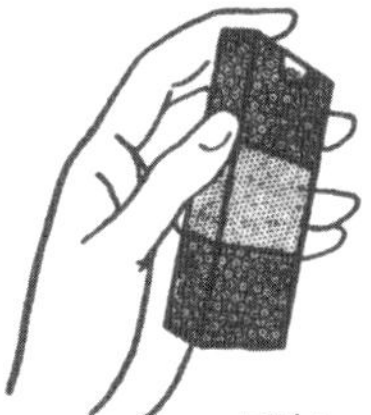

그림 1

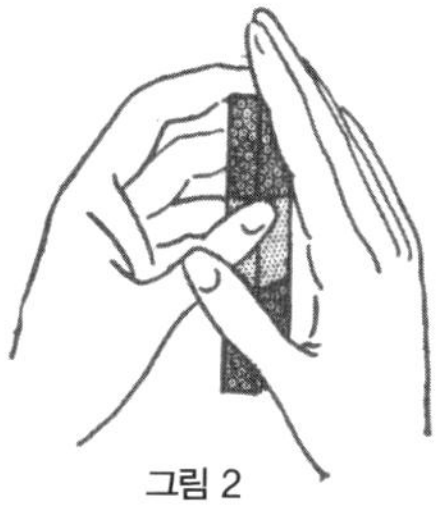

그림 2

그림 2처럼 오른손을 케이스로 가져간다. 가운뎃손가락 둘째 마디가 카드에 놓여야 한다. 그 상태에서 손의 방향을 바꿔 오른손 손등이 관객을 향하도록 한다. 힘을 주어 케이스에서 카드를 빼고 왼손 집게손가락 끝을 카드 앞면에 놓아 오른손으로 카드를 꺼내 일반적인 자세로 팜 할 수 있도록 돕는다(**그림** 3).

팜 한 채 오른손을 케이스에서 뗀 후 다시 덱으로 가져가서 케이스에 덱을 댄다(**그림** 4).

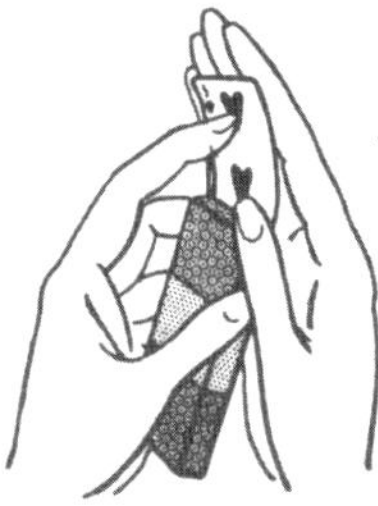

그림 3

그림 4

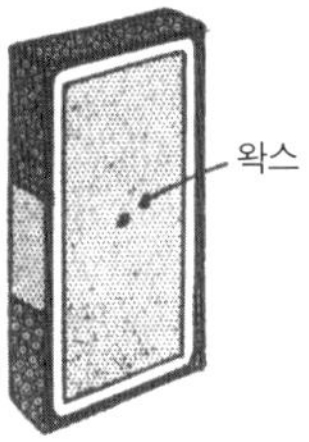

그림 5

카드가 있는 덱의 면이 뒷부분으로 오도록 한다. 케이스 측면 가장자리에 미리 바른 왁스를 오른손 손가락으로 가져와 **그림** 5처럼 카드 뒷면 가운데에 바른다.

그러고 나서 카드를 던지면 (천장이든 벽이든 판자든) 닿는 순간 카드가 달라붙는다. 케이스가 평평하게 부딪히도록 던져야 한다.

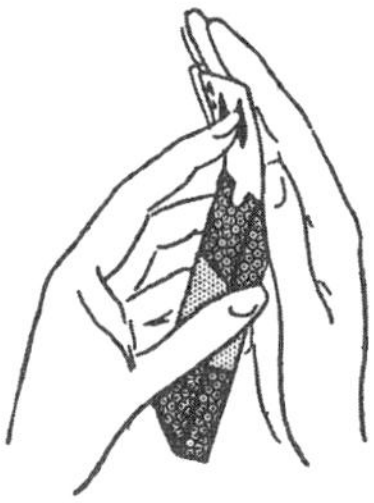

그림 6

변형

그림 6과 같은 방법으로 케이스에서 카드를 몰래 꺼낼 수도 있다. 케이스의 틈 부분이 왼손을 향한다.

오른손으로는 덱을 가린다. 왼손 집게손가락 끝으로 케이스 틈에 있는 카드의 일부를 눌러 오른손 손바닥 안으로 꺼낸다. 오른손 손등이 관객을 향한 상태에서 오른손에 가려 관객에게는 이 동작이 보이지 않는다. 카드를 오른손 옆에 있는 케이스의 측면으로 가져온다.

카드와 카드 케이스, 판자
The Card, Card Case and Board

이것은 에드 레노의 '택 잇' 과 '천장에 카드 던지기' 를 변형한 마술이다.

★ 이펙트

자유롭게 선택한 카드를 다시 덱에 넣고 셔플한다. 덱을 케이스에 넣고 닫는다. 마술사가 왼손에 든 화판을 보여준다. 케이스의 앞뒤를 보여준 후 오른손으로 화판에 던진다. 카드 케이스는 바닥으로 떨어지고 선택된 카드는 화판에 붙는다.

★ 준비물

1. 덱
2. 마술용 왁스 약간
3. 화판. 많이 크지 않아도 되고 28cm × 36cm 정도나 그보다 더 작은 크기면 된다.

준비

부드럽게 문질러 놓은 작은 공 모양의 왁스를 케이스의 홈 바로 아래 중앙에 묻힌다. 왁스의 양은 화판에 카드를 던졌을 때 카드가 붙을 수 있을 정도여야 한다.

시연

관객에게 덱에서 아무 카드나 뽑고 잘 기억하라고 한다. 선택된 카드를 덱에 다시 넣은 후 몰래 '톱' 으로 옮긴다. 선택된 카드가 계속 '톱' 에 남도록 셔플한다. '톱' 카드 두 장을 한 장처럼 들어서 보여준다.

"이 카드가 아니지요? 이 카드도 아니고요? 네, 좋습니다."

두 장을 다시 '톱' 에 놓고서 '보텀' 에 있는 카드를 보여준다.

"네, 선택하신 카드는 덱의 맨 위에도 없고 맨 아래에도 없습니다."

카드 케이스를 들어 텅 비었음을 보여준다. 덱을 케이스에 넣는다. 이때 '톱' 에 있는 선택된 카드가 케이스의 홈에 닿도록 놓아야 한다. '톱' 카드와 나머지 덱 사이로 케이스 덮개를 끼워서 덮는다. 이렇게 하면 홈 사이로 선택된 카드가 보이므로 케이스에서 쉽게 빼낼 수 있다.

케이스에 묻힌 왁스를 홈 사이로 보이는 카드 부분에 옮긴다(**그림 1**). 오른손으로 케이스를 잡는다. 이때 엄지손가락을 홈에 놓는다. 케이스의 앞뒤를 보여준다.

그림 1

그림 2

테이블에서 왼손으로 화판을 가져와 앞뒤를 보여준다. **그림 2**처럼 케이스의 홈 부분이 화판에 닿도록 놓아 왁스가 묻도록 한다. 이 상태에서 케이스를 바닥으로 떨어뜨리면 **그림 3**처럼 선택된 카드가 케이스에서 빠져나와 화판에 붙는다.

"이 카드 맞죠?"

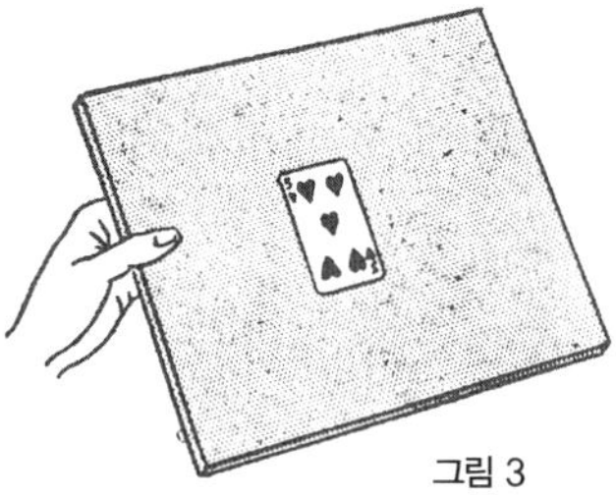
그림 3

★ 참고

왁스 대신 압정을 사용해도 된다. 압정으로 카드를 찌르기 위해서는 덱의 끝이 관객에게 보이지 않는 상태에서 선택된 카드를 압정으로 뚫을 수 있을 정도로 홈에서 꺼내면 된다. 그런 다음 카드를 케이스에 다시 넣어 홈에서 압정이 튀어나오게 한다. 짧은 거리에서 판자에 덱을 던진다.

또 다른 방법도 있다. 여분의 카드를 덱에 넣고 압정을 찌르는 것이다. 똑같은 카드를 관객에게 포스한다. 관객에게 덱을 주고 선택된 카드를 넣은 후 셔플하라고 한다. 셔플한 카드를 케이스에 넣는다. 압정 박힌 카드가 홈에 닿도록 넣어야 하고 압정의 뾰족한 부분이 바깥으로 나오도록 한다. 압정 박힌 카드와 나머지 카드 사이로 덮개를 끼워서 닫는다. 이제 오른손 엄지손가락으로 케이스의 홈을 가린 채 앞뒤를 보여주고 판자로 던져 압정이 판자에 박히도록 한다.

카드로 손수건 통과하기
Card Through the Handkerchief

이것은 오랫동안 마술사들에게 큰 인기를 누린 이펙트이며 팔러나 스테이지에서도 시연할 수 있는 즉석 마술이다.

★ 이펙트
선택된 카드를 다시 덱에 넣고 셔플한다. 빌린 손수건으로 덱을 감싼다. 손수건을 흔들자 선택된 카드가 손수건 가운데를 뚫고 나와 바닥 또는 마술사의 손으로 떨어진다.

★ 준비물
1. 덱
2. 빌린 손수건. 자신의 손수건을 사용해도 된다.

시연

자유롭게 선택한 카드를 덱에 돌려놓고 몰래 '톱' 으로 옮긴다.

손수건은 관객에게 빌리거나 자신의 손수건을 사용한다.

손수건을 빌리는 동안 선택된 카드를 오른손에 팜 한다. 왼손으로 손수건을 가져와 오른손을 덮는다. 오른손 손가락을 위로 쫙 편다(**그림** 1). 손수건의 가운데가 손끝에 온다.

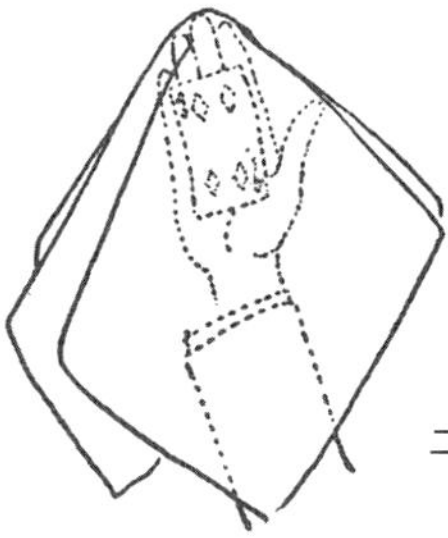
그림 1

그림 2

관객이 셔플한 덱을 왼손으로 잡아서 가져와 손수건 앞쪽에 대고 놓는다. 안에 팜 되어 있는 카드 바로 위에 놓아야 한다(**그림** 2).

왼손을 뒤로 가져가 손수건 뒤쪽 귀퉁이를 들어 카드를 가린다(**그림** 3).

그림 4처럼 손수건의 접힌 자락으로 덱을 덮어서 선택된 카드가 뒷부분에 오도록 한다.

그림 3

그림 4

그림 5처럼 카드를 거꾸로 뒤집는다. 이것은 뒷모습, 즉 당신에게 보이는 모습이다.

그림 5

그림 6

그림 6처럼(관객에게 보이는 모습) 손수건을 살짝 위아래로 흔들어 뒤쪽에 있는 선택된 카드가 서서히 손수건 속에서 나와 바닥으로 떨어지도록 한다. 왼손으로 받거나 떨어지려고 할 때 잡아서 빼도 된다. 손수건을 풀고 덱을 빼서 손수건의 가운데에 아무런 구멍도 없음을 보여준다. 빌린 손수건을 돌려준다.

카드로 손수건 통과하기 뉴 버전

New Era Card Through Handkerchief

이것은 앞에서 설명한 이펙트를 수정한 것이다. 옛날 버전도 효과적이지만 이 새로운 버전은 더 환상적이다. 옛날 버전에서는 카드를 감싼 후 손수건의 한쪽만 보여주었다. 하지만 새로운 버전에서는 양쪽 모두 보여준 후 카드가 손수건을 뚫고 나온다.

★ 이펙트

관객이 아무 카드나 고른다. 선택된 카드를 다시 덱에 넣고 꼼꼼히 셔플한다. 마술사가 빌린 손수건으로 덱을 감싼 후 손수건의 앞뒤를 보여준다. 그런 다음 손수건을 위아래로 흔들자 카드가 손수건에서 나와 바닥으로 떨어진다.

★ 준비물

1. 카드

2. 빌린 손수건 혹은 자신의 손수건

시연

남성 관객에게 빌린 손수건으로 왼쪽 팔을 덮는다. 관객에게 아무 카드나 선택하여 잘 기억하라고 한다. 선택된 카드를 다시 덱에 넣는다. '심플 패스' 로 선택된 카드를 '톱' 으로 옮긴다. 셔플하여 관객이 선택된 카드가 덱에 섞였다고 믿게 만든다.

손수건으로 왼손을 덮는다. **그림 1**처럼 오른손으로 덱을 잡는다.

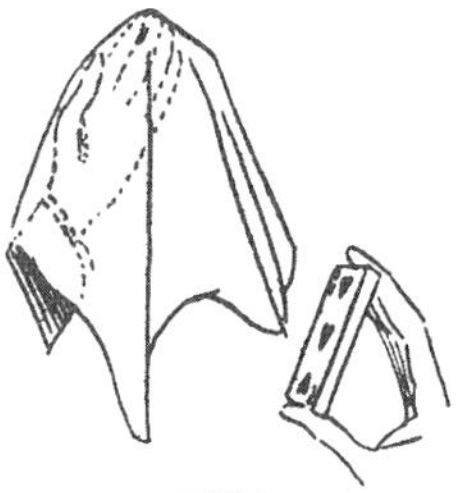
그림 1

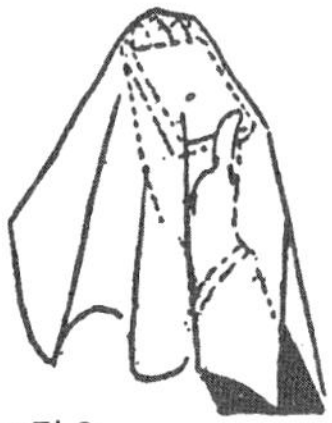
그림 2

"옛날 옛날에 요정 엄마가 매일 밤 어린 요정들을 이렇게 이불을 덮어서 재웠습니다. 지금 제가 손수건으로 요정의 카드를 덮은 것처럼요."

오른손에 든 덱을 앞면이 위로 향하도록 손수건에 넣는다. 손수건 안에서 왼손을 꺼내 오른손이 손수건에 덮이도록 한다(**그림 2**).

손수건에 든 카드의 위치를 유심히 살필 필요가 있다. **그림 3**에서 보듯 카드는 손수건의 가장자리와 대각선으로 놓되 위아래 가로 부분이 두 귀퉁이와 나란하도록 들어야 한다(**그림 3**).

손수건의 한 귀퉁이는 오른팔로 떨어져 관객을 향하고 나머지 귀퉁이는 당신의 앞쪽으로 향해야 한다.

왼손으로 손수건 위에서 덱을 잡는다. 이때 오른손으로 재빨리 선택된 카드를 팜한다(**그림 4**).

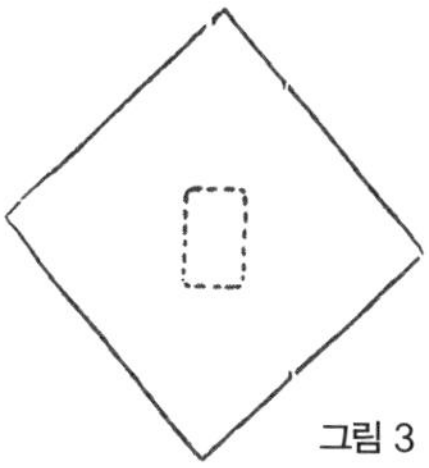
그림 3

그림 4

그림 5

선택된 카드를 팜 한 채 오른손을 손수건 안에서 꺼낸다.

팜 할 때는 시야의 각도를 고려하여 자연스럽게 움직여야 한다(**그림 5**).

덱을 위로 빙 돌려서 가장자리 B가 위로 오고 덱이 수직으로 놓이도록 한다(**그림 6**).

그림 6

그림 7

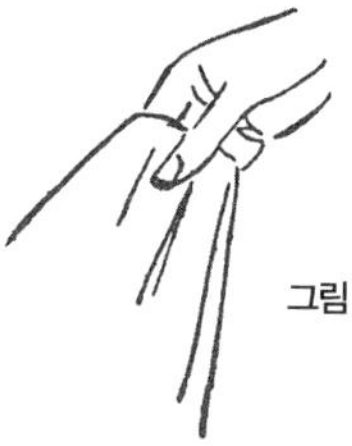
그림 8

그림 7의 자세가 될 때까지 덱을 빙 돌린다. 손수건에 든 카드는 오른손에 팜 한 카드와 나란히 놓이고 손수건의 바깥쪽 가장자리가 오른손 손등 위로 떨어진다.

오른손으로 카드와 손수건을 잡는다. 엄지손가락으로 누른 면이 관객을 향하고 네 손가락으로는 뒤에서 선택된 카드를 잡는다(**그림** 8).

그림 9는 오른손 네 손가락으로 덱의 뒷면에 놓인 선택된 카드와 손수건을 잡은 모습이다. 몸의 왼쪽이 관객을 향한다.

왼손을 덱으로 올려 오른손으로 잡은 반대쪽 끝을 잡는다(**그림** 10).

왼손으로 덱을 잡는 순간 오른손 네 손가락으로 선택된 카드를 약 2.5cm 정도 밑으로 내린다. 왼손 엄지손가락과 나머지 손가락으로 덱과 손수건을 꽉 쥐면서 이 카드를 잘 잡는다(**그림** 11).

그림 9

그림 10

그림 11

"자, 이제 접겠습니다…."

손수건 왼쪽을 들어 선택된 카드를 덮어서 접는다(**그림** 12).

그림 12

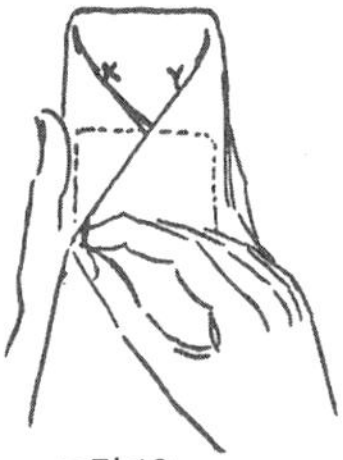

그림 13

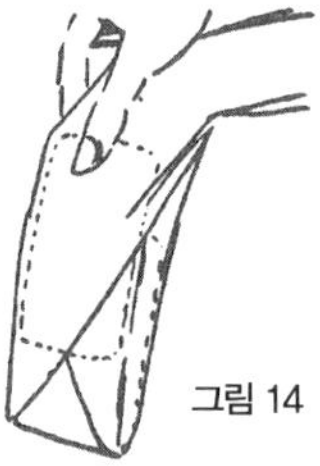
그림 14

그런 다음 오른쪽도 접어 카드를 완전히 가린다. 손수건의 가장자리 K와 Y를 접어 카드를 완전히 가리는 방법을 정확히 알아야 한다(**그림** 13).

이제 덱의 반대쪽 끝을 위로 올려 오른손 엄지손가락과 나머지 손가락으로 손수건 위에서 덱과 선택된 카드를 잡는다(**그림** 14).

손수건의 앞뒤를 보여준다. 관객은 손수건이 접힌 뒷부분에서 아무런 이상도 발견하지 못한다. 다 보여준 후 다시 접힌 부분이 뒤로 가도록 놓는다.

"하지만 모두 다 잠들었을 때 한 꼬마 녀석이 몰래 밖으로 빠져나가서 달빛 아래에서 춤추면서 재미있게 놀곤 했죠."

손수건을 살짝 흔들어 선택된 카드가 서서히 빠져나오도록 한다. 카드가 손수건을 뚫고 천천히 빠져나오는 것처럼 보인다(**그림** 15).

그림 15

"자, 매일 혼자 빠져나가는 말썽쟁이 녀석입니다. 스페이드 8이네요. (카드를 고른 관객에게) 아까 고르신 카드가 맞습니까? 네, 오늘도 요정의 집에서 몰래 빠져나와 신나게 놀았군요."

카드가 바닥으로 떨어진다. 손수건을 풀고 여전히 안에 있는 덱을 보여준다.

"나머지 요정들은 아직도 자고 있습니다. 아시다시피 요정의 집은 아무런 구멍도 나지 않고 멀쩡합니다. 크리스마스이브에 산타가 어떻게 벽을 타고 내려오는지도 이제 아시겠죠?"

카드 세 장으로 손수건 통과하기
Three Cards Through the Handkerchief

★ 이펙트

이것은 카드 세 장을 선택해서 다시 덱에 넣고 셔플한다는 점을 제외하면 앞에서 설명한 이펙트와 똑같다. 앞에서처럼 손수건으로 덱을 감싸자 선택된 카드가 하나씩 손수건을 뚫고 나온다.

★ 준비물

1. 덱
2. 빌린 손수건. 자신의 손수건을 사용해도 된다.

시연

빌린 손수건을 왼팔에 걸친다. **그림 1**처럼 덱을 든다.

그림 1

관객이 카드 세 장을 선택하고 잘 기억한 후 다시 덱에 넣는다. 이때 새끼손가락을 끼워 선택된 카드를 나머지 카드와 분리시킨다. 세 장 모두 덱에 넣은 후 카드를 둘로 떼었다가 다시 합치는 척한다. 하지만 실제로는 새끼손가락을 끼워 매번 똑같은 지점에서 떼도록 한다.

따라서 첫 번째 카드를 다시 넣을 때 덱을 이등분하여 선택된 카드를 아래 패킷의 '톱' 에 놓고 덱을 닫는 척한다. 하지만 실제로는 첫 번째 선택된 카드 위에 새끼손가락을 끼워 넣는다. 그런 다음 똑같은 지점에서 다시 덱을 떼서 관객이 두 번째 카드를 첫 번째 카드 위에 놓도록 한다. 마찬가지로 덱을 닫는 척하면서 두 번째 카드 위에 새끼손가락을 끼워 넣는다. 다시 똑같은 지점에서 덱을 떼서 세 번째 카드가 첫 번째와 두 번째 카드 위에 놓이도록 한다. 덱을 닫는 척하면서 세 번째 카드 위에 새끼손가락을 끼워 넣는다. 관객은 당신이 매번 똑같은 지점에서 덱을 뗀다는 사실을 깨닫지 못한다. 관객이 각각의 카드를 덱에 다시 놓은 후 덱을 닫는 것처럼 보이므로 선택된 카드가 어디론가 섞였다고 생각한다.

이제 심플 패스로 세 장의 카드를 덱의 '톱' 으로 옮긴다.

살짝 팬하여 왼손 새끼손가락을 세 장의 '톱' 카드 밑에 끼워 팜 준비를 한다. 다시 카드를 차곡차곡 정리한다.

오른손을 왼손으로 움직여서 오른손에 세 장의 카드를 팜 한다. 왼손에 든 덱은 관객 중 한 명에게 셔플하라고 준다(**그림 2**).

그림 2

그림 3

그림 4

"자, 마음대로 셔플하세요."

카드를 팜 한 채 오른손으로 손수건 귀퉁이를 잡고 왼팔에서 잡아당긴다(**그림 3**).

그림 4처럼 오른손 엄지손가락과 집게손가락으로 앞 카드의 위쪽 가장자리를 잡는다. 오른손에 카드 세 장을 팜 한 채 손수건의 귀퉁이를 드는 것은 그리 어렵지 않다. 이렇게 하면 관객이 당신의 오른손에 무언가가 있다고 의심할 우려가 없다. 만약 오른손에 무언가를 감추고 있다면 오른손을 자유롭게 사용하지 못하리라고 생각할 것이기 때문이다.

손수건에서 오른손을 놓자마자 손수건 안으로 집어넣어서 가린다(**그림 5**).

"이 손수건으로 모든 카드를 감싸겠습니다."

그림 5

그림 6

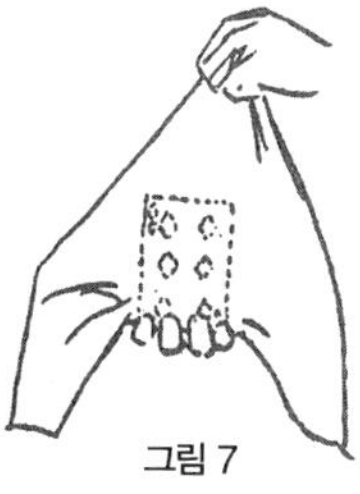
그림 7

덱을 가져와 손수건에 놓는다. 손수건 안에서 오른손에 팜 되어 있는 카드 위에 놓아야 한다. 덱과 팜 한 카드를 딱 맞춰서 차곡차곡 정리한다(**그림 6**).

손수건의 아래쪽 앞 귀퉁이를 카드 위로 들어 올린다(**그림 7**).

그림 8

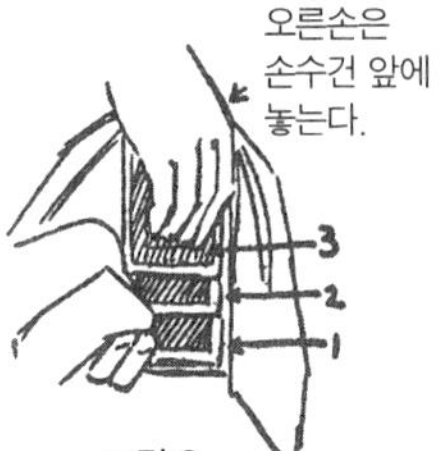

그림 9

그림 10

그림 11

왼손으로 손수건 왼쪽 부분을 세 장의 카드 밑으로 접어 감싸서 '카드로 손수건 통과하기 뉴버전' 의 **그림** 12와 비슷하게 접는다(**그림** 8).

이렇게 하는 동안 오른손으로 세 장을 위로 편다. 오른손 엄지손가락은 손수건의 앞에 놓고 손수건과 덱을 잡는다. 왼손으로는 1번 카드를 손수건에 대고 꽉 잡고 오른손으로는 2번과 3번 카드를 펼쳐서 떨어뜨린다(**그림** 9).

그런 다음 328쪽의 **그림** 13처럼 세 장의 카드를 잡은 채 오른손으로 손수건의 오른쪽을 접는다(**그림** 10).

이제 **그림** 11처럼 손수건의 귀퉁이를 잡고 든다. 위에 있는 선택된 카드 두 장은 오른손 엄지손가락과 나머지 손가락으로 잡는다.

"사실 이 세상에 정말로 단단한 물체는 없습니다. 아무리 단단한 물체라도 원자로 이루어져 있고 공간에 둘러싸여 있으니까요. 이 사실은 여러 가지 문제를 해결하는 데 도움이 되죠. 단단한 물체를 거뜬히 뚫고 나올 수도 있죠. 지금 보시는 사실은 실로 계속 구멍을 만들어서 만든 거죠. 그럼 살짝 흔들어보겠습니다. 원자가 분리되어서 안에 있는 물체가 밖으로 빠져나올 겁니다."

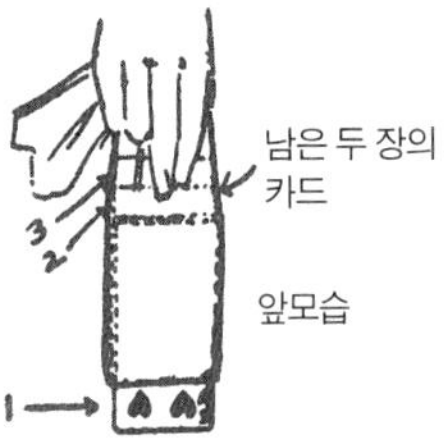

그림 12

손수건을 살짝 흔들면 첫 번째 카드가 천천히 밑으로 내려와 마치 손수건을 뚫고 나오는 것처럼 보인다(**그림** 12).

"첫 번째 카드를 고르신 분! 카드가 뭐였죠? 네, 하트 5군요. 하트 5야, 나와라. 자, 보십시오. 하트 5가 손수건 속에서 걸어 나오고 있습니다."

카드를 바닥으로 떨어뜨리거나 손수건에서 거의 빠져나왔을 때 테이블로 떨어지도록 한다.

"두 번째 카드 고르신 분! 카드가 뭐였죠? 네, 클럽 킹이군요. 좋습니다. 클럽 킹아, 빨리 나와라."

손수건을 흔들면서 남은 두 장의 카드 중 아래쪽 카드를 누르고 있는 힘을 뺀다. 그러면 카드가 서서히 밖으로 나온다.

"세 번째 카드는 뭐죠? 스페이드 7이군요."

무심코 손수건을 뒤로 돌려서 뒤에 카드가 없다는 사실을 보여준다. 물론 카드는 손수건에 접혀져 있기 때문에 보이지 않는다. 덱이 손수건에 완전히 덮인 것처럼 보인다. 이 마술을 처음 선보인 마술사들마저도 이 모습을 보고 깜짝 놀랐다. 원래 방식에서는 손수건 뒤에서 카드가 보이기 때문이다.

다시 손수건을 원위치시켜서 접은 부분이 뒤를 향하도록 한다. 손수건을 흔들면서 카드를 누르고 있는 힘을 뺀다. 세 번째 카드도 천천히 아래로 빠져나온다.

"자, 나옵니다. 속도는 느리지만 그래도 확실히 나오고 있습니다."

카드가 거의 빠져나오면 손으로 잡거나 그냥 바닥에 떨어뜨린다.

"자, 그리고 나머지 카드입니다."

손수건을 펼쳐서 나머지 덱을 보여준다.

"여전히 손수건 안에 있군요. 그리고 손수건은 처음처럼 멀쩡합니다."

그림 4처럼 손수건의 앞뒤를 보여준다. 카드를 옆으로 치우고 손수건을 돌려준다.

손수건 속에서 라이징 카드
Rising Card Through Handkerchief

이것은 앞에서 설명한 두 이펙트를 변형한 방식이다. 손수건을 잡고 흔들어서 카드가 아래에서 나오도록 하는 것이 아니라 손수건을 반대로 들어 위에서 솟아나오도록 한다.

오른손 집게손가락으로 카드를 쉽게 밀어낼 수 있다. 제1권 **레슨** 10 259쪽 **그림** 15를 참고한다. 여기에도 똑같은 원리가 적용된다.

물론 관객은 당신이 집게손가락으로 카드를 밀어낸다는 사실을 알지 못한다. 관객에게는 카드가 손수건 윗부분을 뚫고 밖으로 나오는 것처럼 보인다(**그림 1**).

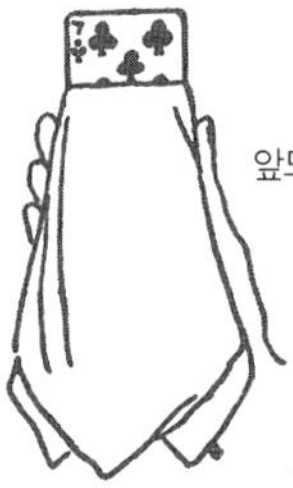

그림 1

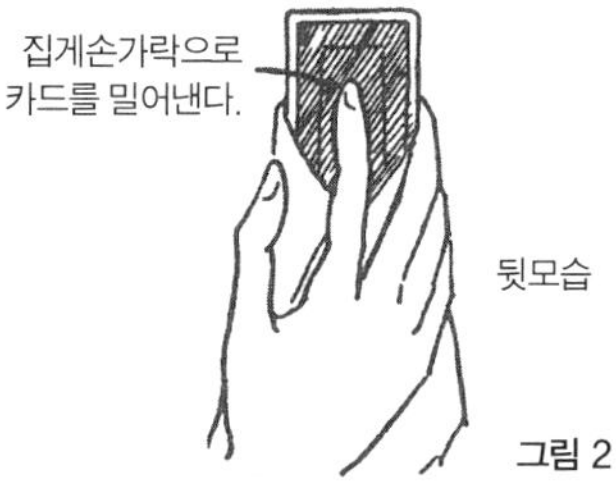

그림 2

그림 2는 관객에게 보이지 않는 뒷모습이다. 오른손으로 손수건에 든 덱을 잡고 집게손가락으로 천천히 선택된 카드를 밀어 올린다.

세 장의 카드가 솟아나오게 하려면 다음과 같이 한다. 세 장을 마치 한 장처럼 놓는다. 처음에 맨 앞의 카드를 밀고 두 번째와 세 번째를 차례로 밀어서 솟아나오게 하면 된다.

솟아나오게 하기 전에는 332쪽의 **그림** 11처럼 배치한다. 하지만 손수건을 위로 들어서 카드의 반대쪽 끝이 위로 올라오게 한다는 점만 다르다.

원한다면 카드를 밀기 전에 손수건의 앞뒤를 보여줄 수도 있다. 카드가 손수건의 접은 부분에 가려 보이지 않도록 손수건 안으로 밀기만 하면 된다. 손수건 뒷모습을 보여준 후 카드를 원위치시킨다. 오른손 엄지손가락을 조금만 움직이면 카드를 원위치 시킬 수 있다.

블랙 에이스와 카드로 손수건 통과하기
The Black Ace and Card Through Handkerchief

이것은 제1권 레슨 4에서 배운 '손수건이 동전을 통과하는 마술'을 수정하여 흥미롭게 조합시킨 마술이다.

★ 이펙트

마술사가 자유롭게 선택한 카드를 다시 덱에 놓는다. '톱' 카드를 꺼내 스페이드 에이스, 즉 블랙 에이스임을 보여준다. 실크로 에이스를 감싸자 카드가 뒷면이 관객을 향한 채 손수건을 뚫고 나온다. 하지만 카드를 뒤집자 에이스가 아니라 선택된 카드이다. 가슴주머니나 적당한 장소에서 에이스를 꺼내 보여준다.

★ 준비물

1. 덱
2. 여분의 스페이드 에이스 한 장
3. 46㎝ 컬러 실크

준비

코트 가슴 윗주머니에 여분의 스페이드 에이스를 앞면이 관객을 향하도록 넣어 숨긴다.

덱과 실크는 테이블에 놓는다. 덱의 '톱' 카드가 스페이드 에이스여야 한다.

시연

테이블에서 덱을 집어 든다.

"지금부터 동양의 카드 마술을 보여드리겠습니다. 동양의 현자들은 빛과 어둠의 신에 대해서 말하죠. 거기 계신 분, 빛의 신이 되어서 이 중에서 아무 카드나 한 장 골라주시겠습니까?"

관객이 아무 카드나 고른다. 관객의 손에 직접 덱을 놓고 고르게 해도 된다. 하지만 '톱' 카드를 고르지 않도록 해야 한다.

"무슨 카드인지 확인하시고 다시 덱에 놓으세요."

관객에게서 덱을 가져와 뒷면이 위로 향하도록 든다. 덱을 반으로 나눠서 아래쪽 패킷을 빼서 위쪽 패킷 약간 위로 든다. 관객이 스페이드 에이스 위에 선택된 카드를 놓도록 한다.

두 패킷을 합치고 그 사이에 왼손 새끼손가락을 끼워 넣는다. 즉 선택된 카드 위에 놓는 것이다. 폴스 셔플하거나 패스하여 선택된 카드를 덱의 '톱'으로 옮긴다. 스페이드 에이스가 그 밑에 온다. 폴스 셔플한다.

"선택하신 카드를 셔플했습니다. 그 카드가 빛의 신이라고 해보죠."

'톱' 카드 두 장을 한 장처럼 든다. 오른손 엄지손가락을 가로 안쪽 끝에 놓고 집게손가락과 가운뎃손가락, 넷째 손가락은 반대면의 가로에 놓고 들면 된다.

"자, 그리고 이 스페이드 에이스는 어둠의 신이라고 해보겠습니다."

에이스를 보여준 후 두 장의 카드를 다시 잠깐 동안 덱의 맨 위에 되돌려 놓고 왼손 엄지손가락으로 '톱'의 선택된 카드를 2cm 정도 움직인다. 오른손으로 선택된 카드를 잡고 덱은 테이블에 놓는다. 관객은 그것이 스페이드 에이스라고 생각하므로 카드의 앞면이 보이지 않도록 주의해야 한다. 컬러 실크 손수건을 집어 든다.

"실크 손수건으로 어둠의 신 블랙 에이스를 덮겠습니다."

그림 1처럼 왼손으로 뒷면이 관객을 향하도록 카드를 잡고(여기에서는 하트 8이라고 해보

자) 실크로 덮는다.

손수건 위에서 오른손 엄지손가락과 집게손가락, 가운뎃손가락으로 카드 맨 위를 잡는다. 왼손은 카드의 뒤쪽에서 약간 떨어진 곳으로 가져가 맨 위의 카드를 아래로 내려서 손수건 위에서 잡는다. **그림 2**처럼 왼손 엄지손가락은 위에 놓고 나머지 손가락은 뒤에 놓고 잡으면 된다.

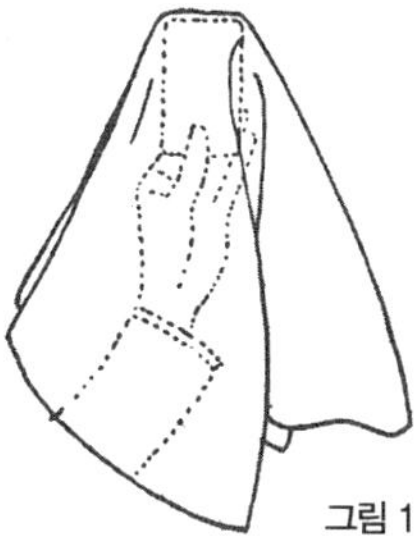
그림 1

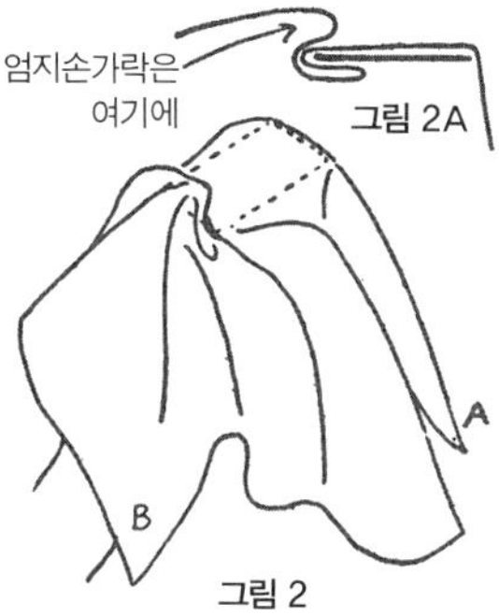

그림 2A
그림 2

이렇게 하면 카드 아래에 약 4cm 정도 깊이로 주름이 생긴다. **그림 2A**는 실크로 카드를 덮은 상태에서 카드 아래에 생긴 주름의 모습이다. 엄지손가락은 실크 안으로 들어가 카드 위에 놓인다.

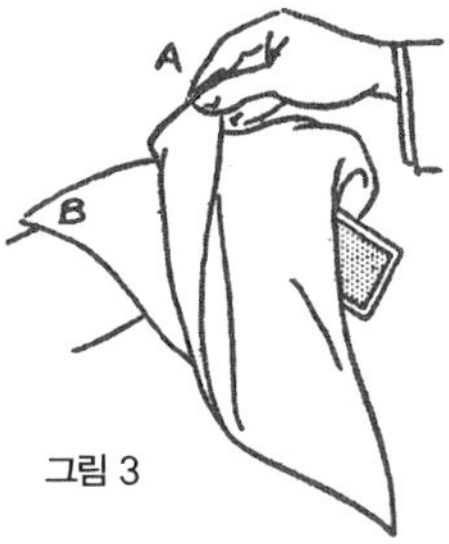

그림 3

오른손으로 실크 귀퉁이 A를 들어 여전히 손수건 안에 카드를 들고 있음을 보여준다. **그림 3**처럼 A를 B에 떨어뜨린 후 오른손을 치운다.

A를 원래의 위치에 놓는 척하면서 **그림 4**처럼 B도 함께 따라가도록 한다. 이제 실크 위쪽 전체의 약 2cm 정도 깊이의 주름과 함께 실크 뒤에서 카드를 잡고 있는 상태가 된다. 오른손을 위로 가져가 실크를 카드 양쪽으로 접어 보이지 않도록 완전히

가린다(**그림 5**(뒷모습)). 감싼 카드를 앞뒤로 관객에게 보여준다.

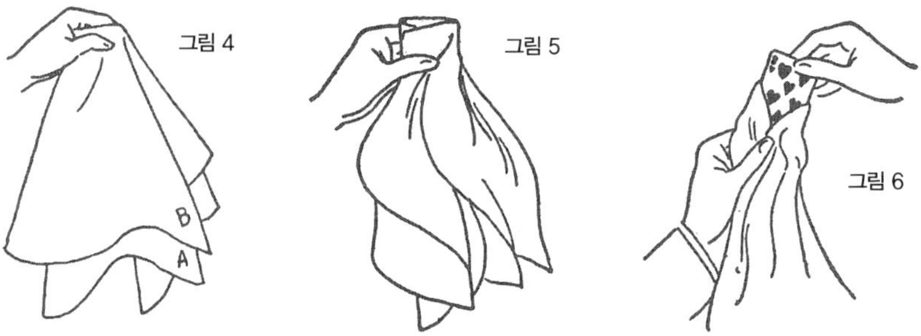

"이제 본격적으로 동양 마술을 보여드리죠. 동양에서는 빛이 어둠을 뚫을 수는 있지만 어둠이 빛을 뚫을 수는 없다고 합니다. 자, 잘 보세요!"

실크를 약간 펼쳐서 선택된 카드가 위로 나오도록 한다. **그림** 6처럼 오른손 엄지손가락과 나머지 손가락으로 카드를 잡아당긴다.

"어둠의 신인 에이스냐고요? 아닙니다!"

실크에서 카드를 완전히 빼서 뒤집어 그것이 선택된 카드임을 보여준다.

"빛의 신인 하트 8입니다."

오른손으로 실크 귀퉁이를 잡아 왼손에서 떨어지도록 한다. 실크의 두 귀퉁이를 잡아서 완전히 펴서 가운에 구멍이 없고 스페이드 에이스도 없음을 보여준다.

선택된 카드를 다시 보여준다.

"아까 고르신 카드가 하트 8맞죠? 네, 정확하군요."

카드와 실크를 테이블이나 덱에 올려놓는다.

"아 참, 그나저나 어둠의 신은 어디로 갔을까요? 항상 그렇듯이 어디론가 숨었죠."

코트 가슴주머니에서 스페이드 에이스를 꺼내 보여준다.

★ 변형

덱과 손수건만 있으면 이 마술을 즉석 마술로도 시연할 수 있다. 다음과 같이 하면 된다. 똑같이 루틴을 연출하되 주머니에 여분의 에이스를 넣어두지 않는다. 선택된 카드가 손수건을 뚫고 나오면 덱 안에 놓는다. 덱의 맨 위에 있는 스페이드 에이스를 오른손으로 팜 하여 코트 왼쪽 주머니에서 나오도록 한다.

네이트 라이프치히의 카드로 손수건 통과하기

Nate Leipzig' s Card Through Handkerchief

이것은 지금은 고인이 된 뛰어난 마술사 네이트 라이프치히에게 내가 직접 배운 마술이다. 특히 테이블이나 바닥 등 클로즈업 마술을 선보일 때 좋다.

★ 이펙트

관객이 선택한 카드를 다시 덱에 놓고 셔플한다. 뒷면이 위로 향하도록 테이블에 올려놓고 손수건으로 가린다. 손수건은 빌리거나 자신의 것을 사용해도 된다. 손수건의 맞은 편 두 귀퉁이를 들자 선택된 카드가 손수건을 뚫고 나오는 것처럼 위에서 나온다.

★ 준비물

1. 덱
2. 마술용 왁스. 마술용품점에서 구입할 수 있다.
3. 손수건

준비

손으로 쉽게 접근할 수 있도록 조끼 단추에 왁스를 약간 바른다.

시연

관객이 아무 카드나 골라 확인한 후 덱의 가운데에 다시 놓는다. 패스로 선택된 카드를 '톱' 으로 옮긴다. 선택된 카드가 계속 '톱' 에 남도록 덱을 셔플한다. 테이블에 뒷면이 위로 향하도록 덱을 놓는다.

흰색 손수건을 빌리거나 미리 깨끗하게 세탁해둔 자신의 손수건을 사용한다. 덱을 약간 움직이면서 오른손 엄지손가락과 집게손가락으로 왁스를 가져와서 '톱' 카드의 가운데에 묻힌다. 그와 동시에 왼손으로는 손수건을 잡는다.

그림 1처럼 손수건으로 덱을 덮는다. 덱이 손수건 가운데 아래에 놓여야 한다.

그림 2처럼 귀퉁이 B를 귀퉁이 A에서 약간 떨어진 곳까지 올린다. 이렇게 왼손으로 귀퉁이를 올리는 동안 오른손으로 덱 위의 손수건 부분을 누른다. 이 동작은 '톱' 카드가 손수건에 붙게 하기 위해서 매우 중요하다.

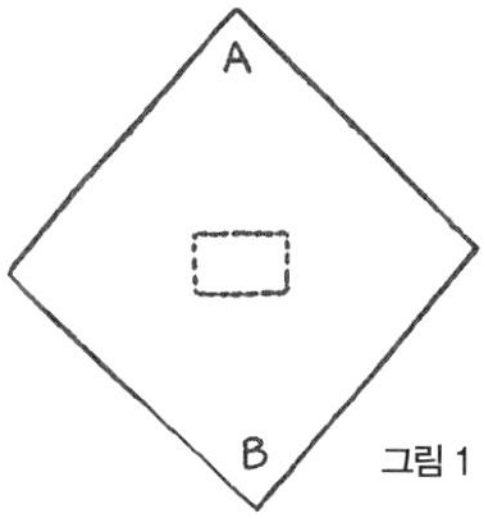

그림 1

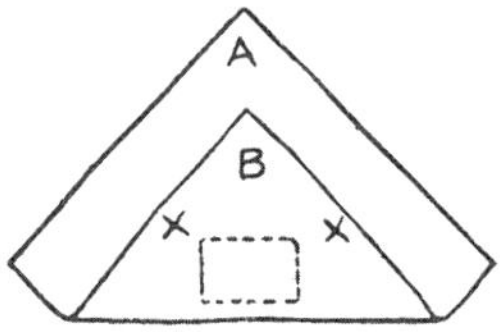

그림 2

양손으로 X 표시된 부분을 잡아 손수건을 들어 올린다. 왼손 엄지손가락과 집게손가락, 가운뎃손가락으로 X를 잡고 오른손으로는 나머지 X 부분을 잡으면 된다. 손수건의 접힌 부분이 덱의 맨 위에 놓이도록 테이블에서 9cm 정도 들어올린다. 양손 넷째 손가락으로 손수건을 밀어 접힌 부분을 팽팽하게 잘 든다.

이제 선택된 카드는 접힌 부분 안에 들어 있다. **그림** 3처럼 손수건을 들어 올린다. 귀퉁이 A가 덱의 뒤에서 9cm 정도 떨어진 곳에 놓인다. 접힌 부분의 아래쪽이 덱의 앞면으로 약 1.5cm 지점에 놓이도록 손수건을 테이블에 평평하게 올려놓는다. 귀퉁이 A쪽으로 접는다. **그림 4**처럼 귀퉁이 B를 잡아 뺀다. 이제 선택된 카드 위에는 손수건이 두 겹 있고 아래에는 세 겹이 있다.

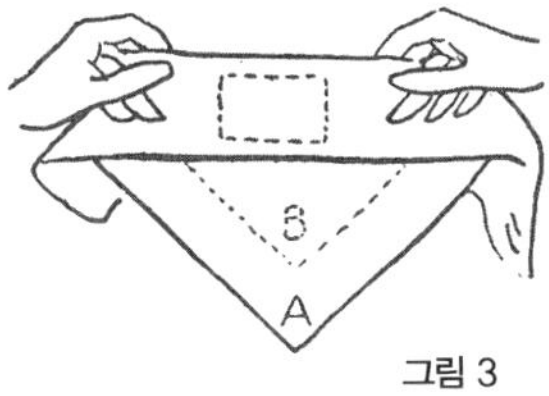

그림 3

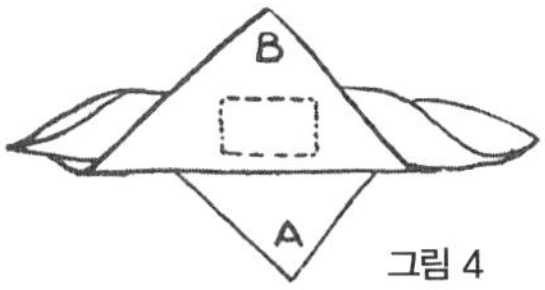

그림 4

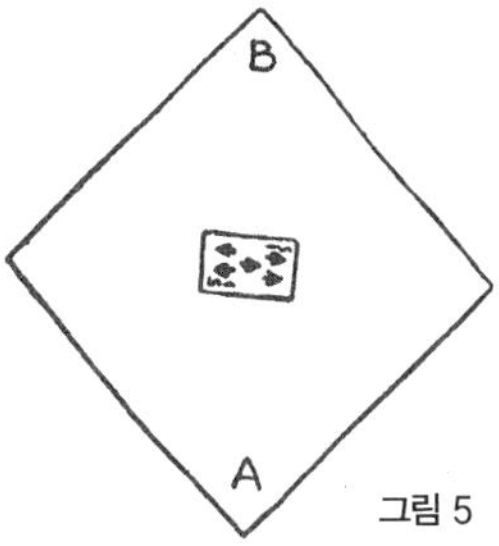

그림 5

왼손으로 귀퉁이 B를 잡고 오른손으로는 A를 잡는다. 따로 잡아당기면 손수건이 펴지면서 가운데에 선택된 카드가 앞면이 위로 향한 채 놓여 있다(**그림 5**).

카드를 꺼내면서 몰래 엄지손가락으로 왁스를 제거한다.

유리잔의 미스터리
Mystery of the Glass House

이것은 그야말로 관객을 어리둥절하게 만드는 즉석 마술이다. 팔러나 클럽, 스테이지에 적합한 재치 있고 재미있는 마술이다.

★ 이펙트

마술사가 두 명의 관객을 무대로 불러 각각 자신의 왼쪽과 오른쪽에 세운다. 오른쪽에 선 관객이 아무 카드나 선택해서 확인한 후 다시 덱에 넣는다. 그리고 카드를 셔플한다. 마술사가 덱의 맨 위에서 선택된 카드가 나타나게 하겠다고 하지만 엉뚱한 카드가 나온다. 그러자 유리잔에 그 카드를 따로 넣는다. 관객에게 빈 봉투를 주고 확인한 후 봉하라고 한다. 왼쪽 관객에게 덱을 주고 오른쪽 관객에게는 1~20 중에서 아무 숫자나 고르라고 한다. 예를 들어 12를 골랐다고 해보자. 마술사는 유리잔에 든 카드가 선택된 카드가 아니라면 12번째 카드가 선택된 카드일 것이라고 말한다. 관객이 12까지 카운트하지만 또 엉뚱한 카드가 나온다. 유리잔을 뒤집어 카드를 꺼내자 처음의 엉뚱한 카드가 아닌 선택된 카드가 나온다. 그리고 봉투 안에서는 유리잔에 넣었던 카드가 나온다.

★ 준비물

1. 덱
2. 보통 크기의 유리잔
3. 9cm × 15cm 규격의 일반적인 봉투

준비

덱과 유리잔, 봉투를 테이블에 놓는다. 당신의 왼쪽 뒤에 놓아야 한다.

시연

도와줄 관객 두 명을 무대로 부른다. 존스 씨와 브라운 씨라고 해보자.

존스 씨는 약간 왼쪽 앞에 세우고 브라운 씨는 오른쪽 앞에 세운다. 당신의 움직임이 그들에게 가려져 보이지 않으면 안 된다.

덱을 팬한 후 오른쪽의 브라운 씨에게 아무 카드나 골라서 확인한 후 관객에게 보여주고 다시 넣으라고 한다.

브라운 씨가 그대로 한 후 패스를 통해 선택된 카드를 '톱' 으로 옮긴다.

방금 카드를 고른 브라운 씨에게 이렇게 말한다.

> "방금 고르신 카드가 덱의 가운데에 있기 싫은 모양입니다. 맨 위로 오고 싶어서 안달이네요."

'톱' 카드 두 장을 한 장처럼 들어 보여준다.

> "이 카드가 맞습니까?"

물론 관객은 아니라고 대답한다.

"아니라고요? 틀림없이 맞을 텐데 이상하네요. 정말 아니라고 확신하십니까? 확실히 아니라고 하시니 그럼 이 카드는 방해되지 않도록 따로 유리잔에 넣어두겠습니다."

테이블에 덱을 올려놓는다.

왼손으로 유리잔을 들어 카드 두 장을 앞면이 관객을 향하도록 넣는다. 방금 관객에게 보여준 엉뚱한 카드가 스페이드 6이라고 해보자. 물론 관객은 선택된 카드가 스페이드 6 뒤에 있다는 사실을 알지 못한다. 그들은 당신이 **그림 1**처럼 엉뚱한 카드를 유리컵에 넣는다고만 생각한다.

그림 1

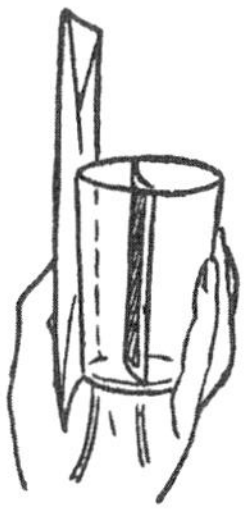
그림 2

그림 3

오른손으로 테이블에서 봉투를 가져온다.

브라운 씨에게 다음과 같이 말한다.

"자, 이 봉투를 한 번 살펴보세요. 봉투에는 아무것도 들어 있지 않습니다. 돈도 없고 영수증도 없고 아무것도 없습니다. 확인하셨으면 봉하세요."

오른손으로 봉투를 가져와 여전히 왼손에 들고 있는 유리잔 뒤에 놓는다. **그림 2**처럼 왼손 엄지손가락으로 유리잔에 봉투를 대고 잡는다.

왼손으로 봉투와 유리잔을 든다. 관객에게 카드가 보이도록 들어야 한다. 오른손으로 덱을 가져와서 왼쪽에 선 존스 씨에게 준다(**그림 3**).

"자, 받으세요."

브라운 씨에게 말한다.

"1~20까지 중에 아무 숫자나 고르세요. 어떤 숫자든지 상관없습니다. 12요? 좋습니다. 유리잔에 든 카드가 아까 고르신 카드가 아니라고 하셨죠? 그렇다면 20번째 카드가 분명할 겁니다."

존스 씨에게 말한다.

"자, 카드를 하나씩 세서 20번째 카드를 보여주세요."

브라운 씨를 보면서 숫자를 고르라고 말할 때 몸을 약간 오른쪽으로 돌린다. 이렇게 하면 유리잔과 봉투도 움직이게 되므로 봉투가 유리잔 앞에 놓여서 카드가 보이지 않게 된다(**그림 4**).

그림 4

그림 5

브라운 씨에게 말하면서 오른손을 봉투의 위 가장자리에 놓는다. 네 손가락은 앞에 놓고 엄지손가락은 뒤에 스페이드 6 위에 놓는다(**그림 5**).

존스 씨에게 말하면서 봉투 뒤에서 스페이드 6을 밖으로 꺼낸다. 존스 씨를 가리키고 말할 때 봉투로 손짓을 한다.

봉투를 잡는 행동은 매우 자연스러워 보인다. 유리잔에 원래 카드 두 장이 들어 있었던 사실을 모르는 관객은 유리잔에 여전히 카드가 있으므로 당신이 봉투 뒤에 카드를 숨겼다고 생각하지 않는다. 물론 유리잔에 든 카드가 관객을 향하도록 들어야 한다. 클라이맥스에 도달할 때까지 그렇게 한다.

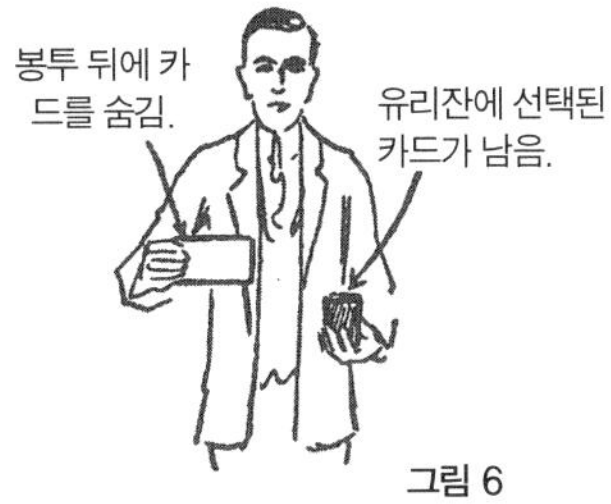

그림 6

존스 씨가 카드를 카운트하는 동안 오른손으로 봉투를 들고 왼손으로는 컵을 든다(**그림** 6).

존스 씨가 20번째 카드를 보여준다. 물론 그것은 선택된 카드가 아니라 다른 카드이다.

브라운 씨에게 말한다.

"아까 고르신 카드가 맞습니까? 아, 아니라고요? 정말로 이상하군요. 유리컵에 든 카드도 아니고 20번째 카드도 아니라니 정말 이상합니다. 마술의 법칙에 따르면 말입니다, 선택한 숫자에서 카드가 나오지 않으면 유리잔에서 나옵니다."

유리잔을 뒤집어 스페이드 6 대신 선택된 카드가 들어 있음을 보여준다. 선택된 카드가 하트 킹이라고 해보자.

"이 카드가 맞습니까?"

왼손으로 유리잔을 테이블에 놓고 카드를 빼낸다.

"하트 킹이 맞습니까? 정확하군요. 그렇다면 유리잔에는 무슨 카드가 들었을까요? 스페이드 6라고요? 아닙니다."

"정확하군요."

라고 말하는 순간에 킹을 테이블에 떨어뜨린다.

봉투에 왼손을 놓고 엄지손가락은 뒤에 놓고 네 손가락은 앞에 놓아서 카드와 봉투를 잡는다. 오른손으로 봉투의 한쪽 끝을 찢는다(**그림** 7).

그림 7

그림 8

그림 9

오른손 집게손가락과 가운뎃손가락으로 봉투의 열린 부분을 살짝 펼친다. 마치 봉투에서 무언가를 꺼내는 척한다. 관객은 텅 빈 상태로 봉투를 봉했다는 사실을 잘 알고 있다(**그림 8**).

봉투 윗부분을 당신의 몸쪽으로 약간 기울여 관객에게는 윗부분을 여는 모습이 보이지 않도록 한다. 봉투 뒤에서 카드를 위로 잡아당긴다. 마치 봉투 안에서 카드를 꺼내는 것처럼 보인다(**그림 9**).

"스페이드 6은 봉투에 들어 있습니다."

카드와 봉투, 모자
Cards, Envelope, Hat

★ 이펙트

마술사가 셔플한 덱을 5~6명의 관객에게 차례로 주고 아무 카드나 한 장씩 뽑으라고 한다. 그들에게 종이를 나눠주고 자신들이 선택한 카드를 쓰라고 한다. 종이를 접어 접시에 놓는다. 관객들이 선택한 카드를 가져와 봉투에 넣고 봉한다. 텅 빈 모자를 보여주고 테이블에 놓는다. 모자 위에 접시를 놓고 접시 위에 봉투를 놓는다. 종이 한 장을 골라서 거기에 쓰여 있는 카드의 이름을 읽는다. 봉투를 열자 방금 말한 카드가 사라지고 없다. 접시를 치우자 사라진 카드가 모자 안에 들어 있다.

★ **준비물**

1. 덱
2. 2.5cm 너비, 15cm 길이의 종잇조각 여섯 개
3. 중간 크기의 봉투
4. 접시 두 개. 하나는 모자 입구를 가릴 수 있는 크기여야 한다.
5. 연필 여섯 자루

모두 테이블에 올려놓는다.

시연

덱을 들어서 셔플한다. 종이와 연필을 든다. 관객 한 명에게 덱을 준다.

> "아무 카드나 한 장 빼서 확인해보시고 잘 기억해두세요. 저한테는 보여주지 마세요. 그리고 이 종이에 카드 이름을 쓰세요."

관객에게 종이와 연필을 준다. 그리고 한 명씩 다섯 명의 관객에게 아무 카드나 고르라고 한다. 각각 종이와 연필을 주고 선택한 카드의 이름을 쓰라고 한다.

테이블에서 접시를 가져온다. 각각의 관객들에게 종이를 접으라고 한다.

> "자, 종이를 접어서 이 접시에 올려놓으세요."

그림 1

여섯 명의 관객에게 전부 접시를 건네 종잇조각을 받는다. 관객들이 접시에 종이를 놓을 때 관객 한 명이 어느 종이를 주었는지 기억한다. 종이를 섞은 후에도 알아볼 수 있도록 잘 기억해야 한다(**그림 1**).

종이는 모두 똑같이 접어야 한다. 선택한 종이는 한 귀퉁이를 접거나 약간 비틀어 놓는다. 다시 원래대로 해놓으면 나중에 쉽게 찾을 수 있다. 조금만 창의력을 발휘하면 문제를 해결할 수 있다. 하지만 사람마다 종이를 접은 모양이 조금씩 다르기 때문

에 모양이 특이한 하나를 정해놓고 찾는 것은 그리 어렵지 않을 것이다.

"자, 그럼 섞어야겠군요."

종이를 전부 모아서 섞는다. 미리 골라둔 종이의 위치를 잘 알아두어야 한다. 관객에게 접시를 들라고 한다.

"이제 여러분들이 고르신 카드를 주세요."

카드를 모은다. 당신이 고른 종이의 주인이 고른 카드를 맨 위에 놓는다. 모든 카드는 뒷면이 위로 향하도록 놓는다.

"이 봉투 좀 살펴주시겠습니까?"

관객에게 봉투를 주고 확인하라고 한다.

"봉투에 카드를 넣고 봉하겠습니다."

왼손으로 봉투를 들고 오른손으로 앞면이 관객을 향하도록 카드를 팬한다. **그림 2**처럼 봉투에 카드를 넣는 척한다.

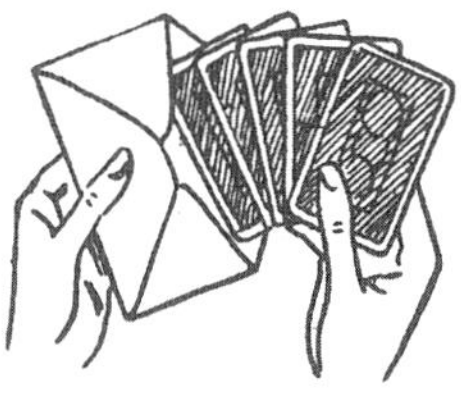

그림 2

그림 3

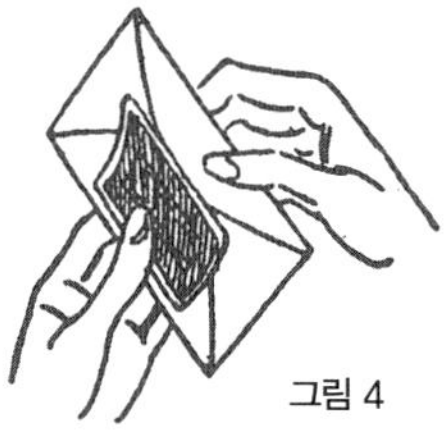

그림 4

하지만 실제로는 골라둔 카드를 제외하고 나머지 카드만 넣는다. 당신이 고른 카드는 '톱' 에 있다. 나머지 카드를 봉투 안으로 밀어 넣으면서 이 카드는 봉투의 바깥쪽 가장자리로 움직인다. 물론 봉투의 이 부분은 관객에게 보이지 않는다(**그림 3**).

봉투를 봉한다. 이 동작은 어렵지 않다. 카드의 아래 가장자리를 누르면 위 가장자리가 올라가면서 공간이 확보되므로 그쪽으로 봉투 덮개를 내려서 봉하면 된다(**그림 4**).

오른쪽으로 돌아서서 테이블에서 오른손으로 큰 접시를 가져온다. 접시의 앞뒤를 보여주고 봉투와 함께 왼손에 놓는다(**그림** 5).

접시를 잡을 때 봉투의 일부분이 드러나 보여야 한다는 점에 유의한다. 왼손 네 손가락으로 접시 뒤쪽에서 카드와 봉투를 위로 올린다. **그림** 6처럼 카드가 접시에 닿도록 올리면 된다.

그림 5

그림 6

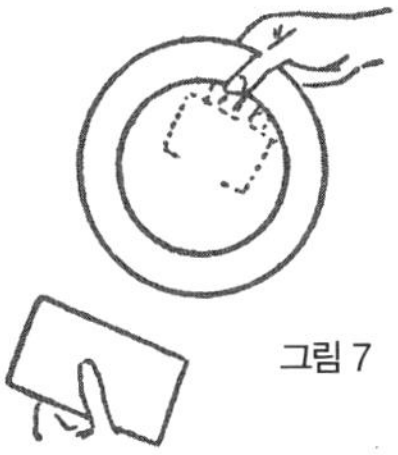
그림 7

오른손으로 테이블에서 모자를 집어 안이 텅 비었음을 보여준다. 그런 다음 입구가 위로 향하도록 테이블에 놓는다.

뒤의 카드와 함께 오른손으로 접시를 잡는다(**그림** 7).

모자 위에 접시를 올려놓는다. 접시의 바깥 가장자리가 제일 먼저 모자의 앞부분에 닿도록 한 다음 수평으로 내려서 카드가 안으로 떨어지도록 한다. 물론 이렇게 접시를 내려놓을 때 카드는 접시에 가려서 보이지 않는다(**그림** 8, **그림** 9, **그림** 10).

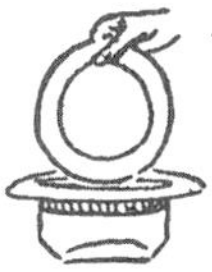
그림 8

그림 9

그림 10

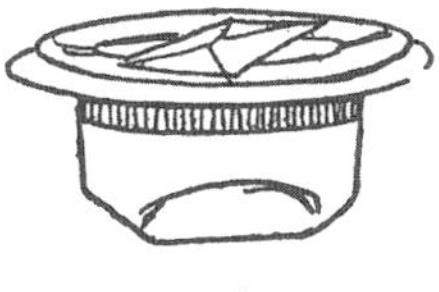
그림 11

봉투 앞뒤를 보여주고 접시에 놓는다(**그림** 11).

종이가 든 접시를 가지고 있는 관객에게로 간다.

> "자, 아시다시피 여기에는 모두 종이 여섯 장이 있습니다. 그중에서 아무거나 하나만 뽑겠습니다."

미리 골라둔 종이를 집어 든다. 하지만 처음부터 정해둔 것처럼 너무 표시나게 행동하면 안 된다. 약간 뒤적거리는 척하면서 미리 골라둔 종이를 집는다.

"이 종이에 뭐라고 쓰여 있는지 펴보시겠습니까?"

관객이 종이를 받아서 뭐라고 쓰여 있는지 확인한다. 클럽 9라고 쓰여 있다고 해보자.

"클럽 9입니다."

종이가 든 접시를 테이블에 놓는다. 그리고 관객에게 봉투를 주고 열어보라고 한다.

"찢어서 안에 든 봉투를 꺼내시고 클럽 9를 저한테 주세요."

관객이 봉투를 찢고 카드를 꺼내지만 클럽 9는 없다.

"아니, 클럽 9가 없다고요? 어떤 분이 클럽 9를 고르셨죠? 클럽 9 고르신 분?"

클럽 9를 고른 관객이 대답한다.

"네, 그렇군요. 감사합니다."

카드와 봉투를 들고 다시 테이블로 가서 종이가 든 접시에 떨어뜨린다.
무심코 오른손을 앞뒤로 보여준다. 그런 다음 모자에 올려진 접시를 들어서 테이블에 놓는다.
모자의 뒤쪽 테두리를 잡고 테이블에서 들어올린다. 약간 앞쪽으로 기울여 그 안에 든 클럽 9를 보여준다(**그림 12**).

그림 12

오른손이 텅 비었음을 보여준 후 모자 안으로 넣어 카드를 꺼내서 관객에게 보여준다.

"클럽 9입니다. 집에만 있기가 심심했나 봅니다."

모자와 카드를 테이블에 놓는다.

★ **참고**

이 마술은 시연 장소에 따라서 자유롭게 변형할 수 있다. 앞에서 설명한 방식은 관객이 가까운 곳에 앉아 있는 팔러나 클럽에서 시연하기 위한 것이다. 스테이지에서는 시야의 각도를 안전하게 유지하기 위하여 앞쪽 오른쪽과 왼쪽에 앉아 있는 각각 세 명의 관객을 선택해서 시연하기도 한다.

또 때로는 당신이 직접 봉투를 개봉하는 것이 더 편리하기도 하다. 그럴 경우 하나씩 카드의 이름을 말하면서 모두에게 잘 보이도록 약 30cm 높이에서 접시로 떨어뜨린다. 선택된 카드는 사라지고 없다. 봉투에 아무것도 숨기지 않았다는 사실을 강조하기 위해서는 봉투를 네 조각으로 찢어서 접시에 떨어뜨린다. 그러고 나서 마술을 마무리한다.

리버스 카드

The Reversed Card

덱에서 카드 한 장이나 여러 장이 거꾸로 나타나게 하는 것은 마술사들에게 매우 인기가 높다. 이것은 덱에서 카드 한 장을 거꾸로 뒤집는 간단한 방법이다.

★ 이펙트

선택된 카드를 다시 덱에 넣고 모두 셔플한다. 팬하자 선택된 카드가 덱에서 거꾸로 뒤집힌 채 나타난다. 뒷면이 위로 향한 나머지 카드와 달리 앞면이 위로 향한 채 놓여 있다.

시연

선택된 카드가 하트 에이스라고 해보자. 선택된 카드를 덱의 가운데로 넣고 몰래 맨 위로 옮긴다. 하트 에이스가 계속 맨 위에 있도록 셔플한다. 왼손으로 뒷면이 위를 향하도록 딜링 자세로 덱을 잡는다. 맨 위 카드 두 장을 한 장처럼 들어 올린다. 오른손 엄지손가락을 아래쪽의 가로 가장자리에 놓고 집게손가락과 가운뎃손가락은 바깥쪽의 위 가장자리에 놓는다.

"이 카드가 맞습니까?"

카드(사실은 두 장)를 거꾸로 뒤집어서 하나처럼 놓은 후 앞면을 덱의 맨 위에 놓아 관객에게는 엉뚱한 카드가 보이도록 한다. 물론 이것은 선택된 카드가 아니다.

"이 카드가 아니라고요?"

그림 1

왼손으로 뒷면이 관객을 향하고 두 번째 카드(엉뚱한 카드)가 당신을 향하도록 덱을 든다. **그림 1**처럼 이 카드를 빼서 빙 돌려 덱의 가운데에 놓고 완전히 민다. 이렇게 하면 선택된 카드 하트 에이스가 덱의 맨 위에 거꾸로 놓이면서 당신을 향하게 된다. 덱을 커트하여 선택된 카드를 덱의 가운데로 옮긴다. 이제 뒷면이 위로 오도록 카드를 펼치거나 팬하여 선택된 카드의 앞면이 위로 향한 모습을 보여주면 된다.

네이트 라이프치히의 더블 리버스
Nate Leipzig' s Double Reverse

이것은 고(故) 네이트 라이프치히가 몇 년 전에 비밀을 공개한 뛰어난 이펙트이다. 뛰어난 메니플레이터였던 그는 마술사들까지도 착각하게 만들 만큼 실력이 탁월했다.

★ 이펙트

덱을 꼼꼼하게 셔플한 후 관객에게 커트하고 절반으로 나누라고 한다. 원한다면 관객은 자신이 가지고 있는 패킷을 다시 셔플할 수도 있다. 마술사가 자신이 들고 있는 패킷에서 아무 카드나 빼서 기억한 후 관객의 패킷에 앞면이 아래로 가도록 끼워 넣는다.

관객이 자신의 패킷에서 아무 카드나 빼서 기억한 후 마술사의 패킷에 넣는다. 즉 관객과 마술사는 자신이 선택한 카드의 이름만 알고 있다. 이제 관객이 자신의 패킷을 마술사가 들고 있는 패킷의 '톱' 에 놓는다. 마술사가 합한 팩을 한 번 커트한다.

그런 다음 관객에게 덱을 준다. 두 사람 모두 자신이 선택한 카드의 이름을 말한다. 관객이 덱을 펼치자 두 사람의 카드가 나머지 카드와 다른 방향으로 거꾸로 되어 있다.

준비

아무 덱이나 사용해도 되고 원하는 만큼 셔플하면 된다. 적절한 때에 마술사가 몰래 '보텀' 카드를 확인하고 뒤집어서 '보텀' 의 다음 카드와 마주보도록 한다. 이제 덱의 한쪽 면이 '톱' 처럼 보인다.

시연

마술사가 왼손에 딜링 자세로 덱을 평평하게 든다. 일반적인 덱의 '톱' 이 가장 위에 놓인다. 마술사가 커트하고 위쪽 패킷을 가져간다. 마술사가 자신의 패킷에서 아무 카드나 빼서 확인하는 척하면서 관객의 패킷에 끼워 넣는다. 마술사는 선택한 카드의 앞면이 아래로 향한 채 들고 있으므로 아무도 어떤 카드인지 알 수 없다.

관객이 마술사의 요청에 따라 자신의 패킷에서 아무 카드나 뺀다. 관객이 카드를 고르는 동안 마술사는 매우 자연스럽게 왼손을 옆으로 흔들었다 원위치시키면서 몰래 자신의 패킷을 뒤집을 수 있다. 이렇게 하면 뒤집어진 '보텀' 카드가 제일 위에 놓이게 되고 나머지 카드는 모두 앞면이 위로 향하게 된다. 물론 관객은 이 사실을 눈치 채지 못한다.

관객은 자신이 고른 카드를 기억하고 앞면이 아래로 향하도록 마술사의 패킷에 넣는다. 관객이 카드를 넣을 때 마술사는 자신의 패킷을 팬 하거나 펼치지 않는다. 그렇게 할 경우 제일 위에 있는 카드만 빼고 나머지 카드가 전부 앞면이 위로 향해 있다는 사실이 드러나기 때문이다. 따라서 관객이 카드를 집어넣을 때는 약간 비스듬하게만 패킷을 움직인다. 그런 다음 차곡차곡 정리해서 왼손으로 든다.

그림 1

관객의 카드를 잡으려고 하면서 왼손을 아래로 내려 몰래 자신의 패킷을 뒤집어 거꾸로 된 '보텀' 카드가 다시 패킷의 밑에 오도록 한다. 관객의 패킷을 앞면이 아래로 향하게 놓은 후 전체 덱을 차곡차곡 정리하고 한 번 커트한 다음 거꾸로 된 '보텀' 카드가 덱의 가운데쯤에 놓이도록 한다. 이제 관객이 선택한 카드와 마술사가 선택한 카드만 제외하고 모든 카드가 똑같은 방향으로 놓이게 된다. 마술사가 자신의 카드를 말한다. 그 카드는 물론 원래 덱의 '보텀'에 거꾸로 놓여 있었던 카드이다. 관객도 자신의 카드를 말하고 덱을 펼치자 놀랍게도 **그림 1**처럼 두 장의 카드가 거꾸로 되어 있다. 나머지 카드는 정상적인 상태이므로 의심의 여지가 하나도 없다.

LESSON 41

칼로 카드 찌르기

Tarbell course in MAGIC

칼로 카드 찌르기
Card Stabbing

셔플한 덱을 나이프로 찔러 카드를 찾는 것은 매우 극적인 장면일 뿐 아니라 거의 불가능한 일처럼 보인다.

이미 몇 년 전부터 마술사들은 선택된 카드 1~3장을 다시 덱에 넣고 셔플하는 '칼과 카드(The Sword and The Cards)' 라는 마술을 선보였다. 그리고 덱을 위로 던진 후 공중에서 칼로 카드를 맞추었다. 이것은 매우 신기하고 극적이며 놀라운 이펙트였다.

키스 클라크(Keith Clark)는 여전히 칼로 카드를 맞추는 이펙트를 보여준다. 우선 칼날에 덱을 펼쳐놓고 카드를 공중으로 던져서 모두 손으로 받는다. 그리고 카드를 허공으로 던져서 칼로 선택된 카드를 맞춘다. 이것은 특수 장치가 되어 있는 칼로 마술용품점에서 구입할 수 있다.

하지만 칼로 카드 찌르기 마술은 종이로 싼 덱을 칼로 찔러 선택한 카드를 맞추는 단순한 형태로 변했다. 덱을 셔플한 후 종이로 감싼 상태에서 선택된 카드를 찾아내는 일은 불가능해 보인다. 특히 칼을 던지는 것이 관객이라면 더욱 그렇다. 하지만 알다시피 불가능한 일이 눈앞에서 펼쳐지도록 하는 것이 마술이다.

이번 레슨에서는 칼로 카드 찌르기 마술의 다양한 방식을 배워 본다. 저마다 장점이 있으므로 모두 익혀두는 것이 좋다.

카드 두 장 찌르기
The Two Card Stab

이것은 오래된 카드 마술을 효과적으로 변형한 버전이다. 원래 버전에서는 마술사가 직접 칼을 던져서 카드를 찾았지만 변형된 버전에서는 관객이 칼을 던져서 카드를 맞춘다.

★ 이펙트

덱을 두 부분으로 나눈다. 각각의 패킷에서 아무 카드나 한 장씩 골라서 잘 기억한다. 각각의 관객이 카드를 고른 후 다시 덱에 집어넣으면 마술사가 각각의 패킷을 셔플한다. 이제 두 패킷을 합친다. 신문지 뒤에 덱을 놓고 신문지로 감싼다. 관객이 마술사의 지시에 따라 칼로 신문지를 찌른다. 신문지를 벗기자 칼이 선택된 카드를 관통해 있다.

★ 준비물

1. 덱(가능하면 새것으로)
2. 주머니 칼 또는 테이블에서 사용하는 나이프 또는 단검
3. 신문지 반 장

시연

덱을 절반으로 나눈다. 패킷 하나를 테이블에 놓는다. 양손으로 나머지 패킷을 잡고 관객에게로 가서 아무 카드나 고르라고 한다. 자유롭게 선택할 수 있도록 팬한다.

> "아무 카드나 고르고 잘 기억해두세요. 원한다면 옆사람에게 살짝 보여줘도 됩니다. 자, 다시 돌려놓으시고요."

카드를 두 부분으로 펼쳐서 관객이 아래쪽 패킷 B에 카드를 놓도록 한다. 그런 다

음 패킷 A를 B에 놓고 왼손 새끼손가락을 끼워 두 패킷을 따로 떼어 놓는다. 셔플하면서 심플 패스 하여 선택된 카드를 '톱' 으로 옮긴다.

오른손으로 가린 채 카드를 뒤쪽으로 구부린다. 손을 놓았을 때 카드에 약간의 접힌 자국이 남아야 한다. 하지만 눈에 확 뜨일 정도면 안 된다(**그림 1**).

그림 1

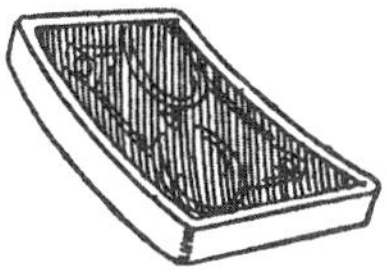

그림 2

카드의 가로 부분이 관객을 향하도록 테이블에 올려놓는다. 약간 굽은 세로 부분은 의심을 불러일으킬 여지가 있으므로 관객에게 보이지 않도록 한다(**그림 2**). 덱의 나머지 절반을 집어 든다.

"자, 여기에서도 아무 카드나 뽑겠습니다."

이렇게 말하고 다른 관객에게로 가서 아무 카드나 고르라고 한다. 쉽게 고를 수 있도록 팬 한다.

"아무 카드나 고르시고 속으로 잘 기억해두세요. 다시 가운데에 넣으시고요. 셔플도 할 겁니다."

관객이 패킷에 카드를 넣을 때 아까처럼 왼손 새끼손가락을 그 위에 놓는다. 거꾸로 심플 패스 하여 선택된 카드가 이 패킷의 '보텀'에 오게 한다.

그림 3처럼 오른손으로 가린 채 카드를 앞으로 구부린다. 이전과는 반대 방향이다.

그림 3

그림 4

오른손으로 카드를 잡고 왼손으로는 테이블에 놓인 나머지 패킷을 가져온다. 두 패킷을 합친다. 오른손 패킷이 위로 와야 한다(**그림** 4).

왼손으로 두 패킷을 잡고 엄지손가락으로 꽉 누른다. 두 패킷이 반대 방향으로 구부러져 있기 때문에 이렇게 하지 않으면 덱의 중간이 약간 떠서 관객에게 보이게 된다. 관객에게는 **그림 5**처럼 당신이 두 패킷을 합치는 것처럼 보이고 선택된 카드는 어디로 갔는지 알 수 없는 것처럼 보인다. 엄지손가락으로 두 패킷을 함께 잡고는 있지만 엄지손가락을 떼면 두 패킷이 원래의 구겨진 상태로 돌아가기 때문에 가운데에 약간의 공간이 생긴다.

그림 5

도와줄 관객 한 명을 무대로 불러 왼쪽 앞에 세운다.

"저를 도와주세요. 마법의 힘을 가진 분의 도움이 필요합니다. 선생님은 보기 드물게 신기한 마법의 힘이 있는 것 같군요."

테이블에서 칼을 가져온다.

"이것은 평범한 칼이 아닙니다. 마법의 힘을 가진 사람들이 사용하면 아주 신기한 힘을 발휘하죠. 자, 오른손으로 칼을 잡으세요."

관객에게 칼을 준다.
왼손으로 테이블에서 신문지를 잡는다.

"자. 이 신문지가 필요합니다. 뉴스를 보려는 것이 아니라 카드에 옷을 입히려고요. 일종의 숨바꼭질이죠."

오른손으로 카드를 잡는다. 오른손 앞에 종이를 놓고 앞뒤를 보여 아무런 이상이 없음을 확인시켜준다(**그림** 6).

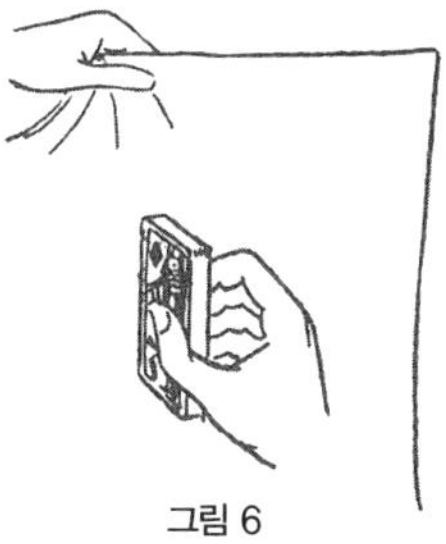
그림 6

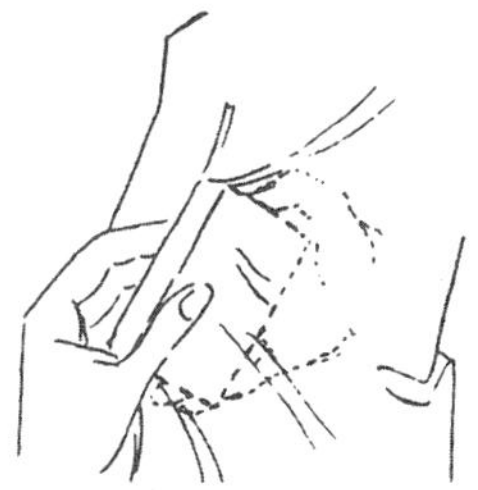
그림 7

그림 8

신문지로 카드를 덮는다. 신문지로 카드를 덮는 모습이 관객에게 보일 정도로 하면 된다. 신문지로 덮은 덱을 왼손으로 든다. **그림 7**처럼 신문지로 가린 상태에서 오른손의 위치를 바꿔 덱의 위와 아래를 잡는다(**그림 7**).

여전히 왼손으로 신문지를 든 채 덱을 약간 잡아당긴다. 카드가 놓인 부분의 신문지는 평평하게 펴지는 경향이 있다. 오른손 엄지손가락과 나머지 손가락으로 카드를 누른다. 이렇게 하면 두 패킷이 연결된 채 가운데에 넓은 공간이 생긴다(**그림 8**).

힘을 빼면 카드가 거의 원대대로 합쳐진다. 이것은 마지막 마무리를 위한 확인 절차라고 생각하면 된다. 다시 카드를 신문지에 대고 왼손으로 들어 평평한 상태로 보이게 한다. 도우미 관객에게 이렇게 말한다.

> "네, 이것은 마법의 칼입니다. 엑스레이처럼 어떤 물체든지 뚫을 수 있죠. 이 종이 안도 꿰뚫어볼 수 있습니다. 자, 칼날이 이렇게 되도록 잘 들고 계세요. 이 칼이 정말 종이 안을 꿰뚫어볼 수 있다는 사실을 확인해드리겠습니다. 지금 이 칼은 선택된 카드 두 장을 살펴보고 있습니다. 각각 다른 뭉치에 놓고 섞었지만 이 칼은 두 카드가 어디 있는지 알고 있습니다. 자, 칼을 한 바퀴 빙 돌리세요. 두 장의 카드가 나란히 있게 될 겁니다. 멀리 떨어져 있어도 서로 가까이 붙어 있게 되죠. 준비되셨습니까? 자, 빙글 돌리세요."

관객이 칼을 빙글 돌린다. 카드를 든 왼손을 움직이지 말고 신문지 뒤로 카드의 위치를 본다.

> "네, 이제 서로 나란히 놓여 있네요. 정말 마법의 칼이라니까요. 한 바퀴 빙글 돌리니 카드 두 장이 나란히 있게 되었습니다. 하지만 여기서 끝이 아닙니다. 더 신기한 모습을 보여드리죠."

이 장면은 약간 코미디이다. 당신이 살짝 쳐다보기만 했을 뿐 관객에게는 두 장의 카드가 나란히 있는 모습을 보여주지 않았기 때문이다. 따라서 관객에게는 하나도 신기해보이지 않는다. 그들은 당신이 더 신기한 모습을 보여주겠다고 말하면 이번에는 어떤 말도 안 되는 장면이 나올지 웃으면서 기대한다. 도우미 관객에게 말한다.

"조금만 가까이 오셔서 칼을 카드에 갖다 대세요. 카드를 감싸고 있는 신문지에 갖다 대면 됩니다."

관객이 칼을 신문지에 갖다 댄다(**그림** 9).

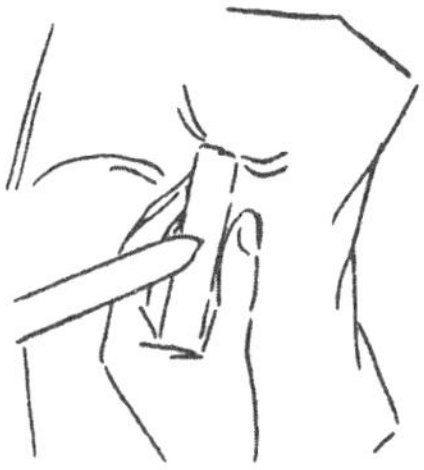
그림 9

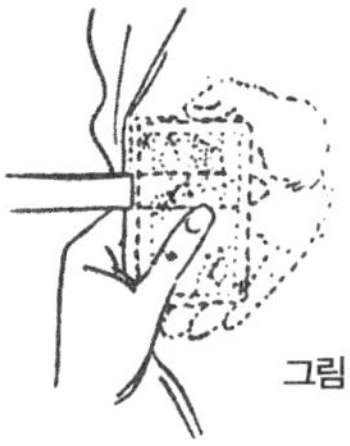
그림 10

"네, 잘하셨습니다. 이제 칼을 약간 뒤로 빼시고 카드로 찔러 넣으세요."

관객이 칼을 약간 뒤로 뺀다.

"아무 곳이나 찌르면 됩니다."

관객이 칼로 덱을 깊숙이 찌른다. 반대편에서 칼이 튀어나온다. 관객이 칼로 찌를 때 아까 설명한 대로 손가락으로 카드를 눌러서 두 패킷 사이에 공간이 생기도록 한다(**그림** 10).

"자, 이제 신문지를 찢겠습니다. 계속 칼을 꽉 잡고 계세요."

신문지를 벗긴다. 카드는 함께 꽉 잡는다. 칼이 들어간 모습이 관객에게 잘 보이도록 덱을 든다(**그림** 11).

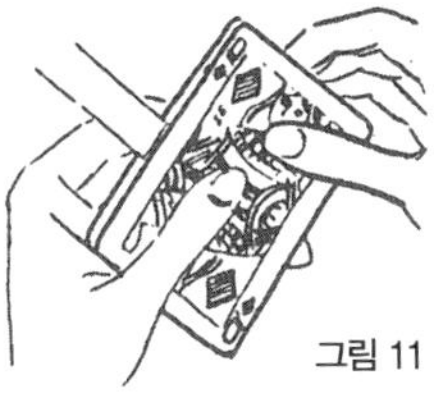
그림 11

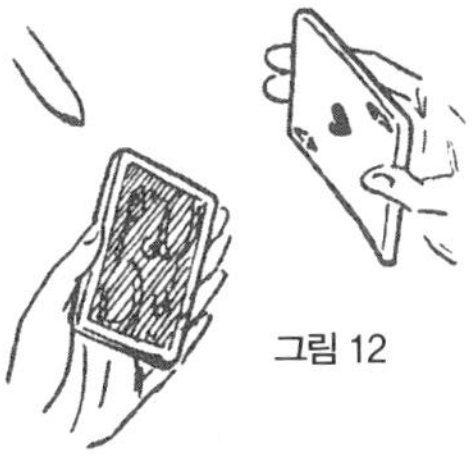
그림 12

"카드 두 장이 함께 모여 있을 거라고 말씀드렸죠? 이 칼이 정말 엑스레이처럼 신문지 안을 꿰뚫어보았다는 사실을 증명해드리겠습니다. 자, 카드 두 장 사이에 칼이 들어간 모습을 보여드리겠습니다."

왼손으로 칼날 아래에 있는 패킷을 들고 오른손으로는 위쪽 패킷을 든다. 뒷면이 위로 오도록 패킷을 뒤집는다. 위쪽 패킷을 들어 맨 아래의 카드를 보여준다(**그림 12**).

"하트 에이스입니다. 고르신 카드가 맞나요? 네, 맞습니다."

처음에 가정한 것처럼 여기에서는 선택된 카드가 하트 에이스이다. 어떤 카드이든지 선택된 카드의 이름을 크게 말한다. 이 부분은 이 마술의 클라이맥스이다. 관객들이 집으로 돌아가는 길에 당신의 놀라운 마술 실력에 대한 이야깃거리를 제공하는 부분이다.

칼 아래에 있는 패킷을 뺀다. 앞면이 관객을 향하도록 왼손으로 높이 든다. '톱' 카드가 관객에게 잘 보이도록 왼손 엄지손가락으로 민다(**그림 13**).

그림 13

"자, 칼 반대쪽에는 나머지 선택된 카드, 클럽 10이 있습니다."

엑스레이 나이프
The X-Ray Knife

이것은 또 다른 방식의 칼로 카드 찌르기 마술로 간단하면서도 환상적인 이펙트를 보여준다.

★ 이펙트

관객이 아무 카드나 고르고 잘 기억한 후 다시 덱에 놓는다. 마술사가 덱을 셔플한 후 종이로 감싼다. 관객이 칼로 종이에 든 덱을 찌른다. 종이를 벗기자 칼이 선택된 카드에 놓여 있다.

★ 준비물

1. 덱
2. 가로 세로 약 22cm의 신문지 또는 쉽게 찢어지는 불투명한 종이. 색깔이 있어야 한다.
3. 테이블 나이프 또는 주머니칼이나 단검

시연

관객 앞에서 덱을 팬 한다.

"아무 카드나 고르세요. 52장 중에서 아무 카드나 고르시면 됩니다. 무슨 카드인지 잘 보시고 다시 덱에 놓으세요."

가운데쯤에서 덱을 커트한다. 선택된 카드를 아래 패킷에 놓고 그 아래에 왼손 새끼손가락을 끼워 넣는다. 위 패킷을 아래 패킷 위에 놓는다.

이제 선택된 카드는 위쪽 패킷의 '보텀' 카드이고 그 아래에 새끼손가락을 끼워서 아래 패킷과 분리되어 있는 상태이다.

심플 패스로 선택된 카드를 덱의 '보텀'으로 옮긴다.

"살짝 셔플하겠습니다."

라고 말하면서 카드 앞면이 관객에게 보이지 않도록 들고 있어야 한다.

오른손으로 덱을 잡고 왼손으로 테이블에서 종이를 가져온다(**그림** 1).

"자, 보시다시피 신문지입니다. 앞뒤 모두 잘 보세요."

그림 1

그림 2

카드 뒷면이 관객을 향하도록 신문지에 갖다 댄다. **그림** 2처럼 왼손 엄지손가락으로 잘 잡는다. 오른손을 이용해 신문지로 덱을 덮는다. 우선 **그림** 3처럼 신문지 아래에서 위로 접은 후 **그림** 4처럼 위에서 아래로 접어 덱을 완전히 가린다. 그리고 마지막으로 **그림** 5처럼 양쪽을 가운데로 접는다.

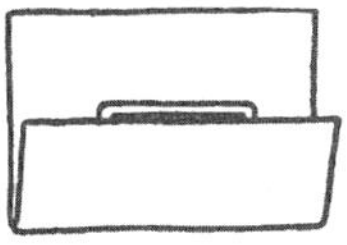
그림 3

그림 4

그림 5

"보시다시피 신문지로 카드를 쌌습니다. 잠시만 카드 꾸러미를 들고 계실 분? 네, 고맙습니다."

도와줄 관객을 무대로 불러 왼쪽에 세운다. 테이블에서 칼을 가져온다.

"여러분 모두 엑스레이가 무엇인지 잘 아시죠? 엑스레이는 단단한 벽은 물론이고 어떤 물체든지 꿰뚫어볼 수 있죠. 지금 보시는 이 칼은 보통 칼이 아닙니다. 일명 엑스레이 칼이죠. 이 칼은 지갑은 물론이고 집안도 꿰뚫어 볼 수 있습니다. (도우미 관객에게) 자, 카드는 저한테 주시고 칼을 들고 계세요."

관객에게 칼을 주고 카드를 가져온다.

"엑스레이의 힘을 이용해보신 적 있으십니까? 아, 없다고요? 그럼 이번에 해보시겠군요. 오른손으로 칼을 잡으시고 카드를 찌르세요."

오른손으로 카드를 높이 든다. 카드의 세로 부분이 관객을 향하도록 든다.

"칼날을 카드로 2.5cm 정도 찔러 넣으세요."

관객이 카드에 칼을 가져간다(**그림 6**).

그림 6

그림 7

"아까 남성 관객이 고른 카드가 어딘가에 다른 카드와 섞여 있습니다. 보이시나요? 종이로 꽁꽁 감싸서 잘 안 보일지도 모르겠군요. 하지만 칼날은 정확히 볼 수 있습니다. 종이 안을 훤히 들여다 볼 수 있으니까요. 종이에 든 카드에 칼을 찔러 넣으세요."

관객이 칼날을 덱에 찔러 넣는다.

칼이 덱으로 들어가자마자 위아래로 움직여 종이에 틈을 만든다. 카드 양끝에서 약 1.5cm 내를 베면 된다. 그리고 다시 칼날을 중앙에 놓고 왼손 엄지손가락은 칼에 의해 분리된 곳 위에 생긴 공간으로 밀어 넣은 다음 오른손 엄지손가락은 칼 아래의 공간에 밀어 넣는다(**그림 7**).

두 패킷을 당겨서 약간 떨어뜨려 놓는다. 칼로 찢은 틈에 양손 엄지손가락을 넣은 모습이 관객에게 잘 보여야 한다.

이제 약간 왼쪽으로 돌아서서 몸의 오른쪽이 관객을 향하도록 한다. 이렇게 하는 동시에 덱을 아래로 당겨 칼에서 빼고 갑자기 빠른 동작으로 덱을 찢듯이 반으로 떼어놓는다(**그림** 8).

그림 8

그림 9

신문지를 완전히 찢으면서 관객에게 보이지 않는 왼손 패킷을 돌려 맨 아래 카드 앞면이 관객을 향하도록 한다. 이 동작은 재빨리 이루어져야 한다. 이렇게 하면 선택된 카드가 관객에게 보인다. 칼이 선택된 카드를 찾은 것처럼 보이지만 실제로 이 카드는 처음부터 덱의 맨 아래에 놓여 있었다(**그림** 9).

"다이아몬드 8 맞습니까? 네, 정확하군요."

선택된 카드의 이름을 정확하게 말한다. 이 부분이 클라이맥스이므로 강조해야 한다.

왼손에 든 패킷을 움직이는 동작은 매우 신속하게 이루어져야 한다. 관객은 칼이 정말로 선택된 카드가 놓인 부분으로 들어갔다고 생각한다. 왼손을 위로 올려 패킷의 방향을 뒤집었다는 사실은 눈치 채지 못한다. 오른손 패킷은 신문지와 손에 가려 관객에게 보이지 않으므로 관객은 카드가 어떤 방향으로 놓여 있는지 알지 못한다.

덱을 뗄 때 카드의 가장자리가 아니라 평평한 부분이 관객을 향해야 한다. 관객에게 칼을 가져와 테이블에 놓으면서 말한다.

"자, 잘 보셨죠? 언제나 기가 막히게 목표물을 찾아내는 신기한 칼입니다."

마그네틱 나이프

The Magnetic Knife

이것도 칼로 카드를 찾는 마술이다. 이 버전에서는 종이로 덱을 감싸지 않는다.

★ 이펙트

관객이 아무 카드나 선택한다. 선택한 카드를 다시 덱에 넣고 셔플한다. 관객이 칼로 덱을 찌른다. 마술사가 덱을 둘로 떼서 선택된 카드가 칼이 놓인 부분에 있음을 보여준다.

★ 준비물

1. 덱
2. 주머니칼

시연

관객이 덱에서 아무 카드나 골라서 확인한 후 다시 넣는다.

심플 패스로 선택된 카드를 덱의 '톱' 으로 옮긴다.

카드를 고른 관객에게 더블 카드 리프트로 '톱' 카드 두 장을 한 장처럼 보여준다.

"고르신 카드가 이 카드가 맞나요? 아니라고요?" ('톱' 카드(사실은 두 장)를 덱에 놓고 '보텀' 카드를 보여준다.) 맨 아래에 있는 이 카드도 아니라고요? 그렇다면 어디론가 섞여 들어갔나 보군요."

테이블에서 칼을 가져온다.

"이 칼은 자석 칼입니다. 이 칼은 어떤 이상한 나라에서 만든 칼인데요. 그 나라 사람들은 자기력이 있어서 천장에서도 걸어다닐 수 있다고 합니다. 정말 신기하죠?"

도와줄 관객 한 명을 부른다.

"자, 이 자석 칼을 잠시만 맡아주세요. 제가 방금 말한 이상한 나라에 가 보신 적 있나요? 네, 없다고요. 이 칼을 들고 카드에 찔러 넣으세요. 아무 곳에나 찌르면 됩니다. 말씀드렸다시피 이 칼에는 신기한 자기력이 있어서 자기 마음대로 움직이기 때문이죠. (카드를 선택한 관객에게) 머릿속으로 아까 고른 카드를 생각하고 계세요."

도우미 관객은 당신의 왼쪽에 서 있다. 카드 뒷면이 위로 가도록 잡고 관객에게 아무 곳이나 찌르라고 한다(**그림 1**).

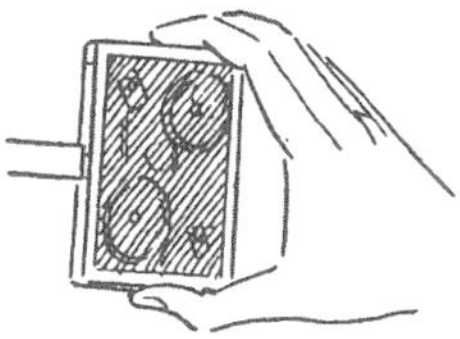

그림 1

"카드를 고르신 분께서 지금 열심히 카드를 생각하고 있습니다. 이제 이 칼이 그 카드를 찾아낼 겁니다."

왼손으로 덱을 잘 잡고 오른손은 칼 위에 놓인 패킷으로 가져간다. 이제 슬립 체인지 한다. 오른손으로 위 패킷을 올리고 덱을 움직여 나이프에서 떨어뜨린다. **그림 2**처럼 왼손 네 손가락으로 카드의 오른쪽 가장자리를 꽉 눌러야 한다.

그림 2

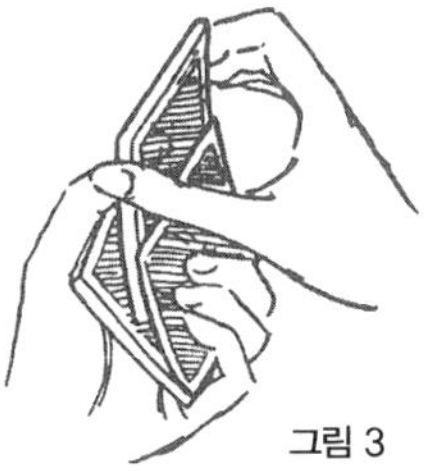

그림 3

양팔을 오른쪽으로 약 30cm 정도 흔들어 칼날에서 떨어지게 한다. 이 동작을 하면서 위 패킷을 '톱' 카드만 제외하고 위 패킷 위로 약 7.5cm 정도 움직인다(**그림 3**).

이렇게 하면 선택된 카드는 자동으로 아래 패킷의 맨 위로 떨어진다. 재빨리 왼손을 왼쪽으로 움직인다. 관객에게는 칼에 의해 둘로 나뉜 카드를 칼에서 떨어뜨려 양쪽으로 움직이는 것처럼 보인다(**그림 4**). 왼손 엄지손가락으로 천천히 왼손 패킷의 '톱' 카드가 나오게 한다. 이때 카드 앞면이 관객을 향하도록 돌려서 관객에게 선택된 카드가 잘 보이도록 한다(**그림 5**).

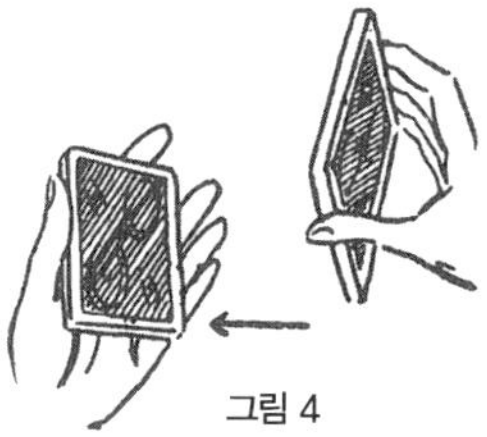
그림 4

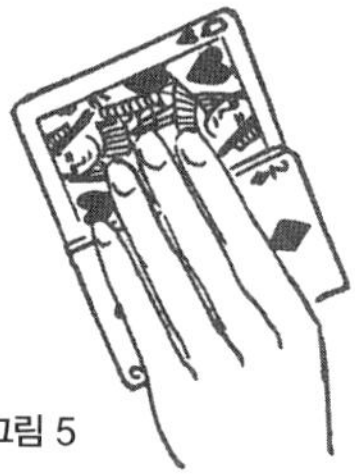
그림 5

"하트 퀸입니다. 고르신 카드가 맞나요? 네, 정확하군요."

간단한 찌르기 마술
Simplified Stabbing Trick

이것은 루 태넌(Lou Tannen)이 만든 간단한 마술로써 네이트 라이프치히의 보드빌을 비롯해 여러 쇼에서 공연되었다. 원하는 위치에 주름으로 덱에 틈을 만드는 라이프치히의 방식은 아마추어들이 시연하기에는 무리가 있었다. 불편한 장치를 이용하는 다른 방식도 있지만 루 태넌은 간단하게 시연할 수 있는 쉽고 새로운 방식을 고안했다.

★ 이펙트

관객이 셔플한 덱에서 아무 카드나 뽑아서 확인한 후 다시 넣는다. 마술사가 다시 셔플한다. 종이 가방에 덱을 넣고 덱의 가운데에 관객이 칼을 찔러 넣는다. 종이 가방을 찢자 칼이 덱의 가운데에 놓여 있다. 관객이 칼날 아래에 있는 카드를 꺼내자 그것이 바로 선택된 카드이다.

★ 준비물

1. 덱
2. 쐐기(단면이 V자-옮긴이) 모양의 나무. 또는 길이 2cm, 너비 1cm, 두께 0.5cm의 비슷한 재질의 물체. **그림 1**처럼 나무 쐐기는 가장자리가 약간 뾰족해야 한다. 카드의 적절한 위치(귀퉁이에서 가까운 세로 부분에서 1cm 정도 떨어진 곳)에 왁스로 쐐기를 붙인다.

그림 1

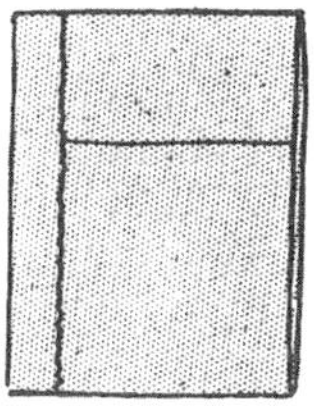
그림 2

3. 종이가방은 약 13cm 길이가 되도록 아랫부분을 자른다. 종이가방의 보통 너비는 약 17cm이다(**그림 2**).

준비

이 마술에 사용할 덱의 맨 아래에 쐐기 카드를 놓는다. 또는 먼저 다른 마술에 사용한 덱을 이용한다면 쐐기 카드를 앞면이 아래로 향하도록 테이블에 놓고 손수건이나 다른 물체로 가린다. 그리고 이 마술을 시연할 때 쐐기 카드에 덱을 놓고 함께 들면 된다. 다른 용도를 위해서 덱의 숫자를 맞추려고 한다면 조커에 쐐기를 붙여도 된다.

시연

그림 3처럼 쐐기가 당신의 몸쪽에 놓이도록 덱을 잡고 네 손가락으로 쐐기를 가린

다. 앞으로 나아가면서 중간에서 카드를 뽑아 '톱' 에 놓으며 오버핸드 셔플한다. 따라서 쐐기 카드가 맨 아래에 놓인다. 이 카드가 드러나 보이지 않도록 주의한다.

그림 3

양손으로 덱을 펼쳐서 관객에게 아무 카드나 고르라고 한다. 관객이 카드를 확인하는 동안 오른손으로 아래 패킷을 옆으로 당기고 왼손으로는 위쪽 패킷을 잡는다. 관객이 선택된 카드를 왼쪽 패킷의 '톱' 에 놓으면 그 위에 다시 오른손 패킷을 놓는다.

이제 선택된 카드는 덱의 가운데에 있는 쐐기 카드 바로 아래에 놓인다. 몸 앞쪽에는 쐐기로 인해 덱의 뒤쪽과 측면에 V자 모양의 틈이 생기지만 덱의 앞쪽 가장자리를 함께 꽉 잡은 상태이므로 관객에게는 전혀 이상하게 보이지 않는다(**그림** 4).

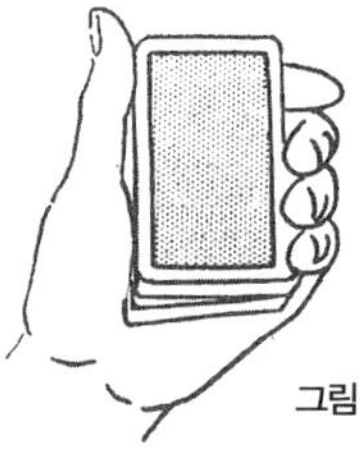

그림 4

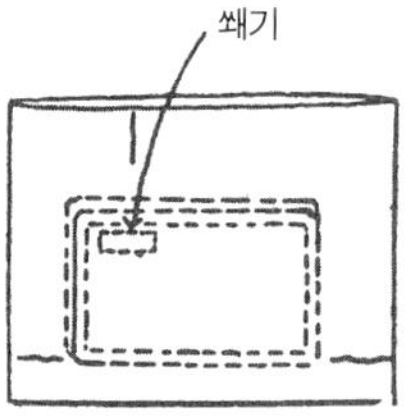

그림 5

선택된 카드를 덱에 놓자마자 종이가방에 덱을 넣는다. **그림** 5처럼 세로 부분과 쐐기가 위에 오도록 넣는다.

봉투의 열린 부분을 접으면서 거꾸로 들어 아래 부분이 도우미 관객을 향하도록 잡는다. 봉투를 든 상태에서 관객에게 칼을 주고 봉투에 든 덱으로 찔러 넣으라고 한다(**그림** 6).

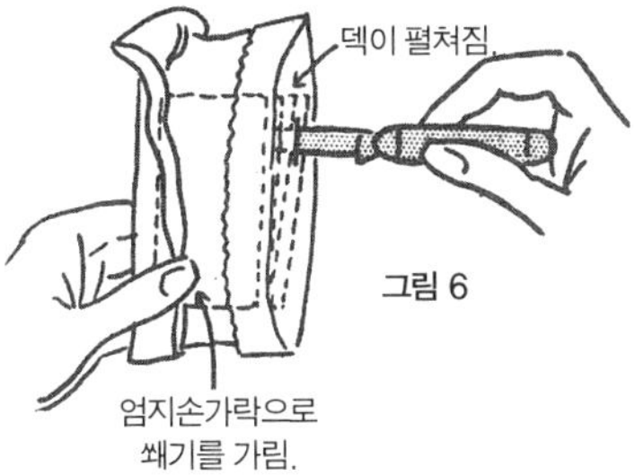

그림 6

관객에게 말하는 동안 봉투 위에서 덱의 아래 가장자리를 꽉 쥐어 덱에 넓은 틈이 생기도록 한다. 칼이 그 부분으로 들어가야 한다. 관객이 칼을 찌를 때 칼이 봉투의 아랫부분 가운데로 들어가도록 봉투를 움직인다. 관객은 의식하지는 못하지만 카드 사이에 생긴 보이지 않는 틈으로 칼을 찔러 넣게 된다. 즉 칼은 선택된 카드 위를 지난다.

칼이 들어간 순간, 칼 가까이 봉투의 바깥쪽을 잡고 덱의 열린 위쪽 가장자리와 함께 꽉 쥔다.

이제 칼의 위쪽 패킷을 들고 관객에게는 아래쪽 패킷을 들라고 한 후 선택한 카드를 보여주기만 하면 된다.

이렇게 하는 동안 쐐기를 빼서 팜 할 시간은 충분하다.

플래시 페이퍼를 이용해서 카드 찌르기

The Flash Card Stab

이것은 러셀 월시(Russel Walsh)가 즐겨 선보이는 마술로써 스태빙 마술 중에서 가장 화려한 효과를 자랑한다.

★ 이펙트

선택된 카드를 덱에 놓고 셔플한다. 흰색 종이로 덱을 감싼다. 관객이 칼을 덱으로 찔러 넣는다. 관객이 칼을 잡고 있는 상태에서 마술사가 불붙은 담배나 성냥을 종이에 대자 불꽃 속에서 종이가 사라진다. 덱은 바닥이나 테이블로 떨어지고 선택된 카드는 칼에 꽂힌 채 남는다.

★ 준비물

1. 덱
2. 흰색 플래시 페이퍼. 이것은 성냥이나 불붙은 담배에 닿으면 순간적으로 불꽃이 반짝이면서 사라지는 특별한 종이로 마술용품점에서 구입할 수 있다.

시연

관객이 아무 카드나 골라 확인한 후 덱의 가운데에 넣는다. 패스로 선택된 카드를 '톱' 으로 옮긴다.

그림 1

그림 2

뒷면이 위로 향하도록 왼손으로 덱을 잡는다(**그림** 1). 플래시 페이퍼를 덱의 앞에 놓고 가린 채 왼손 엄지손가락으로 맨 위에 있는 선택된 카드를 덱의 왼쪽 가장자리로 옮긴다(**그림** 2).

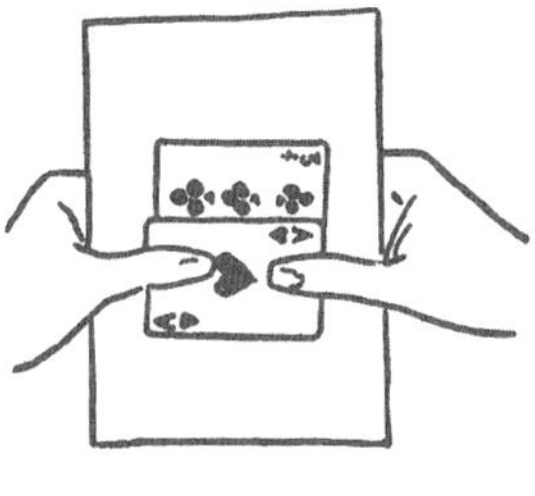
그림 3

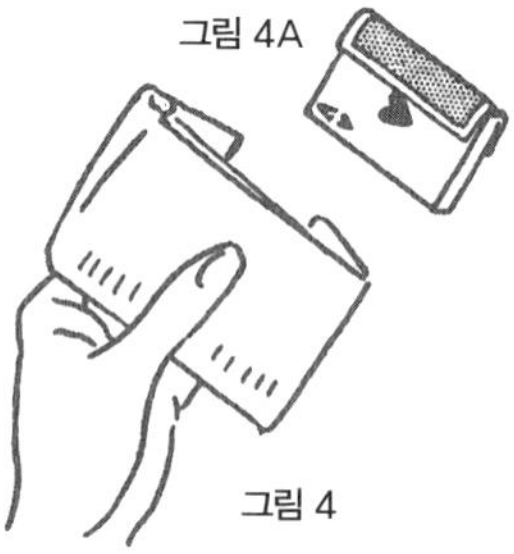
그림 4A

그림 4

양손으로 덱과 종이를 잡은 상태에서 덱에 플래시 페이퍼를 놓는다(**그림 3**). 플래시 페이퍼의 윗부분을 덱의 앞면으로 접는 동시에 선택된 카드를 그 아래로 접는다. **그림 4**처럼 단단하게 감싼다.

그림 4A는 선택된 카드의 위치이다. 관객에게 칼을 주고 종이로 감싼 덱에 찔러 넣으라고 한다(**그림 5**). 관객이 어느 쪽으로 찔러 넣든지 반드시 선택된 카드를 지나게 된다. 관객이 자신의 몸에서 약간 떨어진 곳에 덱을 든다.

그림 5

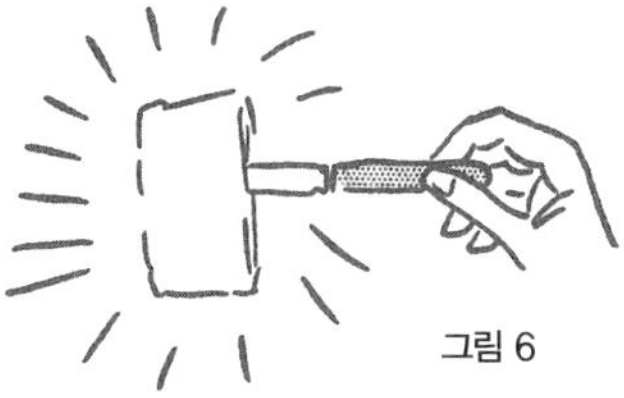
그림 6

플래시 페이퍼에 불붙은 성냥이나 담배를 대자 불꽃과 함께 종이가 사라진다(**그림 6**). 덱은 바닥이나 테이블로 떨어지고 선택된 카드는 칼에 꽂혀 있다(**그림 7**). 선택된 카드의 앞면을 보여주고 도우미 관객에게 확인하라고 한다.

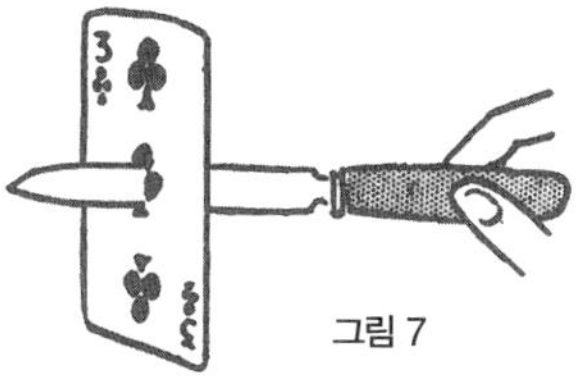
그림 7

신문지 안에 든 카드 찌르기
Card Stab Through Newspaper

방법 1

나는 이 방법이 마무리 카드 마술로 시연되는 모습을 본 적이 있다. 연회 테이블에서 시연하면 효과적이다.

★ 이펙트

관객이 아무 카드나 골라 확인한 후 덱에 놓고 셔플한다. 테이블에 뒷면이 위로 향하도록 카드를 펼쳐놓는다. 마술사가 신문지의 앞뒤를 보여주고 펼쳐진 카드에 놓는다.

마술사가 신문지에 칼을 대고 무엇인가를 찾는 척한다. 갑자기 칼로 신문지 아래에 놓인 카드 한 장을 찌른다. 신문지를 치우고 칼이 꽂힌 카드를 들어서 보여준다. 그것이 바로 선택된 카드이다.

★ 준비물

1. 덱
2. 포스할 카드와 똑같은 카드 한 장 더
3. 세팅한 신문지. 이것은 신문지나 일반 종이로 만든 두 겹의 종이이다. 카드가 들어갈 만한 넉넉한 크기로 똑같은 신문지를 오려낸다(**그림 1**). 이 종잇조각을 준비한 종이에 붙인다. 왼쪽과 오른쪽, 아래를 붙여 주머니처럼 만든다. 글씨를 잘 맞춰서 붙이면 관객이 쉽게 눈치 채지 못한다. 주머니 윗부분이 열려 있으므로 적당한 때에 쉽게 카드를 꺼낼 수 있다.

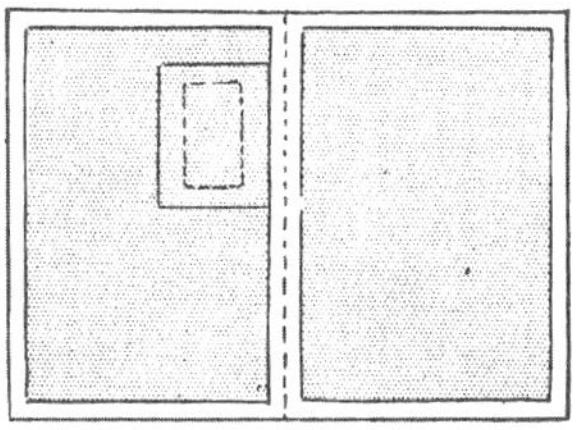

그림 1

4. 주머니칼이나 단검 또는 적당한 칼

준비

포스할 카드와 똑같은 여분의 카드를(여기에서는 다이아몬드 10이라고 해보자.) 신문지 주머니에 넣는다. 카드 뒷면이 신문지에 닿고 앞면이 주머니 종이에 닿도록 넣어야 한다. 이렇게 하면 주머니 부분이 아래로 가도록 신문지를 테이블에 올려놓았을 때 카드 뒷면이 위로 향한다. 주머니가 안으로 가도록 신문지를 접어서 테이블에 칼, 덱과 함께 놓아둔다. 포스할 카드는 덱의 '톱' 에 놓는다. 앞서 다른 마술에서 사용한 덱이라면 다이아몬드 10을 '톱' 이나 '보텀' 으로 옮긴다.

시연

다이아몬드 10이나 원하는 카드를 포스한다. 관객에게 덱을 주고 선택한 카드를 다시 넣은 후 셔플하라고 한다. 그리고 테이블에 뒷면이 위로 향하도록 펼쳐놓으라고 한다.

"자, 이분께서 아무 카드나 고른 후 다시 넣고 셔플했습니다. 그리고 이렇게 테이블에 펼쳐 놓았고요."

신문지를 집는다. 펼쳐서 앞뒤를 보여준 후 테이블에 놓인 카드 위에 놓고 가린다.

"카드 위에 신문지를 올려놓았습니다. 카드가 보이지 않죠?"

칼날이 아래를 향하도록 신문지 위에서 든다(**그림 2**).

그림 2

그림 3

"두 갈래진 나뭇가지로 물을 찾아낼 수 있다는 이야기를 들어봤나요? 물이 있는 곳에서는 뾰족한 부분이 아래로 구부러지기 때문이죠. 아마 직접 해보신 분도 계실 겁니다. 금이나 은 같은 광물을 찾아내기 위해서 여러 가지 탐지기가 만들어졌죠. 마술사들은 칼로 카드를 찾아내는 방법을 생각해냈습니다."

칼을 여기저기로 움직이다가 갑자기 주머니에 든 카드를 찌른다. 칼날이 카드에 꽂혀야 한다.

"아, 뭔가를 발견한 모양입니다."

오른손에 가만히 칼을 든 상태로 왼손으로 신문지를 찢어 주머니에서 다이아몬드 10을 꺼내 다른 카드와 섞이도록 한다(**그림 3**). 그 카드에는 칼날이 꽂혀 있다. 칼을 약간 들어올린다. 하지만 아직 앞면이 보이면 안 된다.

"아까 고르신 카드가 뭐였죠? 다이아몬드 10이라고요? 네, 고맙습니다."

이제 다이아몬드 10, 즉 선택된 카드의 앞면을 보여준다.

"네, 다이아몬드 10을 찾아냈군요."

★ 참고

친한 사람들에게 시연하는 경우 나중에 관객이 덱을 살펴보고 싶어할 수도 있다. 따라서 관객에게 덱을 셔플하라고 주기 전에 관객이 선택한 카드를 '톱'으로 옮겨 오른손에 팜 한다. 그리고 주머니에서 칼을 꺼낼 때 그 안에 떨어뜨린다.

방법 2

여기에서는 카드 한 장만 사용한다. 아무 카드나 골라도 된다. 선택된 카드를 덱에 넣은 후 몰래 '톱'으로 패스한다. 선택된 카드가 계속 '톱'에 남도록 폴스 셔플한다.

앞에서 설명한 대로 세팅한 신문지를 사용한다. 하지만 주머니가 왼쪽 신문지 가운데에 있고 오른쪽 신문지는 앞쪽으로 접어 주머니가 뒷면에 놓이도록 한다. 주머니가 안쪽에 숨겨져 보이지 않도록 테이블에 신문지를 놓는다. **그림** 4처럼 엄지손가락은 앞에 놓고 네 손가락은 뒤에 놓은 채 카드를 잡는다.

왼손으로 신문지를 가져와 집게손가락과 엄지손가락을 종이 뒤쪽에 놓은 채 잡는다. 주머니 입구는 위쪽으로 향한다. **그림 5**처럼 왼손으로 덱을 가져와 '톱'의 선택된 카드를 잡아당긴다. 덱은 약간 아래로 비스듬히 든다. 오른손 손가락으로 계속

'톱' 카드를 잡고 있다.

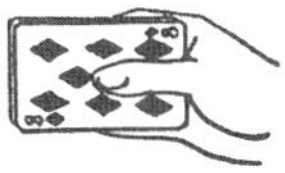

그림 4

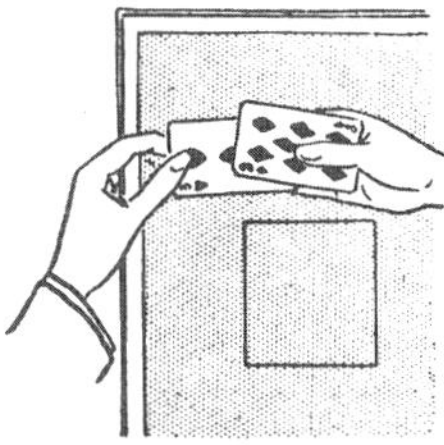

그림 5

그림 6

주머니 위로 덱을 가져와 '톱' 의 선택된 카드를 아래로 완전히 집어넣는다(**그림 6**). 관객에게 덱을 주고 다시 셔플하라고 한 후 테이블에 뒷면이 위로 향하도록 펼쳐 놓으라고 한다. 주머니 위에 신문지를 펼쳐 놓는다. 주머니 달린 면이 아래에 놓여야 한다. 칼로 주머니에 든 카드를 찌른다. 신문지를 찢어 칼에 꽂힌 카드를 보여준다.

방법 3

이것은 신문지를 세팅할 필요가 없는 즉석 마술이다. 언제든지 시연할 수 있다.

선택된 카드를 덱에 놓고 몰래 '톱' 으로 보낸다. 선택된 카드가 계속 '톱' 에 남도록 폴스 셔플한다. 테이블에 카드를 펼쳐 놓고 몰래 선택된 카드의 위치를 파악한다.

카드 위에 신문지를 놓는다. 신문지의 어느 부분이 선택된 카드 위에 놓이는지 확인한다. 칼로 그 지점을 찔러 앞에서와 같은 방법으로 마무리한다.

방법 4

이것은 신문지를 사용하지 않는다는 점을 제외하면 세 번째 방식과 똑같다. 테이블에 카드를 펼쳐 놓는다. 손수건을 접어 눈을 가린다. 코 밑으로 테이블에 놓인 카드가 보일 정도로 느슨하게 한다. 이렇게 카드를 살핀 후 칼을 가져와서 선택된 카드를 찌른다. 눈이 보이지 않는 상태에서 카드를 찾아내는 것처럼 생동감 넘치게 연기한다. 어떤 마술사들은 선택된 카드 세 장을 덱에 놓고 '톱' 으로 옮긴 후 테이블에 펼쳐 놓으면서 카드의 위치를 확인하기도 한다.

방법 5

이것은 방법 4와 비슷하지만 선택된 카드의 위치가 다르다. 이것은 뒷면이 '한 방향'인 카드의 유형에 좌우된다. 모든 카드의 뒷면이 똑같은 방향으로 놓이도록 한 후 거꾸로 뒤집어져 있는 한 장을 찾으면 된다. 패턴이 다르므로 쉽게 찾을 수 있다. 거꾸로 된 카드를 쉽게 찾을 수 있도록 디자인 된 카드는 시중에서 구입할 수 있다. 관객에게는 잘 드러나지 않지만 마술사는 쉽게 알아 볼 수 있다. **그림 7**, **그림 8**처럼 중앙에 상징이 그려져 있는 무지 카드가 좋다. 가격이 비싸기는 하지만 '리그 백(League Back)' 바이시클은 칼로 찌르기 마술에 대단히 유용하게 사용할 수 있다.

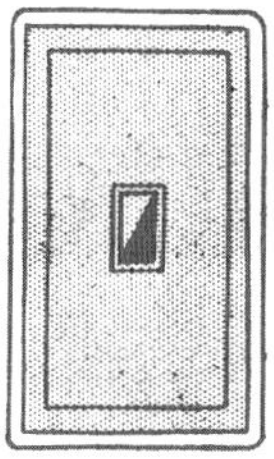

그림 7

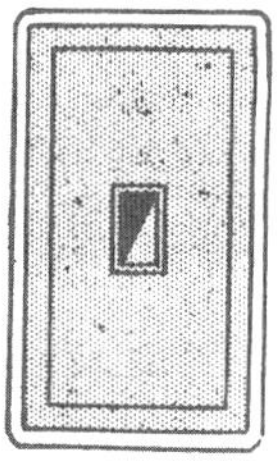

그림 8

뒷면의 상징이 모두 똑같은 방향으로 놓이도록 덱을 배열한다. 위쪽 패킷을 거꾸로 뒤집는다. 아래 패킷이 똑같은 방향을 향하도록 놓고 위쪽 패킷은 반대쪽을 향하도록 놓는다. 관객이 덱에서 세 장의 카드를 선택한다. 각각 다시 덱에 넣을 때 카드 뒷면의 디자인을 잘 살핀다. 그 카드가 위쪽 패킷에 놓이든지 아래쪽 패킷에 놓이든지 패킷과 반대 방향으로 놓이도록 한다.

카드를 다시 덱에 넣은 후 위 패킷과 아래 패킷의 경계선을 찾을 수 있을 정도로 팬한다. 위 패킷을 몰래 뒤집어 아래 패킷과 똑같은 방향으로 놓이도록 한다. 또는 리플 셔플하면서 몰래 뒤집어도 된다.

이제 선택된 카드 세 장은 덱의 어딘가로 사라졌지만 나머지 카드와 반대 방향으로 되어 있으므로 덱을 펼치면 쉽게 찾을 수 있다.

무슨 일이 일어나는지 염두에 두면서 계속 리플 셔플한다. 이렇게 하면 선택된 카드가 완전히 섞였음을 보여줄 수 있다. 관객에게 덱을 여러 번 커트하라고 해도 된다. 카드가 뒤집어지지 않도록 계속 잘 살핀다.

테이블에 카드를 펼쳐 놓는다. 하지만 카드가 똑같은 방향으로 놓이도록 해야 한다. 일직선으로 놓는 것이 아니라 사방 60cm 내에서 펼쳐 놓는다. 카드를 펼쳐 놓기 전에 손수건으로 눈을 가려서 아래를 내려다 볼 수 있다. 손수건을 약간 헐렁하게 코 높이로 묶으면 카드가 내려다보인다. 선택된 카드를 찾은 후 정말로 찾는 것처럼 실감나게 칼로 하나씩 찌르면 된다. 제대로 연기하면 대단히 놀라운 이펙트를 낼 수 있다.

방법 6

이것은 두 가지 이펙트를 조합한 방법이다. 감각을 초월하는 신기하고 극적인 이펙트를 연출할 수 있다.

★ 이펙트

관객이 덱을 셔플하고 뒷면이 위로 향하도록 테이블에 펼쳐 놓는다. 신문지로 카드를 가린다. 또 다른 덱을 셔플하여 신문지로 감싼다. 관객에게 칼을 주고 신문지로 싼 덱에 찔러 넣으라고 한다. 마술사는 왼손에 칼이 꽂힌 덱을 든 채 또 다른 칼로 신문지로 덮은 카드를 찌른다. 신문지를 벗기고 칼 꽂힌 카드를 테이블 앞쪽에 놓는다. 이제 관객이 찌른 카드의 신문지를 벗기고 칼이 들어간 부분의 카드를 보여준다. 예를 들어 하트 7이라고 해보자. 테이블에 놓은 칼 꽂힌 카드도 하트 7이다.

준비

우선 칼로 어떤 카드를 찌를지 정한다. 예를 들어 하트 킹이라고 해보자. 첫 번째 덱에서 하트 킹을 꺼내 방법 1에서처럼 세팅한 신문지 주머니에 넣는다. 세팅한 신문지와 덱을 테이블에 올려놓는다.

두 번째 덱에서 하트 킹을 꺼내 '톱' 에 놓는다. 근처에 가로 세로 약 26cm 크기의 신문지를 놓는다.

시연

관객에게 첫 번째 덱을 주고 셔플한 후 뒷면이 위로 오도록 테이블에 펼쳐 놓으라고 한다. 신문지의 앞뒤를 보여준 후 카드 위에 놓는다. 주머니 부분이 아래를 향하도록 한다.

두 번째 덱을 셔플하여 '톱' 카드 하트 킹을 맨 아래로 옮긴다. 카드 뒷면이 관객을 향해야 한다. 맨 아래에 있는 킹이 관객에게 보이지 않도록 조심하면서 신문지로 덱을 싼다.

관객에게 '엑스레이 나이프(X-Ray Knife)' 에서처럼 칼로 덱의 가장자리를 찌르라고 한다. 칼이 꽂힌 덱을 왼손으로 든다. 오른손으로 다른 칼을 가져와 즉각 카드를 덮은 신문지를 찌른다. 주머니에 미리 넣어둔 카드를 찔러야 한다.

칼을 가만히 든 상태로 신문지를 찢어 테이블 앞쪽 가장자리로 카드를 가져간다.

관객에게 다른 칼로 덱을 찌르라고 한다. 칼로 생긴 공간에 왼손 엄지손가락을 넣어 덱을 벌리면서 아래쪽 패킷(왼손 패킷)을 떼어내 덱을 거꾸로 올려서 '엑스레이 나이프' 에서처럼 맨 아래에 있는 카드가 드러나 보이도록 한다.

"하트 킹을 찌르셨군요. 52장의 카드 중에서 아무 카드나 찌르신 것 맞죠? 하트 킹이 칼에 꽂혀 있습니다."

킹을 빼서 왼손으로 든다.

"종이로 덮은 쪽은 제가 칼로 찔러서 테이블 앞쪽에 카드를 옮겨 놨습니다."

테이블에서 카드를 들어 보여준다.

"이것도 하트 킹이네요!"

엔드 스태브
The End Stab

이것은 종이로 덱을 싸지 않고 관객이 칼로 덱의 가장자리를 찔러서 선택된 카드를 찾아내도록 하고 싶을 때 유용한 이펙트이다.

시연

그림 1

선택된 카드를 덱에 놓고 셔플하여 '보텀'으로 옮긴다. 맨 아래에서 1/3을 커트하여 맨 위로 옮기고 왼손 새끼손가락을 집어넣어 분리시킨다(**그림** 1).

관객에게 칼을 주고 덱의 끝에 찔러 넣으라고 한다(**그림** 2). **그림** 3처럼 네 손가락으로 칼을 잡는다.

그림 2

그림 3

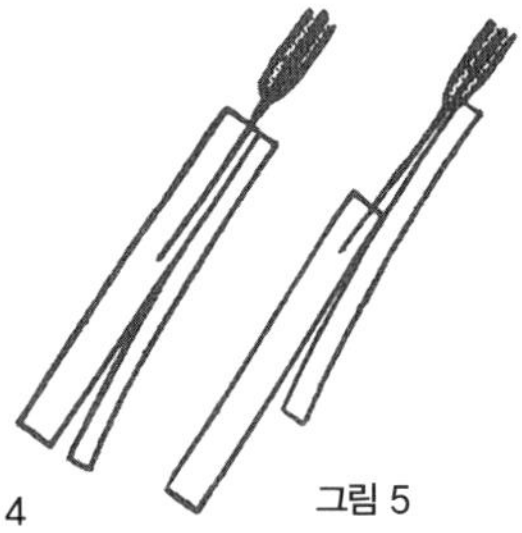

그림 4

그림 5

그림 4처럼 칼이 선택된 카드 아래로 들어갔다고 해보자. 오른손 네 손가락으로는 칼을 잡고 엄지손가락은 위쪽 패킷 아래에 놓아 **그림** 5처럼 든다.

카드 뒷면이 관객을 향한다. 패킷을 들 때 칼날을 빼서 선택된 카드에 댄다. 패킷을 관객 쪽으로 돌리면 칼이 선택된 카드에 놓인 모습이 보인다. **그림** 6은 뒷모습이고

그림 6A는 앞모습이다. 이렇게 하면 관객이 선택된 카드 위로 칼을 찔러 넣은 것 같은 이펙트를 연출할 수 있다.

그림 6A

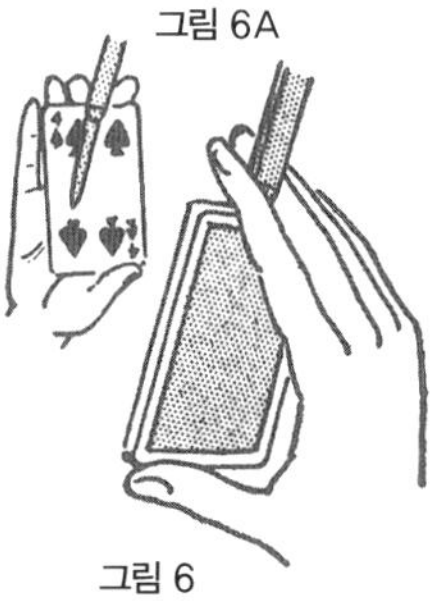

그림 6

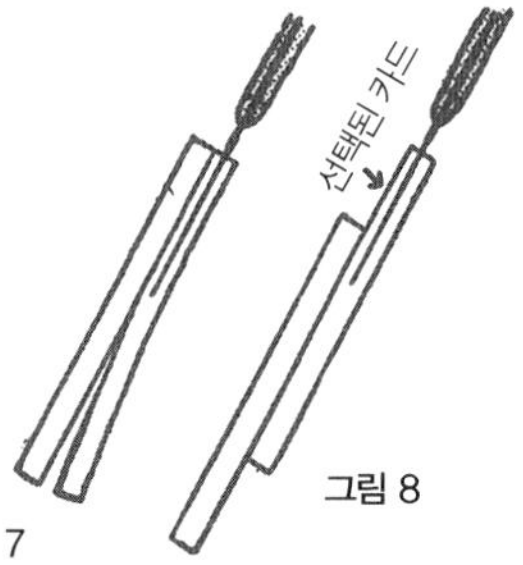

그림 7

그림 8

만약 **그림 7**처럼 칼이 선택된 카드 위에 놓였다면 **그림 8**처럼 위쪽 패킷을 **그림 6**처럼 뒷면이 관객을 향하도록 든다. 왼손으로 칼을 뺀 다음 카드를 돌려 관객에게 선택된 카드를 보여준다.

이 동작은 칼날이 선택된 카드 위에 놓이든 아래에 놓이든 똑같이 실용적이다. 위쪽 패킷을 들었을 때 칼날이 패킷의 바깥쪽에 있는지 안쪽에 있는지 확인해야 한다. 만약 바깥쪽이라면 **그림 6A**처럼 카드에 칼날을 대고 보여주고 바깥쪽이라면 칼을 뺀 후 선택된 카드를 보여주면 된다.

★ 참고

이 이펙트에서는 쇼트 카드를 유용하게 사용할 수 있다. 쇼트 카드란 보통 카드보다 0.2cm 정도 짧게 깎은 카드이다. 조금만 주의를 기울이면 날카로운 가위로 0.5cm를 깔끔하게 잘라낼 수 있다. 잘라낸 후 보통 카드처럼 귀퉁이를 둥글게 다듬어야 한다. 카드를 선택한 후 덱을 커트하여 선택된 카드가 쇼트 카드 위에 떨어지도록 한다.

오른손 엄지손가락으로 덱의 가까운 가장자리를 리플하면 쉽게 쇼트 카드를 찾아낼 수 있다. 쇼트 카드가 엄지손가락을 지날 때 다른 카드와 분리되어 있는 것을 느낄 수 있기 때문이다. 덱을 여러 번 커트해도 된다. 안쪽 가장자리를 리플하여 쇼트 카드의 위치를 찾아낸다. 쇼트 카드가 덱의 맨 위에서 적어도 1/2 또는 1/3 지점에 놓일 때까지 계속 커트한다. 쇼트 카드가 엄지손가락을 지나면 왼손 새끼손가락으로 브레이크를 건다. 이제 **그림 1**처럼 선택된 카드가 위 패킷의 '보텀' 에 놓인다.

보스턴의 카드 스태브
Boston's Stabbed Card

이 마술은 조지 보스턴(George Boston)이 가장 즐겨 사용한 방법으로 깨끗하고 정확한 동작과 이펙트를 자랑한다.

★ 이펙트

아무 카드나 선택한 후 다시 덱에 놓고 관객이 셔플한다. 카드가 완전히 보이지 않도록 종이로 싼다. 마술사가 칼로 덱을 찌른다. 종이를 벗기고 살펴보자 칼이 들어간 부분의 카드가 선택된 카드이다.

★ 준비물

1. 스트리퍼 덱(Stripper Deck). 카드의 한쪽 끝이 다른 쪽보다 약간 좁은 덱으로 마술용품점에서 구입할 수 있다. 선택된 카드를 거꾸로 뒤집어 덱에 돌려놓으면 한쪽 끝이 넓어서 덱의 세로 부분이 튀어나오므로 쉽게 찾을 수 있다. 너비의 차이는 엄지손가락이나 나머지 네 손가락 중 한 손가락 끝으로도 쉽게 느낄 수 있다.
2. 19cm×22cm의 신문지
3. 주머니칼이나 주방용 칼(단검이나 사냥칼도 가능하다.)

시연

덱을 팬하여 모두 다른 카드로 이루어져 있음을 보여준다. 새 덱을 사용하거나 스테아린산 아연을 바르면 더 쉽게 팬 할 수 있다. **그림 1**처럼 왼손 엄지손가락과 집게손가락으로 꽉 잡는다. **그림 2**처럼 오른손 엄지손가락으로 윗부분 왼쪽을 누르고 **그림 3**처럼 오른쪽으로 팬한다. 카드를 적당히 누르고 감으로 팬하려면 열심히 연습해야 한다. 하지만 완전 새 덱을 사용하거나 매끈매끈하게 손질해두면 쉽게 팬 할 수 있다. 왼손으로 팬을 잡고 관객에게 아무 카드나 골라서 빼라고 한다.

그림 1

그림 2

"아무 카드나 상관없습니다. 빼서 확인하시고 다시 넣으세요."

관객이 카드를 빼면 오른손 엄지손가락을 왼쪽 바깥에 있는 카드에 놓고 덱을 빙 돌려서 닫는다(**그림** 4). 이렇게 팬을 닫는 단순한 동작을 통해 덱이 거꾸로 뒤집어지므로 관객이 선택한 카드를 다시 놓으면 그 카드만 거꾸로 놓이게 된다. 팬하여 관객이 덱에 쉽게 카드를 놓을 수 있도록 한다. 그런 다음 차곡차곡 정리하고 관객에게 오버핸드 셔플하라고 한다.

그림 3

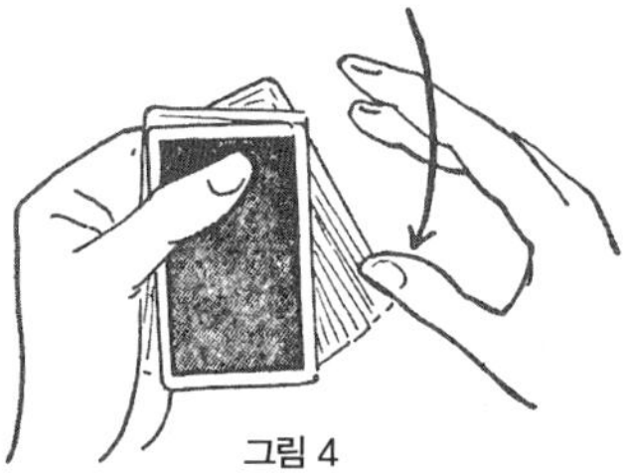
그림 4

만약 직접 오버핸드 셔플한다면 관객에게 덱을 주면서 다음과 같은 말로 미묘하게 암시한다.

"빠르게 셔플하세요. 자, 이렇게요."

관객이 셔플하려고 덱을 커트하려는 순간 당신이 덱의 절반을 가져와서 커트를 마무리한다. 커트해줘서 고맙다고 하면서 당신이 여러 번 오버핸드 셔플한다. 이 동작은 매우 자연스럽다.

덱을 가져와 차곡차곡 정리한다. 엄지손가락으로 덱을 따라 훑으면 덱의 좁은 가로 부분에 넓은 카드 한 장이 삐져나와 있는 것을 쉽게 발견할 수 있을 것이다. 왼손으로 앞면이 손바닥을 향하도록 덱을 잡는다.

그림 5처럼 오른손으로 잡는다. 엄지손가락과 가운뎃손가락 끝으로 넓은 카드를 컨트롤한다. 신문지를 왼손 손바닥에 놓는다. **그림** 6처럼 신문지 가운데에 덱을 놓고 신문지 세로를 덱의 세로와 똑같은 방향으로 덮는다.

그림 5

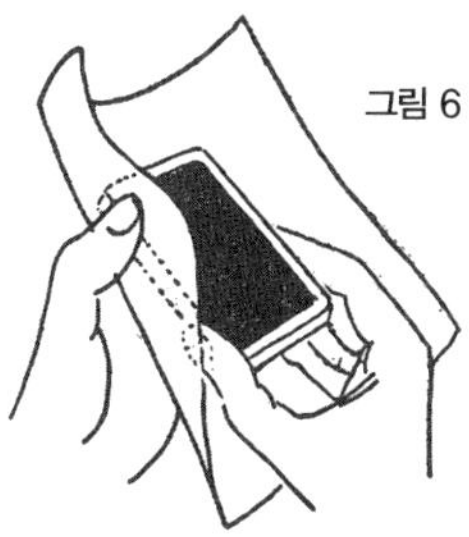
그림 6

그림 7

신문지 끝으로 카드를 완전히 가린다. 왼손 엄지손가락과 네 손가락으로 신문지 위에서 덱을 든다. **그림** 7처럼 관객에게 보이지 않는 상태에서 오른손 엄지손가락과 집게손가락으로 선택된 카드(넓은 카드)를 밖으로 1cm 정도 뺀다. 선택된 카드는 덱의 가운데쯤에 놓여 있을 것이다. 관객에게 덱을 다시 가져왔을 때 넓은 카드가 '톱' 이나 '보텀' 에 너무 가깝다고 느껴지므로 덱을 커트하여 가운데쯤으로 옮겼기 때문이다.

그림 8처럼 신문지로 종이를 싼다. 그리고 **그림** 9처럼 끝부분을 접되 넓은 카드를 건드리면 안 된다. 덱을 뒤집어 여전히 넓은 카드가 당신의 몸쪽에 놓이도록 한다(**그림** 10).

그림 8

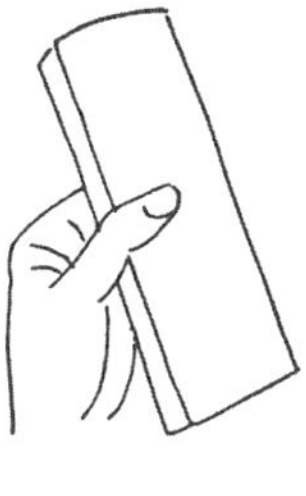

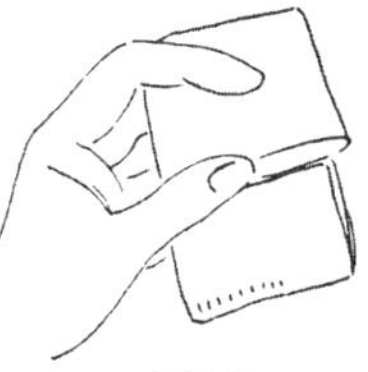
그림 9

그림 10

"아무 카드나 선택해서 잘 기억한 후 다시 넣었습니다. 그리고 셔플한 다음 이렇게 신문지로 쌌습니다. 선택된 카드가 어디에 있는지는 아무로 모릅니다. 잘 보세요."

칼을 든다. **그림** 10처럼 튀어나온 카드를 치고 신문지 안으로 넣는다. **그림** 11처럼 손잡이까지 칼을 찔러 카드에 넣는다. **그림** 12, **그림** 13, **그림** 14를 자세히 보면 찌르는 방법을 잘 알 수 있다. **그림** 12는 칼날 끝으로 선택된 카드의 튀어나온 부분을 치는 동작이다. **그림** 13은 칼날이 카드를 따라 덱으로 들어가는 모습이다. **그림** 14는 손잡이로 선택된 카드를 덱으로 집어넣는 모습이다.

그림 11

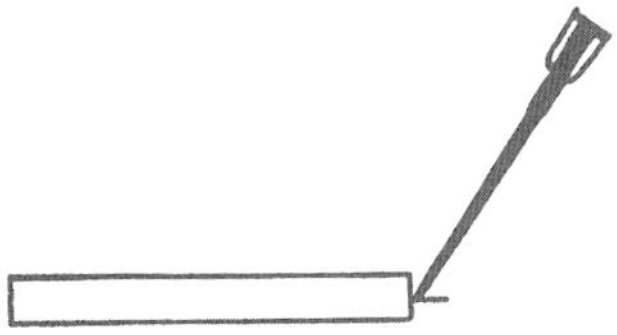
그림 12

그림 13

그림 14

그림 15

카드 사이에 놓인 칼의 위치가 흐트러지지 않도록 조심하면서 신문지를 찢는다. **그림** 15처럼 칼이 들어 있는 부분에서 덱을 펼쳐 선택된 카드를 보여준다.

"이 카드가 맞습니까? 네, 정확하군요. 마술이니까요!"

LESSON

42

새로운 실크 마술

Tarbell course in MAGIC

새로운 실크 마술
Novelty Handkerchief Magic

실크와 손수건을 이용한 새로운 이펙트를 찾는 마술사라면 이번 레슨을 통해 어느 정도 고민을 해결할 수 있을 것이다. 여러 가지 새로운 마술뿐 아니라 대단히 뛰어난 예전 마술도 소개한다.

스냅-어웨이
The Snap-Away Silk and Knot

이것은 제이 비(Jay Bee)의 '바뀌지 않는 매듭 마술(Undisturbed Knot Mystery)'을 변형한 마술이다. 나는 루이스 태넌과 함께 멋진 쇼맨십으로 관객의 흥미를 끌 수 있고 언제나 성공할 수 있는 '스냅-어웨이' 버전을 연구했다. 도저히 불가능한 것처럼 재빠른 마무리 이펙트로 내 쇼에서도 매우 효과적으로 시연했다.

★ 이펙트

관객이 로프에 손수건을 더블 매듭으로 묶는다. 그런 다음 두 손으로 각각 로프 끝을 잡는다. 로프의 가운데에 매듭 묶인 실크가 걸려 있다. 마술사가 손수건의 매듭 안에 또 다른 로프를 넣고 가운데에 싱글 매듭을 만든다. 갑자기 로프를 잡아당기자 매듭 묶인 손수건이 관객의 로프에서 마술사의 로프로 옮겨간다. 손수건과 밧줄을 관객이 살펴본다.

★ 준비물

1. 왁스칠 되지 않은 약 1.5m 길이의 부드러운 로프 두 개. 지름 0.5cm의 빨랫줄을 사용해도 좋다. 매우 부드럽고 가는 로프보다 어느 정도 튼튼한 로프를 사용해야 더 쉽게 시연할 수 있다.
2. 화려한 효과를 연출할 수 있는 컬러 실크. 46cm가 적당하지만 더 큰 사이즈를 사용해도 된다.

시연

로프 하나를 들어서 가운데를 왼손 엄지손가락과 집게손가락 위에 놓는다(**그림 1**). 오른손으로 로프 아래쪽을 잡는다.

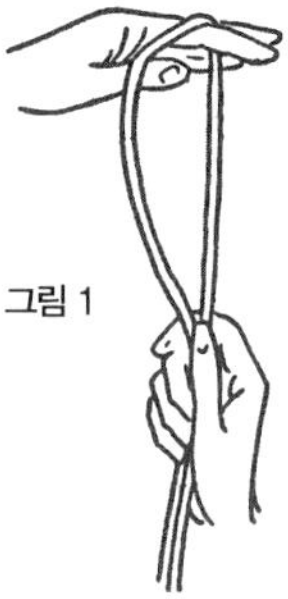

그림 1

그림 2와 **그림 3**처럼 왼손 엄지손가락과 집게손가락을 쭉 펴서 로프 가닥의 바깥쪽을 잡는다. 고리 D가 **그림 4**처럼 되도록 오른손으로 당겨서 로프에 이중 고리를 만든다.

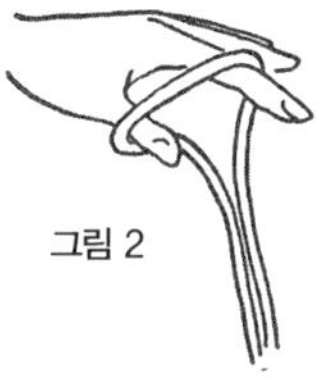

그림 2

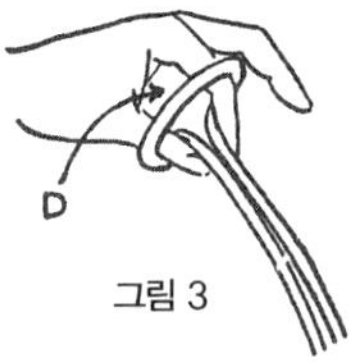

그림 3

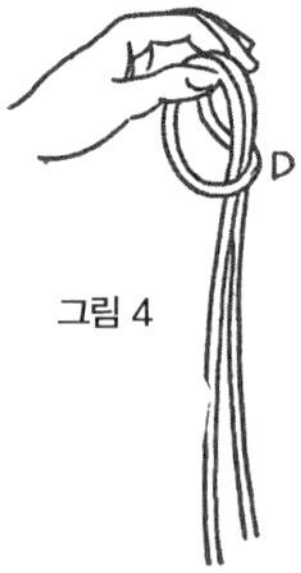

그림 4

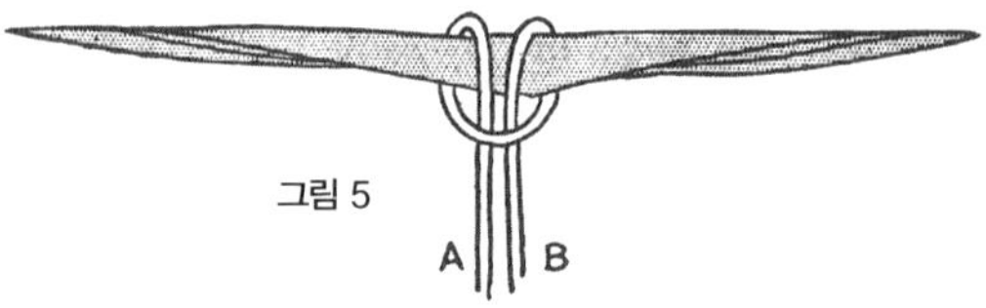

그림 5

고리에 실크 끝자락을 넣어서 고리를 실크 가운데로 가져온다(**그림** 5). 양손으로 실크 양끝을 잡고 로프는 자연스럽게 가운데에서 아래로 떨어뜨린다.

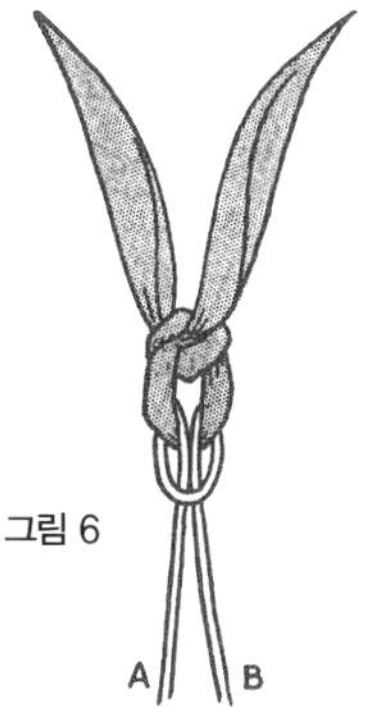

그림 6

관객에게 실크에 매듭을 묶으라고 한다. 관객이 싱글 매듭을 묶을 때 너무 꽉 묶지 않도록 해야 한다. 관객에게 첫 번째 싱글 매듭에 또 매듭을 묶어서 더블 매듭을 만들라고 한다(**그림** 6). 이제 매달린 상태의 로프를 잡는다. 왼손으로 A를 잡고 오른손으로 B를 잡으면 된다.

"자, 이제 손수건을 놓으세요."

관객이 손에서 실크를 놓는 순간 갑자기 A와 B를 각각 옆으로 잡아당겨서 실크가 **그림** 7처럼 되도록 한다. 이것은 마치 윗부분에 고리 C가 달린 넥타이처럼 보인다. 관객에게 로프의 양쪽을 잡으라고 한다. 관객의 양손은 46cm 정도 떨어져 있게 된다. 실크의 고리 C는 앞쪽을 향한다. 원한다면 두 명의 관객에게 로프를 한쪽씩 잡으라고 해도 된다.

"자, 이분이 로프에 손수건을 묶는 모습을 잘 보셨죠? 아시다시피 한 번씩 두 번 묶었습니다."

실크의 아랫부분을 약간 당긴 후 다시 위로 올려 비틀어서 실크가 정말로 매듭에 묶여 있음을 보여준다. **그림** 7처럼 원위치대로 놓는다. 나머지 로프를 가져와 한쪽 끝을 실크의 고리 C에 넣는다. 로프의 양끝이 모두 당신을 향하도록 놓고 로프의 가운데가 고리의 가운데에 놓이도록 한다. **그림** 8처럼 그 상태에서 싱글 매듭을 묶어 C에 대고 꽉 잡아당긴다.

"잘 보세요. 아까 로프에 손수건을 꽉 묶었죠? 방금 제가 손수건 매듭 안쪽에 또 다른 로프를 넣고 묶었습니다. 로프를 꽉 잡으세요."

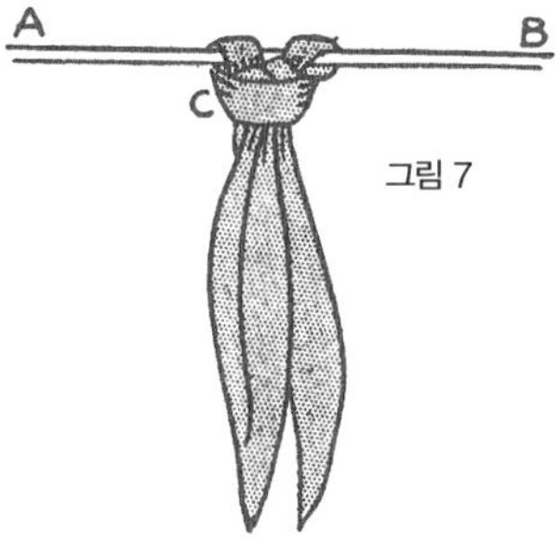

그림 7

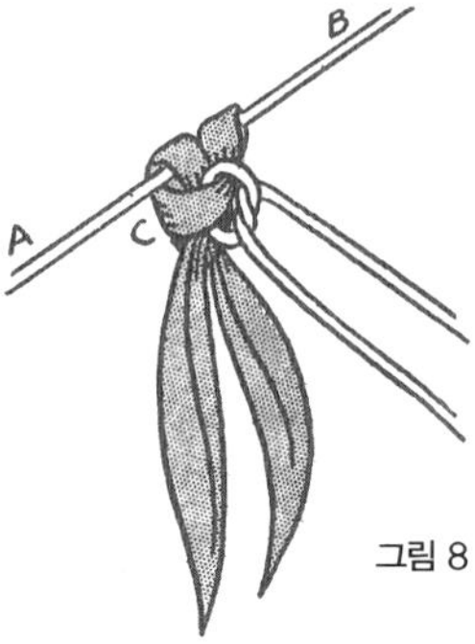

그림 8

관객이 로프를 꽉 잡고 팽팽하게 당기도록 한다. 당신은 왼손과 오른손이 매듭에서 약 30cm 정도 떨어지도록 양손으로 자신의 로프를 잡는다.

"당기세요!"

라고 말하면서 당신이 든 로프를 홱 잡아당긴다. **그림 9**처럼 실크가 관객의 로프에서 빠져나와 당신의 로프에 묶이게 된다.

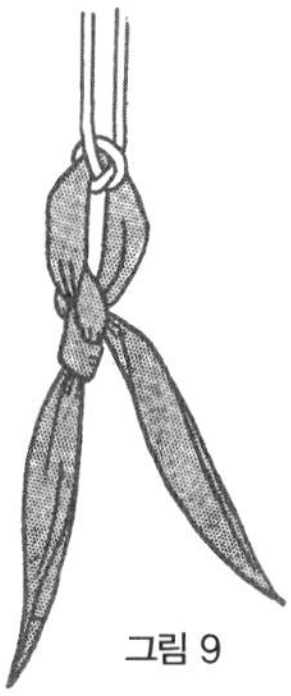
그림 9

"손수건이 제 로프로 이사 왔네요."

양손으로 밧줄을 펼쳐서 보여준다.

★ 참고

로프를 자른 후 복원하거나 다른 마술에 사용하고자 한다면 간편하게 1.5m 길이의 로프를 사용하라고 권한다. 그보다 더 짧은 로프로도 시연할 수 있다. 손수건을 묶을 때는 1.5m 길이의 로프를 사용하고 잡아당길 때는 1m 길이의 로프를 사용해도 된다. 로프의 길이는 마술사의 사정에 따라 정할 수 있다.

'스냅-어웨이' 다음에 시연하는 마술
Follow-Up Snap-Away Silk and Knot

로프를 잡아당긴 후 당신의 로프로 옮겨 온 실크의 매듭을 푼다. 관객에게 실크의 양끝을 잡으라고 하고 관객이 들고 있던 로프는 옆으로 치운다. **그림** 1처럼 당신의 로프를 잡는다.

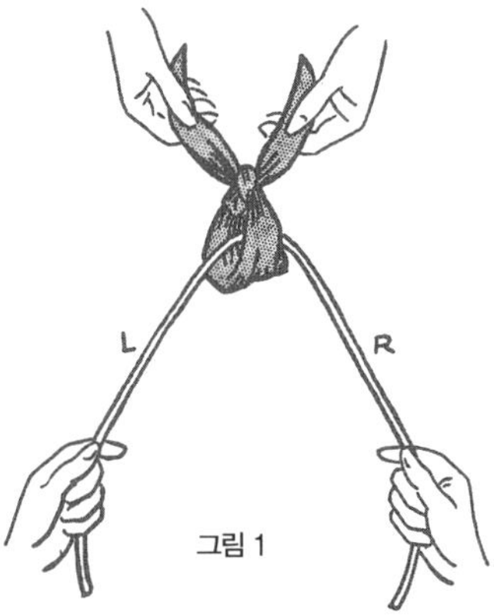

그림 1

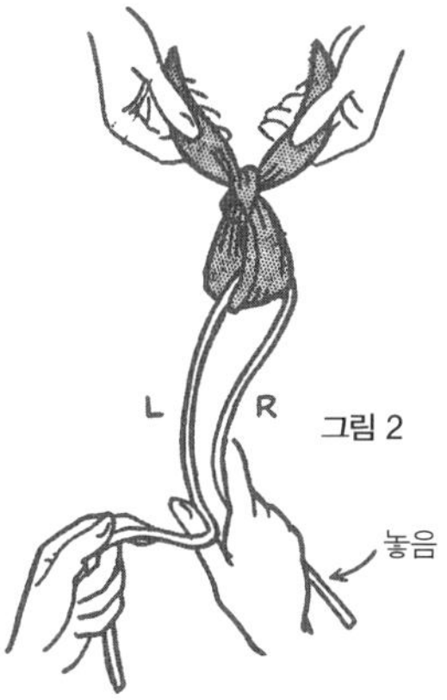

그림 2

양손을 합쳐 **그림** 2처럼 오른손 엄지손가락을 왼쪽 로프 아래로 옮긴다. 그리고 갑자기 양손의 간격을 떨어뜨리고 오른쪽 로프를 오른손에서 놓는다. 오른손 엄지손가락을 집게손가락 기부에 대고 로프를 따라 누르면 로프가 실크에서 나와 **그림** 3처럼 된다.

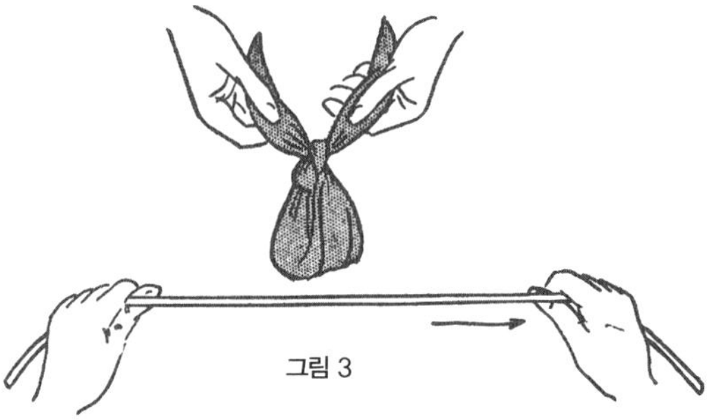

그림 3

로프와 실크가 따로 떨어진다. 이것은 마치 양끝을 놓지 않고 실크에서 로프를 뺀 것처럼 보인다. 이 동작은 순간적으로 동시에 이루어진다. 쇼맨십을 발휘하여 관객의 흥미를 사로잡는 화려한 이펙트를 연출할 수 있다.

왼손으로 로프를 꽉 잡아야 하고 오른손은 로프를 따라 오른쪽으로 움직이지 않는다는 사실을 유의한다.

테이버의 더블 디졸빙 실크 릴리스
Tabor Double Dissolving Silk Release

이것은 내가 도저히 불가능한 물체를 뚫는 모습을 보여준 에드윈 테이버(Edwin Tabor)에게 배운 새로운 방법이다. 알 베이커(Al Baker)의 '손수건으로 팔 뚫기(Handkerchief through the Arm)' 와 똑같지만 매듭을 두 번 묶는다고 생각하면 된다. 스테이지 마술로 훌륭하다.

★ 이펙트

의자의 팔걸이에 91cm 크기의 실크를 묶는다. 또다시 실크로 팔걸이를 감싸고 묶는다. 똑같이 한번 더 한다. 이렇게 여러 번 묶었는데도 실크가 의자에서 풀어진다.

관객에게 지팡이를 들게 하거나 관객의 팔이나 손목에 실크를 감고도 똑같은 이펙트를 연출할 수 있다.

★ 준비물

1. 91cm 크기의 실크 손수건
2. 등 부분 지름이 약 2.5cm 정도의 의자. 또는 의자 팔걸이나 지팡이를 사용해도 된다. 중국식 쇼에서는 대나무 막대기를 사용한다.

시연

여기에서는 지팡이를 사용한다고 해보자. 관객이 지팡이의 한쪽 끝을 잡고 수평으로 든다. 원한다면 양끝을 모두 잡아도 된다. 양쪽으로 잡으면 흔들릴 염려가 없으므로 더 좋다.

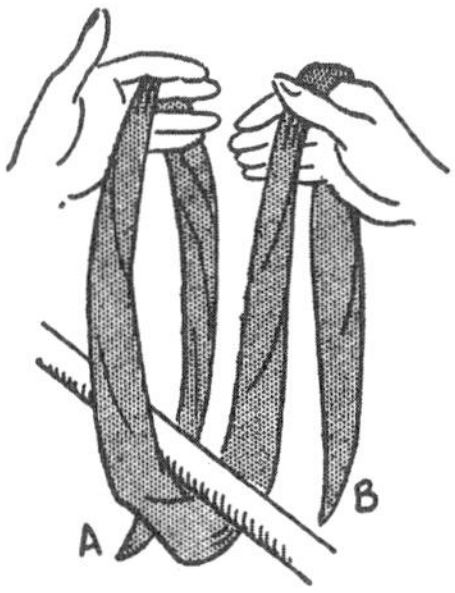

그림 1

실크를 보여준다. 양손으로 실크의 반대쪽 귀퉁이를 잡아 보여주고 밧줄 모양으로 꼰다. 오른쪽 끝 B를 지팡이 아래에 넣어 **그림** 1처럼 잡는다. 끝 A가 손바닥에서 왼손 집게손가락과 가운뎃손가락 사이를 지나 손등으로 내려간다는 점에 유의한다. 오른쪽 끝 B는 오른손 손바닥으로 올려 손등으로 떨어지게 하고 오른손 엄지손가락으로 꽉 잡는다.

B를 뒤에서 앞으로(왼손 가운뎃손가락과 넷째 손가락 사이) 가져가 A를 거쳐 왼쪽 손바닥을 지나 손등으로 떨어지게 한다. **그림 2**처럼 왼손 엄지손가락으로 꽉 잡는다.

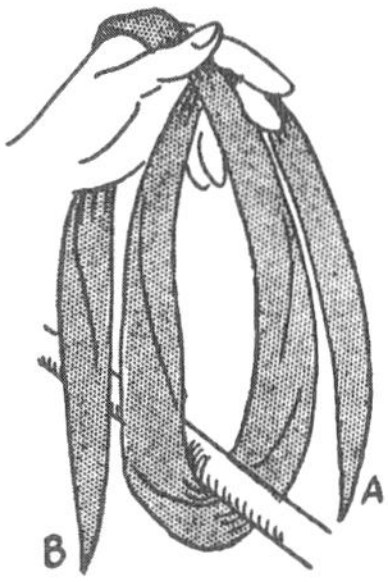

그림 2

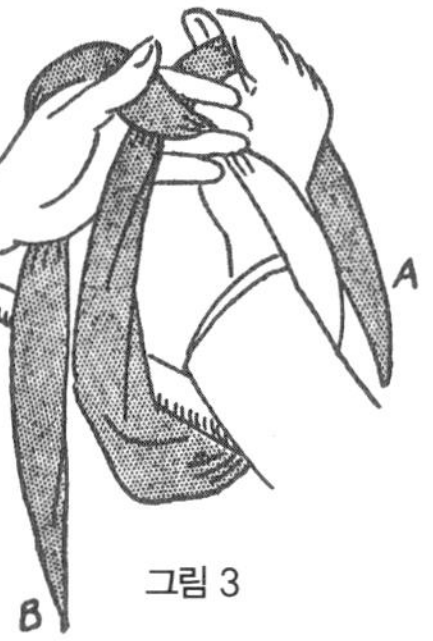

그림 3

왼손 가운뎃손가락과 넷째 손가락 사이로 실크를 꽉 잡는다. 앞쪽에서 오른손을 고리 안으로 넣어 A를 잡는다(**그림 3**). 오른손으로 잡은 A를 다시 고리 안으로 넣어 가져오는 동시에 실크를 잡고 있는 왼손 네 손가락을 아래로 뒤집어 **그림 4**처럼 실크가 단단하게 조여지면서 고리가 생기도록 한다. 왼손 손가락을 고리에서 떼고 B를 수평으로 잡아당겨 매듭이 꽉 묶이도록 한다(**그림 5**). 관객에게는 지팡이에 싱글 매듭을 묶은 것처럼 보인다.

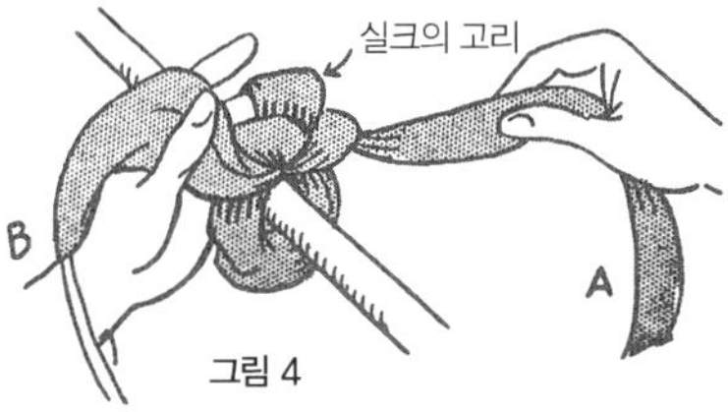

그림 4

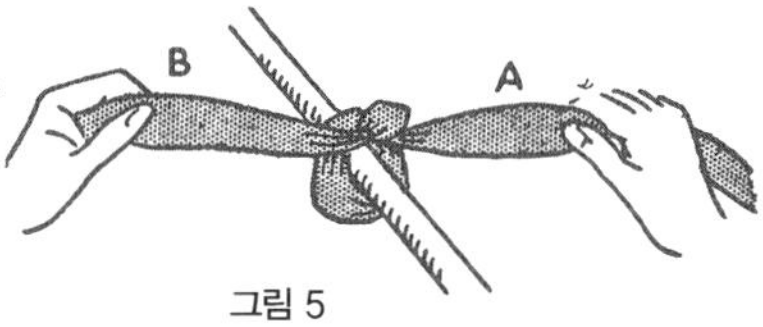

그림 5

다시 A를 지팡이 앞으로 내려서 반대쪽으로 올린다(**그림 6**). 이것은 알 베이커의 '손수건으로 팔 통과하기' 에서와 똑같은 동작이다. 보통 여기에서 맨 위에서 양끝을 묶지만 그렇게 하지 않고 A로 다시 한번 지팡이를 감는다(**그림 7**).

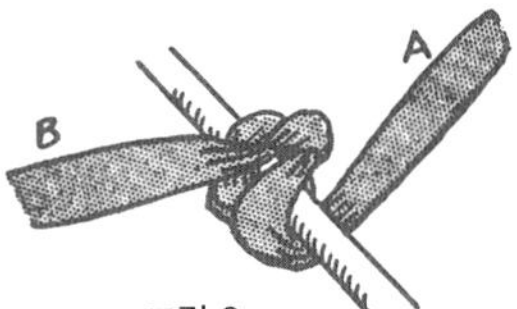

그림 6

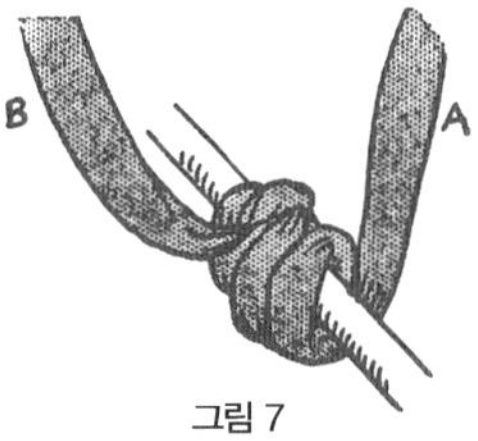

그림 7

이제 지팡이에 실크를 묶었다는 사실은 잊어버리고 **그림** 1처럼 처음에 실크를 든 상태라고 생각한다. 그리고 **그림** 1, 2, 3, 4, 5의 동작을 그대로 반복하여 **그림** 6처럼 오른쪽 끝 A를 지팡이에 감는다. 이제 실크 양끝이 위에 놓이므로 일반적으로 더블 매듭을 묶은 모습처럼 보인다(**그림** 8).

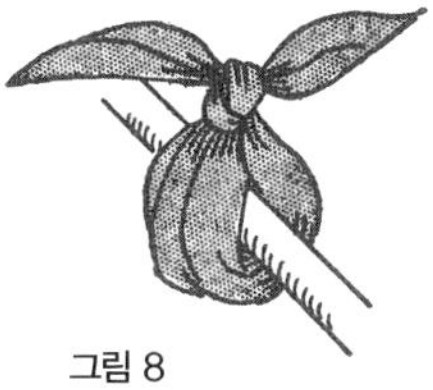

그림 8

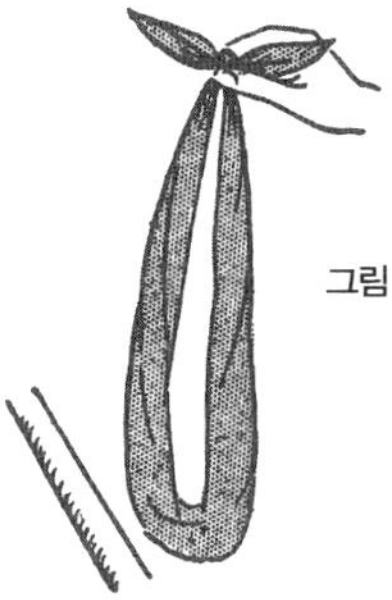

그림 9

오른손으로 더블 매듭을 잡고 위로 홱 잡아당기면 실크가 묶인 채 지팡이에서 빠져나온다(**그림** 9).

이렇게 더블 매듭을 묶는 것은 그리 어렵지 않다. 제1권에 나온 알 베이커의 이펙트에서 배운 방법대로 하면 된다.

두 번째 버전

이것은 지팡이의 위가 아니라 아래에 첫 번째 매듭을 묶는다. 우선 **그림** 10처럼 손수건이 지팡이 위를 지나도록 놓고 아래쪽에서 양손으로 양끝을 잡고 합친다. 그리고 **그림** 1, 2, 3, 4, 5에서 배운 것처럼 지팡이 아래에서 매듭을 묶는다.

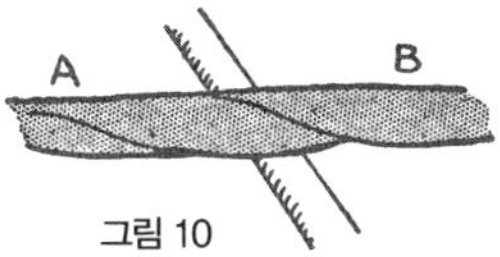

그림 10

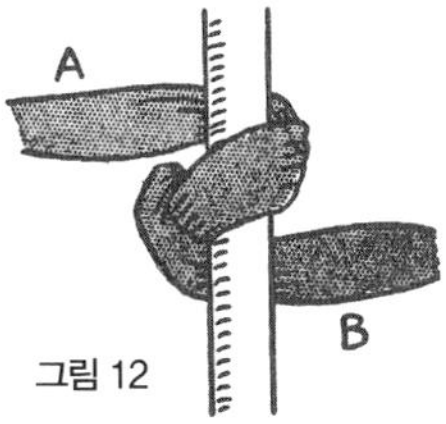

그림 12

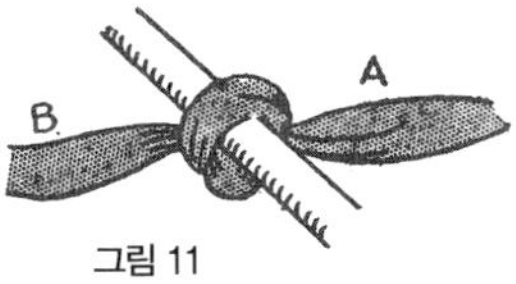

그림 11

이렇게 하면 **그림** 5가 뒤집어진 **그림** 11처럼 된다. A를 다시 아래에서 왼쪽으로 보내고 B는 지팡이 아래에서 오른쪽으로 보낸다(**그림** 12).

A를 지팡이 위로 올렸다가 다시 아래로 내린다(**그림** 13). 왼손으로 A를 잡고 오른손으로 B를 잡는다. 양손으로 실크의 양끝을 잡은 채 위로 올려 **그림** 1, 2, 3, 4처럼 위에서 매듭을 묶는다. **그림** 14처럼 매듭이 꽉 묶인다.

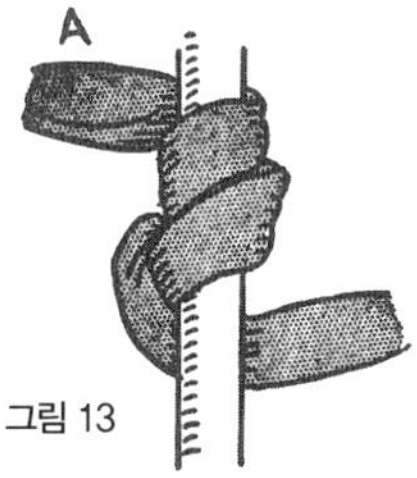

그림 13

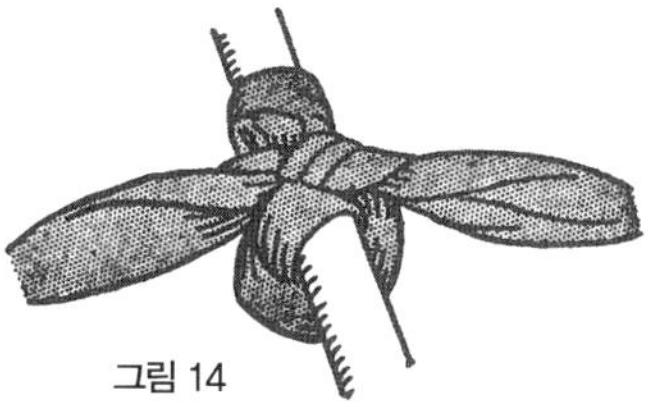
그림 14

오른손으로 잡은 실크의 오른쪽 끝을 위로 올려 왼쪽으로 보낸 후 다시 아래로 내렸다가 오른쪽으로 올린다. 마치 손목에 매듭을 묶는 것과 같다. 그러면 위에 더블 매듭이 만들어져 실크의 양끝이 합쳐지게 된다(**그림** 15). **그림** 9처럼 실크를 당기면 지팡이에서 빠져나온다.

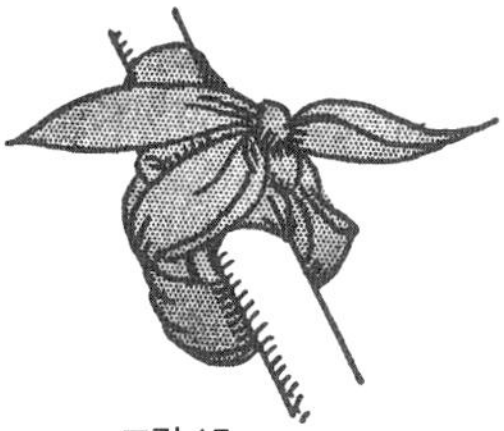
그림 15

매듭을 확실히 묶을 수 있도록 충분히 연습해야 한다. 침착하고 매끄럽게 매듭을 묶어야 한다.

호로위츠의 매듭 옮기기

Horowitz Knot Transposition

레오 호로위츠(S. Leo Horwitz)는 매듭 옮기기 마술에 커다란 공헌을 했다. 그는 카드 전문가로 알려져 있지만 다른 물체를 이용한 여러 가지 새로운 이펙트도 많이 고안했다. 루이스 태넌은 이 마술의 마지막에 마술의 비밀을 관객에게 '설명' 하고 결과적으로 그들을 더 깜짝 놀라게 만드는 과정을 추가했다.

★ 이펙트

관객이 손수건 두 귀퉁이를 잡고 든다. 마술사가 밧줄 모양으로 실크를 꼰 다음 양손으로 양끝을 잡은 채 관객에게 실크에 손수건을 올려놓으라고 한다. 관객이 실크의 양끝을 잡고 팽팽하게 편다. 실크는 손수건에 가려 거의 보이지 않는다.

마술사가 두 번째 실크도 밧줄 모양으로 꼬고 가운데에 매듭을 묶는다. 신기한 주문을 외우고 실크를 흔들자 매듭이 갑자기 사라진다. 관객이 들고 있는 실크에서 손수건을 벗기자 실크 가운데에 매듭이 묶여 있다.

마술사가 '어떻게 해서 그렇게 된 것' 인지 설명하겠다고 말한다. 매듭이 없는 실크를 자신의 어깨로 던진다. 그리고 마술사는 관객이 방금 매듭을 풀어 놓은 실크를 가져다 가운데에 매듭을 묶는다. 그 매듭은 또다시 실크에서 사라진다. 관객이 마술사의 어깨에 걸린 손수건을 살펴보자 가운데에 매듭이 묶여 있다.

★ 준비물

1. 똑같은 컬러의 61cm 또는 69cm 크기의 실크 두 장
2. 실크와 똑같은 크기의 불투명한 손수건 한 장. 재질이 꼭 실크여야 할 필요는 없지만 실크가 보이지 않도록 가릴 수 있는 재질이어야 한다.

준비

이 이펙트는 제1권 **레슨** 18에서 배운 '싱글 매듭 나타나게 하기' 나 '싱글 매듭 사라지게 하기', '즉석 원핸드 매듭' 을 만들 수 있기만 하면 되므로 특별한 세팅은 필요하지 않다.

시연

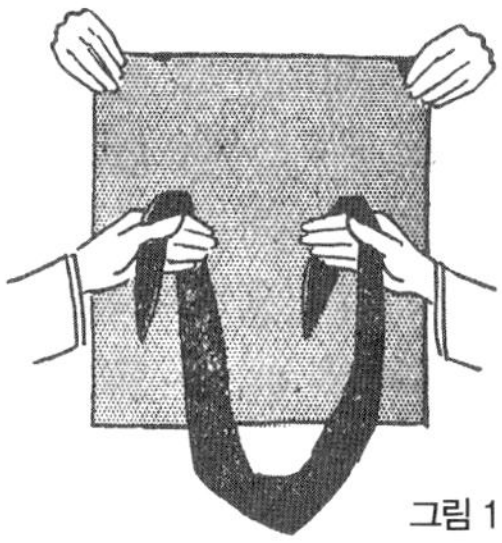

그림 1

관객에게 손수건을 주고 **그림** 1처럼 두 귀퉁이를 잡으라고 한다. 실크는 밧줄 모양으로 꼰 후 양손으로 귀퉁이를 비스듬하게 든다. '싱글 매듭 나타나게 하기' 준비를 한다. 실크의 왼쪽 귀퉁이가 왼손 손등을 지나 손바닥으로 떨어지게 하고 오른쪽 귀퉁이는 오른손 손바닥 위로 올려 손등으로 떨어뜨린다(**그림** 1).

"자, 이 실크 위에 손수건을 놓으세요."

그림 1처럼 실크가 손수건에 가려 관객들에게 보이지 않도록 위로 들고 관객의 손수건에 가린 채 양손을 모아 오른손 집게손가락과 가운뎃손가락 사이로 왼쪽 귀퉁이를 잡는다. 그와 동시에 왼손 집게손가락과 가운뎃손가락 사이로는 오른쪽 귀퉁이를 잡는다(**그림** 2).

그림 2

양손을 잡아당기면 **그림** 3처럼 실에 매듭이 생긴다. 관객이 든 손수건을 실크 가운데로 늘어뜨린다. 당신이 들고 있던 실크의 두 귀퉁이를 관객에게 들라고 준다.

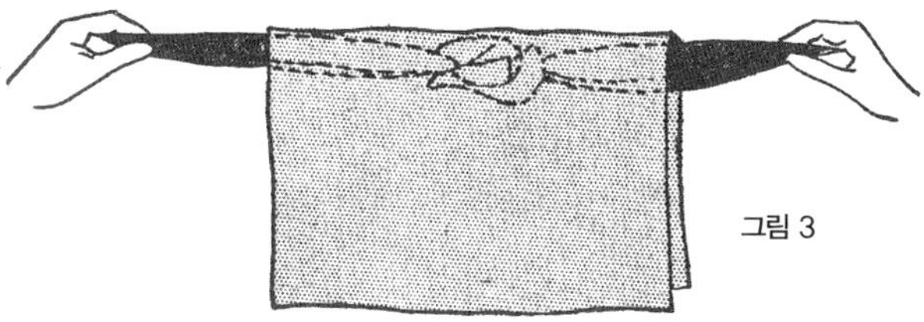

그림 3

"잘 잡으세요."

관객에게는 당신이 실크를 내밀어 손수건으로 가린 것처럼 보인다. 실크에 매듭이 생겼다는 사실은 알지 못한다. 두 번째 실크로 '싱글 매듭 사라지게 하기' 를 만든다.

"이분께서는 손수건에 덮인 실크를 들고 계십니다. 제가 실크에 매듭을 묶었습니다. 보세요!"

양손으로 실크를 든 채 중앙의 매듭에서 약간 떨어진 앞쪽으로 든다. 매듭을 후 하고 부는 동시에 양손을 잡아당겨 매듭이 사라지게 만든다.

"매듭이 사라졌습니다."

실크를 덮은 손수건을 치우고 실크에 묶인 매듭을 보여준다.

"매듭이 여기에 있네요! 자, 매듭을 풀어서 진짜 매듭임을 보여주세요."

관객이 매듭을 푼다. 손수건은 테이블에 놓는다.

"어떻게 된 일인지 자세히 못 보셨을 겁니다. 다시 한번 자세히 보여드리겠습니다. 이번에는 잘 보세요."

오른손으로 실크를 들고 '즉석 원핸드 매듭' 준비를 한다. 오른쪽 어깨로 실크를 던져 가운데에 매듭을 묶는다. 실크가 대부분 어깨 뒤로 넘어가 있으므로 관객에게는 매듭이 보이지 않는다.

★ **참고**

매듭 묶은 실크를 어깨 대신 모자에 던져 넣어도 된다.

타벨의 '즉석 매듭' 심플 버전
Tarbell Simplified 'Instantaneous Knot'

이것은 제1권 **레슨 18**에 나오는 '즉석 원핸드 매듭'을 마스터하지 못한 이들을 위한 간단한 버전이다. 매우 간단하면서도 확실히 성공할 수 있다. 61~69cm 크기의 실크를 사용한다.

그림 1처럼 실크를 잡는다. 손바닥이 관객을 향한다. 실크를 손바닥에서 올려 손등으로 내린다.

자연스럽게 왼손으로 뒤쪽에 있는 B를 들어 오른손 집게손가락과 가운뎃손가락 사이로 올린다(**그림 2**). 이 동작은 단지 손에 실크를 얹은 것처럼 자연스러워 보여야 한다.

그림 1 그림 2 그림 3

오른손 집게손가락과 가운뎃손가락으로 B를 꽉 잡은 상태로 실크를 위로 던진다. 고리 C가 손에서 미끄러져 B로 내려오면서 중앙에 매듭이 생긴다(**그림 3**).

그림 4

이렇게 실크를 던지고 매듭이 생기자마자 오른손 손가락에서 빠져나와 허공으로 높이 올라가도록 한다. 이렇게 하면 매듭이 갑자기 허공에서 나타나는 것처럼 보인다.

또는 오른손 손가락으로 실크 한쪽 끝을 잡은 상태로 오른쪽 어깨로 던져도 된다. **그림** 4처럼 실크가 어깨에 걸린다. 매듭은 등 뒤에 놓이므로 관객에게는 어깨에 가려 보이지 않는다. 이것은 태넌이 호로위츠의 '매듭 옮기기'에 덧붙인 마무리 방법으로 무척 잘 어울린다.

라센과 라이트의 유령 고리

Larsen and Wright' s Ghost Ring

이것은 윌리엄 라센(William Larsen)과 페이지 라이트(T. Page Wright)가 만든 매우 신기한 마술이다. 새롭고 독창적이며 정확한 원리를 바탕으로 이루어진다.

★ 이펙트

실크를 보여준 후 마주 보고 있는 귀퉁이를 묶어서 고리를 만든다. 텅 빈 모자에 실크를 넣는다. 금속 또는 플라스틱 고리를 보여준다. 고리가 금세 어디론가 사라진다. 마술사가 모자에서 실크를 꺼내자 고리가 실크에 매달려 있다. 관객이 실크를 받아 고리가 정말로 실크에 매달려 있는지 실크의 매듭이 꽉 묶여 있는지 확인한다.

★ 준비물

1. 손수건 또는 38cm나 46cm 크기의 실크

2. 지름 2.5cm나 5cm의 금속이나 플라스틱 또는 뼈로 된 고리 두 개. 두 개가 완전히 똑같아야 한다. 싸구려 반지나 다른 반지를 사용해도 된다.
3. 빌린 모자

준비

고리 하나를 실크 가운데에 매단다. **그림 1**처럼 바깥부분의 맞은편 두 귀퉁이로 일반적인 더블 매듭을 묶는다.

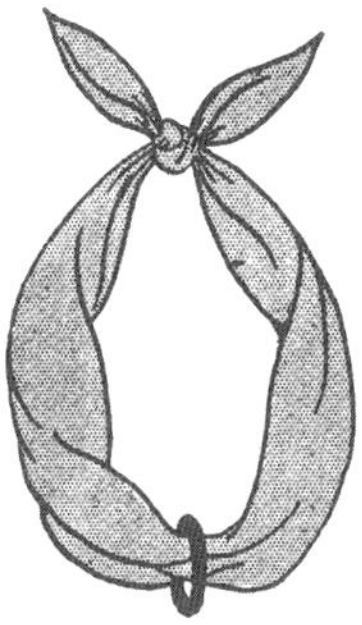

그림 1

그림 2처럼 고리를 매듭 위로 올리고 나머지 맞은편 두 귀퉁이를 편다. 실크가 고리 위에 접혀 고리가 보이지 않게 되며 겉으로 보기에는 단순히 실크를 접은 것처럼 보인다(**그림 3**). 나머지 고리는 주머니에 넣어 두거나 테이블에 놓는다.

그림 2

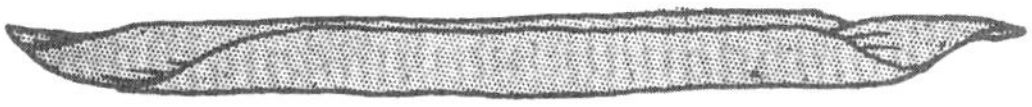

그림 3

시연

모자를 빌리거나 자신의 모자를 사용한다. 모자가 텅 비었음을 보여주고 입구가 위로 향하게 테이블에 놓는다. **그림 4**처럼 세팅한 실크의 양끝을 든다. 고리를 덮은 주름의 입구가 뒤로 향하도록 들어야 하며 손수건이 미리 펼쳐져 안쪽의 매듭과 고리가 보이지 않도록 조심한다.

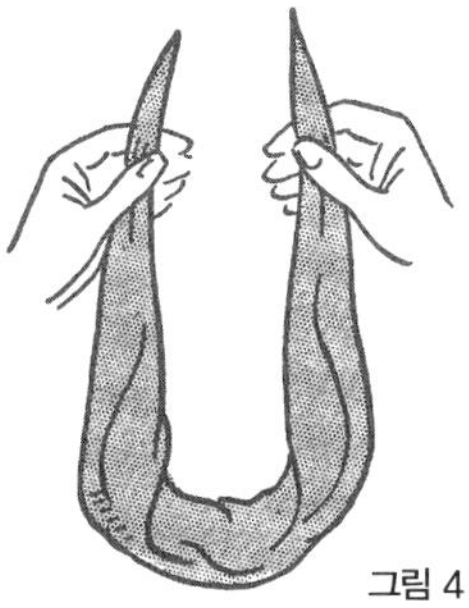

그림 4

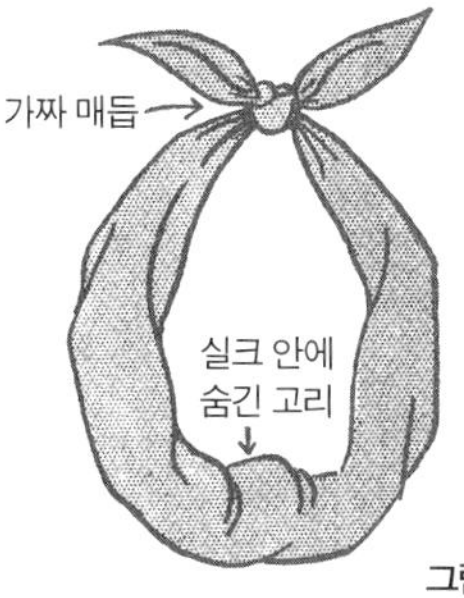

그림 5

실크의 양끝으로 **그림** 5처럼 가짜 매듭을 만든다. 일반적인 매듭처럼 보이지만 즉시 풀어지는 매듭이다. 제1권 **레슨** 18에서 가짜 매듭을 묶는 방법 세 가지를 배웠다. '사라지게 하기', '누웨이', '재빨리 풀기'. 이번 레슨에서는 '스퀘어 매듭(Square Knot)' 묶는 방법에 대해 배워본다.

매듭을 잡아 실크를 자유롭게 보여주고 모자 안에 넣는다. 한 손으로 실크를 잡고 모자에 떨어뜨릴 때 나머지 손도 함께 모자에 넣어서 재빨리 가짜 매듭을 풀어 안에 숨긴 진짜 매듭과 고리가 보이도록 한다. 이것은 나중에 다른 동작을 더 쉽게 하기 위해서 필요하다. 물론 관객에게는 단지 매듭 묶은 실크를 모자 안에 떨어뜨리는 것처럼 보인다.

주머니에서 나머지 고리를 꺼내거나 테이블에서 가져와 보여준다.

> "이것은 일명 유령 반지입니다. 유령이나 귀신처럼 물체를 통과할 수 있죠. 아무리 단단한 물체라도 간단히 통과할 수 있습니다."

★ 참고

테이블에 실크 하나를 더 준비해놓고 제1권 **레슨** 4에서 배운 '동전이 손수건을 통과하는 마술'을 시연할 것을 권한다. 하지만 동전 대신 고리를 사용한다. 그 다음에 '유령 고리'를 시연하면 매우 멋지고 합리적인 루틴을 연출할 수 있다.

"유령은 어느 곳이나 떠돌아다닐 수 있죠."

오른손으로 고리를 잡고 왼손으로 던지는 척해서 사라지게 만든다. 왼손에 아무것도 없음을 보여준다. 제1권 **레슨** 3에서 배운 동전이나 반지 같은 작은 물체를 사라지게 만드는 방법을 이용하면 된다.

오른손에 고리를 팜 한 채 모자 안에서 한 손으로 매듭을 잡고 고리가 가운데에 걸리도록 미끄러뜨린다. 실크의 매듭을 잡고 모자에서 꺼내 가운데에 고리가 걸려 있는 모습을 보여준다(**그림** 1).

"유령 반지가 스스로 실크에 매달렸군요."

고리를 몇 차례 앞뒤로 움직여 정말로 실크에 매달려 있음을 보여준다. 원한다면 관객에게 실크를 주고 고리를 꺼내라고 해도 된다. 모자가 텅 비었음을 보여주고 팜 한 고리를 적절한 때에 처리한다.

★ **참고**(고리를 잡아당기는 줄 손잡이)

줄 손잡이를 사용해서 고리를 사라지게 만드는 방법도 있다(**그림** 6). 15cm 실의 한쪽 끝을 고리에 묶고 반대쪽 끝은 검정색 고무밴드에 묶는다. 고무밴드 끝에 안전핀을 연결해서 바지나 조끼에 고정시킨다. 제1권 **레슨** 17에서 배운 손수건 줄 손잡이를 생각하면 된다.

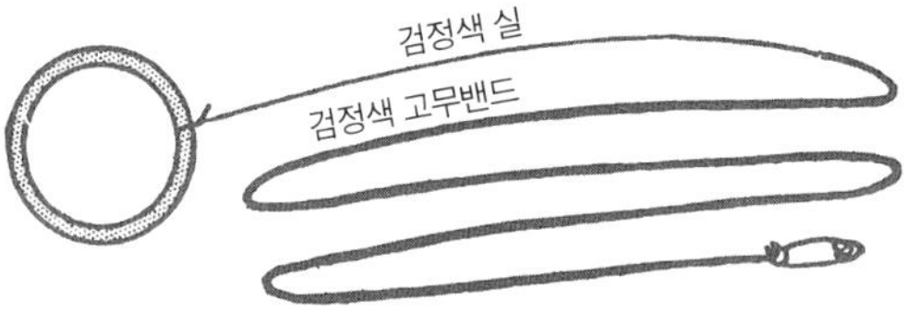

그림 6

여기에서는 안전핀을 조끼 왼쪽 아래에 끼우고 조끼 오른쪽에 또 안전핀을 끼워서 고무줄을 묶는다. 고리는 오른쪽 아래 조끼 주머니에 넣는다.

시연할 때는 왼손으로 조끼 주머니에서 고리를 꺼내자마자 오른손으로 잡는다. 오른손 손가락 끝으로 고리를 보여준다. 손과 팔로 줄 손잡이의 실과 고무밴드를 가린다. 고리를 왼손에 넣는 척하면서 주먹을 쥐면 고리가 코트 속으로 부드럽게 날아간다. 왼손과 오른손을 차례로 보여준다.

시계 클립을 고무밴드 손잡이 끝에 연결해도 고리를 잡아당기는 훌륭한 장치를 만들 수 있다. 고리를 보여준 후 시계 클립 안으로 잡아당기고 손에서 놓으면 코트 안으로 날아간다. 고리를 잡아당기는 줄 손잡이는 소매를 이용한 마술에도 응용할 수 있다.

스퀘어 매듭 풀기

Square Knot Release

나는 개인적으로 마술을 가르쳐보았지만 스퀘어 매듭을 빠르고 쉽게 묶는 사람은 별로 보지 못했다. 스퀘어 매듭은 실크 마술과 로프 마술에 필요하므로 정확하게 배워두어야 한다.

실크의 위치를 정확히 보여주기 위해 여기에서는 빨간색 실크와 흰색 실크를 사용한다. 왼손으로 흰색 실크의 위쪽 귀퉁이를 잡고 오른손으로는 빨간색 실크의 위쪽 귀퉁이를 잡아 매듭 묶을 준비를 한다.

빨간색을 흰색 위로 올린다(**그림 1**). **그림 2**처럼 흰색을 뒤로 가져와 빨간색 위에 놓고 한 바퀴 돌린다(**그림 3**).

그림 1 그림 2 그림 3

이제 흰색 끝을 빨간색 끝 아래에 놓는다(**그림** 4). **그림** 5처럼 빨간색을 흰색 안에 넣고 돌리면 네모 모양의 스퀘어 매듭이 만들어진다.

그림 4

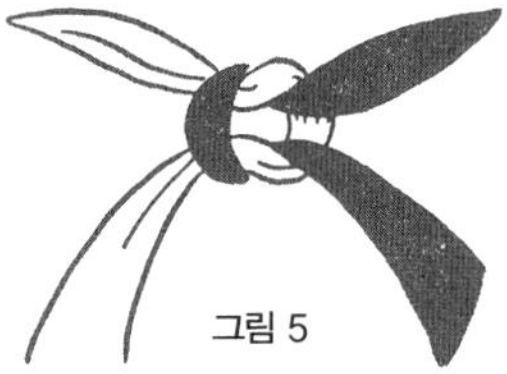

그림 5

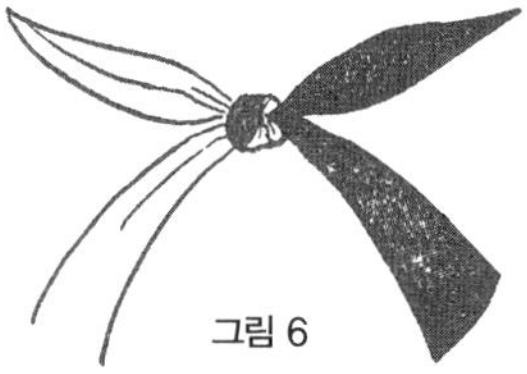

그림 6

그림 6처럼 매듭을 꽉 당긴다. 이렇게 하면 풀어지지 않는 단단한 매듭이 만들어진다. 하지만 왼손으로 빨간색 끝을 잡고 오른손으로 매듭 아래에 있는 빨간색의 일부를 잡은 후 양손을 확 당기면 일직선으로 된 빨간색에 흰색이 묶여 있는 가짜 매듭으로 변한다(**그림** 7). 이것은 가짜 매듭이므로 흰색을 빨간색에서 당기거나 빨간색을 흰색에서 당기면 쉽게 풀어진다. 이것은 진짜 매듭을 가짜 매듭으로 바꾸는 매우 효과적인 방법이다. 거의 순식간에 매듭이 풀어지게 할 수 있다.

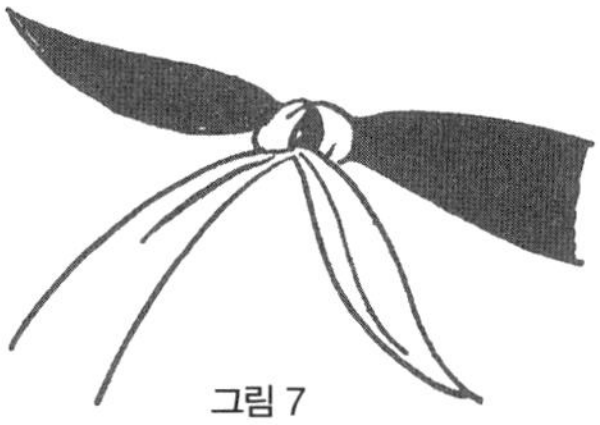

그림 7

스퀘어 매듭의 장점은 실크의 양끝이 같이 묶인 상태이므로 한쪽 끝을 잡아당기면 매듭 아래로 실크에 닿은 채 놓이게 된다는 것이다. 실크의 아랫부분을 잡고서 당기면 어느 쪽이든지 똑같은 결과가 나타난다. 스퀘어 매듭을 묶을 때는 이 사실만 기억하면 된다. 처음에는 오른쪽 끝을 왼쪽 끝에 올리고 두 번째에는 오른쪽 끝을 왼쪽 끝 아래에 놓는다.

풀-어파트 실크
Pull-Apart Silks

★ 이펙트

실크의 맞은편 두 귀퉁이를 묶어 원 모양으로 만든다. 그 고리 안에 다른 실크를 넣어서 맞은편 두 귀퉁이를 묶는다. 따라서 실크 고리 안에 또 다른 고리가 만들어진다. 이것을 텅 빈 모자에 집어넣는다. 마술사가 모자에서 실크를 꺼내자 하나의 실크가 여전히 고리로 묶여 있다. 다른 실크도 고리 모양으로 묶여 있다. 즉, 두 개의 실크가 고리 모양으로 묶인 채 따로 떨어진 것이다.

★ 준비물

1. 실크 손수건 두 장. 46cm 크기가 적당하다. 서로 대비되는 컬러로 준비한다.
2. 모자

그림 1

그림 2

준비

실크 손수건 한 장을 대각선 방향으로 놓고 마주보는 두 귀퉁이를 묶어 고리를 만든다(**그림 1**). 매듭 부분이 안에 놓이고 반대쪽 귀퉁이가 바깥으로 나오도록 테이블에 올려놓는다(**그림 2**).

그림 3처럼 매듭 묶인 귀퉁이가 안으로 가려지도록 위로 접는다. 관객에게는 일반적인 손수건이 테이블에 놓여 있는 것처럼 보인다.

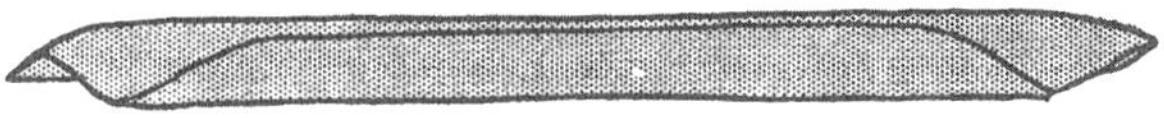

그림 3

나머지 손수건은 귀퉁이는 묶지 않고 위와 비슷하게 접어 테이블에 올려놓는다.

시연

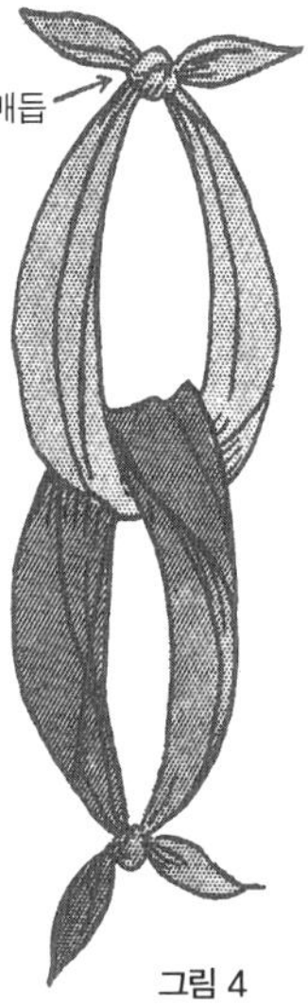

그림 4

세팅하지 않은 실크의 바깥쪽 두 귀퉁이를 묶어 고리를 만든다(**그림** 1).

다른(세팅한) 실크를 들어서 첫 번째 실크의 고리에 한 귀퉁이를 넣은 후 바깥쪽 대각선 방향의 두 귀퉁이를 가짜 매듭과 함께 묶는다. 이 매듭은 원할 때 살짝 잡아당기기만 하면 풀린다(**그림** 4). 앞에서 설명한 스퀘어 매듭이나 제1권 **레슨 18**에서 배운 가짜 매듭 만드는 방법을 이용한다.

텅 빈 모자를 보여준 후 연결된 두 장의 실크를 안에 넣는다. 모자에 손을 넣어 가짜 매듭을 당긴다. 실크를 펴고 왼손으로 안쪽 매듭을 든다. 오른손으로 고리를 훑어 고리에서 펼칠 준비를 한다. 이 매듭 묶인 실크를 모자에서 꺼낸다. 나머지 매듭 묶인 실크도 꺼내 보여준다. 이어져 있던 두 장의 실크가 여전히 묶인 상태에서 따로 떨어져 있다. 모자가 텅 비었음을 보여준다.

타벨의 모자와 실크 콤비네이션

Tarbell Hat and Silk Combination

이것은 단순한 물체를 사용하는 멋진 콤비네이션 이펙트이다.

★ 이펙트

텅 빈 모자를 보여주고 입구가 위로 향하도록 테이블에 놓는다. 초록색 실크와 파란색 실크를 보여주고 하나씩 모자 안으로 떨어뜨린다. 마술사가 테이블에서 가져와 보여준 빨간색 실크가 어디론가 사라진다. 모자에서 세 장의 실크가 나란히 연결된 채 나타난다. 빨간색은 초록색과 파란색 사이에 묶여 있다. 실크를 풀어 따로따로 보여준 후: 또 사라진다. 이번에는 모자에서 한 번에 하나씩 꺼낸다. 모자 안이 텅 비었음을 보여준다.

★ 준비물

1. 33cm 크기의 실크 여섯 장(초록색 두 장, 빨간색 두 장, 파란색 두 장)
2. 모자. 빌려서 사용한다.
3. 실크 세 장을 사라지게 만드는 줄 손잡이

준비

초록색, 빨간색, 파란색을 대각선으로 접고 각 귀퉁이를 묶어 연결한다. 빨간색이 가운데에 온다(**그림 1**). 매듭이 없는 초록색의 바깥쪽 귀퉁이부터 시작하여 지그재그로 접는다(**그림 2**).

그림 1

파란색 실크의 매듭 묶은 귀퉁이로 나머지 손수건을 다 같이 칭칭 감아서 한 뭉치로 만든다. **그림** 3처럼 귀퉁이에 테이프를 붙여서 고정시킨다. 매듭 부분을 잡아당기면 테이프가 쉽게 떨어지므로 실크를 펼칠 수 있다.

그림 2

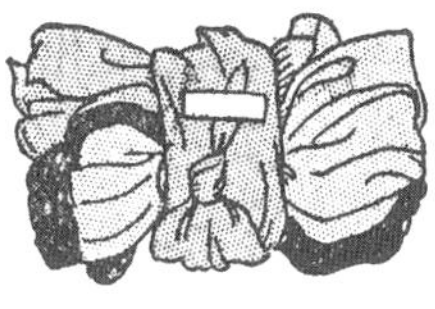
그림 3

그림 4

자신의 모자를 사용한다면 테이블에 입구가 위로 향하게 놓고 안에 실크 뭉치를 넣는다(**그림** 4). 만약 관객에게 빌려서 사용한다면 조끼 왼쪽 부분 안이나 적당한 곳에 실크 뭉치를 놓아둔다. 관객석에서 모자를 들고 무대로 갈 때 몸에 가려 보이지 않는 상태에서 실크 뭉치를 모자에 쉽게 떨어뜨릴 수 있다.

시연

모자는 테이블 왼쪽에 놓는다. 왼손으로 관객을 향하는 모자의 테두리를 잡는다(**그림** 5). 입구가 뒤쪽으로 약간 기울어지게 한다. 그와 동시에 오른손으로 모자 안에서 실크 뭉치를 꺼낸다.

테두리 아래에 실크를 숨겨야 하므로 모자의 뒤쪽 테두리를 지나쳐서 오른손을 뺀다. 모자에서 왼손을 놓아 입구가 관객을 향하도록 하여 안이 텅 비었음을 보여준다(**그림** 6). 또다시 테두리가 수평으로 되도록 모자를 든다. 다시 왼손으로 테두리를 잡아 오른손보다 약간 높이 들고 반대편 테두리를 잡은 오른손을 다시 모자 안으로 넣어 실크 뭉치를 떨어뜨린다. 테이블에 모자를 놓고 매듭에서 테이프를 뗀다.

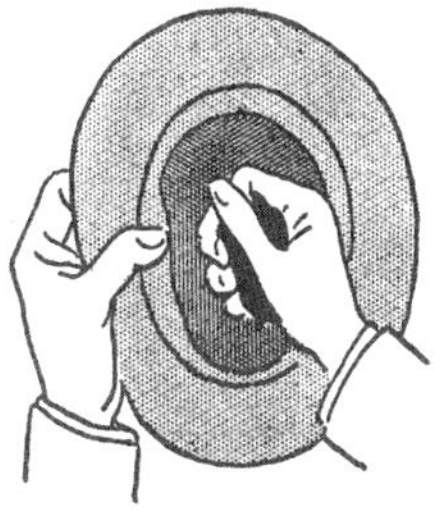

그림 5

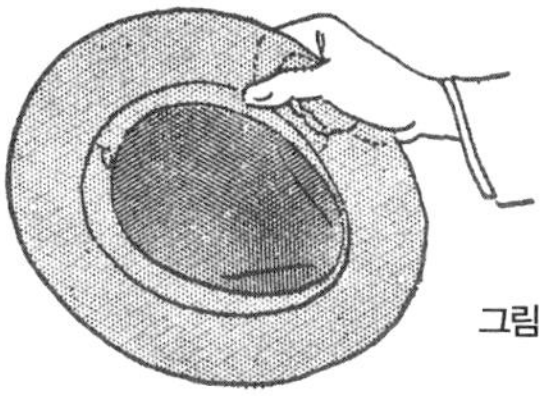

그림 6

이 동작은 모자가 텅 비었음을 보여주는 동시에 실크 뭉치를 숨기는 동작으로 간단하면서도 보는 이에게 착각을 불러일으킨다. 거울 앞에서 연습해보면 알 수 있다. 모자는 오른손의 움직임을 가려줄 수 있는 크기여야 한다.

양손으로 초록색과 파란색 실크를 들고 펼쳐서 보여준다. 먼저 초록색을 모자 안에 넣고 파란색도 넣는다. 모자 안으로 손을 넣어 초록색과 파란색이 실크 뭉치 아래에 놓이도록 한다. 실크 뭉치를 약간 푼다.

빨간색 실크를 들어서 보여준다. 왼편에 모자를 두고 양손으로 빨간색을 공처럼 말아 왼손에 넣는 척하고 주먹을 쥔다. 하지만 실제로는 오른손에 팜 한다. 왼손을 펴서 빨간색 실크가 사라지고 없음을 보여준다.

모자 안에 손을 넣어 나란히 묶은 실크 아래에 놓는다. 테이프 붙인 매듭을 잡고 모자 밖으로 꺼내 세 장의 실크가 나란히 묶여 있고 빨간색이 가운데에 있음을 보여준다.

실크를 풀어 하나씩 보여준다. 오른손으로 실크를 들고 잠시 몸의 오른쪽이 관객을 향하도록 한다. 왼손으로 코트 왼쪽 안에 준비해 둔 줄 손잡이를 잡는다. 몸의 왼쪽이 관객을 향하도록 돌고 줄 손잡이를 당겨 실크가 몰래 코트 안으로 들어가도록 한다. 양손이 텅 비었음을 보여준다. 모자 안에서 세 장의 실크를 하나씩 꺼낸다. 모자가 텅 비었음을 보여주고 관객에게 돌려주거나 다른 마술에서 사용한다.

★ 참고

줄 손잡이 대신 제2권 **레슨 22**에서 설명한 더블 종이 깔때기를 이용해 실크를 사라지게 할 수도 있다. 제2권 **레슨 22**의 '유령 손수건(The Ghostly Silk)' 에서 설명한 유리컵과 플라스틱 삽입물, 덮개로도 실크를 사라지게 할 수 있다.

타벨의 실크와 에이스
Tarbell' s Silks and Aces

이것은 예전에 내 쇼에서 매우 인기가 많았던 마술이다. 에드 레노(Ed Reno)도 나에게 이 마술을 배운 후 즐겨 시연하게 되었다. 시연 방법이 매우 간단하고 성공률로 높을 뿐 아니라 관객을 깜짝 놀라게 만들 수 있다.

★ 이펙트

각각 빨간색 실크와 초록색 실크가 든 유리컵 두 개를 보여준다. 관객에게 실크 한 장을 선택하라고 한다. 예를 들어 빨간색을 골랐다고 해보자. 마술사가 유리컵에서 초록색 실크를 꺼내 빨간색 실크가 든 유리컵을 가린다. 에이스 네 장을 보여준 후 오른쪽 바지주머니에 넣는다. 유리컵에서 초록색 실크를 꺼내자 빨간색은 사라지고 없고 대신 에이스 네 장이 들어 있다. 마술사가 에이스 네 장을 꺼내 팬한다. 그리고 바지주머니에서는 빨간색 실크를 꺼낸다. 주머니가 텅 비었음을 보여준다.

★ 준비물

1. 클럽 에이스 두 장, 하트 에이스 두 장, 스페이드 에이스 두 장, 다이아몬드 에이스 두 장.

클럽 에이스 한 장의 뒷면은 빨간색 실크와 똑같이 칠하여 세팅한다(**그림 1**). 이것은 유리컵에 넣는 빨간색 실크 대용이다.

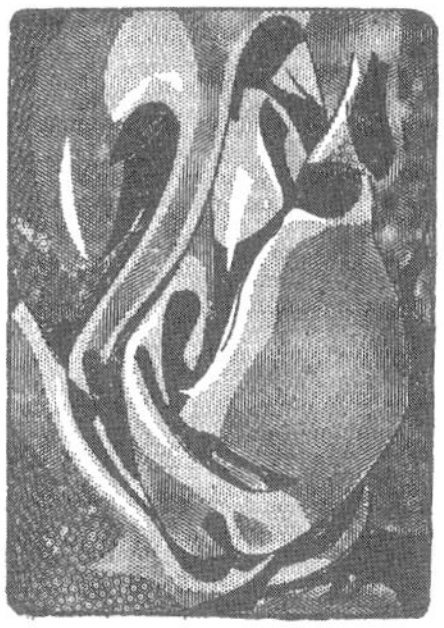

그림 1

2. 윗부분에 약 0.5cm 정도의 불투명한 띠가 둘러져 있는 중간 크기의 유리컵 두 개. 윗부분에 더 넓은 크기의 금색 띠가 둘러져 있는 것도 있다. 띠가 없다면 컬러 스카치테이프나 종이테이프를 붙인다. 유리컵의 크기는 일반적인 컵보다 작아야 한다.
3. 38cm 크기의 빨간색 실크 한 장, 초록색 실크 한 장.

준비

세팅한 클럽 에이스를 앞면이 위로 가도록 잡는다. 그 위에 하트 에이스와 스페이드 에이스, 다이아몬드 에이스를 차례로 놓는다. 이 네 장의 에이스를 차곡차곡 정리해서 색칠한 부분이 컵에 닿도록 놓는다(**그림 2**). 멀리서 보면 유리컵에 빨간색 실크가 들어 있는 것처럼 보인다. 카드가 유리컵의 절반 정도밖에 가리지 못하므로 나머지 유리 부분이 관객에게 보이지 않도록 놓아야 한다. 윗부분의 불투명한 띠가 카드의 윗부분을 가려준다. **그림 3**은 뒤에서 본 모습이다.

그림 2

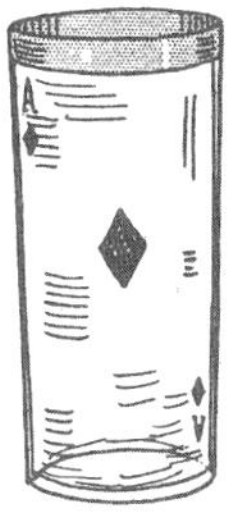

그림 3

나머지 유리컵에 초록색 실크를 넣는다. 가짜 빨간색 실크와 비슷한 모양으로 넣는다. 유리컵 두 개를 테이블에 약간 떨어뜨려 놓는다(**그림 4**).

빨간색 실크를 오른쪽 바지주머니의 위쪽 귀퉁이로 밀어넣는다. 따라서 주머니를 뒤집어도 실크가 보이지 않는다. 나머지 에이스 네 장은 덱의 맨 위나 테이블에 놓는다.

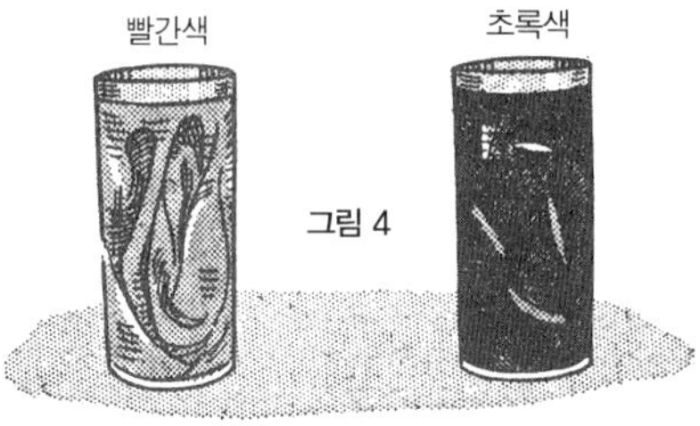

그림 4

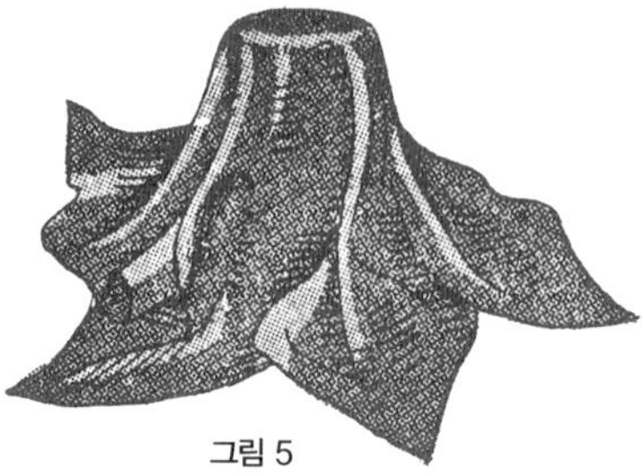
그림 5

시연

테이블에서 에이스 네 장을 가져와 팬 하여 보여준 후 제자리에 놓는다.

> "이번에 보여드릴 마술은 에이스 네 장과 실크 한 장을 이용한 마술입니다. 자, 보시는 대로 여기에 유리컵 두 개가 있습니다. 하나에는 빨간색 실크가 들어 있고 나머지에는 초록색 실크가 들어 있습니다. 빨간색과 초록색 중에서 하나를 골라주세요."

관객이 어떤 색을 골라도 상관없다. 빨간색을 고르면 유리컵에서 초록색 실크를 꺼낸다.

> "네, 빨간색을 고르셨습니다. 잘 보세요! 지금 고르신 빨간색 실크를 초록색 실크로 덮겠습니다."

그림 5처럼 초록색 실크로 가짜 빨간색 실크가 든 유리컵을 덮는다. 이때 실크 안에서 몰래 유리컵을 반 바퀴 돌려놓는다.

만약 관객이 초록색을 선택하면 유리컵에서 초록색 실크를 꺼내면서 말한다.

> "네, 초록색을 고르셨군요. 잘 하셨습니다. 초록색은 마법의 색이거든요. 그래서 신기한 힘이 들어 있습니다. 예를 들어서 이렇게 초록색 실크로 빨간색 실크를 덮으면…"

오른손으로 가짜 빨간색 실크가 든 컵을 들고 초록색 실크로 가리면서 유리컵을 반 바퀴 정도 돌려놓아 에이스가 앞을 향하도록 한다. 초록색 실크로 가린 유리컵을 테이블에 놓는다.

오른손으로 오른쪽 바지주머니에 손을 넣어 뒤집어서 텅 비었음을 보여주면서 빨간색 실크를 위쪽 왼쪽 귀퉁이로 밀어 넣는다.

"자, 주머니가 텅텅 비었죠?"

주머니를 다시 집어넣는다. 오른손으로 귀퉁이에 밀어 넣은 실크를 주머니 안으로 떨어뜨린다. 에이스 네 장을 든다. 팬 하여 앞뒤를 보여준다. 차곡차곡 정리한 후 오른쪽 바지주머니에 넣는다. 위쪽 왼쪽 귀퉁이에 넣는다.

"여러분의 관찰력을 실험해보겠습니다. 제가 지금까지 뭘 했죠? 유리컵에 빨간색 실크를 넣고 초록색으로 가린 다음 에이스 네 장을 주머니에 넣었다고 대답하시겠죠. 하지만 정말 관찰력이 뛰어난 분이라면 제가 에이스 네 장을 바지가 아니라 유리컵에 넣었다는 사실을 눈치 채셨을 겁니다."

그림 6

양손으로 유리컵 앞에서 초록색 실크를 벗겨 에이스가 들어 있는 모습을 보여준다(**그림 3**). 초록색 실크의 앞뒤를 보여준 후 테이블에 놓는다. 유리컵에서 에이스 네 장을 꺼내 앞면이 앞으로 향하도록 오른손에 팬한다(**그림 6**). 그리고 앞면이 위로 향하도록 테이블에 놓는다.

"그리고 빨간색 실크를 주머니에 넣었다는 것을요!"

바지주머니에서 빨간색 실크를 꺼내 왼손으로 옮기고 주머니가 텅 비었음을 보여준다. 에이스 네 장은 계속 안쪽 귀퉁이에 둔다. 주머니를 다시 집어넣고 빨간색 실크를 테이블에 놓는다.

★ 참고

유리컵에 카드 세 장을 넣고 그와 똑같은 카드 세 장은 덱에서 관객들에게 포스해도 멋진 마술이 된다. 이때는 에이스와 킹, 숫자가 8인 카드처럼 서로 확실히 다른 카드를 사용해야 한다.

컬러 합치기

Blending of the Colors

이것은 뉴욕의 고(故) 닥터 밀턴 브리지스(Dr. Milton Bridges)가 가장 즐겨 시연한 마술이다. 그는 세계에서 마술에 관한 서적을 가장 많이 가지고 있는 사람 중 한 명이었다. 이 이펙트는 별다른 세팅이 필요하지 않지만 '베스팅(vesting)' 이라는 중요한 마술 원리를 배울 수 있다.

★ 이펙트

마술사가 테이블에서 실크 세 장을 들어서 하나씩 보여준다. 빨간색과 흰색, 파란색이다. 실크를 양손에 넣고 구긴 후 파란색 한 귀퉁이와 빨간색 한 귀퉁이를 잡아당겨 두 실크가 합쳐져 성조기로 변했음을 보여준다. 이 이펙트로 어느 나라의 국기든지 만들 수 있다. **레슨 41**에서 배운 대로 종이 튜브 안에서 손수건을 색칠하면 매우 효과적으로 시연할 수 있다.

★ 준비물

1. 33cm 크기의 실크 세 장. 빨간색, 흰색, 파란색
2. 30.5cm × 46cm 또는 그 이상의 성조기 실크

준비

그림 1처럼 실크 성조기를 둘로 접는다. **그림 2**처럼 다시 둘로 접는다. 접을 때 귀퉁이 A와 B가 바깥쪽에 겹치도록 놓는 것이 중요하다. **그림 3**처럼 다시 접는다.

아래 부분을 뒤로 1/3 정도 접은 후 다시 위로 접어 맨 위쪽 가장자리와 맞춘다. 귀퉁이 A와 B는 **그림 4**처럼 바깥쪽에 함께 겹쳐서 놓인다.

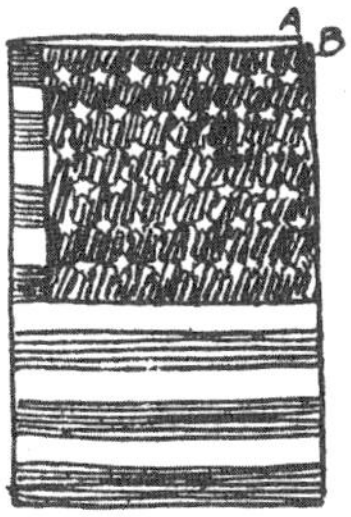

그림 1

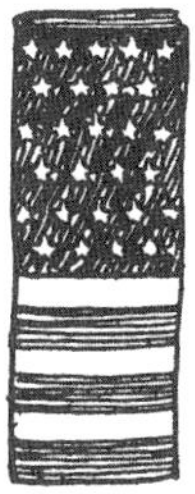

그림 2

그림 3

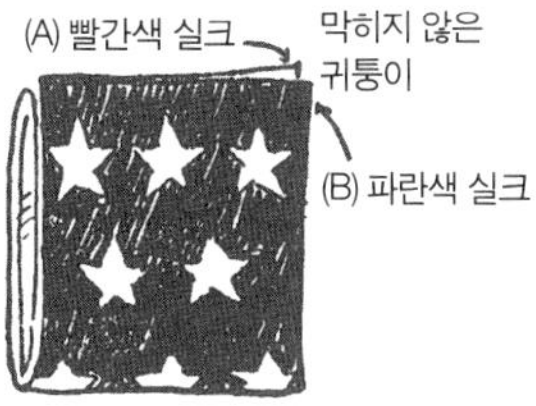

그림 4

조끼 왼쪽 아랫부분을 들어 접은 성조기를 파란 부분이 안으로 가고 빨간 부분이 밖으로 나오도록 댄다. 조끼를 아래로 내려 성조기를 완전히 가린다. 조끼가 몸에 딱 맞으므로 필요할 때까지 접은 성조기를 안전하게 받쳐준다(**그림 5**).

빨간색, 흰색, 파란색 실크를 테이블에 놓는다. 색칠한 종이 튜브 이펙트를 먼저 시연한다면 빨간색과 파란색과 여분의 흰색 실크를 잡는다.

시연

"빨간색 실크입니다."

오른손으로 빨간색 실크를 들고 흔든다. 왼손에 놓고 오른손으로는 흰색 실크를 들어서 흔든다.

"흰색 실크입니다."

왼손에는 빨간색을 들고 오른손으로는 파란색을 들어서 흔든다(**그림 6**).

"그리고 파란색입니다."

그림 5

그림 6

그림 7

그림 8

오른손으로 파란색을 흔들면서 왼손 엄지손가락을 조끼 왼쪽 부분 속으로 넣는다. 조끼의 아래쪽을 위로 올리고 나머지 손가락을 이용해 성조기를 손바닥 안으로 넣는다. 이때 **그림 7**처럼 관객의 관심이 오른손에 든 실크에 쏠리도록 미스디렉션한다. **그림 8**은 왼손에 성조기를 넣는 동작을 가까이에서 본 모습이다.

왼손 엄지손가락을 아래로 내려 조끼의 가장자리가 원래대로 내려오도록 한다. 엄지손가락을 움직이면 조끼가 처음과 똑같은 상태로 돌아간다.

조끼에서 물체 가져오기(베스팅)

이것은 매우 중요한 원리이다. 뒷부분으로 나아가기 전에 먼저 거울 앞에서 실크나 성조기를 이용해 이 동작을 완전히 익혀야 한다. 왼손 엄지손가락을 조끼 안으로 올려 실크가 손으로 들어올 정도로 조끼의 가장자리를 든다. 그런 다음 다시 손을 내리는 동시에 조끼를 원래대로 단정하게 놓는다. 왼손은 자연스러우면서도 거의 평평한 자세로 놓아야 한다.

조끼 안에 양손을 넣는 마술사들도 많지만 앞에서 방금 설명한 방법이 가장 간단하면서도 눈에 띄지 않는다. 당구공이나 계란 같은 물체도 이와 같은 방법으로 조끼에서 꺼내 나타나게 할 수 있다.

이제 성조기는 다른 실크 뒤에 있는 왼손에 숨겨져 있다. **그림 9**는 관객에게 보이지 않고 당신에게 보이는 모습이다. 파란색 실크를 다른 실크와 함께 왼손에 놓는다. 오른손으로 실크를 모아서 뭉친다(**그림 10**).

그림 9

그림 10

"파란색 실크의 귀퉁이를 잡겠습니다."

성조기의 귀퉁이 B(파란색)를 들어 약 1.5cm 정도 노출시킨다.

"그리고 빨간색 실크의 귀퉁이를 잡겠습니다."

성조기의 귀퉁이 A(빨간색)를 들어 약간 밖으로 잡아당긴다.

그림 11

그림 12

"빨간색과 흰색, 파란색의 특징은 단결을 잘 한다는 뜻이죠."

왼손 집게손가락과 엄지손가락으로 빨간색 A를 잡고 오른손 집게손가락과 엄지손가락으로는 파란색 B를 잡는다. 그 반대로 해도 된다(**그림 11**). 양손을 옆으로 잡아당겨 성조기를 펼친다. 실크 세 장은 오른손에 팜하여 숨긴다. **그림 12**는 관객에게 보이지 않고 당신에게 보이는 모습이다.

성조기의 반대쪽을 보여주려면 오른손을 몸 앞쪽으로 가져와 왼팔 아래에 놓는다. 이렇게 하면 오른손이 성조기 뒤에 숨겨진다. 왼손을 오른쪽으로 올려 왼팔을 성조기 앞에 놓는다. 양손으로는 원래 잡고 있던 곳을 그대로 잡는다. 즉 반대쪽을 보여주려면 성조기를 돌리기만 하면 된다. **그림** 13은 관객에게 보이는 모습이다.

그림 13

그림 14

그림 12처럼 양손과 성조기를 원위치시킨다. 그런 다음 왼손으로 성조기를 잡는다. 오른손을 성조기 가운데 아래로 가져가 성조기를 오른손 위로 떨어뜨린다. 왼손으로 성조기 가운데를 잡는다. 그와 동시에 성조기 안에 있는 실크도 잡아야 한다. **그림** 14처럼 안에 실크가 숨겨진 채 성조기를 옆에 치워 놓는다.

★ 참고

기(旗) 대신 삼색의 레인보 실크를 사용해도 된다. 염색한 실크를 이용해 여러 가지 흥미로운 컬러 조합을 선보일 수 있다.

귀퉁이 A와 B에 작은 단추를 달아놓으면 실크를 구분하는 데 도움이 된다. 예를 들어 모양이 다른 단추를 달아놓으면 빨간색과 파란색을 쉽게 구분할 수 있다.

플래그 마술
The Perfection Flag Trick

이것은 최초의 타벨 코스에 '옛 영광의 탄생(The Birth of Old Glory)' 이라는 제목으로 소개된 매우 재빠른 이펙트이다. 몇 년 전에 그 마술을 소개할 때 우리 편집자 중 한 명인 랠프 리드가 흥미로운 역사를 더해서 시연 방법을 글로 썼다. '플래그 마술' 을 처음 만든 사람이 고(故) 프랭크 뒤크로(Frank Ducrot)라는 사실을 아는 사람은 별로 없다. 가장 인기 있는 마술 중 하나인 플래그 마술을 만든 위대한 마술사에게 고마움을 전하고 싶다.

뒤크로는 30.5cm 크기의 실크와 61cm × 91.5cm 크기의 성조기 실크를 사용했다. 나중에 에드워즈(W. G. Edwards)는 좀더 저렴한 가격의 33cm 크기의 실크와 30.5cm × 46cm 크기의 성조기를 이용해서 선보였다. 그리고 거기에 '블렌도(Blendo)' 라는 제목을 붙였다. 최근 들어 마술사들은 기를 이용한 모든 마술, 특히 91.5cm × 91.5cm 크기의 큰 실크가 '레인보' 처럼 특별한 디자인의 실크로 바뀌는 마술을 '블렌도(Blendo)' 라고 부르게 되었다. 물론 어느 나라의 국기든지 사용할 수 있다.

★ 이펙트

마술사가 빨간색, 흰색, 파란색 실크를 따로따로 보여준다. 세 장의 실크를 함께 묶자 갑자기 커다란 성조기 실크로 변한다.

★ 준비물

1. 38~46cm 크기의 실크 세 장. 빨간색 한 장, 흰색 한 장, 파란색 한 장
2. 61cm × 91.5cm 크기의 성조기 실크 두 장
3. 여러 가지 작은 부속품

준비

성조기 두 장을 함께 가지런히 펴서 위쪽 오른쪽 귀퉁이에 7.5cm 정도의 공간을 제외하고 네 가장자리를 모두 꿰맨다. 각 위쪽 귀퉁이에 낚싯줄이나 거트(catgut, 악기의 현, 라켓의 줄 등으로 사용되는 선-옮긴이)를 고리 모양으로 만들어 꿰맨다. 이렇게 두 겹으로 된 성조기를 뒤집어 왼쪽 위 귀퉁이에 파란색 천조각을 달아 놓는다(**그림** 1). 파란색 리본에는 **그림** 2처럼 생긴 잠금 장치를 매달아 놓는다.

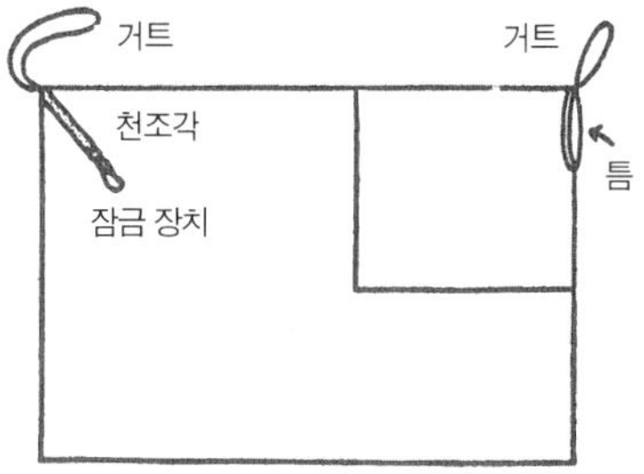

그림 1

그림 2

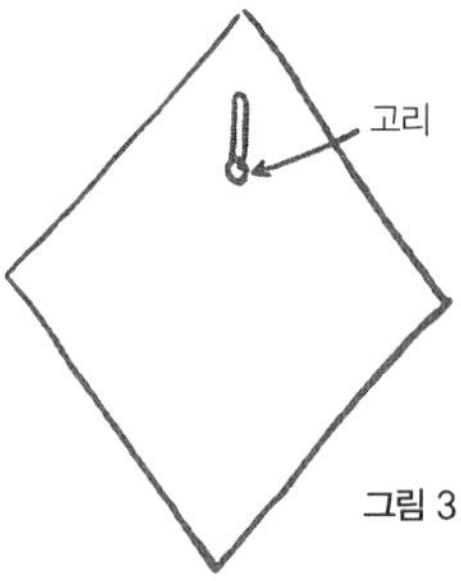

그림 3

성조기를 오른쪽으로 뒤집는다. 오른쪽 위 귀퉁이의 틈 주위에 부드러운 철사 하나나 고래뼈 두 개 또는 카드보드지를 달아서 빳빳하게 만든다. 이렇게 하면 실크를 더 쉽게 잡아당길 수 있다.

파란색 실크도 세팅한다. 파란색 실크는 가능하면 매우 진한 파란색이어야 하고 불투명해야 한다. 약 7.5cm 정도의 파란색 천조각의 한쪽 끝을 실크에 달아 놓는다. 나머지 끝에는 금속 고리를 달아놓는다(**그림** 3).

그림 4

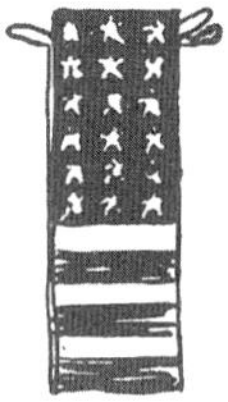
그림 5

두 겹으로 된 성조기의 틈에 손을 넣어 안에서 잠금 장치를 밖으로 잡아당긴다(**그림** 4). 잠금 장치를 계속 밖에 둔 채 성조기의 왼쪽 부분을 가지런하게 집어넣는다(**그**

림 5).

성조기의 아래쪽 가장자리부터 돌돌 말고 기다란 종잇조각으로 고정시킨다. 종이에 풀을 발라 고리 모양으로 만든다. 이렇게 하면 성조기가 풀어지는 것을 막을 수 있지만 확 잡아당기면 쉽게 풀어진다(**그림** 6). 파란색 성조기 뒷면에 성조기를 매달아 놓는다. 성조기에 달린 잠금장치를 고리에 재빨리 넣으면 된다(**그림** 7). 파란색 실크로 성조기를 덮어서 가리고 흰색, 빨간색 실크와 함께 테이블에 놓는다(**그림** 8).

그림 6

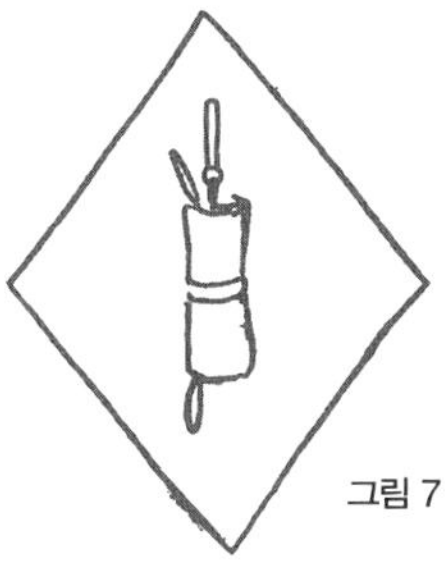
그림 7

그림 8

시연

왼손으로 파란색 실크의 위쪽 귀퉁이를 잡아서 든다. 흰색 실크도 들어서 **그림** 9처럼 파란색 옆에 든다. 이제 빨간색 실크를 들어 파란색, 흰색과 함께 왼손으로 잡는다.

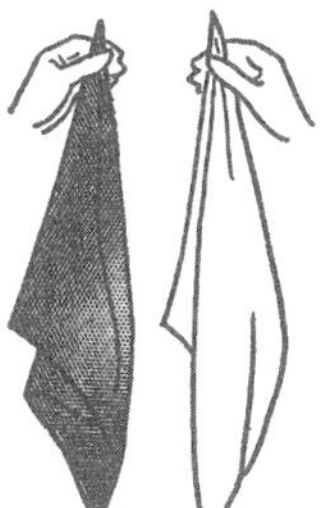
그림 9

그림 10

그림 11

위 귀퉁이로 매듭을 묶어 세 장을 함께 든다(**그림** 10). 양손 엄지손가락을 파란색 실크 뒷자락으로 내려서 펼친다. 왼손 엄지손가락은 성조기의 아래쪽 고리에 넣고 오른손 엄지손가락은 위쪽 고리에 넣는다(**그림 11**).

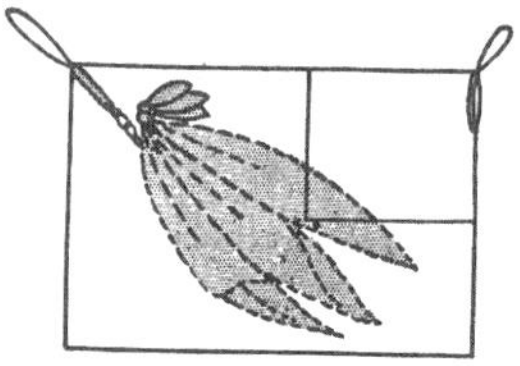

그림 12

그림 13

이제 양손을 옆으로 잡아당긴다. 종잇조각이 떼어지면서 성조기가 펼쳐진다. 그와 동시에 세 장의 실크는 틈을 통해 두 겹으로 된 성조기 안으로 쏙 들어간다(**그림 12**). **그림 13**처럼 세 장의 실크가 커다란 성조기로 바뀌어서 나타난다. 성조기의 앞뒤를 보여준다.

신기한 종이 띠
The Mystic Ribbons

이것은 절대 실패하지 않는 마술이다. 매우 간단하면서도 약간의 세팅만으로도 대단히 훌륭한 이펙트를 자랑한다.

★ 이펙트

마술사가 종이 띠 세 개를 보여준다(주황색, 초록색, 검정색). 그리고 여기에 성냥불을 붙인다. 마술사가 불붙인 종이를 뭉쳐서 관객석에 던진다. 하지만 신기하게도 기다란 실크 띠로 바뀐다. 마술사가 실크 조각을 한 데 모으고 양손을 옆으로 잡아당기자

나비(혹은 아무 모양이나) 모양이 그려진 커다란 실크로 바뀐다.

★ 준비물

1. 커다랗고 밝은 주황색 실크

검정색과 초록색으로 나비를 그려놓고 금동색으로 덧칠한다. 일본 물감에 칠이 벗겨지는 것을 막아주는 '퍼머넌트 믹스처(Permanent Mixture, 물에 풀리지 않는 특제 그림물감으로 의류가 가구에 그림을 그리는 데 사용되었음—옮긴이)' 라는 조제품을 섞으면 실크에 쉽게 그림을 그릴 수 있다.

원한다면 더 큰 실크를 사용하거나 마술용품점에서 다양한 컬러로 염색되어 있는 실크를 구입해서 사용해도 된다.

2. 너비 2.5cm, 길이 25~30cm 정도의 주황색, 초록색, 검정색 실크 띠
3. 오른손 엄지손가락이 쉽게 들어갈 만한 크기의 조그만 금속 고리. 그리고 나비 실크의 귀퉁이에 매달 조그만 금속 반지 두 개
4. 큰 사이즈의 안전 성냥갑

여러 장의 실크를 넣어야 하므로 양철 성냥갑을 따로 의뢰하여 만드는 것이 좋다. 종이로 덮거나 색을 칠해서 보통 성냥갑처럼 보이도록 한다. 성냥을 그을 수 있도록 양쪽에 사포를 붙여놓고 안에는 보통 크기의 성냥개비를 넣어둔다. 매우 튼튼하기 때문에 오랫동안 사용할 수 있다.

5. 띠와 똑같은 색깔의 종잇조각 세 개. 마찬가지로 너비 2.5cm, 길이 25cm 정도여야 한다.
4. 문구점에서 구입할 수 있는 '금속 집게' . 2.5cm 너비여야 한다(**그림** 1).

그림 1

그림 2

그림 3

준비

나비 실크의 양쪽 위 귀퉁이에 각각 금속 고리를 꿰맨다. 고리 B와 쉽게 구분할 수 있도록 A를 빨간색이나 다른 색으로 칠한다(**그림** 2). 앞에서 설명한 마술에서처럼 귀퉁이 A와 B가 바깥에서 나란히 놓이도록 접는다.

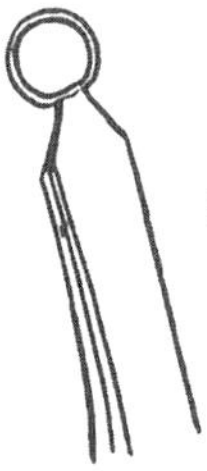

그림 4

조끼 왼쪽 부분에 금속 집게의 한쪽 손잡이를 꿰매어 달아놓는다. 겉으로 보이지 않도록 코트 안쪽에 넣되 언제든지 쉽게 손에 닿을 수 있는 위치여야 한다. 접은 실크의 고리가 앞쪽을 향하도록 금속 집게에 넣는다(**그림** 3). 코트를 자연스럽게 늘어뜨려 실크와 집게를 가린다.

띠를 반듯하게 맞춰 위쪽 끝을 더 큰 금속 고리에 꿰매어 단다(**그림** 4). 아래쪽 끝부터 시작해서 성냥갑을 약간 열어놓았을 때 끝부분에 들어갈 만한 크기로 접는다(**그림** 5). 접은 띠를 성냥갑 끝에 놓는다. 금속 고리가 위에 있고 성냥갑의 뒷부분에 놓이도록 해야 한다(**그림** 6). 이 부분이 관객에게 보이지 않도록 성냥갑을 테이블에 놓는다. 그 옆에 종잇조각 세 개도 놓는다.

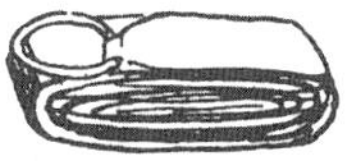

그림 5

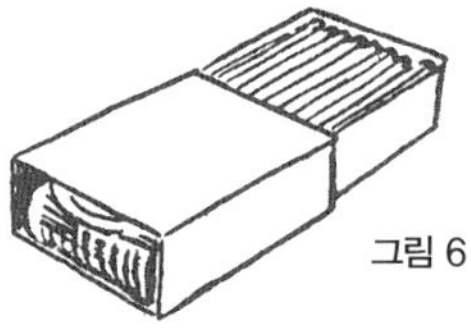

그림 6

시연

종잇조각 세 개를 가져와 하나씩 보여주면서 왼손에 놓는다. 오른손으로 성냥갑을 들어 왼손에 종이 띠와 함께 놓는다. 오른손으로 성냥을 꺼내고 성냥갑을 닫으면서 띠가 오른손 손바닥 안으로 들어오도록 한다. 성냥갑에 숨긴 물체를 손 안에 넣는 기술은 앞에서 배웠다.

손등을 관객에게 보인 채 성냥개비를 그은 후 성냥갑은 옆으로 치운다. 종이 띠의 맨 윗부분에 불을 붙여 잠시 동안 타도록 둔다. 그동안 실크 띠의 고리를 오른손 엄지손가락에 끼운다(**그림** 7). 종이 띠가 어느 정도 타면 손을 흔들거나 후 불어서 불을 끈다. 오른손으로 종이 띠를 뭉쳐서 공처럼 만들어 넷째 손가락과 새끼손가락 아래의 손바닥에 잘 잡는다.

그림 7

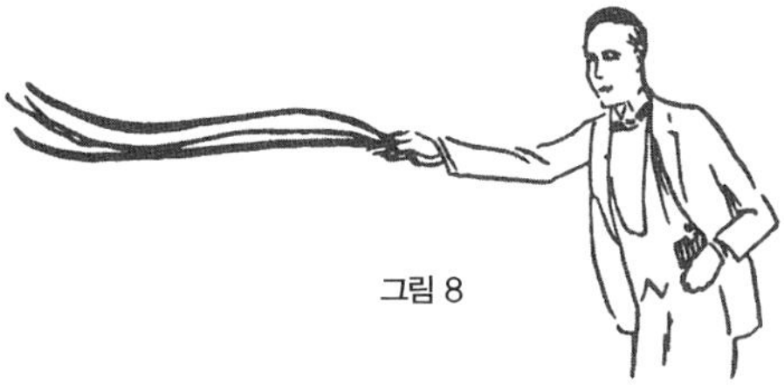

그림 8

오른손을 앞으로 던져 실크 띠가 관객 쪽으로 펼쳐져 나오도록 한다. 오른손 엄지손가락에 끼운 고리 때문에 실크 띠의 끝이 오른손에 안전하게 고정되어 있다. 종이 띠로 만든 공은 여전히 오른손에 있다. 오른손을 앞으로 던지는 순간 약간 오른쪽을 관객 쪽으로 돌리고 코트의 왼쪽 부분을 뒤로 밀어서 접은 실크가 종이집게에서 나오도록 한다. **그림** 8처럼 왼손에 실크를 숨긴다.

오른손으로 실크 띠를 모으면서 첫 번째 고리를 왼손으로 올린다. 계속 실크 띠를 모으면서 왼손으로 고리를 잡고 접은 실크는 그 뒤에 숨긴다(**그림** 9).

그림 9

그림 10

계속해서 실크 띠를 조그맣게 뭉친다. 그와 동시에 오른손으로 실크에 놓인 고리

A를 잡고 왼손으로는 고리 B를 잡는다. 갑자기 양손을 옆으로 잡아당기면 양손 사이에서 커다란 나비 실크가 팽팽하게 펼쳐진다(**그림 10**).

실크 띠는 숨겨도 되고 숨기지 않아도 된다. 실크 띠를 조그맣게 뭉쳐서 큰 실크 뒤에 숨기면 거기에서 큰 실크가 나오는 것처럼 보인다. 따라서 물체가 바뀌는 것이 아니라 새로 나타나는 이펙트를 연출할 수 있다.

손수건을 통과하는 나이프
The Penetrating Pocket Knife

이것은 완전한 즉석 마술처럼 보이는 매우 놀라운 마술이다.

★ 이펙트

마술사가 손수건을 빌린 후 두 명의 관객에게 양쪽 귀퉁이를 잡으라고 한다. 두 명의 관객이 각각 두 귀퉁이를 잡고 서 있으므로 손수건이 팽팽하게 펼쳐져 있다. 마술사가 포켓 나이프를 가져와서 손수건 아래 중앙으로 가져간다. 종이로 손수건 위쪽을 덮은 상태에서 위쪽을 향해 찌른 후 종이를 치운다. 그리고 놀랍게도 전혀 찢어지지 않은 멀쩡한 상태의 손수건을 보여준다. 관객이 종이와 나이프를 확인한다.

★ 준비물

1. 빌린 남성용 손수건
2. 포켓 나이프
3. 가로 세로 약 20cm의 신문지나 불투명한 종이
4. 조그만 못

준비

오른손에 못을 핑거 팜 한다. 같은 손으로 나이프를 잡을 때 손가락을 자연스럽게 못과 함께 구부리면 되므로 쉽게 감출 수 있다(**그림** 1과 **그림** 2).

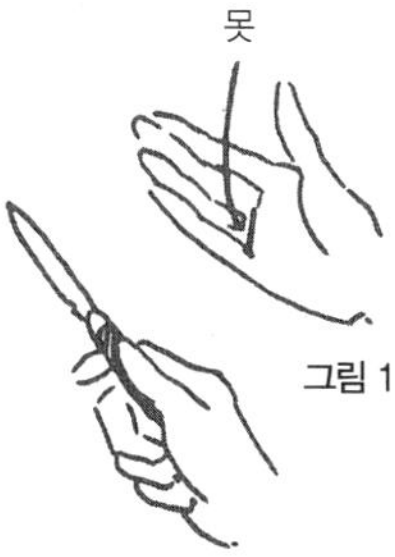

그림 1

그림 2

그림 3

그림 4

시연

남성용 손수건을 빌려 관객 두 명에게 네 귀퉁이를 잡으라고 한다. 이때 시야의 각도가 매우 중요하다. 만약 관객이 원형으로 빙 둘러앉아 있다면 손수건을 수평으로 들라고 해야 한다. 반면 관객석이 앞쪽에 있다면 수직으로 들라고 한다. 손수건 아래 혹은 뒤에서 어떤 일이 벌어지는지 관객이 몰라야 하기 때문이다(**그림** 3).

포켓 나이프는 빌리거나 미리 준비해서 사용한다. 못을 팜 한 상태에서 오른손으로 나이프를 든다(**그림** 1과 **그림** 2). 왼손으로 종이를 잡고 관객 한 명에게 말한다.

> "단단한 물체끼리 서로 통과할 수 있다고 생각하십니까? 문을 통과해서 걸어갈 수 있을까요? 저는 가능하다고 생각합니다. 이 자리에서 직접 보여드리려고 합니다. 두 분에게 손수건을 팽팽하게 펼쳐서 들라고 부탁드린 이유도 그것 때문입니다. 그리고 이 나이프와 종이도 필요하죠."

나이프와 종이를 앞뒤로 보여주고 이상한 점이 없음을 확인시킨다.

> "자, 이 나이프를 손수건 아래에 넣고 위로 찌르면 마치 산봉우리처럼 손수건 위로 우뚝 솟아오르겠죠?"

나이프를 손수건 아래 가운데로 가져가 약간만 들어서 정말로 칼날이 그곳에 있음을 보여준다. **그림** 4처럼 왼손으로 종이를 손수건 왼쪽 뒷부분으로 가져간다. 나이프를 빼서 손수건 위에서 보여준다.

"이렇게 손수건 위에서 아래로 칼을 찌를 수도 있습니다. 하지만 그렇게 하면 산봉우리가 거꾸로 생기겠죠. 더 잘 보이도록 아래에서 위로 찔러보겠습니다."

이렇게 말하면서 직접 행동으로도 보여준다. 이번에는 손수건 아래쪽 가운데로 나이프를 가져가면서 뒤쪽 가장자리 가운데로 종이를 가져온다. 나이프가 손수건의 뒤쪽 가장자리를 지날 때 왼손 손가락으로 나이프와 손수건을 잡는다. 오른손을 손수건 가운데로 옮기고 재빨리 못을 손끝으로 움직여 방금 나이프로 한 것처럼 못의 뾰족한 부분으로 손수건의 가운데를 살짝 찌른다(**그림 5**). **그림** 6은 관객에게 보이는 모습이다.

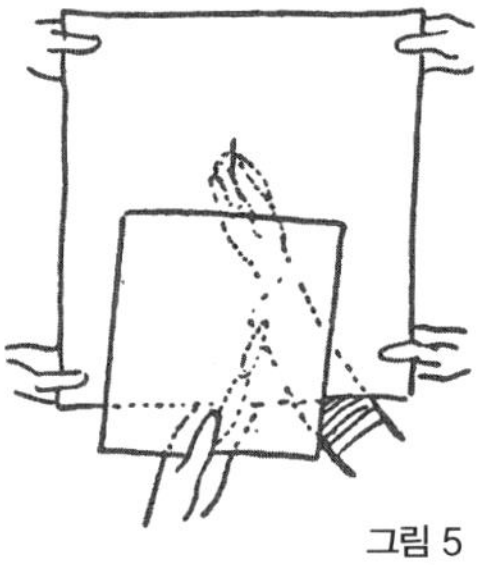

그림 5

그림 6

"자, 손수건 가운데와 산봉우리를 잠깐 동안 종이로 가리겠습니다."

종이를 약간 뒤로 옮겨 나이프가 손수건의 뒤쪽 가장자리에서 떨어지게 한다. 그런 다음 종이 아래에 나이프를 숨긴 채 손수건 가운데에 놓는다. 손수건 위에서 오른손으로 나이프 손잡이 끝을 잡는다. 물론 나이프는 손수건 위에 있다.

"이제 나이프를 살짝 밀면 손수건을 조금밖에 못 뚫겠죠? 하지만 힘을 세게 주면 칼이 손수건 위로 솟아나올 겁니다. 칼날이 아주 날카로우니까요."

이렇게 말하면서 왼손으로 종이를 잡은 채 종이 위로 나이프를 찌른다. 칼날이 통과하는 것처럼 보이도록 오른손으로 쉽게 컨트롤할 수 있다(**그림 7**).

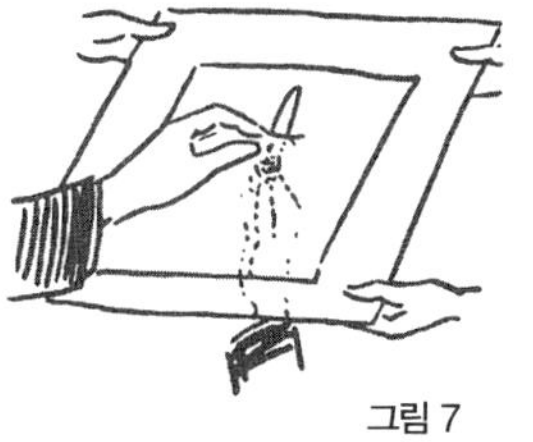

그림 7

그림 8

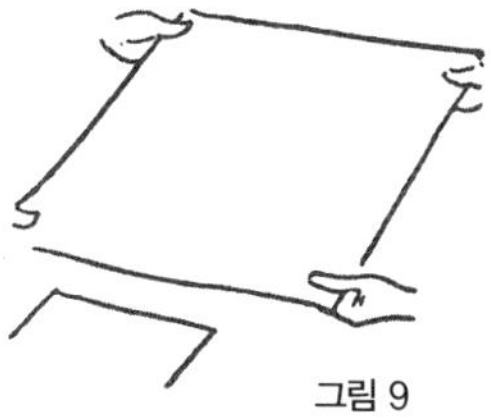

그림 9

"그리고 계속 찌르면 나이프가 완전히 밖으로 나올 겁니다."

왼손으로 종이에서 나이프를 잡아 뺀다(**그림** 8).

종이를 내려서 앞뒤를 보여준다. 그와 동시에 손수건 안에서 못을 팜 한 채 오른손을 뺀다. 손수건에 아무런 상처도 생기지 않았음을 보여준다(**그림** 9).

"물론 손수건은 멀쩡합니다. 빌리면서 원래 상태로 돌려주겠다고 약속했으니까요."

★ 참고

손수건 아래에서 오른손을 뺄 때 관객이 나이프가 하나 더 있었다고 의심하지 않도록 손을 보여줘야 한다. 못을 계속 팜 한 채 손을 자유롭게 보여줄 수 있다.

★ 변형

급한 경우에는 못 대신 이쑤시개를 사용해도 된다. 만약 손톱이 길다면 집게손가락이나 새끼손가락을 대신 사용할 수도 있다. 손톱이 짧아도 손가락을 이용할 수 있다. 그럴 경우 먼저 칼날로 손수건을 찔러서 날카롭다는 것을 보여준 후 칼을 뒤집어 손잡이로도 손수건을 찔러서 보여준다. 종이 아래에서 왼손에 나이프를 들고 있고 오른손은 손수건 가운데 아래에 있을 때 다음과 같은 대사를 한다.

"보시다시피 칼날로 손수건을 찌르면 하나도 위험하지 않습니다."

그리고 오른손 손끝으로 아래에서 손수건을 찌른 후 종이로 가린다.

"하지만 칼날이라면 이야기가 달라지죠. 칼날은 손수건이나 종이를 뚫고 나올 수 있으니까요."

이렇게 말하면서 나이프로 종이를 찌른다. 나머지는 앞에서와 똑같이 마무리한다.

천하무적 손수건
The Indestructible Handkerchief

이 마술이 처음에 어떻게 시작되었는지는 모른다. 그러나 지금까지 다양한 버전으로 시연되는 모습을 보았다. 처음에 나는 잉글랜드에서 구한 도구로 이 마술을 시작했고 다음에는 프랑스식으로 시연했다. 그 후 미국의 마술용품점에서도 대단히 훌륭한 도구가 판매되었다. 이용하기도 편리하고 튼튼하며 눈에 잘 띄지 않는다. 이 도구만 있으면 대단히 신기한 이펙트를 연출할 수 있다. 주변에 있는 관객들을 직접 참여시킬 수 있기 때문이다.

★ 이펙트

여성용 손수건을 빌려서 나무틀(프레임)에 펼쳐 놓고 네 귀퉁이에 압정을 박아 고정한다. 관객이 확인한 종이봉투에 틀과 손수건을 넣는다. 큰 칼로 봉투 가운데를 찔러 반대쪽에서 튀어나오게 한다. 그리고 계속해서 여러 군데를 찌른다. 그런 다음 마술사가 뚫린 봉투의 구멍에서 지팡이, 손수건 같은 물체를 꺼낸다. 그리고 봉투를 열어 틀을 꺼낸다. 손수건은 처음처럼 멀쩡한 상태로 틀에 펼쳐져 있다.

★ 준비물

1. 빌린 여성용 손수건
2. 세팅한 나무 프레임. 가로 세로 32cm

프레임의 측면은 너비 3cm, 두께는 2cm 정도이다. **그림 1**은 관객에게 보이는 프레임의 모습이다. 가운데가 뻥 뚫린 나무로 된 평범한 네모 프레임처럼 보인다. 틈 위에 손수건을 펼쳐 놓고 네 귀퉁이에 압정을 박아 고정시키기 위한 공간으로밖에 보이지 않는다.

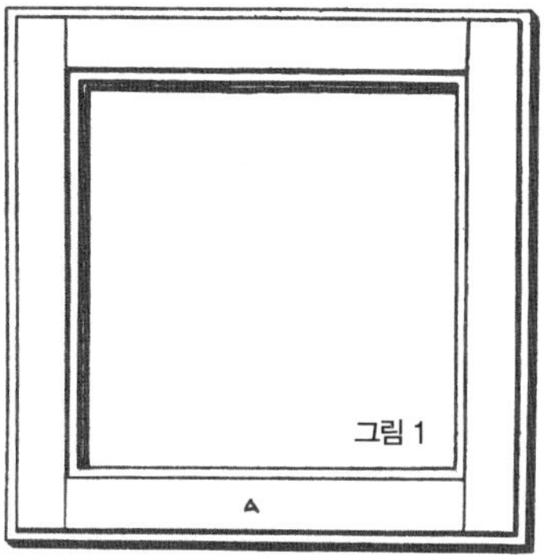

그림 1

그림 2는 나무 프레임의 실제 구조이다. 한 면이 위 아래로 움직이도록 만들어졌다. 손수건을 압정으로 고정하면 압정 두 개는 이동식 가장자리에 놓이고 나머지는 움직이지 않는 반대쪽 끝에 놓이게 된다(**그림** 3). 이동식 가장자리는 쉽게 아래로 내릴 수 있다. 그와 동시에 손수건 위쪽 가장자리도 함께 움직이므로 프레임에 탁 트인 공간이 생긴다(**그림** 4).

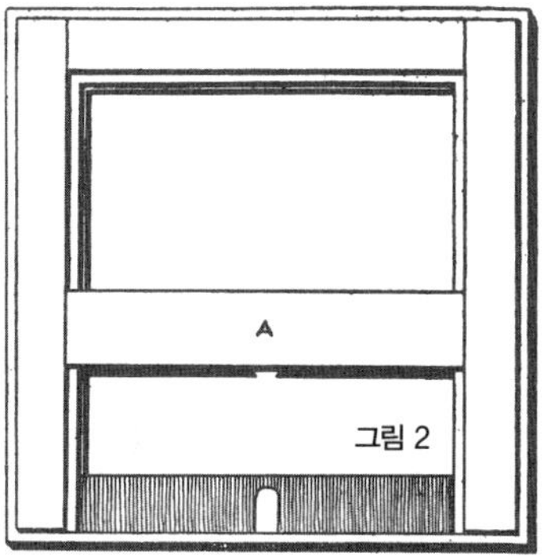

그림 2

그림 3

그림 4

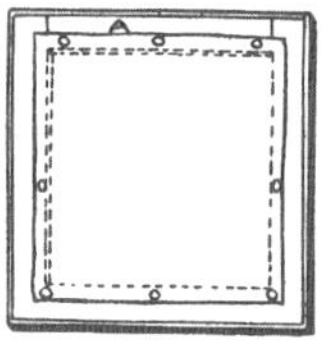

그림 5

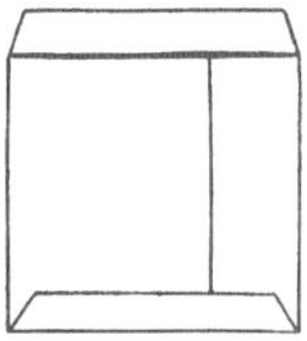

그림 6

바 A를 다시 위로 올리면 손수건이 액자 위로 원래대로 팽팽하게 펼쳐진다. 상황에 따라 압정 네 개가 아니라 여덟 개를 사용할 수도 있다. 바 A의 가운데에 압정을 꽂을 때는 가운데에서 약간 빗나가는 지점에 꽂아야 가이드 바를 관통하지 않는다(**그림** 5).

3. 불투명한 종이봉투. 너비 36cm, 길이 34cm. 마닐라 포장종이나 컬러로 된 책표지로 만들 수 있다(**그림** 6).
4. 큰 압정
5. 칼. 필요하다면 지팡이와 손수건도 준비한다.

시연

압정과 종이봉투, 나무 프레임, 칼을 가까운 곳에 준비해둔다. 나무 프레임을 들고 말한다.

> "이 나무 프레임을 보니 프랑스의 아트 갤러리에서 한 실험이 생각나네요. 유화물감으로 그린 작품을 똑같이 흉내 내기 위해서 필요합니다. 이 나무 프레임이 액자 역할을 하면 되겠네요. 가만 있자, 그림을 그릴 캔버스가 필요하군요. 여성용 손수건을 빌리겠습니다."

관객에게 나무 프레임에 잘 맞는 크기의 손수건을 빌린다. 손수건이 계속 관객들에게 잘 보이도록 든 채로 다시 테이블로 돌아온다.

> "여러분도 아시다시피 캔버스는 프레임에 고정되어 있어야 하죠. 자, 그럼 이 손수건을 프레임에 고정하겠습니다. 시간이 좀 걸릴 거예요."

손수건의 네 귀퉁이를 잡고 프레임에 펼쳐 놓는다. 슬라이딩 바 A에 압정 두 개를 꽂고 반대쪽에도 두 개 꽂는다(**그림** 3). 프레임을 들어 관객에게 손수건을 보여준다.

“왠지 멋진 작품이 탄생할 것 같은 예감이 듭니다. 아트 갤러리에서는 그림을 이렇게 딱 맞는 봉투에 담아 놓죠. (관객에게) 저, 이 봉투를 열어서 물감이나 붓 같은 이상한 물건이 들어 있지 않은지 살펴보시겠습니까? 네, 아무것도 없다고요?”

관객에게 종이봉투를 주고 관객이 살펴본 후 다시 가져온다.

“매일 밤 아트 갤러리에서는 이런 봉투에 그림을 넣어둡니다.”

관객에게 잘 보이도록 한 상태에서 봉투에 프레임을 집어넣는다. 바 A가 위로 오도록 넣어야 한다. 프레임이 2/3 정도 들어갔을 때 손수건의 펼쳐진 면이 당신의 몸쪽으로 향하도록 기울여서 마저 집어넣는다(**그림 7**).

그림 7

그림 8

그림 9

프레임의 바닥이 봉투에 닿는 순간 **그림 8**처럼 오른손 엄지손가락으로 바 A를 약간 아래로 민다. 그리고 봉투의 아랫부분이 아래로 오도록 들어 바 A가 아래로 미끄러지도록 한다. 봉투의 덮개를 닫는다. 칼로 프레임의 네 가장자리를 쳐서 정말로 프레임이 안에 들어 있음을 확인시킨다(**그림 9**). 봉투와 프레임은 왼손으로 잡고 칼은 오른손으로 잡는다.

“자, 틀림없이 봉투 속으로 들어갔습니다. 아트 갤러리에서 그림을 봉투에 넣는 이유가 있습니다. 작품들이 망가지는 것을 막기 위해서죠. 어떤 화가들은 질투심에 불타서 멋진 작품을 칼로 마구 찔러 갈기갈기 찢어버리거든요. 그리고 고의적으로 예술 문화 작품을 파괴하는 사람들의 소행일 때도 있죠. 어쨌든 이미 찔렀습니다. 하지만 칼로 캔버스를 찌른다고 작품이 망가지는 것은 아니죠.”

마지막 문장을 말하면서 재빨리 칼로 봉투를 찌른다. 칼 끝이 봉투 뒤에서 앞으로 살짝 튀어나올 정도로만 찌른다(**그림** 10). 봉투 앞뒤로 칼이 꽂혀 있음을 보여준다. 관객은 손수건이 당연히 찢어졌다는 생각에 웃음을 터뜨릴 것이다(**그림** 11).

"어떨 때는 캔버스에 여러 군데 칼자국이 나 있기도 합니다."

칼을 빼서 여러 군데를 또 찌른다(안전한 곳으로 골라). 이즈음에서 구멍 속으로 지팡이나 실크를 밀어 반대쪽으로 나오게 한다(**그림** 12).

그림 10

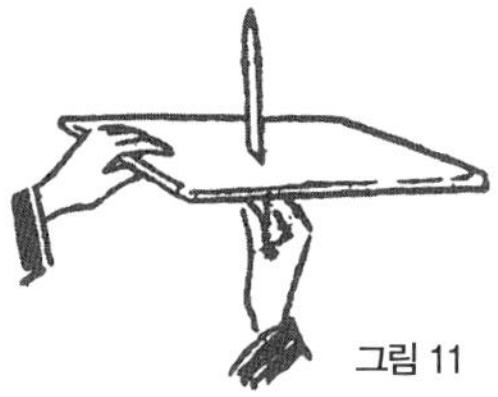
그림 11

그림 12

"여성분, 손수건에 구멍이 나도 괜찮을까요? 어차피 세탁하면 구멍이 생길 텐데요."

칼과 지팡이, 손수건을 테이블에서 치워둔다. 종이봉투를 연다. 이때 입구를 아래로 놓고 열어야 슬라이딩 바가 프레임의 윗부분으로 미끄러진다. 오른손으로 바를 잡고 원래 위치로 민다. 따라서 손수건이 처음처럼 프레임 위에 쫙 펴진다(**그림** 13). 봉투에서 프레임을 꺼내 손수건이 멀쩡하다는 것을 보여준다(**그림** 14).

그림 13

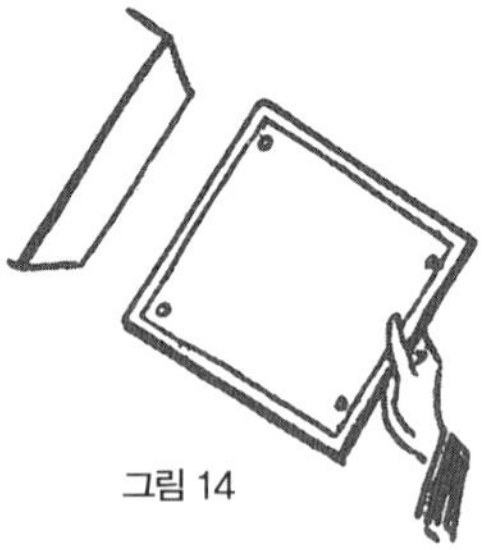
그림 14

"이 마법의 봉투는 칼로 마음대로 찔러도 됩니다. 아무리 찔러도 그림이 망가지지 않거든요."

압정을 뗀 후 프레임과 함께 테이블에 놓는다. 여성 관객에게 빌린 손수건을 양손으로 돌돌 말아 오른손에 숨긴 상태로 왼손에 놓는 척한다. 그리고 (텅 빈) 왼손으로 여성에게 손수건을 주는 척한다. 관객들은 손수건이 사라진 것을 보고 웃음을 터뜨린다.

"이런, 죄송합니다. 이 남성분께서 가지고 계시는군요."

이렇게 말하면서 남성 관객의 코트에 오른손을 넣어 손수건을 꺼낸다. 손수건을 풀면서 꺼내 여성에게 돌려준다.

★ 참고

시간이 별로 없어 빠르게 시연해야 할 때는 미리 프레임에 손수건을 박아 놓고 관객에게 살펴보라고 한다. 오른손으로 슬라이딩 바를 잡은 채 관객에게 살펴보라고 한다.

LESSON

43

컬러 체인징 실크

Tarbell course in MAGIC

컬러 체인징 실크
Color Changing Silks

컬러 체인징 실크는 오래전부터 인기가 있었다. 어떤 형태의 퍼포먼스로도 화려하고 신기하며 효과적인 이펙트를 연출할 수 있다. 이번 레슨에서는 그중에서도 가장 멋지고 신기한 루틴을 배워보기로 한다.

타벨의 컬러 체인징 실크
Tarbell's Color Changing Handkerchief

이 컬러 체인징 실크는 내가 10대 때 처음 만든 이후로 나의 고정 레퍼토리로 자리 잡은 이펙트이다. 혼자서 만들 수 있을 뿐만 아니라 방법이 매우 쉬워서 곧 큰 인기를 끌게 되었다. 지금은 세계 마술용품점에서 구입할 수 있다. 오키토(테오 뱀버그)는 컬러 체인징 실크를 가장 먼저 사용한 장본인이다. 내가 그에게 만들어준 것은 빨간색에서 초록색으로 바뀌는 61cm 크기의 실크였다.

★ 이펙트

마술사가 빨간색 손수건을 보여준다. 마술사의 손이 지나치자 실크가 파란색으로 변한다. 또다시 그의 손이 지나치자 이번에는 다시 빨간색으로 변한다.

컬러 체인징 실크 만들기

파란색 실크에 빨간색 실크를 놓고 위 귀퉁이에 조그만 금속 링을 꿰매어 놓는다.

링의 크기는 실크의 크기에 따라 달라지는데 실크가 쉽게 지날 수 있어야 하고 눈에 확 띄지 않을 정도로 작을수록 좋다. 33cm 크기의 실크일 경우 링의 지름은 2cm가 적당하다.

그림 1

실크의 가운데에서 조금 위에 약 5cm 길이를 실로 꿰매어 두 실크를 함께 고정시킨다(**그림 1**).

이제 위에 있는 실크의 아래 가장자리를 잡아서 고리 속으로 약간 집어넣는다. 이렇게 손수건을 위로 접었을 때 위 귀퉁이를 고리 위까지 올려야만 링 안에서 쉽게 잡을 수 있다(**그림 2**).

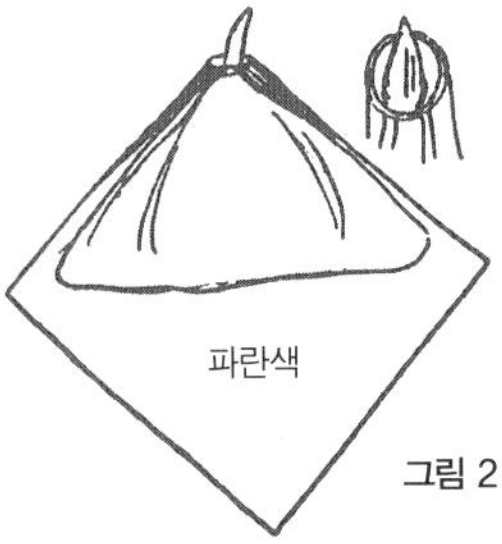

그림 2

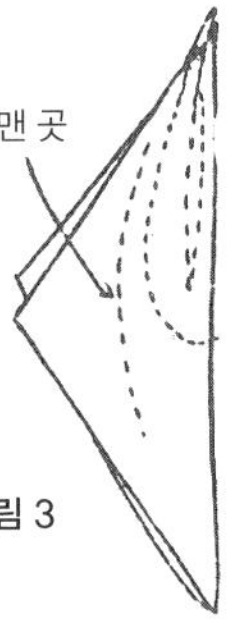

그림 3

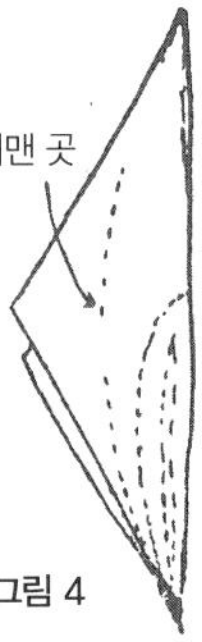

그림 4

이렇게 빨간색 실크를 위로 접은 다음 파란색 실크를 그 위에 세로로 접는다. 빨간색 실크가 완전히 가려져 보이지 않는다. 빨간색 실크가 튀어나오지 않고 평평하게 놓이도록 주름이 약간 더 앞으로 나오도록 접어야 한다(**그림 3**).

빨간색 실크의 끝을 잡고 링을 아래로 내려 빨간색을 노출시키고 파란색은 숨긴다. 파란색 실크가 드러나지 않도록 역시 빨간색 실크도 주름을 잡는다(**그림 4**).

그림 5

그림 6

그림 7

시연

관객들에게 파란색 실크를 보여준다. 왼손으로 링에 들어간 빨간색 실크의 끝을 잡고 오른손으로 링을 잡아서 내린다(**그림** 5).

실크가 어떻게 해서 바뀌게 되는지는 오른손에 가려 보이지 않으므로 관객에게는 당신의 손이 실크를 지나면서 색깔이 바뀌는 것처럼 보인다(**그림** 6). 색깔이 바뀌면 오른손에서 실크를 약간 흔든다(**그림** 7).

이렇게 컬러 체인징 실크를 이용해서 색깔이 한 번만 바뀌게 해도 되지만 실크를 뒤집어 다시 원래의 색깔로 바뀌는 모습까지 보여줘도 된다.

★ 응용

그림 8에서 보이는 기구는 원래 나란히 묶인 세 개의 실크 중 가운데 실크의 색깔을 바꾸기 위해서 만들어진 것이다. 링 대신 잘 휘는 부드러운 철사를 이용해 구부리거나 펴면 된다. 색깔이 바뀌는 효과가 가장 뛰어나다.

그림 8

나는 '20세기 손수건(Twentieth Century Silks)' 와 관련해 이 기구를 사용했다. 유리컵에서 꺼냈을 때 가운데의 빨간색 실크가 사라지고 대신 파란색이나 초록색으로 변하게 했다. 마술이 실패한 것처럼 보이지만 가운데에 있는 실크로 손을 지나쳐 빨간색으로 변하게 만들어서 상황을 역전시켰다.

★ 참고

안에 든 실크가 비치면 안 되므로 반드시 불투명한 실크를 사용해야 한다. 컬러로 된 손수건을 사용해도 좋다. 먼저 코트 왼쪽 윗주머니에서 빨간색 손수건을 꺼내면서 빨간색이 손수건으로는 너무 밝은 색깔이라고 말한다. 그것을 파란색으로 바뀌게 한 후 다시 주머니에 넣는다.

더블 컬러 체인징 실크
Double Handkerchief Color Change

이것은 세계적으로 유명한 마술사 호레이스 골딘(Horace Goldin)이 만든 버전이라고 생각된다.

★ 이펙트

귀퉁이로 나란히 묶은 두 장의 실크가 마술사의 손이 거치자 다른 색깔로 변한다. 예를 들어 노란색과 파란색이 빨간색과 초록색으로 바뀐다.

컬러 체인징 실크 만들기

파란색 실크 위에 초록색 실크를 올려놓은 후 양쪽 위 귀퉁이에 지름 약 2.5cm의 금속 링을 꿰매어 놓는다. 아래 귀퉁이도 함께 꿰맨다(**그림 1**).

파란색 실크 안에 초록색 실크를 잘 쑤셔 넣고 파란색 실크의 양면을 함께 꿰매면서 주름을 잡는다(**그림 2**).

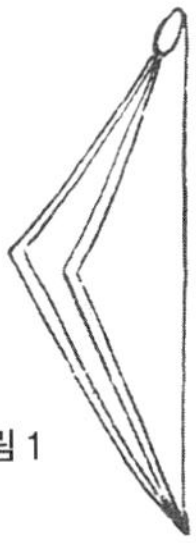

그림 1

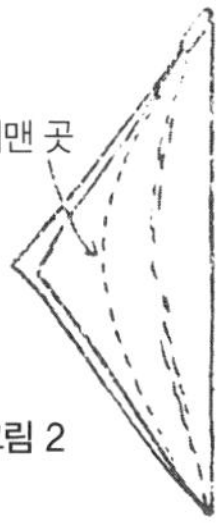

그림 2

두 실크를 고리를 통해 밖으로 뒤집고 초록색에도 비슷한 주름을 만들어 파란색을 숨긴다. 끝 F에는 길쭉한 초록색 실크 조각을 꿰매어 초록색 실크와 색깔을 맞춘다(**그림** 3).

길쭉한 초록색 실크 조각에 빨간색 실크를 묶는다(**그림** 4).

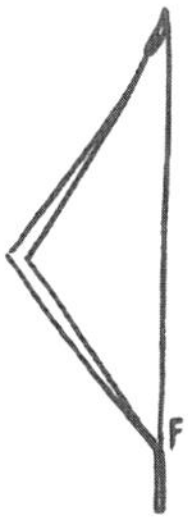

그림 3

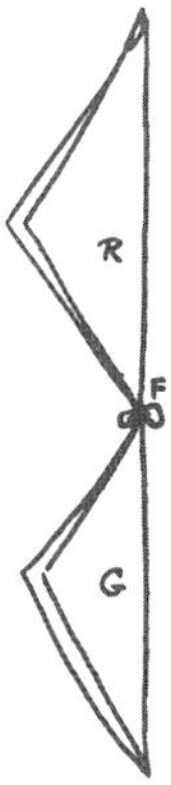

그림 4

그림 5

그림 6

초록색 실크를 고리를 통해 밖으로 뒤집어 파란색이 나오게 한다. 끝 F에 길쭉한 파란색 실크 조각을 꿰매고 거기에 노란색 실크를 묶는다(**그림** 5).

시연

왼손으로 링을 통해 빨간색 실크를 잡고 오른손으로는 링을 아래로 밀어 내린다. 이렇게 하면 파란색이 안으로 들어가고 초록색이 나오며 노란색이 감춰지고 빨간색이 드러난다. 즉 손이 지나가면서 파란색과 노란색이 빨간색과 초록색으로 바뀐 것이다(**그림** 6).

플래시 컬러 체인징 실크
Flash Color Change

이것은 매우 신속하면서도 화려한 이펙트이다. 여기에 사용되는 실크는 별다른 기술이 없어도 혼자서 쉽게 만들 수 있다.

★ 이펙트

테두리가 흰색인 빨간색 실크를 손에서 잡아 빼자 테두리가 흰색인 초록색 실크로 바뀐다.

★ 준비물

한쪽은 빨간색이고 다른 쪽은 초록색으로 된 특별한 실크가 필요하다. 또 양면은 흰색 테두리가 있어야 한다(**그림 1**과 **그림 2**). 흰색 실크 한 면에는 빨간색 실크를 꿰매고 다른 면에는 초록색 실크를 꿰매면 만들 수 있다.

그림 1

그림 2

양면을 각각 주황색과 파란색으로 해도 훌륭한 조합이다.

시연

빨간색 면이 위로 오도록 실크를 테이블에 놓는다. 실크를 들어 펼쳐서 빨간색 면을 보여준다. 그런 다음 **그림 3**처럼 왼손 주먹에 놓는다. 오른손 집게손가락으로 실크의 가운데를 오른손 주먹 안으로 밀어 넣는다(**그림 4**). 오른손을 손수건 아래에 놓고 실크의 가운데를 잡아 주먹에서 빼낸다(**그림 5**). 이렇게 하면 반대쪽인 초록색 면이 나타난다. 가운데가 관객을 향하도록 테이블에 올려놓는다. 빨간색 면이 보이지 않도록 주의한다.

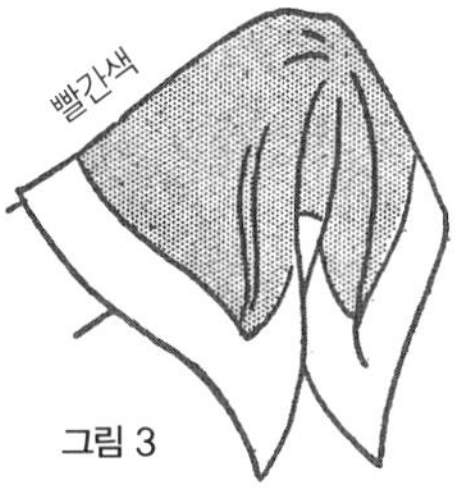

그림 3

그림 4

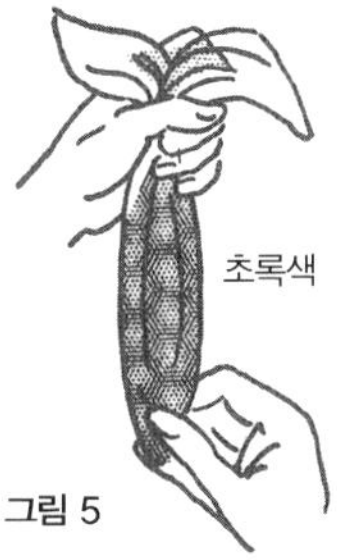

그림 5

카드보드지를 통한 컬러 체인지
Flash Color Change Through Cardboard

이것은 넬슨 한(Nelson Hahne)의 '신문을 통한 실크 컬러 체인지'를 변형한 버전으로 매우 효과적이다.

★ 이펙트

23cm × 28cm의 카드보드지를 보여준다. 가운데에는 2cm 정도의 구멍이 나 있다. 테두리가 흰색인 빨간색 실크를 구멍에 넣는다. 아래로 빠져나오면서 초록색으로 바뀐다.

★ 준비물

1. 바로 앞에서 설명한 '플래시 컬러 체인징 실크'

2. 23cm × 28cm의 단단한 카드보드지. 가운데에 2.5cm 구멍을 뚫는다(**그림 1**).

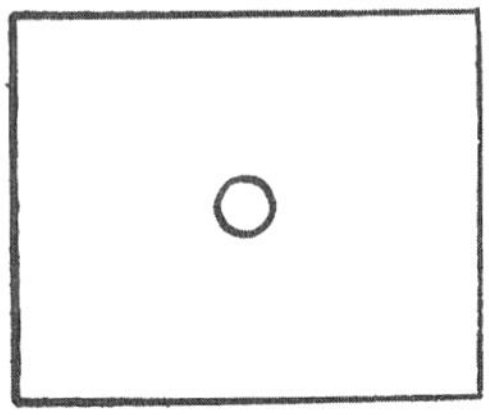

그림 1

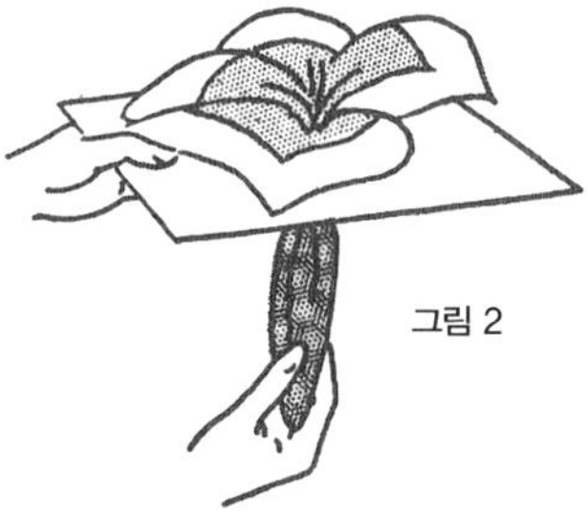

그림 2

시연

카드보드지를 들어서 앞뒤를 보여준다. 테이블에 놓인 실크를 빨간색이 위로 오도록 보여주고 카드보드지에 놓는다. 카드보드지의 가운데와 실크의 가운데를 함께 놓아야 한다. 카드보드지는 약간 수평으로 들되 관객에게 실크가 잘 보이도록 약간 비스듬히 기울인다.

오른손 집게손가락으로 실크를 구멍에 넣는다. **그림 2**처럼 카드보드지 아래에서 실크의 가운데를 잡아당긴다. 실크가 완전히 구멍을 빠져나오면 오른손 손가락으로 초록색의 가운데를 든다. 카드보드지의 앞뒤를 보여주고 실크와 함께 테이블에 놓는다.

타벨의 '클린-커트' 컬러 체인징 도구를 이용한 마술

Tarbell 'Clean-Cut' Color Changing Handkerchief

내가 오래전에 만든 컬러 체인징 실크는 이미 앞에서 설명했다. 몇 년 전에는 세팅하지 않은 실크의 컬러를 바꾸는 컬러 체인징 도구를 만들었다. 이것은 매우 단정하게 만들어진 도구이므로 복잡한 동작이 전혀 필요 없다. 푸 만추가 처음 이 이펙트를 선보였을 때 많은 마술사들이 어떻게 했는지 궁금해 했다.
나는 오랫동안 '클린-커트' 컬러 체인지를 시연해왔지만 이상하게도 그와 똑같은 이펙트를 선보이는 사람은 보지 못했고 시연 방법을 정확히 설명할 수 있는 사람도 보지 못했다. 계속해서 새로운 컬러 체인징 방법이 고안되고 있지만 이것처럼 세팅하지 않은 실크를 사용하는 이펙트는 하나도 없었다. 이것은 오래된 기본 원리를 이용해 현대식으로 시연하는 이펙트라고 할 수 있다.

★ 이펙트

세팅하지 않은 빨간색 실크를 보여주고 텅 빈 왼손에 구겨 넣는다. 갑자기 손을 펴자 실크가 초록색으로 바뀌어 있다. 양손을 자유롭게 보여준다. 원할 경우 관객에게 실크를 살펴보라고 한다.

★ 준비물

1. 빨간색 실크 한 장, 초록색 실크 한 장(각각 33~38cm)
자신이 원하는 색깔로 해도 된다.
2. '클린-커트' 컬러 체인징 도구
이것은 동으로 된 지름 2.5cm, 길이 5cm의 조그만 튜브 모양의 도구이다. 안에 나무로 된 부분이 떨어지지 않도록 튜브의 맨 위와 맨 아래가 약간 안쪽으로 들어가 있다. 안에는 위아래로 움직이는 나무로 된 슬라이드가 있는데 움직일 때 아무런 소리도 나지 않는다. 슬라이드의 아래는 그 아래에 실크가 놓였을 때 걸리지 않도록 펠트 천으로 덮여 있다. 튜브의 맨 위에는 구멍 두 개가 있는데 그 안에 거트 또는 가느다란 흰색 실이 고리 모양으로 달려 있다. 고리의 길이는 엄지손가락에 놓았을 때 튜브가 손바닥 안에 매달릴 수 있는 정도이다. 튜브의 밖은 상아색 또는 검정색으로 칠해져 있다. **그림 1**은 튜브의 구조를 보여주기 위해서 단면으로 본 모습이고 **그림 2**는 밖에서 보이는 모습이다.

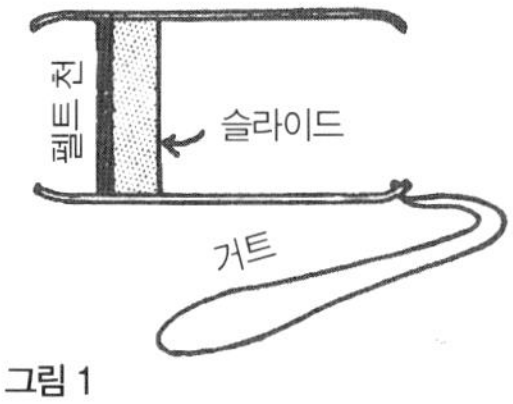

그림 1

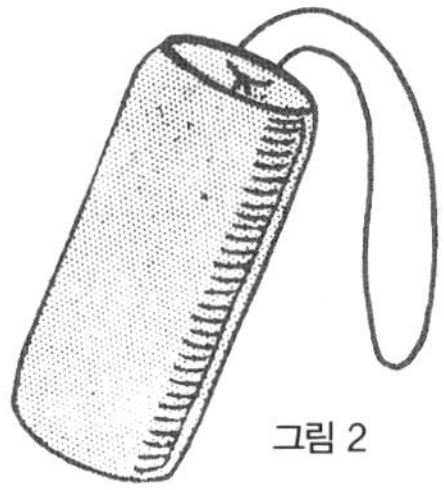
그림 2

이 튜브는 실크가 아래쪽 끝에 놓였을 때 나무 슬라이드를 위로 밀도록 되어 있다. 따라서 위쪽 끝으로 실크를 밀면 슬라이드가 아래로 내려가 아래쪽에 있는 실크가 밖으로 나오게 된다.

이 도구는 크기는 훨씬 더 작지만 '염색 튜브(이번 레슨의 나중에 설명)'를 본떠 만들어 조작하기 쉽도록 고리를 단 것이다. 이 도구만 있으면 아무리 날카로운 사람이라도 깜짝 놀라게 만드는 여러 가지 이펙트를 보여줄 수 있다.

준비

튜브의 아래에 초록색 실크를 넣는다. 처음에는 실크의 가운데를 밀어서 넣은 후 네 귀퉁이를 넣는다. **그림 3**처럼 실크가 튀어나오지 않고 깔끔하게 들어가도록 넣어야 한다. 엄지손가락에 고리를 걸어 튜브가 손바닥에 매달리도록 한다(**그림 4**).

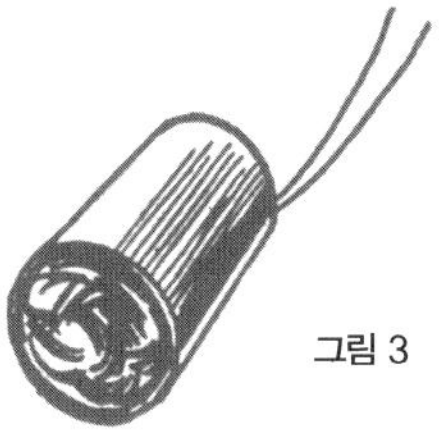

그림 3

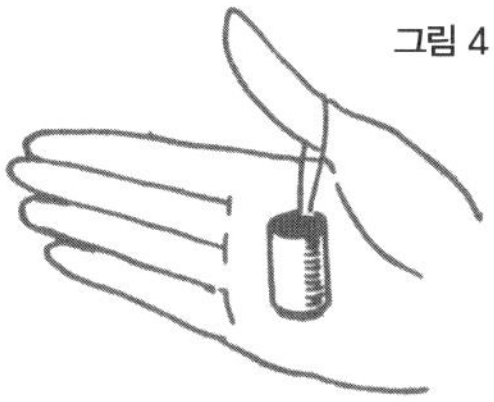

그림 4

이 도구를 조작할 때는 움직임이 매우 자연스러워야 한다. 넷째 손가락과 새끼손가락을 튜브로 구부리거나 엄지손가락을 나머지 손가락에서 떼고 쫙 편 상태에서 튜브가 매달려 있도록 한다(**그림** 5).

몰래 도구를 손에 넣는 방법은 매우 다양하다. 주머니에 두 번째 실크와 함께 넣어두고 실크를 꺼낼 때 함께 꺼내는 것도 한 방법이다. 또 다른 방법으로는 테이블에 올려놓은 손수건 안에 숨기는 방법이 있다. 손수건을 잡으면서 엄지손가락에 고리를 끼우면 된다(**그림** 6).

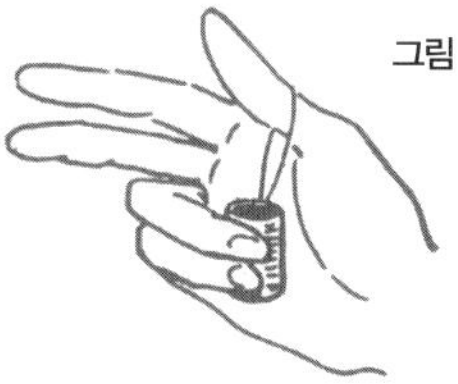

그림 5

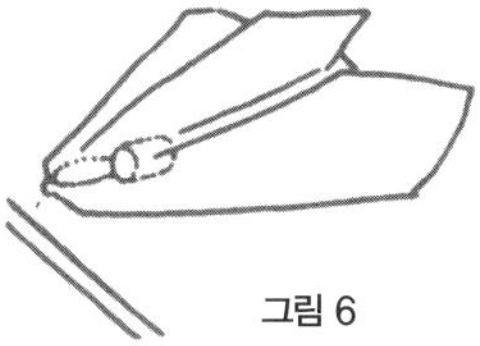

그림 6

또는 테이블 뒤나 의자에 조그만 못을 박아서 걸어 놓는 방법도 있다. 앞에서 실크를 이용한 마술을 시연한 후 잠깐 주머니에 넣어두었다가 다음 마술을 위해서 다시 꺼낼 것이다. 그때 실크를 테이블이나 의자에 놓고서 튜브도 함께 들면 된다. 크기가 작기 때문에 숨기기도 쉽고 들키지 않고 손으로 잡고 있을 수 있다.

시연

테이블에 놓은 실크 안에 도구를 숨겨놓았다고 해보자. 왼손으로 실크의 가운데를 드는 동시에 튜브의 고리를 잡는다. 계속 손수건 뒤에 숨긴다(**그림** 7).

그림 7

그림 8

오른손으로 실크를 옮기면서 오른손 엄지손가락을 고리에 넣는다(**그림 8**). 이렇게 손바닥이 관객을 향한 채 실크를 들면 관객은 당신의 손에 실크가 아닌 다른 물체가 있다고 의심하지 않는다. 왼손도 텅 비었음을 보여준다. 굳이 말로 양손이 텅 비었음을 알려주는 것보다 행동을 통해 관객들이 직접 보고 믿도록 만든다. 이처럼 명확한 행동이 백 마디 말보다 더 큰 효과가 있다.

"이것은 동양의 실크입니다. 원래는 손수건용 실크가 아닌데 잘못 해서 손수건으로 만들어졌습니다."

오른손을 실크 앞으로 약간 내린다. 따라서 **그림 8**에서 **그림 9**의 자세가 된다. 이렇게 하면 실크 뒤에 있는 튜브가 손바닥 안으로 들어가므로 **그림 5**처럼 손쉽게 들 수 있다.

그림 9

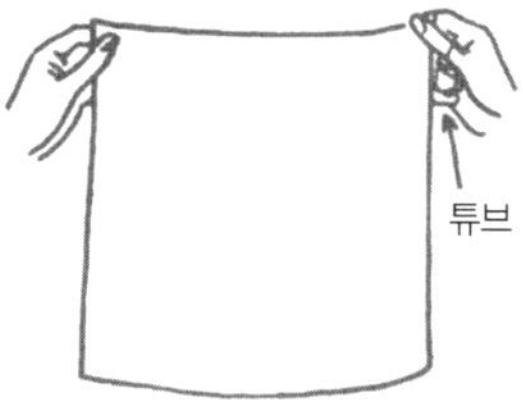

그림 10

실크를 펼쳐 양손으로 양쪽 위 귀퉁이를 잡는다(**그림 10**).

"사실 이것은 여성용 드레스를 만드는 실크 조각이죠. 여러분도 아시다시피 패션계에서는 항상 변화가 일어납니다."

오른손을 놓아 실크가 왼손에 매달리도록 한다. 그런 다음 오른손으로 실크의 가운데를 잡는다(**그림** 11).

왼손을 떼고 **그림** 9처럼 오른손으로 실크를 잡는다. **그림** 8처럼 손가락을 들어 튜브가 실크 뒤에 놓이도록 한다.

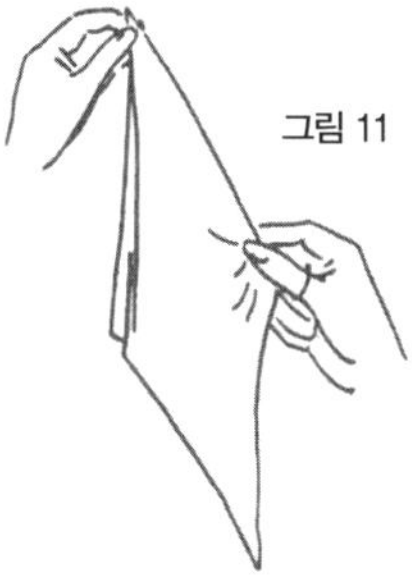

그림 11

그림 12

그림 13

"눈 깜짝할 사이에 이 손수건을 멋진 빨간색 드레스로 만들 수 있습니다. 아주 멋진 동양식 드레스로요. 핸드백에 쏙 넣어서 가지고 다닐 수 있겠죠?"

실크 뒤에서 왼손을 올려 튜브를 감싸 쥔다(**그림** 12). 그리고 가운데부터 튜브 안으로 밀어 넣는다. 물론 관객들은 실크 뒤에 튜브가 있다는 사실을 모르고 당신이 단지 왼손 주먹 안으로 실크를 집어넣는다고 생각한다. 이렇게 실크가 튜브 안으로 들어가면 나무 슬라이드가 아래로 내려가면서 반대쪽에서 초록색 실크가 나온다(**그림** 13).

"자, 이렇게 조그만 공간에 드레스를 집어넣을 수 있다니 정말 편리하군요. 이게 바로 동양 실크로 드레스를 만들면 좋은 점이죠."

튜브 안으로 실크를 완전히 집어넣는다. 오른손 엄지손가락에서 잠시 고리를 벗겨 오른손이 텅 비었음을 보여준 후 다시 고리를 끼운다. 튜브에서 나온 초록색 실크는 왼손에 가려서 보이지 않도록 해야 한다(**그림** 14).

그림 14

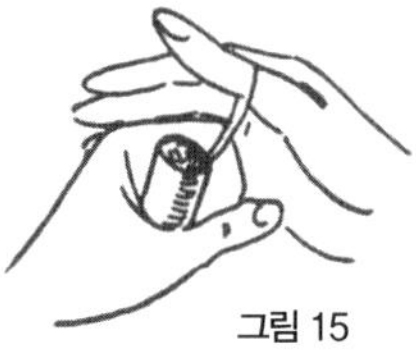

그림 15

오른손 네 손가락을 구부린 채 왼손 앞 아래쪽으로 가져간다. 오른손 엄지손가락을 들어 왼손에서 튜브를 뺀다(**그림** 15).

주먹 쥔 왼손을 손등이 관객을 향하게 한 채 왼쪽으로 움직인다. 오른손은 자연스럽게 쫙 펴서 아무것도 숨기지 않았음을 보여준다(**그림** 16). 시선은 계속 왼손에 둔다. 손을 돌려 앞쪽이 관객을 향하게 한다. 그런 다음 관객석에서 들리는 소리를 듣는 척한다.

"아니, 뭐라고요? 저 여성분께서는 빨간색 드레스를 입어본 적이 없다고 하네요. 그럼 초록색은 입어보셨나요?"

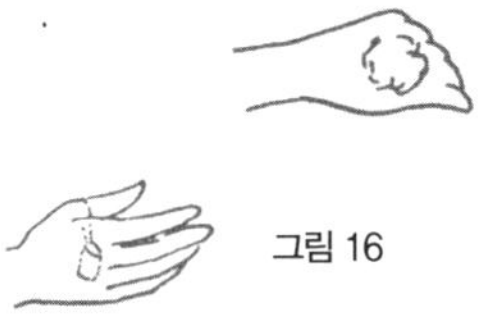

그림 16

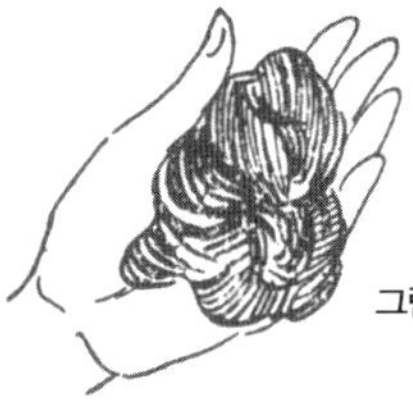

그림 17

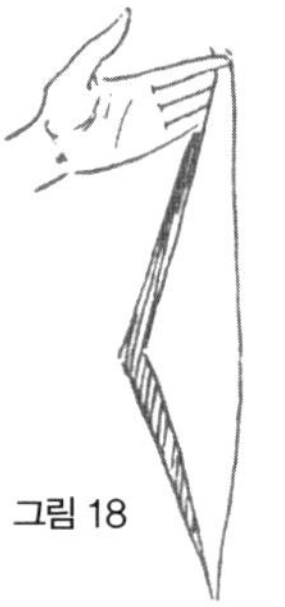

그림 18

왼손을 펴서 초록색 실크가 펼쳐져 나오도록 한다(**그림** 17). 왼손으로 한 귀퉁이를 잡아 실크자락이 아래로 떨어지도록 한다(**그림** 18). **그림** 11처럼 오른손으로 실크의 가운데를 잡는다. 그런 다음 **그림** 9처럼 오른손으로 잡고 마지막으로는 **그림** 8처럼 잡는다.

"이것이 동양 실크의 장점입니다. 기분에 따라 옷의 색깔을 바꿀 수 있죠."

도구는 실크와 함께 옆으로 치운다. **그림** 5처럼 도구를 잡은 채 실크를 왼손에서 치울 수도 있으며 주머니에서 다음 마술에 사용할 노란색 실크 같은 다른 물건을 꺼내면서 그 안에 넣어도 된다.

‘거꾸로’ 컬러 체인징 실크
The ‘Vice Versa’ Color Changing Silks

이것은 아서 포프(Arthur M. Pope)가 만든 즉석 마술 도구로 언제 어디서나 즉석에서 시연할 수 있다.

★ 이펙트
초록색과 노란색 실크를 보여준다. 초록색은 노란색으로, 노란색은 초록색으로 바꾸겠다고 한다. 오른손으로 왼손 주먹에 실크를 집어넣은 후 빼자 색깔이 바뀐다.

★ 준비물
초록색 실크와 노란색 실크. 원하는 색깔로 해도 된다.

시연
이것은 세팅이 전혀 필요 없는 완전한 즉석 마술이다. 왼손 집게손가락과 가운뎃손가락 사이로 초록색 실크를 든다. 노란색 실크는 오른손 엄지손가락과 집게손가락 사이로 든다(**그림 1**). 다음과 같이 말하면서 실크와 양손을 자유롭게 보여준다.

> “두 명의 여성이 각각 새 옷을 샀습니다. 한 명은 초록색 옷을 샀고 다른 한 명은 노란색을 샀습니다. 그런데 어느 날 두 사람은 길거리에서 마주쳤습니다.”

손수건을 가까이 모은다. 오른손을 왼손 뒤에 놓아 노란색 귀퉁이는 왼손 집게손가락과 가운뎃손가락 사이로 잡고 초록색 귀퉁이는 오른손 가운뎃손가락과 넷째 손가락으로 잡는다(**그림 2**).

그림 1

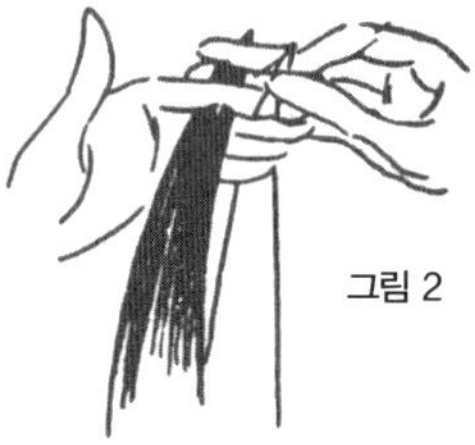

그림 2

귀퉁이를 손가락 기부로 내려 초록색을 오른쪽으로 비틀고 노란색은 왼쪽으로 비튼다. 오른손으로 두 귀퉁이를 모두 잡아서 관객에게 보이지 않도록 가린다. **그림 3**은 당신에게 보이는 모습이다.

그림 4는 관객에게 보이는 실크와 손의 모습이다. 하지만 오른손으로 실크의 귀퉁이를 재빨리 가리므로 관객에게는 두 귀퉁이를 각각 반대쪽으로 잡아당겨서 비트는 모습은 보이지 않는다.

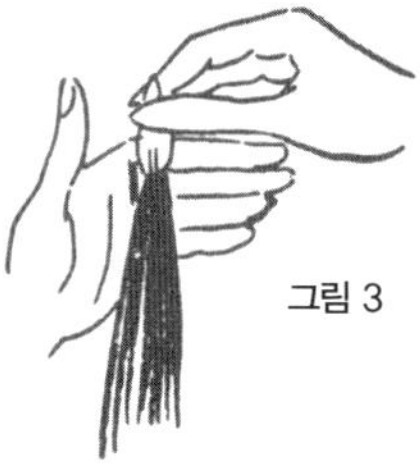

그림 3

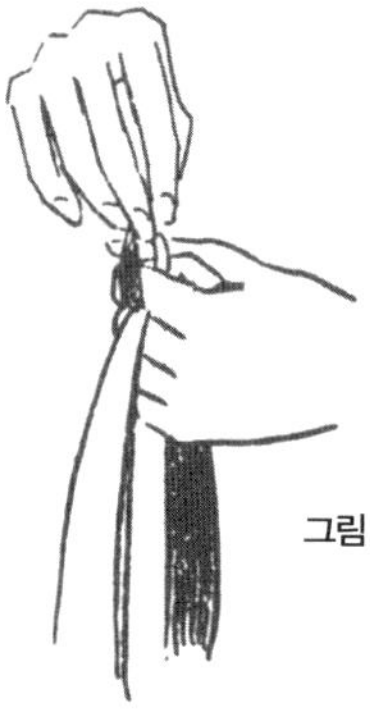

그림 4

"노란색 옷을 입은 여성은 초록색 옷을 입은 여성을 보고 가슴이 쿵 내려앉았습니다. 노란색 대신 초록색을 살 걸 하고 후회가 되었죠. 초록색 옷을 입은 여성도 초록색 대신 노란색 옷을 살 걸 후회가 되었습니다. 그래서 마술사인 제가 초록색은 노란색으로 바꿔주고 노란색은 초록색으로 바꿔주었죠. 두 사람은 잠시 동안이지만 무척 행복했습니다. 눈앞에서 두 사람의 옷이 바뀌는 것을 본다면 정말 신기하겠죠? 자, 여기 이 실크 손수건을 이용해서 직접 보여드리겠습니다."

오른손으로 두 장의 실크를 위로 당긴다. 두 실크는 측면의 위치만 바뀐다. 즉 하나는 위쪽이 다른 하나의 아래쪽 위에 놓이게 된다. 관객에게는 두 실크가 오른손에서 직선으로 매달린 상태에서 당신의 왼손으로 잡아당기자 색깔이 바뀌는 것처럼 보인다(**그림** 5).

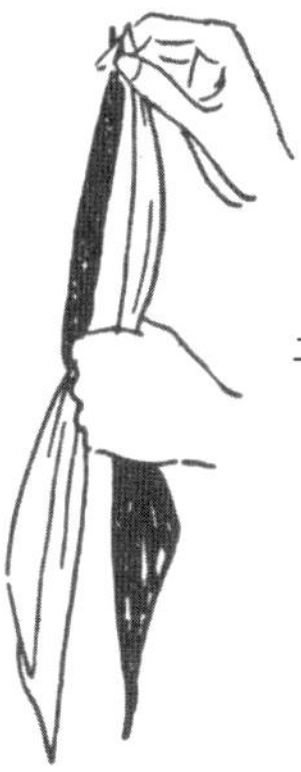
그림 5

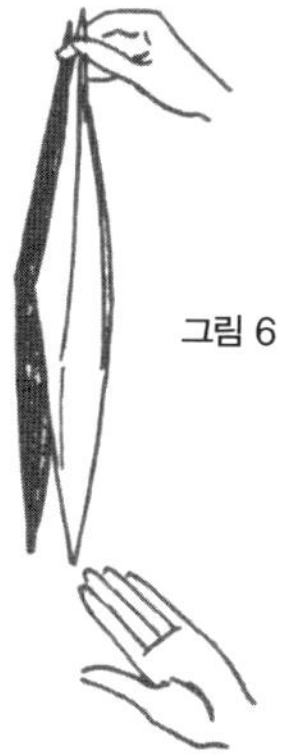
그림 6

"자, 초록색이 노란색으로 바뀌고 노란색은 초록색으로 바뀌었습니다."

왼손에서 두 실크를 완전히 떼고 왼손이 텅 비었음을 보여준다(**그림** 6).

★ 참고

대사를 줄여서 더 간단하게 시연하려면 이렇게 말한다.

"이것은 정말 신기한 실크입니다. 같이 들면 초록색이 노란색으로 바뀌고 노란색은 초록색으로 바뀝니다."

실크 염색하기
The Dyeing Handkerchief

이것은 실크의 색깔을 바꾸는 마술에서 빼놓을 수 없는 이펙트로써 종이 튜브에 든 염색 튜브를 이용한다.

★ 이펙트

종이 한 장을 보여주고 그것으로 튜브를 만든다. 흰색 실크를 튜브에 집어넣고 안에 아무것도 들어 있지 않음을 보여준다. 다시 튜브에 흰색 실크를 넣자 반대쪽에서 분홍색의 염색 실크가 나온다. 마술사는 염색이 너무 약하게 되었다면서 다시 튜브에 집어넣는다. 이번에는 반대쪽에서 빨간색 실크가 나온다. 그런 다음 흰색 실크 두 장을 하나씩 튜브에 넣는다. 처음에는 초록색이 나오고 두 번째에는 파란색이 나온다. 종이 튜브를 펴서 안에 아무것도 없음을 보여준다.

★ 준비물

1. 33cm 크기의 실크 여덟 장. 흰색 네 장, 분홍색 한 장, 빨간색 한 장, 초록색 한 장, 파란색 한 장
2. 불투명 종이 한 장. 22cm × 30cm
3. 금속으로 된 염색 튜브

이것은 길이 약 10cm, 지름 3cm 크기의 청동으로 만든 튜브이다. 안에는 위아래로 움직이는 컵이 들어 있다. 튜브의 양끝이 안쪽으로 굽어 있으므로 컵이 밖으로 빠지지 않는다. 튜브의 크기는 어떤 것을 구입하느냐에 따라서 다르다(**그림 1, 그림 2**).

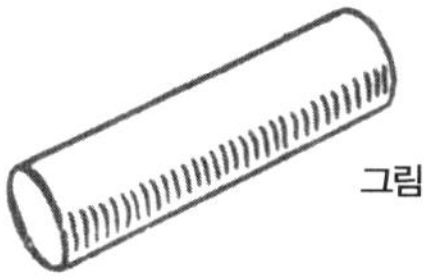

그림 1

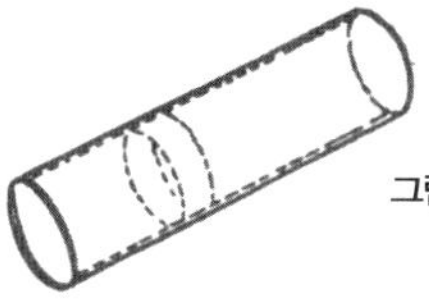

그림 2

일반적으로 튜브의 컵에는 펠트 천이 붙어 있다. 만약 없다면 직접 붙여야 한다. 얇은 펠트 천을 튜브의 끝보다 약간 크게 잘라서 컵의 아래에 붙인다(**그림** 3). 컵을 안으로 밀면 **그림** 4처럼 펠트 천이 안으로 들어가면서 남는 부분에는 주름이 생긴다. 이렇게 펠트 천을 붙이는 이유는 실크를 집어넣을 때 튜브의 끝부분에 걸리지 않게 하기 위해서이다.

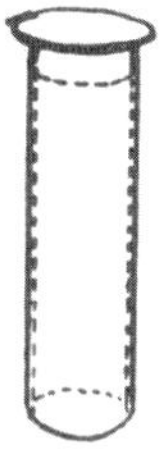

그림 3

그림 4

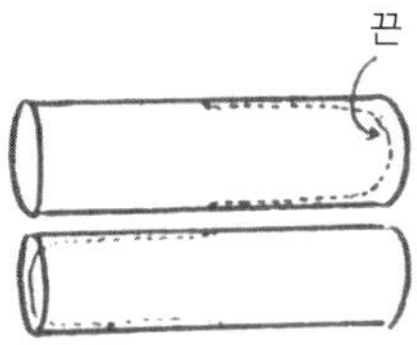

그림 5

튜브가 없다면 직접 만들어도 된다. 카드보드지로 조그만 튜브를 만든다. 양쪽 가운데에 끈을 꿰매어 놓는다. 고리 모양이 된 끈이 튜브의 가운데에서 거의 끝부분까지 닿아야 한다. 따라서 고리 모양의 끈을 위에서 아래로 움직일 수 있게 된다. 이렇게 끈을 달아 놓는 이유는 흰색 실크를 넣었을 때 반대쪽으로 빠져나오지 않도록 하기 위해서이다(**그림** 71).

5. 튜브를 받을 랩핑주머니(Servante)

마술에서 랩핑주머니는 테이블이나 의자의 뒤에 붙은 일종의 가방을 말한다. 이것은 관객에게 보이지 않도록 어떤 물체를 떨어뜨리는 용도로 사용된다. 물론 랩핑주머니는 천이나 테이블보, 의자 등걸이 등으로 가려 관객에게 보이지 않도록 한다.

이 이펙트에서는 두꺼운 포장지나 카드보드지, 천 조각으로 만든 비교적 저렴한 랩핑주머니를 사용해도 된다. 카드보드지로 **그림** 6처럼 바닥이 없는 상자를 만든다. 너비는 5cm, 길이는 7.5cm 정도가 좋다.

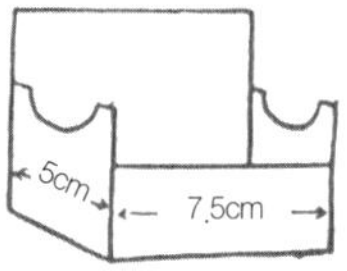

그림 6

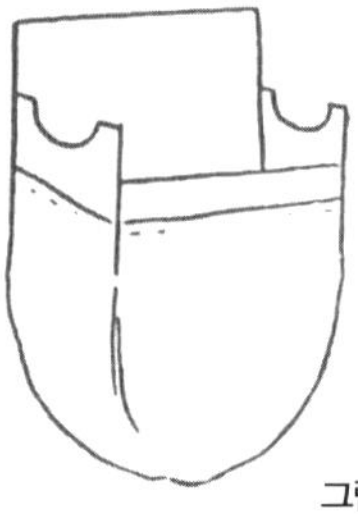

그림 7

그림 8

그림 7처럼 카드보드지의 바닥에 천 조각을 꿰매어 가방 모양처럼 만든다.

포장지를 대각선 방향으로 잡는다. 접은 부분의 가운데에 카드보드지 상자의 뒷면을 붙인다(**그림** 8). 이렇게 만든 랩핑주머니는 휴대 시 평평하게 접을 수 있다. 테이블보로 가리지 않아도 카드 테이블에 놓고 사용할 수 있다.

준비

튜브의 펠트 천 바로 옆으로 실크 다섯 장을 집어넣는다. 가운데 부분 먼저 집어넣고 끝부분을 넣는다. 파란색, 초록색, 빨간색, 분홍색, 흰색 순서로 넣는다(**그림** 9).

만약 카드 테이블을 사용한다면 랩핑주머니를 뒤쪽 가장자리에 놓되 위쪽 절반은 테이블 위에 아래쪽 절반은 매달려 있도록 놓는다. 압정으로 카드보드지를 고정한다. 튜브는 카드보드지의 홈 부분에 걸쳐 놓는다. 흰색 실크가 당신의 왼쪽에 있도록 놓아야 한다(**그림** 10).

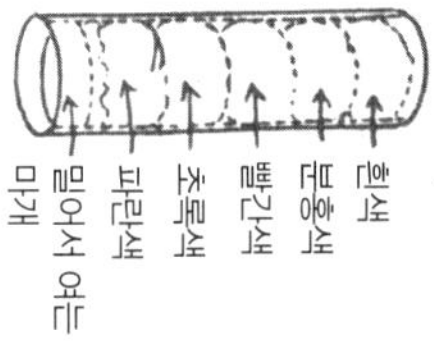

그림 9

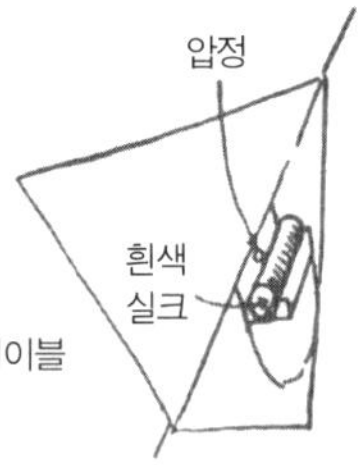

그림 10

관객에게는 단지 테이블에 놓은 종이의 한쪽 끝부분이 매달려 있는 것처럼 보인다. 종이 두 장을 사용해도 된다. 신문지 두 장을 이용해서 랩핑주머니를 붙여도 된다.

그림 11처럼 22cm × 30cm의 종이를 테이블에 놓고 한쪽 끝으로 튜브를 가린다.

종이 위에 실크 세 장을 올려놓는다.

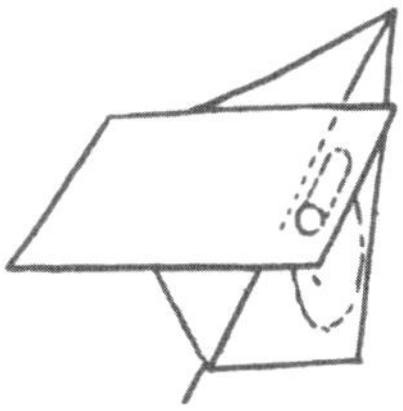
그림 11

그림 12

시연

종이를 들어 앞뒤를 보여준다.

"얼마 전 파리에서 저를 찾아오신 여성이 있었습니다. 여러분도 잘 아시다시피 파리하면 패션의 도시죠. 그 여성분의 여행 가방은 무척 작았는데도 옷을 여러 벌 가져오셨더군요. 이틀 연속 똑같은 옷을 입는 법이 없었죠. 저는 너무 궁금해서 어떻게 그렇게 옷을 많이 가져오셨는지 물어보았습니다. 사실은 옷이 세 벌밖에 없는데 그때그때 다른 색으로 염색을 해서 다른 옷으로 바꾼다고 했습니다. 이 종이만 있으면 된다더군요."

다시 종이의 앞뒤를 보여준 후 곧바로 왼손으로 앞쪽에 든다. 오른손으로 코트 안에서 무언가를 꺼내 종이에 놓는 척한다(**그림 12**). 종이를 튜브 모양으로 동그랗게 만다.

"이렇게 원통 보양으로 말아서… 안이 텅 빈 종이 원통입니다. … 아, 잠깐만요. 정말로 원통 안이 텅 비었는지 의심하는 분들이 있는 것 같군요."

방금 코트에서 무언가를 꺼내 종이에 올려놓는 행동을 취했기 때문에 관객은 원통에 무언가가 들어 있다고 생각할 것이다. 종이를 펴서 앞뒤를 보여준다.

"자, 보셨죠? 저는 여러분을 속이지 않습니다."

그림 11처럼 다시 테이블에 종이를 올려놓는다. 실크 세 장을 든다.

"자, 여기 보시는 실크 손수건이 옷이라고 해보겠습니다. 하나, 둘, 셋… 옷이 세 벌 있습니다."

실크를 한 장씩 보여주면서 센다.

"아주 멋진 흰색 옷 세 벌입니다. 이것이 보통 크기의 옷이라고 생각해보겠습니다."

다시 오른손으로 종이를 든다. 오른쪽 엄지손가락을 종이 위에 놓고 나머지 손가락은 아래에 놓아 종이 아래에 실크가 든 튜브를 놓은 채 들어야 한다(**그림** 13).

튜브를 숨긴 채 종이의 앞뒤를 보여주는 방법

오른손으로 종이와 튜브를 왼손으로 올린다. 왼손 네 손가락을 종이 앞에 놓고 엄지손가락은 뒤쪽에서 튜브의 입구에 놓는다(**그림** 14).

그림 13

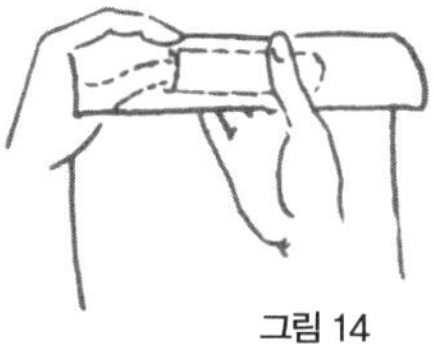
그림 14

종이에서 오른손을 떼서 종이의 위쪽 가장자리가 위로 올라가도록 한다. 오른손 엄지손가락과 집게손가락을 종이 뒤에 놓고 튜브를 잡는다. 나머지 세 손가락은 종이 앞쪽에 놓는다(**그림** 15).

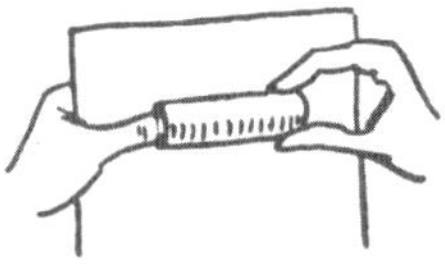
그림 15

그림 16

왼손 집게손가락은 뒤에 놓고 엄지손가락과 나머지 손가락은 앞에 놓은 채 종이 아래쪽으로 미끄러지듯 내려간다. 오른손으로는 종이의 위쪽 가장자리를 든다. 이렇게 하면 종이의 한쪽 면을 보여줄 수 있다(**그림** 16).

그림 17

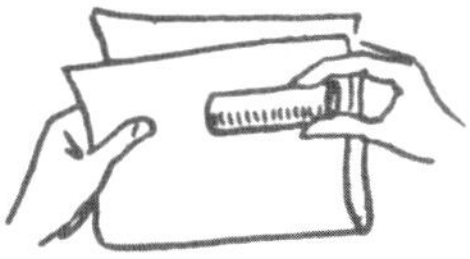

그림 18

종이의 아랫부분을 튜브와 위쪽 가장자리 사이로 들어올린다. 이렇게 하기 위해서는 종이를 당신의 몸쪽으로 올린 후 튜브 뒤로 들어 올리면 된다(**그림** 17과 **그림** 18).

이제 오른손에서 종이의 위쪽 가장자리를 놓는다. 그리고 엄지손가락과 집게손가락 그리고 앞쪽에서 나머지 손가락으로 잡고 있는 튜브와 함께 아까처럼 아랫부분(지금은 위로 올라온)을 잡는다(**그림** 19).

종이 맨 아래로 튜브를 가져가서 종이로 감쌀 준비를 한다(**그림** 20).

그림 19

그림 20

왼손의 도움으로 종이로 튜브를 싼다. 관객에게는 단지 빈 종이를 원통 모양으로 마는 것처럼 보인다(**그림** 21).

왼손으로 튜브를 들고 오른손으로 테이블에서 흰색 실크 한 장을 든다. 튜브 끝에 있는 컵에 실크를 넣고 컵을 약간 위로 미끄러뜨린다. 물론 이 동작은 관객에게도 보인다(**그림** 22).

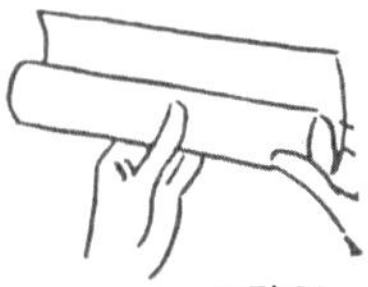

그림 21

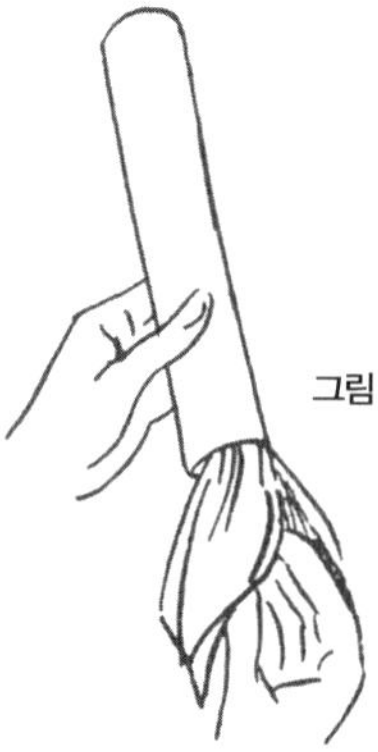

그림 22

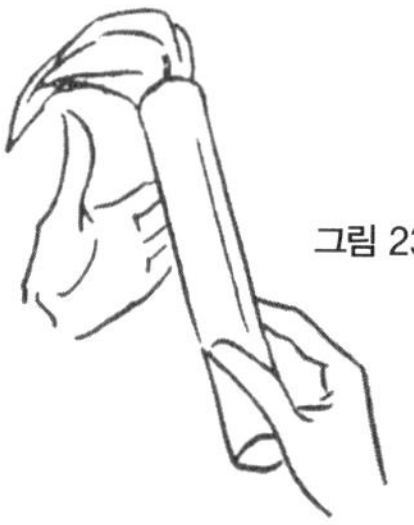

그림 23

"염색의 제일 처음 단계는 바로 세탁입니다. 원통에 옷을 넣어 반대쪽으로 빼는 거죠."

오른손에 대고 튜브를 통통 쳐서 튜브 끝에서 빠져나오는 흰색 실크가 손에 잘 잡히도록 한다. 오른손으로 흰색 실크를 꺼내 테이블에 놓는다(**그림 23**).

"간단하지만 무척 중요한 단계죠. 원통이 옷을 깨끗하게 해주고 옷도 원통을 깨끗하게 해주니까요."

왼손으로 튜브를 잡고 두 번째 실크를 집어넣어 반대쪽에서 분홍색 실크가 나오도록 한다.

"염색 과정은 세탁 과정과 비슷합니다. 원통을 약간 다른 각도로 잡아서 실크가 그 안에 좀더 오래 들어 있도록 해야 하죠. 그 시간은 색깔에 따라 달라집니다."

또다시 오른손에 대고 원통을 가볍게 친다. 분홍색 실크가 위에서 빠져나오고 오른손으로 잡는다. 실크를 자유롭게 보여준다.

"아, 아무래도 원통에서 너무 빨리 꺼낸 것 같습니다. 염색이 충분히 안 되었네요. 다시 넣고 좀더 오래 있어 보겠습니다."

분홍색 실크를 튜브 아래로 넣는다. 원통을 가볍게 쳐 위에서 빨간색 실크를 꺼낸다.

"이 색깔이 훨씬 낫네요. 이제 예쁜 빨간색 옷이 생겼습니다."

테이블 가운데에 빨간색 실크를 올려놓고 또 흰색 실크를 든다.

"자, 이것도 종이 원통에 넣겠습니다."

튜브 아래로 흰색 실크를 넣고 테이블에서 마지막 흰색 실크를 든다.

"자, 이 녀석도 같이 염색하겠습니다."

튜브 안의 컵에 놓인 실크를 위로 올려 초록색과 파란색 실크가 위쪽에서 나오되 아직 종이에 가려 보이지 않도록 한다. 종이 원통을 똑바로 들어 튜브가 적당한 때에 쉽게 밖으로 미끄러져 내려올 수 있다. 왼손에 대고 원통을 가볍게 쳐서 초록색 실크를 꺼낸다.

"자, 이 초록색 옷은 어떤가요?"

그림 24

왼손으로 초록색 실크를 꺼내 테이블 뒤쪽을 향해 놓는다. 이때 튜브를 든 오른손이 종이 뒤쪽으로 가 랩핑주머니 바로 위에 놓이도록 한다. 염색 튜브가 종이 원통에서 나와 랩핑주머니로 들어가도록 한다(**그림 24**). 이 동작을 재빨리 하고 즉시 종이 원통을 든다. 다시 왼손에 대고 원통을 가볍게 쳐서 파란색 실크를 꺼낸다.

"자, 원통 안에 가장 오래 있었으니 가장 진한 색으로 염색이 되었군요. 자, 어떻습니까? 정말 쉬운 염색 방법이죠? 이제 누구라도 멋쟁이가 될 수 있습니다."

파란색 실크를 빨간색, 초록색과 함께 테이블에 올려놓는다. 종이 원통을 펴서 앞뒤가 텅 비었음을 보여준다.

★ 참고

만약 튜브에 공간이 부족하면 핑크색 실크를 먼저 꺼내고 빨간색으로 염색한다.

★ 변형

의자를 사용하는 방법

의자 랩핑주머니도 쉽게 만들 수 있다. 의자 앞에 화려한 천을 씌우고 뒷부분을 고정해서 가방 모양으로 만든다. 그 안에 염색 튜브를 넣으면 된다. 의자 맨 윗부분에 걸친 천에 압정 두 개를 박는다(**그림 25**). 튜브에서 컬러 실크를 꺼내 의자 뒤에 걸쳐놓는다. 염색 튜브를 처리할 때는 의자 뒷부분의 랩핑주머니 위에 손을 들고 튜브를 재빨리 떨어뜨리면 된다(**그림 26**).

뒷모습 그림 25

그림 26

튜브를 사용하기 전에 걸어놓을 수 있는 홀더도 간편하게 만들 수 있다. 구부러진 금속 조각을 의자나 테이블의 뒷면에 압정으로 박으면 된다(**그림 27**). **그림 28**처럼 실크 넣은 튜브를 홀더에 올려두면 된다.

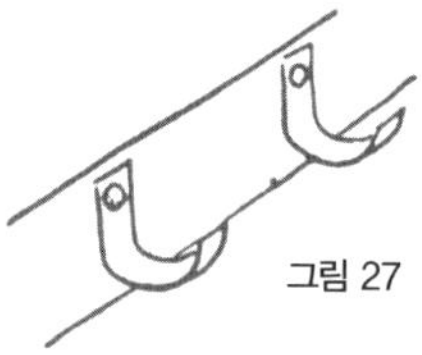
그림 27

그림 28

중국 전통 의상을 입은 여자 조수를 출연시키는 방법

여자 조수를 출연시킬 예정이라면 소매가 넓은 중국 전통 의상을 입도록 한다. 오른쪽 소매에 조그만 랩핑주머니를 달아놓는다.

조수는 오른쪽에서 등장하여 랩핑주머니가 보이지 않도록 오른쪽에 관객을 향해 서도록 한다(**그림 29**).

그림 29

그림 30

튜브에서 실크를 꺼낼 때는 조수가 오른쪽 팔을 쭉 뻗은 상태로 소매 위에 놓는다. 그리고 적당한 때에 조수의 소매 안으로 랩핑주머니를 처리한다. 조수가 실크를 랩핑주머니 위에 놓은 채 퇴장하도록 한다(**그림 30**).

주머니를 이용하는 방법

이것은 내가 의자나 테이블을 세팅할 시간이 없거나 조수가 없을 때 종종 사용하는 방법이다. 실크를 넣은 튜브를 코트 오른쪽 주머니에 넣는다. 튜브의 맨 위에 실크 세 장이 놓여 있다. 실크를 꺼내서 왼쪽 팔뚝에 걸쳐 놓는다. 왼손으로 종이를 잡고 몸의 왼쪽이 관객에게 향하도록 서서 실크를 보여준다.

오른손으로 주머니에서 염색 튜브를 핑거 팜 하여 꺼낸다. 손등이 관객을 향하도록 하고 다시 관객을 보고 선다(**그림 31**).

그림 31

뒷모습

그림 32

뒷모습

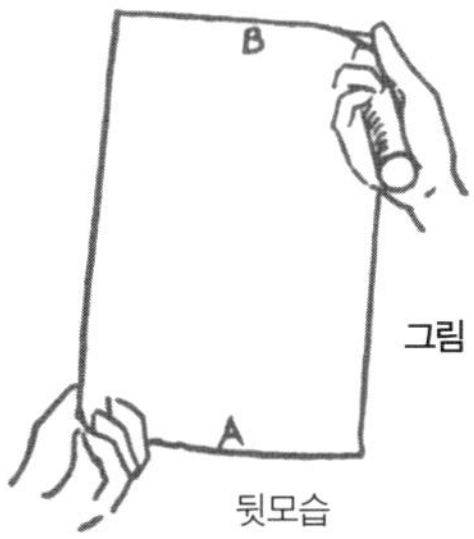

그림 33

뒷모습

그림 32처럼 튜브는 오른손에 숨긴 채 양손으로 종이를 잡는다.

왼손을 밖으로 빼고 위 가장자리를 내려서 종이의 반대쪽을 보여준다. 이렇게 하면 튜브를 들키지 않고 종이의 양면을 보여줄 수 있다(**그림 33**).

그림 34처럼 양손을 원위치 시킨다.

튜브를 잡은 채 오른손을 종이 뒤에서 위로 올리고 왼손으로 종이의 위 가장자리를 잡는다. 종이로 튜브를 감싼다. 관객에게는 단지 종이를 원통 모양으로 돌돌 마는 것처럼 보인다(**그림 35**).

앞에서 설명한 대로 염색 과정을 보여준다. 의자가 준비되어 있다면 그 위에 실크를 놓는다. 두 번째 컬러 실크를 의자에 놓으면서 몸의 왼쪽을 관객에게 돌리고 오른손을 코트 주머니에 넣어 염색 튜브를 그 안에 떨어뜨린다(**그림 36**).

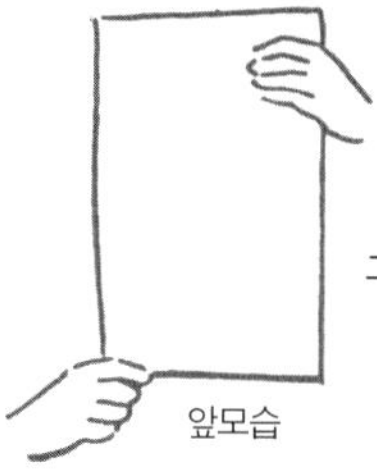

그림 34

그림 35

그림 36

또 다른 방법으로 튜브를 처리할 수도 있다. 튜브에서 빨간색 실크를 꺼냈을 때 왼손으로 잡는다(**그림 37**).

왼손에 대고 튜브를 살짝 쳐서 초록색 실크가 살짝 빠져나오도록 한다(**그림 38**). 튜브의 아래쪽을 왼손에 올리고 오른손으로 초록색 실크를 꺼낸다(**그림 39**).

그림 37

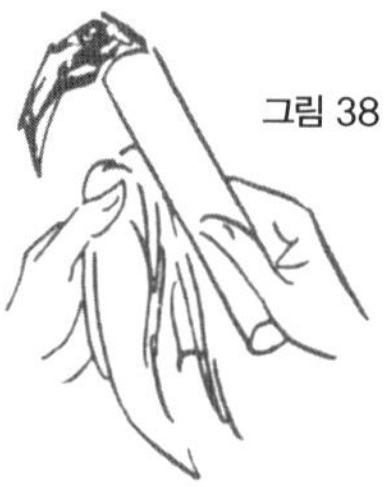
그림 38

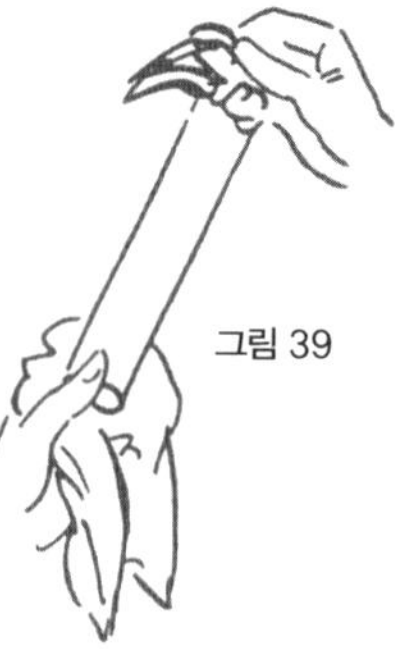
그림 39

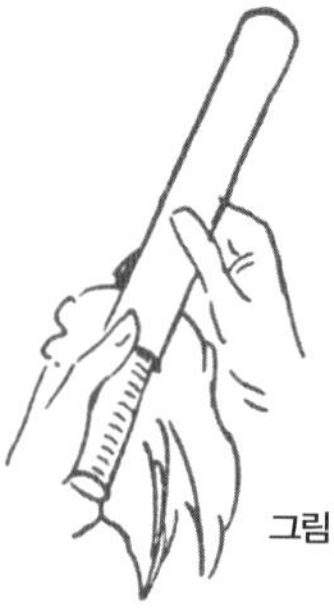
그림 40

오른손 넷째 손가락과 새끼손가락 사이로 초록색 실크를 잡고 왼손에서 종이를 가져와 염색 튜브가 왼손 손바닥 안으로 미끄러지도록 한다(**그림** 40).

오른손에 든 초록색 실크를 왼손의 염색 튜브 위에 놓는다(**그림** 41).

두 실크를 튜브와 함께 코트 왼쪽 주머니에 밖에서 보이도록 넣는다. 종이 원통에서 파란색 실크를 꺼내 원통 안이 텅 비었음을 보여주면서 마무리한다(**그림** 42).

그림 41

그림 42

★ 제안

염색 원리를 좀더 정교하게 이용해서 커다란 이펙트를 연출할 수 있다. 좀더 큰 염색 튜브와 실크를 준비한다. 실크 세 장이 모두 나타나게 한 후 또다시 튜브에 집어넣어서 커다란 실크 한 장(또는 플래그로)으로 변하게 한다. 이 이펙트는 대사 없이 팬터마임으로 시연해도 된다.

실크 마술 전문인 아드 듀발은 레인보 실크로 환상적인 염색 과정을 보여준 후 마지막에 컬러풀한 커다란 실크로 변하게 하는 모습으로 마무리한다.

또 다른 흥미로운 버전으로는 정사각형 종이 세 장을 보여주고 찢어서 튜브에 넣은 후 반대쪽에서 실크로 변해서 나타나게 하는 이펙트가 있다. 즉 염색이 아니라 종이로 실크를 만드는 과정을 보여주는 것이다.

해적기 컬러 체인지

Yo! Ho! Ho! And A Bottole of Rum!

이것은 윌리엄 라센과 페이지 라이트가 처음 내놓은 아이디어를 응용한 컬러 체인징 실크 마술이다. 나도 몇 번 내 쇼에서 시연해보았는데 큰 성공을 거두었다. 여기에 필요한 도구는 플로이드 세이어(Floyd Thayer)가 만들었다.

★ 이펙트

중국 매트와 흰색 실크를 보여준다. 돗자리를 돌돌 말고 중국에서는 어떤 물체가 주변 환경과 비슷하게 바뀐다는 이야기를 한다. 매트에 흰색 실크를 집어넣자 태양과 비슷한 빨간색 실크로 바뀌고 마지막으로 빨간색 실크가 졸리 로저(Jolly Roger)의 해적기로 바뀐다. 이것은 "해적 15명이 시체 하나를 밟고 있다. 야호! 럼을 가져와라!(Fifteen Men on a Dead Man's Chest, Yo! Ho! Ho! And A Bottle of Rum!)"를 연상시킨다. 매트 안에서 럼주병이 나온다. 매트를 펴서 안에 아무것도 없음을 보여준다.

★ 준비물

1. 럼주 병을 대신할 특별히 세팅한 병(**그림 1**). 이 병의 바닥은 금속으로 만들어져 있다. 바닥에는 안에 든 물건이 밖으로 떨어지지 않게 하는 나무 링이 있다. **그림 2**는 병의 단면으로써 위아래로 움직이는 슬라이드를 보여준다. 병의 크기는 길이 18cm, 병목의 길이는 6cm 정도이다.

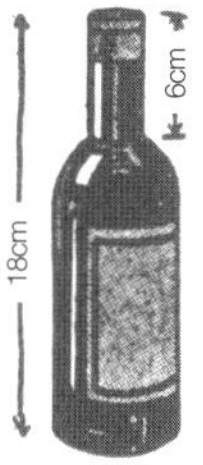

그림 1

그림 2

그림 3

2. 46cm 크기의 졸리 로저 실크. 나는 테두리가 파란색인 것을 사용한다. 검정색 바탕에 해골과 십자모양의 뼈가 그려져 있다.
3. 46cm 크기의 흰색, 연한 파란색, 빨간색 실크
4. 길이 36cm, 너비 24cm의 중국 매트. 백화점 등에서 구입할 수 있는 식탁용 매트이다(**그림** 4).

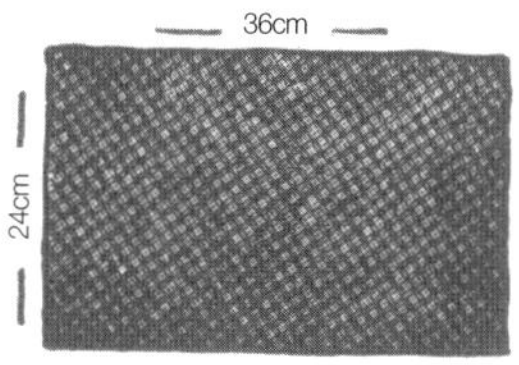

그림 4

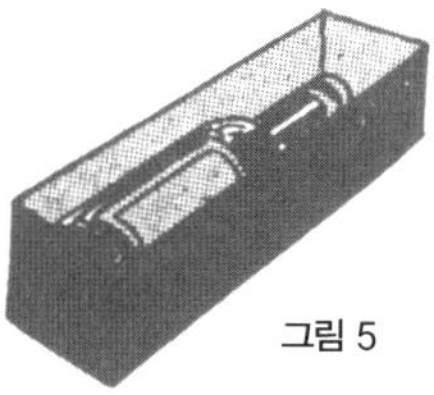

그림 5

5. 길이 25cm, 너비 6cm, 깊이 6cm의 카드보드지 상자. 병이 들어갈 만한 크기여야 한다(**그림** 5).
6. 지름 0.5cm의 가느다란 지팡이

준비

병 바닥으로 졸리 로저 실크의 네 귀퉁이를 넣고 지팡이로 가운데를 먼저 집어넣는다.

그리고 빨간색 실크를 집어넣은 후 파란색 실크도 집어넣는다(**그림** 6).

그림 6

그림 7

상자에 병을 넣는다. 병의 바닥이 관객을 향하도록 테이블에 놓는다. 관객은 상자에 병이 들어 있다는 사실을 알지 못한다.

흰색 실크로 병과 상자를 가린다. 그리고 그 위에 매트를 놓는다(**그림** 7).

시연

"중국에는 이런 이야기가 있습니다. 매트와 흰색 실크에 관한 이야기인데요…."

오른손으로 매트의 뒷부분 가장자리를 잡는다. 앞뒤를 보여주고 다시 상자 위에 놓는다. 이때 흰색 실크는 왼손으로 잡는다. 상자 안의 병은 잘 가려져 있으므로 타이밍만 잘 맞추면 관객의 눈에 띄지 않는다.

테이블에 실크를 떨어뜨린다. 그와 동시에 **그림** 8처럼 오른손을 매트의 뒤쪽에 놓고 가운뎃손가락을 병목에 집어넣은 상태로 매트와 병을 함께 들어올린다(**그림** 9). 병이 매트 뒤에 있으므로 관객에게는 보이지 않는다.

그림 8

그림 9

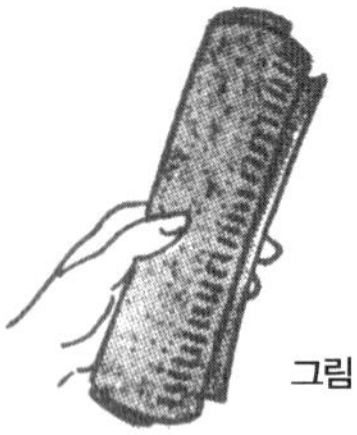
그림 10

왼손으로 가까이 있는 매트의 가장자리를 병에 둘둘 감은 후 반대쪽 가장자리를 가져온다. 이렇게 하면 원통 모양으로 둘둘 만 매트에 병이 숨겨진 상태가 된다(**그림**

10). 매트는 왼손으로 든다. 흰색 실크를 가져온다.

"중국에서는 물체가 주변 환경과 비슷하게 변한다는 말이 있습니다. 예를 들어 이 흰색 실크가 배의 돛이라고 해보겠습니다. 이렇게 매트 속으로 집어넣으면…"

매트 윗부분에 실크를 올려놓고 지팡이를 이용해 병목으로 집어넣는다(**그림** 11). 실크가 완전히 들어가 보이지 않으면 이렇게 말한다.

"중국의 파란 하늘에서는…"

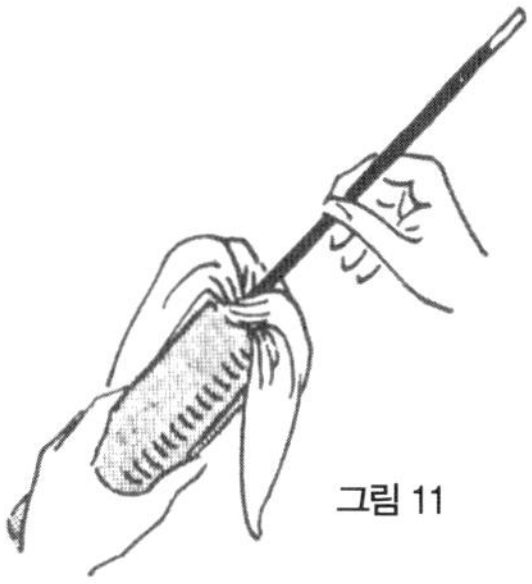

그림 11

그림 12

매트의 아래쪽에서 파란색 실크를 잡아 뺀다. 파란색 실크를 보여주면서 말한다.

"돛도 파란색이 됩니다."

지팡이를 이용해 파란색 실크를 병목으로 집어넣는다. 따라서 파란색은 흰색 실크 위에 놓이게 된다.

"그리고 저녁에 빨간 노을이 지면…"

빨간색 실크를 꺼내 펼쳐서 보여준다.

"노을을 따라 돛도 빨간색이 되지요."

병목으로 빨간색 실크를 집어넣어 파란색 위에 놓이게 한다. 모두 보이지 않도록 완전히 집어넣어야 한다.

"그런데 중국의 바다에는 가끔씩 해적선이 나타납니다."

졸리 로저의 해적기를 꺼낸다. 해적기를 펼쳐서 해골과 십자모양의 뼈 그림을 보여준다.

"자, 해적 졸리 로저가 나타났습니다!"

해적기를 옆으로 치워놓는다.

"해적 15명이 시체를 밟고 있다. 럼을 가져와라!"

병이 매트에서 오른손으로 떨어지게 한다. 병을 들어 관객에게 보여준다(**그림 12**). 매트를 펼쳐서 안이 텅 비었음을 보여준다.

★ 참고

이 버전에서는 몰래 처리해야 하는 금속 튜브가 필요하지 않다. 예상치 못한 물체가 나타나게 하는 동시에 몰래 실크를 넣을 수 있기 때문이다.

똑같은 방법으로 다른 이야기와 연결시켜서 병 대신 다른 물체를 사용할 수도 있다. 우유병이라든지 잼 용기, 중국 인형, 불꽃 등에 응용할 수 있다.

악보와 실크
Music and Silks

이것은 몇 년 전 제이노스 바틀(Janos Bartl)이 만든 더블 페이퍼를 멋지게 활용할 수 있는 이펙트이다. 더블 페이퍼는 혼자서 만들 수 있으며 깔끔하게 실크의 색깔을 바꿀 수 있게 해준다.

★ 이펙트

악보의 양면을 보여준 후 원통 모양으로 만든다. 원통의 한쪽 끝에 노란색 실크를 넣자 반대쪽에서 빨간색으로 바뀌어서 나온다. 빨간색을 원통에 넣자 파란색으로 바뀌어 나온다. 파란색을 원통에 넣자 다시 노란색으로 바뀐다. 악보를 펴서 앞뒤를 보여준다.

★ 준비물

1. 세팅한 악보. 악보 두 장을 함께 놓고 고무 시멘트로 깔끔하게 붙이거나 **그림 1** 처럼 흰색 실로 박음질한다. 점선은 바느질 자국을 나타낸다. 이때 A와 C의 끝 부분만 빼고 가장자리에 가깝게 전부 바느질하거나 칠한다는 점에 유의한다. 이렇게 하면 A와 C에 틈이 생기므로 양쪽 끝에 주머니가 생긴다(**그림 2**).

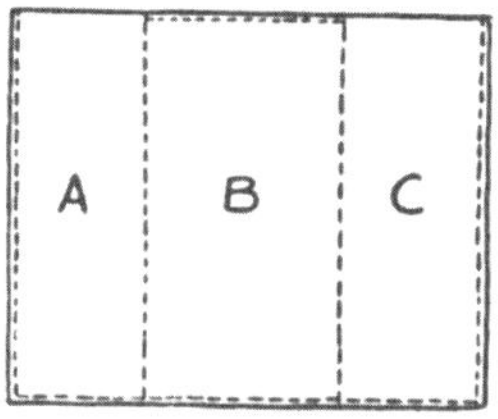

그림 1

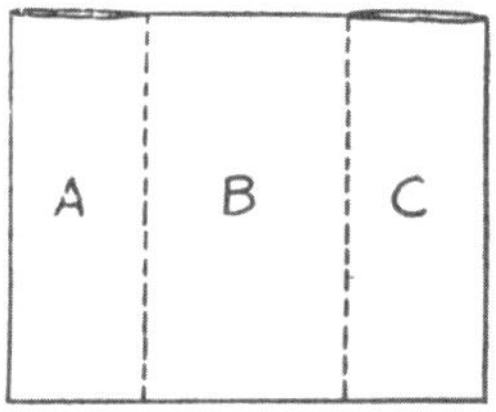

그림 2

2. 38cm 크기의 실크 세 장. 노란색, 빨간색, 파란색. 대조를 이루는 색이어야 한다. 흰색과 빨간색, 초록색도 좋은 조합이다.
3. 얇은 마술봉

준비

주머니 A에 빨간색 실크를 넣는다. 실크를 펴서 얇은 마술봉으로 최대한 얇고 평평하게 집어넣는다. 마찬가지로 주머니 C에는 파란색 실크를 넣는다. 세팅한 악보를 테이블에 평평하게 놓는다. 주머니 입구가 관객에게 보이지 않도록 놓아야 한다. 그 위에 노란색 실크를 놓는다. 마술봉은 그 근처에 놓는다.

만약 나이트클럽에서 시연하거나 오케스트라가 준비된 무대라면 단원의 악보대에 악보를 끼워놓고 마술이 시작되었을 때 '악보'를 빌리는 척한다. 또 오케스트라 단원의 바깥쪽 가슴주머니에 있는 손수건도 '빌리는 척' 한다. 물론 미리 그곳에 손수건이 약간 튀어나온 채 있어야 한다.

시연

악보 종이를 들어 앞뒤를 보여준다. 바느질 된 쪽이 관객을 향한 상태에서 입구가 뒤로 가도록 약간 기울여서 든다. 이렇게 하면 관객에게는 의심스러운 점이 보이지 않는다. 여전히 비스듬히 든 상태에서 **그림 3**처럼 돌돌 말아 위쪽의 주머니 입구가 관객에게 보이지 않도록 한다.

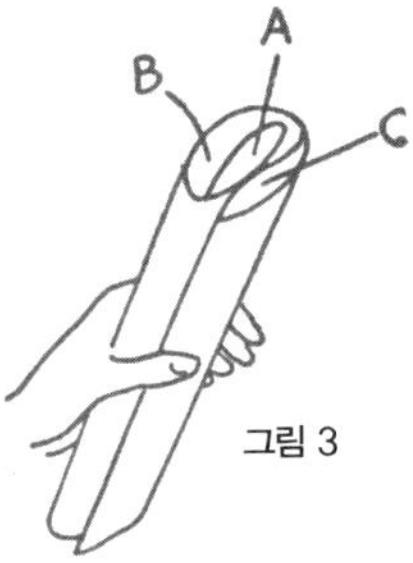

그림 3

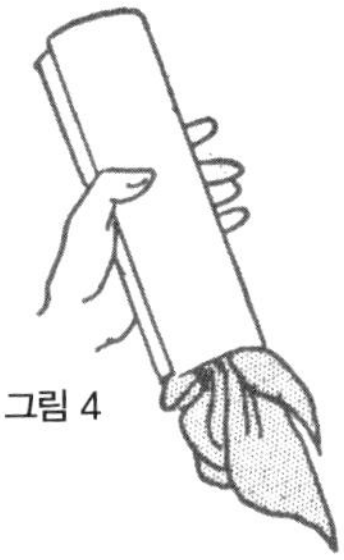
그림 4

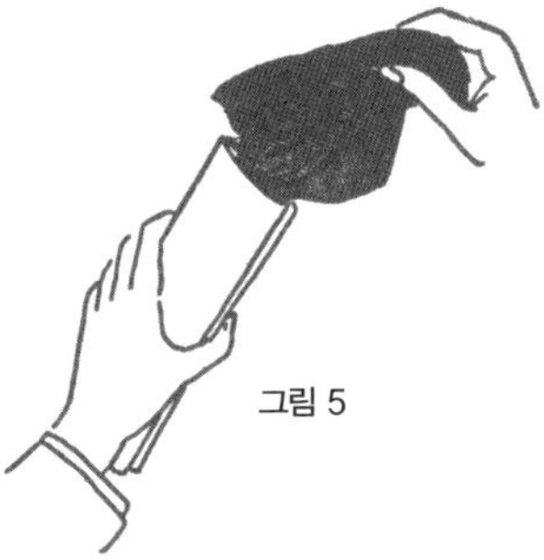
그림 5

노란색 실크를 들어 종이 아래에서 B에 집어넣는다(**그림 4**). 마술봉으로 실크를 종이 가운데로 밀어 넣는다. 종이의 가운데 부분은 아직 보이지 않는 상태이다.

그림 5처럼 주머니 A에서 빨간색 실크를 꺼내서 보여준다. 다시 마술봉으로 조절하면서 A에 집어넣는다.

주머니 C에서 파란색 실크를 꺼낸다. 보여준 후 C에 다시 넣는다. B 위에서 노란색 실크를 꺼낸다. 마술봉과 함께 테이블에 놓는다. 악보를 펴서 양면을 보여준 후 입구가 뒤로 가도록 테이블에 놓는다. 악보 위에 자연스럽게 노란색 실크를 떨어뜨려 입구 A와 C를 가린다.

★ 참고

여기에서 악보 종이를 이용하는 이유는 악보의 오선과 세로줄, 음표가 주름 자국을 가리는 데 도움이 되기 때문이다. 악보 대신 중간 크기의 흐린 검정색 책을 사용해도 된다. 하지만 오케스트라가 준비되어 있는 무대에서는 악보를 사용하는 것이 자연스럽다.

바틀의 버전에서는 악보를 튼튼하게 사용하기 위해서 안감을 덧대었다.

'셀프콘' 염색 튜브
'Selfcon' Dye Tube

이것은 내가 부피가 조금 큰 물체를 넣어야 하고 튜브를 몰래 들거나 몰래 처리할 필요가 없는 '잘못 만든 플래그(Mismade Flag Trick)'를 시연할 때 사용하는 컬러 체인징 실크를 이용한 이펙트이다. 그 용도를 위해서 이 '셀프콘' 방법을 고안해냈다. 스테이지나 관객이 앞에 있을 때 특히 효과적이다. 저렴한 비용으로 쉽게 만들 수 있다.

준비

지름 4cm 카드보드지로 된 우송용 원통(신문이나 잡지를 우편으로 보낼 때 사용하는 용기-옮긴이)을 준비한다. 약 18cm 길이로 자른다(**그림 1**).

그림 1

이것을 잘라서 두 개로 만든다. 약 4cm 너비의 띠를 준비한다. 원통끼리 끝을 약간 겹치게 한 후 끈을 거의 맨 아래까지 넣었다가 다시 위로 올리고 튜브의 한 끝이 다른 끝과 약 1.5cm 정도 위에서 겹치게 한다. **그림 2**는 이 원통의 모습이다. 스카치테이프 등으로 튜브에 띠를 고정한다.

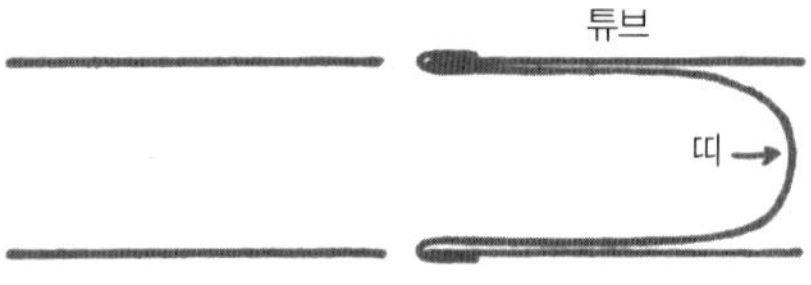

그림 2

원통 두 개를 다시 함께 놓고 풀 붙인 종이로 연결시킨다(**그림** 3). 이제 안쪽 가운데에 띠가 붙은 컬러 체인징 튜브가 만들어졌다. 띠 때문에 어느 쪽에서든지 실크를 집어넣으면 반대쪽에서 나온다.

그림 3

28cm × 36cm 크기의 컬러로 된 책표지를 준비한다. 또는 한쪽 면에 무늬가 그려져 있고 유광인 선반에 까는 종이를 사용해도 된다. **그림** 4처럼 스카치테이프로 책표지에 튜브를 붙인다. 이때 튜브는 오른쪽 가장자리에서 3cm 떨어진 곳, 맨 아래에서 9cm 떨어진 곳에 붙여야 한다. 이 거리는 종이를 튜브 위로 얼마큼 접을 것인지에 따라 결정된다. 아래쪽에서 접었을 때 종이의 1/3 정도가 튜브를 덮어야 한다.

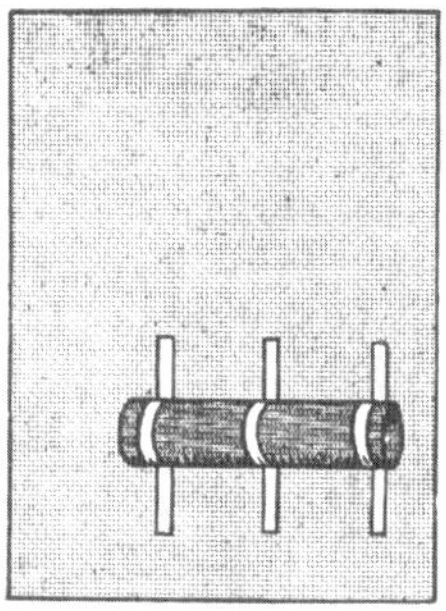

그림 4

튜브를 이용해서 실크 세 장의 색깔을 바꾼다고 해보자. 튜브에 실크 세 장을 집어넣어 알록달록한 큰 실크 한 장으로 변하게 만들려면 (예를 들어) 38cm 크기의 빨간색, 초록색, 파란색 실크 세 장과 68.5cm 크기의 큰 실크 한 장이 필요하다. 큰 실크는 작은 실크의 색상에 맞춰 빨간색과 초록색, 파란색이 들어가 있으면 좋다. 원한다면 튜브에 넣는 실크의 크기가 좀더 커도 된다.

· 튜브의 왼쪽 끝에 큰 실크를 넣은 후 파란색, 초록색, 빨간색 실크를 차례로 넣는다. 빨간색 실크 위에는 흰색을 놓는다.

시연

테이블에서 안에 튜브가 숨겨진 원통 모양의 종이를 가져온다(**그림** 5). 오른손으로 바깥쪽 가장자리를 잡고 안쪽이 당신의 몸쪽으로 오도록 하여 편다. 왼손으로 아래쪽 가장자리를 잡고 잘 펴지도록 돕는다. 종이가 다 펴지면 **그림** 6처럼 왼손은 아래에 놓고 오른손은 위에 놓고 잡는다.

그림 5

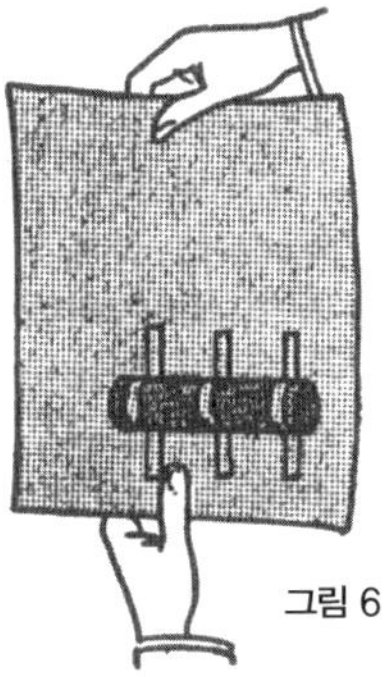

그림 6

종이를 돌려 약간 펼친다(**그림** 7). 종이의 뒷면을 다시 왼쪽으로 기울여 바닥부터 튜브를 돌돌 만다(**그림** 8). 원통이 될 때까지 계속 만다(**그림** 5). 움직임이 자연스러우면 관객은 종이에 대해 전혀 의심을 품지 않는다.

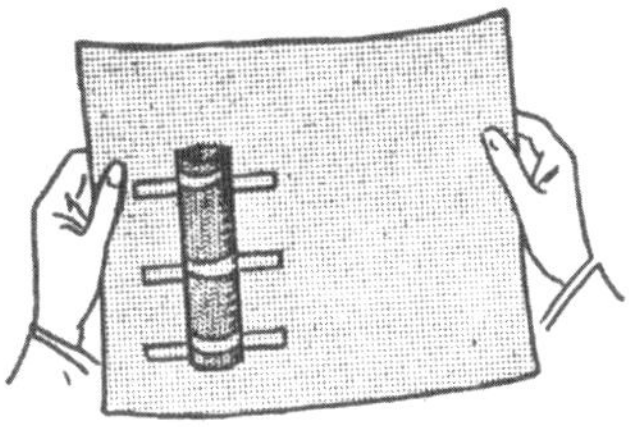

그림 7

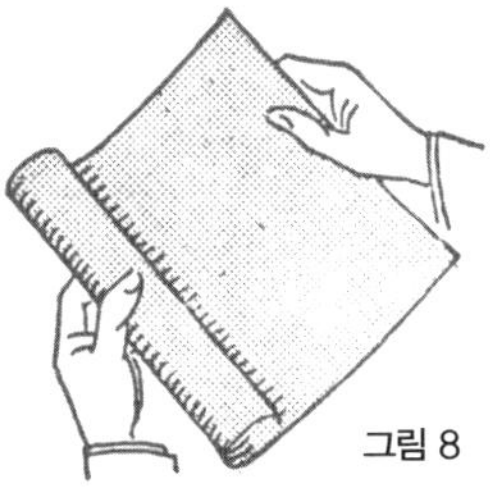

그림 8

좀더 특이한 효과를 더하고 싶다면 종이를 폈을 때 종이 앞면의 일부가 관객에게 보이도록 한 후 다시 당신의 앞쪽으로 오도록 돌린다.

흰색 실크와 마술봉을 들어 튜브의 아래로 밀어 넣는다. 종이에 든 튜브 안으로 들어가게 한다. 방금 흰색 실크를 집어넣었으므로 튜브 맨 위에서 당연히 흰색 실크가 나온다.

종이 안쪽 일부를 보여준 후 관객에게 보이지 않도록 다시 돌려서 안쪽이 뒤로 오도록 한다. **그림 6**과 **그림 7**처럼 종이를 완전히 푼다. **그림 8**처럼 다시 말아 테이블에 올려놓는다.

★ 참고

여기에서는 테이블을 사용하지 않고 조수가 종이와 실크를 건네주고 또 가져간다.

카라일의 모자에서 토끼 꺼내기

Carlyle' s Evolution of a Rabbit in a Hat

이것은 빨간색, 흰색, 파란색 실크를 튜브에 집어넣으면 성조기로 변해서 나오는 '잘못 만든 성조기(Mismade Flag Trick)' 를 변형한 이펙트이다. 하지만 실제로 파란색 실크를 바닥에 떨어뜨리기 때문에 파란부분 혹은 별이 없는 성조기가 나온다. 마술사는 자신의 실수를 깨닫고 파란색과 잘못 만들어진 성조기를 함께 종이 원통에 넣자 이번에는 제대로 된 성조기가 나온다.

카라일(라일 라우린)은 예전에 멕시코의 무대에서 실수로 미국 성조기를 가지고 시연했다. 그 후 그는 국가 간의 오해를 없애기 위해서 국기나 국가 간의 대립에 관한 문제는 배제하고서 '잘못 만든 국기' 라는 아이디어를 이용해야겠다고 생각했다. 그 결과 '모자에서 토끼 꺼내기 업그레이드 버전' 이 만들어졌다. 이것은 시연하기 쉽고 기억하기도 쉬우며 전형적인 마술사의 모습을 보여줄 수 있는 이펙트이다. 마무리에는 진정한 스테이지 쇼맨십이 필요하다.

★ 이펙트

마술사가 신기한 방법으로 46cm 크기의 흰색 실크가 나타나게 한다. 빳빳한 종이를 원통 모양으로 둘둘 만다. 튜브 아래쪽에 흰색 실크를 넣고 마술봉으로 집어넣어서 위쪽으로 나오게 한다. 실크를 다시 튜브의 아래쪽에 집어넣자 위쪽에서 파란색 실크가 되어 나타난다. 종이 원통을 지나면서 실크의 색깔이 바뀐 것처럼 보인다. 파란색 실크를 테이블에 놓고 다른 흰색 실크를 원통에 넣는다. 다시 마술봉으로 깊숙이 찔러 넣자 이번에는 테두리가 빨간색이고 가운데에 파란색 오페라용 모자 안에 토끼가 그려져 있는 실크로 바뀌어서 나온다.

테이블에서 파란색 실크와 흰색 실크를 가져와 토끼 실크와 함께 튜브에 넣는다. 깊숙이 넣으려는 순간 토끼 실크가 바닥에 떨어져서 파란색과 흰색 실크만 원통으로 들어간다. 하지만 마술사는 그 사실을 깨닫지 못한 채 실크를 원통으로 깊숙이 찔러 넣는다. 그러자 이번에는 원통 맨 위에서 가운데에 오페라 관람용 모자만 그려져 있고 토끼는 없는 실크가 나온다. 마술사는 깜짝 놀라면서 주위를 두리번거리며 바닥에 토끼 실크가 떨어져 있음을 발견한다. 토끼 실크와 모자 실크를 원통에 함께 집어넣자 모자에 토끼가 그려진 커다란 실크로 바뀌어서 나타난다. 이 실크로 테이프를 덮고 종이 원통을 펴서 안이 텅 비었음을 보여준다.

테이블에서 오페라 관람용 모자를 들어 손으로 눌러서 안이 텅 비었음을 보여준 후 다시 원래 상태로 편다. 테이블에서 '모자에 토끼가 그려진' 실크를 들어 모자 위로 흔들자 모자 안으로 진짜 토끼가 떨어진다. 실크는 테이블에 올려놓고 모자에서 토끼를 꺼내 보여준다.

★ 준비물

1. 작은 실크에 맞춰서 만든 일반적인 금속 염색 튜브보다 조금 큰 염색 튜브를 준비한다. 마술용품점에서 구입할 수 있다. 또는 칼라일처럼 길이 19~20cm, 지름 4cm의 메일링 튜브를 이용해서 쉽게 만들 수도 있다. 지름 2.5cm의 띠를 붙여야 한다. 앞에서 설명한 '셀프콘' 염색 튜브도 여기에 적합하다. 튜브의 가운데에 띠가 들어갈 만한 틈을 두 개 만든다. 가운데에서 띠가 흔들거리며 움직이므로 한쪽에서 실크를 집어넣었을 때 반대쪽에서 빠져나오는 것을 막을 수 있다(**그림 1**). 바깥으로 나온 띠 부분은 스카치테이프로 붙인다.

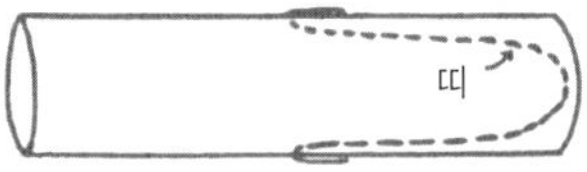

그림 1

2. 30cm × 36cm의 뻣뻣한 종이
3. 46cm 크기의 흰색 실크 네 장
4. 91.5cm '모자에 토끼가 그려진' 실크. 미국의 미술용품점에서 쉽게 구입할 수 있다(**그림 2**). 오페라 관람용 모자는 검정색이고 파란색 원에 토끼가 그려져 있으며 바탕색은 흰색, 테두리는 빨간색이다.

그림 2

5. 토끼가 그려진 46cm 크기의 실크(**그림 3**). 파란색 동그라미 안에 토끼가 그려져 있고 바탕색은 흰색, 테두리는 빨간색이다.
6. 검정색 오페라 관람용 모자가 그려진 46cm 크기의 실크(**그림 4**). 바탕색은 흰색이고 테두리는 빨간색이다.

그림 3

그림 4

7. 46cm 크기의 파란색 실크
8. 오페라 관람용 모자

9. 모자에 알맞게 들어갈 정도의 너무 크지 않은 토끼. 마술용품점에서는 양털을 채워서 세팅한 박제 토끼를 판매하기도 한다. 이처럼 실제 토끼 대신 박제 토끼를 준비해도 되지만 반드시 제대로 만들어진 것이라야 한다.
10. 토끼를 넣을 토끼 가방. 토끼 가방의 종류는 여러 가지가 있지만 가장 간단한 것으로 준비한다(**그림 5**와 **그림 6**).

그림 5

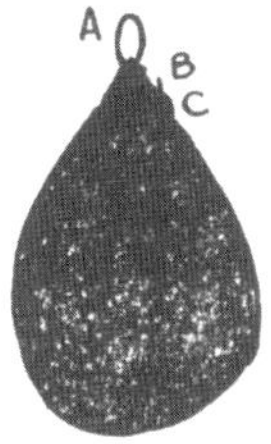

그림 6

11. 특별히 세팅한 테이블. 마술용품점에서 파는 '블랙 아트 테이블(Black Art Table)'이 좋다. 블랙 아트 테이블에는 두 개의 통이 있다. 그중 앞쪽에 있는 통은 마지막에 염색 튜브를 처리해야 하므로 깊이 9cm, 지름 6cm 정도 되어야 한다. 뒤쪽에 있는 통은 '손수건 공'을 넣는다. 테이블에 통이 없다면 랩핑주머니나 가방 등을 부착하면 된다. 테이블의 윗면은 최소한 36cm × 46cm 크기여야 하고 수직으로 된 막대가 받치고 있는 모양이다(**그림 7**). 마술용품점에서는 휴대할 수 있는 작업대를 판매한다. 나무로 된 것과 금속으로 된 것 모두 있다. 테이블의 앞쪽에는 위로 기울어진 머리 부분이 없는 못이 있다.
그림 8처럼 테이블에서 약 2.5cm 정도 튀어나와 있다. 테이블 뒤에서 왼쪽으로 향하는 지점에는 테이블 아래에 염색 튜브를 놓을 수 있는 고리가 있다. 테이블보는 통 두 개와 토끼 가방, 그리고 나머지 준비물을 모두 가릴 정도의 길이로 드리워져야 한다.

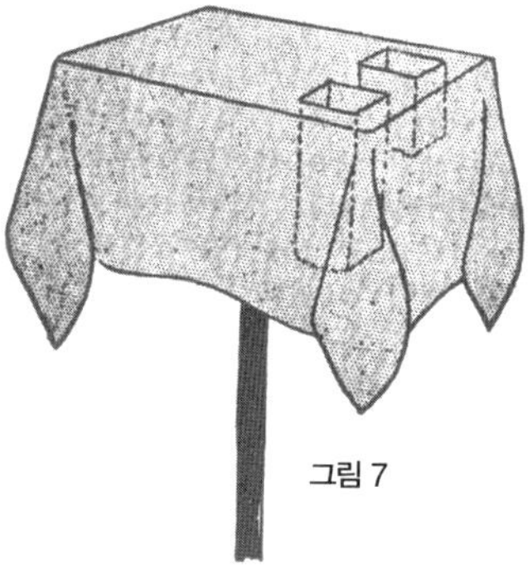

그림 7

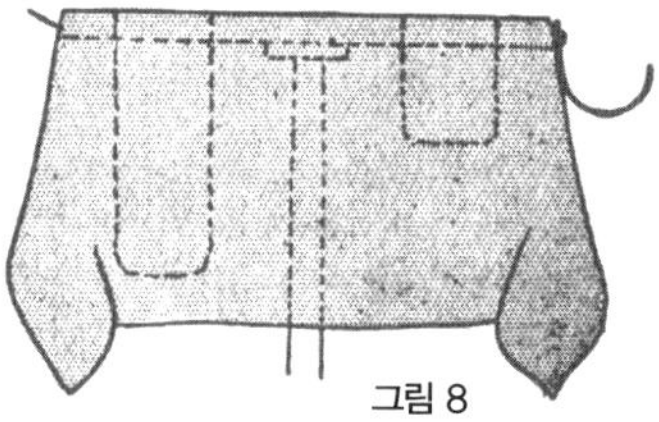

그림 8

그림 9

12. 제2권 **레슨 30**에서 설명한 거트 고리가 달린 '행커치프 볼'. 46cm 크기의 실크가 들어갈 만한 크기여야 한다.
13. 테이블 앞쪽에 걸린 토끼 가방을 가릴 실크
14. 마술봉

준비

염색 튜브를 실크를 넣는다. 네 귀퉁이를 하나씩 가운데로 접은 후 실크가 튜브 안에 들어갈 정도가 될 때까지 계속 접는다. 접은 부분이 바깥으로 향하도록 넣는다. 나중에 원통에서 재빨리 실크를 꺼내기 위해서이다.

다음과 같은 순서로 염색 튜브에 실크를 넣는다.

1. 91.5cm 크기의 '모자에 토끼가 그려진' 실크
2. 오페라 관람용 모자가 그려진 실크
3. 토끼가 그려진 실크
4. 파란색 실크, 그리고 마지막으로 흰색 실크

즉 흰색 실크가 맨 위에 놓인다. 이렇게 실크를 다 넣은 후 테이블 뒤쪽에 있는 고리에 놓는다. 테이블 뒤에 섰을 때 흰색 실크가 당신의 오른쪽을 향해야 한다. 토끼는 토끼 가방에 넣는다. 테이블 고리에 작은 링을 걸어놓고 앞쪽의 머리 부분이 없는 못에는 더 큰 링을 매달아 놓는다. 그 위에 실크를 몇 장 올려놓고 토끼 가방이 보이지 않도록 가린다(**그림 10**).

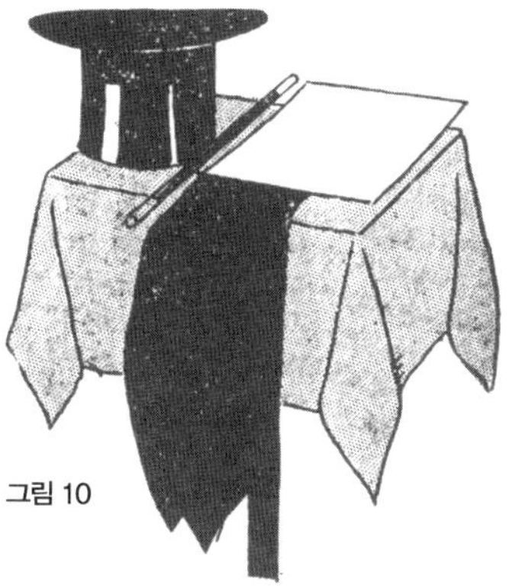

그림 10

모자는 테이블의 오른쪽에 놓는다. 종이는 실크 위에 놓고 마술봉은 모자 옆에 놓는다. 행커치프 볼에 흰색 실크 세 장을 집어넣고 주머니 등 쉽게 닿을 수 있는 곳에 넣는다.

시연

행커치프 볼의 고리를 오른손 엄지손가락에 놓는다. 양손이 텅 비었음을 보여준 후 흰색 실크 세 장을 한 번에 한 장씩 꺼낸다. 제2권 **레슨 30**을 보면 행커치프 볼을 다루는 법이 잘 나와 있다. 마지막 실크를 테이블에 놓으면서 행커치프 볼을 테이블의 뒤쪽 통에 떨어뜨린다.

종이를 들어 앞뒤를 보여준다. 테이블에 염색 튜브 뒤쪽에 올려놓는다. 왼손으로 모자를 들어 안이 텅 비었음을 보여주고 다시 테이블에 놓는다. 다시 종이를 든다. 이때 뒤에 튜브를 같이 놓고서 든다. 종이를 원통 모양으로 만다. 나중에 염색 튜브가 밖으로 나와야 하므로 너무 꽉꽉 말면 안 된다. 염색 튜브를 종이 원통의 바닥에서 2.5cm 정도까지 미끄러뜨린다.

염색 튜브가 든 종이 원통을 왼손으로 들고 오른손으로는 흰색 실크를 가져와 원통 아래로 밀어 넣는다(**그림 11**). 마술봉으로 깊숙이 찔러 넣는다. 이렇게 하면 실크가 튜브의 맨 위까지 이동한다. 텅 빈 종이 원통에 실크를 집어넣는 것처럼 보인다. 흰색 실크를 빼서 보여준 후 다시 튜브 아래로 밀어 넣는다. 이번에는 위에서 파란색 실크가 나온다. 실크의 색깔이 바뀐 것이다. 파란색 실크를 테이블에 놓는다.

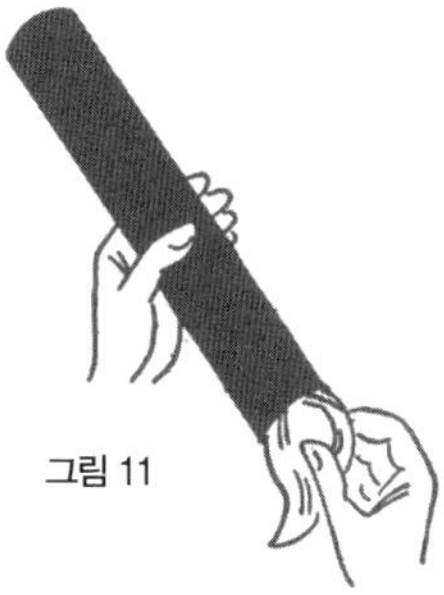
그림 11

두 번째 실크를 가져와 튜브 아래로 밀어 넣는다. 이번에는 테두리가 빨간색이고 토끼가 그려져 있는 실크가 나온다. 실크를 펼쳐서 보여준 후 왼팔에 걸친다.

오른손으로 테이블에서 흰색 실크 두 장과 파란색 실크를 잡고 팔에 걸친 토끼 실크도 잡는다. 하지만 튜브에 집어넣기 전에 우연히(?) 토끼 실크를 바닥에 떨어뜨리고 모른 척한다. 물론 관객은 그 사실을 잘 알고 있다. 나머지 실크만 튜브의 아래에 집어넣는다. 이번에는 토끼가 없고 모자만 그려져 있는 실크가 나온다. 깜짝 놀라는 척하면서 주변을 두리번거리면서 바닥에 떨어진 토끼 실크를 발견한다. 토끼 실크를 들어서 보여준 후 모자 실크와 함께 튜브 아래에 집어넣는다.

튜브 위에서 실크를 꺼내 위로 들어서 보여준다. 91.5cm 크기의 '모자에 토끼가 그려진' 실크이다. 왼손으로 테이블에 그 실크를 덮는다. 토끼 가방 위에 덮어야 한다. 그와 동시에 종이 원통의 아래를 앞쪽 통으로 가져가 그 안에 염색 튜브를 미끄러뜨린다. 그리고 관객을 보고 종이를 펴서 앞뒤를 보여준 후 테이블에 실크와 떨어진 곳에 올려놓는다.

모자를 들어 눌러서 앞뒤를 보여준다. 다시 모자를 원래 모양대로 펴서 왼손으로 입구가 위로 향하도록 든다. 오른손으로는 실크 위에서 토끼 가방의 링을 들어 못에서 빼고 그 아래로 '모자에 토끼가 그려진' 실크와 다른 실크를 함께 들고 가방은 모자에 넣는다. 오른손 넷째 손가락으로 작은 링을 빼서 가방을 연다. 따라서 가방에 든 토끼가 모자 안으로 들어간다(**그림 12**). 이때 실크를 약간 흔든다. 토끼 가방을 안에 숨긴 채 실크를 테이블 뒤쪽에 놓는다. 그리고 모자에서 토끼를 꺼내 보여주면서 인사를 시킨다. 이것은 신기한 마술과 웃음을 주는 코미디, 그리고 오락 요소가 모두 조합된 루틴이다.

그림 12

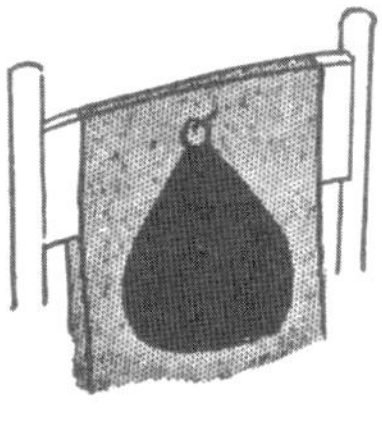

그림 13

그림 14

★ 참고

이 이펙트에서는 종이에 '셀프콘' 염색 튜브를 붙여서 사용하면 매우 유용하다. 테이블에 통이 없거나 랩핑주머니가 없거나 고리가 없어서 염색 튜브를 걸어둘 곳이 마땅치 않을 경우 무척 좋은 방법이다.

원한다면 토끼 가방은 테이블 앞쪽이 아니라 눈에 띄지 않는 뒤쪽 못에 걸어 놓아도 된다. 따라서 토끼 가방을 가릴 여분의 실크가 없어도 된다. '모자에 그려진 토끼' 실크는 가방 위에 놓는다. 실크를 집어들 때 가방을 못에서 빼서 함께 들면 된다.

다른 방법은 **그림 13**처럼 의자 뒷면에 걸어두는 것이다. 일반적인 의자에 장식용이 될 만한 것을 걸쳐 놓고 뒷부분 위에 못을 박아 가방을 걸어놓으면 된다. 그리고 의자 위에 '모자에 그려진 토끼' 실크를 눕혀놓는다. 실크를 들 때 안에 토끼 가방을 숨겨서 같이 든다.

가방의 구조도 다르게 할 수 있다. **그림 14**처럼 가방 덮개에 네모 링을 달아서 못에 걸어 놓으면 된다. 링 두 개를 잡고 못에서 가방을 들면 된다. 적절한 때에 네모 링을 떨어뜨려서 덮개를 열어 토끼를 가방 밖으로 떨어뜨린다. 이 토끼 가방은 초콜릿이나 과일 등 여러 가지 물체를 나타나게 하는 데 사용할 수 있다.

크리스토퍼의 실크 체인지

Christopher' s Snappy Silk Production And Color Change

이것은 밀버른 크리스토퍼가 멋지게 선보인 이펙트이다. 《타벨의 마술교실》로 공부하는 학생들을 위해서 그가 특별히 비밀을 공개했다.

★ 이펙트

마술사가 마술봉을 흔든 후 팔 아래에 놓고 양손을 모으자 텅 빈 손에서 노란색 실크가 나온다. 양손으로 손수건을 공처럼 말고 왼손으로 감싸 쥔다. 오른손으로 잡은 마술봉을 왼손 끝에 갖다 댄다. 왼손 주먹을 펴자 노란색 실크는 온데간데없이 사라지고 파란색 실크가 나온다.

★ 준비물

1. 마술봉
2. 노란색 실크와 파란색 실크

준비

노란색 실크를 한 귀퉁이부터 마술봉 끝까지 돌돌 감는다. 미리 풀어지지 않도록 마지막 끝자락을 잘 집어넣는다(**그림 1**). 노란색 실크의 바로 위에는 똑같은 방법으로 파란색 실크를 둘둘 감는다(**그림 2**).

그림 1

그림 2

그림 3

오른손으로 마술봉의 '실크 감은 쪽'을 잡는다(**그림 3**). 실크가 오른손에 완전히 가려 보이지 않는다. 이와 같이 마술봉을 잡은 상태에서 입장하거나 실크 감은 쪽이 뒤로 향하도록 하고 다른 물체로 가린 채 테이블에 놓아두어도 된다.

시연

앞에서 말한 대로 마술봉을 잡은 상태에서 자연스럽게 펼친 왼손으로 흔들어 손이 텅 비었음을 보여준다. 마술봉 끝을 왼손 손바닥에 놓되 닿지는 않도록 비스듬하게 놓고 반대쪽 끝(실크를 감은 쪽)은 왼손 집게손가락 기부와 엄지손가락 갈래 사이에 놓이도록 한다(**그림 4**).

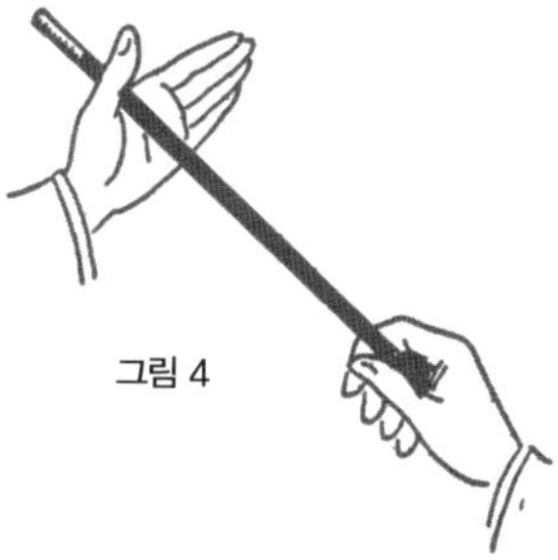

그림 4

다음 동작을 정확히 시행하면 마술봉과 숨긴 실크를 오른손에서 왼손으로 옮길 수 있다. 조금도 지체하지 말고 이 동작으로 매끄럽게 넘어가도록 한다. 마술봉을 왼손 위로 쭉 올린다. 마술봉이 왼손 집게손가락 기부 근처에 닿으면서 움직인다. **그림 5**처럼 오른손이 왼손과 같은 위치로 올라갈 때까지 계속 마술봉을 올리고 오른손을 아래로 회전하는 동시에 마술봉에서 손을 떼고 왼손으로 **그림 6**처럼 오른손과 똑같은 자세로 마술봉과 실크를 잡는다. 물론 실크는 여전히 손에 숨겨져 있다.

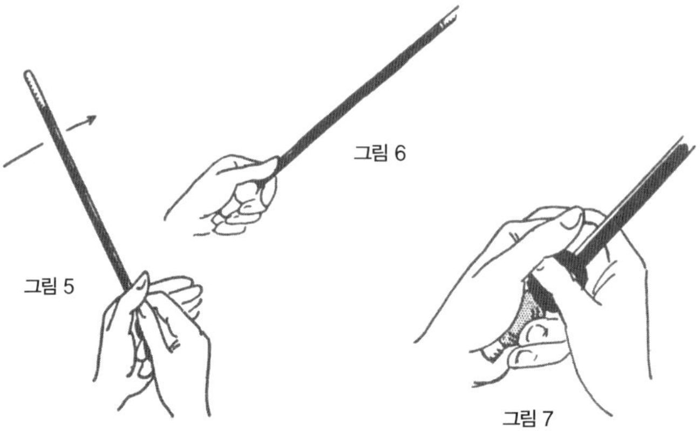

그림 5

그림 6

그림 7

이제 왼손으로 마술봉을 펼쳐 오른손으로 흔든다. 이렇게 해서 양손 모두 텅 비었음을 보여주었다. 오른손으로 파란색 실크 부분을 잡을 때 왼손 손가락으로 아래쪽 실크(노란색)를 잡고(곧 나타나게 해야 하므로) 주먹을 쥐므로 관객의 눈에는 보이지 않는다 (**그림 7**).

그림 8

이 동작을 한 후 조금도 지체하지 말고 다음 동작으로 넘어가야 한다. 오른손으로 마술봉과 파란색 실크를 잡은 채 재빨리 마술봉을 왼쪽 겨드랑이에 넣는다. 실크 부분이 먼저 겨드랑이로 들어가고 아무것도 없는 쪽이 앞으로 나오도록 넣어야 한다. 파란색 실크는 뒤쪽에 있다(**그림 8**). 노란색 실크는 몰래 왼손에 넣고 쥔다. 이 모든 동작은 순식간에 재빠르게 이루어진다.

이제 텅 빈 오른손으로 주먹 쥔 왼손을 가리킨다. 왼손을 확 펴면 노란색 실크가 펼쳐진다. 갑자기 어디에선가 노란색 실크가 나타난 것이다(**그림 9**).

양손이 텅 비었음을 보여준 후 함께 모아 노란색 실크를 공처럼 만다. 오른손에 넣고 잠깐 동안 주먹을 쥐고 오른손으로 왼손을 지나친다. 왼손을 펼치면 여전히 노란색 실크가 그대로 있다. 다시 양손으로 노란색 실크를 공처럼 말고 왼손으로 가져가서 주먹 쥐는 척하면서 오른손에 핑거 팜 한다.

이제 신기하게 색깔이 바뀌는 모습을 보여주기 위한 대담한 동작이 기다리고 있다. 오른손으로(여전히 노란색 실크를 핑거 팜 한 채) 마술봉 앞을 잡고 곧바로 이어서 겨드랑이 뒤에 있는 마술봉 뒤쪽을 왼손으로 가져온다. 이때 마술봉이 이동하는 도중에 왼손을 잠시 펴서 재빨리 파란색 실크를 잡아 손에 넣는다.

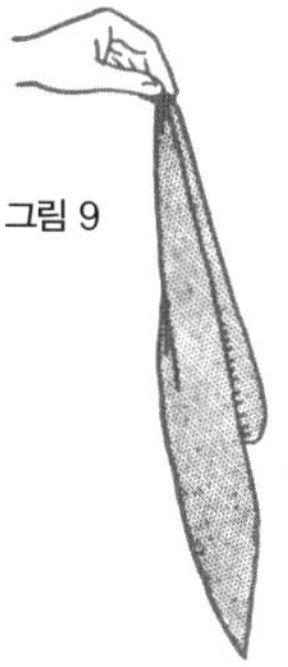
그림 9

그림 10

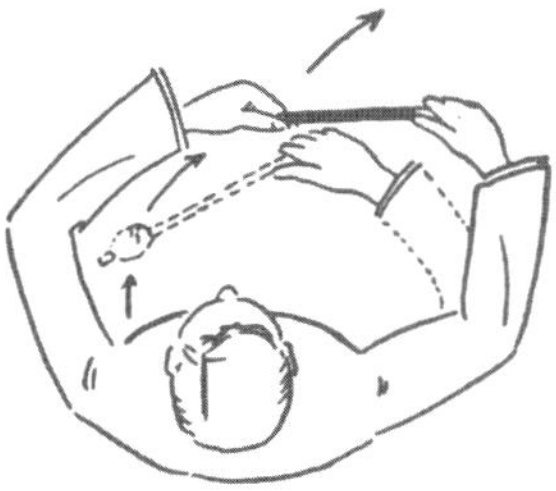
그림 11

마술봉의 실크 감은 쪽이 지나칠 때 왼팔은 살짝 올린다(**그림** 10). 동작이 보이지 않도록 하는 칸막이 역할을 하는 것이다. **그림** 11은 마술봉의 움직임을 위에서 자세히 살펴본 모습이다. 노란색 실크를 꺼냈을 때와 똑같이 마술봉을 왼손으로 흔들어 파란색 실크를 꺼낸다. 관객에게는 노란색 실크가 파란색 실크로 바뀐 것처럼 보인다. 거울 앞에서 시연해보면 얼마나 감쪽같은 움직임인지 알 수 있다. 오른손에 팜한 실크는 쉽게 처리할 수 있다.

★ 참고

크리스토퍼는 겨드랑이 뒤에서 손으로 마술봉과 실크를 움직이는 동작을 다양하게 시연했다. 노란색 실크를 가지고 있는 것처럼 왼팔을 아래에서 약간 앞으로 내밀었다(**그림** 12).

겨드랑이 뒤에서 마술봉을 손이 있는 아래로 재빨리 움직여 왼손에서 실크가 나오게 하는 동작은 매우 멋지고 신기하다(**그림** 13, **그림** 14). 마술봉이 이동할 때 실크를 가리지 않더라도 눈에 띌 염려가 없다.

그림 12

그림 13

그림 14

루이스 태넌은 현재 시판되고 있는 카탈린 마술봉처럼 끝이 컬러로 된 봉을 사용하는 마술사들에게 더 미묘한 과정을 제안한다. 끝이 빨간색인 마술봉일 경우 두 번째에 빨간색 실크를 감는다. 겨드랑이에서 왼손으로 재빨리 마술봉을 움직일 때 빨간색 실크가 번쩍이지만 실크가 아니라 빨간색 끝부분처럼 보인다. 그리고 마술봉의 끝이 흰색이라면 똑같은 방법으로 끝에 흰색 실크를 감는다. 다른 색깔도 마찬가지이다. 지금까지 마술봉의 색깔에 따라 여러 가지 실크를 이용해보았지만 문제가 된 적은 한 번도 없었다.

이것은 매우 재치 있는 아이디어로 이루어진 이펙트이므로 일단 완벽하게 마스터해두면 결코 후회하지 않을 것이다. '블렌도' 도 똑같은 루틴으로 연출할 수 있다. 작은 실크 세 장이 큰 플래그 실크나 알록달록한 실크 한 장으로 변하게 한다. 그리고 종이 깔때기에서 작은 플래그가 사라져 작은 실크 두 장 사이에 묶인 채 나타나는 '20세기 손수건 마술' 로도 연출할 수 있다. 모두에게 잘 보이도록 실크 두 장을 묶은 후 앞에서 이미 설명한 방법대로 색깔이 조합된 플래그 실크로 변하게 한다.

LESSON

44

토끼와 비둘기 마술

Tarbell course in MAGIC

토끼와 비둘기 마술

동물이 나타나게 하거나 사라지게 만드는 것은 마술에서 대단히 중요한 부분을 차지한다. 특히 동물을 이용한 마술에서 가장 인기 있는 동물은 바로 토끼와 비둘기이다. 다루기도 쉬울 뿐 아니라 특히 어린이 관객이 있을 때 좋은 반응을 얻을 수 있다.

이번 레슨에서는 간단히 만들 수 있는 도구를 이용해 토끼와 거북이가 나타나게 하고 사라지게 만드는 방법을 배워본다. 매우 간단한 도구이지만 대단히 신기한 효과를 연출할 수 있다.

일단 이 도구를 만드는 원리를 배우면 더 다양한 크기와 모양으로 만들어서 다른 동물에도 응용할 수 있다. 이 도구를 이용해서 기니피그, 비둘기 한 쌍, 오리, 흰쥐나 토끼 3~4마리 등을 나타나게 하고 사라지게 할 수 있다. 똑같은 도구를 이용해서 여러 가지 컬러의 손수건을 비롯해서 다른 물체도 나타나게 하고 사라지게 할 수 있다.

에드 레노의 비둘기 나오게 하기
Ed Reno' s Dove Production

이것은 오래전 에드 레노의 마술쇼에서 인기가 있었던 마술이다. 관객들은 레노의 유머 넘치는 대사를 좋아했다. 따라서 여기에서는 시연 방법과 함께 그의 대사도 똑같이 소개한다.

★ 이펙트

마술사가 의자에 놓인 여러 개의 판자로 네 면을 둘러싼 상자를 만든다. 그리고 윗면과 바닥을 올려놓는다. 그러자 상자에서 비둘기가 나온다. 상자 덮개를 열자 비둘기가 밖으로 날아오른다.

★ 준비물

1. 비둘기. 어떤 마술사들은 비둘기를 쉽게 잡기 위해서 다리에 긴 띠를 묶어놓기도 한다. 다루기 쉽도록 잘 길들여진 비둘기를 사용할 수도 있다.
2. 비둘기 상자를 놓아 둘 의자
3. 도브 프로덕션 박스(Dove Production Box)

상자 만들기

상자의 윗면과 바닥은 0.5cm 두께에 24cm × 36cm 크기의 판자로 만든다. 판자에 못을 박고 두께 0.5cm, 너비 2cm의 구름받이(클리트)를 붙인다. 바깥쪽의 치수는 20cm × 31cm이다. 이 구름받이는 상자의 안쪽에 딱 맞으므로 윗면과 바닥이 떨어지지 않도록 해준다. 상자의 윗면과 바닥 판자는 **그림 1**처럼 똑같은 모양이다.

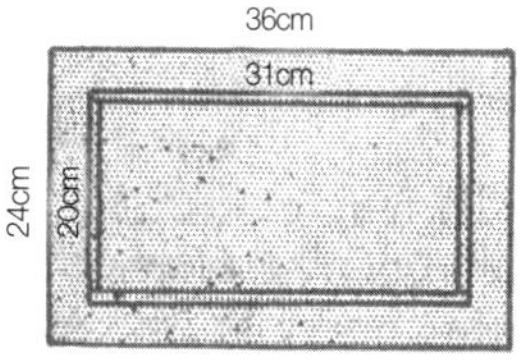

그림 1

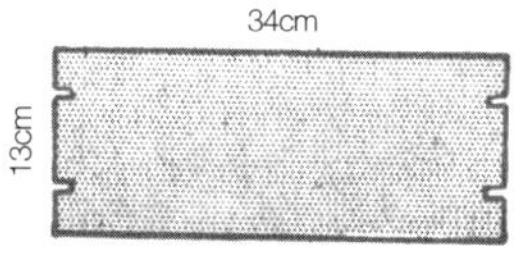

그림 2

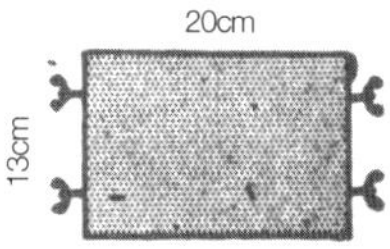

그림 3

상자는 **그림 2**와 **그림 3**처럼 네 면으로 이루어진다. 긴 부분의 크기는 13cm × 34cm이고 끝부분은 13cm × 20cm이다. 각각의 끝부분에 나사볼트와 손잡이 나사가 들어갈 만한 구멍 네 개를 뚫는다. **그림 4**는 조립이 끝난 상자의 모습이다.

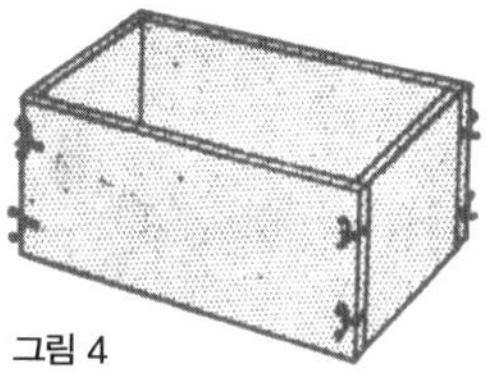
그림 4

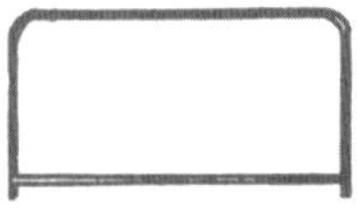
그림 5

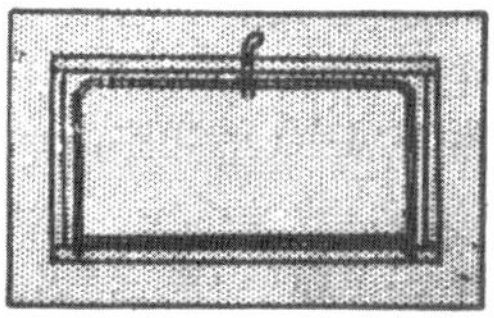

그림 6

그림 6A

비둘기가 나오게 하는 도구는 상자 윗면 뚜껑에 부착한다. 이 도구는 **그림** 5처럼 굵은 철사로 만든 프레임으로 **그림** 6처럼 구름받이 안에 딱 맞게 들어간다. 구름받이의 한 면에 구멍 두 개를 뚫어 철사를 끼워 넣는다. 프레임의 반대쪽을 떨어뜨렸을 때 쉽게 빠져나올 수 있도록 구멍을 충분히 크게 뚫어야 한다.

다른 구름받이에도 약 1.5cm 간격으로 구멍 두 개를 뚫고 그 안에 **그림** 6A와 같이 헤어핀처럼 생긴 이중 철사핀(double wire pin)을 넣는다. 이중 철사핀의 길이가 비둘기 프레임의 측면 철사를 덮을 만큼 길기 때문에 철사핀을 떼지 않는 이상 프레임이 떨어지지 않는다(**그림** 6).

비둘기를 담을 비둘기 가방은 **그림** 7처럼 검정색이어야 하고 프레임에 꿰매어 달아 놓는다. **그림** 8처럼 윗면 판자에 붙게 된다. 따라서 핀을 약간 당기면 비둘기 가방이 상자 안으로 떨어지게 된다.

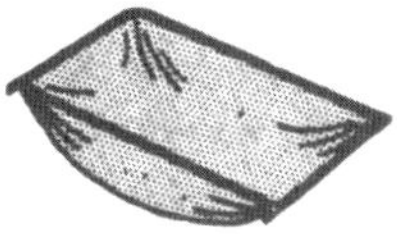

그림 7

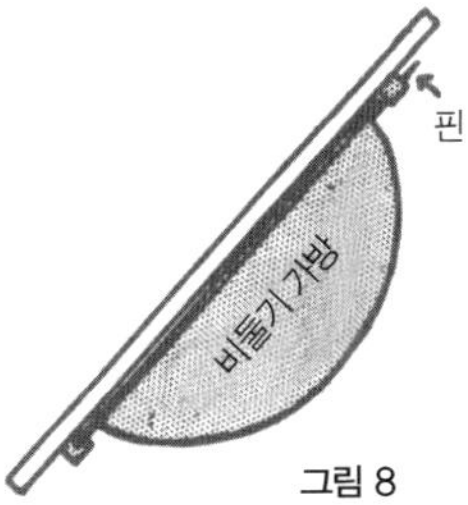

그림 8

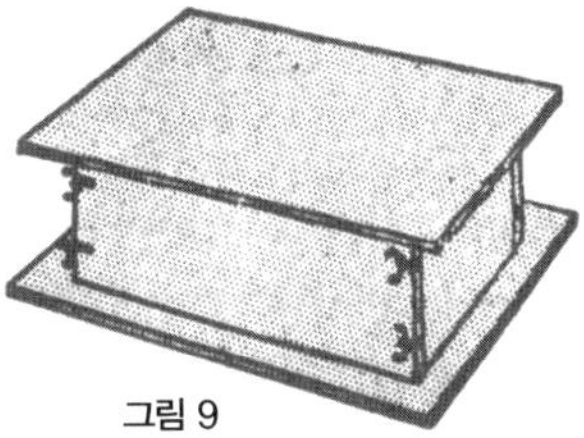

그림 9

그림 9는 세팅이 끝난 상자의 겉모습이다. 보다시피 윗면과 바닥이 상자에 포개져 있다.

준비

관객석에서 마술을 도와줄 남자아이를 무대로 부른다.

"어디서 많이 본 것 같은데? 네 이름이 뭐지?"

아이의 이름이 잭(Jack)이라고 해보자.

"역시 내가 아는 사람 맞구나."

의자에 놓인 상자를 들어 아이에게 한쪽을 잡으라고 하고 나머지는 당신이 잡는다. 한쪽 끝의 구멍에 볼트를 끼우고 손잡이 나사를 채운다.

"잭은 이번에 우리 마술 학교의 매니저로 임명되었습니다. 그래서 여러 사람들에게 자신의 재능을 선보이기로 했죠. 못이나 접착제를 사용하지 않고 상자를 만들 수 있는 재능이 있거든요."

나사로 한쪽 끝을 옆으로 고정시킨 후 반대쪽은 똑바로 제 위치에 못으로 고정한다. 마지막으로 끝부분을 못으로 고정하면 상자가 **그림 4**처럼 된다. 이렇게 하면서 다음과 같이 말한다.

"2주 전에 프랑스의 오브리앙이라는 마술사가 이곳(특정 지역명을 말함)에서 이 마술을 시도했었죠. 하지만 완전히 실패했습니다. 며칠 뒤에 이집트의 호프 싱 토이라는 마술사도 도전했지만 역시 무참히 실패했습니다."

이제 의자에 놓인 윗면과 바닥만 가져오면 상자의 조립이 다 끝난다. 윗면과 바닥면을 가져와서 보여준다.

"평범한 기술자라면 이 판자를 미끄럽게 만들 겁니다. 하지만 잭은 판자가 미끄러지지 말라고 구름받이를 달죠."

상자의 바닥에 바닥면을 놓는다. 그러고 나서 아이와 악수를 한다.

"잭, 이제 네 실력을 발휘해야 할 때다."

이렇게 말하고 윗면 판자를 들어(뒤에 세팅이 된 상태) 상자의 윗부분에 놓는다. 프레임과 비둘기 가방이 보이지 않도록 판자의 아랫부분을 먼저 상자 위에 놓는다(**그림 8**과

그림 9).

"상자의 옆면이 좀더 넓었다면 상자 속이 더 깊었겠죠."

미스디렉션을 위해 왼손과 팔로 상자를 잡고 오른손으로 바닥 판자를 뺀다. 관객이 비둘기 가방을 보지 못하도록 상자 바닥을 아래로 향하게 한다.

"하지만 이것은 소원상자이기 때문에 크기는 크게 상관이 없습니다."

관객석의 여자아이에게 말한다.

"네 소원이 뭐지? 제일 가지고 싶은 게 뭐야?"

이렇게 말하면서 이중 철사핀을 당겨 비둘기 가방을 상자에 떨어뜨려 비둘기가 날아오르게 한다.

"남동생이 가지고 싶다고? 미안하지만 그건 불가능하단다. 다른 아이는 예쁜 새가 가지고 싶대. 잭, 상자 위에서 손을 흔들어봐."

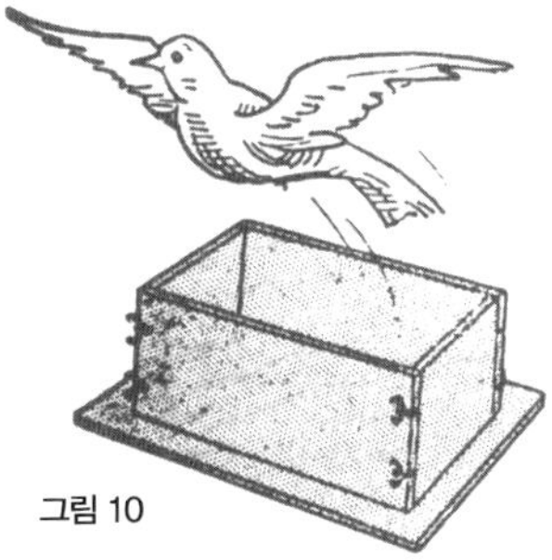

그림 10

상자 윗면을 빼서 비둘기가 날아오르도록 한다(**그림** 10). 비둘기 가방이 보이지 않도록 조심한다. 상자 윗면을 다시 올려놓는다.

현대식 토끼 상자 마술

Modern Rabbit Box Production

이것은 토끼를 나타나게 하고 사라지게 만드는 중요한 이펙트이다. 흰색 토끼와 검정색 토끼가 바뀌게 하는 것처럼 물체를 바꾸는 이펙트에도 응용할 수 있다. 조금만 새로운 아이디어를 짜내면 더 훌륭한 이펙트를 연출할 수 있다.

이 이펙트는 팬터마임과 잘 어울린다. 따로 음악을 각색하여 준비해두면 효과를 더 높일 수 있다. 하지만 대사를 이용해도 된다. 예를 들어 옛날 중국 마술사들이 시연한 방법을 설명하면서 중국식으로 연출할 수도 있다. 또는 판도라의 상자를 이용해서 판도라가 상자를 열었을 때 무엇을 발견했는지 보여줄 수도 있다.

또한 다음과 같은 방법으로 '아가씨의 혼수상자(Milady's Hope Chest)'를 시연해도 된다. 젊은 여성 관객에게 혼수상자에 무엇을 채우고 싶은지 물어본다. 특정 관객에게 질문하는 것이 아니라 어떤 방향을 보면서 막연하게 질문한다. 아마 자신에게 질문한다고 생각하고 여러 명이 대답할 것이다. 그러면 "혼수상자에 토끼발을 넣고 싶다니 재미있군요. 자, 여기 있습니다. 토끼발 네 개입니다"라고 말하면서 상자에서 토끼가 나오게 한다.

또 코미디 효과도 연출할 수 있다. 혼수상자가 남성을 위한 것이라고 하고 거기에 무엇을 넣었으면 좋겠는지 묻는다. 한 남성 관객을 가리키며 "조그만 토끼가 있었으면 좋겠다고 하시네요. 자, 귀여운 토끼 여기 있습니다"라고 말하면서 토끼가 나오게 한다.

또한 '다키의 꿈'이라는 제목으로 토끼 대신 닭이 나오게 할 수도 있다. 토끼와 똑같은 방법으로 하면 된다. 만약 어린이 관객 앞에서 시연한다면 '부활절 상자'라는 제목을 붙인다. 예쁘게 색칠한 부활절 계란이 나오게 한 후 마지막에 그 계란을 낳은 닭이 나오게 한다. 이 도구만 있으면 자신이 마음에 드는 아이디어로 얼마든지 응용할 수 있다. 기본 원리에 창의력을 더해서 더 멋진 이펙트를 연출할 수 있다.

여기에서 배울 방법은 중국식 스토리를 이용한 것이다. 스테이지 마술로 안성맞춤이다.

★ 이펙트

바닥이나 테이블 위에 조그만 테이블을 조립하여 만든다. 윗면과 바닥면이 없는 상태에서 안이 텅 비었음을 보여주고 테이블에 올려놓는다. 그리고 윗면과 바닥면을 보여준 후 상자에 놓는다. 도저히 불가능할 것 같지만 놀랍게도 상자의 뚜껑을 열자 토끼가 뛰어나온다.

★ 준비물

1. 윗면이 이동가능한 조그만 테이블
2. 뒷면이나 바닥면이 없는 상자
3. 상자에 딱 맞는 뚜껑
4. 토끼
5. 의자와 테이블

테이블 만들기

세팅 테이블의 토대 : 두께 0.5~1cm의 판자 네 개. 판자 두 개를 30cm로 자르고 나머지 두 개는 36cm로 잘라 30cm × 36cm로 만든다. 이제 톱으로 20cm 깊이로 자르고 8cm 위로 잘라 **그림 1**처럼 다리를 만든다. 그런 다음 판자를 꽉 맞추고 각 귀퉁이에 경첩을 단다. 경첩에는 떼어낼 수 있는 볼트가 있어야 한다. 볼트를 떼어내서 상자를 평평한 상태로 휴대하기 위함이다. **그림 1**의 모습을 자세히 살펴본다.

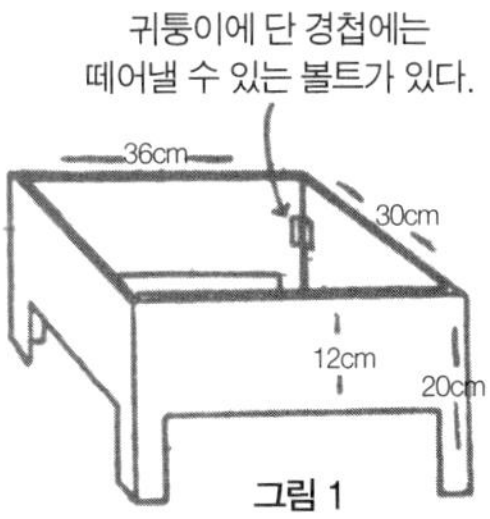

그림 1

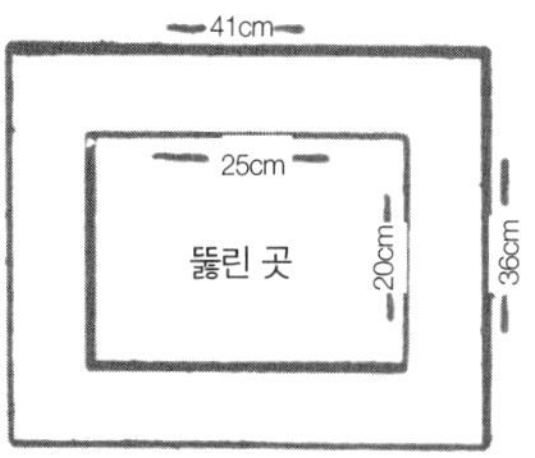

그림 2

세팅 테이블의 윗면 : 테이블 윗면에 이 마술의 비밀이 숨어 있다. 겉으로는 얇은 테이블 윗면처럼 보이지만 사실은 토끼를 숨기기 위한 가짜 윗면이다. 41cm × 36cm

의 다른 판자를 준비한다. 가운데에 25cm × 20cm의 구멍을 뚫는다. **그림 2**는 테이블 윗면의 실제 크기를 나타낸다.

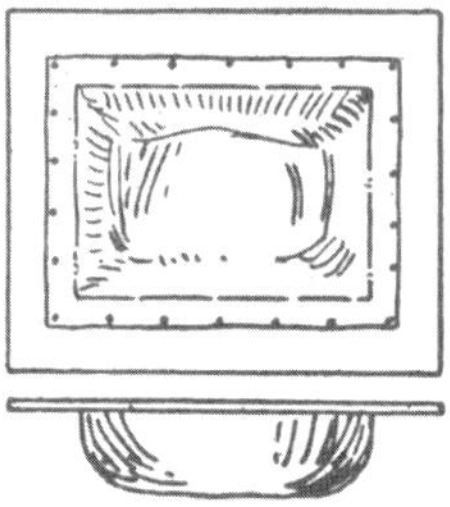

그림 3

그림 4

토끼를 충분히 가릴 수 있는 검정색 천을 준비한다. 판자 입구의 사방에 압정으로 고정하여 가방처럼 만든다(**그림 3**). **그림 4**는 가방 달린 판자의 옆모습이다. 이 가방이 너무 낮게 걸려 있으면 테이블의 바닥에서 보이므로 조심해야 한다.

이제 41cm × 36cm 크기의 또 다른 얇은 판자를 준비한다. 가운데를 잘라 25cm × 20cm 크기의 구멍을 만든다. 이 판자를 가방 달린 판자 위에 놓고 천에 박힌 압정을 가린다. 나사나 못으로 두 판자를 연결한다(**그림 5**).

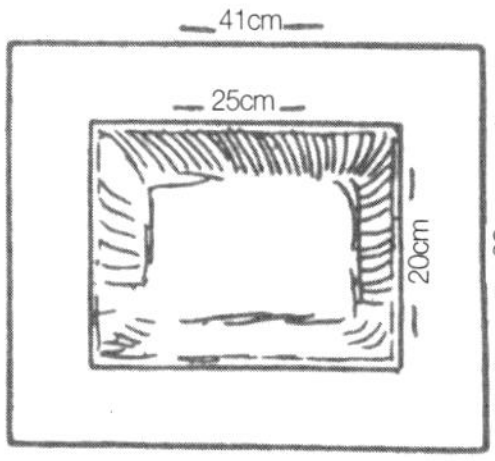

그림 5

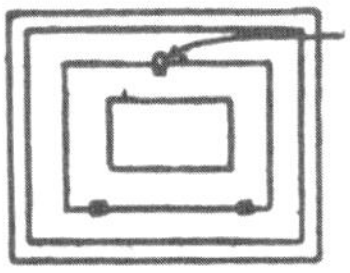

그림 6

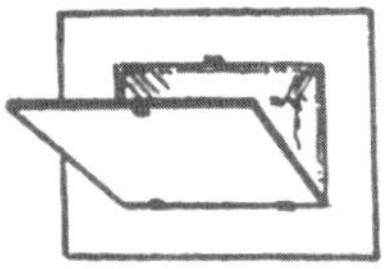

그림 7

상자가 비틀어지지 않도록 3중 목재나 가구용 판자를 사용한다. 각 판자는 모두 단단해야 한다. 이 테이블 윗면은 처음에는 만들기가 조금 어렵지만 한 번 만들어 놓으면 매우 오랫동안 사용할 수 있다.

테이블 윗면의 구멍에 맞는 판자를 준비해서 문을 만든다. 한 면에는 경첩 두 개를 달고 반대면에는 걸쇠를 단다. 걸쇠는 튼튼하되 쉽게 열려야 한다(**그림 6**과 **그림 7**).

테이블과 윗면에는 페인트칠을 하거나 래커칠을 하는 것이 좋다. 초록색이나 파란색, 노란색, 주황색 또는 검정색 줄무늬로 장식한다. **그림 6**은 윗면을 줄무늬 모양으로 칠한 모습이다. 그림에서 보는 것처럼 문 주위를 넓게 칠하여 경첩과 걸쇠를 가린다.

테이블 윗면은 아무런 세팅도 하지 않은 평범한 판자처럼 보인다. 따라서 경첩과 걸쇠는 최대한 눈에 띄지 않도록 작은 것을 사용해야 한다. 또 테이블 위에서 빠져나오지 않도록 경첩과 걸쇠의 구멍을 넓혀 나무 안으로 묻히게 하는 것도 좋은 방법이다.

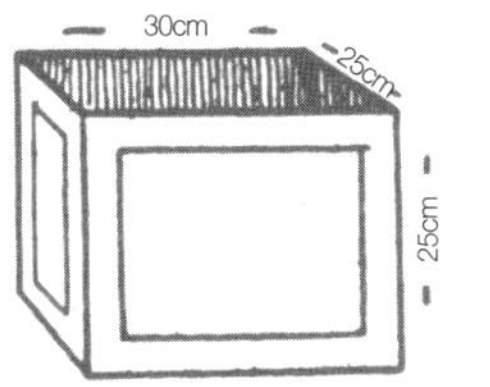

그림 8

상자 만들기 : 얇은 나무판자로 윗면이나 바닥이 없는 상자를 만든다. 크기는 30cm × 25cm × 25cm 정도이다. 줄무늬 모양으로 칠하여 장식한다(**그림 8**).

상자 윗면 : 상자 윗면도 역시 3중으로 된 얇은 나무로 만든다. 37cm × 32cm의 판자를 준비한다. 테이블 윗면과 똑같이 칠하여 장식한다. 네 개의 도구, 즉 테이블 토대와 테이블 윗면, 상자, 상자 윗면을 특정한 색깔로 조합해서 칠해도 된다. 중국인 캐릭터나 무늬로 장식하는 것도 좋은 방법이다. 물론 자신이 원하는 대로 할 수 있다(**그림 9**).

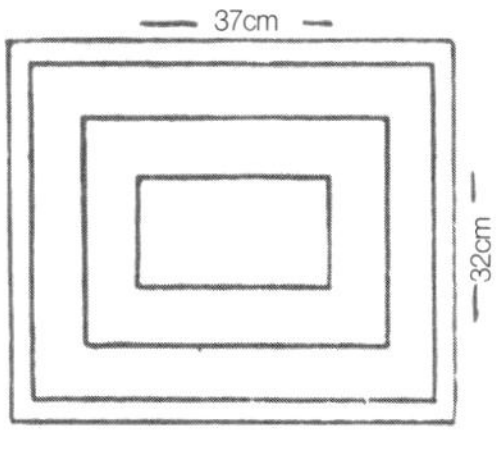

그림 9

그림 10

준비

테이블 윗면에 달린 가방에 토끼를 넣고 뚜껑을 닫은 후 걸쇠를 건다. 네 개의 도구는 의자에 다음과 같은 순서로 놓는다. 상자 윗면은 의자 등받이에 세워놓고 상자는 그 앞에 좌석에 올려놓고 그 위에 테이블 윗면을 올리고 테이블 토대는 그 위에 올린다. 물론 토끼는 테이블 윗면에 달린 가방에 들어 있으므로 상자 안에 들어가게 된다(**그림** 10).

시연

무대에 등장해서 대사와 함께 시작한다. 테이블 토대를 들어서 보여준다. 안이 잘 보이도록 빙 돌려서 보여준다. 안에 아무것도 들어 있지 않음을 보여주기 위해서이다(**그림** 11).

그림 11

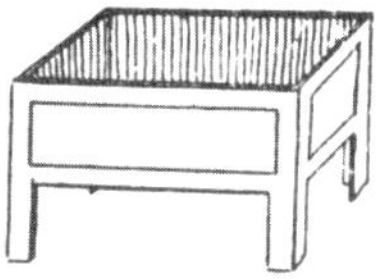
그림 12

"아주 옛날에 나이 든 중국 마술사가 소원을 들어주는 상자 만드는 법을 가르쳐주었습니다. 우선 테이블을 만들어야 한다고 했죠. 안에 구멍이 뚫린 테이블 토대로요."

테이블 토대를 테이블에 놓는다. 관객에게 잘 보이도록 똑바른 네모 모양으로 놓는다(**그림** 12).

"그리고 그 위에 테이블 윗면을 올려놓으라고 했습니다."

테이블 윗면을 든다. 관객에게 보이지 않는 끝부분을 잡아서 들어야 한다. 이렇게 하면 반대쪽 끝이 약간 아래로 기울어지므로 안에 든 토끼를 감출 수 있다. 테이블 토대에 올리고 관객에게 가까운 쪽부터 먼저 내린다(**그림** 13과 **그림** 14).

그림 13

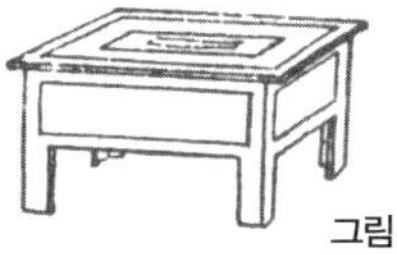

그림 14

이 동작은 자연스럽게 재빨리 이루어져야 한다. 단지 평범한 판자를 테이블 토대에 놓아 윗면을 만드는 것처럼 아무렇지 않게 한다. 이렇게 자연스럽게 윗면을 다룸으로써 미스디렉션할 수 있다.

"이제 마법의 소원 상자를 만드는 데 가장 중요한 부분입니다."

상자를 든다. 오른팔을 넣어 상자가 텅 비었음을 보여주고 높이 올려서 옆으로 움직이며 보여준다. 안이 들여다보이므로 관객에게 의심을 살 염려가 없다.

"이 상자는 처음에 중국 왕조 때 만들어졌다고 합니다. 칭푸의 조부인 치우가 만들었다고 하죠. 사실 이 상자는 치우가 저에게 직접 준 것입니다. 자, 이제 테이블에 상자를 놓고 조심스럽게 덮어야 합니다."

테이블 위에 상자를 놓는다. 그런 다음 상자 윗면을 들어 앞뒤를 보여주고 상자 위에 놓는다(**그림** 15).

그림 15

그림 16

"자, 이제 뚜껑을 덮었으니 소원 상자가 다 완성되었습니다. 소원을 빌어보시겠습니까?"

관객석의 특정한 곳을 향해 고개를 돌린다. 하지만 특정한 한 사람을 가리키지는 않는다.

"정말 이상한 소원이네요. 저 남자분은 토끼발이 가지고 싶다는군요. 여러분도 잘 아시다시피 토끼발은 행운을 가져다주는 부적이죠."

이렇게 말하면서 왼손으로 당신에게 가까운 뚜껑 부분을 든다. 오른손을 상자에 넣어 테이블 윗면의 뚜껑을 열고 토끼의 귀를 잡아서 든다(**그림 16**).

테이블 윗면 아래, 즉 상자 안에서 토끼를 들어 올린다. 하지만 관객에게는 토끼가 직접 상자 안에서 나오는 것처럼 보인다. 토끼를 들면서 상자 윗면을 완전히 들어올린다. 모두에게 잘 보이도록 토끼를 보여준다(**그림 17**).

그림 17

"자, 여기 있습니다. 토끼발이 네 개나 있습니다."

★ 참고

토끼의 색깔을 변하게 하는 컬러 체인징 토끼 상자는 다음과 같은 방법으로 사용한다. 테이블 윗면의 가방에 흰색 토끼를 넣는다. 검정색 토끼는 모두에게 잘 보이도록 밖에 놓는다. 상자 윗면을 들어 왼손을 집어넣는다. 테이블 윗면의 문을 들어 올린다. 가방에서 흰색 토끼를 꺼내고 검정색 토끼는 안에 넣는다. 그리고 흰색 토끼를 모두에게 보여준다. 테이블 윗면의 문이 원래대로 닫히고 걸쇠로 잠기도록 한다. 문이 떨어질 때 소리가 나지 않도록 펠트 천을 덧대는 것도 좋은 방법이다.

만약 세팅한 도구가 크다면 처음에 가방에 토끼 두 마리를 넣을 수도 있다. 검정색 토끼를 먼저 꺼낸 후 관객석에서 검정색 토끼는 싫다는 소리가 들리는 것처럼 한다. 적당한 대사를 끼워 넣으면 된다. 검정색 토끼를 가방에 떨어뜨리고 흰색 토끼를 꺼낸다. 흰색 토끼를 보여줄 때 상자를 들어 안이 텅 비었음을 보여준다.

모든 동작은 반드시 신속하게 이루어져야 한다. 동작이 지체되거나 무언가를 더듬거리면서 찾으면 루틴을 망치게 된다. 마술사의 동작이 재빨리 이루어지지 않으면 관객에게는 1초가 1분처럼 길게 느껴지는 법이다.

'서커' 토끼 상자 배니시
'Sucker' Rabbit Box Vanish

'서커' 트릭이란 마술사가 관객에게 마술의 비밀을 알려주는 마술이다. 마술사의 과장된 설명을 듣고 관객들은 마술의 비밀을 알게 되었고 마술이 실패했다고 확신하게 된다. 마술사는 자신의 실수를 만회하려고 하지만 상황은 더 나빠진다. 하지만 마지막에는 관객의 예상과 전혀 다른 결말을 선사한다. 결국 마술사가 관객을 감쪽같이 속인 것이다. '에그 백(Egg Bag)'을 사용해서 바지주머니에 계란을 넣는 척하는 것은 서커 트릭의 좋은 예이다.

서커 트릭은 언제나 인기가 많다. 여기에서 설명하는 '서커' 토끼 상자 배니시도 대단히 재미있는 마술이다. 특히 어린이 관객들에게 폭발적인 반응을 얻을 수 있다.

★ 이펙트

마술사가 상자에 뚜껑을 덮는다. 살아 있는 토끼를 상자에 넣는다. 상자 위에서 손으로 마법의 원을 그린 후 뚜껑을 열자 상자 안이 텅 비어 있다. 하지만 관객들은 상자 안에 가짜 칸막이가 있고 토끼가 그 아래에 숨겨져 있음을 알게 되고 마술사는 당황해서 어쩔 줄 모른다. 하지만 결국 마술사는 가짜 칸막이를 들어내고 상자의 바닥면을 열어 정말로 토끼가 사라지고 없음을 보여준다.

★ 준비물

1. 세팅한 상자 윗면

2. 세팅한 상자
3. 토끼

만들기

상자 윗면 : 앞에서 설명한 마술에서처럼 테이블 윗면을 만든다. 이 상자 윗면도 똑같은 방법으로 만들면 된다. 상자 윗면의 크기는 37cm × 34cm이고 문의 크기는 25cm × 20cm이다. **그림 1**처럼 테이블 윗면에 경첩과 걸쇠를 달아야 한다. **그림 2**는 상자 윗면에 가방을 달고 문을 열어 놓은 모습이다.

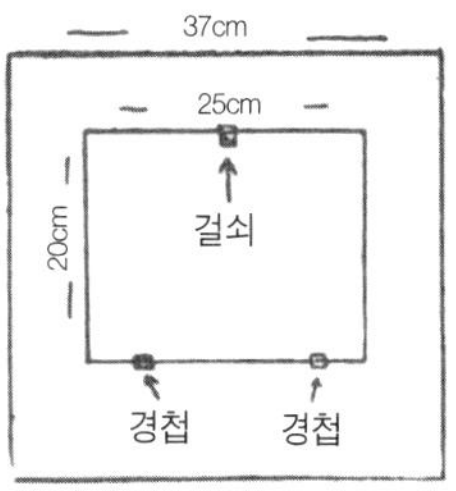

그림 1

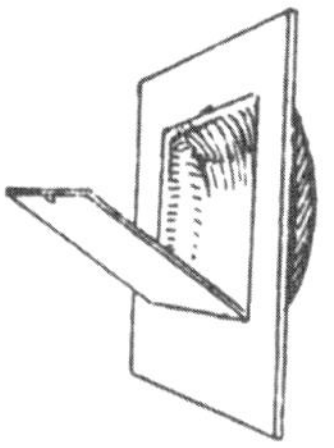
그림 2

토끼 상자 : 얇은 나무를 사용한다. 15cm × 25cm 판자 두 개를 준비한다. 25cm 부분을 함께 놓고 열 수 있는 걸쇠 종류로 고정한다. 이렇게 하면 25cm × 30cm의 바닥면이 만들어진다. 상자가 완성되면 이 판자 두 개가 문 역할을 한다. 이제 30cm × 15cm의 판자 두 개와 25cm × 15cm의 판자 두 개를 준비한다. 이 네 개의 판자는 상자의 측면이 된다. 이제 24cm × 15cm 판자 하나를 준비한다. 이 판자의 24cm 부분이 상자의 25cm 부분에 닿도록 하여 상자 안에 넣는다. 상자 위에서 2.5cm 떨어진 곳에 경첩을 단다. 반대쪽 끝은 상자의 바닥으로 떨어지게 하고 손잡이를 단다.

그림 3은 상자의 옆모습이다. 바닥에 걸쇠가 있고 측면에 경첩이 달렸으며 상자 안에는 경첩과 손잡이가 달린 칸막이가 들어 있다. **그림 4**는 완성된 상자의 모습이다.

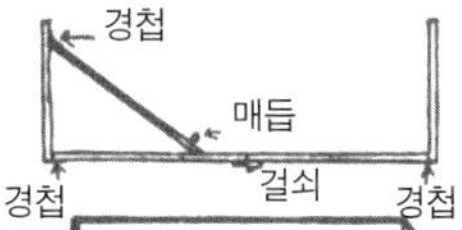

그림 3

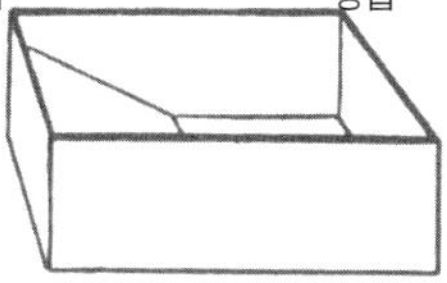

그림 4

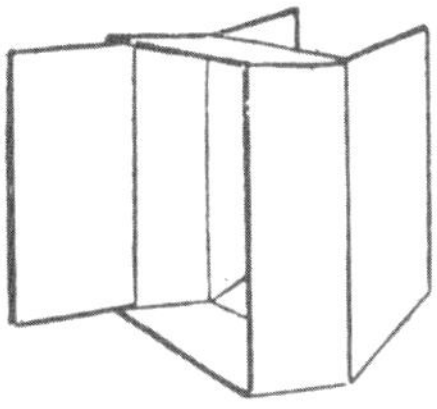

그림 5

그림 5는 상자를 열었을 때 모습이다. 바닥의 걸쇠는 열려 있고 두 부분이 마치 문처럼 열려 있다. 칸막이도 손잡이의 도움으로 밖으로 열려 있다. 관객은 칸막이 아래에 토끼를 숨겼다고 생각하게 된다.

준비

가방이 아래로 향하도록 윗면을 테이블에 놓는다. 가방도 함께 뉘어지므로 테이블에 평평하게 놓을 수 있다. 상자와 토끼도 테이블에 가까이 놓는다.

시연

> "이 토끼는 아주 특별한 토끼입니다. 부활절 랜드에 사는 부활절 토끼거든요. 특별히 이맘때에만 외출을 할 수 있죠. 집에 무사히 돌아가도록 해주겠다고 약속했죠."

토끼를 들어서 이렇게 말한다. 이제 상자 윗면을 든다. 뒤쪽 가장자리를 들어서 가방을 가린다. **그림 6**처럼 상자에 놓고 가방이 보이지 않도록 앞부분 먼저 내린다. **그림 7**은 관객에게 보이는 상자의 모습이다.

그림 6

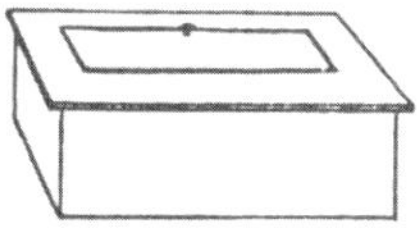

그림 7

관객에게는 상자의 뚜껑이 평범한 판자처럼 보인다.

"자, 부활절 토끼가 일 년에 한 번씩 올 때마다 제가 마련해주는 집입니다. 여기에서 부활절 계란을 낳죠."

상자 윗면의 문을 연다. 잠시 토끼를 높이 들어 안에 넣는다. 토끼가 상자 안으로 들어가는 것처럼 보이지만 사실은 가방으로 들어간다(**그림 8**).

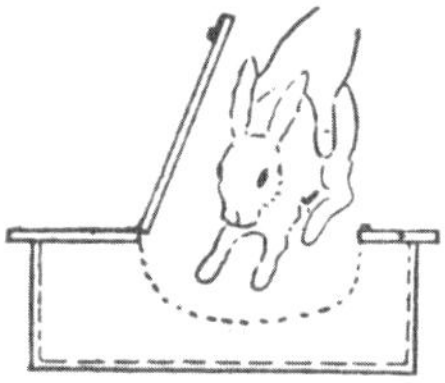

그림 8

그림 9

가방에 토끼를 잘 넣는다. 윗면의 문을 닫고 걸쇠를 구부린다. **그림 9**는 가방에 들어 있는 토끼의 옆모습이다. 상자에 얼굴을 가까이 대고 토끼에게 말한다.

"괜찮니?"

토끼가 대답하는 것처럼 입술을 거의 움직이지 않고

"네, 괜찮아요."

라고 말한다. 관객에게는 다음과 같이 말한다.

"잘 들으셨죠? 괜찮답니다. 토끼가 어떤 색 부활절 계란을 낳았으면 좋겠어요? 파란색? 토끼야, 꼬마 손님이 파란색 부활절 계란을 갖고 싶대. … 토끼가 대답하는 소리 들렸나요? 정말 재미있군요."

토끼의 대답을 들으려는 듯 귀를 상자에 가까이 댄다. 상자의 윗면을 든다. 물론 가방 달린 쪽이 관객에게 보이지 않도록 들어야 한다. 시선은 계속 상자를 향한다. 상자 윗면은 옆에 있는 의자에 놓거나 조수에게 준다. 어서 빨리 상자 안을 살펴보려는 듯 빠르게 움직인다(**그림 10**).

그림 10

그림 11

"이럴 수가. 토끼가 사라졌습니다."

칸막이 아래에 토끼가 있으므로 무거운 것처럼 상자를 든다. 상자 윗면 바깥쪽이 관객을 향하도록 든다. 오른손으로는 상자 안에서 칸막이를 든다(**그림 11**).

"파란색 계란을 낳아달라고 했더니 어디론가 도망가 버렸네요."

오른손을 칸막이 아래로 더 내린다. 마치 토끼가 칸막이를 밀어내는 것처럼 들었다가 다시 내린다. 관객은 토끼가 사라진 것이 아니라 칸막이 아래에 들어 있다고 생각한다.

"정말 감쪽같이 사라져버렸습니다."

하지만 어린이들은 토끼가 칸막이 아래에 숨어 있다며 보여 달라고 할 것이다.

"아닙니다. 토끼는 아래에 없어요."

상자의 바닥을 보여준다. 관객석이 더 시끄러워진다. 칸막이 아래만 빼고 상자의 모든 부분을 보여준다.

"아, 이 아래요? 이 아래에는 아무것도 없습니다. 그냥 평평한 바닥일 뿐이에요. 토끼는 감쪽같이 사라져버렸습니다."

상자를 닫으려는 척한다. 관객의 아우성이 최고조에 달하면 이렇게 말한다.

"토끼에게 아주 특별한 침실을 마련해주었다는 사실을 깜빡 했습니다. 토끼가 거기에 있다는 말인 것 같군요."

비스듬한 문을 열고 바닥의 걸쇠를 풀어 바닥의 문이 열리도록 한다.

"여기에도 없습니다. 부활절 랜드로 돌아갔습니다."

★ 참고

이것은 어린이 관객이 많을 때 시연하면 좋은 방법이다. 전혀 대사를 사용하지 않고 팬터마임으로 시연해도 된다. 이 방법으로 하면 전체적으로 몇 분밖에 걸리지 않는다.

팬터마임으로 상자 윗면을 들었을 때 토끼가 문 아래에 있다는 소리가 들리는 척한다. 그러면 고개를 흔들고 문을 열어 상자의 바닥이 텅 비었음을 보여준다.

아가씨의 모자 상자
Milady' s Hat Box Production

이것은 카드보드지 박스로 시연할 수 있는 이펙트이다. 무척 간단한 도구이지만 쉽게 토끼가 나타나게 할 수 있다.

★ 이펙트

카드보드지 모자 상자가 텅 비었음을 보여준다. 윗면 앞뒤를 보여주고 상자의 나머지 부분도 보여준다. 그런 다음 상자에 윗면을 올려놓는다. 그리고 즉시 상자를 열자 안에서 토끼가 나온다.

★ **준비물**

1. 두꺼운 카드보드지로 만든 상자. 뚜껑 있음.
2. 토끼를 넣을 검정색 헝겊주머니
3. 작은 토끼

만들기

모자 상자 : 떼어낼 수 있는 뚜껑이 있는 25cm × 30cm의 두꺼운 카드보드지 상자를 이용한다(**그림 1**).

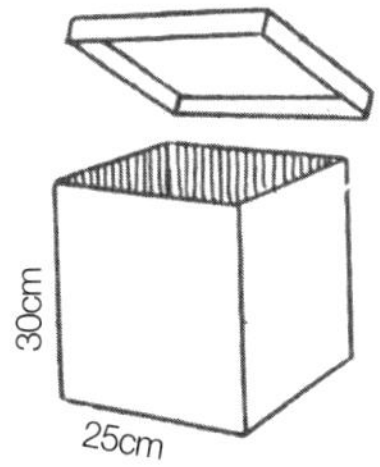

그림 1

스테이지나 클럽에서 시연할 경우 얇은 3중 나무로 상자를 만드는 것이 좋다. 마치 모자 상자처럼 보이도록 바깥에 흰색 바탕에 파란색, 초록색, 빨간색으로 줄무늬를 그려 칠한다. 밝은 빨간색 새틴을 덮으면 한결 보기에 좋다. 초록색으로 선을 긋는다. 원한다면 옆에 경첩과 걸쇠를 달아 바닥을 두 부분으로 나누면 관객에게 상자 안을 살펴보라고 할 수 있다.

토끼 가방 : 부드러운 검정색 헝겊으로 만들어야 한다. 헝겊을 접어 25cm × 20cm 크기의 가방을 만든다. 아래쪽 귀퉁이는 둥글게 만들고 가방의 세 부분에 바느질을 한다. 윗부분을 안으로 접어서 단을 만들고 그 안에 고무밴드를 넣어 묶는다. 그림처럼 윗부분 한쪽 끝에 후크를 달고 반대쪽에는 작은 고리를 단다. 위에 있는 고무밴드 끝부분 근처에는 약 6cm 길이의 검정색 린넨실을 단다. 실 끝에는 똑딱단추를 절반 정도 고정해놓는다. 3~0이나 더 큰 똑딱단추를 사용한다.

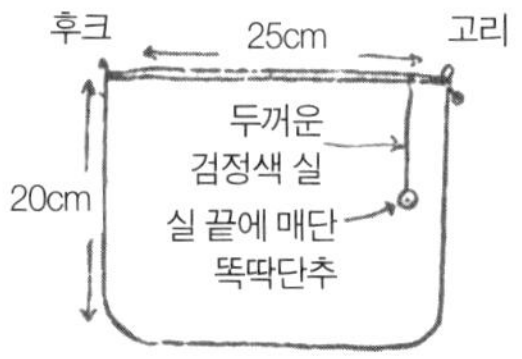

그림 2

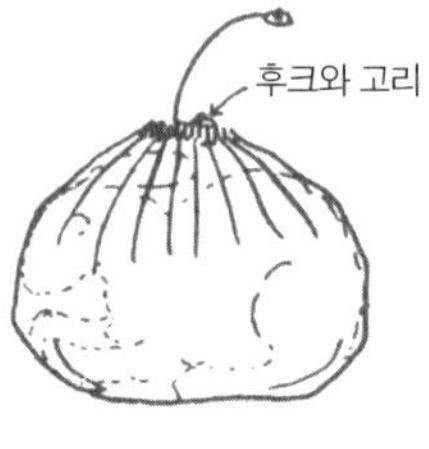

그림 3

그림 2에 나온 가방의 구조를 자세히 살펴본다. **그림 3**은 가방에 토끼를 넣었을 때의 모습이다. 졸라맨 끈을 세게 당기고 후크를 건 다음 작은 고리는 잘 잡는다. 린넨실은 똑딱단추와 함께 밖에 둔다.

상자 윗면 : 똑딱단추의 나머지 절반은 뚜껑 안쪽 끝에 꿰매어 단다. 이제 상자 뚜껑에 있는 실에 똑딱단추를 채운다. 이렇게 하면 토끼가 든 가방이 뚜껑 안쪽에 매달려 있게 된다(**그림 4**).

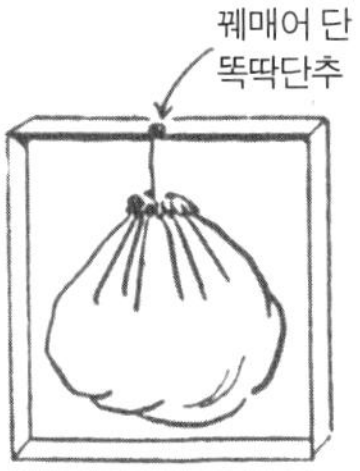

그림 4

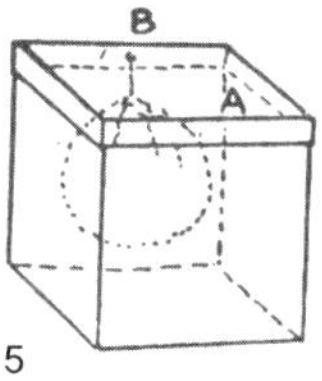

그림 5

이제 상자 윗면을 놓는다. 토끼가 든 가방은 뚜껑 안에 실과 똑딱단추로 인해 매달려 있다(**그림 5**).

준비

그림 5처럼 토끼와 가방이 뒤쪽으로 가도록 상자를 놓아둔다. 테이블에 올려놓거나 조수에게 들고 있으라고 한다.

시연

왼손은 뚜껑 뒤에 놓고 오른손은 앞에 놓은 채 뚜껑을 약간 들어 상자 윗면 앞으로 민다. 똑딱단추가 풀어지지 않도록 왼손 네 손가락을 뚜껑 아래로 구부려 잡는다(**그림** 6).

그림 6

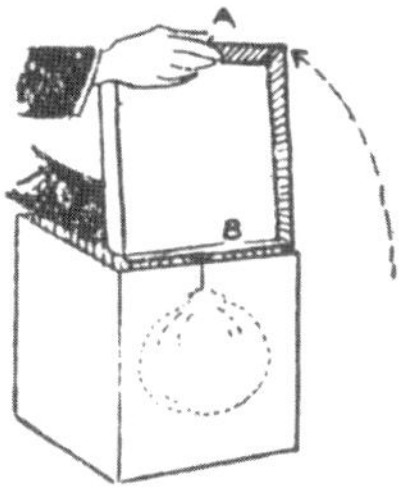

그림 7

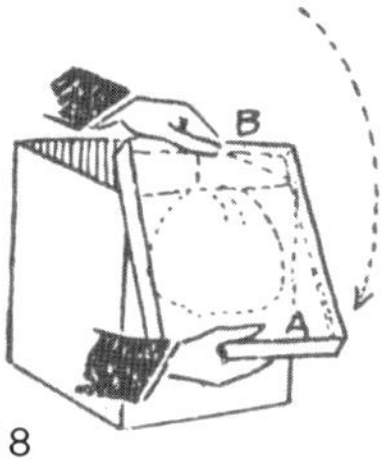

그림 8

뚜껑 앞쪽(A)을 들어 안을 보여준다. 관객에게는 뚜껑 안에 아무것도 없는 것처럼 보인다. 가방과 토끼는 상자 안에 매달려 있고 똑딱단추는 뚜껑의 B에 있으므로 눈에 띄지 않는다(**그림** 7).

다시 A를 아래로 내리고 B를 올려 뚜껑의 바깥쪽을 관객에게 보여준다(**그림** 8).

뚜껑을 수직으로 놓고 왼손으로 상자에서 완전히 뗀다. 이렇게 하면 자동적으로 토끼 가방이 상자에서 나와 뚜껑 뒤에서 안쪽에 걸려 있게 된다. 하지만 뚜껑 가장자리에 가려 관객에게는 보이지 않는다. 왼손으로 뚜껑의 B를 잡고 오른손으로 상자가 텅 비었음을 보여준다(**그림** 9).

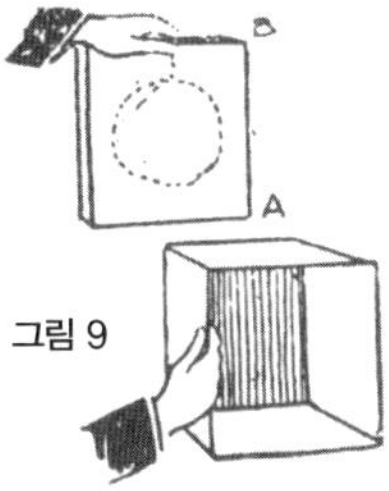

그림 9

그림 10

그림 11

다시 상자를 똑바로 놓고 뚜껑을 올린다. 이때 A 먼저 상자에 내린다. 그리고 천천히 B를 내리면서 똑딱단추를 빼서 토끼가 가볍게 상자 바닥으로 떨어지도록 한다. 관객이 의심하지 않도록 조금도 망설이지 않고 뚜껑을 닫아야 한다(**그림** 10).

부채가 있다면 상자에 부채질을 한다. 뚜껑을 빼서 앞뒤를 보여준다. 상자 안에 손을 넣어 후크와 작은 고리를 떼고 가방 입구를 연다. 토끼 귀를 잡고 상자에서 꺼낸다. 토끼가 가방에서 잘 나오지 않으면 왼손으로 토끼가 잘 나오도록 돕는다. 가방은 상자 바닥에 남겨둔다(**그림 11**).

★ 참고

앞에서 설명한 두 가지 토끼 마술과 마찬가지로 대사와 함께 시연해도 된다. 나는 어린이 관객에게는 다음과 같이 새로운 방법을 이용해서 시연한다. 접시에 목화솜을 준비해서 그것이 토끼로 변한 것처럼 보여준다.

★ 제안

상점에서 상태가 좋은 일반적인 크기의 여성용 모자 박스를 구한다. 그리고 토끼 대신 여성용 모자가 나오도록 한다. 실과 똑딱단추를 이용해 뚜껑 뒤에 토끼 가방인 것처럼 모자를 숨긴다. 뚜껑 뒤에 숨길 수 있을 만큼 모자의 크기가 작아야 한다.

나는 모자 상자 세 개를 이용해서 직접 이 방식으로 시연한 적이 여러 번 있다. 각각의 모자 상자가 텅 비었음을 보여준 후 차례로 상자에서 모자가 나타나게 했다. 조수 세 명에게 상자를 하나씩 들고 있으라고 했다. 의자나 테이블에 놓고 시연해도 된다.

특별한 토끼 배니시
Unique Rabbit Vanish

이것은 이번 레슨에서 제일 먼저 배운 '현대식 토끼 상자 마술'을 재미있게 변형한 이펙트이다.

★ 이펙트

토끼를 보여준 후 상자에 넣는다. 뚜껑을 닫은 채 상자를 테이블에서 들어 조수에게 들라고 준다. 상자를 놓았던 테이블을 구석구석 보여주고 아무것도 없음을 확인시킨다. 그런 다음 토끼 넣은 상자를 열자 토끼가 사라지고 없다.

★ **준비물**

1. 세팅한 테이블
2. 세팅한 테이블 윗면
3. 경첩을 달아 세팅한 상자
4. 토끼

만들기

테이블 토대 : '현대식 토끼 상자 마술' 에서 배운 대로 만든다. 판자의 각 귀퉁이에 못을 박아서 테이블 다리를 고정시킨다.

테이블 윗면 : '현대식 토끼 상자 마술' 의 **그림 2~그림 7**처럼 만든다.

토끼 상자 : '현대식 토끼 상자 마술' 의 상자는 **그림 8**과 똑같은 크기로 만든다. 하지만 구조는 약간 다르다. 상자 바닥은 뒷면에만 경첩을 달고 바닥의 나머지 세 면은 자유롭게 둔다. 상자 바닥의 가장자리 옆에는 나무나 금속으로 된 작은 띠를 놓고 바닥을 놓는다. 바닥의 앞쪽 끝에는 손잡이를 놓는다. 바닥은 위아래로 흔들거리기 때문에 곧바로 위로 올려 상자의 뒷면에 닿도록 할 수 있다. 손잡이가 상자 뒷면에 부딪히는 부분에는 손잡이가 안으로 들어갈 수 있도록 구멍을 뚫거나 경첩을 만들어 놓는다(**그림 1**).

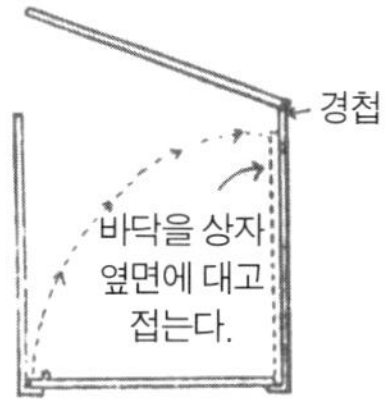

그림 1

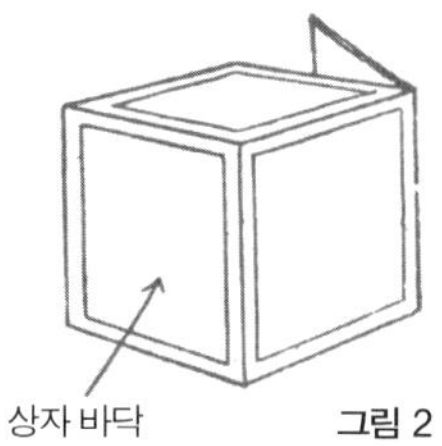

그림 2

이 상자는 겉으로는 평범한 상자처럼 보인다. 바닥 역시 평범해 보인다. 상자와 테이블에 줄무늬 모양으로 색을 칠해서 시각적인 효과를 더한다(**그림 2**).

준비

테이블 토대에 다리를 달아 준비한다. 그 위에 테이블 윗면을 올린다.

시연

관객에게는 테이블이 그저 평범한 테이블처럼 보인다. 상자의 뚜껑을 열어 네 면을 모두 보여준다. 토끼는 조수에게 들고 있으라고 하거나 옆에 둔다. 테이블 윗면에 상자를 놓는다. 상자의 바닥이 테이블 윗면의 문을 가리도록 놓는다.

상자 뚜껑을 든다. 왼손을 상자에 넣어 바닥을 뒷면으로 흔들어 움직인다. 테이블 윗면의 문을 열어 상자 뒷면에 닿도록 든다. 필요할 경우 왼손으로 문을 잡는다. 오른손으로 토끼 귀를 잡는다. 관객에게 토끼를 보여준 후 상자에 넣는다. 테이블 윗면에 있는 가방으로 조용히 들어가도록 한다. 관객에게는 단지 상자 안에 토끼를 넣는 것처럼 보인다(**그림 3**).

그림 3

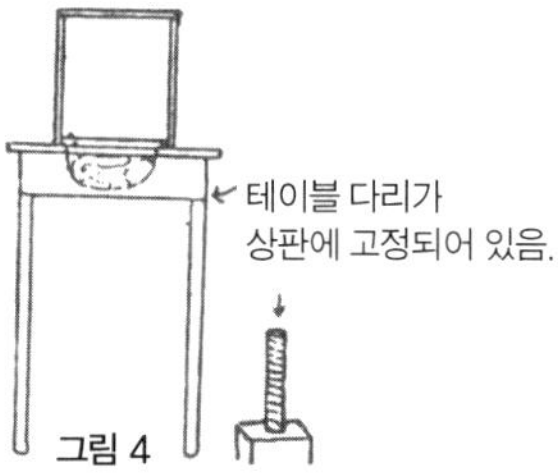

그림 4

그림 5

테이블 윗면의 문이 닫히도록 하고 상자 바닥이 제자리로 내려가도록 한다. 이제 토끼는 안전하게 테이블 윗면에 놓여 있다. 상자를 약간 앞으로 밀어 테이블 윗면의 문고리를 연다. **그림 4**는 테이블 다리가 테이블에 고정되어 있는 모습이다.

테이블에서 상자를 들어 사방을 보여준다. 조수에게 주거나 도와주는 어린이 관객이 있다면 어린이 관객에게 준다(**그림 5**).

테이블 윗면을 떼어낸다. 뒤쪽 가장자리를 먼저 잡고 수직으로 들어 토끼를 가린다. 의자에 똑바로 기대어 놓는다. 테이블 토대를 들어서 보여준다.

이제 상자를 잡고 뚜껑을 열어 토끼가 사라졌음을 보여주는 일만 남았다. 원한다면 바닥을 눌러 관객이 상자 안을 살펴보도록 해도 된다.

★ 참고

고리와 손잡이를 다루는 방법은 여러 가지로 실험해봐야 한다. 여러 종류로 시도해서 가장 만족스러운 것을 찾으면 된다. 실로 만든 고리나 압정도 손잡이 역할을 할 수 있다.

순식간에 토끼 나오게 하기

'Spee-Dee' Rabbit Production

제목에서 알 수 있듯이 이것은 순식간에 토끼가 나오도록 하는 이펙트이다. 재치 만점의 쇼맨 잭 귄(Jack Gwynee)이 고안한 것이다.

★ 이펙트

'세 방향으로 통하는' 칸막이를 보여주고 조립한다. 마술사가 판자 하나를 보여주고 상자의 네 면을 평평하게 포갠다. 판자는 칸막이 맨 위에 놓고 상자의 네 면도 조립하여 그 안에서 토끼가 나오게 한다.

★ 준비물

1. '세 방향으로 통하는' 칸막이. 열었을 때 **그림** 1처럼 평평하게 포개진다.
2. 판자에 놓는 토끼 상자. 판자는 스크린의 세 면에 약 5cm 정도 포개어지는 크기여야 한다. 칸막이와 판자, 상자의 크기는 어떤 물체를 나타나게 하는지에 따라 달라진다. 커다란 벨기에산 토끼를 선호하는 마술사가 있는가 하면 중간 크기나 2~3마리의 토끼가 나오게 만드는 마술사들도 있다.

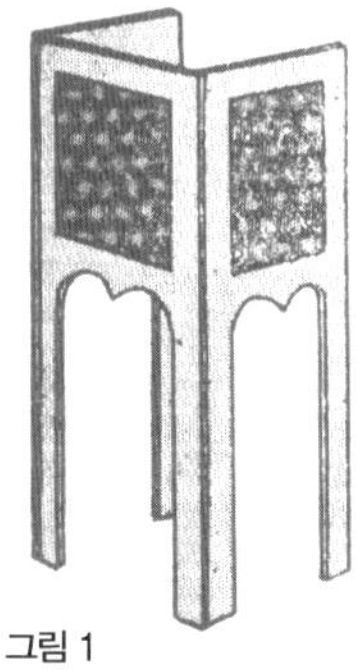

그림 1

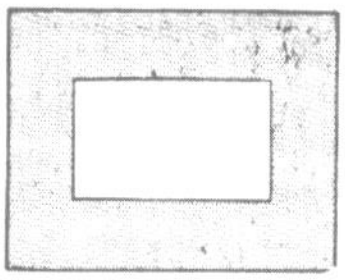

그림 2

그림 3

0.5cm 두께의 판자에는 **그림 2**처럼 가운데가 뚫려 있도록 자른다. 토끼 1~2마리가 들어갈 정도의 헝겊주머니를 놓을 수 있는 정도면 된다. 네모난 틈 주위에 헝겊주머니를 풀로 붙이거나 압정으로 고정한다.

같은 크기에 똑같이 가운데를 네모나게 뚫은 판자를 첫 번째 판자 위에 놓는다. **그림 4**처럼 두 판자를 똑바로 겹쳐놓고 각 귀퉁이를 나사로 고정한다.

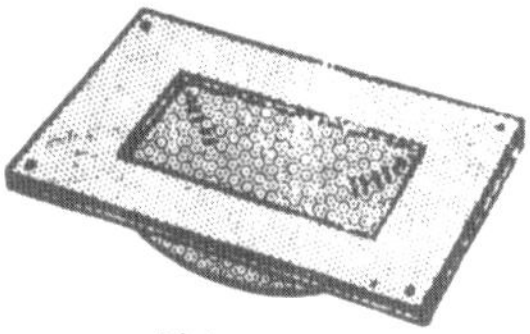

그림 4

그림 5

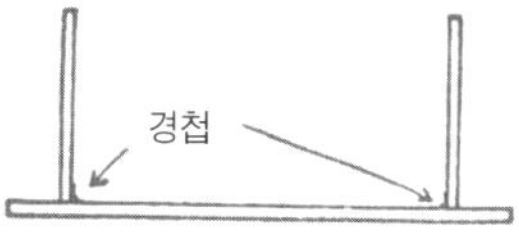

그림 6

위의 판자 위에 판자 네 개로 만든 상자를 경첩으로 달아 놓는다. **그림 5**와 **그림 6**처럼 두 끝부분을 먼저 연결한다.

그런 다음 **그림 7**과 **그림 8**처럼 앞쪽과 뒤쪽 판자에 경첩을 단다. 각각의 판자는 두 부분에 놓이게 되며 나머지 두 판자에 잘 접히도록, 그리고 판자 앞면이 뒷면에 잘 접히도록 높은 부분에 경첩을 달아야 한다.

그림 7

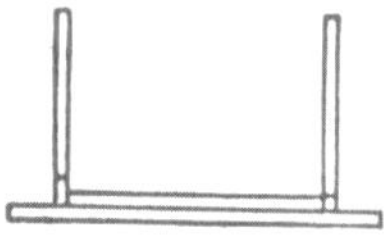

그림 8

그림 9는 가방에 든 토끼의 옆모습이다. 보이는 것처럼 상자는 접힌 상태이다. **그림** 10은 상자가 열렸을 때의 모습이다. 이 상태에서는 상자에 손을 넣어 가방에서 어떤 물건이든지 꺼낼 수 있다.

그림 9

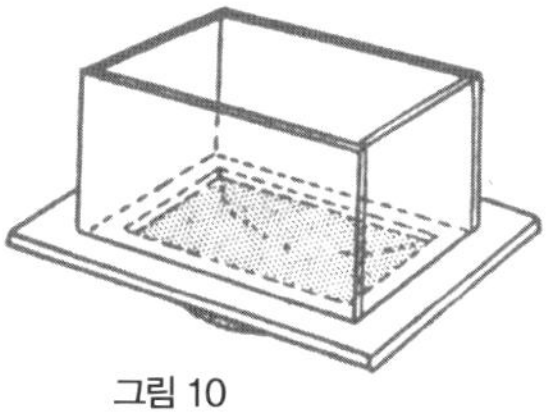

그림 10

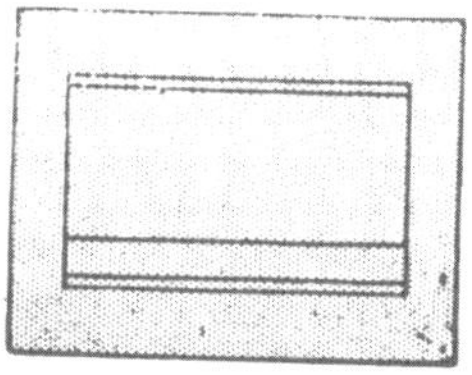

그림 11

시연

조수가 칸막이의 앞뒤를 보여준 후 설치한다(**그림** 1).

그림 12

그림 11처럼 접힌 상자가 달린 판자를 관객 쪽으로 향하도록 들고 등장한다. 토끼가 들어 있는 부분이 관객에게 보이지 않도록 든다.

칸막이 위에 판자를 놓는다. 아래쪽 가장자리가 칸막이에 먼저 닿고 그 다음에 뒤쪽이 먼저 닿도록 놓아야 한다. 이렇게 하면 토끼 가방은 칸막이의 구멍으로 들어가므로 보이지 않는다. 이제 판자를 들어 토끼를 꺼내기만 하면 된다(**그림** 12).

★ 참고

조수 없이 혼자 시연한다면 판자를 의자 등받이에 기대어 놓는다. 칸막이를 설치한 후 그 위에 판자를 놓는다.

칸막이와 판자, 토끼 상자는 원하는 대로 가볍게 만들 수도 있고 무겁게 만들 수도 있다.

짐 셔먼의 모자에서 토끼 나오게 하기

Jim Sherman's Rabbit Production from a Hat

짐 셔먼은 오랫동안 신기한 방법으로 모자에서 토끼가 나오게 하는 마술로 관객은 물론 마술사들까지도 놀라게 만들었다. 후디니는 "불가능한 일처럼 보이지만 정말 모자에서 토끼가 나왔다" 라고 말했다. 셔먼은 자신의 쇼에서 이 마술을 클로징으로 선보였고 관객들은 항상 집으로 돌아가면서 내내 그 이야기로 대화를 꽃피웠다.

지금까지 토끼가 나오게 하는 마술 형태들이 매우 다양했지만 이 마술은 체계적이고 타이밍이 훌륭하게 맞아떨어져서 관객들에게 큰 인기를 얻게 되었다. 자연스럽고 움직임이 직접적으로 이루어진다. 셔먼이 만든 실용적인 방식의 비밀이 이렇게 대중에게 공개되는 것은 처음이다. 이 책을 위해 마술학도들에게 자신이 가장 아끼는 루틴의 비밀을 공개해준 셔먼에게 깊은 감사를 전한다.

이 이펙트는 재치 있는 미스디렉션에 좌우되므로 모자를 사용하는 다른 마술과 연결해서 시연해야 한다. 짐 셔먼은 항상 '서커 주사위 상자(Sucker Die Box)' 와 함께 시연한다. 그는 주사위 상자에서 나무토막이 사라진 후 모자 안에 다시 나타나게 하겠다고 말한다. 그리고 상자가 텅 비었음을 보여준 후 관객석에서 관객 한 명을 무대로 불러 모자에서 주사위를 꺼내라고 한다.

당연히 관객은 이것이 마술의 끝이라고 생각하게 된다. 하지만 사실 이것은 관객을 더 놀라게 만들기 위한 미스디렉션이다.

계란이나 실크 또는 카드를 없애고 모자에서 나타나게 하겠다고 말한다. 어떤 방법을 사용해서든지 무언가를 모자에 옮겨놓았다고 관객이 생각하도록 만들고 관객에게 모자에서 꺼내라고 한다. 어떤 마술 다음에 이어서 시연하는 이 루틴을 더 정확하게 설명하기 위해서 짐 셔먼이 하는 그대로 현재 '주사위 상자' 를 시연하고 있다고 가정해보자.

★ 준비물

1. 검정색 헝겊주머니. 피케일 등 부드러운 원단으로 준비한다. **그림** 1은 가방의 구조이다. 끝부분 주변에 바느질 등으로 공기구멍을 만들어 놓는다. 입구의 한 쪽 끝에 검정색 끈이나 운동화 끈을 단단하게 꿰매어 놓는다. 가방 위에는 청동으로 된 조그만 링 다섯 개를 약간의 간격을 두고 달아 놓는다. 링의 지름은 1cm 정도이다. 두 개는 가방 입구의 가장자리에, 나머지 하나는 고리의 반대쪽 끝에 단다(**그림** 1). 서면은 크기가 다른 세 마리 토끼가 나타나게 하기 위해서 크기가 다른 세 개의 가방을 사용했다. 그중 가장 작은 가방의 크기는 입구가 18cm, 깊이가 20cm이다. 그리고 나머지 가방은 각각 20cm × 23cm, 23cm × 25cm이다.

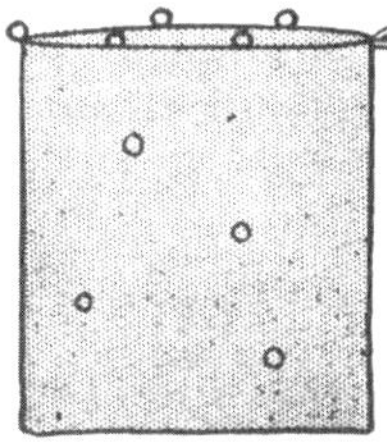

그림 1

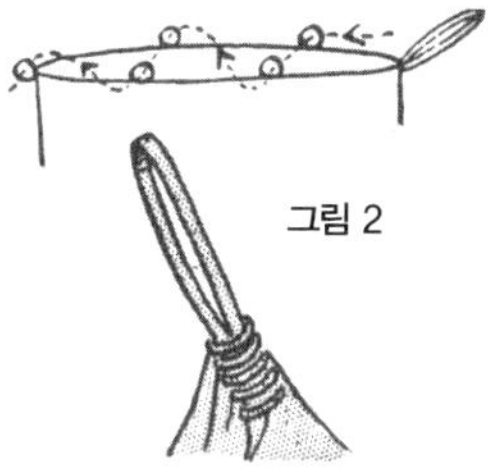

그림 2

2. 테이블보를 씌운 테이블. 서먼은 펠트 천으로 덮이고 앞쪽과 양쪽으로 천이 덮여 있는 매직 테이블을 이용했다. 이 테이블의 뒤쪽에는 열린 공간이 있다. 윗면은 중앙 막대와 받침대로 이루어진 매지션 스탠드에 고정시킨다. 테이블 윗면의 가운데 뒤쪽에는 머리 부분이 없는 못을 박아 튀어나오게 하여 가방의 끈이 걸리도록 한다. 이렇게 하면 가방이 떨어질 위험이 없다.
3. 모자. 오페라 관람용이나 중산모가 좋다. 또는 관객에게 빌려서 사용해도 된다.
4. 작은 흰색 토끼. 가만히 앉아 있을 때의 길이가 20~25cm 정도여야 한다.

준비

가방에 토끼를 넣는다. 뒷발이 바닥에 놓이고 머리가 윗면을 향하도록 편안한 자세로 넣는다. **그림** 2처럼 끈을 링에 넣는다. 테이블 뒤에 박은 못에 가방을 걸어놓는다(**그림** 3). 모자는 테이블 뒤와 가깝도록 올려놓는다(**그림** 4).

시연

방금 주사위 상자 마술을 시연했다고 해보자. 주사위가 사라졌고 모자에서 다시 나타나게 하겠다고 말한 상태이다(**그림** 5).

> "주사위가 모자 안으로 사라졌습니다. 하지만 제가 그냥 모자 가까이로 가서 주사위를 꺼낸다면 혹시 손을 이용해 속임수를 쓴다고 생각하는 분들도 있을지 모릅니다. 그래서 저 대신 관객 한 분이 모자에서 대신 꺼내주셨으면 합니다. 도와주실 분?"

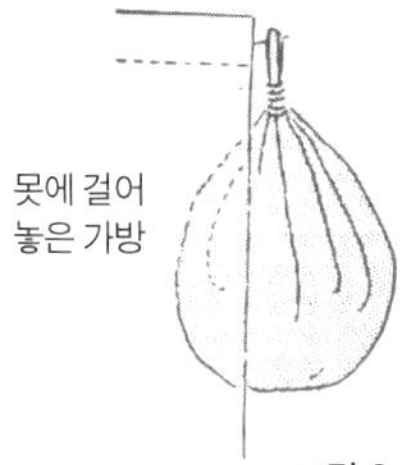

그림 3

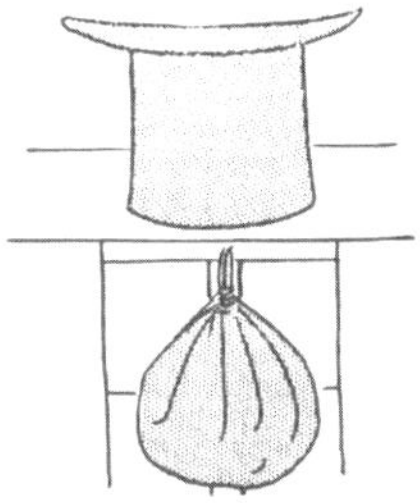
그림 4

그림 5

관객이 무대로 올라오면 테이블로 데리고 온다. 관객을 테이블 앞에 세우되 모자를 가리지 않도록 한다.

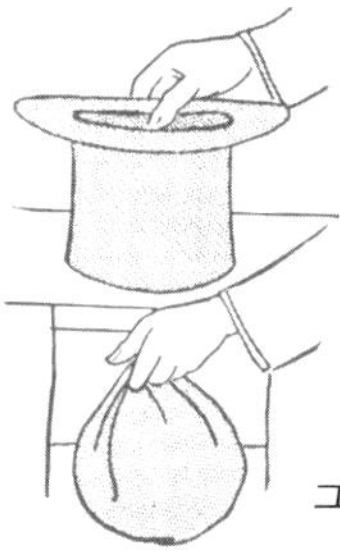
그림 6

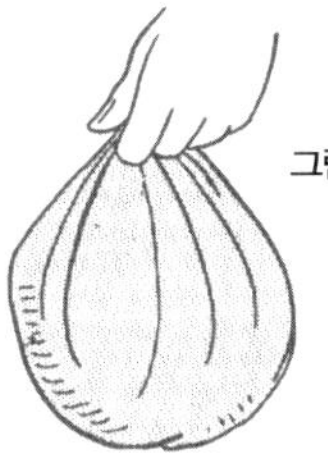
그림 7

그림 8

오른손으로 모자의 테두리를 잡고 관객을 향하도록 든다. 그와 동시에 **그림** 6과 **그림** 7처럼 몰래 왼손으로 가방을 잡고 모자 뒷부분에서 올린다(**그림** 8). 왼손으로는 오른손과 반대 지점인 모자의 뒤쪽 테두리를 잡는다.

★ 주의

이렇게 연속적인 동작을 할 때 관객은 당신과 76cm 정도 떨어져 있어야 하고 모자는 당신과 관객에게서 30cm 정도 떨어져 있도록 든다. 그래야 모자 뒤에 있는 가방이나 모자 뒤에서 이루어지는 동작이 관객에게 보이지 않는다. 시야의 각도를 고려해야 한다.

이제 모자 입구가 약간 관객을 향해 비스듬히 기울어진 상태로 모자를 잡고 있다(**그림** 9).

"자, 모자에서 주사위를 꺼내주세요."

관객이 모자에 손을 넣어 주사위를 꺼낸다(**그림** 10). 모자는 계속 똑같은 자세로 든다.

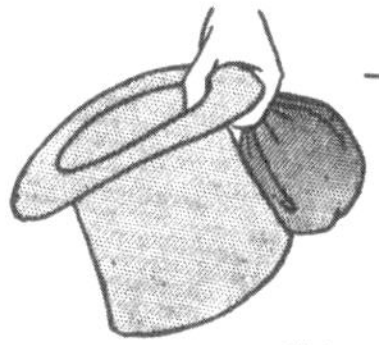
그림 9

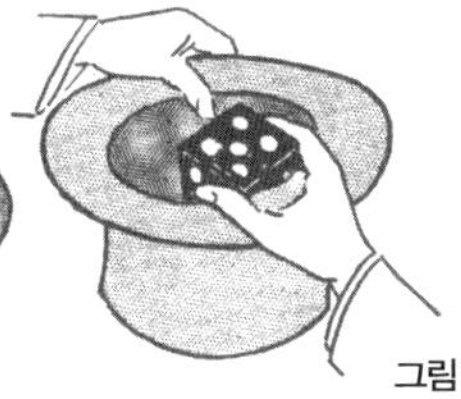
그림 10

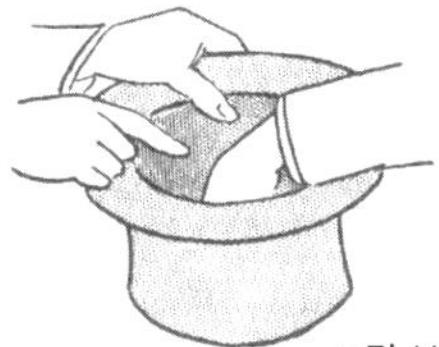
그림 11

"모자에 다른 건 없나요?"

이렇게 말하면서 관객이 당신을 쳐다볼 때까지 그를 응시한다.

"다시 손을 넣어보세요."

관객이 잠깐 동안 다시 모자에 손을 넣는다(**그림** 11). 오른손으로 관객의 손을 가리킨다.

"자, 무엇이든 좋은 게 나왔으면 좋겠네요."

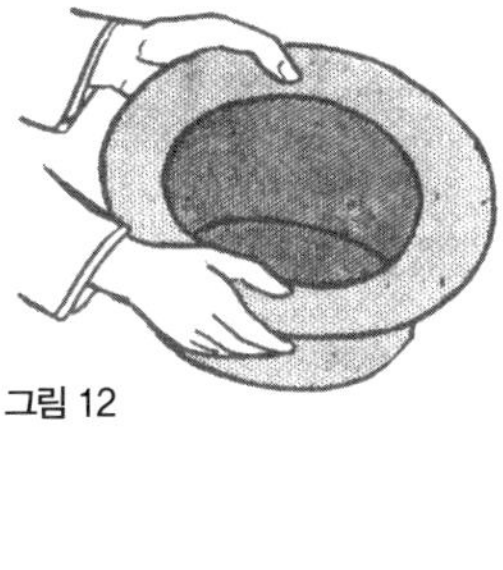
그림 12

관객이 손을 빼면 여전히 관객을 응시하면서 그의 관심을 끈 상태로 오른손으로 모자의 앞 테두리를 잡는다(**그림** 12와 **그림** 13). 입구가 뒤로 가도록 뒤집는다(**그림** 14). 오른손으로 모자를 뒤집을 때 왼손은 모자에서 뗀 채 가방을 잡고 모자 안으로 흔들어 넣는다(**그림** 15).

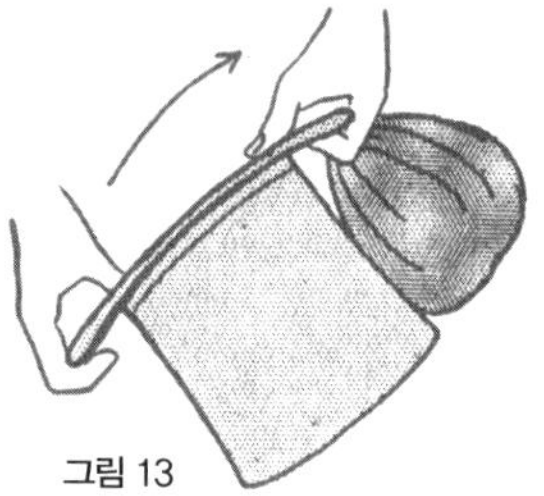
그림 13

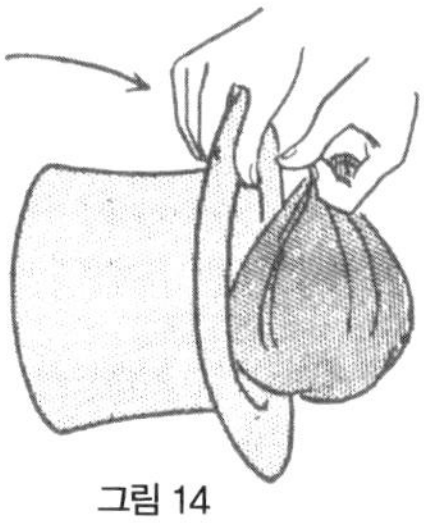
그림 14

그림 15

★ 중요사항

왼손과 오른손을 동시에 움직여야 한다. 그래야 오른손으로 모자를 돌릴 때 가방이 흔들리면서 왼손으로 모자 안에 넣을 수 있다. 이것은 이 루틴에서 가장 중요한 동작이므로 꼼꼼하게 연습해야 한다. 이 동작을 할 때는 내내 관객을 응시해야 한다.

가방이 모자 안으로 들어가는 순간 왼손으로 그 지점을 잡고 방금 흔들어 움직인 테두리의 위쪽 부분도 잡는다. 오른손은 모자에서 뗀다. 이제 모자 밖이 관객을 향한 채 안쪽을 잡고 있는 상태이다. 모자의 입구 혹은 안쪽은 관객에게 보이지 않는다.

오른손으로 자연스럽게 모자를 가리키고 모자 주위에서 빙빙 돌린다. **그림** 16은 모자의 테두리 또는 측면에 아무것도 없음을 보여주기 위해 관객의 관심을 끄는 동작이다. **그림** 17처럼 모자 입구가 위를 향하도록 하고 관객의 눈높이 정도로 든 채 관객에게 모자의 양쪽 테두리를 들라고 한다.

"테두리 쪽으로 모자를 잡으세요."

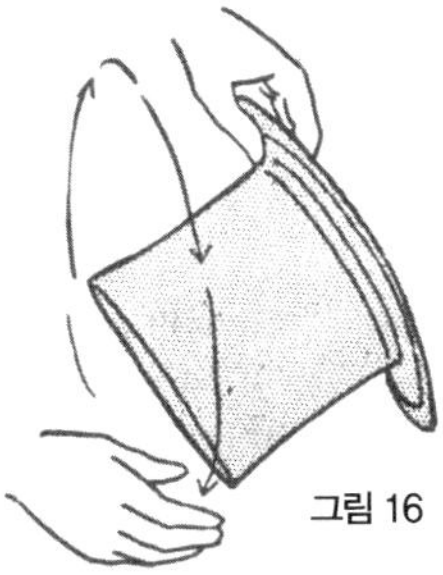

그림 16

그림 17

그림 18

관객이 양손으로 모자를 잡아도 당신도 계속 모자를 들어야 한다.

"아까는 텅 비었던 모자가 좀 무거워졌죠?"

모자에서 손을 떼면서 이렇게 말한다. 당연히 관객은 모자가 전보다 무거워졌다고 느낀다. 이것은 이 루틴에서 매우 중요한 부분이다. 관객이 정말로 모자가 전과 달리 무거워졌음을 느끼게 되기 때문이다. 이제 관객은 **그림** 18처럼 자신의 눈보다 약간 높이 모자를 들고 있다. 양손이 텅 비었음을 보여준다.

"방금 전까지만 해도 모자에는 아무것도 없었습니다. 여러분 모두 잘 보셨죠? 하지만 지금 이분께서는 모자에 무언가가 들어 있다고 느끼실 겁니다."

모자에 양손을 넣어 가방을 연다. 구멍으로 고리를 잡아당기기만 하면 가방이 쉽게 열린다. 저절로 열릴 때도 있다. 왼손으로 가방을 아래에서 뒤쪽으로 잡고 오른손으로는 모자를 당긴다. 가방이 보이지 않도록 조심한다(**그림** 19).

"자, 살아있는 토끼입니다. 모자는 이리 주세요."

그림 19

관객에게 토끼를 주고 모자는 안에 가방을 남겨둔 채 테이블에 놓는다. 만약 빌린 모자라면 가방을 더 쉽게 처리할 수 있다. 잠시 테이블 위로 모자를 들어서 가방이 테이블에 놓인 어떤 물체 뒤로 떨어지도록 하면 된다. 관객에게 돌려주기 전에 모자를 닦을 솔이나 실크를 집으면서 하면 된다.

이 이펙트에서 모자에 가방을 넣는 방식을 이용해 토끼 말고도 여러 가지 다른 물체를 넣을 수 있다. 어떤 물체이든지, 한 개가 아니라 여러 개이든지 적당한 가방에 넣거나 고리로 묶어서 뭉치로 만들어 다루면 된다.

★ 특별한 부탁

나는 서먼이 수많은 관객들 앞에서 이 마술을 멋지게 시연하는 모습을 여러 번 본 사람으로서 《타벨의 마술교실》로 공부하는 학생들에게 꼭 부탁하고 싶다.

이 마술의 비밀을 글과 그림으로만 읽고 그날 밤 당장 시연하지는 말기 바란다. 그렇게 짧은 순간에 이 마술을 성공적으로 선보일 수 있는 사람은 아무도 없다.

정확한 타이밍과 시야의 각도를 익히기 위해서는 수없이 연습해야 한다. 다양한 동작을 자연스럽게 이어서 할 수 있고 대사가 술술 나올 때까지 연습해야 한다. 이 마술을 연습할 때 마술사 친구나 가족에게 조수 역할을 해달라고 부탁한다. 당신이 언젠가 무대에서 이 마술을 선보일 수 있기를 소망한다.

LESSON

45

일루전 마술

Tarbell course in MAGIC

일루전 마술

이번 레슨에서는 간단하면서도 효과적인 세 가지 일루전을 배워본다. 하나는 관객을 이용해 복장을 바꾸는 이펙트이고 또 하나는 없애는 기술을 이용한 이펙트로 관객을 작은 상자에 넣는 것이고 마지막은 수많은 마술쇼에서 항상 대환영을 받는 유령쇼 루틴이다.

작은 공간에 휴대할 수 있고 무대에서는 크고 효과적으로 선보일 수 있으며 비용이 적게 드는 일루전 마술에 대한 요구가 날이 갈수록 커지고 있다.

농부와 마녀
The Farmer and The Witch

이것은 여러 가지 이펙트를 만든 그랜트(U. F. Grant)가 몇 년 전에 고안한 신속한 체인지 일루전이다. 비용이 적게 들어가고 작은 공간에 휴대할 수 있으며 어린이 관객에게 마술의 등장인물을 연기하도록 하는 일루전이다.

이것은 그랜트의 쇼에서 가장 인기 있는 일루전 마술이 되었다. 그는 내가 제2권의 일루전 마술에서 소개할 수 있도록 허락해주었다. 간단하지만 요령과 타이밍을 익히려면 열심히 연습해야만 하는 루틴이다. 의상은 무대 뒤에 있는 조수가 각 등장인물에 따라 신속하게 옷을 갈아입을 수 있도록 디자인되었다.

★ 이펙트

관객석에서 여자아이 두 명과 남자아이 한 명을 무대로 부른다. 첫 번째 여자아이는 의상책임자(Wardrobe Mistress) 역을 맡고, 두 번째 여자아이는 주연 여자배우(Leading Lady), 남자아이는 주연 남자배우(Leading Man) 역을 맡는다. 의상책임자(Wardrobe Mistress)는 마녀 복장을 한 여자아이이고 남자아이는 농부로 변장한다. 하지만 마녀가 빗자루를 흔들자 여자아이와 남자아이의 복장이 바뀐다. 여자아이가 농부 옷을 입고 있고 남자아이가 마녀 옷을 입고 있다.

★ 준비물

1. 마녀 의상 두 벌. 서로 똑같아야 한다. 검정색이고 위아래가 붙어 있으며 소매가 없고 머리가 쉽게 들어가도록 위에 구멍이 뚫려 있다. 길이가 길고 아래로 처진 스타일이다. **그림** 1처럼 노란색 헝겊이 덧대어져 있다.
2. 농부 의상 한 벌. 파란색과 흰색 천으로 만들어졌고 마녀 의상과 비슷하게 소매가 없으며 길고 아래로 처진 스타일이며 위에는 쉽게 머리를 집어넣을 수 있도록 구멍이 뚫려 있다(**그림** 2).
3. 마스크가 달린 마녀 모자. 이 마스크는 매부리코에 모자 사이로 머리가 헝클어진 마녀의 얼굴이다(**그림** 3). 마스크와 모자를 꿰매어 놓는다. 사람의 얼굴이 쉽게 들어갈 수 있는 크기여야 한다. 이렇게 만든 마녀 얼굴이 두 개 필요하다.

그림 1

그림 2

그림 3

그림 4

4. 마스크가 달린 농부 모자. 턱수염이 있는 가짜 얼굴을 모자에 꿰매어 놓는다. 여자아이나 남자아이의 얼굴이 들어갈 수 있는 크기여야 한다(**그림** 4).

5. 중간 혹은 작은 크기의 빗자루

등장인물

마술사, 무대 뒤 조수, 여자아이 관객 두 명, 남자아이 관객 한 명

준비

조수가 무대 뒤에서 마녀 복장과 마스크, 빗자루를 들고 대기한다.

나머지 의상 두 벌은 무대에 의자나 테이블에 올려놓는다. 마녀 의상과 모자는 농부의 의상과 떨어뜨려 놓는다.

시연

관객석에서 여자아이 두 명과 남자아이 한 명을 일어서라고 하고 이제부터 할 연극에 출연시킬 배우를 찾고 있다고 말한다. 그리고 그들을 일어서라고 한 이유는 키와 덩치가 똑같은 사람을 뽑아야 하기 때문이라고 한다. 남자아이에게 주연 남자배우(Leading Man)를 맡으라고 하고 여자아이들에게는 각각 주연 여자배우(Leading Lady)와 의상책임자(Wardrobe Mistress)를 맡으라고 한다. 그리고 무대로 부른다.

"(남자아이에게) 이 연극에서는 Leading Man을 맡은 네가 주인공이야. 그리고 (Leading Lady를 맡은 여자아이에게) 너는 여자주인공이다. (Wardrobe lady를 맡은 여자아이에게) 배우들이 의상을 입고 연기해야 하니까 네가 의상을 담당해주렴."

마녀 복장과 모자를 들어 의상담당 여자아이에게 준다.

"자, 이 의상을 가지고 분장실로 가서 여자주인공에게 입혀주렴. 그럼 마녀로 변신할거야."

의상담당과 여자주인공이 무대 밖으로 나가 조수와 만난다. 조수가 의상을 담아 여자아이에게 입히는 대신 의상담당에게 입힌다. 여자주인공은 무대 밖에 그대로 남겨두고 마녀 복장을 한 의상담당을 무대로 내보낸다(**그림 5**).

"정말 멋진 마녀네요."

그림 5

그림 6

남자아이에게 농부 의상을 준다.

"분장실로 가서 의상담당에게 이 옷을 입혀달라고 해. 네가 농부 역할을 할 거니까."

남자아이가 의상을 들고 무대 밖으로 나간다. 조수가 의상을 받아 여자주인공에게 입히고 무대로 내보낸다(**그림 6**).

"자, 남자주인공이 등장하고 있습니다. 산골짜기에 사는 농부입니다."

조수가 무대 뒤에서 남자아이에게서 여분의 마녀 복장을 입히고 마스크도 씌운다.

"농부와 마술사가 있었습니다. 아, 잠깐만요. 마녀라면 당연히 빗자루가 있어야죠. 어서 가서 빗자루를 가져오렴."

마녀가 무대 뒤로 가자 조수가 그대로 세워두고 마녀 복장을 한 남자아이에게 빗자루를 주어 무대로 내보낸다. 아이는 마치 빗자루를 타고 있는 듯한 자세로 든다. 조수가 의상담당의 마녀 복장을 벗긴다.

"이제 훨씬 더 마녀처럼 보이는군요. 마녀라면 당연히 빗자루가 있어야죠. 빗자루가 없으면 나무 사이를 날아다닐 수도 없으니까요."

무대 뒤를 보면서 의상담당을 부른다.

"의상담당 아가씨, 이제 주인공들이 다 옷을 입었으니까 무대로 나오세요. 주인공들이 연기하는 모습을 봐야지. 아마 농부는 이런 옷을 입고는 쟁기질도 제대로 할 수 없다고 생각할 거야."

지금까지 관객은 남자아이가 농부로 변장하고, 여자아이가 마녀로 변장했다고 생각한다. 하지만 실제로는 여자아이가 농부이고 남자아이가 마녀이다. 의상담당 여자아이가 무대에 서 있으므로 의심의 여지가 없다.

"옛날에 마녀가 너무 배가 고파서 농부의 집에 가서 먹을 것과 물을 달라고 했습니다. 하지만 농부는 거절하고 돌려보냈죠. 마녀가 싫다는 이유에서였습니다. 그래서 마녀는 빗자루를 흔들어… (마녀에게) 빗자루를 흔들어."

"허공에 대고 빗자루를 흔들어서 농부와 자신을 바꾸었습니다. 네, 이제 농부가 마녀가 되고 마녀가 농부가 된 거죠."

이렇게 말하면서 아이들의 복장을 벗기고 관객석으로 내려 보낸다.

"너희들, 마법을 부릴 수 있다는 걸 아무한테도 말하면 안 된다."

상자 속의 남자
The Man in the Box

몇 년 전 유명한 클럽의 오찬회에 공연하러 간 적이 있었다. 그런데 비서가 볼링협회의 회장을 사라지게 만들 수 있느냐고 물었다. "회장님을 없어지게 하면 회원들이 정말 재미있어 할 거예요."

물론 마술사에게는 불가능한 일이 있어서는 안 되지만 한낮의 오찬회에서 사람을 사라지게 만드는 것은 쉬운 일이 아니었다. 하지만 그 말을 듣는 순간 좋은 생각이 떠올랐다. 회장을 사라지게 하는 대신 작은 상자에 넣고 묶는 것이었다. 그는 볼링 실력이 뛰어났으므로 상자에 넣은 채 오스트레일리아에 있는 맥아더 장군에게 보내 마치 볼링 핀처럼 일본인들을 넘어뜨리도록 하자는 생각이었다.

나는 밖으로 나가 비싸지 않은 카드 테이블과 테이블보, 카드보드지를 사고 부엌 선반에 있는 물건을 꺼낼 때 사용하는 휴대용 디딤대를 구했다. 거기에 호텔에서 흔히 볼 수 있는 3중 칸막이까지 더해 일루전에 필요한 기본 도구를 갖추었다. 나는 볼링협회 회장을 조금 일찍 불러 그에게 맞는 일루전을 만들었다. 그리고 다른 사람에게는 말하지 말고 오찬회를 즐기라고 했다.

★ 이펙트

테이블보로 덮인 카드 테이블에 놓은 골판지 상자에 관심이 집중된다. 상자를 사방으로 보여준다.

"이 상자에 사람이 들어갈 수 있을까요? 혹시 사라지고 싶으신 분 없습니까?"

관객석에서 일어난 관객을 테이블 옆으로 불러 세운다. 테이블의 앞과 양쪽에 칸막이 두 개를 놓아 보이지 않도록 한다. 칸막이를 치우자 관객이 사라지고 없다. 테이블에 놓인 상자만 남아 있을 뿐이다.

"방금 그 남성분은 이 상자에 들어 있습니다. 사라지게 하지 않고 이 상자에 넣어서 태평양에 있는 맥아더 장군에게 보내기로 했습니다. 마치 볼링 핀을 쓰러뜨리는 것처럼 일본인들을 쓰러뜨리라고요. 하지만 이렇게 작은 상자에 사람이 들어가는 것은 불가능하다고 생각하는 분들도 계시겠죠?"

상자에 들어간 남자는 마술사의 말에 대답하기도 하고 구멍으로 손을 내밀어 자신이 분명히 상자 안에 있음을 보여준다. 마술사가 오늘은 우체국이 문을 닫는 날이라며 다시 칸막이를 치고 상자에서 남자를 꺼낸다.

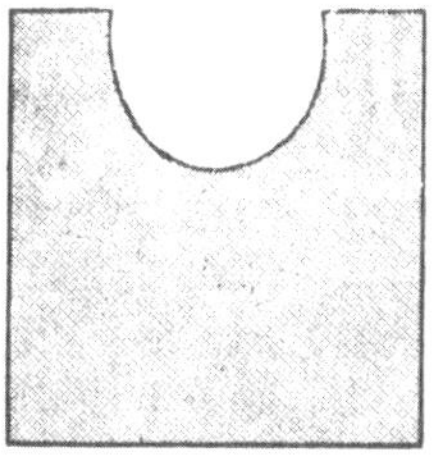
그림 1

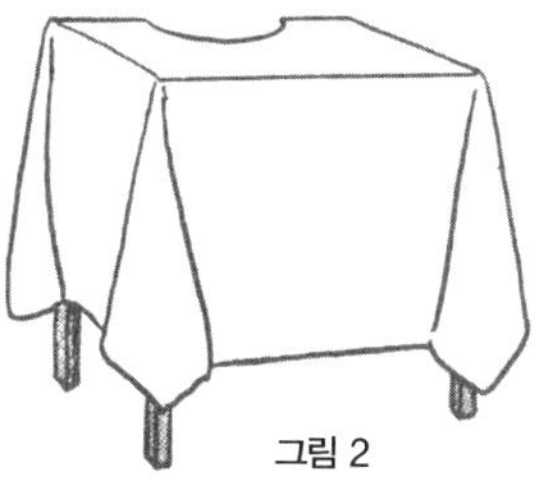
그림 2

그림 3

★ 준비물

1. 카드 테이블. 테이블 윗면의 뒷부분을 성인 남성이 선 자세로 들어갈 수 있는 크기로 자른다(**그림** 1). 톱을 이용해서 쉽게 자를 수 있다. **그림** 2처럼 테이블보를 덮어 테이블의 앞과 양쪽을 가린다. 테이블보가 바닥에서 몇 cm 정도 떨어질 정도여야 한다. 테이블보의 뒤쪽을 잘라 테이블에 만든 반원 모양의 구멍 아래에 압정으로 고정한다. 흰색 카드보드지의 반쪽으로 테이블 구멍을 덮는다(**그림** 3).
2. 조그만 디딤대(**그림** 1). 테이블의 절반 정도 되는 높이보다 약간 더 높다. **그림** 8에서 남성 관객이 앉도록 하는 이 디딤대의 용도를 잘 알 수 있다. 아래 계단에 놓인 남성의 발은 테이블보의 끝자락보다 높이 위치해야 한다.

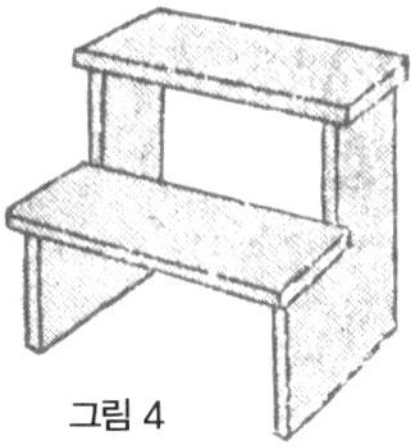

그림 4

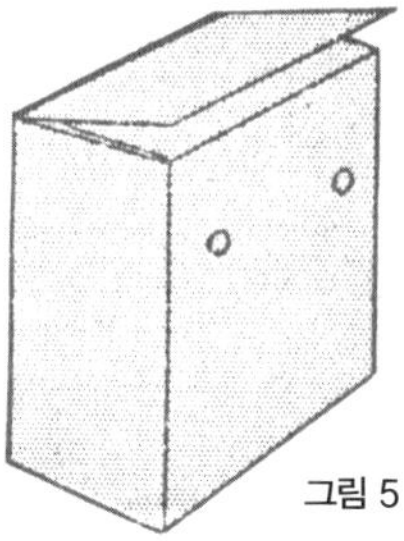

그림 5

그림 6

그림 7

3. 골판지 박스(**그림 5**). 위는 뚜껑으로 열 수 있지만 바닥은 **그림 6**처럼 겉으로는 평범해 보이지만 한쪽에 경첩이 달려 있어 다른 한쪽으로 열리므로 상자에 포개어진다(**그림 7**). 상자 앞에 지름 2.5cm 정도의 구멍 두 개를 뚫는다. 상자의 크기는 대단히 크지 않아도 되며 **그림 8**처럼 남성의 상체를 가릴 수 있을 정도면 된다.
4. '3중' 팔러용 칸막이 두 개. 비치지 않아야 한다. 각 부분의 틈이 너무 벌어졌다면 틈 사이에 끈을 고정시켜서 가린다.

준비

뒤가 반원 모양으로 뚫린 테이블을 무대 약간 뒤쪽으로 가운데에 놓는다. 카드보드지로 **그림 3**처럼 가린다. 카드보드지 상자는 테이블에 놓고 디딤대는 옆쪽에 놓는다. 칸막이 두 개는 접어서 가까이에 놓는다.

시연

테이블에 놓인 상자로 관심을 집중시킨다. 상자를 들어 네 면 모두 보여준다.

> "이 상자에 사람이 들어갈 수 있을까요? 어린이가 아니라 어른 말입니다. 믿지 않으실지 모르지만 제가 아는 사람들 중에는 몸을 최대한 작게 구부릴 수 있는 사람들이 있습니다."

구멍이 관객을 향하도록 상자를 다시 테이블에 놓는다.

> "혹시 이 상자에 들어가서 사라지고 싶으신 분 계십니까?"

아마 관객석에서는 비서가 당신에게 미리 이야기한 사람의 이름이 터져 나올 것이다. 당신이 원하는 사람의 이름이 불려지도록 포스하는 것은 쉽다. 남성을 무대로 부른다. 이처럼 클럽의 멤버를 합류시키는 것은 항상 좋은 반응을 얻을 수 있을 뿐 아니라 웃음도 유발할 수 있다.

"정말 용감한 분이군요. 마술사에 대한 믿음이 있으신 분이에요. 코트를 벗으세요. 자, 지금부터 이분을 이 조그만 상자 안으로 넣겠습니다. 그러기 위해서는 비밀스러운 방법을 사용해야 합니다."

칸막이를 가져와 테이블 앞과 양쪽에 놓고 테이블과 상자가 관객에게 보이지 않도록 가린다. 두 개의 칸막이 앞면을 약간 포개어서 세운다. 모두 완벽하게 가려지고 나면 테이블을 앞으로 밀고 디딤대를 뒤로 가져온다. 관객을 디딤대에 앉힌 후 테이블을 그쪽으로 가져와 관객이 앉은 채 반원 모양에 들어간 상태가 되도록 한다.

한 손으로 상자 아래를 밀고 관객의 머리와 어깨로 내려 테이블에 닿도록 한다. 상자 구멍이 앞에 있으므로 적당한 때에 관객이 그 구멍으로 손가락을 내밀 수 있다(**그림 8**과 **그림 9**). 칸막이를 접어서 옆으로 치운다. 관객들에게는 **그림 9**처럼 테이블에 상자가 놓여 있는 모습이 보인다.

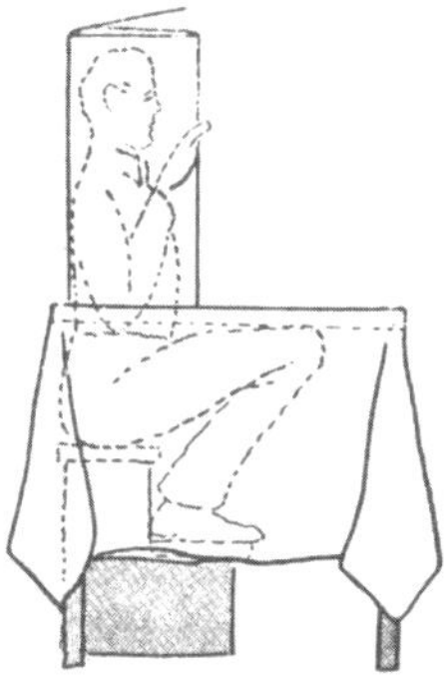

그림 8

그림 9

"자, 아까 그 남자분이 상자 안으로 잘 들어갔습니다. 사라지게 하는 것 말고 더 좋은 아이디어가 떠올랐습니다. 상자를 묶어서 맥아더 장군에게 소포로 보내면 어떨까요? 이분은 볼링을 잘 치시니 맥아더 장군이 일본인들을 볼링 핀처럼 넘어뜨릴 수 있도록 도와줄 수 있을 겁니다."

관객 중에는 꼭 자신을 어디로 보내달라고 말하는 사람이 있다. 클럽은 흥미로운 것들이 많은 장소이므로 쇼가 시작되기 전에 얼마든지 재미있는 아이디어를 떠올릴 수 있다.

"남자분이 이 상자에 없다고 생각하시는 분들이 있는 것 같군요. (상자에 대고) 안에 계십니까? 네, 잘 계시군요. 목소리를 들으니 반갑네요. 자, 앞쪽에 있는 구멍으로 손을 보여주세요. 네, 좋아요. 자, 보셨죠? 확실히 상자에 들어 있습니다. 이제 상자를 묶어서 소포로 보내야겠군요."

그러자 상자에 든 남자가 소리친다.

"잠깐만요! 오늘 일요일이잖아요! 일요일에는 우체국이 쉬잖아요. 내일까지 기다려야 한다고요!"

"그렇다면 이분을 상자에서 꺼내고 내일까지 기다리는 수밖에 없군요."

다시 칸막이를 가져온다. 상자와 테이블을 치운다. 반원 모양의 구멍에 카드보드지를 올려놓고 테이블에 상자를 잘 맞춰서 놓은 후 칸막이를 치워 남성의 모습을 다시 보여준다.

남성과 악수하면서 이렇게 말한다.

"힘들게 몸을 구부려서 좋은 점은 쉽게 빠져나올 수 있는 법을 배울 수 있다는 것이죠."

★ 참고

이 일루전은 더 작은 상태로 접어서 시연할 수도 있다. 상자가 접혀지도록 만들 수도 있다. 그리고 평면으로 된 조각을 볼트로 죄어서 디딤대를 만들어도 된다. 이 일루전은 클럽 오찬회처럼 마술사가 관객과 친근하게 작업할 수 있으며 회원을 참여시킬 수 있는 자리에서 시연하도록 만들어진 것이다. 학교에서 열리는 쇼나 관객끼리 서로 아는 자리에서 시연하면 좋다.

유령쇼 루틴
A Ghost Show Routine

마술사들은 때때로 자신의 쇼에 유령 루틴을 추가하기도 한다. 유령을 이용한 루틴은 준비물을 간단하게 만들 수 있으면서도 어두운 무대나 극장에 으스스한 분위기를 조성할 수 있다. '고스트라이트(Ghostlite)' 와 '블랙 라이트 마술(Black Light Magic in Colors)' 로 유명한 레일리(S. W. Reily)는 정말 재미있는 루틴을 만들었다. 풀 이브닝 쇼의 오프닝으로 제격이며 '심령술' 분위기의 액트에서 오프닝이나 클로징으로도 좋다.

★ 이펙트

조명이 서서히 어두워진다. 비상등만 빼고 극장 안이 깜깜해진다. 스테이지의 한쪽에 움직이는 딱따기가 달린 형광색의 종이 나타나더니 반대쪽으로 이동하고 사라진다. 종이 계속 울리면서 스테이지를 건너 이동한다. 갑자기 불빛이 빛나면서 네 개의 유령 얼굴이 하나씩 나타나 스테이지를 떠다니다가 하나씩 사라진다. 그리고 형광색 해골이 나타나 무대에서 춤을 춘다. 해골은 삼등분이 되어서도 계속 춤을 춘다. 세 부분이 다시 하나로 붙더니 서서히 사라진다.

형광색의 유령 같은 물체가 관객석 위로 날아다닌다. 그리고 관객들은 갑자기 비가 내리는 것 같은 이상한 느낌을 받게 된다. 쇠사슬이 요란한 소리를 낸다. 다시 불빛이 비치더니 유령 같은 물체가 사라진다. 커다란 종이 울리고 다시 스테이지를 건너 이동하면서 서서히 사라진다. 극장에 다시 불이 들어온다.

★ 준비물

그림 1

1. 종. 0.3cm 합판으로 만들며 높이는 61cm이다. '고스트라이트' 야광 페인트로 두 번 칠한다. **그림 1**처럼 가장자리를 빙 둘러 무광 검정색으로 칠한다. 뒷면에 달린 딱따기는 종에서 약간 떨어져 있으며 못을 이용해 회전한다. 딱따기가 앞뒤로 쉽게 움직여야 한다(**그림 2**와 **그림 3**). 종의 뒷면과 딱따기는 무광 검정색으로 칠한다.
2. 부채처럼 못생긴 얼굴 네 개. 각각 뒤에 손잡이를 달아 놓는다(**그림 4**). 부채 모양은 전체 길이가 61cm이며 손잡이의 길이는 38cm이고 얼굴 아래로 20cm 정도 튀어나온다. 얼굴은 0.3cm 합판으로 만들며 '고스트라이트' 야광 페인트로 두 번 칠하고 바깥쪽과 손잡이, 뒷면은 무광 검정색으로 칠한다.

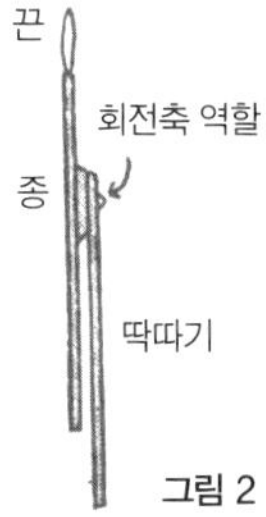

그림 2

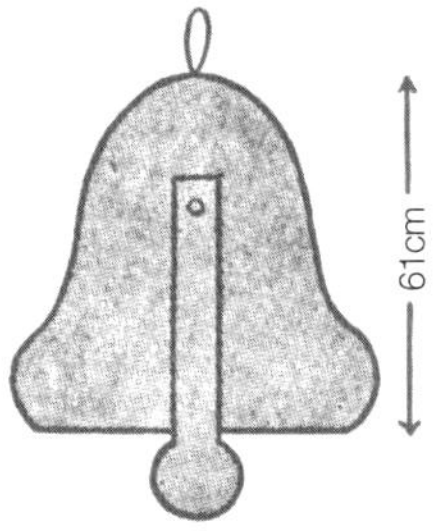

그림 3

그림 4

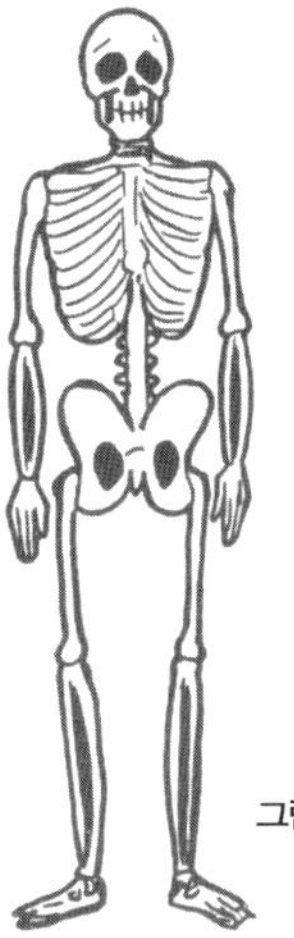

그림 5

3. 해골 세 개. 할로윈에 사용하는 해골을 쉽게 구입할 수 있다. 해골을 분리하여 두꺼운 검정색 카드보드지에 붙인다. 흰색 부위는 '고스트라이트' 야광 페인트로 두 번 칠한다. 페인트가 마르면 문방구에서 구입 가능한 종이집게(클립)로 다시 연결시킨다. 해골의 관절 부분이 잘 움직여야 한다. 해골의 뒷부분은 무광 검정색으로 칠한다(**그림 5**).
4. 기다란 낚싯대 두 개와 길이 15cm, 너비 46cm의 모슬린 천조각 두 장. '고스트라이트' 야광 페인트로 칠한 후 **그림 6**처럼 튼튼한 끈으로 낚싯대에 끝을 묶어놓는다. 빨리 묶이는지 꼭 확인해야 한다.

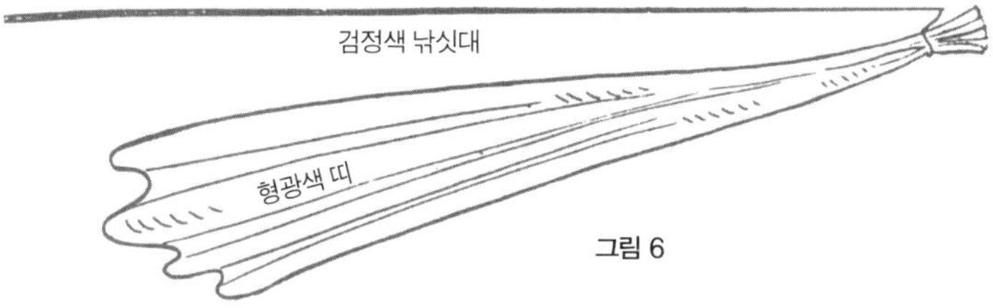

그림 6

그림 7

그림 8

5. 플래시 포트 두 개. 필요한 재료는 전기기구 판매점에서 구입할 수 있다. 안에 자기로 된 소켓이 달린 금속 스위치 상자를 사서 플러그를 제거한 전기 코드에 연결한다(**그림 7**).

그림 8처럼 퓨즈 플러그의 윗부분을 빼서 소켓에 고정시킨다. 납으로 된 와이어(안에 고정됨) 위에 있는 퓨즈에 사진작가들이 사용하는 플래시 파우더를 약간 뿌린다. 퓨즈 안으로 전류를 흘려보내면 누전되면서 파우더가 폭발한다.

주의 : 파우더를 너무 많이 뿌리지 않는다. 어두운 공간에서는 많이 뿌리지 않아도

충분히 불꽃이 터진다. 불꽃이 너무 크면 순간적으로 앞이 잘 보이지 않아 관객들의 재미가 줄어든다. 어느 정도가 적당한지 직접 어둠 속에서 실험해본다.

6. 가로, 세로 10cm로 자른 검정색 카드보드지 여러 장. **그림 9**처럼 여기에 '고스트 라이트' 야광 페인트를 큰 점 모양으로 칠한 후 무대 배경과 각광(footlight, 무대 앞 아래쪽에서 비추는 광선-옮긴이)에 붙인다. 그렇게 해야 마술사와 조수가 어둠 속에서 출구와 입구를 구분할 수 있다.

그림 9

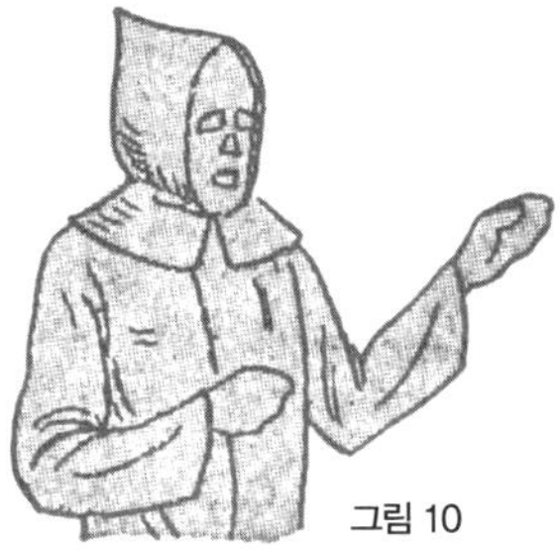

그림 10

7. 어두운 색의 막이나 스카이돔(하늘 효과를 내기 위해 무대 안쪽에 치는 조명-옮긴이)을 사용하고 조수가 수도사처럼 검정색 옷과 후드를 착용하면 한층 더 이펙트를 돋보이게 할 수 있다. 검정색 새틴으로 만들어진 의상이라면 여러 번 세탁하여 광택을 없앤다(**그림 10**).
8. 렌즈에 초록색 젤라틴을 씌운 조그만 조명등
9. 종소리를 대신할 철봉이나 망치

시연

마술사가 등장한다. 스테이지를 포함하여 모든 조명이 올라간다. 마술사는 몰래 초록색 젤라틴을 씌운 작은 조명등을 가지고 온다.

"신사숙녀 여러분, 유령에 대한 이야기는 아주 오래전부터 전해져 내려왔습니다. 사람들은 유령 이야기를 좋아하죠. 또 실제로 유령을 봤다는 사람도 많죠. 제가 아는 사람 중 한 명은 유령을 믿지 않지만 평생 무서워하면서 살았다고 합니다. 과거에 유령을 본 적이 있다고 생각하시는 분들은 오늘 밤 바로 이 무대에서 보게 될 유령과 한번 비교해보시기 바랍니다. 아니, 무대뿐 아니라 여러분이 있는 곳에서 나타날지도 모르죠."

조명이 서서히 어두워진다. 낮은 음악이 흘러나온다. 마스네(J. Massenet)의 엘레지(Elegie)가 잘 어울린다. 마술사가 조명등으로 자신의 얼굴에 초록색 광선을 쏜다.

"하지만 무섭다고 상상력까지 잃어버리지는 마세요. 어둠 속에서는 생명이 탄생하고 미지의 세계가 모습을 드러냅니다. 그렇게 신기한 능력을 가진 존재들은 너무 약해서 우리가 빛 속에서는 볼 수 없습니다. 어둠 속에서만 우리 인간의 눈에 나타나죠. 예민한 사람이라면 어둠 속에서 일어나는 일들을 고스란히 볼 수 있습니다. 하지만 공평하게 하기 위해서 손전등은 사용하지 말아주세요. 최대한 조용히 하시고 무슨 일이 일어나도 자리에 그대로 앉아계시기 바랍니다."

조명등이 꺼진다. 따라서 다음 대사는 깜깜한 어둠 속에서 말하게 된다.

"자, 유령 친구가 옆에 와 있는 것이 느껴집니다. 곧 보게 되겠군요."

흔들리는 딱따기가 달린 커다란 종이 무대 한쪽에서 나타나 서서히 무대 반대쪽으로 움직이더니 사라진다. 종은 형광색 부분이 관객을 향한 채 무대를 지난다. 조수가 무대 밖에서 망치로 철봉을 두드리면서 종소리를 낸다.

이제 각광의 플래시 포트가 불꽃을 쏘아 올린다. 그리고 네 개의 못생긴 얼굴이 하나씩 등장해 무대를 떠다닌다. 조수 두 명이 한 손에 하나씩 부채 모양의 얼굴을 잡고 있으면 된다. 얼굴이 하나씩 사라진다. 부채의 형광색 부분이 관객에게 보이지 않도록 돌리기만 하면 된다. 처음에는 부채의 형광색 부분이 관객을 향한 채 들고 마치 공중에 떠다니는 것처럼 위아래로 움직인다.

조수 한 명이 카드보드지 해골을 검정색 뒷면이 관객을 향하게 한 채 들고 무대 가운데로 나온다. 그중 하나를 관객 쪽으로 뒤집어 두 번째 조수에게 준다. 두 번째 조수는 잠시 동안 해골이 춤을 추도록 만든 후 첫 번째 조수가 든 해골 두 개 앞으로 다시 가져간다. 그러자 첫 번째 조수가 두 번째 해골을 관객에게 향하게 한 채 세 번째 조수에게 준다. 세 번째 조수도 그 해골이 춤을 추도록 만든다. 그리고 그것을 세 번째 해골 앞으로 가져가고 첫 번째 조수가 마지막 세 번째 해골을 뒤집어 세 개의 해골이 전부 춤을 추도록 만든다.

관객에게는 이 모습이 마치 해골이 세 부분으로 나누어지는 것처럼 보인다. 이제 과정을 거꾸로 하여 해골이 사라지게 만든다. 3등분 된 해골이 하나로 합쳐지는 것처럼 보인다.

이제 해골은 옆으로 치워놓고 형광색 띠가 달린 낚싯대를 집어 든다. 형광색 띠가 관객의 머리 위로 날아간다. 그와 동시에 반대쪽 발코니 위에 있는 조수 두 명이 허공으로 쌀을 한 움큼 던진다. 쌀이 관객들에게 떨어지면서 마치 비가 오는 것처럼 느껴진다. 이 부분에서는 무대 뒤에서 요란한 쇠사슬 소리가 들려오고 두 번째 플래시 포트에서 불꽃이 발사되자 멈춘다. 불꽃이 반짝이는 순간 형광색 띠가 사라진다.

또다시 커다란 종이 천천히 무대를 지난다. 조수가 무대 뒤에서 망치로 철봉을 두드려 종소리를 낸다. 깜깜한 무대에 막이 내려오고 서서히 조명이 다시 올라간다.

★ **참고**

회전식 경적으로 윙윙거리는 강한 바람 소리를 내는 것처럼 다양한 효과를 통해 유령쇼를 한층 더 돋보이게 만들 수 있다. 발코니에서 관객석으로 고무풍선을 떨어뜨리면 어둠 속에서 풍선이 여러 사람들에게로 떨어져 묘한 느낌을 줄 수 있다.

'고스트라이트' 야광 페인트를 칠한 후에는 잠시 동안 빛에 노출시켜야 한다. 그래야 어둠 속에서 형광색으로 빛난다. '고스트라이트'로 칠한 물체를 어두운 곳에 두었다가 각광에서 발사한 조명을 이용해서 빛나게 할 수도 있다. 하지만 이 경우에는 앞서 빛에 노출시켜서는 안 된다. 미리 경고했듯이 플래시 파우더를 너무 많이 사용하지 않는다. 여러 번 실험해보면 어느 정도가 적당한지 알 수 있다. 야광 페인트 덕분에 깜깜한 스테이지에서 연출하는 이펙트에서 대단히 중요한 분야가 시작되었다.

할란 타벨 박사

(Dr. Harlan Tarbell, 1890-1960)

어느 마술모임에서도 타벨 박사의 가르침을 받지 않은 사람은 하나도 없다. 수많은 마술사들이 자신의 업적을 ≪타벨의 마술교실≫ 공으로 돌렸다. 그는 ≪타벨의 마술교실≫에서 아주 자세한 그림과 명료한 문장을 통해 방대한 양의 마술을 설명했다. 때문에 학생들은 그의 책을 읽으며 곧바로 마술을 따라 할 수 있었다. 타벨 박사는 스스로의 노력으로 마술 능력을 쌓았고 이에 어울리는 두 가지 선천적인 능력을 지녔다. 그는 천사와 같이 그림을 잘 그렸고, 놀라울 정도로 명료한 글을 썼다.

타벨 박사는 우리 세대만의 스승이 아니다. 그는 최고의 마술 스승으로 길이 남을 만한 사람이다. 마술의 규칙을 성립하고, 그 규칙에 따라 마술을 했던 사람, 그가 바로 타벨이다.

새로운 마술을 만들어내는 능력, 쾌활한 성격, 유머감각, 언변이 그를 지금의 자리에 있게 했다. 관객은 누구나 타벨 박사의 마술을 좋아했고 그는 정말 위대한 엔터테이너였다.

Tarbell Course in Magic

옮긴이

정지현 충남대학교 자치행정과를 졸업하고 현재 SBS 번역대상 심사위원으로 위촉된 (주)엔터스코리아 전속 번역가로 활동 중이다. 옮긴 책으로는《우체부 프레드2: 업그레이드 편》《완전호감기술》《대화의 심리학》《감사》《내게 도움을 준 모든 것》《어른이 되기 위해 알아야 할 100가지》《엄지공주》《개구리신부》《평화의 왕과 어린 나귀》《별님에게 왕과 어린 나귀》《마법의 콩》《보물 찾아 떠나요》 등 다수가 있다.

감수

김준오 대한민국 1세대 마술사 이홍선(알렉산더 리) 옹의 외손자이며 3대째 마술 가업을 잇고 있다. 2000년부터 우리나라 최초의 마술대회인 대한민국 매직페스티벌을 주최하고 있으며 대한민국 신예 마술사들의 해외진출을 지원하고 해외 유명 마술사들을 국내에 초청, 소개하는 가교 역할을 하고 있다. 오산대학 이벤트연출과 교수를 역임했으며, 현재 알렉산더 매직패밀리 마술 연출 감독, FISM(세계마술연맹) 대한민국 회장, AMA(아시아마술협회) 대한민국 회장을 맡고 있다.